山阴年鉴

2021

中共山阴县委党史研究室
山阴县地方志研究室 编

方志出版社
Publishing House of Local Records

图书在版编目（CIP）数据

山阴年鉴. 2021 / 中共山阴县委党史研究室，山阴县地方志研究室编.—北京：方志出版社，2021.12
ISBN 978-7-5144-5130-6

Ⅰ. ①山… Ⅱ. ①中… ②山… Ⅲ. ①山阴县－2021－年鉴 Ⅳ. ①Z526.14

中国版本图书馆CIP数据核字（2022）第218750号

责任编辑：范 静
责任校对：刘玉霞
责任印制：梅中英
出 版 者：方志出版社
地　　址：北京市朝阳区潘家园东里 9 号（国家方志馆4层）
邮　　编：100021
网　　址：http://www.zgfzcb.cn
发　　行：方志出版社图书营销中心（010-67110500）
印　　刷：山西基因包装印刷科技股份有限公司
开　　本：889毫米×1194毫米 1/16
印　　张：23
字　　数：702千字
版　　次：2021年12月第1版
印　　次：2021年12月第1次印刷
定　　价：320.00元

《山阴年鉴（2021）》编纂领导小组

组　长：王世杰　中共山阴县委书记
　　　　苏　坡　县委副书记、县长（2021 年 3 月调离）
　　　　高瑞龙　县委副书记、县长（2021 年 3 月—）
副组长：王国文　县委副书记
成　员：郭东申　县委办公室主任
　　　　闫志民　政府办公室主任（2021 年 6 月调离）
　　　　樊晋阳　政府办公室主任（2021 年 6 月—）
　　　　陈　续　人大办公室主任（2021 年 5 月调离）
　　　　杨江芬　人大办公室主任（2021 年 5 月—）
　　　　赵晋虎　政协办公室主任
　　　　孙培峰　山阴经济技术开发区综合办公室主任
　　　　李德华　县委宣传部常务副部长
　　　　夏生军　县委政法委副书记（2021 年 5 月调离）
　　　　白永平　县委政法委常务副书记
　　　　叶　青　发展和改革局局长
　　　　贾尚勇　工业和信息化局局长
　　　　郭正大　农业农村局局长
　　　　史俊龙　财政局局长（2021 年 6 月离任）
　　　　麻鹏斗　财政局局长（2021 年 6 月—）
　　　　张建斌　统计局局长
　　　　侯志林　县委党史研究室主任（2021 年 7 月离任）
　　　　牛　跃　县委党史研究室主任（2021 年 7 月—）

《山阴年鉴（2021）》编辑部

主　　　编：侯志林　牛　跃
参加编辑人员：秦　强　梁志伟　李　霞　高淑泓　石海雁　赵美珍　李淑琴
　　　　　　杨彩虹　闫晓莉　白永强　李　成　贾常春　赵丽娟　何晓娟
图 片 提 供：中共山阴县委宣传部　拍摄时间均为 2020 年

编纂说明

一、《山阴年鉴》是县级综合年鉴。以马克思列宁主义、毛泽东思想、邓小平理论、“三个代表”重要思想、科学发展观、习近平新时代中国特色社会主义思想为指导，坚持辩证唯物主义和历史唯物主义的立场、观点和方法，逐年全面记载山阴县自然、政治、经济、文化、社会等各个领域的基本情况和当年的新举措、新发展和新成就，为国内外读者认识山阴、研究山阴、投资山阴、建设山阴提供帮助。

二、《山阴年鉴（2021）》记述时限为2020年1月1日至12月31日，“特载”内容除外。

三、《山阴年鉴（2021）》采用分类编排法，以类目、分目、条目组成框架结构的主体部分。全书设特载、大事记、中国共产党山阴县委员会、山阴县人民代表大会、山阴县人民政府、中国人民政治协商会议山阴县委员会常务委员会、中国共产党山阴县纪律检查委员会山阴县监察委员会、人民团体、军事、法治、经济管理与监督、农林水牧、工业、住房和城乡建设 环境保护、交通运输 邮政通信、财税 金融、商贸 烟草、文化 旅游 广电、教育 科技、卫生 医疗、社会生活、乡镇 街道、组织机构及负责人名单、2020年受奖情况。限于框架与实际之差异，个别条目略有交叉，但角度不同，互为参见，保证内容的相对完整。

四、《山阴年鉴（2021）》涉及数据由于行业和地区统计口径等方面的原因，个别条目互有不一致之处，当以山阴县统计局发布的统计数字为准。统计资料数据除农林水牧、区县概览类目外均使用法定计量单位。

五、《山阴年鉴（2021）》设有比较完整的检索系统，书前是详细的目录，然后是正文。条目按照字体区分，不设章节。本书行文中的标点符号用法执行国家标准《标点符号用法》（GB/T 15834—2011）。数字用法执行国家标准《出版物上数字用法》（GB/T 15835—2011），计量单位均遵守国家相关规定。

六、《山阴年鉴（2021）》稿件由山阴县各级党、政、军机关和企业事业单位提供。统计资料由山阴县统计局提供。

序

《山阴年鉴（2021）》经过社会各界的大力协作和编辑人员的不懈努力，即将正式出版。该书涵盖了山阴政治、经济、地理、文化、社会等各个方面，内容翔实，图文并茂，反映了2020年山阴经济社会各项事业改革发展的新成就，也体现了山阴县社会科学研究的新水平，是全县地方志工作者继“志鉴两全”之后，奉献给全县人民的又一部大型工具书，是总结历史、知往鉴来的一面镜子。《山阴年鉴（2021）》的出版是我县精神文明建设的又一硕果，是全县人民值得庆贺的事情。

古人云："君子有三鉴，鉴乎前，鉴乎人，鉴乎镜。鉴前惟顺，鉴人惟贤，鉴镜惟明。”年鉴在传承弘扬中华优秀传统文化、建设文化强国进程中发挥着越来越重要的作用。地方综合年鉴是真实记录当地发展历程的重要资料，是生动宣传地方工作的一扇窗口，更是指导今后工作的一面镜子。《山阴年鉴（2021）》是在全国党史学习教育的大潮下，全县上下学习领悟习近平总书记的方志情怀和有关地方志工作重要论述的又一力作，对于进一步坚定文化自信、弘扬传统文化，深化全县改革发展，推进社会治理体系和治理能力现代化提供历史借鉴，具有深远历史意义和重大现实意义。在此，谨代表县委、县政府表示祝贺！并向《山阴年鉴》全体编纂人员及所有支持《山阴年鉴》编辑出版的社会各界人士表示由衷的谢意。

希望《山阴年鉴》编辑部的同志们，认真贯彻落实中共十九大、十九届历次全会和省、市、县党代会精神，踔厉奋发、笃行不怠、埋头苦干、勇毅前行、精益求精、再接再厉，进一步提高编辑水平和办刊质量，强化信息功能、资政功能和服务功能，使年鉴县志真正成为传承中华民族优秀传统文化的重要载体，成为展示县情、地情的重要窗口，成为“为当代提供资政辅治之参考、为后世留下堪存堪鉴之记述”的资源宝库。同时也希望全县广大干部群众读好、用好年鉴，不断增强工作的预见性和创造性。让《山阴年鉴》在奋力打造“灵秀古城”、建设“新韵山阴”的进程中发挥更大的作用。

是为序。

中共山阴县委书记　王世杰

中共山阴县委副书记、政府县长　高瑞龙

城市建设
URBAN CONSTRUCTION

县城鸟瞰图

山阴县政府广场

鸟瞰山阴一中

鸟瞰山阴县医疗集团

文化景点
CULTURAL ATTRACTIONS

长城晚霞

汉墓广场

蝴蝶谷

广武盛景

化悲岩寺

千佛寺

瑞云寺

桑干河

桑干河大桥夜景

王家屏纪念园

文魁塔

桑干河湿地公园向阳湖

芦岭大桥

桑干河湿地公园河阳湖

桑干河湿地公园正阳湖

苍 鹭

黑 鹳

白骨顶黑水鸡

黑翅长脚鹬

白 鹭

交通
TRANSPORTATION

山阴县城同太路

雁门关 G55 高速隧道

山阴县跨线（北同蒲铁路线）立交桥工地鸟瞰

动车站

农民丰收节

FARMERS' HARVEST FESTIVAL

2020 年 9 月 28 日，丰收节开镰收割

2020 年 9 月 28 日，山阴县丰收节主会场

2020 年 9 月 28 日，中共山阴县委书记王世杰（左五）宣布丰收节开镰，县人大常委会主任相成（左四）、政府县长苏坡（左六）、政协主席段国强（左七）和其他县四套班子成员出席

农民丰收节　合盛堡乡东双山村会场

农民丰收节　下喇叭乡织女泉村会场

工艺美术

ART AND CRAFT

2020 年 6 月 18 日，山西民间工艺美术家协会在山阴县调研

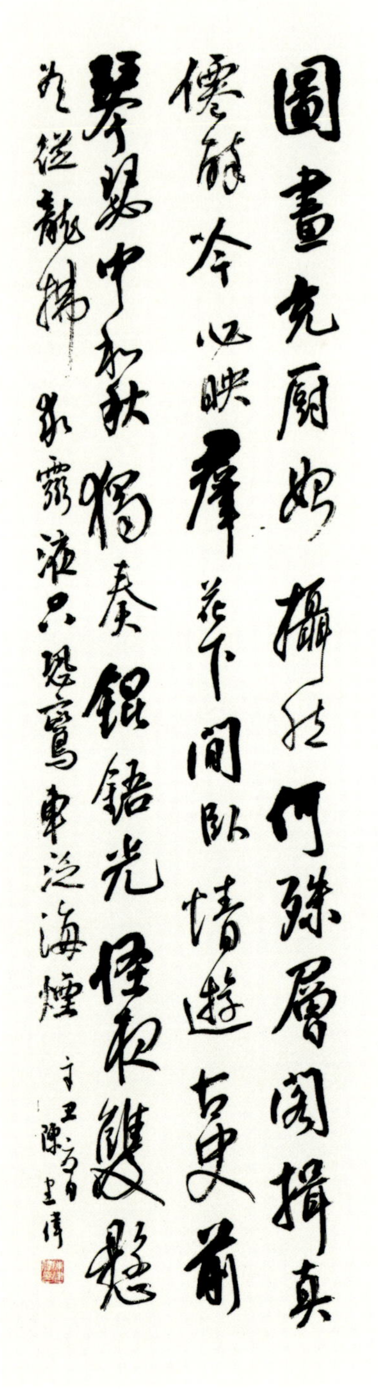

陈建伟作品

2020年6月18日，山西民间工艺美术家协会主席洪慧平（左五）在山阴县调研。朔州市长城学会会长刘恒山（右一）、山阴县政协主席段国强（右三）、山阴县委常委宣传部部长刘宇（左四）等一同调研

众福缘合作社引领新大滩移民新村妇女创业致富，制作苦豆豆香包

陈禄先作品

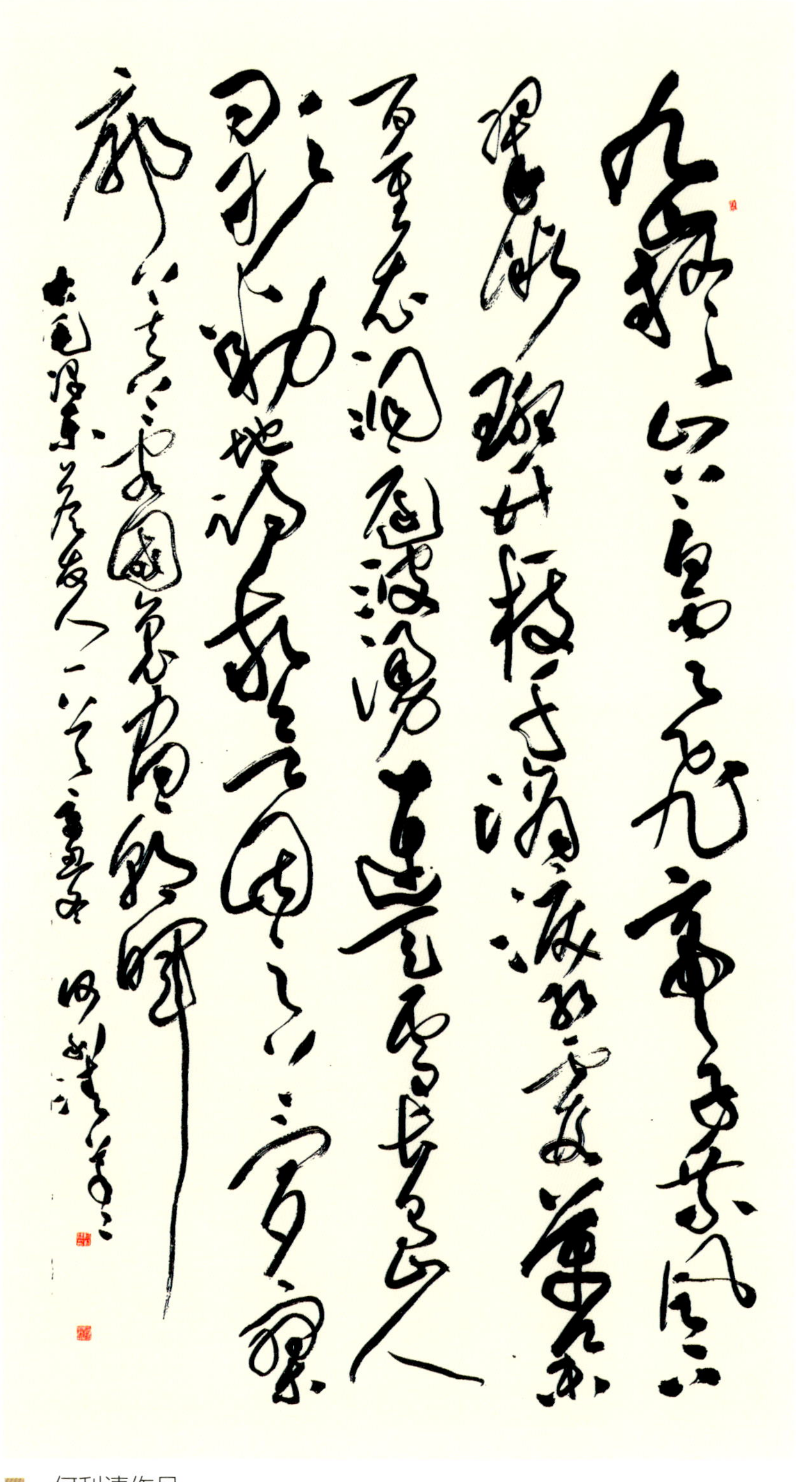

何利清作品

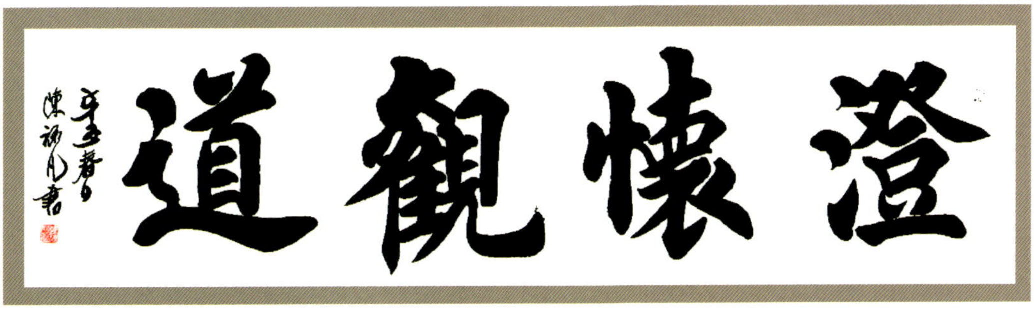

陈录凡作品

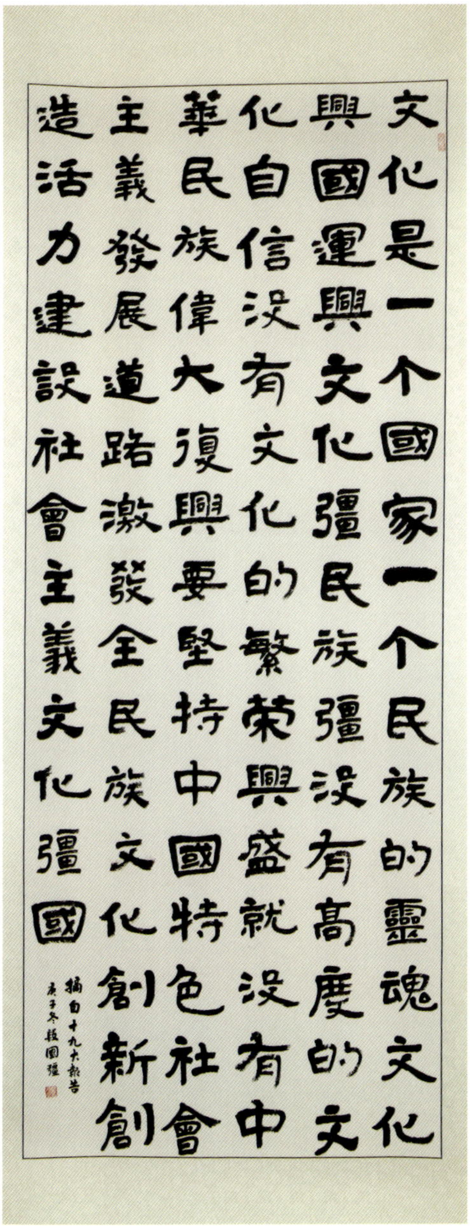

段国强作品

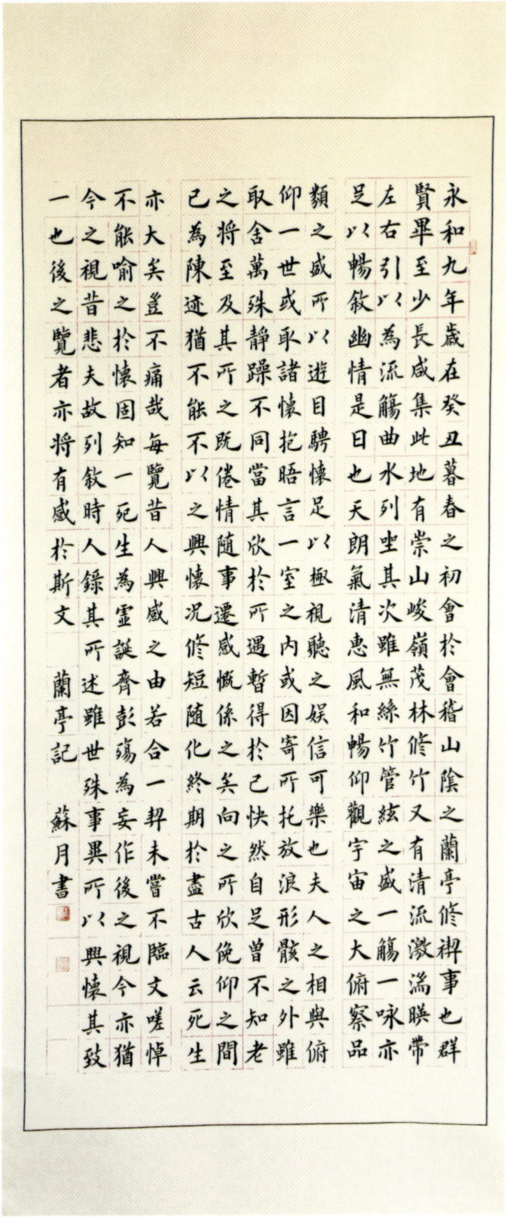

苏月作品

美食

DELICACY

麻叶

莜面窝窝

莜面饺饺

莜面鱼鱼

花馍馍

黄糕

稠粥

羊（猪）粉杂

油糕

调研
RESEARCH

山阴县医疗集团县人民医院欢迎援鄂英雄

防疫人员在政府广场进行消毒杀菌

2020 年 3 月 18 日，朔州市政协副主席、中共山阴县委书记李旭清（右二），深入山阴汽车站调研运营及疫情防控工作

2020 年 3 月 26 日，中共山阴县委副书记、县长苏坡（左三），就疫情防控工作推进情况进行调研

2020 年 4 月 29 日，中共朔州市委书记陈振亮（前排左二）在山阴县调研脱贫攻坚工作

2020 年 5 月 23 日，省委农办主任、省农业农村厅厅长鞠振（下蹲右二）带队到山阴调研雁门关农牧交错带示范区建设等工作

2020 年 6 月 24 日，中共山阴县委书记王世杰在张家庄乡调研

2020年7月7日，山阴县融媒体中心挂牌成立。朔州市委常委、宣传部部长王加关（前排左四），中共山阴县委书记王世杰（前排左五），中共山阴县委副书记、政府县长苏坡（前排左三），山阴县委常委、宣传部部长刘宇（前排左二）等市县相关领导出席

2020 年 8 月 31 日，军地领导共同为洪涛山革命根据地战斗遗址标志碑揭碑

2020 年 9 月 1 日，中共山阴县委书记王世杰、县委副书记王国文及县委相关领导出席古城镇党建引领乡村振兴“六个一”活动

会议

MEETING

2020 年 3 月 10 日，山阴县召开决战决胜脱贫攻坚会议，朔州市政协副主席、中共山阴县委书记李旭清主持

2020 年 4 月 26 日，山阴县政协主席段国强主持中国人民政治协商会议第九届山阴县委员会第五次会议

2020 年 6 月 22 日，山阴县召开全县领导干部大会

2020 年 6 月 22 日，新任中共山阴县委书记王世杰主持召开县委常委（扩大）会议

2020 年 8 月 19 日，中共山阴县委书记王世杰主持召开庆祝第三个“中国医师节”暨第一届“山阴好医师奖”表彰大会

2020 年 9 月 10 日，山阴县隆重庆祝第三十六个教师节，重奖教育工作先进集体及个人

2020 年 9 月 27 日，中共山阴县委书记王世杰主持召开山阴县持续净化政治生态专题会议，县四套班子成员出席

2020 年 10 月 21 日，山阴县启动第七次全国人口普查

2020 年 11 月 13 日，中共山阴县委召开十四届十三次全体会议，中共山阴县委书记王世杰主持

2020 年 12 月，山阴县人大常委会主任相成主持召开 2020 年度年终视察工作会

2020 年 12 月 10 日，中共山阴县委全面依法治县委员会第四次会议召开，中共山阴县委书记王世杰主持

2020 年 12 月 10 日，中共山阴县委召开统一战线工作领导小组（扩大）会议，中共山阴县委书记王世杰主持

目 录

特 载

忠诚践行领袖嘱托 率先蹚出转型新路 为全面建设社会主义现代化强县而努力奋斗（节选）
——在中国共产党山阴县第十五次代表大会上的报告…………………… 1
政府工作报告（节选）
——在山阴县第十七届人民代表大会第一次会议上……………………14

大事记

1 月……………………………………25
2 月……………………………………26
3 月……………………………………26
4 月……………………………………26
5 月……………………………………26
6 月……………………………………27
7 月……………………………………27
8 月……………………………………27
9 月……………………………………27
10 月……………………………………28
11 月……………………………………28
12 月……………………………………28

中国共产党山阴县委员会

县 委……………………………………29
概况……………………………………29
政治方向……………………………………29
管党治党……………………………………30
疫情防控……………………………………31
转型发展……………………………………32
改革创新……………………………………33
脱贫帮扶……………………………………33
乡村振兴……………………………………34
民生福祉……………………………………34
社会治理……………………………………35

组织工作……………………………………36
概况……………………………………36
干部管用……………………………………36
基层组织建设……………………………………37
疫情防控……………………………………38
脱贫攻坚……………………………………38
人才机制……………………………………38
老干部工作……………………………………39
队伍建设……………………………………39
党的建设……………………………………40

宣传工作……41
概况……41
理论武装……41
对外宣传……41
文明创建……42
文化惠民……42
文旅融合……42
队伍建设……43

统战工作……43
概况……43
教育培训……43
加强联谊……44
制度建设……44
民族宗教……44
侨务工作……45
非公经济发展……45
自身建设……45

县委办……46
统筹协调……46
以文辅政……46
会务接待……46
督促检查……46
基层减负……47
应急值守……47
深化改革……48
脱贫攻坚……48
统筹推进……48
作风建设……49
党的建设……50

巡　察……50
巡察全覆盖……50
健全制度机制……50
成果运用……50
巡察监督……51
队伍建设……51

机构编制……51
概况……51
巩固机构改革……52
事业单位改革……52
乡镇体制改革……52
编制管理……52
公益服务化……53
脱贫攻坚……53
机关建设……53

直属机关工作委员会……53
概况……53
机关党建……54
机关组织建设……54

机关事务……55
物业管理……55
会务服务……55
食堂服务……55
接待服务……55
后勤管理……55
党建引领……56

档　案……56
概况……56
基础建设……57
业务培训……57
收集与利用……57
安全管理……57
档案宣传……57

党 校……57
概况……57
党员培训……58
党校工作……59
基础建设……59
净化政治生态……59
脱贫攻坚……60

山阴县人民代表大会

人 大……61
概况……61
县人大常委会……61

监督 审议……61
司法监督……61
工作监督……62
视察调研……62
决议重大事项……63

人事与代表……63
人事任免……63
代表工作……63

机关工作……64
自身建设……64
脱贫攻坚……66

山阴县人民政府

综 述……67
概况……67
疫情防控……67
补齐城建短板……67
大气污染防治……67
民生保障……68
抓改革促发展……68

政府办……68
办文办会优质服务……68
收集信息辅佐政务……69
综合协调高效运转……69
督查督办决策落实……70
强化管家作用……70
强化带头作用……71
疫情防控……71

脱贫攻坚……72
概况……72
扶贫保障……72
监管项目资金……72
问题整改……72
规范档案……73
部门联动……73
健全机制……73
舆论宣传……73
强化理论学习……73

行政审批……73
概况……73
营商环境改革……74
数字政府建设……74
“一枚印章管审批”……75
互联网服务与监管……75
审批管理……76
创新服务机制……76
强化审批质量……76
完善审批制度……76
公共资源改革……77
“放管服效”改革……77

信　访……………………………………………77
信访活动……………………………………………77
网上信访……………………………………………77
治理信访案件………………………………………77
疫情防控……………………………………………78

项目监控……………………………………………78
项目资金监控………………………………………78
管理制度……………………………………………78
脱贫攻坚……………………………………………78

中国人民政治协商会议 山阴县委员会

综　述……………………………………………79
概况…………………………………………………79
加强政治建设………………………………………79
推动“书香山阴”建设……………………………79

参政履职……………………………………………80
培训交流提升履职能力……………………………80
健全协商规则………………………………………80
复工复产协商调研…………………………………81
助推产业交流合作…………………………………81

监督调研……………………………………………81
文化创意产业考察…………………………………81
助力民生事业………………………………………81

发展政协事业………………………………………81
完善工作机制………………………………………81
疫情防控……………………………………………82
聚焦脱贫攻坚………………………………………82

中国共产党山阴县纪律检查委员会 山阴县监察委员会

综　述……………………………………………83
概况…………………………………………………83
深化改革……………………………………………83
政治监督……………………………………………83
纠治“四风”………………………………………84

监督惩治……………………………………………84
净化政治生态………………………………………84
严惩基层腐败………………………………………85
深化政治巡察………………………………………85
强化以案促治………………………………………86
推动专项治理………………………………………86
建设纪检监察铁军…………………………………87

山阴县经济技术开发区管理委员会………………87
概况…………………………………………………87
区内“四上”企业…………………………………87
经济指标……………………………………………87
体制机制改革………………………………………88
管运分离……………………………………………88
招商引资……………………………………………88
项目建设……………………………………………89
重大转型项目………………………………………89
“三个一批”………………………………………90
基础设施建设………………………………………91
公共服务平台建设…………………………………91
创新驱动……………………………………………91
土地节约利用………………………………………92
基层党建……………………………………………92

人民团体

工　会……………………………………………93
基层工会……………………………………………93
职工培训……………………………………………93
完善维权机制………………………………………93
职工文体活动………………………………………93
困难职工解困………………………………………94

共青团……………………………………………94
“五四”系列活动…………………………………94
青年发展……………………………………………94
青少年权益…………………………………………94
青年志愿……………………………………………94
少先队………………………………………………95
基层组织建设………………………………………95

妇　联……………………………………………95
概况…………………………………………………95
疫情防控……………………………………………95
巾帼建新功…………………………………………96
巾帼脱贫……………………………………………96
妇联宣传……………………………………………96
服务妇女儿童………………………………………96
妇联改革……………………………………………97
妇联建设……………………………………………97

科　协……………………………………………97
概况…………………………………………………97
“科普＋防控”……………………………………97
实施“3+1”………………………………………98
扶贫工程……………………………………………98
科普惠农……………………………………………99
视力科普……………………………………………99
“科技工作者日”活动……………………………99
专家授课……………………………………………100
全国科普日…………………………………………100
政治建设……………………………………………100

工商联……………………………………………101
概况…………………………………………………101
疫情防控……………………………………………101
党建工作……………………………………………101
净化政治生态………………………………………101
护航民企发展………………………………………102
调查研究……………………………………………102
招商引资……………………………………………102
金融支持……………………………………………102

军　事

国防　武装………………………………………103
概况…………………………………………………103
国防教育……………………………………………103
国防动员潜力调查…………………………………103
针对性训练…………………………………………104
民兵整组……………………………………………104
党管武装……………………………………………104
练兵比武……………………………………………104
森林防火演练………………………………………104
征兵工作……………………………………………105
双拥共建……………………………………………105

培训　保障………………………………………105
军事训练……………………………………………105
专武干部集训………………………………………106
思想建设……………………………………………106
综合保障……………………………………………107
安全管理……………………………………………107

疫情防控…………………………………… 107

法　治

政法委及综治…………………………………… 109
概况…………………………………… 109
风险防控…………………………………… 109
服务发展…………………………………… 110
扫黑除恶…………………………………… 111
“三零”单位创建…………………………………… 111
基层治理…………………………………… 113
政法舆论宣传…………………………………… 113
智能建设…………………………………… 114

公　安…………………………………… 114
概况…………………………………… 114
扫黑除恶…………………………………… 114
严打禁毒…………………………………… 115
严打整治…………………………………… 115
便民利企…………………………………… 116
安全检查…………………………………… 116
便民服务…………………………………… 116
道路交通…………………………………… 116
疫情防控…………………………………… 117
党建引领…………………………………… 117

检　察…………………………………… 118
概况…………………………………… 118
检察监督…………………………………… 118
扫黑除恶…………………………………… 118
司法改革…………………………………… 118
服务高质量发展…………………………………… 119
脱贫攻坚…………………………………… 119
公益诉讼…………………………………… 119
队伍建设…………………………………… 119

法　院…………………………………… 120
概况…………………………………… 120
执法办案…………………………………… 120
化解民商纠纷…………………………………… 121
府院良性互动…………………………………… 121
解决执行难题…………………………………… 121
司法服务…………………………………… 121
司法改革…………………………………… 122
执法监督…………………………………… 122
扶贫工作…………………………………… 122

交　警…………………………………… 122
概况…………………………………… 122
车辆管理…………………………………… 123
事故隐患排查…………………………………… 123
交通秩序整改…………………………………… 123
交通安全…………………………………… 123
智慧交通…………………………………… 124
交通安全文明…………………………………… 124
事故救援…………………………………… 125
联动整治…………………………………… 125
交通执法…………………………………… 125
疫情防控…………………………………… 125
政治建警…………………………………… 126

消　防…………………………………… 126
概况…………………………………… 126
火灾情况…………………………………… 126
火灾防控…………………………………… 127
执勤训练…………………………………… 127
后勤基础…………………………………… 127
队伍建设…………………………………… 128
党风廉政…………………………………… 128
司法行政…………………………………… 128
概况…………………………………… 128

疫情防控…………………………………… 128
社会维稳…………………………………… 129
扫黑除恶…………………………………… 129
建设“精品司法所” ……………………… 130
法制宣传…………………………………… 130
法律援助…………………………………… 130
队伍建设…………………………………… 130

经济管理与监督

计　划……………………………………… 132
概况………………………………………… 132
项目建设…………………………………… 132
县级重点工程……………………………… 133
上级资金支持……………………………… 133
以工代赈…………………………………… 134
易地扶贫搬迁……………………………… 134
综合治理采煤沉陷区……………………… 134
协调粮食储存……………………………… 134
价格审查…………………………………… 134
规划编制…………………………………… 135

审　计……………………………………… 135
概况………………………………………… 135
职责职能…………………………………… 135
审计监督…………………………………… 135
财政收支审计……………………………… 136
政府投资审计……………………………… 136
干部经济责任审计………………………… 136
上级部署审计……………………………… 136
自身建设…………………………………… 136

统　计……………………………………… 136
概况………………………………………… 136
统计监测…………………………………… 137
统计分析…………………………………… 137
人口普查…………………………………… 137
脱贫攻坚成效调查………………………… 137
基层统计…………………………………… 137
法制宣传…………………………………… 137
城乡居民收入调查………………………… 138
贫困监测…………………………………… 138
粮食产量跟踪监测………………………… 138
规模以下工业和服务业抽样调查………… 138

市场监督…………………………………… 139
市场监管…………………………………… 139
事中事后监管……………………………… 139
政务公开…………………………………… 139
安全检查…………………………………… 140
食品监管…………………………………… 140
药品监管…………………………………… 141
专项整治…………………………………… 141
整治烟花爆竹……………………………… 142
有机产品认证……………………………… 142
公平竞争审查制度………………………… 142
队伍建设…………………………………… 143

国土资源管理……………………………… 143
国土空间规划……………………………… 143
城乡建设用地……………………………… 143
不动产登记………………………………… 143
耕地保护…………………………………… 143
矿产资源管理……………………………… 144
地质灾害防治……………………………… 144
土地执法监管……………………………… 144
信访案件…………………………………… 144
土地利用供应……………………………… 144

应急管理…………………………………… 144

概况…………………………………… 144
煤矿安全生产检查……………………… 145
非煤领域安全检查……………………… 145
“零事故”创建………………………… 146
应急救援………………………………… 146
煤矿智能化技术改造…………………… 146
安全生产月……………………………… 147
防灾减灾………………………………… 147
党风廉政建设…………………………… 147
扶贫攻坚………………………………… 148
扫黑除恶………………………………… 148

农林水牧

农　业………………………………… 149
概况…………………………………… 149
农业产业……………………………… 149
畜牧业………………………………… 149
农村改革……………………………… 149
环境整治……………………………… 150
农业产业脱贫………………………… 150
农田建设……………………………… 150

林　业………………………………… 150
概况…………………………………… 150
林草种植……………………………… 151
林政管理……………………………… 152
森林防火……………………………… 152
联防联治……………………………… 153
有害生物防治………………………… 153
野生动植物保护……………………… 153
生态扶贫……………………………… 153
退耕还林……………………………… 154

畜　牧………………………………… 154
经济指标……………………………… 154
防疫工作……………………………… 154
畜禽良种繁育………………………… 154
粪污处理……………………………… 154
生猪养殖业…………………………… 155
京津风沙源…………………………… 155
粮改饲………………………………… 155
奶牛场改造项目……………………… 155
牧场建设项目………………………… 155

农技与开发…………………………… 155
概况…………………………………… 155
有机旱作……………………………… 155
农技推广……………………………… 156
飞防植保……………………………… 156
信息进村……………………………… 156

农　机………………………………… 156
农机成绩……………………………… 156
技术指导……………………………… 156
科技推广……………………………… 157
农机安全监管………………………… 157
社会服务体系………………………… 157
优化办公环境………………………… 157
队伍建设……………………………… 158
党风廉政建设………………………… 158

水　利………………………………… 158
农村饮水……………………………… 158
水利防洪……………………………… 159
农田节水灌溉………………………… 159
水利水保……………………………… 159
灌区水源置换………………………… 159
农业水价改革………………………… 159
水法宣传……………………………… 160

“互联网 + 监管” …… 160
取用水管理…… 160
水资源管理与保护…… 160
水域岸线管理…… 160
水土保持监管…… 161
社会信用体系…… 161
队伍建设…… 161

山阴农牧场…… 162
农业产业…… 162
土地整合…… 162
考察学习…… 162
抗旱灌溉…… 163
配套设备…… 163
园区建设…… 163
企业盈利…… 163
牧草种植…… 164
人口普查…… 164
脱贫攻坚…… 164
移交退休人员…… 164
安全与扫黑…… 164
信访工作…… 165
民生工作…… 165
疫情防控…… 165
党的建设…… 165

原种场与林场…… 166
种植结构调整…… 166
基础设施建设…… 166
基层组织建设…… 166
护林防火与林木管护…… 166

农田建设服务中心…… 166
党内组织生活…… 166
疫情与扶贫…… 167

惠牧源农牧专业合作社联合社…… 167
概况…… 167
企业理念…… 167
运营模式…… 167
产业规模…… 168
品牌建设…… 168
技术力量…… 168
服务内容…… 169
企业荣誉…… 169

工 业

工业和信息化…… 170
经济指标…… 170
清欠民营企业账款…… 170
脱贫攻坚…… 170
管理国企退休人员…… 170
“三供一业”分离…… 171
能源革命…… 171
工业固废和煤基建设…… 171
科技服务和创业…… 172
国有企业改革…… 172
科技创新和工业转型…… 172
5G 网络覆盖 …… 172
企业服务…… 172
疫情防控…… 173
队伍建设…… 173

能源局…… 173
概况…… 173
能源执法…… 173
煤炭行业管理…… 174
电力发展…… 174
化解过剩产能…… 174
清洁能源…… 175

疫情防控…………………………………… 175

国家电网…………………………………… 175
概况…………………………………… 175
人力资源…………………………………… 175
经济指标…………………………………… 176
安全生产…………………………………… 176
电网建设…………………………………… 176
经营管理…………………………………… 176
企业建设…………………………………… 177
党的建设…………………………………… 177

城镇集体工业联合社…………………………… 178
概况…………………………………… 178
主要业绩…………………………………… 178
扶贫…………………………………… 178
信访…………………………………… 178

工业企业服务中心…………………………… 178
概况…………………………………… 178
信访…………………………………… 179
安全生产…………………………………… 179
脱贫攻坚…………………………………… 179
疫情防控…………………………………… 179
党的建设…………………………………… 180

小企业发展促进中心…………………………… 180
概况…………………………………… 180
普法宣传…………………………………… 180
股改工作…………………………………… 181
脱贫攻坚…………………………………… 181
“专精特新”…………………………………… 181
入企指导…………………………………… 181
推进“小升规”升级…………………………… 181
疫情防控…………………………………… 182

住房和城乡建设　环境保护

住房和城乡建设…………………………………… 186
道路建设…………………………………… 186
公共基础设施…………………………………… 186
乡村建设…………………………………… 186
规范整治…………………………………… 187
法治建设…………………………………… 187
安全监管…………………………………… 187
党建…………………………………… 188

征收补偿…………………………………… 188
概况…………………………………… 188
征收补偿…………………………………… 189

公共事业…………………………………… 189
概况…………………………………… 189
清洁能源供热…………………………………… 189
供水…………………………………… 189
市政道路建设维护…………………………… 189

市容市貌…………………………………… 190
环卫保洁…………………………………… 190
园林与市政管护…………………………… 190
防汛保障…………………………………… 190
疫情防控…………………………………… 191
帮扶脱贫…………………………………… 191

生态环境…………………………………… 191
概况…………………………………… 191
审批制度改革…………………………………… 191
环境宣传…………………………………… 191
环境质量指标…………………………………… 192
环境管理…………………………………… 192

放射源规范使用…………………………… 192
规范应急管理…………………………… 193
大气污染防治…………………………… 193
水污染防治……………………………… 194
土壤污染防治…………………………… 194
农村环境整治…………………………… 195
生态环境违法整治……………………… 195
脱贫攻坚………………………………… 195
党建……………………………………… 196

桑干河湿地公园管护中心…………………… 196
概况……………………………………… 196
公园管护………………………………… 197
申报国家级湿地公园…………………… 197

交通运输　邮政通信

交　通……………………………………… 198
基础建设………………………………… 198
养护管理………………………………… 199
脱贫攻坚………………………………… 199
安全监管………………………………… 199
节能减排………………………………… 199
疫情防控………………………………… 200
廉政建设………………………………… 200

公路管理段………………………………… 201
概况……………………………………… 201
养护生产………………………………… 201
大中修工程……………………………… 201
应急抢通………………………………… 201
安全生产………………………………… 201
路政管理………………………………… 201
扶贫……………………………………… 202
疫情防控………………………………… 202
精神文明建设…………………………… 202
反腐倡廉………………………………… 202

治理公路超载……………………………… 202
主体责任………………………………… 202
业务工作………………………………… 202
宣传教育………………………………… 202
精神文明建设…………………………… 203
信访工作………………………………… 203
党风廉政………………………………… 203

主要站点…………………………………… 203
山阴站…………………………………… 203
岱岳站…………………………………… 203

邮　政……………………………………… 203
邮政业务………………………………… 203
邮政金融………………………………… 204
邮政经营………………………………… 204

联　通……………………………………… 204
概况……………………………………… 204
通信网络………………………………… 205
公司业绩………………………………… 205
党建……………………………………… 205

移　动……………………………………… 205
基层建设………………………………… 205
脱贫攻坚………………………………… 206
反腐倡廉………………………………… 206
业务情况………………………………… 206
依法治企………………………………… 207
网络安全………………………………… 207
党建……………………………………… 207

电　信…………………………………… 208
概况…………………………………… 208
企业文化……………………………… 208
网络建设……………………………… 208
生产经营……………………………… 208
脱贫攻坚……………………………… 208
党建…………………………………… 209

财税　金融

财　政…………………………………… 210
概况…………………………………… 210
一般公共预算收入…………………… 210
一般公共预算支出…………………… 210
重点项目支出………………………… 210
建设“三农” ………………………… 211
扶贫资金……………………………… 211
政府债务率…………………………… 211
党建引领财政………………………… 211

税　务…………………………………… 212
概况…………………………………… 212
税收…………………………………… 212
疫情防控……………………………… 212
减税降负……………………………… 212
税源管理……………………………… 213
税务改革……………………………… 213
优化税收执法………………………… 213
提高服务质量………………………… 213
党建活动……………………………… 213

中国人民银行山阴县支行……………… 214
概况…………………………………… 214
金融监管和服务……………………… 214

银保监局山阴监管组…………………… 215
金融服务……………………………… 215
扫黑除恶……………………………… 215
防范金融风险………………………… 215

中国农业发展银行山阴县支行………… 215
概况…………………………………… 215
贷款支持……………………………… 215
业务范围……………………………… 215

中国工商银行山阴县支行……………… 216
概况…………………………………… 216
存款…………………………………… 216
贷款…………………………………… 216
利润…………………………………… 216
党建…………………………………… 216

中国农业银行山阴县支行……………… 216
概况…………………………………… 216
存款…………………………………… 216
贷款…………………………………… 217
利润…………………………………… 217
服务“三农” ………………………… 217
党建…………………………………… 217

中国银行山阴支行……………………… 217
概况…………………………………… 217
存款贷款……………………………… 217
业务范围……………………………… 218

中国建设银行山阴支行………………… 218
存款…………………………………… 218
小微企业贷款………………………… 218
中间业务利润………………………… 218
电子银行……………………………… 218

“裕农通” …… 218
内控管理 …… 218
案件防控 …… 219
党风廉政 …… 219
扶贫 …… 219

中国邮政储蓄银行山阴县支行 …… 219
银行网点 …… 219
存款 …… 219
贷款 …… 220

大同银行山阴支行 …… 220
概况 …… 220
存款贷款 …… 220
普法宣传 …… 220
内控案防 …… 220
疫情防控 …… 221
党建 …… 221

山阴农商银行 …… 221
概况 …… 221
存款贷款 …… 221
电子银行 …… 221
精准扶贫 …… 222
整村授信 …… 222
助推复工复产 …… 222
创新产品 …… 222
防控风险 …… 222
公益事业 …… 222

山阴太行村镇银行 …… 223
概况 …… 223
业务情况 …… 223
产品创新 …… 223
内控建设 …… 223
品牌形象 …… 223
疫情防控 …… 223
党建活动 …… 223

人寿保险 …… 224
业务 …… 224
提升服务 …… 224
扶贫 …… 224
队伍建设 …… 224
党的建设 …… 224

人保财险山阴支公司 …… 225
概况 …… 225
经营状况 …… 225
业务 …… 225
人保服务 …… 225
助力山阴建设 …… 225

商贸 烟草

商 务 …… 226
概况 …… 226
商务发展 …… 226
电商发展 …… 227
行业监管 …… 227
安全生产 …… 227
党建 …… 227

供 销 …… 227
概况 …… 227
服务“三农” …… 228
服务群众 …… 228
惠农工程 …… 228
精准扶贫 …… 228

烟　草……………………………… 229
概况……………………………… 229
卷烟营销……………………………… 229
行政许可管理……………………………… 229
卷烟打假……………………………… 229
内部监管……………………………… 229
基础工作……………………………… 230
勤政廉洁……………………………… 230
脱贫攻坚……………………………… 230
疫情防控……………………………… 230

文化　旅游　广电

文　化……………………………… 231
送戏下乡……………………………… 231
文化馆评估……………………………… 231
文化惠民……………………………… 231
文物保护……………………………… 231

党史方志……………………………… 231
年鉴出版印刷……………………………… 231
省市年鉴……………………………… 232
县志勘误……………………………… 232
党史工作……………………………… 232
疫情防控……………………………… 232
“三基建设”……………………………… 232

文　联……………………………… 233
概况……………………………… 233
精品创作……………………………… 233
文艺活动……………………………… 233
以文惠民……………………………… 233
党的建设……………………………… 234

新华书店……………………………… 234
经济指标……………………………… 234
图书销售……………………………… 234
两教销售……………………………… 234
安全生产……………………………… 235
政治书发行……………………………… 235
社会服务……………………………… 235
基层建设……………………………… 235

旅　游……………………………… 236
文化旅游……………………………… 236
乡村旅游……………………………… 236

山阴县广武风景名胜区……………………………… 236
概况……………………………… 236
法治建设……………………………… 236
基本工作……………………………… 237
队伍建设……………………………… 237

融媒体中心……………………………… 237
概述……………………………… 237
新闻宣传……………………………… 238
丰富创作内容……………………………… 238
创新整合……………………………… 238
安全播出……………………………… 239
队伍建设……………………………… 239

微波站……………………………… 239
安全传输……………………………… 239
基础建设……………………………… 239
学习培训……………………………… 240
精神文明建设……………………………… 240

教育　科技

教　育……………………………… 241

概况……………………………………………… 241
教育改革发展…………………………………… 241
疫情防控………………………………………… 241
校园安全………………………………………… 242
师资队伍建设…………………………………… 242
教育质量提升…………………………………… 242
教育扶贫………………………………………… 243
党的建设………………………………………… 243

电　大……………………………………………… 243
概况……………………………………………… 243
教学教务………………………………………… 243
教育服务………………………………………… 243
脱贫攻坚………………………………………… 244
理论学习和党建………………………………… 244

进　修……………………………………………… 244
概况……………………………………………… 244
创新学习………………………………………… 245
师资培训………………………………………… 245

职教中心…………………………………………… 245
概况……………………………………………… 245
职教成绩………………………………………… 246

职业学校…………………………………………… 246
概况……………………………………………… 246
办学理念………………………………………… 246
对口升学………………………………………… 246
校园建设………………………………………… 246

技工学校…………………………………………… 246
概况……………………………………………… 246
技能教学………………………………………… 247

山阴一中…………………………………………… 247
概况……………………………………………… 247
硬件设施………………………………………… 247
教师团队………………………………………… 247
学生情况………………………………………… 248
教学管理………………………………………… 248

山阴二中…………………………………………… 248
概况……………………………………………… 248
硬件设施………………………………………… 248
教师团队………………………………………… 248
学生情况………………………………………… 249
教学管理………………………………………… 249

山阴三中…………………………………………… 249
概况……………………………………………… 249
硬件设施………………………………………… 249
教师团队………………………………………… 249
学生情况………………………………………… 250
教学管理………………………………………… 250

山阴四中…………………………………………… 250
师德师风………………………………………… 250

山阴五中…………………………………………… 250
概况……………………………………………… 250
教学管理………………………………………… 250
获得荣誉………………………………………… 251

第六小学…………………………………………… 251
概况……………………………………………… 251
学校活动………………………………………… 251

第一幼儿园………………………………………… 251
概况……………………………………………… 251

课程与教研特色…………………………251
大型活动课程…………………………252

第二幼儿园…………………………252
概况…………………………252
办园方向…………………………252

气　象…………………………253
概况…………………………253
职责职能…………………………253
业务改革…………………………253
气象服务…………………………253
科技创新…………………………254
农业服务…………………………254
人工降雨…………………………254
安全生产…………………………254
科普宣传…………………………255
气象宣传…………………………255
文化活动…………………………255
财务工作…………………………255
办公环境…………………………255

防震减灾…………………………256
概况…………………………256
应急演练…………………………256
科普宣传…………………………256

卫生　医疗

卫生健康…………………………257
服务妇幼…………………………257
公共卫生服务体系…………………………257
县域医疗服务…………………………257
医卫改革…………………………258
信息化建设…………………………258
重点工作…………………………258
疫情防控…………………………258
健康扶贫…………………………259

防　疫…………………………259
概况…………………………259
疫情防控…………………………259
免疫接种…………………………260
传染病防治…………………………260
地方病防治…………………………260
艾滋病防控…………………………260
结核病防治…………………………260
监测检验…………………………260
食源性疾病监测…………………………261
慢性病工作…………………………261
职业病防控…………………………261
党建…………………………261

医疗保障…………………………262
概况…………………………262
基金监管…………………………263
便民服务…………………………263
脱贫攻坚…………………………264
优化异地就医…………………………265
医保服务…………………………265
医保收缴…………………………266
法制建设…………………………266

医疗集团人民医院…………………………266
概况…………………………266
疫情防控…………………………267
医疗技术…………………………267

中医院…………………………267
概况…………………………267

疫情防控…………………………………… 268
医技培训…………………………………… 268
医院建设…………………………………… 268

中医精神病院………………………………… 268
概况………………………………………… 268
特色治疗…………………………………… 268
特色科研…………………………………… 269

现代医院……………………………………… 269
基础设施…………………………………… 269
服务群众…………………………………… 269
技术水平…………………………………… 270
业务指标…………………………………… 270
财务管理…………………………………… 270
传染病及突发公共卫生事件……………… 271
监督管理…………………………………… 271

社会生活

人力资源和社会保障………………………… 272
概况………………………………………… 272
人才人事管理……………………………… 272
创业就业…………………………………… 272
劳动执法…………………………………… 273
社会保障…………………………………… 273
脱贫攻坚…………………………………… 273

民　政………………………………………… 274
概况………………………………………… 274
社会救助…………………………………… 274
关爱特殊群体……………………………… 275
选优驻村工作队…………………………… 275
脱贫攻坚…………………………………… 275
低保专项治理……………………………… 276
扫黑除恶…………………………………… 276
基层政权…………………………………… 276
乡村振兴…………………………………… 276
社会事务管理……………………………… 276
儿童收养…………………………………… 277
养老服务…………………………………… 277
重点建设项目……………………………… 277
“三零”单位创建………………………… 278
社会组织…………………………………… 278

退役军人事务………………………………… 278
概况………………………………………… 278
退役军人服务站…………………………… 278
退役军人工作……………………………… 278
退役军人安置……………………………… 279
权益保障…………………………………… 279
纪念烈士…………………………………… 279
双拥工作…………………………………… 279
队伍建设…………………………………… 280

残　联………………………………………… 280
概况………………………………………… 280
民生保障…………………………………… 280
残联扶贫…………………………………… 280
残联服务…………………………………… 281
残联宣传…………………………………… 281
党建………………………………………… 281

乡镇　街道

玉井镇………………………………………… 283
概况………………………………………… 283
扶贫工作…………………………………… 283
信访工作…………………………………… 284
美丽乡村…………………………………… 284

沉陷区搬迁…………………………… 284
森林防火…………………………… 285
安全生产…………………………… 285
私挖滥采整治工作…………………… 285
疫情防控…………………………… 285
后勤保障…………………………… 286
传承红色基因………………………… 287
队伍建设…………………………… 287
党建工作…………………………… 287

马营乡…………………………… 289
概况……………………………… 289
科技兴农…………………………… 289
安全生产…………………………… 289
移民搬迁…………………………… 290
美丽乡村建设………………………… 290
脱贫攻坚…………………………… 290
社会保障…………………………… 290
劳务经济…………………………… 291
平安建设…………………………… 291
疫情防控…………………………… 291
党建……………………………… 291

吴马营乡…………………………… 293
概况……………………………… 293
农村经济…………………………… 293
经济工作…………………………… 293
脱贫攻坚…………………………… 293
民生工程…………………………… 294
法治建设…………………………… 294
社会事业…………………………… 295
党建工作…………………………… 295

下喇叭乡…………………………… 296
概况……………………………… 296
农业果业…………………………… 296
畜牧业……………………………… 296
保障民生…………………………… 296
疫情防控…………………………… 296
美丽乡村…………………………… 297
扶贫……………………………… 297

北周庄镇…………………………… 297
概况……………………………… 297
农业发展…………………………… 298
环境整治…………………………… 298
疫情防控…………………………… 298
安全环保…………………………… 298
平安建设…………………………… 299

合盛堡乡…………………………… 299
概况……………………………… 299
工业建设…………………………… 299
农业建设…………………………… 299
环境立乡…………………………… 300
文明促乡…………………………… 300
平安稳乡…………………………… 300
民生工程…………………………… 301
精准扶贫…………………………… 301
法制建设…………………………… 301
党建引领…………………………… 301

岱岳镇……………………………… 302
概况……………………………… 302
农业生产…………………………… 302
疫情防控…………………………… 302
脱贫攻坚…………………………… 302
民生服务…………………………… 303
环境整治…………………………… 303
乡村建设…………………………… 303

安全生产…………………………………… 304

薛圐圙乡…………………………………… 304
概况…………………………………… 304
农业发展…………………………………… 304
美丽乡村…………………………………… 305
脱贫攻坚…………………………………… 305
疫情防控…………………………………… 305
安全稳定…………………………………… 306
生态文明…………………………………… 306
重大项目…………………………………… 306
基层党建…………………………………… 306

安荣乡…………………………………… 307
概况…………………………………… 307
农业生产…………………………………… 307
惠民工程…………………………………… 308
美丽乡村…………………………………… 308
安全工作…………………………………… 308
信访工作…………………………………… 308
“三零”单位创建…………………………………… 309
脱贫攻坚…………………………………… 309
扫黑除恶…………………………………… 309
招商引资…………………………………… 309
重点工程建设…………………………………… 310
社会事业…………………………………… 310
党建…………………………………… 310
基层服务…………………………………… 311
疫情防控…………………………………… 312

张家庄乡…………………………………… 313
概况…………………………………… 313
美丽乡村…………………………………… 313
乡村振兴…………………………………… 314
基层党建…………………………………… 314
党风廉政…………………………………… 315
疫情防控…………………………………… 315
脱贫攻坚…………………………………… 315
“十四五”发展规划…………………………………… 316

后所乡…………………………………… 316
概况…………………………………… 316
环境保护…………………………………… 316
美丽乡村…………………………………… 317
乡村振兴…………………………………… 317
疫情防控…………………………………… 317
脱贫攻坚…………………………………… 318
精神文明建设…………………………………… 318
招商引资…………………………………… 318
平安建设…………………………………… 319
基层党建…………………………………… 319
廉政建设…………………………………… 320

古城镇…………………………………… 320
概况…………………………………… 320
重点工作…………………………………… 321
民生工程…………………………………… 321
农村集体经济…………………………………… 321
法治建设…………………………………… 321
纪检监察…………………………………… 321
脱贫攻坚及乡村振兴…………………………………… 321
党建工作…………………………………… 322

马营庄乡…………………………………… 322
概况…………………………………… 322
农业产业…………………………………… 322
农村环境…………………………………… 322
基础设施…………………………………… 324
产业转型…………………………………… 324
脱贫攻坚…………………………………… 324

信访与安全…………………………… 324
环境保护…………………………… 324
基层建设…………………………… 325
疫情防控…………………………… 325
党建………………………………… 326
历史和文化………………………… 326

东城管委会………………………… 327
概况………………………………… 327
疫情防控…………………………… 327
民生服务…………………………… 328
平安创建…………………………… 328
社区禁毒…………………………… 328
扫黑除恶…………………………… 329
党建工作…………………………… 329

西城管委会………………………… 329
概况………………………………… 329
民生服务…………………………… 329
平安创建…………………………… 329
社区服务…………………………… 330
机构建设…………………………… 330
思想学习…………………………… 330
廉政建设…………………………… 330
党建工作…………………………… 331

组织机构及负责人名单

县级机构…………………………… 332
中共山阴县委员会………………… 332
山阴县十六届人大常委会………… 332
山阴县十六届人大法制委员会………… 332
山阴县十六届人大财政经济委员会…… 332
山阴县十六届人大社会建设委员会…… 332
山阴县人民政府……………………… 332
政协山阴县委员会…………………… 332
山阴县纪委监委……………………… 333
经济技术开发管理委员会…………… 333

乡镇及各系统机构………………… 333
乡镇………………………………… 333
党群………………………………… 335
政府………………………………… 336
宣传………………………………… 337
农业………………………………… 339
计划………………………………… 339
经贸………………………………… 340
政法………………………………… 341
条管………………………………… 341

2020 年受奖情况

集　体…………………………… 344
省部级……………………………… 344
市　级……………………………… 344
县　级……………………………… 344

个　人…………………………… 345
省部级……………………………… 345
市　级……………………………… 345
县　级……………………………… 346

忠诚践行领袖嘱托　率先蹚出转型新路
为全面建设社会主义现代化强县而努力奋斗（节选）

——在中国共产党山阴县第十五次代表大会上的报告

（2021 年 3 月 29 日）

王世杰

过去五年工作和基本经验

县第十四次党代会以来，在以习近平同志为核心的党中央坚强领导下，在省委、市委的亲切关怀和正确指导下，县委紧紧依靠和团结带领全县各级党组织、广大党员干部和人民群众，坚持以习近平新时代中国特色社会主义思想为指引，认真学习贯彻党的十九大和十九届二中、三中、四中、五中全会精神，深入贯彻落实习近平总书记视察山西重要讲话重要指示、“三篇光辉文献”和对“右玉精神”的重要指示精神，在抢抓机遇中阔步前行，在迎接挑战中砥砺奋进，县第十四次党代会确定的主要目标任务超额完成，“十三五”规划各项目标任务圆满完成。

——五年来，我们扛牢压实“两个责任”，党的建设全面加强。调整并成立县委议事协调机构 11 个，统揽全局、协调各方的领导核心作用得到进一步加强。“两学一做”学习教育常态定型，“不忘初心、牢记使命”主题教育成果持续巩固深化，“改革创新、奋发有为”大讨论成效明显，党员干部树牢“四个意识”、坚定“四个自信”、做到“两个维护”的坚定性和自觉性显著增强。深入推进“三基建设”，新建乡镇办公场所 5 个，“五小”设施实现全覆盖，投入基层运转经费 1.58 亿元，基层基础得到进一步夯实。贯彻新时期好干部标准，鲜明选人用人导向，大力引进紧缺人才，落实干部“能上能下”、严管厚爱机制，有效激发了党员干事创业活力。从严压实“两个责任”，建立健全管党治党责任体系和工作机制，综合运用监督执纪“四种形态”，充分发挥巡察“利剑”作用，一体推进“三不”机制，始终保持惩治腐败高压态势，政治生态持续净化、风清气正。加强党对意识形态工作的领导，建成新时代文明实践中心（所、站）210个，主旋律更加响亮、正能量更加强劲。

——五年来，我们主动应对风险挑战，综合实力稳步提升。“十三五”末，地区生产总值完成151亿元，年均增长3.3%；规上工业增加值增速达到10.9%，位居全市前列；一般公共预算收入达到12.3亿元，年均增长13.8%；三次产业结构调整为6.9∶41.4∶51.7，经济结构持续优化，发展质量显著提升，县域综合竞争力进入全省10强、排名第9位。建成省级经济技术开发区，在2019年省市综合考核评价中位居全省第20名、全市第2名。荣获“全国投资潜力百强县”“中国富硒小米之乡”“全省县域经济发展争先进位县”等称号。

——五年来，我们加快推进稳煤促新，产业结构不断优化。加快改造提升传统产业，持续释放先进产能，“十三五”末先进产能占比95.7%；新能源装机容量占比38.8%。牢固树立“项目为王”的鲜明导向，持续加大项目建设的力度和强度，累计实施亿元以上项目51个、完成投资152.31亿元。建成并上马玉竹、超牌、锦晔、松蓝等新材料项目，煤基、钙基产业体系逐步健全、效益明显。开发区“三化三制”进展顺利，水电路暖等基础设施进一步完善，制定招商引资惠企“12条”，推进“承诺制+标准地”改革，开发区项目吸引力、承载力大幅提升。大力实施“特”“优”战略，有机旱作农业种植规模持续扩大，牛羊鸡数量质量实现“双提升”，省市“513”龙头企业增至44家，“三品一标”农产品51个，农业机械化水平86%，高标准农田16万亩，多次承办国家级、省级农业现场会。持续拓展“互联网+”新业态，现代物流、电子商务等生产性服务业加速壮大，电商平台年均销售额2000万元以上。经济外向度明显提升，对外出口年均增长16%。启动长城国家文化公园建设，已列入国家第一批项目库。

——五年来，我们致力全面深化改革，创新发展势头良好。坚持以改革创新为根本动力，大力实施创新驱动发展战略，经济高质量转型的活力和动能显著增强。党政机关机构改革和行政区划调整圆满完成，事业单位改革有序推进。供给侧结构性改革、能源革命综合改革试点、增量配电、“风电打捆”等重点改革事项取得重大突破。国企国资改革步伐加快，“三供一业”分离移交任务基本完成，城发集团初步完成组建工作。全面推行“一枚印章管审批”，“放管服效”改革走在全市前列。规上企业技术创新实现全覆盖，建成晋北农科院等6家研发中心。

——五年来，我们大力发展民生事业，群众福祉持续改善。坚持以人民为中心的发展思想，各项民生事业加快发展，人民群众幸福感安全感获得感不断提升。民生支出累计达到92亿元，占财政支出比重保持在80%以上。城乡居民收入倍差缩小至2.82。扎实推进城建“九场硬仗”，水电气路暖等基础保障水平有效提升。新建和改扩建学校14所，职教中心投入运行，顺利通过全国义务教育均衡县验收；成立教育发展专项基金，招聘各科教师154名，高考达线人数逐年上升，教育教学质量稳步提高。公立医院、分级医疗等医药卫生体制改革不断深入。养老、医疗保险基本实现应保尽保。聚焦“两不愁三保障”，大力实施“八大工程二十个专项行动”，派出帮扶干部2900余人，顺利实现贫困县脱贫摘帽，39个贫困村全部退出，建档立卡贫困人口全部脱贫，骏宝宸科技有限公司荣获“全国脱贫攻坚先进集体”。“三零”单位创建、社会治理、法制建设和扫黑除恶专项斗争取得积极成效。应急管理体系日趋完善，安全生产形势持续好转。

——五年来，我们扎实推进增绿治污，生态环境明显好转。统筹推进山水林田湖草系统治理，持续推进污染治理和生态修复，生态文明建设取得新成效。环境空气质量综合指数降至5.36、年均下降4.9%。集中开展桑干河清河行动，实施83项治理修复项目，出境断面水质稳定在三类以上标准。国土造林9.7万亩，森林覆盖率17%；积极申报国家级湿地公园。打造美丽乡村示范村51个，北周庄镇燕庄村被评为“全国改善农村人居环境示范村”。

以上成绩的取得，是习近平总书记亲切关怀、正确指导的结果，是党中央和省委市委坚强领导、关心支持的结果，是我们凝聚党心民心、汇聚各方合力的结果，是全县各级党组织和广大党员干部群众团结协作、干事创业的结果，是社会各界鼎力相助、大力支持的结果。在此，我代表中共第十四届山阴县委、全县各级党组织和广大党员干部，向所有关心、支持、参与山阴改革发展稳定的同志们、朋友们，表示衷心的感谢和崇高的敬意！

回顾五年的历程，我们感慨万千、豪情满怀。这五年的奋斗实践，加深了我们对改革发展稳定各项工作的规律性认识，积累了新的宝贵经验。

我们深刻体会到，办好山阴的事情，必须始终筑牢绝对忠诚的思想根基。五年来，我们树牢“四个意识”，坚定“四个自信”，坚决做到“两个维护”，自觉在思想上政治上行动上同以习近平同志为核心的党中央保持高度一致，坚持用党的创新理论武装头脑、指导实践、推动工作，做到了对标对表、看齐紧跟。

我们深刻体会到，办好山阴的事情，必须始终坚定转型发展的战略定力。五年来，我们始终坚持发展第一要务，准确把握经济新常态下国内外发展大势，充分利用资源型经济转型发展、能源革命试点等重大国家战略机遇，主动作为、精心部署，加快转型升级、推动经济增长，挖掘增长潜力、厚植发展优势，做到了思路引领、全局互动。

我们深刻体会到，办好山阴的事情，必须始终弘扬改革创新的时代精神。五年来，我们把深化改革作为落实“三新”发展理念的关键之举、根本之策，立足实际、突出重点，抓好当前、谋划长远，在“放管服效”、农村土地、开发区“三化三制”等方面取得突破性进展，做到了稳中有进、变中求新。

我们深刻体会到，办好山阴的事情，必须始终坚持人民至上的为民情怀。五年来，我们始终坚持以人民为中心的发展思想，坚持问题导向、回应民生关切，统筹城乡发展、加快共建共享，稳步加大民生事业的投入力度，不断提升教育、城建、卫生等公共服务水平，有效夯实了民生基础、增进了群众福祉，做到了立党为公、执政为民。

我们深刻体会到，办好山阴的事情，必须始终扛牢管党治党的政治责任。五年来，我们始终坚持党要管党、全面从严治党，始终坚持党对一切工作的领导，以刀刃向内、自我革命的斗争精神，全面加强党的政治、思想、组织、作风和纪律建设，正风肃纪、重拳反腐，全县政治生态得到明显修复、持续净化，做到了动真碰硬、从严从实。

夕惕若厉，则无咎矣。在肯定成绩的同时，我们必须清醒地看到，建设现代化强县还面临不少困难和挑战，具体表现为：一是经济总量小、支柱产业少，特别是战略性支撑性项目严重不足，三次产业发展水平较低、尚未形成相互协同、互为补充的格局。二是城乡水、电、气、路、暖等基础设施严重落后，教育、卫生、文化、体育等公共服务水平不高，一些事关群众切身利益的问题尚未得到彻底解决，特别是城市功能不健全、规划不到位、管理不精细等问题较为突出，“脏乱差”现象仍未得到有效解决。三是县级财政可用财力严重不足，保民生、保工资、保运转缺口很大，捉襟见肘。四是社会主义核心价值观尚未深入人心、形成自觉，行为失范、管理失序、权力失控等现象时有发生，尤其是诬告、诽谤等行为屡禁不绝，严重影响了山阴的对外形象，也打击了部分干部的工作积极性，更导致了部分干部不敢为、不担当；特别是我们在教育引导、文化熏陶、行为实践等方面存在严重不足，向上向善的正能量激发不够，聚民心、扬正气、树形象等工作亟待加强。五是干部队伍精神不振、作风不实、能力不足问题不容忽视，一些党员领导干部不负责、不担当、不敢为，不会为、不愿为、不作为，以及小视野、小算盘、小格局等问题较为突出。同时，干部队伍中官僚主义、形式主义、消极腐败等问题仍然不同程度存在，全面从严治党任重道远。特别是干部主动向上抢政策、争资金、跑项目的能动性严重不足，等等。

今后五年的工作思路和目标任务

世界在变化、时代在进步、形势在发展。办好山阴的事情，是一场永不落幕的“接力赛”，需要我们弘扬“右玉精神”，一棒接着一棒跑、一任接着一任干。站在“建党百年”的历史节点上，我们更加深刻体会到，习近平总书记的领航把舵，是我们走好建设现代化强县新征程的底气所在、力量所在！

2020年5月，习近平总书记再次视察山西，提出“在转型发展上率先蹚出一条新路来”的重大要求，这是我们资源型地区高质量高速度转型发展的根本遵循。“率先”二字，重如泰山！这是领袖的殷殷嘱托，更是时代的迫切呼唤！对此，我们必须深入学习习近平总书记视察山西重要讲话重要指示，胸怀“两个大局”，心怀“国之大者”，点亮“领航灯塔”，回答好“从哪里来、往哪里去”的重大问题，落实好“率先蹚新路、转型出雏形”的重大要求，不断激励全县广大党员干部群众干在实处、走在前列、勇立潮头！

*（一）全面建设现代化强县，我们必须因势而谋、应势而动、顺势而为。*当今世界正经历百年未有之大变局，国际力量对比深刻调整，和平与发展仍然是时代主题，同时国际环境中的不稳定性不确定性明显增加，新冠肺炎疫情影响广泛深远，经济全球化遭遇逆流，外部形势错综复杂。我国发展仍处于重要战略机遇期，经济长期向好，市场空间广阔，发展韧性强劲，持续发展具有多方面优势和条件。特别是经过“十三五”时期的接续奋斗，我县与全国同步全面建成小康社会，全县人均GDP已超过1万美元、即将跨过中等收入门槛，标志着山阴站在新的历史起点、进入新的发展阶段。

——今后五年，是山阴蓄势勃发的战略机遇期。国内经济进入新发展阶段，发展面临复杂的内外环境、诸多的困难挑战。但是，党中央通过构建“以国内大循环为主体、国内国际双循环相互促进”的新发展格局，推动新一轮科技革命、产业变革、数字化转型，加快我国制造业高端化、智能化和绿色化发展，给我国经济带来了新机遇。山阴作为全市最重要的交通枢纽，对外开放空间更加广阔，区域融合发展更具活力，将会迎来新一轮资金流、技术流、信息流。

——今后五年，是山阴产业转型的全面攻坚期。当前，山阴面临着做大总量与提升质量的双重任务，转变发展方式、提升经济质态仍然艰巨，但我们更应该看到，高质量高速度转型发展具备诸多利好因素，省委作出了“三个五年”分步走的战略安排，提出了“十四五”转型出雏形的战略目标，聚焦“六新”突破，明确了14个战略性新兴产业集群的主攻方向，进一步为资源型地区转型发展指明了方向与路径。

——今后五年，是山阴全面振兴的加速推进期。放眼全省，各市县均提出了全面建设社会主义现代化的战略目标和具体措施。面对区域竞争态势，山阴发展正进入大投入、大产出并重的战略拐点，产业转型正进入扩规模、提质效并重的关键时期，城乡格局正进入补短板、优功能并重的全新阶段，全县群众思富思进思变的愿望更加强烈，这既是新一届县委肩负的历史重任，也是“率先蹚新路、转型出雏形”的强大动力。

（二）全面建设现代化强县，我们必须坚定方向、把握取向、明确导向。旗帜决定方向，道路决定命运。我们奋进“十四五”、建设现代化强县，必须以全球视野和世界眼光，精准审视优势和不足，精确把握机遇和挑战，精心擘画思路和目标，精细制定路径和举措，瞄准高质量高速度转型发展，昂首奋进在建设现代化强县的新征程上，奋力做到“全国争先、全省率先、朔州领先”！

——“十四五”期间的指导思想是：高举中国特色社会主义思想伟大旗帜，深入贯彻党的十九大和十九届二中、三中、四中、五中全会精神，坚持以马克思列宁主义、毛泽东思想、邓小平理论、“三个代表”重要思想、科学发展观、习近平新时代中国特色社会主义思想为指导，全面贯彻党的基本理论、基本路线、基本方略，深入落实习近平总书记视察山西重要讲话重要指示、“三篇光辉文献”和对“右玉精神”的重要指示精神，统筹推进“五位一体”总体布局，协调推进“四个全面”战略布局，坚定不移贯彻新发展理念，坚持稳中求进工作总基调，以推动高质量高速度转型发展为主题，以深化供给侧结构性改革为主线，以改革创新为根本动力，以满足人民日益增长的美好生活需要为根本目的，坚持系统观念，统筹经济与生态、城镇与乡村、发展与安全，加快融入以国内大循环为主体、国内国际双循环相互促进的新发展格局，巩固拓展疫情防控和经济社会发展成果，按照省委“四为四高两同步”总体思路和要求，围绕市委“123321”工作思路，扎实做好“六稳”工作、全面落实“六保”任务、加快推进“六新”突破，推动“三区”协同，打造“灵秀古城”、建设“新韵山阴”，确保“十四五”转型出雏形，为全面建设社会主义现代化强县开好局、起好步。

——“十四五”期间的战略目标是：打造“灵秀古城”、建设“新韵山阴”。参天之木，必有其根；怀山之水，必有其源。任何国家和民族，都有其根之所系、魂之所在。抛弃根和魂，就等于割断了自己的精神命脉。“灵秀”与“新韵”，既是表和里的关系，更是根与魂的传承；不仅考虑到我们外在形象的改变与塑造，更加重视本质性、内在性的重塑与变革，由内而外充分展示出我们历史上曾有过的灵秀形态，更为重要的是呈现出山阴新时代应具有的神采风韵。因此，县委在十四届十二次全会上提出打造“灵秀古城”、建设“新韵山阴”的战略目标，得到了广大干部群众和社会各界的高度认同、积极响应。我们有理由，也必须让“灵秀古城”在我们手中保护好、发展好。同时，奋进新时代、走好新征程，迫切需要明确新的目标、建树新的作为、展现新的形象，也迫切需要激励和引导全县干部思想同频、目标同向、行动同行。

打造“灵秀古城”。“灵秀”一词，源自成语“钟灵毓秀”、《辞海》释意为“天地间灵秀之气所聚”。“灵秀古城”，既有对我县自然山水的定位，也是对人文历史的延续；既展现了山阴经济社会发展成就，也表达了我们对山阴未来发展的愿景。从历史上看，山阴历史悠久、源远流长，曾是京畿重地、边塞重城、明清重镇，称其为“古城”可谓名副其实。从地理上看，山阴“八岭环拱，二河襟带”，境内既有洪涛山、翠微山等三晋名山，也有佛宿云眠、寒潭石瓮等“古八景”，还有桑干河、黄水河等河流交错汇聚，是山泽水灵的“塞上江南”。从人文上看，游牧、农耕两大文化交融，孕育出厚重的文化底蕴和绵延的文脉传承，既给我们留下了明长城、广武城、汉墓群等“国宝级”的历史遗迹，也涌现出了北魏安远将军庚岳、唐朝芮国公苑君璋、宋朝大将米信、辽代丞相沙彦珣、元朝平阳元帅安明本、明代内阁首辅王家屏等名人志士，可谓人杰地灵、文脉绵延。同时，山阴物华天宝、物产丰饶，是全国煤炭大县、牧业大县、农业大县，是一方灵秀独钟的风水宝地。

建设“新韵山阴”。就是要进一步升华灵秀

之气、重现古城之韵。一方面，充分挖掘、保护、利用好珍贵的历史文化遗产，打造边塞文化古城、历史文化名城，使其成为山阴最具特色的文化标志。另一方面，按照“一核一带两翼”布局，建设桑干河生态经济带，打造现代、生态、宜居的大县城，让山阴具有“塞上江南”的山水气质。以此，进一步激励干部群众走好新路、唱响新曲，动员干部群众热爱故乡、建设家乡，引导干部群众立足新发展阶段、贯彻新发展理念、构建新发展格局，在产业上培育转型发展新动能，在开放上打造内陆地区新高地，在生态上展现绿水青山新面貌，在城乡上构建一体融合新格局，在民生上彰显执政为民新成效，全力打造党风正、民风淳，生态美、环境优，产业兴、百姓富的新韵山阴，真正让“灵秀”与“新韵”成为山阴的外在形象和内在特质。

各位代表、同志们！打造“灵秀古城”、建设“新韵山阴”，我们有基础、有底气，更有信心、有决心，通过 3 ～ 5 年的时间，一定会让山阴以一个全新的面貌、全新的形象屹立在三晋大地！

——“十四五”期间的战略核心是：打造“三个主体功能区”，建设“九大基地”。

打造北部能源革命先行区。依托北部山区乡镇丰富的煤炭资源，大力发展煤基、钙基新材料产业，促进产业链价值链向中高端跃升，加快建设千亿级能源产业链，打造全省重要的新型综合能源基地、清洁能源输出基地、新材料制造基地。

打造中部产城融合样板区。按照“一核一带两翼”布局，以县城经济圈建设为核心、桑干河为轴线，打造生态经济带、建设东南和西北两翼经济发展新高地，加快建设总部经济、公共服务、现代行政“三大中心”，打造全省重要的富硒功能食品加工基地、特优农产品生产基地、现代商贸会展基地。

打造南部文旅康养度假区。全方位融入我省“长城”旅游板块，做大做强“旅游＋文化”“旅游＋农业”“旅游＋体育”“旅游＋康养”四大产业集群，打造全省重要的旅游康养度假基地、长城文化展示基地、户外体育运动基地。

总之，我们就是要通过高质量高速度转型发展，推动山阴真正成为“大同——朔州现代产业协同发展区”的重要增长极，在经济发展、社会进步、改革创新、民生改善等方面走在晋北地区前列，为“率先蹚新路、转型出雏形”做出应有贡献！

（三）全面建设现代化强县，我们必须走好新路、创好新业、唱好新曲。时代呼唤担当，使命催人奋进。这个时代是一个伟大的时代，是值得每个人都为之奋斗、为之拼搏的时代。历史的接力棒交在我们手上，就意味着我们要扛起时代重任，担当时代使命，一往无前地奋进新时代、展现新作为、树立新形象，奋力在全面建设社会主义现代化国家新征程中扛起山阴担当、作出山阴贡献、谱写山阴篇章。

一要坚持创新为上，坚定不移走产业强县之路。既要抓住“大循环”“双循环”带来的现实机遇，满足多元化、多层次的市场需求；又要抢抓“六新”产业带来的战略机遇，全环节全领域推动理念创新、产业创新、制度创新，加快形成以创新引领的发展模式、产业体系和经济业态。到“十四五”末，“六新”产业产值占 GDP 比重达到 10% 以上。

二要坚持统筹为重，坚定不移走城乡一体之路。大力推进三次产业协调发展，全面构建布局合理、结构优化、集约高效的现代产业体系。到“十四五”末，全县现代农业发展水平达到 90% 以上，农业机械化水平达到 91% 以上。大力优化全县生产力布局，推进“多规合一”，主体功能区布局基本形成。大力推动城乡协调发展，因地制宜建设特色小镇和美丽乡村。

三要坚持环境为基，坚定不移走绿色发展之路。“十四五”期间，绿色要成为我们最靓丽、最厚重的底色。围绕碳达峰、碳中和，深入推进绿色增长，构建资源消耗低、环境污染少的绿色产业体系，主要污染物排放总量大幅减少，单位GDP能耗较“十三五”末降低15%以上。大力推进绿色建设，让空气清新、河道清澈、乡村清洁、县城清爽成为常态，县城绿化覆盖率达45%。倡导和践行勤俭节约、绿色低碳、文明健康的生活方式，使共建生态文明、共享绿色文化成为全县的主流价值观。

四要坚持开放为先，坚定不移走扩大开放之路。今后五年，开放要成为我们最鲜明、最坚定的姿态，全力拓展发展新空间。主动融入京津冀、雄安新区、长三角等国家开放发展大格局，做大做强对外开放平台。积极融入黄河金三角，以开放合作的新姿态，在差异化发展中提升区域特色竞争力。依托雁门关农牧交错带建设，继续深化与4个市、36个县的互联互通、共建共享，持续巩固先行区、核心区和示范区地位。扩大对外开放新领域，全面提升经济外向度，力争“十四五”期间完成产业类实际利用外资5亿元。

五要坚持民生为本，坚定不移走共建共享之路。坚持人民主体地位，通过有效的制度安排和扎实的工作举措，让人民群众的获得感更强、幸福感更持续、安全感更有保障。城乡居民收入增长与经济增长同步；教育、医疗、卫生、文化等基本公共服务均等化水平稳步提高，全民参保覆盖率达95%以上；社会大局安全稳定，公众安全感、满意度达98%以上。

（四）全面建设现代化强县，我们必须脚踏实地、真抓实干、力求实效。时光不负有心人，星光不负赶路人。奋进新时代、走好新征程，我们要坚持一流标准，注重扬长避短，不断超越自我，对标对表习近平总书记赋予我们的新目标新定位，高举改革创新这面大旗，咬定目标、勇往直前，走好新时代的长征路。

一要准确把握“转型发展”的时代要求，全力构建现代产业体系。产业是县域经济发展的“牛鼻子”“命根子”。我们要聚焦全球产业发展方向，围绕强龙头、补链条、聚集群，推动质量变革、动力变革、效率变革，全链条全环节推动产业升级、效益升值，全面提高经济质量效益和综合竞争力。

大力推进工业新型化。加快煤电一体化步伐，加大智能化现代化矿井建设力度，持续提升先进产能占比，同时依托“晋电送浙”特高压输电通道，加快建设晋北风光火储输一体化新能源项目，实现煤电传统产业高端化智能化绿色化发展。实施“补链”“延链”“强链”工程，壮大煤基、钙基新材料产业，加速松蓝、超牌、玉竹等现有优势企业全方位升级，延伸产业链条，提升科技含量，加快形成完善的产业配套体系。推进智能制造和“互联网+”行动，促进工业化、信息化“两化融合”，打造一批智能化示范企业。按照“一区两园”的空间格局，抓好开发区土地利用、基础设施建设、高端人才引进等重点工作，深化“标准地”改革，加快“标准厂房”建设，加大招商引资力度，发挥经济转型主引擎作用。聚焦“六新”产业，推动功能产品、电子商务、食品加工、旅游康养等产业产值实现翻番，与中科云创开展深度合作，高标准建设云中心和基础数据库，发展5G商用、AI智能、3D打印等未来产业，推动“山阴制造”蝶变为“山阴创造”。

大力推进文旅产业化。加大文化产业支持力度，健全市场服务体系，坚持引进和扶持相结合，培育壮大文化、文旅两大市场主体，提升优质文化产品市场占有率。推进文化产业数字化，打造一批数字文创特色产品，推动文化产业转型升级。坚持以文塑旅、以旅彰文，统筹推进文旅资源开发和优化配置，加快建设长城国家文化公园、长城1号旅游公路等一批文旅工程及配套设施，牵引明长城、广武城等景点升级、线路升格，做强“塞上广武三千年，长城两侧是故乡”品牌，推送广武旅游区创建国家AAAA级景区。发展现代康养度假产业，规划建设一批养生、养老康养小镇，创新生态体验、度假养生、森林避暑等新业态，新建国际标准滑雪场，积极构建春花、夏绿、秋果、冬雪的生态休闲康养产业体系。加快推进全域旅游，完善旅游设施，丰富旅游业态，实现“快进慢游”深体验。

大力推进服务高端化。围绕发展提速、比重提高、层次提升，做大做强金融、物流、会展、电子商务、科技服务等生产性服务业，做优做特商贸、文化、旅游、体育等生活性服务业。以县城经济圈建设为牵引，依托“互联网+”“综合体+”等新业态，推动现代服务产业向中高端攀升；积极承办国家级、省级体育赛事，以及各类高端展会，形成具有高度灵活性的多功能复合型会展综合体。加快物流与运输、仓储、货代、信息等产业融合发展，打造联动晋北、服务全省、辐射全国和周边国家的商品输出地。

二要准确把握“改革创新”的时代脉搏，全力打造一流创新生态。创新决定发展格局、引领发展未来。我们要坚决破除资源依赖思想和观念，把创新作为发展的核心战略，推动体制、方式、平台等创新，积极构建一流的创新体系和生态，努力打造全省创新驱动发展新高地。

在创新能力上求突破。强化原始创新，实施重大前沿技术攻关计划，在杂粮育种、奶牛改良、新型材料等领域取得重大突破，掌握一批关键核心技术，获取一批核心知识产权。推进集成创新，发挥企业主体作用，支持规上企业提升现有研发中心、新建技术创新中心，推动更多颠覆性、原创性技术成果在我县诞生。到“十四五”末，建成10个科技研发中心。

在创新环境上求突破。实施“双创”示范工程，大力发展众创、众包、众扶、众筹，全力支持“双创”基地提水平、提效能。实施开放合作工程，加强与科研院所、高等院校的常态化对接、合作，加大最新科研成果的承接和转化力度，促进全县产业链条提标升级、提档升值。

在创新人才上求突破。聚焦“六新”产业，探索创新招引模式，不拘一格引进人才、用好人才，打造全省最具吸引力的人才高地，助力传统产业升级、新兴产业破局。大力培养本土人才，依托职业教育师资力量，瞄准全县产业发展方向，科学设置专业学科，不断提升专业型技能型人才的规模和水平。重点依托开发区企业，打造科研团队、建设研发中心，使人才在“蹚新路”的具体实践中发挥智囊团、开拓者、领头雁作用。

在创新体制上求突破。强化供给侧结构性改革，着力解决制约发展的深层次问题，推动三次产业向创新链、价值链中高端攀升。深入推进城发集团等国资国企改革，通过投资融资、产业培育、资本整合等，推动县属国资国企做优做强。深化土地管理制度改革，健全增存挂钩、增减挂钩长效机制，转变土地开发利用方式，积极盘活低效用地和闲置土地。以打造“整体政府”为目标，建立健全“五个一”运行模式，进一步优化行政决策程序、缩减审批时限，确保“网上办”事项不低于90%，着力打造全省县级“放管服效”改革示范窗口。

三要准确把握“循环融合”的时代特征，全力提升对外开放水平。开放带来进步，封闭必然落后。在“十三五”期间，全县对外贸易仅7000多万元，与山阴发展极不匹配。今后五年，我们要围绕“开放”下苦功、做实功，真正把山阴开放的大门开的更大，让更多的“山阴好物”销往全国、走向世界，让更多的开放成果促改革、促发展、促创新。

构建开放大格局。围绕扩大内需这一战略重点，立足国际大市场，聚焦国内大循环，深度参与国家和省市产业链供应链布局，更加主动地融入国内省内市场，推动山阴优势产业、优势企业、优势产品“走出去”。打造省市对外开放的“桥头堡”，向北加强与京津冀、雄安新区的对接，向南加强与长三角、珠三角的对接，积极承接优势产业转移，加强全领域的学习交流合作，在更大范围内实现政策沟通、贸易畅通、信息共通、资金融通。

畅通开放大通道。着力提升交通枢纽功能，大力推进集大原高铁等省市重点交通项目，全力推进朔山联络线，以及朔州机场、荣乌高速口、古城高速口“三条连接线”，构建高速、高铁、动车“三大开放性通道”，进一步畅通和拓宽我县对外交流合作的路径，形成交汇四方、通达未来的路网大格局。

打造开放大环境。依托电子商务、现代物流，推动对外贸易扩规模、上档次。积极参与全国全省产业分工，大力度吸引研发中心、运营中心、分拨中心、销售中心、采购中心入驻山阴。同时，依托古城、元营等4个高速出口，建设现代化物流园区，培育开放型企业，做优开放型产业。

四要准确把握“城乡一体”的时代趋势，全力推进乡村振兴战略。巩固拓展脱贫攻坚成果，有效衔接乡村振兴，全力加快农业农村现代化。

全面夯实农业基础。深入实施“特”“优”战略，不断巩固杂粮等特色产业主导地位，持续提高牛猪羊鸡等养殖规模和品质，全力夯实牧业强县基础。运用“互联网+”“5G+”改造提升农业产业，推动种养加及一、二、三产业融合发展，确保既“种得好”又“卖得好”。坚持农旅融合，大力发展休闲农业，规划建设“农业嘉年华”项目，创优休闲农业新业态、新模式，全面提升农业产业的综合性、休闲性和娱乐性。培育一批现代种养基地、新型经营主体和全国驰名品牌。培养新型职业农民，造就高素质农业生产经营者队伍。建设现代化高标准农田水利设施，健全农产品质量安全体系。落实粮食安全责任制，确保粮食安全。

全面拓展脱贫成果。把巩固拓展脱贫攻坚成果放在乡村振兴的突出位置，严格落实“四个不摘”要求，保持主要帮扶政策总体稳定。健全防止返贫动态监测和帮扶机制，实现动态清零。加强扶贫项目资产管理和监督，确保资产安全稳定、溢价增值。发展壮大乡村特色产业，促进脱贫人口稳定就业，持续改善乡村基础设施条件，进一步提升公共服务水平。

全面打造美丽乡村。综合考虑区位、经济、用地等因素，合理搭建“四类”乡村振兴村庄体系。围绕打造“四型”美丽乡村，整合项目资金，坚持精准发力，打造一批样板村、示范村，带动全县美丽乡村建设提档升级。持续深化农村人居环境整治，同步建立和完善垃圾收集、转运体系，以市场化方式提升管护水平。

全面提升治理水平。充分发挥农民主体作用，健全议事协商制度。加强精神文明和思想道德建设，发挥好新时代文明实践中心（所、站）的教育引导作用，挖掘农村优秀传统文化，通过村规民约等方式，积极推进农村移风易俗，倡导文明新风。

五要准确把握“共建共享”的时代追求，全力改善人民生活品质。牢固树立以人民为中心的发展思想，贯彻“共建共享”的民本理念，聚焦群众忧心事、烦心事，为群众解难事、办实事，让民生事业更有温度、更具质感。

实施城市提质行动。按照“一核一带两翼”布局，推进“产城景”深度融合，打造古今辉映、城绿交融、创智共生的山水之城。打造文化古城，重塑城市文化基因，复原重要历史地段，恢复老城地标建筑，留住城市根脉、焕发新的生机。打造宜居老城，持续深化“城市双修”，集中推进“两下两进两拆双修”专项整治、城建“九场硬仗”，推进棚户区和城中村改造，完善公园、公厕等公共服务设施，提升城市污水处理能力，扩大集中供热面积，实施城市亮化工程。打造生态新城，加快引入知名商业地产龙头，打造现代城市综合体，提升消费产品供给质量，扩大现代消费需求；建好主干道，疏通微循环，有效解决车多路窄、路面质量差等问题；探索建筑立面生态化处理，建设成带、成片、成网的绿化景观；严格控制建筑风格、空间色彩，塑造轮廓舒展、韵律起伏的天际线。打造智慧县城，瞄准商用5G、AI等前沿技术，加快谋划和布局相关产业，实现智能化、城镇化“两化”融合。

实施生态提质行动。深入践行“两山”理念，坚持生态优先、绿色发展，加快构建生态文明体系和环境治理体系，一体推动绿化彩化财化，全力推进“三北”退化林修复、京津风沙源治理两个“国字号”重点生态工程建设，构筑全国全省重要的生态安全屏障。围绕碳达峰、碳中和，大力实施水土保持、“三区一地”生态修复等重大项目，有效提升生态系统碳汇能力。狠抓大气污染综合治理，继续加大“散乱污”企业整治力度，统筹做好散煤管控、秸秆禁烧、清洁供暖等工作，切实降低大气污染物排放量。严格落实河长制，持续开展河道综合治理专项行动，严厉惩治违法超标排放。全力推进清洁矿区建设，在工矿重点区域探索实行清洁供暖工程，加快企业重金属减排工作，坚决清除尾矿库安全隐患和环境风险，同步抓好土壤污染防治和综合保护。

实施民生提质行动。精准对接发展所需、基层所盼、民心所向，从供给侧需求侧两端发力，补齐民生短板，加固保障底板。重点是打造三个副中心。一是打造教育副中心。超前发展学前教育，积极引进国际办学理念和先进模式，提高公办幼儿园办学比例；义务教育重点消除县城学校大班额，加快建设昱仁中学，形成公办为主、民办为辅的办学格局；山阴一中继续深化与国内先进教育机构的合作，全面提升教师队伍整体素质，最大限度减少生源外流；职业教育要加快对接先进职教集团和企业，推广现代学徒制，培养更多“山阴工匠”，全力打造人民满意的“教育强县”。二是打造医疗副中心。积极引进整合全国一流医疗资源，跨越式创建高水平医院、高层次专科、高素质医护，持续深化县乡医疗一体化改革，打造全国县级百强医院。三是打造康养副中心。拓展“康养＋医疗”“康养＋旅游”“康养＋运动”等新业态，壮大养老服务产业集群，形成低端有保障、中端有市场、高端有选择的多层次康养产业格局。

实施安全提质行动。聚焦本质安全，深化“三零”单位创建，统筹抓好社会安全稳定。全面落实安全生产责任制，坚决落实“四铁”要求，紧盯煤矿、危化等重点领域，常态化开展安全生产专项整治行动，推动企业主体提高安全生产意识，坚决遏制重特大事故发生。完善应急管理体系建设，强化统筹应急物资储备，切实提升防灾减灾救灾能力，实现纵向管理指挥通畅有效、横向协调合作迅速有序。严格落实食品药品“四个最严”监管要求，切实保障群众“舌尖上的安全”，不断提升人民群众的安全感幸福感获得感。

实施法治提质行动。贯彻落实习近平法治思想，压实领导干部法治建设责任，把法治政府建设作为重点任务，严格规范重大行政决策制定和执行。深化行政执法体制改革，加强执法规范化建设。深化司法体制综合配套改革，严格落实司法责任制，完善“三权”运行和监督机制，维护公平正义。着力构建覆盖城乡的公共法律服务体系，实施“八五”普法规划，促进全民守法，加快法治山阴建设。

同时，要大力弘扬和践行社会主义核心价值观，坚持以文化人、强化以文育人，讲述山阴好故事，传播山阴好声音，在全社会形成扬正气、树新风的社会文明风尚。

全面加强党的建设

事业成败，关键在党，关键在党要管党、全面从严治党。全县各级党组织和党员干部要坚决落实新时代党的建设各项要求，以自我革命精神推进全面从严治党，不断提高政治判断力、政治领悟力、政治执行力，为全面建设现代化强县提供坚强政治保障。

（一）旗帜鲜明加强党的政治建设。党的政

治建设是党的根本性建设，决定党的建设方向和效果。我们要始终把党的政治建设摆在首位，不断提高把方向、谋大局、促改革、保落实的能力和水平。

一要强化理论武装。百年大党之所以永葆青春活力，关键在于思想建党、理论强党。我们要始终把学习贯彻习近平新时代中国特色社会主义思想作为首要政治任务，巩固深化“不忘初心、牢记使命”主题教育成果，持续拓展“第一议题”制度，时刻关注党中央关注的大事，时刻关心省市县委关心的要事，不断通过理论学习把准坐标、创新思路，切实做到学思践悟一体贯通，牢牢夯实“两个维护”的思想根基、行动基础。当前，要认真抓好庆祝建党100周年系列活动，扎实开展好党史学习教育，不断引导广大党员干部群众从党的百年伟大奋斗历程中汲取继续前进的智慧力量。

二要严守纪律规矩。严格执行党章党规党纪，带头落实重大事项请示报告制度，重大问题及时向县委请示报告。进一步严肃党内政治生活，切实增强政治性、时代性、原则性、战斗性，着力维护党中央权威、保证党的团结统一，努力形成既有集中、又有民主，既有纪律、又有自由的生动局面。认真落实党的领导制度体系，完善沟通协调机制，发挥好党委（党组）的政治领导作用，切实把党的政治领导、全面领导贯彻落实到全县工作各个方面。

三要确保政令畅通。对贯彻落实习近平新时代中国特色社会主义思想和党中央决策部署，必须态度坚决、行动自觉，不讲条件、不搞变通，切实维护党中央“定于一尊、一锤定音”的绝对权威。要自觉把本职工作放到中央和省市县大局中考量和部署，作任何决策、开展任何工作都要以全面落实上级要求为前提。坚持问题导向，推动中央和省、市巡视巡察、督查督导反馈意见整改落实，确保党中央作出的每一项决策都得到坚决贯彻，省委、市委部署的每一项任务都得到有效落实。

四要持续解放思想。思想是行动的先导。我们要在坚定信念中解放思想，在解放思想中推进发展，在理念和行动上回答好八个问题。一是如何践行党员标准，始终做到遵规守纪？二是如何在本乡镇本单位贯彻“三新”发展理念、“六新”发展要求？三是如何贯彻落实省委“四为四高两同步”总体思路和要求、市委“123321”工作思路？四是如何在打造“灵秀古城”、建设“新韵山阴”中贡献力量？五是如何在县委打造“三个主体功能区”、建设“九大基地”中找准自己的位置？六是如何打破传统的资源依赖思维，积极抢政策、争资金、跑项目？七是面对群众反映强烈的热点难点问题，我们如何快速有效地予以解决？八是跳出山阴看山阴，我们的差距在哪里？回答好了这八个问题，我们思想的大门就打开了，工作的定位也就弄清了，干部的职责也就明确了。

（二）牢固树立大抓基层鲜明导向。党的力量来自组织。我们党的全面领导、党的全部工作，要靠党的坚强组织体系去实现。山阴最早的党组织成立于1938年，当时仅有4人。84年来，我们的基层党组织和广大党员始终奋战在一线，在不同时期都把服务群众作为工作重点，帮助群众做好生产生活、解决实际困难，这是百年大党执政为民的山阴实践。现如今，我县基层党组织已经发展到了700多个、近1.1万名党员。我们决不能忘记党的初心使命，要继续扎根基层、服务群众，真正发挥好战斗堡垒和先锋模范作用，让基层党组织和广大党员成为践行为民理念最坚实、最可靠、最核心的力量。

一要坚持组织覆盖与工作覆盖相结合。树牢系统观念，更加注重分类管理，推进党支部标准化、规范化建设，统筹抓好农村、社区、机关、“两新”组织、开发区等各领域的党建工作，推动基层组织全面进步、全面过硬。以提升组织力为重点，聚焦主要任务和突出矛盾，细化措施、明确责任，全面提升基层党组织的凝聚力、影响力、战斗力。特别是要把改善办公场所作为基层党建工作的一项重点，加快在建场所的工程进度，尽快启动老旧场所的建设和改造，让我们的基层干部住得放心、干得舒心。

二要坚持引领群众与服务群众相统一。坚持以基层党建引领基层治理，强化党组织领导核心地位，补齐基层党组织领导基层治理、服务人民群众的各种短板，提高党组织的政治领导力、思想引领力、群众组织力、社会号召力，使广大人民群众紧紧团结在党的周围，把党的正确主张变成群众的自觉行动。

三要坚持建强组织与推进事业相促进。认真落实《中国共产党支部工作条例（试行）》，扎实抓好基层党组织标准化、规范化、信息化建设，持续整顿软弱涣散基层党组织，着力做好乡村振兴、基层治理、安全稳定等工作，真正建强堡垒、充分发挥作用。

（三）全力打造过硬党员干部队伍。事业兴衰，关键在人。我们奋进新时代、建设新山阴，关键要建设一支高素质专业化的执政骨干队伍。

一要把牢政治关口。强化政治考察，加强政治把关，在标准上凸显政治要求、考察上突出政治素质、审核上注重政治纪律和政治规矩，确保选出来的干部政治过硬、德位相配。

二要鲜明用人导向。识人要以公心听公论，用人当以公心求公平。按照建设高素质专业化干部队伍的目标要求，落实市委“三个注重”要求，及时把愿意干事、真心干事、能干成事的干部发现出来、任用起来，切实把山阴各项事业最需要的干部用当其时、用适其位。在这次的县乡换届中，我们坚持看才干、看实绩、看口碑，打破常规、打破资历，选用了一批扎根基层、潜心干事、实绩突出的优秀干部，进一步鲜明了选人用人的导向。下一步，县委将严格落实干部能上能下的机制，对不作为的干部，县委将坚决果断地予以调整、并作出组织处理，绝不让那些做样子、混日子、要位子的“官油子”得势得利！

三要强化教育管理。好干部是“干”出来的，也是“教”出来、“管”出来的。我们要突出实践标准、实绩依据，对标“七种能力”精准制定干部教育培训规划，实施干部专业化能力提升计划；建强党校主阵地，提升培训现场教学水平。加强党内政治生活的监督检查，抓好民主生活会、组织生活会的组织实施。聚焦选育培用等环节，加强年轻干部接续培养、系统培养、交流培养，常态化推动一线挂职、交流任职。

四要激发人才活力。深化人才发展体制机制改革，继续实施紧缺人才引进工程，积极为人才创新创业搭建广阔舞台，让人才愿意来、留得住、能出彩。

（四）持之以恒构建良好政治生态。“知之不难，行之不易”。坚决落实“两个责任”，推动党风政风持续向好、新风正气成为常态，让清廉、清正、清明成为全县干部队伍的鲜明标识。

一要坚持“严”的主基调。持续净化政治生态，紧盯不收敛不收手行为，坚决查处重点领域、关键岗位和群众身边的“四风”问题和腐败行为，一体推进“三不”体制机制建设，用最坚决的态度减少存量、最果断的措施遏制增量，让山阴既有山清水秀的自然生态，也有风清气正的政治生态，不断巩固发展反腐败斗争压倒性胜利。

二要落实“硬”的铁规矩。加快构建“四责协同”“五环闭合”工作机制，做到管事、管人与管思想、管作风相统一。协同推进“四项监督”，准确运用“四种形态”，推动主体责任与监督责任同频共振、同向发力，让“失责必问、问责必严”成为常态，形成全面从严治党的“责任共同体”。

三要构建“清”的好生态。坚持严管厚爱、激励约束相结合，强化政治监督，把监督融入日常、做在经常，常态化推进回访教育和关心关爱工作，让干部感受到监督无处不在、组织关怀就在身边。下一步，我们将严厉打击诋毁党委政府、诬告党员干部的行为，积极落实容错纠错机制，旗帜鲜明为担当者担当、为负责者负责，让干事的无忧、让有为的有位，对那些恶意举报、诬告陷害、别有用心、挑头闹事的，坚决做到露头就打，绝不姑息迁就，决不任其乱为，真正刹住这股歪风邪气，为广大干部营造一个轻装上阵、一心干事的良好氛围。县委始终是你们干事创业最坚实、最可靠、最有力的后盾！

（五）坚定不移推进民主政治建设。常委会成员要旗帜鲜明讲政治，带头学习贯彻习近平新时代中国特色社会主义思想，不断增强“四个意识”，坚定“四个自信”，做到“两个维护”，始终做信念坚定、绝对忠诚的表率，做一心为民、勤政实干的表率，做务实创新、担当作为的表率，做胸怀大局、精诚团结的表率，做严以律己、廉洁奉公的表率，引导全县上下团结一心、步调一致，共同推动我县高质量高速度转型发展。同时，围绕加强和改进党对一切工作的领导，构建系统完备、科学规范、运行高效的县委工作体系。积极支持人大、政府、政协、监委、法院、检察院依法依章履行职能、开展工作、发挥作用。用好统一战线这一重要法宝，形成最大公约数，画出最大同心圆。充分发挥群团组织联系广大群众的桥梁纽带作用，加快培育公益性、互助性、专业性社会组织。

政府工作报告（节选）

——在山阴县第十七届人民代表大会第一次会议上

（2021年4月14日）

代县长　高瑞龙

一、过去五年工作回顾

“十三五”时期是全面建成小康社会决胜阶段。五年来，在县委的坚强领导下，在县人大、县政协的监督支持下，我们坚持以习近平新时代中国特色社会主义思想为指导，认真学习贯彻党的十九大和十九届二中、三中、四中、五中全会精神，深入贯彻落实习近平总书记视察山西重要讲话重要指示、“三篇光辉文献”和对“右玉精神”的重要指示精神，全面落实党中央国务院、省委省政府、市委市政府和县委各项决策部署，在抢抓机遇中阔步前行，在迎接挑战中砥砺奋进，“十三五”时期各项目标任务顺利完成。

综合经济实力稳步提升。与“十二五”末相比，地区生产总值由139亿元增加到151亿元，年均增长3.3%，人均突破1万美元；社会消费品零售总额由34.8亿元提高到39.2亿元，年均增长2.3%；城镇常住居民人均可支配收入由28964元提高到38024元，年均增长5.6%；农村常住居民人均可支配收入由13395元提高到19476元，年均增长7.8%；一般公共财政预算收入累计完成60亿元，是“十二五”时期的1.3倍。县域综合竞争力进入全省10强，先后荣获“全国投资潜力百强县”“全省县域经济发展争先进位县”等称号。

脱贫攻坚取得决战完胜。牢固树立“军令状”和“交总账”意识，聚焦“两不愁三保障”，坚决落实“六个精准”“五个一批”要求，82名农村第一书记、693名驻村工作队员、2900多名结对帮扶干部下沉一线精准扶贫，84名扶贫干部受到省市表彰，骏宝宸农业科技有限公司荣获“全国脱贫攻坚先进集体”荣誉称号。五年来，举全县之力，累计投入扶贫资金13亿元，实施“八大工程二十个专项行动”，39个贫困村全部出列，6294户15303名贫困人口全部脱贫，圆满完成了消除绝对贫困的艰巨任务，山阴贫困县一举摘帽。

经济转型基础不断夯实。大力实施“稳煤促新”战略，改造提升传统煤电产业，建成二级以上安全生产标准化矿井13座，淘汰落后产能120万吨，先进产能占比达到95.7%；电力装机容量达到228万千瓦，新增风电、光电31.9万千瓦，新能源占比达到38.8%。发展壮大新兴产业，引进煤基、钙基新材料、装备制造等产业项目，玉竹、超牌等项目建成投产，锦晔、恒登等项目开工建设，煤矸石固废综合利用率达到41.7%。加快发展现代服务业，现代物流、电子商务等新业态蓬勃发展，电商平台年销售额2000万元以上，三次产业结构逐步优化。

发展动力活力明显增强。开发区“三制”改革全面完成，“三化”改革有序推进，“承诺制+标准地”和管运分离改革取得积极进展，产出强度达到238.4万元/亩，在高质量转型发展中的主战场、主阵地、主引擎作用更加明显。推进增量配电业务改革，大用户直供电企业达到82家，累计为企业节约成本5600万元。推进农村集体产权制度改革，完成农村集体清产核资和成员身份认定。加快发展外向型经济，杂粮、活性炭等优势产品出口量逐年增大，对外出口年均增长16%。

农业产业优势不断彰显。大力实施雁门关农牧交错带核心区战略，连续11年粮食产量达到2.5亿公斤以上，跨入全国产粮大县行列。牧草种植面积从“十二五”末的14万亩扩大到20万亩，奶牛存栏、鲜奶产量、农民人均畜牧业收入3项指标多年稳居全省第一，全省畜牧强县地位更加稳固。强力推进有机旱作农业，渗水地膜旱地谷子种植面积达到8万亩，省市“513”龙头企业增至44家，“三品一标”农产品达到51个，被确定为全省有机旱作农业示范县。成功举办全国旱作节水技术培训现场会、全省粮食产业经验交流现场会、全省农机现场会等。荣获“中国富硒小米之乡”称号，山阴农产品知名度不断扩大。

城乡基础设施逐步完善。完成世纪大道、集白线等14条路网工程，韩原线山阴动车站建成运营；新建改建县乡村道路543千米，县乡公交线路由23条增加到35条。县城集中供热面积扩大到570万平方米，覆盖率达到72%，煤改气用户达到9800户。扎实推进农村人居环境整治，243个村实现了生活垃圾集中收运处置，3个建制镇21个村建成污水处理设施，完成农村改厕8000多户，打造美丽宜居示范村51个。

生态建设取得重大成果。大力实施生态绿化工程，累计造林9.7万亩。积极推进大气污染治理，环境空气质量综合指数由“十二五”末的6.8下降到5.3。持续开展桑干河“清河行动”，累计投入资金8.2亿元，城镇污水排放由二级A类标准提升为地表水Ⅴ类，河头、南湛两个断面水质稳定达到地表水Ⅲ类标准。大力实施西山矿山生态修复工程，荣获“全省采煤沉陷区综合治理搬迁安置工作先进县”称号。

民生保障水平明显提高。持续加大民生领域投入，教育、医疗、保障救助等民生重点领域累计支出92亿元，占一般公共预算支出的80%以上。启动实施振兴山阴教育五年行动，新建职教中心投入运行，公开招聘教师154名，师资队伍更趋优化，通过全国义务教育发展基本均衡县验收，获得“义务教育阶段质量监测县级优秀组织单位”荣誉称号。公共卫生服务水平进一步提升，新建人民医院搬迁运营，中医院住院楼、门诊楼建成并投入使用。社会保障体系不断完善，参保覆盖面进一步扩大。安全生产专项整治、“扫黑除恶”专项斗争、“三零”单位创建成效明显。军民融合进一步深化，荣获省级“双拥模范县”称号。

政府自身建设全面加强。严格落实全面从严治党各项部署，推进“两学一做”学习教育常态化制度化，扎实开展“不忘初心、牢记使命”主题教育。坚持依法行政，厉行勤俭节约，保民生、保运转、保刚性支出，“三公”经费年均降幅13.2%，政府债务稳定控制在警戒线内，守住了不发生系统性区域性风险底线。严格执行人大及其常委会决议决定，积极支持政协履行职能，办理人大代表建议389件，政协委员提案451件。深化“放管服效”改革，“一枚印章管审批”全面启动。严格执行“13710”工作制度，办理督办事项194件，办结率100%。

此外，国防动员、民族宗教、新闻出版、史志档案、外事侨务、人民防空、气象地震、妇女儿童、老龄残疾人等事业都取得了新进步。

一年来，我们共克时艰战疫情，疫情防控展现新担当。面对突如其来的新冠肺炎疫情，全县上下万众一心、众志成城，联防联控、群防群治，实现了零疑似病例、零确诊病例“双零”目标。全力推动企业复工复产复市，特别是全国疫情防控最吃紧的关键时候，率先对两座煤矿进行复工复产验收，保障了周边省市的电力供应，派出3名医护人员逆行武汉支援抗疫，体现出山阴担当。高规格召开了第三个“中国医师节”暨第一届“山阴好医师奖”表彰大会，隆重表彰5个疫情防控先进集体、20名一线人员，弘扬了尊医重卫的时代风尚。

一年来，我们全力以赴稳增长，经济发展取得新成效。围绕争先进位，强化经济运行监测分析和统筹调度，顶住了下行压力。地区生产总值完成151亿元，同比增长6.6%，位居全市第二；规模以上工业增加值增速10.9%，位居全市第二；固定资产投资完成39.6亿元，同比增长33.7%，位居全市第一；一般预算收入完成12.3亿元，位居全市第三；城乡居民人均可支配收入分别达到38024元、19476元，位居全市第三和第一。

一年来，我们坚持不懈补短板，城市面貌发生新变化。全面实施“两下两进两拆双修”专项整治行动，打好“九场硬仗”，完成强弱电管线、移动光缆下地25.6千米，广告下墙1100块，小街小巷改造及破损路面修复和修补17条，新划机动车停车位1600个。府东街跨线立交桥、西二环等建成通车，打通了县城“主动脉”，有效缓解了交通压力。新增县城供水输水线28千米，新建备用储水池两座，日均供水量达1.7万立方米，实现输水线“双管”运行和供电线路“双回路”，有效解决县城经常停水问题，县城形象大为改观，城市功能进一步完善。

一年来，我们持之以恒治污染，空气质量得到新改善。大力开展大气污染防治，实施8个城中村清洁能源集中供热改造工程，建设管网72千米、换热站12个，新增县城集中供热面积90万平方米，覆盖居民6129户。在农村地区推广“环保炉具+洁净煤”取暖试点609户，配送置换清洁煤1.2万吨。全年二级以上空气质量达标268天，综合质量指数5.3，同比下降4.5%。

一年来，我们千方百计惠民生，幸福指数有了新提升。始终把就业作为最大民生，城镇新增就业3033人，转移农村劳动力3147人，均超额完成年度任务，荣获“全省就业工作先进县”称号。倾心倾力发展教育事业，设立教育发展专项基金，募集基金900万元，拿出300万元对山阴一中高考做出特别贡献的教师进行表彰奖励，高考二本B类以上达线336人，600分以上14人，创近年来新高，全县外出就读学生回流人数大幅提高，共回流中小学生300余人，这是家长和学生对山阴教育重拾信心的体现。招考事业单位、卫生技术人员89名，招聘社群健康助理员226名、专职网格员150名。成功创建省级精神文明先进典型16个、市级先进典型80个，被评为全市“精神文明创建先进县”。送戏下乡167场，“农家书屋”发放图书1.5万册，县文化馆被评为“国家一级文化馆”。

一年来，我们蹄疾步稳抓改革，各项事业迸发新活力。行政区划调整圆满完成，供给侧结构性改革、能源革命综合改革试点、增量配电等重点改革事项取得重大突破。国企国资改革步伐加快，“三供一业”分离移交任务基本完成。规上企业技术创新实现全覆盖。深化“小切口、大纵深”工作流程改革，体制更加完善，机制更加顺畅，广大干部群众想干事、敢干事、会干事、干成事蔚然成风。

各位代表！这些成绩的取得，是习近平新时代中国特色社会主义思想科学指引的结果，是省委、省政府，市委、市政府和县委坚强领导的结果，是全县干部群众勠力同心、团结奋斗的结果。在此，我代表县政府，向全县人民，向各位人大代表、政协委员，向各民主党派、工商联和无党派人士，向驻县部队、武警官兵和公安干警，向所有关心和支持山阴改革发展的各界人士，表示崇高的敬意和衷心的感谢！

我们也清醒地认识到，我县发展不充分不平衡不协调的问题仍比较突出，主导产业畸重，新兴产业、未来产业占比较低，三产服务业优势不明显，经济增长的内生动力不强，抗风险能力弱，创新驱动力不足，结构性、体制性、素质性矛盾较为突出；对外开放的质量和水平不高，营商环境不优，招商氛围不浓，区位优势、资源优势还没有转化成要素集聚优势；环境容量有限，污染防治和生态环保任务繁重；公共服务欠账较多，民生支出压力较大；一些职能部门管理不科学、不规范、不精细，效能不高，一些干部工作标准低，执行力不强，服务意识、担当精神、专业素质有待进一步加强，推动政府治理体系和治理能力现代化依然任重道远。对此，我们一定直面问题，采取有力措施，认真加以解决。

二、今后五年的工作思路和目标任务

“十四五”时期，是我县资源型经济转型出雏形的关键期，也是向基本实现社会主义现代化迈进的重要战略机遇期，我们必须科学研判形势，坚定信心，抢抓机遇，推动全县高质量高速度转型发展。

“十四五”时期经济社会发展的指导思想是：高举中国特色社会主义思想伟大旗帜，深入贯彻党的十九大和十九届二中、三中、四中、五中全会精神，坚持以马克思列宁主义、毛泽东思想、邓小平理论、“三个代表”重要思想、科学发展观、习近平新时代中国特色社会主义思想为指导，全面贯彻党的基本理论、基本路线、基本方略，深入落实习近平总书记视察山西重要讲话重要指示、“三篇光辉文献”和对“右玉精神”的重要指示精神，统筹推进“五位一体”总体布局，协调推进“四个全面”战略布局，坚定不移贯彻新发展理念，坚持稳中求进工作总基调，以推动高质量高速度转型发展为主题，以深化供给侧结构性改革为主线，以改革创新为根本动力，以满足人民日益增长的美好生活需要为根本目的，坚持系统观念，统筹经济与生态、城镇与乡村、发展与安全，加快融入以国内大循环为主体、国内国际双循环相互促进的新发展格局，巩固拓展疫情防控和经济社会发展成果，按照省委“四为四高两同步”总体思路和要求，围绕市委“123321”工作思路和市政府工作部署，认真贯彻落实县第十五次党代会精神，扎实做好“六稳”工作、全面落实“六保”任务、加快推进“六新”突破，推动“三区”协同，打造“灵秀古城”、建设“新韵山阴”，确保“十四五”转型出雏形，为全面建设社会主义现代化强县开好局、起好步。

根据中央精神及省、市决策部署，按照《中共山阴县委关于制定国民经济和社会发展第十四个五年规划和二〇三五年远景目标的建议》要求，我们编制了《山阴县国民经济和社会发展第十四个五年规划和二〇三五年远景目标纲要（草案）》，已印发大会审议。这里，我着重从四个方面作简要说明。

关于奋斗目标：到2035年，与全国、全省、全市同步基本实现社会主义现代化。“十四五”期间，我县转型发展要取得战略性、决定性成果，经济总量和县域经济综合竞争力在省、市排名争先进位。战略性新兴产业集群开创新局面，规上工业企业数量达到100家。支撑高质量高速度转型发展的体制机制基本形成，生态文明制度体系更加完善，创新生态持续优化，能源革命取得新成效，开发区改革增添新活力，“六新”产业产值占GDP比重10%以上。建立健全更加完善的民生保障体系，城乡居民收入增长与经济增长同步，城乡收入差距进一步缩小，常住人口城镇化率提高到60%左右。各类约束性指标不折不扣完成省、市下达任务。通过持续努力，经济发展、生态建设、人民生活、开放水平、社会文明程度和社会治理能力迈上新台阶。

关于主攻方向：“十四五”时期，要始终坚持把高质量高速度转型发展要求贯穿到经济社会发展各领域，把创新发展作为核心战略，围绕开放下苦功，实现更高质量、更有效率、更加公平、更可持续的发展。围绕打造北部能源革命先行区、中部产城融合样板区、南部文旅康养度假区“三个主体功能区”，建设新型综合能源基地、清洁能源输出基地、新材料制造基地、富硒功能食品加工基地、特优农产品生产基地、现代商贸会展基地、旅游康养度假基地、长城文化展示基地、户外体育运动基地“九大基地”这一战略核心，坚定不移走好“五条新路”。一是坚持创新为上，走产业强县之路。加快形成以创新引领的发展模式、产业体系和经济业态。二是坚持统筹为重，走城乡一体之路。全面实施乡村振兴战略，大力优化生产力布局，推动城乡协调发展。三是坚持环境为基，走绿色发展之路。构建资源消耗低、环境污染少的绿色产业体系，让空气清新、河道清澈、乡村清洁、县城清爽成为常态。四是坚持开放为先，走扩大开放之路。主动融入京津冀、雄安新区、长三角等国家开放发展大格局，积极融入黄河金三角，依托雁门关农牧交错带建设，扩大对外开放新领域，全面提升经济外向度。五是坚持民生为本，走共建共享之路。坚持人民主体地位，通过有效的制度安排和扎实的工作举措，让人民群众获得感更强、幸福感更持续、安全感更有保障。

关于发展支撑：推动高质量高速度转型发展，必须强化“五大支撑”。一是强化基础设施支撑。发挥交汇四方的路网交通枢纽功能，补齐水网、电网、气网、地下管网、互联网等短板，构建现代化基础设施体系。二是强化人才队伍支撑。加强创新人才引进培养和人力资源开发，不断提升专业型技能型科技型人才的规模和水平，打造科研团队、研发中心、技能品牌，让人才在高质量转型发展实践中发挥牵引作用。三是强化发展环境支撑。坚持“三对”标准，全力打造“六最”营商环境，增强“洼地”效应，主动向上要政策、争资金、跑项目，让更多高端要素和优质资源流入山阴，扩大山阴知名度和美誉度。四是强化精神文化支撑。坚持以社会主义核心价值观为引领，加强精神文明和思想道德建设，弘扬劳模精神、劳动精神、工匠精神，汇聚起强大正能量。五是强化改革创新支撑。把改革作为破解难题的关键一招，细化落实具体改革措施，促进系统改革走深走实，增强发展动力。

关于发展的落脚点和保障：高质量高速度转型发展的根本目的，就是让人民群众过上高品质生活。牢固树立以人民为中心的发展思想，坚持把保障和改善民生作为发展的落脚点，统筹推进就业、教育、社保、医疗卫生、养老等各项事业，打造教育、医疗、康养“三个副中心”，不断完善“一老一小一青壮”人的全生命周期基本公共服务，提升城乡居民收入，促进共同富裕。坚持把安全作为发展的基础和保障，深入推进“三零”单位创建和平安山阴、法治山阴建设，加强和创新社会治理，牢牢守住不发生系统性风险底线，保障人民生命财产安全，切实把山阴的发展建立在更加安全、更加可靠的基础上，实现以发展促安全、以安全保发展。

三、2021 年工作安排

2021 年，我们将重点实施“八大行动”：

（一）聚焦转型发展，实施产业提质行动。围绕县委“坚定不移走产业强县之路”的部署，坚持转型为纲，推进产业建链、补链、延链、强链工程，提升产业集群发展水平，加快构建现代产业体系。

改造提升传统煤电产业。加快煤矿智能化建设，年内水泉煤业和朱和咀煤业 2 座矿井建成投产，完成 3 处综采工作面和 12 处掘进工作面智能化建设。围绕全市“十百千亿”工程，积极推进 2×100 万千瓦晋北“风光火储输”一体化新能源项目，加快建设百亿级能源产业链，打造全省重要的新型综合能源基地和清洁能源输出基地。

加快培育战略性新兴产业。紧盯“六新”突破，延伸煤基、钙基产业链条，做好煤矸石等固废综合利用文章，实施一批重大项目，推动新兴产业集群发展。加快新材料产业项目建设步伐，推动超牌高岭土三期、致德环保、智恒泰建材、恒登制造等项目建成投产；推动松蓝纳米和轻质活性碳酸钙、邹平糠醛和生物质热电联产、天成电冶铬系钛系合金、锦鼎高岭土、东禾秸秆生物制气等项目开工建设；推动国炫高岭土、汉沣天然气煅烧煤矸石生产线等项目达产达效。加快发展能源互联网，推进新基建项目建设进度，完成基站181个，实现县城范围内5G信号全覆盖。

加快构建现代服务业体系。推进总投资1.2亿元的粮食仓储物流中心、投资2000万元的山西新华书店集团晋北物流仓储基地项目建设。积极创建电子商务进农村综合示范县。鼓励民间资本参与养老服务，支持社会兴办医养机构集团化、连锁化。启动新一轮汽车、家电和农机下乡活动，促进消费升级。大力引进社会资本投资建设星级酒店和大型商业综合体，积极对接奥特莱斯、厚己等综合商城经营企业，推动中图文旅农博城项目早日开工，满足人民群众高品质生活需求。

（二）聚焦改革开放，实施创新提质行动。围绕县委“打造全省创新驱动发展新高地”的战略定位，实施创新驱动战略，不断增强发展动力活力。

强化争先进位，打造全省一流开发区。紧抓“三化三制”改革这一核心任务，面向市场引入专业化管理运营团队，进一步推动开发区运管分离，引进外资达到500万美元以上。强化要素保障这一关键，加快“九通一平”建设步伐，实施东区路网、东西区连接线、供热供水、管道燃气、110千伏变电站、标准化厂房、污水处理厂等基础设施项目。抓住招商引资这一“牛鼻子”，实施“山才兴山”战略，每季度至少举办1次招商引资、招才引智活动，兑现招商引资奖励政策，吸引人才回乡、项目回归、资源回流。用好考核评价这一“指挥棒”，高标准完成省定6项考核指标，积极开展比谋划储备、看项目质量，比招商引资、看签约落地，比开工建设、看工程进度，比服务水平、看满意指数“四比四看”和“三个一批”活动，力争开发区建设迈入全省第一方阵。

强化重点改革，全面激发市场主体活力。补齐优化营商环境考核指标短板，引深“放管服效”改革，深化“一枚印章管审批”改革，90%以上政务服务事项实现网上办理；推行“证照分离”改革全覆盖，强化事中事后监管；深化“双随机一公开”监管，实现跨部门行政执法衔接；深化国资国企改革，推动城发集团组建运营。落实支持民营经济发展“40条”，推动“个转企、小升规、规改股、股上市”，年内新增3家“专精特新”企业，培育1户“小巨人”企业，净增10户“小升规”企业，助力山西古城乳业集团、山西超牌高岭土公司挂牌上市。推进农村宅基地所有权、资格权、使用权“三权分置”。加大农产品、活性炭出口力度，大力培育外贸主体，进出口额达到1300万元。

强化要素保障，加快培育创新生态。构建适应创新生态要求的人才、技术、平台等要素支撑，抓住人才驱动这一核心，落实省委人才新政12条和《山阴县建设人才强县激发创新活力的若干举措》，加大力度引进科技创业投资人、高级企业经营管理人才、高技能领军人才。推进松蓝、玉竹、元泰、国飞等钙化工企业技术改造，积极对接中建集团新材料项目，支持煤基新材料实验室建设。组建成立山阴北京商会、太原商会等，搭建招商引资、招才引智平台。

（三）聚焦融合发展，实施文旅提质行动。围绕县委“打造南部文旅康养度假区”部署，以广武长城国家文化公园建设为龙头，全方位融入我省“长城”旅游板块，全力推动文旅融合、农旅融合、体旅融合、康旅融合，强化基础配套，丰富产品业态，打响文旅品牌。

高层次推进顶层设计，构建文旅发展框架。依托清华大学、中国长城学会等国内顶级智库机构，围绕“游山西、读历史”“长城博览在山西、精品揽要在朔州”“塞上广武三千年、长城两侧是故乡”打造文旅品牌，以新旧广武、明长城、汉墓群三大国宝级文物为中心，以加强历史文物遗址保护、阐释、展示为基础，丰富牧场、骑射、露营、民宿、采摘、研学、滑雪、越野等旅游业态，从长城军事、榷场商贸、边塞生活三个方面立体化再现边塞时空和家国情怀，全面建设长城国家AAAA级旅游景区，打造长城边塞文化国家级旅游度假区。

多渠道争取投资落地，推动文旅项目起步。积极争取上级投资，有效吸纳民间资本，推进旧广武历史文化名村、长城遗址遗迹保护开发、广武长城文化博物馆、广武1段修缮和3段开发、长城旅游1号公路、国际标准滑雪场等重大项目建设。

全方位打造文化精品，打响山阴文旅品牌。深入推进文明守望工程、文化记忆工程、文化惠民工程、民风教化工程。开展文艺精品创作、长城文创沙龙·广武论坛、长城文化旅游节、农历六月二十四传统庙会等系列活动，让更多的“山阴好人”“山阴好景”“山阴好物”“山阴好礼”走出山阴，誉满全国。

（四）聚焦乡村振兴，实施“三农”提质行动。围绕县委深入推进乡村振兴的部署，推动农业全面升级、农村全面进步、农民全面发展。

巩固脱贫攻坚成果，扎实推动有效衔接。坚持“四个不摘”，做到“扶上马，送一程”。开展农村低收入人口和易返贫人口动态监测，做到及时发现、及时帮扶，坚决守住防止规模性返贫底线。巩固国考、省考反馈问题整改成果，做好脱贫劳动力务工就业、易地扶贫搬迁后续扶持工作，管好用好农业、生态、文旅、光伏、电商等扶贫项目资产，确保农民脱贫稳定可持续，逐步实现由集中资源支持脱贫攻坚向全面推进乡村振兴平稳过渡。

改善提升农业基础，促进农业高质高效。强化耕地数量保护和质量提升，坚决遏制耕地“非农化”、防止“非粮化”。完成农牧交错带桑干河灌区故驿片区高效节水灌溉工程，实施4.5万亩高标准农田建设。推广渗水地膜旱地谷子穴播技术和旱作节水技术，加强农业科技社会化服务体系建设。坚决扛稳粮食安全责任，守住112万亩耕地红线，确保粮食播种面积稳定在84.5万亩以上，粮食产量突破3亿公斤，持续巩固产粮大县地位。

大力发展特优农业，促进农民富裕富足。牢记习近平总书记“山西农业的出路在于‘特’和‘优’”殷殷嘱托，立足出口标准，优化产业布局，着力打造现代化农业循环出口示范园区。做大做强“富硒小米”品牌，杂粮种植面积22万亩以上。大力发展设施农业，建设390座标准化日光温室大棚，培育1万亩红辣椒和优质马铃薯育种基地。补齐畜牧养殖、饲料加工、屠宰、冷链产业链条。建设现代化淡水养殖鱼塘，填补渔业空白。推进古城5000头奶牛养殖场建设，完成10个奶牛养殖场升级改造，配套种植优质饲草20万亩。推动东方希望、新大象等养殖项目建成投产，打造全省生猪养殖大县。

实施乡村建设行动，促进农村宜居宜业。坚持规划先行、分类指导，按照“集聚提升、融入城镇、特色保护、搬迁撤并”四类，科学划分村庄类别，分类编制《乡镇国土空间总体规划》《实用性村庄规划》。启动实施新一轮农村人居环境整治提升五年行动，因地制宜加快补齐“路、水、暖、气、电、数、链、废”等基础设施短板，逐步实现农村和城市互联互通。统筹提高县乡村三级基本公共服务供给水平，推动教育、医疗、养老、社会保障等，逐步实现标准统一、均衡配置、制度并轨。注重保护传统村落和乡村特色风貌，按照“产业特而强、功能聚而合、形态小而美、机制新而活”要求，促进产城人文融合，真正做到望得见山、看得见水、记得住乡愁。

（五）聚焦功能品质，实施城市提质行动。围绕县委“构建‘一核一带两翼’城市新格局”的目标，深入实施大县城战略，推进以县城为重要载体的城镇化建设。

坚持规划引领，绘好发展蓝图。围绕文化古城、宜居老城、生态新城、智慧县城“四城同创”，高起点、高标准、高站位编制国土空间、海绵城市、综合交通等专项规划，着力提升城市现代化品位，加快与朔州同城化发展步伐，打造“山水之城”。

注重扩容提质，建设宜居县城。围绕提升承载、完善城市功能、丰富城市内涵，启动实施一批工程项目。有序推进县城新区建设。计划投资 2.1 亿元，启动集大原高铁站前广场和进出站道路项目建设。计划投资 10 亿元，规划建设博物馆、城市综合应急管理指挥中心、会展中心、图书馆、文化馆、档案馆、体育场、全民健身中心、室外泵道等场馆场所。计划投资 2150 万元，规划建设健身步道与自行车赛道项目。稳妥推进老城改造升级。做好老城区改造规划，计划投资 8913 万元，规划建设餐厨垃圾、建筑垃圾资源化处置利用、雨污分流等项目，全面提升垃圾污水治理能力。计划投资 9.5 亿元，规划建设集中供热扩容改造、供水设施管网改造等工程，全面提升供热供水能力。计划投资 1.5 亿元，规划建设道路及周边绿化、街景立面改造、背街小巷改造工程，实现城景人文融合发展。全力完善交通路网。建好主干道，疏通微循环，加快推进“六横五纵”主干路网建设。计划投资4.1亿元，规划建设政府街、纵四路、虎山线入城道路、顺通街至古城高速连接线、经三路、经五路道路建设及东环路、采煤沉陷区玉马小区外连接道路改造项目。规划建设荣乌高速连接线、长城旅游路 G208—胡峪口段、沿长城旅游路下疃东—胡峪口段、机场连接线等工程。

发扬工匠精神，提升管理水平。坚持城市“三分建七分管”理念，推进城市管理综合执法改革，构建常态化网格化管理体系，提升精细化管理水平。全力推进“两下两进两拆双修”专项整治，继续打好城建“九场硬仗”。强化宣传教育，引导群众从身边小事做起，争做文明市民。规范交通秩序，全面整治私搭乱建、乱停乱放、马路市场等问题，坚决消除“脏乱差”现象。

（六）聚焦绿色发展，实施生态提质行动。围绕县委“坚定不移走绿色发展之路”的部署，牢固树立绿水青山就是金山银山的理念，统筹山水林田湖草系统治理，治山治水治气治城一体化推进，促进经济社会发展全面绿色转型。

坚持源头减排、过程管控，持续打赢蓝天保卫战。统筹推进转型、治企、减煤、控车、降尘“五管齐下”，实施清洁取暖、工业污染深度治理、锅炉综合整治、臭氧污染治理、清洁运输、违法排污清零整治等“六大工程”，县城建成区及周边地区清洁取暖实现全覆盖、川区谷地实现散煤清洁化替代。完成工业无组织排放源全封闭，做好重点行业挥发性有机物污染防治自查自纠工作。

坚持五水同治、集约高效，持续打好碧水保卫战。按照控污、增湿、清淤、绿岸、调水“五措并举”，巩固“清河行动”成果，实施水生态修复，推进水污染治理，确保河头、南湛两个考核断面水质稳定达标。加强违法排污口排查整治，重拳打击违法排放有害污水行为。开展县城建成区黑臭水体排查整治。加强水资源监管，推动永定河山阴段治理项目，确保“一泓清水送北京”。

坚持分类管理、规范处置，持续打好净土保卫战。全面实施《土壤污染防治行动计划》，推进农用地土壤污染状况详查成果应用，完成重点行业企业用地土壤污染状况调查，做好农用地土壤环境质量类别划分和安全利用工作，加强危险废物规范化管理，强化建设用地土壤污染风险管控。

坚持重在保护、要在治理，持续推进生态修复治理。实施山水林田湖草一体化治理“六大工程”，打造木瓜河“生态走廊”。实施京津冀生态屏障绿化彩化财化工程，新增造林面积 4 万亩。扎实开展矿山地质环境及生态恢复治理，集中整治环保不达标的石料厂、矸石处理厂，大力实施“三区一地”生态修复治理项目。加大桑干河湿地生态修复保护，申报国家级湿地公园。

坚持铁腕治污、依法治污，持续打击生态环境违法行为。对全县涉水、涉气、涉废的重点企业和重点行业进行专项执法，推进“散乱污”企业动态清零。依法严厉打击偷排直排、超标排放、私挖滥采等环境违法犯罪行为，发现一起、查处一起、联合惩戒，形成高压执法态势。

（七）聚焦本质安全，实施安全提质行动。围绕县委“本质安全”的要求，坚持底线思维，把安全稳定贯穿全县发展各领域和全过程，建设更高水平的平安山阴。

坚决守好疫情防控底线。慎终如始强化疫情防控常态化，坚持外防输入、内防反弹，压实“四方责任”，落实“四早”要求，严把境外输入、高风险地区输入和冷链输入“三个关口”，强化专业流调、核酸检测、医疗救治“三支队伍”建设，从严从实抓好重点领域、重点场所、重点人群防控。积极调运储存核酸检测试剂及新冠疫苗，高效有序推进重点人群检测和全民疫苗接种。

坚决守好安全生产底线。严格落实安全生产责任制，按照铁的担当尽责、铁的手腕治患、铁的心肠问责、铁的办法治本“四铁”要求，落实“三管三必须”实施细则和全省加强煤矿安全生产18条规定。扎实做好安全巡查和专项检查整治，倒逼企业落实主体责任，特别是法人单位董事长、总经理、实际控制人的法定职责和主体责任。全面推行安全生产承诺制度和“一案双查”制度，严格落实“黑名单”和联合惩戒措施。加大对煤矿、非煤矿山、尾矿库、危化品、食品和重点行业领域的安全监管力度，实现安全生产长治久安。深化应急管理体制机制改革，科学有序推进应急预案体系建设，科学合理储备应急救灾物资，扎实做好应急、消防、救援等平台建设，建强配足应急救援队伍，全面提升突发事件应对能力，为“十四五”开局提供安全保障。

坚决守好社会稳定底线。以深化“三零”单位创建为抓手，全面提升基层治理效能。坚持和发展新时代“枫桥经验”，创新网格化社会治理，强化信访“控新治旧”和重复信访积案化解，做到减存量、遏增量、防变量。积极推进政法队伍教育整顿，继续巩固扫黑除恶成果，全面落实打防管控措施，坚决遏制电信网络诈骗，严厉打击各类违法犯罪活动。严防群体性、突发性事件，着力防范化解经济、社会、金融等领域重大风险，确保不越红线、不破底线。

（八）聚焦群众期盼，实施民生提质行动。围绕县委“坚定不移走共建共享之路”的部署，始终坚持以人民为中心的发展思想，抓好“一老一小一青壮”民生工作，切实提升群众的幸福感获得感和满意度。

着力推进稳岗增收，千方百计扩大就业。把稳就业保就业作为最大的民生，深入实施“人人持证、技能社会”全民技能提升工程，持证率、就业率、增收率实现新突破。开展职业技能培训1万人以上，持证率30%左右。提升劳务输出组织化程度，举办线上线下招聘会，搭建就业创业平台，拓展“京津冀”“长三角”“粤港澳大湾区”等省外和赴日本等国际劳务输出，打造“山阴家政”“山阴保育”劳务品牌，实现新增就业人数6000人以上。

着力破解突出问题，全力以赴发展教育。围绕打造全市教育副中心，从破解教学质量不高、教育品牌不响、名优教师匮乏、优质生源流失、管理模式落后等问题入手，多措并举、齐抓共推，办好人民满意教育。做强龙头。抓好山阴一中与山大附中、忻州一中、衡水中学等名校的对接，走出去学习引进先进教学管理理念，促进托管办学、合作办学，高薪引进聘用名优教师，打响教育品牌，提振教育信心，留住优质生源，形成“虹吸”效应。加大投入。足额预算办学经费，用好教育发展基金，落实教育突出贡献者和优秀学生重奖激励机制，评职晋级向一线教师倾斜，营造尊师重教良好氛围。强化管理。加大教师培训、教师交流和师德师风建设力度，完善校长、教师奖惩、评估、考核等管理机制，加强学校安全和教学设施建设，促进教育质量提升。优化布局。按照“就近就便服从就优”要求，坚持“控辍保学”底线，加快小学向乡镇集中、中学向县城集聚，规划建设昱仁中学，建设职教中心校产教融合实训基地，让每个孩子都能享有公平而有质量的教育。

着力提高服务水平，全面建设健康山阴。深化县域医疗卫生一体化改革，加强医共体建设，坚持三医联动，推进分级诊疗，提升基层医疗卫生机构服务能力，力争基层就诊率达到60%，县域内就诊率达到90%。加强医疗集团建设，推进县医院感染性疾病科（病区）改造、县中医院新建医技康复楼及改造感染性疾病科等项目。实施“名医”引进工程，提高医疗综合实力。深入开展爱国卫生运动和全民健身运动，做好承办省运会羽毛球比赛筹备工作。

着力完善制度体系，坚决筑牢社会保障。全力提升社会保险统筹层次，推动基本医疗保险、失业保险、工伤保险省级统筹。加快推进社会保障人员全覆盖，落实城乡居民补充养老保险政策。关注社会弱势群体，强化现有养老、孤儿、康养等机构的规范治理，做好社会福利、慈善事业、优抚安置、社会救助等工作，关心关爱特困人员、残疾人等群体。推进殡仪馆、公墓规划选址和公益性公墓等殡葬基础设施建设。

此外，2021 年县政府在落实好省政府确定的民生实事基础上，再办好十件民生实事。

一是新建县城集中供热隔压站 1 座，集中供热面积可增加 250 万平方米，解决供热不均衡问题；二是实施县城供水设施建设及管网改造工程，使县城供水更加稳定；三是谋划新建 2 所公办幼儿园，公办幼儿园在园幼儿比例在55% 以上，缓解适龄儿童入园压力；四是实施垃圾处理厂改扩建工程，提升城乡垃圾处理能力；五是推进 6 个“老旧小区”改造，改善居民生活环境；六是合理利用县城空地规划 3 处停车场，节假日和重点时段沿街单位向公众开放停车位；七是在县城主要街道和重点路段规划建设 10 座公厕；八是建设一处农贸批发市场；九是硬化旧体育场并向市民开放，提供健身场所；十是改造西二环、虎山线县城段路灯，打通东环路和南环路。

四、全面加强政府自身建设

“民生在勤，勤则不匮”。适应新发展阶段、贯彻新发展理念、融入新发展格局，对政府自身建设提出了新的更高要求。我们要始终坚持以党的政治建设为统领，树牢以人民为中心的发展思想，知责于心、担责于身、履责于行，全力建设“六型”政府。

（一）*守正干事，建设忠诚型政府。*深学笃用习近平新时代中国特色社会主义思想，增强“四个意识”、坚定“四个自信”、做到“两个维护”，不断提高政治判断力、政治领悟力、政治执行力。把讲政治、讲团结、讲协作贯穿政府工作方方面面，坚定落实中央省市决策部署，坚决维护县委权威，形成大家一条心、一个调、一股劲共同干事创业的良好氛围，齐心协力把山阴的事情办好。全面加强政府系统党的建设，扎实开展党史学习教育，把“学党史、悟思想”践行到政府系统“办实事、开新局”中，以实干实绩诠释对党绝对忠诚。

（二）*为民干事，建设服务型政府。*坚持尽力而为，量力而行，把更多精力、更多财力投向民生，全力做好普惠性、基础性、兜底性民生建设。坚持重大决策问计于民，设立社情民意服务中心，及时收集回应群众建议意见，承办做好民生事务，用工作的辛苦指数、绩效指数换取群众的幸福指数和满意指数，让老百姓的腰包一年更比一年鼓，生活一年更比一年好，幸福感一年更比一年强。

（三）规范干事，建设法治型政府。全面推行依法行政，新建行政决策服务中心，严格执行重大行政决策公众参与、专家论证、风险评估、合法性审查和集体讨论决定“五大程序”，依法推进决策、执行、管理、服务、结果“五公开”，推动政府工作更加规范、更加透明。用好政府法律顾问和公职律师，加强行政复议和应诉工作。在政府部门设立专门内审机构。加强执法队伍建设，规范执法行为，加大执法力度。自觉接受人大法律监督、政协民主监督和社会各界监督，及时回应社会关注热点，确保政府工作在法制的轨道上、制度的框架内运行，让每一项工作都经得起法律的审查和历史的检验。

（四）履责干事，建设担当型政府。牢固树立“不为不干找理由，只为干成想办法”的担当意识，强化抓落实的关键是要有解决方案，实行重点工作“建账、理账、对账、交账、算账”闭环管理。健全完善兑现激励机制，引导干部走到招商引资的最前沿，沉到项目建设第一线，吸引更多大项目、好项目落地山阴。

（五）务实干事，建设效能型政府。强化“13710”工作制度刚性约束，将重点工程项目、招商引资项目、重点工作任务纳入平台管理，紧盯不落实的事，追究不落实的人，推动政府各项工作见人见事、见根见果，抓细抓小、抓紧抓实。健全“领导干部包联服务企业、行政许可全程代办、生产过程一对一服务”制度。深化“放管服效”改革，在政务大厅设立“办不成事反映窗口”，努力营造“六最”营商环境。

（六）干净干事，建设廉洁型政府。自觉扛起政府系统全面从严治党主体责任，认真落实市委《关于在山阴县开展持续净化政治生态的工作方案》要求，深刻汲取教训，深化标本兼治，打造风清气正的政治环境，引领保障转型发展第一要务。坚定不移贯彻落实“中央八项规定”精神，加强重点领域、关键环节、关键岗位监督管理，压缩设租寻租空间，防止权力滥用，严肃查处损害群众利益、破坏营商环境的违法违规行为，构建“亲”“清”新型政商关系。加强审计监督，对公共资金、国有资产、国有资源和领导干部履行经济责任实行审计全覆盖。坚持政府“过紧日子”，全面实施预算绩效管理，切实做到花钱必问效，无效必问责。

1 月

2 日 县委副书记、县长苏坡在八楼会议室参加县委常委（扩大）会议，传达学习习近平总书记近期重要讲话和省市安全生产电视电话会议精神，讨论《山阴县能源革命综合改革形动计划》，县委常委、常务副县长郭兆文传达了省、市安全生产工作电视电话会议精神。

2 日 政府副县长乔新文在八楼党政联席会议室召开根治拖欠农民工工资工作会，领导组各成员单位负责人参会。

3 日上午 县委副书记、县长苏坡主持召开县政府党组（扩大）会议，研究人防系统腐败问题专项治理整顿工作和市人民检察院检察建议书整改工作并做具体安排部署。

3 日下午 县委副书记、县长苏坡听取朔山联络线山阴段工程项目征拆工作进展情况的汇报。

4 日 市政协副主席、山阴县委书记李旭清主持召开省委第三巡视组对山阴县脱贫攻坚专项巡视情况反馈会，并作表态发言。

8 日 山阴县组织收听收看“不忘初心、牢记使命”主题教育总结大会。

同日 市政协副主席、山阴县委书记李旭清主持召开县委常委（扩大）会议。会议传达了市委经济工作会议精神、省委农村工作暨脱贫攻坚工作会议精神和楼阳生在省公安厅调研政法工作时的讲话；讨论研究了省委第六轮巡视山阴县委问题整改责任“三清单”。

20 日 市政协副主席、山阴县委书记李旭清主持召开县委常委（扩大）会议。传达学习了习近平总书记近期重要讲话精神；传达了全省项目建设暨招商引资动员大会精神；传达了中共中央、国务院《关于抓好“三农”领域重点工作确保如期实现全面小康的意见》；传达了省“两会精神”。

同日 市政协副主席、山阴县委书记李旭清主持召开县委常委（扩大）会议。传达了习近平总书记关于疫情防控的重要讲话及指示精神和李克强总理批示精神；传达了中共中央《关于加强党的领导、为打赢疫情防控阻击战提供坚强政治保证的通知》；传达了朔州市纪委监委《关于严明纪律确保新型冠状病毒感染的肺炎疫情防控工作顺利进行的通知》；传达了中共朔州市委组织部《关于坚决贯彻落实习近平总书记重要指示充分发挥基层党组织战斗堡垒作用和共产党员先锋模范作用团结带领广大人民群众打赢疫情防控阻击战的通知》；传达了省、市疫情防控工作会议精神，汇报了山阴县疫情防控工作。

2月

3日 市政协副主席、山阴县委书记李旭清在兴隆小区、集贤社区、棣阁文盈小区、铁东民福小区、北王庄村、解庄村、刘家岭村、新大滩村、东环路、南环路、西环路、北环路督导疫情防控开展情况。

5日 朔州市委常委、纪委书记、监委代主任孟贵芳在山阴高速口、动车站、刘家岭村、县疫情指挥部调研检查疫情防控工作。市政协副主席、山阴县委书记李旭清等相关部门负责人陪同。

21日 朔州市委常委、政法委书记王琳玉在古城乳业集团、山西超牌高岭土有限公司、中煤集团山西华昱能源有限公司调研复产复工、超牌三期项目建设及疫情防控情况。市政协副主席、山阴县委书记李旭清等相关部门负责人陪同，后在中煤华昱公司后三楼会议室召开调研座谈会。

28日 朔州市委书记陈振亮在古城乳业集团调研复工复产情况、日处理1500立方米污水净化项目运行情况，在山西农资集团山阴分公司调研春耕备耕农用物资储备情况，在山阴一中调研复学前准备情况，在华昱公司调研复工复产情况、了解松蓝丙烯酸项目进展情况。市政协副主席、山阴县委书记李旭清等相关部门负责人陪同，后在政府八楼会议室参加调研座谈会。

3月

10日 县委副书记、县长苏坡主持召开山阴县决战决胜脱贫攻坚工作会议。会上，县委副书记王国文传达了中央、省、市脱贫攻坚座谈会议精神，通报了省、市巡视巡察督查反馈问题整改进展情况，并对山阴县整改落实工作进行安排；县委常委、组织部部长王国梁传达了全省干部驻村帮扶工作推进会议精神，并对山阴县党建引领脱贫攻坚及“三支”队伍管理工作进行安排。

12日 召开中共山阴县委十四届十一次全体会议暨县委经济工作会。县委书记李旭清代表县委常委会作讲话；县委副书记、政府县长苏坡总结2019年度经济工作，安排部署2020年全县经济工作；县委副书记王国文同志宣读《中共山阴县委十四届十一次全会关于统筹推进新冠肺炎疫情防控和经济社会发展奋力夺取全面建成小康社会伟大胜利的决议（草案）》。

27日 市政协副主席、山阴县委书记李旭清主持召开全县贫困劳动力就业签约上岗推进会。各乡镇汇报贫困劳动力摸底、就业、签约和上岗情况，政府副县长乔新文汇报全县企业岗位提供情况。

4月

14日 市政协副主席、山阴县委书记李旭清主持召开集大原高铁山阴南站及站前广场规划设计方案研讨会。政府副县长乔新文传达市政府集大原高铁项目开工部署会议精神；会上讨论确定集大原高铁山阴南站走向及站前广场规划设计方案。

16日 召开中共山阴县委常委班子脱贫攻坚巡视整改专题民主生活会。县委书记李旭清代表县委常委班子作对照检查；县委常委逐一进行对照检查作自我批评，其他常委对其提出批评意见；县委书记李旭清总结会议情况并提出整改工作要求。

5月

6日 召开山阴县脱贫攻坚“四问三宣一推动”跟踪回访行动动员大会。政府副县长王建平安排部署全县脱贫攻坚“四问三宣一推动”跟踪回访行动工作；市政协副主席、山阴县委书记李旭清作讲话。

19日 召开山阴县山区、河北片区乡镇脱贫攻坚工作座谈会。山区、河北片区各乡镇汇报脱贫攻坚工作进展情况，县级领导对所包联乡镇脱贫攻坚工作指出存在的问题，并提出下一步工作要求；政府副县长王建平对山区、河北片区乡镇脱贫攻坚工作进行具体安排。

27日 市政协副主席、山阴县委书记李旭清主持召开山阴县农业农村工作会。会上，政府副县长王建平总结2019年农业农村工作并对2020年农业农村工作进行安排部署。

6月

1日 市政协副主席、山阴县委书记李旭清主持召开县委常委会议，会上传达了省选派机关事业单位干部到村任职推进会议精神，并汇报了山阴县选派工作情况及下一步工作；研究了市管干部年度目标责任考核等次、担当作为人选和县2019年度目标责任考核等次；讨论研究了《关于深化山阴县纪委监委派驻机构改革的方案》《关于推进山阴县管企业纪检监察体制改革的实施方案》《关于推进山阴县管学校纪检监察体制改革的实施方案》。

8日 召开脱贫攻坚包村领导帮扶工作汇报会议。

22日 在政府一楼中心会议室召开全县领导干部大会，宣布任命王世杰为中共山阴县委书记。

23日 省委常委、山西省军区司令员韩强在北王庄村、县医院慰问困难党员、援鄂抗疫一线党员，山阴县委书记王世杰等相关部门负责人陪同。

7月

7日 山阴县委书记王世杰主持召开山阴县脱贫攻坚领导小组会议，会上传达了全省巩固脱贫攻坚成果现场推进会议精神，并对近期脱贫攻坚工作进行安排部署。

16日 山阴县委书记王世杰等在吴马乡、玉井镇、下喇叭乡调研爱国卫生运动、全面从严治党、脱贫攻坚、三零单位创建等工作，并在下喇叭乡织女泉村走访贫困户。

29日 山阴县委书记王世杰主持召开县委中心组学习会议，专题学习了中共山西省委十一届十次全会精神、楼阳生书记在朔州市调研座谈会上的讲话、中共朔州市委六届十一次全会精神，解读了《中华人民共和国民法典》。

8月

3日 山阴县委书记王世杰在岱岳镇二楼会议室主持召开山阴县爱国卫生运动、清河行动“三年创优”推进会暨生态环境委员会第四次会议。部分乡镇（管委会）和相关部门汇报爱国卫生运动、清河创优、城乡环境整治、两下两进两拆双修、环境污染防治等工作进展情况。

18日 山阴召开县委十四届十二次全体会议，会上表决通过了《中共山阴县委关于深入学习贯彻习近平总书记视察山西重要讲话重要指示和省委市委全会精神率先蹚新路争当排头兵的实施方案》。

同日 山阴县委书记王世杰在玉井镇王老沟村参加八路军战斗遗址揭牌仪式。

9月

3日 县委副书记王国文主持召开山阴县脱贫攻坚工作成效调查清查摸底部署会。会上宣读了《省级贫困县脱贫工作成效调查清查摸底工作实施细则》，并对脱贫工作成效调查清查摸底工作进行部署。

10日 山阴在二楼报告厅召开全县教师节表彰大会。

27日 山阴县委书记王世杰主持召开山阴

县持续净化政治生态专题会议，会上传达了中共朔州市委办公室印发《关于在山阴县开展持续净化政治生态的工作方案》的通知，并宣读了中共山阴县委贯彻落实《中共朔州市委关于在山阴县开展持续净化政治生态的工作方案》的责任清单。

10月

16日 山阴县委书记王世杰主持召开全县重点项目工程、美丽乡村建设观摩活动点评会。政府副县长王建平对各乡镇美丽乡村建设情况进行点评，相关部门汇报2020年重点工程项目完成情况及下一步打算。

21日 召开中共山阴县委常委班子脱贫攻坚专题民主生活会。山阴县委书记王世杰代表县委常委班子作对照检查；县委常委逐一进行对照检查作自我批评，其他常委对其提出批评意见；县委书记王世杰总结会议情况并提出整改。

11月

3日 民盟中央副主席张平、王光谦、张道宏在薛圐圙村调研盐碱地治理。山阴县委书记王世杰等相关部门负责人陪同。

11日 山阴县委书记王世杰主持召开县委全面深化改革委员会第七次会议。会上传达学习了中央全面深化改革委员会第十六次会议精神，听取了承担县委书记、县长抓改革台账和省考核市6项改革任务的各责任单位深化改革工作推进情况汇报。

27日 召开朔州市宣讲团学习贯彻中国共产党十九届五中全会精神山阴报告会。

12月

2日 山阴县委书记王世杰主持召开县委2020年网络安全和信息化委员会暨意识形态工作领导小组会。会上，听取了县委2020年网信委工作进展情况和意识形态领域工作分析研判汇报，县委书记、网信委主任、县委意识形态工作领导小组组长王世杰作讲话。

10日 山阴县委书记王世杰主持召开山阴县秋冬季污染防治工作推进会。会上，通报了山阴县污染防治情况，并对近期污染防治工作进行安排部署。

11日 省委开发区常态化督导二组组长翟振兴调研督导山阴经济技术开发区建设，县委书记王世杰等相关部门负责人陪同。

中国共产党山阴县委员会

县　委

【概况】 2020年，中共山阴县委高举习近平新时代中国特色社会主义思想伟大旗帜，认真学习贯彻党的十九大和十九届二中、三中、四中、五中全会精神，全面贯彻习近平总书记视察山西重要讲话重要指示、“三篇光辉文献”和对“右玉精神”的六次重要指示精神，统筹推进“五位一体”总体布局，协调推进“四个全面”战略布局，按照省委“四为四高两同步”总体思路和要求，紧扣市委“生态立市、稳煤促新”战略，坚持党要管党、全面从严治党，扎实做好“六稳”工作，全面落实“六保”任务，加快推进“六新”突破，在疫情防控取得零确诊、零疑似重大战略性成果的同时，经济发展保持了稳中有进、进中向好的发展态势，“十三五”规划各项目标任务圆满完成，县域综合竞争力进入全省前10名，全县上下狠抓落实的措施更实，干事创业的劲头更足，思上思进的氛围更浓，山阴各项事业发展谱写了新篇章、走上了新征程。特别是县委十四届十二次全会，提出了打造“灵秀古城”、建设“新韵山阴”的战略目标，审议通过了《中共山阴县委关于深入学习贯彻习近平总书记视察山西重要讲话重要指示和省委市委全会精神率先蹚新路争当排头兵的实施方案》，从战略高度进一步明确了山阴县高质量转型发展的方向，确定了山阴当前和今后一个时期各项工作的路线图、作战图。

【政治方向】 山阴县委强化理论武装，做到思想上对标对表。深化和拓展“第一议题”制度，坚持把学习贯彻习近平总书记视察山西重要讲话重要指示作为首要政治任务，召开相关学习会议52次，及时学习习近平总书记对当前各项工作的重要讲话重要指示90余篇，并将讲话中蕴含的思路、要求和方法不折不扣地贯彻到全县各项工作实践中，有力指导全县各项工作始终沿着正确方向前行。

坚定维护核心，做到政治上不偏不移。县委班子成员充分发挥“关键少数”作用，自觉做到政治坚定、对党忠诚，结合学习宣传党的十九届五中全会精神和《习近平谈治国理政》（第三卷）等，带头深入基层一线登台授课。及时组建县委理论宣讲团，累计宣讲270场、受众1.41万人；举办主体班等各类培训6期、培训党员干部1835人次；积极开展在线教育，培训干部700余人次。通过以上率下领学、分类施策广学、联系实际深学，努力做到学习领会更深刻、掌握内涵更全面、贯彻落实更坚决，进一步引导广大党员干部树牢“四个意识”、坚定“四个自信”、坚决做到“两个维护”。坚定不移用习近平总书记视察山西重要讲话重要指示领航新征程、探索新路径、推进新实践，着力在科学谋划、完善思路上下功夫，在凝聚共识、推动工作上见行动，在解决问题、狠抓落实上求实效。先后召开县委十四届十一次、十二次、十三次全会，结合山阴实际，确立了“率先蹚新路、争当排头兵”的工作思路，提出了聚焦“三大变革”、实施“三大战略”、打好“三大战役”的工作要求，确定了打造“灵秀古城”、建设“新韵山阴”的战略目标，极大地激励了全县上下攻坚克难、勠力同心、奋勇前行、干事创业，引领山阴各项事业发展迈上新台阶。

【管党治党】 中共山阴县委坚定不移扛实主体责任，从严管党治党，政治生态持续净化、有效修复。县委班子成员坚持以上率下、率先垂范，坚定扛起主体责任和政治责任，深入贯彻落实新时代党的建设总要求，一以贯之加强对全面从严治党、党风廉政建设和反腐败斗争的集中统一领导，为全县各级党组织和广大党员干部树好标杆、做好表率，进一步推动全县党风政风明显改善，政治生态持续向好。山阴县委认真贯彻落实《党委（党组）落实全面从严治党主体责任规定》、新修订的《中国共产党问责条例》，创新党委（党组）书记列席常委扩大会议制度，举办党委（党组）书记落实主体责任培训班，对41名新任科级干部进行“一对一”任前廉政谈话，出台了《关于加强政治监督全力保障习近平总书记视察山西重要讲话重要指示精神在我县落实落地的通知》，围绕“十个聚焦”开展精准监督，有力有效推动管党治党责任逐级传导、层层压实。

山阴县委推进基层基础工作全面进步。以“整乡推进、整县提升”示范创建和“五型机关”建设为契机，推动各领域基层党建全面达标、全面进步、全面过硬，全县党支部达标率占到63%。两次集中听取人大、政府、政协、法检“两院”5个党组工作汇报。常委会党支部联系点实现了全覆盖，制定流动党员管理办法，成立流动党员支部13个、党小组96个，实现挂钩联系全覆盖。认真落实“四个一”整顿措施，22个软弱涣散党组织全部转化提升；综合评价农村“两委”主干，并退出不胜任、不符合条件的47人，“一肩挑”比例达49.2%。深入推进示范创建行动，1个示范乡镇、4个达标乡镇全部通过评估验收。足额拨付乡村两级运转经费4000余万元。聘用51名社区职业化工作者，并按照“三岗十八级”标准发放报酬，其他“两委”成员岗位补贴增至1600元。新建非公企业和社会组织党支部71个，“两新”党组织实现全覆盖；选派158名党建指导员，并足额落实补贴。指导开发区新建1200平方米党群服务中心；实施“三整一提升”行动计划，培育古城、鑫霏、骏宝宸3个示范点。持续深化抓党建促脱贫工作，调整驻村干部48名，对274名村“两委”及后备干部进行学历提升教育，培养农村后备干部596名。

进一步鲜明重德才、重基层、重实干的正确导向，2020年先后调整干部16批次、183人次，选派4名科级干部到贫困乡镇挂职、40名机关事业单位干部到村任职，有效激发了广大干部干事创业的激情和活力。认真贯彻省委人才新政“12条”，研究制定人才强县若干举措，进一步深化人才体制机制改革，先后引进高学历人才7名，招聘紧缺专业人才135名；走访慰问专家人才7名，发放奖励金6万元，为28名专家和人才进行健康体检；与山西农业大学合作，在合盛堡有机旱作农业基地建立博士工作站，聘用博士4名。

2020年，山阴县委持续加强党对反腐败工作的全过程、全环节、常态化领导，把准“严”的方向，坚定“严”的定力，突出“严”的重点，提升“严”的效能，压实“严”的责任，不断凝聚高压反腐的强大合力。全年专题研究党风廉政建设和反腐败工作42次，召开反腐败领导小组会议2次，批准谈话函询18人次、初核21人次，批准立案审查、留置、作出处分决定113人次。进一步保持“不敢腐”的高压态势，年内共处置问题线索881件、立案282件、处分246人，其中查处群众身边腐败问题136件、259人，查处形式主义官僚主义等“四风”问题48件、95人，开展五大领域专项治理，发现问题线索88条、查处158人。进一步扎紧“不能腐”的制度笼子，切实开展以案促改，组织全县127家单位深入查摆权力运行负面问题，健全相关配套制度184项，修订完善313项，切实做到用制度管权管人管事。进一步强化“不想腐”的思想自觉，持续深化以案促教，常态化开展廉政警示教育，组织党员干部观看《镜鉴》《廉吏于成龙》等。综合运用“四种形态”处理859人次，其中，运用第一种形态处理605人次，占到70.4%。高质量完成第十轮、第十一轮巡察，部署了人防系统专项巡察，十四届县委巡察实现全覆盖。

坚决贯彻落实市委关于持续净化政治生态的重大安排部署，按照市委《工作方案》的具体要求，专题研究并制定了“2+3+4+N”整治方案，成立4个工作专班，确定整治时限、划定整治阶段，创新县委常委蹲点施治工作举措，集中开展全县纪律作风整顿，全力推动山阴县政治生态持续改善、明显向好。工作开展以来，全县累计起底摸排三类问题线索57条，下达建议书4份，作出组织处理15人；查办不作为、乱作为57件，给予党纪政务处分49人，组织处理15人，其中科级干部18人。开展党员干部违规经商办企业专项清理工作，摸排乡镇、单位90家、企业2000余家、党员干部2452人，已申报退出67人。畅通退休老干部建言献策渠道，设立意见箱3个，成立老干部党小组4个，填写承诺书220余份。领导干部集中坐班46次、带案下访54次，排查矛盾纠纷415起，化解396起，化解率达95.5%。加大逾期贷款清欠清收力度，累计清收“三类”贷款2.3亿元。扎实开展住建领域集中整治，对2013年以来37处违建项目进行了专项排查、集中整治。全县106个党委、党组集中召开持续净化政治生态专题民主生活会，累计查摆问题540条、各级领导班子成员查摆问题1290条。

山阴县委认真落实意识形态工作责任制，坚定不移贯彻落实中央和省委、市委关于意识形态工作的重大决策部署，及时调整县委意识形态工作领导小组，统筹抓好督查、汇报、通报工作，推动意识形态工作责任落细落实，2020年共办结网络舆情事件31件。配齐配强县委宣传部和县融媒体领导班子，配备乡镇和县直部门宣传员106人，推动县级融媒体中心建成“一个中心、七大平台”，实现了“一次采集、多种生成、全媒传播”，全年各平台累计发布各类新闻7700余条；围绕打造“灵秀古城”、建设“新韵山阴”战略目标，统筹推进干部层面理论武装和群众层面理论引导，县委理论学习中心组开展集中学习30次；加大宣讲力度，讲好山阴故事，开展基层宣讲270场，创作完成《扶贫答卷》等8部脱贫微视频，推送《榜样》《歌唱》等8部公益广告；繁荣文艺创作，出版《桑干河》《洪涛山》杂志期刊各三期，举办第二届“书香山阴·群贤荟萃”读书会论坛、“幸福山阴·圆梦小康”迎春晚会、农民丰收节等，文艺作品凝神聚魂作用得到充分发挥；全面推进新时代文明实践中心（所、站）建设，共招募志愿者5900余人，组织开展各类志愿服务380余次、出动志愿者6500余人次；持续深化“五大创建”工作，创建省、市文明先进典型96个。新建王老沟、水头两处战斗遗址标志碑，央视《新闻联播》等主流媒体进行了集中报道；通过以文化人、成风化俗，积极引导群众正确反映利益诉求，信访案件数量显著下降，全县发展环境、治安秩序、社会风气进一步好转，“人人都说山阴好”的良好氛围正在逐步形成。

【疫情防控】 山阴县委积极争取主动，坚持尽锐出战，防控战疫阵地牢固、成果显著，县委始终牢记“生命高于一切、责任重于泰山”，严格落实中央和省市部署要求，严格执行“外防输入、内防反弹”防控策略，始终坚持“人物同防”“多病共防”原则，以对党和人民群众高度负责的态度，落实防控责任，坚守疫情防线，全县疫情防控工作取得确诊、疑似病例“双零”的重大战略成果。

坚决扛起防控责任。严格落实中央“十六字”总要求和省委“三线作战、四环联动、五严五防”及市委“十到位”要求，及时启动一级响应，迅速建立战时机制，先后召开县委常委（扩大）会、疫情防控领导小组会议42次，专题研究部署全县疫情防控工作，科学设置270余个监测点，实行全天候管控。高规格召开了第三个“中国医师节”暨第一届“山阴好医师奖”表彰大会，大张旗鼓地表彰了5个疫情防控先进集体、20名一线人员，进一步弘扬了尊医重卫的时代风尚。

有序推进复工复产。山阴县委统筹推进疫情防控和经济社会发展，精准落实“四后”防控措施，全面部署开展县级领导包联“三重”专项行动，走访服务企业和项目47个；开设专列1趟、专车11班，输送477人返岗务工，其中“点对点”输送80人；加大政银企对接力度，帮助古城乳业、山西超牌等公司协调贷款3000余万元，为各类企业减免税费6480万元；持续推进稳岗促就业行动，县内岗位新增2300多个；全力推动县内企业和项目复工复产复市，年初率先对两座煤矿复工复产进行验收，为山阴县及周边省、市的用电需求提供保障。

筑牢抗疫战斗堡垒。充分发挥基层党组织在疫情防控中的战斗堡垒作用，及时成立74个临时党支部、130个疫情防控党员志愿行动小组，组织动员1200名在职党员下沉社区农村防控疫情，1万余名党员干部积极捐款100余万元，全县500余名医务人员白衣擐甲、守护一方，9000余名基层干部不畏疫情、坚守一线，为全国打赢疫情防控战役贡献了“山阴力量”。

【转型发展】 2020年，山阴县委全面贯彻落实“六新”重大要求，深入践行“项目为王”理念，紧盯项目落地开工、达产达效的各个环节，进一步加大政策、服务、保障力度，全县经济高质量转型发展的基础更加牢固、支点更加多元、态势更加强劲。新旧动能转换加快。大力实施“工业强县”战略，以项目、企业、人才为重要抓手，不断细化“六稳”“六保”具体措施，加快布局和发展新兴产业，实施产业转型项目33个，同比增长13.8%，完成投资24.4亿元，占项目完成投资的61.6%；实施工业技改项目2个，完成投资3000余万元，同比增长42.9%，新动能对经济发展的引领支撑作用进一步凸显。新能源方面，在建成13座安全生产标准化矿井的基础上，加快能源消费、供给、技术和体制“四项改革”，推进水泉煤业智能化矿井试运转；不断扩大新能源占比，年内建成新能源项目35万千瓦，新能源总容量达到88万千瓦，占电力总装机容量228万千瓦的38.7%。新材料方面，建成超牌高岭土、玉竹硅酸钙等4条新材料生产线，上马聚天海、锦晔、松蓝3个新材料项目。其中，超牌陶瓷釉生产线技术达到国际领先水平，为我国高岭岩型煤矸石资源化利用开辟了新的应用领域。新业态方面，全县电子商务、连锁经营、物流配送等新兴业态企业达到50余家，电商行政村服务站达到38个，网上产品销售额3000万元以上。

加大项目建设提速增效。全面落实领导包联、部门服务、政银支持“三项帮扶机制”和周调度、月盘点、季督导“三项协调机制”，持续深化企业投资项目承诺制改革，继续深化点办理、批处理等方式，有效推动企业正常运转、项目达产达效。规上工业增加值增速从下半年扭负为正，由年初的-32.4%增至11月份的9%、排名全市第二，高出全市平均水平1.8个百分点。年内全县共实施投资500万元以上项目77个，总投资118.53亿元，完成投资39.65亿元，固定资产投资增速位居全市第一。其中，续建项目31个，复工30个，完成投资18.02亿元，已竣工16项；新建项目46个，完成投资21.16亿元，已竣工29项。

充分发挥开发区主战场主引擎作用，坚持把开发区建设作为“一把手工程”，聚焦项目建设、招商引资、基础建设和营商环境等，专题谋划研究，具体部署推动，为全县高质量转型发展增添了动能、奠定了基础，2020年在全省开发区综合考核评价中排名第20位，全市第2位。年内开发区项目开工8个，完成投资1.04亿元；“四至”核定已通过省自然资源厅批复，“五规合一”进入专家评审阶段；“九通一平”等基础建设快速推进，开工3个基建项目，完成投资4210万元。创新实施“三化三制”改革，按照“以岗定薪、按绩取酬”原则，制定出台绩效工资、绩效考评“两个办法”；公开招聘11名专业技术人才和2名紧缺专业人才，聘请北京斯伯乐科学技术研究院院长刘宽胜担任开发区顾问。

【改革创新】 中共山阴县委勇于改革创新，加快对外开放，转型升级动力强劲、活力迸发，县委牢固树立问题、目标、结果“三个导向”，先后召开43次相关会议，研究谋划53项重点改革事项，不断推动改革开路、制度开放、经济转型，以更高层次的改革引领全面转型，以更高水平的开放促进高质量发展，在“率先蹚新路”的实践中实现了弯道超车、直道冲刺。紧紧围绕“六新”产业布局，聚焦14个战略性新兴产业集群，2020年开展招商活动8次，招引项目的规模、数量和投资实现了“三个新的突破”，全县招商引资水平显著提升。制定出台了“37+X”惠企惠商政策，在土地、资金等方面予以支持，“全国投资潜力百强县”效应不断放大，对外开放“高地”逐渐形成。年内共签约招商引资项目27个，开工23个，开工率85%，位居全市前列；项目总投资117亿元，全市综合评比排名第一。

聚焦打造“六最”营商环境，持续深化“放管服”改革，全面推行“一枚印章管审批”，年内压减审批事项3项、项目办理时限缩短60%，行政审批效率大幅提高。稳步推进国资国企改革，制定了《山阴县国有企业退休人员社会化管理工作实施方案》，国有企业退休职工社会化管理已全部移交；社会职能分离移交进展顺利，已完成铁路小区、供电职工家属区“三供”改造工程。

制定出台《全县企业技术创新全覆盖工作实施方案》，引导企业加大创新投入，强化企业创新主体地位，提升产业核心竞争能力，全县43家规上企业实现技术创新全覆盖。鑫霏、超牌、骏宝宸等6家企业成立科技创新课题组，形成16项科研成果。同时，加快推动科技成果转化，持续掀起创新创业热潮。推动创业基地提档升级，入驻小微企业27家。

【脱贫帮扶】 山阴县委牢固树立“军令状”意识，对标“两不愁三保障”目标，先后召开50余次专题会议，在责任、政策、帮扶和监管上出真招、下硬功，不断筑牢夯实贫困群众持续稳定增收基础，进一步建立健全防返贫各项措施和机制，全县贫困人口全部达到脱贫标准，“两类户”全部解除返贫风险，全县脱贫攻坚取得决定性、历史性成就。

全面深化“两包三到”精准联动帮扶机制，派出帮扶干部2800余人；聚焦提升履职能力，举办专题培训27场、培训8200余人次。严格落实“一户一案”“一户一策”要求，年内资助建档立卡学生1635人次、230余万元，完成建档立卡户危改任务156户，解决5个村饮水安全问题，受益贫困户214户525人；加大健康扶贫力度，建档立卡贫困人口“双签约”达到100%，“一站式”结算达20家。落实“四个一批”措施，设立9个扶贫车间，开发扶贫公益岗位539个，实现稳定就业5457人。坚决扛起整改落实的主体责任、政治责任和整改责任，结合“四问三宣一推动”“百日攻坚、十个清零”行动等，针对历年来国考省考、巡视巡察、督导督查等反馈的问题，建立健全了“八项机制”，采取挂图作战、挂牌督战，推动上下联动、条块结合，确保反馈问题限时清零、及时销号，年内累计整改各类共性、个性问题136个。

坚持接续推动脱贫攻坚和乡村振兴有效衔接，做到工作不留空档、政策不留空白。年内安排资金4677万元、实施扶贫项目81个，建成光伏电站45座、总装机容量4000多千瓦，累计带动贫困户5413户、户均收入2100元以上。发放扶贫小额信贷474户次、2185.9万元，财政贴息245.79万元；制定“1+2”防返贫监测和帮扶办法，购买防贫（返贫）保险1.7万人次、投保27.6万元。持续深化“五进九销”消费扶贫，推动“专柜、专区、专馆”建设，认定相关产品22个，消费扶贫金额1亿多元。

【乡村振兴】 中共山阴县委坚持统筹推进乡村产业发展、深化农村改革、生态文明建设和基层社会治理等重点工作，强化以工补农、以城带乡，促进了农业高质高效、乡村宜居宜业、农民富裕富足。按照“主体龙头化、种养规模化、加工精深化、流通平台化”的思路，着力优化农业产业布局，大力完善利益联结机制，全面提升现代农业的吸附力和增加值，为乡村振兴提供有力的产业支撑。以“山区小杂粮、川区粮草蔬”产业为抓手，持续扩大有机旱作农业种植规模，粮食播种面积稳定在84万亩，小杂粮种植面积22万亩，粮食产量连续多年稳定在2.5亿公斤以上；大力推动雁门关农牧交错带核心区建设，种植粮饲兼用玉米、苜蓿20万亩，带动奶牛养殖稳定在8万头左右，鲜奶产量达28万吨；加大“三品一标”认证力度，完成绿色有机产品认证13个。完成高标准农田建设4.8万亩，全县高标准农田总面积超过20万亩。

坚持以深化农村改革为动力，加快推进农村“四项改革”，2020年已全部完成登记颁证。大力培育家庭农场、农业大户等多种新型经营主体，有序推进土地流转，年内全县土地托管面积达到8万亩，有效提升了土地利用率。

坚持把良好的生态环境作为乡村振兴的基础和保障，按照“五治”要求，集中打造美丽乡村示范村5个，39个贫困村开展了“一拆三清一改”清洁行动，完成改厕任务4703座，全县农村人居环境得到全面改善。

【民生福祉】 山阴县委聚焦群众关切，践行为民初心，县委牢固树立以人民为中心的发展思想，紧盯群众关心关注的重点领域、重点事项，加大基础性、普惠性、兜底性民生建设，补齐民生短板，提升保障水平，全县广大人民群众的获得感幸福感显著增强。坚持“生活质量高、生态水平高、智能程度高”的原则，启动国土空间总体规划和专项规划编制工作，扎实开展“两下两进两拆双修”专项整治行动，全面开展城建“九场硬仗”，年内建成雨污合流管网46千米、分流管网10千米，完成强弱电线下地24千米，清理占道经营、“店外店”770余家，整治临街“五堆”8000平方米，拆除违规设置广告牌匾150块，规划机动车车位1600个，县城面貌明显改善。加快推进基础设施建设，府东街跨线立交桥、西二环等路桥建设工程相继建成通车，有效缓解交通拥堵现状；新建换热站14座，完成老旧管网改造3.2千米，新增供热面积102万平方米，县城清洁取暖覆盖率达到100%；加快5G智能网络建设进度，建成5G基站22座，实现县城信号全覆盖。

实施“教育强县”战略，加大“四高”校长、“四有”教师队伍建设力度，探索推进绩效工资考核、教育质量监测，成立了山阴县教育发展专项基金，制定《关于开展教师队伍整顿工作的实施方案》，推动教育教学质量全面提升。义务教育阶段质量监测受到教育部的表彰奖励，并被授予“县级优秀组织单位”荣誉称号；7所学校被“山西省名师在线工作室”发展为基地校；成立23个名师工作室，涵盖7个学科；教师队伍年龄、学历和结构进一步优化，年内招聘教师26名、研究生学历增至86人。高考600分以上学生人数占比较2019年增加3.6个百分点，二本B类以上达线率增加了4.9个百分点，山阴一中新生入学人数较2019年增加了485人，全县累计回流学生600余人。

持续深化县乡医疗一体化改革，薪酬分配自主权等6项权限已全部下放到位；加强信息化建设，县乡村三级医院实现病历共享、分级诊疗、双向转诊、远程会诊；加大全科医生培养力度，全科医生达到139人；大力推动医疗机构达标建设，乡村卫生院（室）硬件设施和村医执业资格全部达标。

持续深化“人人持证、技能社会”技能提升工程，开展专业培训班85期、培训3840人，实现就业1087人；建成全省第一家劳动技能产品展厅，陈列展示技能产品120类；深入推进全民参保计划，五项社会保险扩面工作和社保卡发放工作均超额完成。持续完善社会救助体系，投入各类保障资金7007万元，做到了应保尽保、应补尽补。实施文化惠民工程，全年送戏下乡194场，放映电影1898场；成立文艺小分队24支，累计演出1020场。

进一步践行“两山”理论，大力实施“生态立县”战略，全力打造青山常在、绿水长流、空气常新的美丽山阴。严格落实“一厂一策”，持续加大煤炭等行业提标改造力度，101家企业制定了应急减排方案。统筹推进山水林田湖草系统治理，投入资金2.5亿元，西山生态修复130处，“清河行动”实施项目2项，整体造林6000亩，全县森林覆盖率提高到16.96%，2个出境断面水质全部达标。扎实开展秋冬季污染防治综合治理工作，坚持治污、减煤、管车、抑尘、禁燃“五管齐下”，清理散煤3170吨，取缔燃煤锅炉43台，清洁取暖改造7043户，清理“散乱污”企业14家，空气质量二级以上天数达268天，空气质量优良率保持在73%以上。

大力实施“文化兴县”战略，按照“集点、连线、成面”，全力打好“全域旅游、特色产业、文化节庆”三张牌，着力构建文化旅游共建共享新局面。积极融入山西“长城”旅游板块，制定出台了《长城国家文化公园广武边塞长城文化旅游区概念性规划》，完成了长城国家文化公园建设项目申报并列入第一批项目库；拍摄《穿越千年的龙脊》和《广武长城》2部专题片，出版《广武长城文化专辑》，主办“守望长城”多媒体采风展播活动，协办了“2020塞上朔州长城旅游节”系列活动。

【社会治理】 山阴县委始终坚持党的领导、人民当家作主、依法治国有机统一，全面践行总体国家安全观，坚定不移走中国特色社会主义政治发展道路，按照“三者有机统一”要求，深入践行习近平法治思想，全面加强对全县民主政治工作的领导，县域综合治理能力和治理体系得到进一步提升。

坚持党的集中统一领导，充分发挥总揽全局、协调各方的领导核心作用，统筹抓好各方面各领域工作，全力支持人大、政府、政协依法依章履行职能、开展工作、发挥作用，持续巩固和发展爱国统一战线，大力支持和发展民营经济。坚决维护宗教领域和谐环境。全力支持县人大及其常委会依法履行职责，使县委的重大决策通过法定程序成为全县人民的共同意志和统一行动。注重发挥社会主义协商民主的独特优势，支持各民主党派、无党派人士和人民团体围绕县委中心工作建言献策，政治协商、民主监督、参政议政水平不断提升。压紧压实党管武装责任，积极做好双拥优抚安置工作，军民团结氛围得到进一步巩固和加强。充分发挥工会、共青团、妇联等人民团体桥梁纽带作用，对台、民族、宗教、外事、侨务等工作取得新成效。

县委牢固树立“生命至上、安全第一”理

念，严格落实“四铁”要求，扎实抓好各行业各领域安全生产工作。常态化开展煤矿、非煤、道路、食品等重点行业领域安全检查，安全生产形势持续好转。坚决落实信访制度，发展环境、治安秩序、社会风气进一步好转。

坚持执法、司法、守法、普法“四法”协同，出台《关于健全党委领导法治建设体制机制方案》，并建立完善“十项工作机制”；全面落实党委、政府法治建设“第一责任人”职责，法治社会、法治山阴、法治政府建设进一步加快；深入开展“三零”单位创建工作，坚持政治、战略、机制、创新、典型“五大引领”，推动问题联治、工作联动、平安联创，创建“三零”单位4656个，达标率98.8%；全面推进“全科网格”试点工作，年内共配备专职网格员150名、兼职网格员132名；持续引深扫黑除恶专项斗争，一体推进“打、防、管、控、挖”，全面推进线索清仓、逃犯清零、案件清结、伞网清除、黑财见底、行业清源。目前共打掉黑社会性质组织4个、恶势力集团3个、恶势力犯罪团伙5个，抓获犯罪嫌疑人93人，刑事拘留82人，破获各类刑事案件80起；全面开展禁毒工作，禁毒成效明显。

组织工作

【概况】 2020年山阴县委组织部坚持以习近平新时代中国特色社会主义思想为指引，深入贯彻党的十九大和十九届二中、三中、四中、五中全会精神，认真贯彻中央、省市组织部长会议精神，全面落实从严治党要求，以党的政治建设为统领，把不忘初心、牢记使命作为加强党的建设的永恒课题和全体党员干部终身课题，落实科学精准的选贤任能制度、科学严密的组织制度、科学有效的人才制度，在服务大局中提升站位，在抗击疫情中经受考验，在履职尽责中担当前行，在创新突破中提升质量，各项工作取得长足进步。

【干部管用】 山阴县委组织部坚持把事业发展、工作需要、岗位要求与以岗选人、以事择人结合起来，将政治上清白、作风上过硬、敢担当敢作为的干部用好，多措并举调动干部干事创业的积极性。精心组织专题培训。围绕学懂弄通做实习近平新时代中国特色社会主义思想，重点对县管科级干部、关键岗位干部、机关党务干部、脱贫攻坚干部、优秀年轻干部和基层党员干部进行培训。举办山阴县2020年度新任乡镇班子成员和驻村干部履职能力提升专题培训班、脱贫攻坚专题培训班、党委（党组）书记学习习近平新时代中国特色社会主义思想暨落实主体责任培训班等主体班5期，培训2100余人次；举办第三期县管干部学习贯彻习近平新时代中国特色社会主义思想读书班；利用智慧党建视频系统播放扶贫课件，培训乡村干部、驻村工作队员、第一书记19期5190人次；组织700余人就学习贯彻党的十九届四中全会精神进行网络专题培训，取得了预期效果。坚持把脱贫攻坚战场作为培养党的干部的重要平台，选派县直没有基层工作经历的4名33岁以下科级干部，挂职到3个贫困乡镇的副乡镇长两年，强化基层历练。抽调县直机关事业单位13名干部到县脱贫攻坚领导小组办公室工作锻炼，并纳入脱贫攻坚一线干部，统筹考核奖惩，同等条件下优先予以评先评优、提拔重用和职级（职称）晋升。抽调14名干部到县委巡察办参与第十、第十一轮巡察工作，推动干部在实践中强党性、提能力。选用干部向基层一线倾斜、向“三大攻坚战”主战场倾斜，不搞平衡，不论资排辈，打破常规，大胆选拔，激发干部敢担当敢作为的状态，让有为者有位，让干事的有位置有平台。2020年，推荐5名科级干部到市直部门副处级领导岗位任职，县委常委会会议研究调整干部16批次183人次，其中，提拔重用32名，平职调整和机构改革重新任职62名，职级晋升32名，挂职、到龄退休等调整57名，彰显了重实干、重实绩、重担当的用人导向。落实《激励广大干部新时代新担当新作为意见》，结合日常考核、巡视检查等情况，对不廉洁、不担当、不作为和因身体原因不适合担任现职的6名县直部门主要负责人给予免职，推动能者上、庸者下、平者调。落实干部人事档案专项审核“回头看”工作，按照时间节点完成各项任务，提高干部档案管理规范化水平。制定《关于严格执行组织工作重要事项请示报告制度的通知》《关于在持续净化政治生态工作中从严干部监督管理的通知》，进一步强化组织纪律。

【基层组织建设】 2020年，山阴县委组织部以提升组织力为重点，全力抓基层、打基础，补短板、强功能，抓规范、促提升，各项重点工作在创新实践中不断夯实。推进乡村振兴成效化。以贯彻落实《中国共产党农村基层组织工作条例》为牵引，全面抓好省委组织部制定的7个方面18条工作措施贯彻落实。抓好农村带头人队伍整体优化提升。对村“两委”干部全覆盖联审，及时清理9名存在问题村干部；聚焦6类重点村，选派36名机关事业单位干部到村任党组织书记；采取“五个一”措施，对村“两委”主干进行集中分析评价，年底退出一批不能适应工作需要的村“两委”主干，调整配备一批村党组织书记；加强农村后备力量建设，制定18条选拔标准，重点掌握“五类人员”，实现“1村3名后备力量”目标；全面落实村党组织书记县级备案管理，197名农村党组织书记建立个人履职档案。抓实农村基层干部教育培训。坚持县、乡两级党委抓农村基层干部培训，县级利用党建视频系统开展专题培训23场，参训7000余人次；举办乡镇干部提升履职能力暨农村（社区）“领头雁”培训班，900名乡村干部普遍轮训；大力实施农村干部学历提升工程，组织动员164名村“两委”干部及后备干部报名参加大专、本科学历提升教育。建立壮大村级集体经济乡镇领导干部包村制度，实行责任捆绑，落实八项包联措施，进一步推动村级集体经济发展增活力、强实力；加大扶持力度，申请中央、省财政资金1125万元，县财政配套资金175万元，扶持26个村每村50万元发展壮大集体经济项目；大力实施“4447”发展壮大村级集体经济发展模式，挖掘总结出的好经验好做法在全省农村党组织书记示范培训班上作了交流；把发展壮大村级集体经济情况纳入乡镇综合考核和党委书记抓基层党建述职评议重要内容，对集体经济年收入5万元以上村达不到95%以上的乡镇，实行“一票否优”。截至12月底，全县197个行政村，集体经济收入5万元以上的村有188个，占比95.43%。持续落实县乡基层党建工作例会制度，县级每两月组织召开一次党建工作例会，乡镇每月召开一次；组织乡镇书记签订《推进中组部督查组反馈意见整改暨农村“带头人”队伍优化提升集中行动工作承诺书》，明确7项必须完成的基层党建工作重点任务；发挥党组织核心领导作用，撤并50个行政村，同步优化设置撤并村党组织；申报确定北周庄镇为示范创建乡镇，下喇叭乡、合盛堡乡、岱岳镇、古城镇为达标创建乡镇。坚持硬件和软件兼顾、守正和创新并举，做到点线建精、整片建强，示范带动全县农村基层党建工作再上新台阶。

推进基层组织规范化。扎实开展基层党支部规范化标准化建设。严格落实党委班子党支部联系点制度，确定25个农村党组织开展标杆创建，60%以上的农村党支部达到一流建设标准。集中整顿软弱涣散村党组织。组织18名县级领导带队，对照“六种问题情形”，通过“四必访三必问”形式，逐村排查，确定村级软弱涣散整顿对象14个，同时对2019年集中整顿情况开展“回头看”，将整顿后出现反弹的1个村再次列入软弱涣散进行整改，严格落实主题教育专项整治“4个1”工作措施，全部完成整顿提升工作。对扫黑除恶专项斗争期间被查处的2名“两委”主干所在村党组织建设情况持续跟进指导，从严落实组织生活制度，强化党员教育管理；要求13个乡镇党委全部成立流动党员党支部，及时发放流动党员活动证，建立村党支部挂钩联系制度，支部委员或骨干党员与流动党员结成“1+1”或“1+N”的对子，加强与党员的沟通联系，动态掌握所联系党员思想、工作、生活情况，及时向支部汇报党员在外日常表现情况，确保管理服务不断线。

推进社区干部管理职业化。制定《社区职业化管理工作人员聘用合同书》，成立县社区工作者职业化建设领导小组，专题研究、全面摸底、耐心释疑，为符合条件的51名工作人员办理职业化聘用手续，对基层反映有关聘用的14个问题给予一一解决。预算资金272.856万元，足额落实社区干部薪酬待遇，对一些退休职工担任社区“两委”成员的提升岗位补贴标准至1600元，做到报酬有保障、工作有考核、退出有标准，全力打造一支高素质社区干部队伍。

【疫情防控】 2020年，山阴县委组织部在抗击新冠肺炎疫情中，精心部署，迅速行动，及时发声指导，印发《关于在职党员干部到社区报到构建社区联防联控安全防线的通知》，探索性开展了每个片区、楼宇都要有1名科级干部、1名网格长、1名片警，若干党员干部、志愿者、网格员、物业工作人员的“1+1+1+N”联防联控模式，420余名县直机关党员干部战斗在社区、小区第一线，构筑起“内防扩散、外防输入”的楼宇抗击疫情的安全屏障。积极接收援鄂医疗队的刘慧、孙清芳2人光荣入党，组织全县10476名党员干部志愿捐款107.54万元，下拨党费28万元，用于支持阻击疫情第一线单位开展疫情防控各项工作，凝聚起打赢疫情防控阻击战的强大合力。

【脱贫攻坚】 2020年，山阴县委组织部推进脱贫攻坚常态化。着力在“五个突出”上下功夫。完善8条联席会议制度、明确8项联席办任务、厘清4名联席办主任职责，保证了各项工作有人管、有人查、有人办；安排5个督导组围绕重点工作任务，常态开展督促检查。在保证驻村干部整体稳定的基础上，对年龄偏大、不适应工作、不在编的48名驻村干部进行为期一个月的压茬调换，责令19家非贫困村包扶单位增派了21名驻村干部，达到了“一队三人”要求；针对古城镇全镇只有一支驻村工作队情况，为其增加2个包村单位、2支驻村工作队；安排2864名县乡机关事业单位干部职工每月对所包贫困户走访1遍以上。安排5个排查组围绕7项工作任务要求落实情况，全覆盖乡镇、贫困村、驻村工作队进行拉网式排查，梳理出58个共性问题进行了集中整改；对各级脱贫攻坚考核、巡视反馈等涉及县委组织部、县干部驻村联席办的37个问题，专题研究讨论，专班跟进整改，全部清零销号；印发了“六大行动”“十个清零”工作台账，定期抽查，促使驻村帮扶工作深入推进。建立县干部驻村帮扶工作周例会制度，3月份开始每周一召开专题会议，盘点工作进展，研究解决问题57个；对县直部门定点帮扶单位帮扶工作计划实行备案管理，并建立履职工作台账，每两月上报联席办一次工作开展情况，进一步压紧压实帮扶工作责任。印发《山阴县2020年度脱贫攻坚干部教育培训计划》，组织县级专题培训班4次，1200余名乡村干部、驻村干部参训；乡镇层面以会代训累计培训达52次，实现了村“两委”干部、驻村干部轮训全覆盖。2020年，干部驻村帮扶工作“五天四夜”驻村、到村到户到人落实政策等要求得到较好落实，帮扶工作更加精准细致。

【人才机制】 山阴县委组织部围绕建设人才强县和优化创新生态目标，加快各类人才的引进培养，加大人才投入保障，优化人才发展环境，进一步激活和增强人才活力。以推进人才发展体制机制改革为重点，建立健全县委人才工作领导机构和县人才工作联席会议制度，统筹推进各类人才队伍建设，进一步形成体系完备、科学管用的人才政策工作体系。召开县委人才工作领导组会议4次，专题研究引才育才用才工作，明确成员单位职责，形成组织部门牵头抓总，有关部门各司其职、密切配合，社会力量发挥重要作用的人才工作新格局。加大人才引进力度。按照山阴转型发展需要，加大力度招聘一批全日制硕士研究生学历的急需紧缺专业人才10名，充实到县直事业单位，优化结构配置，提升整体素质。开辟绿色通道，对符合人才引进条件的县外体制内干部，按人才引进计划措施，引进体制内高学历人才7名。加大招考力度，定向招考公务员、选调生43名，公开招聘事业单位工作人员82名，年底前上岗履职、发挥作用。建立博士工作站，与山西农业大学高寒区作物所、高粱研究所在合盛堡乡有机旱作农业基地，建立首个博士工作站，受聘博士4人，推动博士学术研究成果转化。激励人才创新创业。认真贯彻省委人才新政“12条”，制定《山阴县建设人才强县，激发创新活力的若干举措》，建设人才工作站，围绕企事业单位和乡村发展需求，在各乡镇、企事业单位建设山阴经济技术开发区等10个人才工作站，从办公场地、项目支持、成果转化、宣传推介、金融服务等给予补贴资助，搭建创新创业者与政府之间的联系沟通渠道，提供各类服务保障。加大人才奖励力度，针对全县重点产业发展需要，拓展人才奖励范围和对象，按实际贡献给予奖励，进一步激发人才创新活力。营造尊才爱才氛围，利用组工微信公众号宣介人才政策130余条，宣传人才先进典型60余人次，走访慰问有突出贡献的优秀人才代表12名，疫情防控期间发出倡议号召人才及所在企业捐款捐物达500余万元，对“六支人才队伍”、山阴籍在外人才信息库进行数据更新，建立脱贫攻坚人才库，收集403名行业领域专家人才和乡土乡贤人才，发挥在外人才智库平台作用，引导在外人才为家乡发展献智献力。

【老干部工作】 2020年，山阴县委组织部着眼支部建设，营造老干部工作新气象，组建成立山阴县老年大学，开设16个兴趣班，学员达707人，全县26个文艺表演队、30多个体育团体，从组织管理到演员、运动员都有离退休干部的身影。建起“五老工作室”，设立离退休干部党支部41个、老党员服务站320个，3700多名离退休干部找到了自己的“家”。疫情防控期间，700多名老干部学员自愿参加防控，近400名老同志两天之内捐款3.1万元。为130多名困难学生和遗残孤儿捐款17.73万元。凭借“觉悟＋义务＋服务”，实现了老干部管理老干部、服务老干部、教育老干部，在全省老干部局（处）长政策制度执行能力提升专题培训班上作了现场交流发言。

【队伍建设】 山阴县委组织部着眼争创一流，建设模范部门过硬队伍，按照“讲政治、重公道、业务精、作风好”模范部门的建设标准，以政治建设为统领，以“三基”建设为抓手，突出“五个带头”，推动组织部门自身建设走在前作表率。带头讲政治。坚持第一议题制度，每周一召开部务（扩大）会，跟进学习习近平总书记最新重要讲话重要指示精神，切实做到领会无偏差、落实不走样，在“两个维护”中历练政治忠诚。坚持每周五例会学习制度，每月举办一期组工讲坛，坚持“三会一课”，“学习强国”“三晋先锋”“好干部在线”等新媒体学习积分和排名均位居前列，学出坚定信念、学出胸襟器宇、学出思想方法，在理论武装中历练政治站位。下派3名驻村干部在脱贫攻坚一线担当作为，选派1名干部上挂市委巡察办跟班锻炼，在重点任务中历练政治本领。推动组工干部的知识结构和业务能力普遍从“单一型”向“复合型”转变。带头强三基。深化党群共建，推进基层组织标准化。针对部机关党支部人员变动的实际情况，适时对机关党总支、各支部委员会进行委员补充选举，配齐配强支部班子，提升支部运转效率；充分发挥部机关工会作用，逢年过节保障干部职工享受正常福利待遇，年中组织健康体检，慰问患疾组工干部，关心关爱3名驻村工作队员生产生活情况。聚焦效能建设，推进基础工作规范化。建立健全部机关日常管理制度、部长办公会议制度、民主评议部风制度、信息调研考评制度、岗位目标责任考核制度，完善制度体系，厘清股室职责，规范工作标准，细化服务流程，推行AB岗制，基础工作由粗变细。实施素养提升，推进基本能力专业化。定期征订涉及党建、经济、金融、法律、科技等书籍和单行条例规定等读本近100本，开阔视野，增长才干；每周一次深入包点联系村志愿服务，每月开展一次应知应会知识测试，年底组织一次"送温暖献爱心"捐款，以测试提能力，以活动强作为。带头转作风。从"关键少数"抓起，突出聚焦主业、盯人跟事、行动自觉、落实坚决，减少现场开会，增加视频会议，牵头组织召开的会议同比减少了30%，主动为基层减负松绑、提质增效，常态化开展蹲点调研、一线走访、结对帮扶工作。从弘扬"右玉精神"抓起，树立正确的事业观、工作观、政绩观，抽调3名骨干力量驻村帮扶后所乡4个非贫困村，争取各类帮扶资金166万元，打造党建阵地，新建党群文化活动广场，安装照明路灯187盏，硬化村户道路，铺设饮水管道，新增机井51眼，新打饮水井2眼和灌溉机井52眼，新建蓄水池1座，铺设输水管道5千米，身体力行地为基层加强组织、加快经济发展想法子、找路子，赢得群众一致好评。从干部自身改起，对待每一项工作都倾力用稳劲钉准、用狠劲钉实、用韧劲钉牢，踏踏实实、兢兢业业，新提拔的5名科级干部带头到社区报到，积极参与社区疫情防控工作，分10个宣讲小分队宣讲县委全会精神和决策部署，率先完成51名社区工作者职业化，解决33名"四清借干"待遇增资问题，推动43个软弱涣散基层党组织全部完成整顿提升工作，完成全年发展壮大村集体经济收入达标村的硬任务，决战完胜脱贫攻坚全面推进。

组织部部务会作出的决策、部署的工作，雷厉风行、紧抓快办。各股室牵头组织实施的重点工作，分头抓起，马上就办、落地见效；股室独立完成的，在白板上列出清单，盯着干、催着办；对群众提出的意见建议，快速研究、落在纸上；领导交办的事项和自身承担的工作，扭住不放、一抓到底。目前，一线岗位"墩苗"行动执行到位，县乡优秀年轻干部交流任职动态调整，党委（党组）工作条例贯彻有力，急需紧缺人才引进高效快速，分级分类考核工作成效明显。对标全省、全市、全县担当作为先进典型，瞄准组织系统最高水平，提高工作标准，主动学习借鉴、对标对接，确保每项工作出精品、出亮点、出成效。增强底线思维。组织党员干部集中观看《打铁还需自身硬》《抗疫一线党旗红》等30余部正面教育专题片，历史镜鉴，启人深思；集中观看《叩问初心》《镜鉴》等20余部警示教育片，以案为鉴、警钟长鸣，让组工干部知敬畏、存戒惧、守底线。作出示范表率。坚持对上服务不折不扣、内部服务精益求精、下沉服务入细入微，严格要求，履职尽责；开通"山阴组工"微信公众号，及时发布权威组织工作资讯，解读重大组织工作政策，宣传基层组织典型经验做法，做到守正创新，精业笃行；精心办好《山阴组织工作》，拓展宣传领域，提高宣传质量，部机关连续8年被评为市级"文明单位"荣誉称号。

【党的建设】 2020年山阴县委组织部推进党建主题活动多样化。"七一"前后，全县推出"十项活动"庆祝中国共产党成立99周年。各基层党支部书记讲专题党课260余人次，1000多名党员自觉开展承诺践诺活动，志愿服务扶贫联系点、福利院、敬老院，办好事解难事；各机关事业单位党组织开展了内容丰富、形式多样的主题党日活动，连续展播10部优秀党员教育片、2部红色教育微视频，举办“党课开讲啦”5期，激发了党员干部的工作热情。推进党建项目建设品牌化。大力实施党（工）委书记抓基层党建项目化管理，确定基层党建项目37个，坚持“月督查、季调度、半年初评通报、年底考核”制度，强化党建项目全过程跟踪，引导各党（工）委书记真正把功夫下在平时。在农村，突出打造党建联合体，破解农村基层党建难题，着力实现乡村组织振兴；在社区，突出打造“党建+”服务模式，搭建养老、就学、治安、帮教、调解、文化、家政、物业等八大平台，让居民有更多获得感；在机关事业单位，大力实施“五项行动”（政治引领、固本强基、纠风提效、筑牢防线、素质提升行动），扎实开展“争当三个表率、建设模范机关”创建工作，着力实现机关党建“提质创优”；在“两新”组织，推广“六融双推”（班子、管理、人才、文化、制度、责任互融，实现党建工作和企业发展双重推升）工作机制，着力实现“两新”双覆盖有形有效。

宣传工作

【概况】 2020年，宣传思想战线深入学习贯彻习近平新时代中国特色社会主义思想，增强“四个意识”、坚定“四个自信”、做到“两个维护”，自觉承担起举旗帜、聚民心、育新人、兴文化、展形象的使命任务，以敢为人先、开拓创新、奋发有为的精神，突出主基调，唱响主旋律，为打造“灵秀古城”、建设“新韵山阴”凝聚强大精神力量。

【理论武装】 2020年，山阴县委宣传部加强县委理论学习中心组的学习，截至12月上旬，共开展集中学习和各种形式学习27次。强化对基层宣传思想工作的督导。成立5个宣传思想文化督查小组，先后深入36家乡镇及县直单位，督查指导宣传思想文化工作。扎实开展基层宣讲工作，成立习近平视察山西重要讲话重要指示宣讲团、《习近平谈治国理政》（第三卷）宣讲团和党的十九届五中全会精神宣讲团，开展进农村、进机关、进校园、进社区、进企业、进军营、进网络“七进”活动，共计宣讲270场，圆满完成县级宣讲任务。《习近平谈治国理政》（第三卷）征订工作完成8620卷，全市排名前列。抓好全县“学习强国”学习平台的学用工作。截至12月上旬，全县“学习强国”学习平台学员注册总数达到36678人，全市排名第二；人口覆盖率15.22%，全市排名第一；新闻稿件采纳150篇，全市排名第二。

【对外宣传】 2020年，山阴县委宣传部积极开展对外宣传，围绕打造“灵秀古城”、建设“新韵山阴”的目标定位，聚焦“三大变革”“三大战略”“三大战役”开展密集宣传。截至12月上旬，在国家级媒体发稿32篇，其中新闻联播播发2篇；省级媒体发稿660篇；市级媒体680篇。邀请2020年度“中央媒体朔州行”采访团到山阴县开展集中采访，深入挖掘山阴县产业升级、高质量转型发展等方面的实践成果，展现山阴县干部群众奋发有为、只争朝夕的精神面貌，营造良好舆论氛围。做好疫情防控舆论引导。在市政府新闻办召开新闻发布会，及时公开山阴县疫情防控和经济社会发展工作，维护社会安定。推出全民战疫·山阴加油系列线上活动，包括“家乡美·爱山阴”手机摄影展、身边人讲述2019年奋斗故事、山阴新闻橱窗《山阴70年》专栏、迎新春“墨香贺岁”书画展、非常时期元宵节线上系列活动等五大板块，为山阴全民战疫加油鼓劲，收到良好效果。在全县大力弘扬主旋律，凝聚精神力量。联合扶贫办举办“决战脱贫在今朝乡村振兴再出发”扶贫日主题活动，提振鼓舞信心，助力脱贫攻坚。围绕全县中心工作，制作了8部宣传短片，分别是反映脱贫攻坚的《扶贫答卷》、反映特色农业的《梦里的苦豆豆香》《浓浓莜麦香一生不了情》《织女泉土豆》《富硒地上米飘香》和民族励志音诗画《江河万古流》等，全县人民群众反响热烈。推动县级融媒体中心建设，促进媒体融合发展。2020年7月，山阴县融媒体中心正式揭牌。将山阴广播电视台、县委通讯组、电台、新闻中心、户外大屏整合，建成“一个中心、七大平台”，实行采编播一体化运行机制，基本实现“一次采集、多种生成、全媒传播”的目标。网信山阴（今日头条）转、发新闻1958条，山阴新闻（今日头条）发新闻1631条，山阴新闻（微博）发新闻59条，山阴新闻（微信）发新闻23条，两微一端主流舆论有声有色。“爱山阴”App累计下载1.8万余次，发新闻4066条，浏览量超过50000人次。

【**文明创建**】2020年，山阴县委宣传部全面推进新时代文明实践中心（所、站）建设。7月，山阴县新时代文明实践中心正式揭牌。截至2020年底，中心共招募志愿者2517人，开展各类志愿服务32次，出动志愿者近4000人次。其中，《奉献新时代致敬劳动者》《志愿者们为贫困户解决“头”等大事》《“防疫有我爱卫同行”吴马营乡志愿者在行动》《我们的节日·重阳节》等新闻报道在“学习强国”学习平台上刊播。特别是在疫情防控期间，山阴县912名党员志愿者积极开展疫情防控劝导、疫情防控宣传，助力社区联防联控，志愿服务时数累计突破50000小时，有力地支持了全县打赢新冠肺炎疫情防控阻击战。以“文明县城”创建为龙头，持续深化“五大创建”工作。截至年底，共创建成功省级精神文明创建先进典型16个，市级精神文明创建先进典型80个。8月，山阴县被市文明委评为精神文明创建工作先进县城。宣传部进一步推动《新时代爱国主义教育实施纲要》贯彻落实。在主流媒体推送《榜样》《歌唱》两部爱国主义教育主题公益广告和新时代公民道德建设系列公益广告《职业道德篇》《社会公德篇》《个人品德篇》《家庭美德篇》。

【**文化惠民**】2020年，山阴县委宣传部大力实施文化惠民工程。全年送戏下乡167场，成立了34支文艺小分队，全年演出800场。完成电影放映任务1898场，完成农村寄宿制学校放映任务122场。“农家书屋”面向全县197个行政村发放图书15420册。着力打造文艺精品。举办了“幸福山阴圆梦小康”迎春晚会；举办山阴县六月二十四庙会传统戏剧演出，邀请“梅花奖”获得者栗桂莲登台献艺，提升庙会品位；举办“灵秀古城新韵山阴”农民丰收节，将快闪店、直播间、网红打卡点、11个特色品牌体验店汇集于整个文化广场，注入“新国潮”“创意热店”、网红拍照墙等新鲜有趣的元素，聘请知名网红进行直播，现场通过短视频、网络直播、主播带货的方式，集颜值、好玩、好吃于一身，展示山阴的魅力。繁荣文艺创作。出版了《桑干河》《洪涛山》两份杂志各三期，举办了第二届“书香山阴·群贤荟萃”读书会论坛。在全市各县区独家出版了《战疫诗丛》诗集。

【**文旅融合**】2020年，山阴县委宣传部主动对接中国长城学会、清华大学建筑学院、文创发展研究院等机构，着手起草《长城国家文化公园广武边塞长城文化旅游区概念性规划》和《重点项目策划》以及抢救性保护规划。完成了长城国家文化公园建设项目申报，列入第一批项目库。组织文物专家和乡村干部，完成长城资源调查，划定了保护范围和建设控制带，形成了较为完善的档案资料。拍摄了《穿越千年的龙脊》和《广武长城》2部专题片，出版了《广武长城文化专辑》，全面展示广武长城的雄姿和长城文化的独特魅力。参与主办了“守望长城”多媒体采风展播活动和塞上长城旅游节。启动了长城博物馆的布展及周边景点打造等工作。

邀请专业团队为山阴作山阴县域公用品牌设计和打造，带动“山阴好物”“山阴好礼”的线上线下销售。

【队伍建设】2020 年，山阴县委宣传部增强基层宣传工作力量。为各乡镇配备兼职宣传委员，进一步补齐配强乡镇和县直部门宣传员队伍，截至年底，共发展宣传员 106 人，进一步织密了宣传网络，强化了宣传力量，加强了基层宣传，逐步形成大宣传格局。强化组织保障。成立了新时代文明实践志愿服务指导中心，正科级事业单位，推动志愿服务常态化制度化。扎实开展持续净化政治生态工作。按照县委的工作安排，宣传部压实政治责任，聚焦加强党的建设，扎实开展净化政治生态工作，实现聚正气、净生态、促发展的综合效果。

统战工作

【概况】2020 年，全县统一战线以习近平新时代中国特色社会主义思想为指导，全面贯彻党的十九大和十九届二中、三中、四中、五中全会精神，深入学习贯彻习近平总书记关于加强和改进统一战线工作的重要思想，按照全国和省市统战部长会议部署，坚持“不忘初心、捍卫核心、围绕中心、凝聚人心”工作定位，紧扣凝聚人心这个根本，突出思想政治引领这条主线，转理念、转职能、转方式、转作风，着力在完善体制机制、创新方式方法、解决突出问题、加强自身建设上求突破，有力推动了统战工作提质增效，壮大了为转型发展共同奋斗的力量，为推动全县高质量高速度转型发展贡献了统战智慧和力量。

【教育培训】2020 年，山阴县委统战部实施思想引领工程，夯实了共同思想政治基础。以教育培训为抓手，深入学习贯彻习近平新时代中国特色社会主义思想和习近平总书记关于加强和改进统一战线工作的重要批示指示精神，以教育培训为抓手，全年共举办各类专题培训班 5 期，参训人数 871 人，外出学习考察 2 次，参学参训人数 69 人次；举办研讨会、座谈会 3 次，全面加强统一战线思想政治建设，牢固树立“四个意识”，坚定“四个自信”，坚决做到“两个维护”。用习近平新时代中国特色社会主义思想和党的十九届二中、三中、四中、五中全会精神武装统一战线头脑，凝聚思想、汇聚力量。

12 月 10 日，县委书记、县委统一战线工作领导小组组长王世杰主持召开县委统一战线工作领导小组（扩大）会议。会议传达学习了习近平总书记关于加强和改进统一战线工作的重要思想，中共中央《关于加强中国特色社会主义参政党建设的意见》，中共中央《关于加强新时代民营经济统战工作的意见》，全省侨务工作推进会会议精神，山西省各民主党派加强自身建设座谈会精神。王世杰指出，统一战线是我们党的三大法宝之一，是党治国理政的重要战略方针。全县各级党组织一要推进多党合作事业新发展，二要稳妥做好民族宗教工作，三要切实抓好民营经济统战工作，四要积极深化港澳台和海外统一战线工作，五要加强党外干部培养使用。

12 月 22 日，山阴县委统战部组织全县新的阶层人士和民营企业家，举办了党的十九届五中全会和中央经济工作会议精神宣讲会。县委常委、统战部部长田心世深入浅出地解读了党的十九届五中全会精神，将其归纳为“123456”，并就 2021 年经济工作八个方面的重点任务做了阐述。会议还传达了 9 月 16 日全国民营经济统战工作会议精神，重点学习了 12 月 10 日在县委统一战线工作领导小组会议上，县委书记王世杰就切实抓好民营经济统战工作强调的三点意见。会议号召，全县统战系统，特别是民营企业家、新阶层人士要进一步按照县委十四届十二次全会提出的打造“灵秀古城”、建设“新韵山阴”，在高质量转型发展中率先蹚出一条新路的宏伟目标，贡献智慧和力量。

【加强联谊】 2020年，县委统战部扎实开展了一次党外人才普查工作，充实完善了党外干部人才库；举办了一期党外干部培训班，加强党外干部的培养，努力提高党外干部的政治把握能力、参政议政能力、组织领导能力、合作共事能力、解决自身问题能力等；配齐配强了乡镇和非公经济、社会组织党组织统战委员，结合2021年换届工作，统筹谋划党外代表人士的政治安排、社会安排、荣誉安排，协助县委组织部搞好党外干部的实职安排。

【制度建设】 2020年，县委统战部强化了制度建设，提升了民主党派参政议政能力，畅通了民主党派和无党派人士知情明政、发挥作用的渠道；畅通了政府各部门对口联系各民主党派、工商联和无党派人士的渠道；畅通了领导干部和党外代表人士联系的渠道。通过这三个渠道的畅通，有效提升民主党派参政议政能力。同时探索建立了全县民主党派、无党派人士在新时代工作方式下阅读文件、参加会议制度；对党外人士阅读中央、省市县文件资料，参加各类会议和考察调研活动，制定了具体的实施意见。贯彻落实全国网络人士统战工作会议精神和《加强网络人士统战工作的意见》精神，搭建网络人士统战工作研究平台，推进新的社会阶层人士创业创新基地和相关项目的建设，扎实推进了新的社会阶层人士统战工作。结合山阴工作实际，确定县政府工信局、发改局、卫建体局分别对口联系各民主党派、县工商联和新联会，建立起协商通报重大事项、参加重要会议和活动、开展联合调研、送阅有关文件资料、自觉接受民主监督、开展社会服务等一系列常态化联系机制。建立了党员领导干部与党外代表人士联谊交友工作制度。明确由县处级党员领导干部每人联系2名党外代表人士，通过建立定期联系制度，开展了多种联谊活动，帮助解决了很多实际困难，引导党外代表人士有效发挥了应有作用。

【民族宗教】 2020年，县委统战部多方施力，做好宗教侨务工作。加强党对民族工作的领导，做好民族团结工作。县、乡、村三级党组织把民族工作纳入重要议事日程，建立了党委领导、政府负责、相关部门协同配合的工作格局。对少数民族人口进行了普查，全县少数民族共18个，在册人员224人，落实了各项民族工作政策，解决了少数民族群众关切的问题。把习近平总书记关于宗教工作的重要论述和中央、省委统战部重要文件精神纳入党委中心组日常学习内容。贯彻落实中央统一战线工作领导小组《关于坚持我国宗教中国化方向的意见》，依法查处滥塑大型宗教造像、违法违规建设宗教活动场所，努力做到了消化存量、杜绝增量。巩固提升中央、省委、市委宗教工作督查及“回头看”反馈意见的整治整改；全县现有佛教、基督教两大教派，经省、市批准的佛教活动场所11处，备案教职人员13人，信众397人；基督教活动场所备案登记的有20处，未备案登记的私设聚会点18处，备案教职人员21人，信众1559人。按照中央、省委、市委的要求，结合山阴县实际，加强党对宗教工作的领导，加强党的宗教理论政策宣传和培训，加强宗教团体建设和场所财务管理，健全完善宗教工作机制，解决宗教领域突出问题。

坚持底线思维和风险意识，防范化解宗教领域重大风险隐患，有效地解决了宗教领域的突出问题。进一步建立健全了三级网络两级责任制，强化了属地管理，增强了宗教干部管理宗教事务的能力；充分发挥宗教协会的桥梁纽带作用，营造宗教教职人员“爱国爱教”的良好氛围，坚决防范抵御境外基督教和非法基督教组织在山阴县的渗透；加强了宗教场所日常监督管理，坚持抓早抓小、及早干预的原则，扎实做好宗教活动场所安全隐患的排查、处置工作。

【侨务工作】把握凝聚侨心侨力同圆共享中国梦这一新时代侨务工作主题，建立健全了侨务工作机制。配齐配强了侨务工作力量，保证全县侨务工作专人负责，有效开展。继续做好山阴籍侨胞、侨眷统计、联络工作，对侨联信息和侨情资料进行收集汇总，努力做好接待群众来信来访、落实侨务政策法规等侨务服务工作。

【非公经济发展】2020年，县委统战部健全了政企沟通机制，大力助推民企转型发展。统战部深入贯彻全国民营经济统战工作会议精神，推进工商联及所属商会改革。依托服务平台，提升民企信心。充分发挥统战部桥梁纽带作用，邀请市级以上行业、协会负责人，有关专家就企业高质量发展、现代企业制度、市场开拓等方面为民营企业家开展答疑培训，提振民营企业家信心。以整合服务资源、创新服务方式、提高服务效率、打造服务品牌为着力点，积极构建新联会政治教育、参政议政、维权、宣传等平台，推动解决民营经济发展面临的困难和问题，提升服务民营经济水平。充分发挥“山阴企业家投资在山阴”活动平台作用。以“引进来”和“走出去”为重要抓手，组织引导山阴企业家加大同外地企业家的联谊交往和项目考察对接，引导推动民营企业主动融入“2+7+N”现代产业体系，将民营经济融入全县社会经济发展的大局当中，助推山阴县民营经济转型发展。

【自身建设】2020年，县委统战部不断加强统战队伍建设，着力提高服务保障水平。统战部认真履行县委统一战线工作领导小组职责。加强统一战线工作领导小组与民族、宗教、侨务、民营经济、新的社会阶层人士等统战工作机制的衔接，提升议事协调效能，形成了领导小组议大事、各领域工作机制抓日常的格局，提高了运用习近平新时代中国特色社会主义思想对统一战线的思想引领。以政治建设为统领，不断加强党的建设。始终把政治建设摆在首位，严明政治纪律和政治规矩，严肃党内政治生活，培养统战机关、统战部门团结一致、协作默契、斗志昂扬的工作氛围，激发统战干部工作热情。用足、用活党的路线、方针、政策，引导民主党派、党外人士积极参与经济建设、服务社会发展；引导宗教信仰与社会主义社会相适应，坚持爱国爱教相统一。以新颖、高效的工作方式，促进工作的落实。部机关制订详细的年度工作计划，将全年工作细化成为每月、每周工作任务，落实到科室及每个人员，将定性的工作方向转变为定量工作任务，将“务虚”的工作做实。倡导快乐工作方法，使统战干部体会到了出色完成工作所带来的快乐，有效发挥了统战干部的主动性、积极性、创造性。

深入贯彻落实习近平总书记关于安全生产的重要论述、重要指示精神，加大整治排查力度，防范化解重大风险，加强宗教活动场所消防安全管理工作，切实保障人民生命财产安全，统战部在全县宗教活动场所开展全覆盖拉网式的消防安全大检查、大排查、大整治，着力强化宗教活动场所消防安全源头治理、系统治理、依法治理、精准治理，深入开展宗教活动场所消防突出风险整治工作，提高宗教界安全意识，有效防范化解重大消防安全隐患。统战部机关人员深刻领会省、市、县各部门对于疫情防控的重要精神，认真贯彻落实省委、市委、县委疫情防控的相关政策，严格管控人员出行，要求各宗教团体迅速落实暂时封闭宗教活动场所、暂停所有集体宗教活动的“双暂停”防控措施。及时开展取缔非法宗教活动场所、打击非法宗教聚集活动，防止由于宗教聚会带来的疫情防控风险。山阴县各民主党派成员、佛教协会、工商联、新联会等团体积极捐款捐物，为疫情防控做出了积极贡献。

县委办

【统筹协调】 中共山阴县委办公室作为县委的“坚强前哨”和“巩固后院”，在县委各项工作中一直履行着“中心枢纽”的重要职责，发挥着统揽全局、承上启下、平衡左右、协调各方的“桥梁纽带”作用。办公室领导班子纵向积极与上级党委办公厅（室）和县级领导协调对接，横向与县人大、政府、政协办公室密切联系，与各乡镇、县直各部门及时沟通，全力做好上传下达、协调服务各项工作，确保了政令畅通。同时，认真履行县委的参谋助手作用，深入开展调查研究，及时撰写调研报告，为县委的科学决策提供了第一手资料，2020 年共撰写《工作研究与交流》12 篇。认真做好县委常委会的协调服务工作，协助常委会持续深化“第一议题”制度，及时跟进学习习近平总书记最新重要讲话重要指示批示精神及省、市委近期会议精神，为常委会在加强自身建设和推进党内民主取得实效提供了有力保障；在每次常委会议后，及时编写会议纪要，为县委决策部署的跟进落实提供重要依据，经统计，2020 年共编写常委会议纪要 27 期；责成专人负责，妥善保管县委、县委办印鉴，每次使用时，都将具体情况登记在册。

【以文辅政】 2020 年，中共山阴县委办公室认真落实《中国共产党机关公文处理条例》，准确把握中央及省、市委精神，精准反映县委意图，严格把控政治关、政策关、文字关、格式关和程序关，紧密结合全县工作实际，高标准完成县委主要领导在县委全会、县委经济工作会、常委会会议、书记专题会等各类会议上讲话的起草及重要文稿、文件的送审、签发，高质量完成县委、县委办重要文件以及县委向上级党委的汇报材料，及时处理部门、单位向县委提出的请示报告，认真抓好基层部门以县委、县委办名义印发的上行文、下行文核稿工作和自成文的核稿、编发、格式把关、归档、销毁工作，全年共起草领导讲话及汇报材料 180 余篇、100 余万字，参与校对 180 余篇，编发主要领导讲话《办公室通报》6 期，有力地促进了中央及省、市、县委各项决策部署落地见效；认真制定县委重点工作、重大活动工作方案，高效率收、转、发各类文件，确保信息畅通；严格规范上级来文、来电办理程序，做到正确接收、登记、及时分发、传阅，定期归档，定点销毁；针对全县工作重点、当前社会热点、难点问题，及时编发、上报《山阴信息》，为县委、县政府主要领导能及时了解当前社会动态，提供重要参考，全年共编辑上报信息 50 条，编发《山阴信息》122 期、380 条；针对全县普遍存在的经费困难问题，采取统一征订的方式，圆满完成《中办通讯》《人民论坛》《秘书工作》等刊物的征订任务，全年共征订《中办通讯》930 份、《人民论坛》100 份、《秘书工作》70 份；健全备案制度、规范备案流程，推动党内规范性文件审核备案，并按照相关要求，及时报备相关文件，确保有件必备、规范报备，全年共向市委报备党内规范性文件 7 份。

【会务接待】 2020 年，中共山阴县委办公室严格落实中央八项规定精神，全力抓好县委常委会会议、书记专题会和县委组织召开的其他各类会议的组织服务工作以及全县性其他会议的协调配合工作，做到会前准备充分、会中秩序井然、会后落实到位，并做好会议相关资料的回收、存档工作。全年共筹备各类会议 102 次。

【督促检查】 2020 年，中共山阴县委办公室深入学习贯彻习近平总书记关于增强抓落实主动性和自觉性的重要指示精神，落实李克强总理关于充分发挥督查抓落实促发展“利器”作用的批示要求，推动上级决策部署和重大政策全面有效实施。

建立健全督查机制。按照县委督查委员会要求，先后制定出台了《关于印发〈中共山阴县委督查委员会工作规划〉〈中共山阴县委督查委员会办公室工作细则〉的通知》《关于印发〈中共山阴县委督查委员会2020年工作要点〉的通知》《关于印发〈县委督查组组长库制度〉的通知》和《关于印发〈县委督查工作观察员制度〉的通知》4个文件，为进一步规范督查工作提供了制度保障。从严从实抓好督查。严格落实中办《关于统筹规范督查检查考核工作的通知》精神，按照“有安排部署必有督促跟进”的原则，紧扣县委中心工作，紧盯全县重点工程项目，及时跟进全委会、经济工作会议的决策部署和县委常委会会议、书记专题会议定事项，对县委交办的重点工作贯彻落实情况进行专项查办和跟踪督办，将办理结果及时反馈县委并归档留存，确保县委决策及领导批示指示精神及时、有效落实到位。2020年，在疫情防控、脱贫攻坚、秋冬季大气污染防治期间，县委办抽调工作人员成立专项督查组加强跟踪督查，将进展情况及时上报县委主要领导，对贯彻执行不力的，下发整改通知，提出整改意见，勒令限期整改，有力地推动了“三大攻坚战”的收官。全年共印发《督查通报》1期、《督查专报》23期，上报市级以上各类报告27篇。重点关注民事问题。从严落实上级督办、转办件承办程序，围绕上级党委领导和群众普遍关注的重点、难点问题，对县委领导的阅文批示件及转办件合理提出拟办意见，根据紧急程度加强跟踪督办、抓紧催办，将办理结果及时上报反馈并归档留存；充分发挥“13710”、市委社情民意通道及人民网地方领导留言板的督办功能，建立报送社情民意动态制度，针对群众通过“13710”、社情民意通道、人民网地方领导留言板反映的问题，进一步加强上级领导和县委领导批示件的转办、落实、催办、反馈和上报工作，确保件件有单位承办、事事有专人负责。全年共受理社情民意转办件13份、“13710”督办件17份、人民网地方领导留言板相关信息42件，无一出现过纰漏，按时办结率达到100%。

【基层减负】 2020年，中共山阴县委办公室为了切实解决文山会海反弹回潮、督查检查考核过度过频、过度留痕等问题，办公室以强烈的责任担当，严格落实《中共山阴县委办公室关于印发〈中共山阴县委常委会深入贯彻落实“中央八项规定”精神深化拓展“基层减负年”工作措施〉的通知》精神，切实扛起县委层面整治形式主义为基层减负专项工作机制的牵头任务，把解决形式主义突出问题作为“两个维护”的具体体现，紧盯“减下来、降下来”的刚性要求，进一步完善了文件前置审批、会议审批、重要活动计划、督查检查考核统筹备案等制度，严格控制发文、会议数量，提高发文、会议质量，把更多时间留给基层抓落实上，在全县上下形成“减负”的浓厚氛围。经统计，2020年较2019年发文减少23%、会议减少37%，减负成效明显。同时，充分发挥“13710”线上督办效能，注重实绩，简化手续和办理流程，在保障基层减负的基础上，为基层干部拧紧“螺丝钉”，有效避免部分单位借“减负”之机来“减责”；召集各有关部门，及时召开县委层面进一步规范移动互联网应用程序整治指尖上的形式主义工作部署会议，进一步推动全县有效整合资源、实现信息共享、真正利用大数据手段，坚决杜绝形式主义，做到为基层减负。

【应急值守】 2020年，中共山阴县委办公室始终坚持把应急值守放在日常工作的突出位置，常抓不懈。严格履行《值班工作制度》和《突发公共事件上报制度》，采取昼夜分班，做到值班室时时有人在，电话时时有人接；规范上报流程，压紧压实责任，做好重大活动和节日期间《值班快报》的上报工作，确保各类紧急、重大、突发事件能够在第一时间上报上级部门和县委主要领导，为领导及时果断决策提供重要依据。比如，中秋、国庆“两节”期间，针对太原市台骀山冰雕景点“10·1”重大火灾事故，按照省委政法委商黎光书记讲话精神，严格履行节日期间应急值守工作，有力地保障了县委政令畅通、信息畅通，各项工作有效运转。全年共上报《值班快报》5期，从未发生过迟报、漏报、误报、续报不及时和隐瞒不报的现象。

【深化改革】 2020年，中共山阴县委办公室作为全县全面深化改革主管单位，紧紧围绕改革目标和要求，进一步明确改革举措、任务和重点，坚持整体推进与重点突破，战略性目标与现实性任务相结合，积极探索符合山阴县实际、体现山阴县特色、具有时代特征的全面深化改革之路，各项改革工作稳步推进、进展较好、成效显著，为县域经济社会高质量发展提供了强劲动力。一是精心组织部署。组织召开县委常委会会议12次、县委深化改革委员会会议4次，对33个深化改革议题进行专题研究，对改革任务进行安排部署，着力解决改革难题。全年共印发《会议纪要》1期。二是谋划改革要点。对照《市委全面深化改革领导小组2020年重大改革项目及责任分工》，制定印发了《中共山阴县委全面深化改革领导小组2020年重大改革项目及责任分工》，全面梳理经济、政治、文化、社会、生态和党建领域各项改革任务，对全年深化改革任务进行细化分解。2020年共谋划改革任务53项，截至12月，完成改革任务45项，持续推进的改革任务8项。三是更新工作台账。对照年度工作要点、省市重大改革安排部署以及山阴县重要改革任务，建立县委书记、县长亲自抓改革工作台账，明确每一项改革举措牵头单位、责任单位、完成时限等内容，按月掌握改革进展情况，全程跟进每一项改革。四是做好信息报送。积极做好深改工作调研、考察和信息报送工作，将改革信息工作纳入各单位绩效考核奖励范围，明确改革办工作人员的信息采编任务，并及时报送省市委改革办、县委深改领导小组成员以及各责任单位，为推进全面深化改革提供了智力支撑和理论保障。截至年底，山阴县共上报改革情况进度及其他改革汇报材料14篇，向省市改革办上报信息30期，市改革情况交流采用9期。

【脱贫攻坚】 2020年，中共山阴县委办公室认真贯彻落实上级扶贫政策，紧盯吴马营乡西短川村具体实际，全力抓好脱贫攻坚收官工作。选优派强驻村干部。依托党员远程教育平台，增强服务群众的意识和本领，打造一支拉得出来、干得下去、甘于奉献的扶贫队伍；压实驻村帮扶责任，在党建、产业扶贫、基础设施建设、村集体经济壮大等方面共同研究、共同推进；用活用好扶贫政策。进一步完善建档立卡工作，逐户摸清底子、分析致贫原因、制订帮扶计划、落实帮扶措施、激发内生动力；协助西短川村委会制订年度工作计划、贫困户脱贫巩固计划，累计遍访贫困户90余人次。针对安全饮水、人居环境整治等重点工作，组织党员干部轮流进村入户100余人次；深入开展帮扶工作。为每户贫困户发放白面1袋、大米1袋；对在村常住的38户居民屋内墙皮脱落进行修补，全年共粉刷室内墙壁1600平方米；对在村常住的152户居民的屋顶加盖彩钢顶，共加盖463间、13485平方米；扎实开展爱国卫生运动及村容村貌环境提升行动，共清理垃圾池8个，清倒垃圾160余立方米，翻修硬化村内道路7000余平方米；建设完成146千伏屋顶光伏项目实现并网发电，对西短川爱心超市捐赠3000元，结对帮扶党员干部对所帮扶贫困户发放慰问品价值约2700元，积极开展消费扶贫月活动，组织办公室同志消费扶贫3800余元。

【统筹推进】 2020年，中共山阴县委办公室始终坚持统筹推进，积极协调相关部门，切实做到各项工作齐头并进。在国家安全和保密方面，县委办进一步增强安全意识，筑牢保密工作思想防线，着力抓好以下七项工作。一是密切关注国际、国内“两大形势”，严格落实国家安全责任制考核，配合市委机要保密局对通信设备进行换装；二是责成专人专管，加大日常检查和维护，确保密码设备正常使用、密码通信安全畅通，全年无事故；三是狠抓电报译传办理，及时、准确办理紧急重要电报，全年共办理电报1997份，无漏办，无差错，为应急通信提供安全保障；四是贯彻落实《保密法实施办法》，制订了《2020年度保密宣传教育工作计划》，通过标语、读本等多种形式进行宣传教育；五是按照《中共山阴县委办公室关于组织开展保密专项检查的通知》要求，在全县开展保密技术大检查及涉密载体清理专项工作，对政府办、县纪委监委、县公安局、检察院等重点单位进行指导、监督、检查工作；六是全力做好国家及省、市、县统一考试和公招公选等重大活动的保密服务保障，确保招生招聘工作安全顺利进行；七是配合市委机要保密局做好密码设备、密码管理、计算机违规外联监控系统工作，为县委办、组织部、信访局等重点单位安装“三合一”专用系统，并进一步规范文件流程，加大文件保密管理，确保公文运转处理周密高效，密码文件万无一失，全年无发生泄密事件。在档案规范管理方面，一年来，县委办认真贯彻执行档案法及相关行政管理法律法规，建立健全了档案管理规章制度，加强对材料文书档案保管的监督指导，并充分发挥档案资政、育人作用，深入挖掘档案资源，聚焦县委中心工作做好档案利用工作。6月12日，联合县档案馆开展了以“档案见证小康路、聚焦扶贫决胜期”为主题的第13个国际档案日宣传活动，通过展板、咨询台、发放宣传手册等形式，向群众宣传档案法律法规知识、档案的利用、查阅以及档案工作在服务中心大局、服务经济文化、服务社会民生等方面取得的突出成绩，进一步增强了群众的档案意识和档案的工作价值。在信访工作方面，从全县改革发展安定大局出发，高度重视和加强信访工作，进一步畅通信访渠道、规范信访秩序，创新工作机制，实现了全年进京非正常重复访、赴省集体访和赴市集体访为零的目标。

【作风建设】 牢记习近平总书记“5·8”讲话精神，进一步强化内控机制建设，加强关键岗位管理，全力打造廉洁、干净的干部队伍。坚定理想信念，多次召开会议，加强教育引导，及时提醒党员干部要倍加珍惜自己的工作岗位和当前难得的发展机遇，耐得住寂寞、守得住清贫、经得住考验、管得住小节，做一名合格的新时代党办干部。练就过硬本领。教育引导办公室党员干部要注重知识更新、加强实践锻炼，使政治理论、专业素养和工作能力能紧跟时代节拍，真正成为胜任办公室“三服务”工作的行家里手，努力开创办公室工作新局面。完善廉政工作体系。坚持把制度建设作为抓好廉政工作重要抓手，以开展持续净化政治生态工作为契机，组织办公室全体党员干部学习公职人员违规经商办企业相关规定2次。定期研究、安排党风廉政工作，明确廉政工作职责，层层压力，组织观看《廉吏于成龙》廉政文艺作品和违规入股企业警示教育片，进一步提高了全体同志的廉政意识。开展专项整治。对照县委第三巡察组巡察反馈意见和指出的问题，制定《中共山阴县委办公室关于落实县委第三巡察组反馈意见的整改方案》，结合持续净化政治生态，制定自查问题清单，在抓好整改、解决问题的同时，建立健全治根本、管长远的制度体系，积极把各项整改成果总结好、巩固好，进一步加强党的建设和自身建设，全面提升工作能力和工作水平。加强干部队伍建设。突出政治标准，教育引导党员干部要按照习近平总书记增强“八种本领”“五种能力”的要求，从严管理干部，不断坚定理想信念、强化责任担当，创新推进“五型机关”建设，始终保持艰苦奋斗的精神，激发干事创业激情，在推动发展中检验党性、担当作为、拼搏实干。

【党的建设】 2020年，中共山阴县委办公室党支部严格落实“党要管党、从严治党”的要求，不断强化管党意识、落实管党责任，有力地提升了党建规范化水平。一是深化理论武装。坚持学原文、读原著、悟原理，重点组织开展《中国共产党巡视工作条例》《党委（党组）落实全面从严治党主体责任的规定》《中国共产党廉洁自律准则》等党的方针政策规章制度的学习。二是创新学习形式。利用“学习强国”“三晋先锋”“干部在线学院”微信群等平台，及时跟进学习中央、省、市、县的一系列重大政策文件，教育引导党员干部常态化、制度化开展党的政治理论学习，加强党性修养，每月对“学习强国”进行一次通报，努力营造比学赶超的学习氛围。三是强化党员管理。从“严格管理党员、严肃组织生活、促进作用发挥”入手，坚持教育引导、监管督促并重，领导班子成员定期与分管股室同志开展谈心谈话，准确掌握思想动态，针对性地做好思想教育工作。加强党员信息化管理，用好全国党员管理信息系统，及时准确更新信息数据。四是规范制度运行。把党建作为办公室工作的重要内容，统筹安排，定期研究。截至12月28日，共组织召开支部党员大会4次、支部委员会12次、党小组会26次，开展主题党日活动12次、党课4次，所有党员均按月足额交纳党费。

巡　察

【巡察全覆盖】 山阴县委巡察办坚守政治定位，扎实推进巡察全覆盖。坚持稳中求进工作总基调，把高质量完成巡察全覆盖作为一项重大政治任务，精心谋划部署，通过科学确定时间频次，优化配置工作力量，坚持常规巡察和巡察“回头看”相结合，围绕“三个聚焦”要求，紧盯被巡察党组织的政治责任，紧盯职责使命和核心职能，开展巡察监督。2020年，开展了人防专项巡察，围绕人防工程建设、审批验收、费用收缴、资金管理等关键环节进行巡察监督，促进了全县人防事业健康发展。完成了第十轮对18家县直机关事业单位的常规巡察，安排开展了第十一轮对19家机关事业单位党组织的常规巡察，开展了对6个乡镇党委及所属35个村级党组织的巡察“回头看”，对所属28个村级党组织及东、西城10个社区延伸巡察，第十一轮巡察工作结束后，将顺利完成十四届县委巡察全覆盖任务。

【健全制度机制】 县委巡察办始终把建立健全制度作为深化政治巡察、贯彻中央巡视工作方针、确保巡察工作依规依纪依法开展的重要制度保障，2020年修改完善并制定出台了《山阴县委巡察工作流程》《巡察期间立行立改工作机制》《县委巡察机构保密工作规定》《县委巡察报告问题底稿管理办法》等相关制度。在巡察工作实践中，借鉴中央和省委巡视组的好做法好经验，实行了巡察报告问题底稿制度和“三清单”制度，执行县委巡察工作领导小组成员带队参加反馈会的巡察反馈机制。建立执行巡察移交机制，将巡察报告、反馈意见、整改方案和整改报告等材料及时移交给县纪委监委和县委组织部，由县纪委监委和县委组织部对巡察整改情况进行日常督察；按照干部管理权限和职责分工，将问题和线索分类移交县纪委监委、县委组织部和有关职能部门及时处置。通过建立完善一系列巡察工作制度机制并严格执行，持续提升巡察工作的规范化水平。

【成果运用】 2020年，山阴县委巡察办坚持把做好巡察“后半篇文章”作为发挥巡察利剑作用、高质量推进巡察工作的重要举措。坚持牢牢盯住被巡察单位党组织的主体责任和党组织书记第一责任人责任，狠抓责任落实，推动整改见效。特别是在巡察反馈后推行巡察整改“捆绑责任”，要求被巡察党组织在第一时间将反馈意见和整改要求报告分管（包乡）县领导，在分管（包乡）县领导的指导下推动整改工作，形成整改合力，确保问题清仓、整改见底。

【巡察监督】 县委巡察办加强日常监督，推动监督贯通融合。推动巡察与纪律、监察、派驻监督融合，积极探索整合监督力量、共享监督成果的实现形式，制定《县委巡察机构与县纪委监委、县委组织部、政法机关、信访局、审计局等部门工作协作机制》，从第十轮巡察开始，相关部门在巡察前向县委巡察组通报巡察对象有关情况，加强信息资源共享共用，推动形成监督合力。坚持问题线索快速查处机制，县纪委监委机关和派驻纪检监察组对巡察移交的问题线索优先研判，快查快办，对整改不力、敷衍整改、虚假整改的，严肃追责问责，典型问题通报曝光，同时，做到精准问责、审慎问责，激励干部担当作为、干事创业，推动巡察成果充分运用。

【队伍建设】 2020 年，山阴县委巡察办加强自身建设，打造过硬巡察干部队伍。强化政治理论学习。将习近平总书记关于巡视巡察工作重要论述以及中央和省市县委制定出台的有关巡视巡察工作的党内法规和规范性文件汇编成册，作为巡察干部应知应会工具书。同时，及时将中央巡视工作领导小组办公室《巡视巡察参考》发放到各巡察组，认真组织学习上级巡视巡察工作要求和有关精神，组织巡察干部积极参加中央纪委和省纪委纪检监察业务测试，努力做到政治理论扎实、业务理论熟练，不断提高巡察干部依规依纪依法开展巡察工作的能力和水平。选优配齐巡察干部。把巡察岗位作为发现、培养、锻炼干部的重要平台，充分发挥巡察熔炉作用。2020 年对“一长两员三库”（巡察组长库、巡察工作人员库、巡察专业人员库）进行了充实调整。其中县委巡察专员和县纪委监委派驻纪检监察组组长全部进入组长库；组织部推荐的十名正科级后备干部进入组长库。建好用好“一长两员三库”，有效破解“抽人难”问题。从严管理干部队伍。坚持严管厚爱相结合，加强对巡察干部队伍日常监督，不定期开展以案促改警示教育，督促其严格遵守政治纪律和政治规矩，筑牢拒腐防变思想防线。制定出台了《县委巡察组组长负责制实施办法（试行）》，加强巡察组组内建设，把支部建在组上，严格组织生活，发挥战斗堡垒作用。探索开展巡察后评估工作，对县委第九轮、第十轮巡察和人防系统专项巡察开展了巡察后评估工作，向巡察组传导责任压力，压实巡察组长第一责任人责任，坚决防止“灯下黑”，持续推进巡察纪律作风建设。

机构编制

【概况】 2019 年机构改革后，山阴县机构编制委员会改为山阴县委机构编制委员会（以下简称县委编委），作为县委议事协调机构。山阴县机构编制委员会办公室改为山阴县委机构编制委员会办公室（以下简称县委编办），作为县委编委的办事机构，承担县委编委日常工作，作为县委工作机关，归口县委组织部管理，正科级建制。县委编办设办公室、机关股、事业股和监督检查股。所属两个事业单位，其中，原山阴县事业单位登记管理局更名为山阴县事业单位登记事务中心，副科级建制；原山阴县机构编制电子政务中心更名为山阴县机构编制评估中心，股级建制。

2020 年，山阴县委机构编制委员会办公室在县委、县政府的正确领导下，在市委编办的大力指导下，坚持以习近平新时代中国特色社会主义思想为指导，全面贯彻党的十九大和十九届五中全会精神，积极落实省、市委机构编制工作会议精神，紧紧围绕县委、县政府的发展战略，立足本职，服务大局，对照山阴县政府工作报告任务分解要求，严格按照时间节点，顺利完成各项工作任务，各项工作均取得明显成效。

【巩固机构改革】 2020年，县委编委加强巩固机构改革成果，不断释放改革红利。深刻领会习近平总书记关于党和国家机构改革的重要精神，着力解决改革后的遗留问题，不断释放改革红利。深化完善党的领导体制机制，落实党对重大工作领导要求，配合相关部门，健全优化议事协调机构、理顺归口管理工作机制。继续优化政府机构职能和体制机制。在“优化”上、“协同”上、“高效”上下功夫，全面审视机构改革后政府各部门在运行过程中出现的新情况、产生的新问题，尤其是“三定”规定贯彻落实情况，不断完善安全生产、应急救援等重要领域体制机制。持续深化和巩固机构改革成果，有效促进改革的“化学融合”，着力增强机构履职能力，提高工作效率。

【事业单位改革】 2020年山阴县全面推进事业单位改革，调研先行，全面摸清事业单位改革底数。建立事业单位台账，形成改革基础性材料。通过下发《关于对山阴县事业单位及人员基本情况摸底的通知》文件，要求事业单位填报其自身情况，着力对全县299个事业单位进行初步摸底，为改革提供依据。依托事业单位网上登记管理平台以及实名制系统，摸清事业单位机构职能运转和机构编制情况，为改革提供保障。对照省、市事业单位改革政策口径，初步确定了涉改事业单位和不涉改事业单位，为改革提供支撑。

县委编委紧盯事业单位改革方案制定环节，提前谋划整合优化文章。在对照《朔州市市直深化事业单位改革实施方案》的基础上，初步起草《山阴县深化事业单位改革实施方案》，使全县涉改事业单位进行重塑重构和功能再造，推进职责任务相近的机构跨部门整合，调整优化规模过小、功能萎缩、分散重复设置的事业单位，更大力度做好机构精简整合工作，为今后事业发展留足空间。同时，创新编制核定方式，探索建立“编制周转池”制度，进一步破解了编制易核难收矛盾，有效提升编制资源使用效率。

【乡镇体制改革】 县委编办按照县委相关文件要求，对全县的乡镇党政机构、事业单位和县直部门派驻乡镇站所的职能、编制、人员情况进行了详细的摸底统计，并进行了汇总整理。全县乡镇内设机构52个，事业单位26个；行政编制306名，事业编制279名。另外，乡镇派驻机构57个，行政编制115名，事业编制117名。做到了底数清、数据准、情况明，为下一步乡镇机构设置、站所下放、编制下沉、“三定”规定制定做好了前期准备。

深入推进权责清单工作。结合山阴县乡镇实际情况，依据《山西省乡镇（街道）权责清单参考目录》，在县委编办协调指导下，由县行政审批服务管理局牵头，各乡镇参与编制的全县统一乡镇权责清单初稿工作已基本完成。建立健全清单动态管理机制，根据法律法规立改废和乡镇机构职能调整等情况，及时调整完善乡镇权责清单。

另外，参考借鉴乡镇权责清单的编制方式，依法鉴定和厘清县乡两级行政执法事项、执法边界和责任关系，由县司法局牵头，各乡镇参与编制的全县统一乡镇行政执法事项清单初稿工作也已基本完成。

【编制管理】 2020年，按照省、市相关文件精神，县委编办对《机构编制实名制系统》运行情况开展自查、梳理检查、专项检查和举报受理工作中发现的违反机构编制管理规定的问题，建立问题整改台账并逐项限期整改，同时结合党政和事业机构改革工作，借势借力全面彻底做好问题整改。

在党政机构改革中，对党政群机关、事业单位及内设机构、直属机构、部门领导、实有人员等信息，在机构编制实名制管理系统中及时进行了更新，确保各项数据准确。

【公益服务化】 2020年县委编办不断加强事业单位登记管理工作，为机构改革涉及的新组建、不再保留、更名、保留牌子、加挂牌子的机构办理了相关的统一社会信用代码赋码工作。特别是新冠肺炎疫情发生以后，坚持疫情防控与业务工作两不误、两手抓的理念，立足疫情防控和工作推进实际，充分利用电子公文传输系统、QQ工作群、微信、电话等“不见面”的线上交流方式，及时发布工作通知和要求，有序有力地推进事业单位法人年度报告工作，为深化机构改革提供优质高效的服务保障。截至2020年底，县委编办事业单位登记管理局完成2019年度报告公示的事业单位数为173家，变更登记67家，注销登记2家。完成机关群团统一社会信用代码赋码工作，变更登记13家，初领2家，换领2家。同时，山阴县登记管理机关建立“一单、两库、一细则”，并从网上随机抽查1次，全县永久库状态“正常”的单位173家，共抽查了5家，平均抽查比例为3%，共下达《整改通知》1件，整改到位1家。

2020年县委编办加强电子政务建设，严格按照网上名称管理工作有关规定，切实做好网站审核、网站挂标和中文域名续费等工作，确保工作高位推进。结合政务和公益机构域名注册管理中心系统和党政机关事业单位网站审核管理平台，对各单位的网站名称逐一核查摸底，对需要进行中文域名续费的单位做到底子清，及时进行动态更新。

【脱贫攻坚】 2020年是我国全面建成小康社会宏伟目标的实现之年，也是脱贫攻坚战的收官之年。县委编办对口联系的是北周庄镇永静城村和二铺村，其中永静城村共有建档立卡贫困户15户29人，二铺村有建档立卡贫困户5户10人，已于2016年底前全部脱贫。在两个村20户39人全部脱贫的基础上，县委编办每年继续巩固帮扶，无一户返贫。

2020年县委编办党员干部在承担永静城村和二铺村共16名精准识别贫困人口的结对包扶任务的基础上，又增加了马营庄乡东沙堆村和大柴棚村建档立卡贫困户中共31人的结对包扶任务，党员干部及时注册建档立卡App，分批进村入户和包户对象面对面深入交流，全面掌握他们的各类信息，每周和包户对象通一次电话，随时了解他们的情况，力所能及地为他们办好事、实事，解决实际问题。

【机关建设】 2020年县委编办深入学习贯彻《中国共产党机构编制工作条例》(以下简称《条例》)，县委编办学思践悟，多措并举，深入贯彻落实。编委会组织编委成员集中学习《条例》精神，研究部署《条例》贯彻落实和下一步机构编制工作。及时转发省编办关于学习贯彻《条例》的相关文件，印发、发放《条例》宣传册到各机关事业单位。以学习贯彻《条例》为契机，严格执行机构编制法律法规，进一步提升机构编制管理科学化、规范化、法治化水平。

直属机关工作委员会

【概况】 中国共产党山阴县直属机关工作委员会（以下简称县直机关工委）于2019年2月组建成立，为县委的工作机关，正科级，有行政编制6名，下辖事业单位1个，即中共山阴县直属机关党员教育中心。截至2020年底，直属机关事业单位党组织84个，其中党委8个（下设支部40个）、党总支25个（下设支部78个）、党支部51个，共有党员3051名，其中在职党员1797名、离退休党员1254名。

县直机关工委团结带领各县直机关党组织

坚持以习近平新时代中国特色社会主义思想为指导，深入学习贯彻党的十九大，十九届二中、三中、四中、五中全会精神和中央、国家机关党的建设工作会议精神，全面贯彻落实中央及省、市、县委对党建工作的重大决策和安排部署，按照新时代党的建设的总要求，以党的政治建设为统领，认真履行“围绕中心、建设队伍、服务群众”的职责使命，努力开创机关党建工作新局面，为打造“灵秀古城”、建设“新韵山阴”提供坚强的组织保障。

【机关党建】 2020年，县直机关工委坚持以党的政治建设为统领，牢牢把握县直机关政治属性，增强“四个意识”、坚定“四个自信”、做到“两个维护”。深入学习贯彻习近平新时代中国特色社会主义思想。把学习贯彻习近平新时代中国特色社会主义思想作为重中之重，持续跟进、深信笃行、不断深化，推动机关广大党员干部在学懂弄通做实上下功夫。一方面，严格执行第一议题制度。坚持政治理论集中学习，把习近平新时代中国特色社会主义思想及重要讲话精神和中央、省委、市委、县委重要文件、会议精神作为主要学习内容，并围绕所学进一步开展研讨交流，2020年共组织集中学习30余次。另一方面，多措并举强化理论武装。注重理论学习中心组带头学，通过督促县直机关各单位理论学习中心组深入开展集体学习研讨、个人自学、专题调研、带头讲党课等学习活动，充分发挥领学促学作用。印发资料汇编集中学，调查研讨联系实际学，借助平台自主学，推动机关党员干部思想认识向高处提领，理论学习向信仰扎根，始终同以习近平同志为核心的党中央保持高度一致。

坚持把政治建设作为统领一切工作的“纲”，坚决贯彻落实中央《关于加强党的政治建设的意见》和省、市、县委的相关决策部署，在发展党员、述职评议考核、党建目标责任考核、文明单位验收等工作中，严把政治标准，体现政治要求。坚决做好机关意识形态领域工作，定期分析研判，督促县直各单位党组（党委）严格履行主体责任，严格防范政治风险。坚决打赢疫情防控攻坚战。按照中央和省市县委决策部署，主动作为、迅速行动，通过微信工作群发布《致县直机关党组织和广大党员干部的倡议书》，号召基层党组织和广大党员挺身而出、扎实工作，主动下沉到东城南街社区等基层一线参加疫情防控，用实际行动让鲜红的党旗在抗击疫情一线高高飘扬。工委与县医疗集团及时沟通，了解掌握赴湖北武汉疫情防控一线并递交入党申请的刘慧、孙清芳两名医护人员相关情况，通过视频连线，为其举行了特殊的异地“火线入党”宣誓仪式。按照自觉自愿、量力而行的原则，积极指导机关各级党组织和广大党员踊跃捐款支持疫情防控，县直机关共2617名党员参与捐款，捐款总额35.8万元。

【机关组织建设】 推动机关党建迸发新活力。认真贯彻《中国共产党支部工作条例（试行）》《中国共产党党和国家机关基层组织工作条例》以提升组织力为重点，牢固树立大抓基层的鲜明导向，强基固本，推动机关基层党组织全面进步、全面过硬。

严格落实党建主体责任。认真贯彻执行《党委（党组）落实全面从严治党主体责任规定》，制定出台了《山阴县直机关党建工作“四级四岗”责任清单》，进一步细化了县直机关工委、党组（党委）、机关党委、党支部的责任分工，逐级压实责任，层层传导压力，推动各级机关党组织全面从严治党落实落地。

强化述职评议考核将党建责任落实情况纳入全县年度目标责任考核指标体系。对县直单位党组（党委）、机关基层党组织、党员领导干部落实机关党建工作责任制、机关党建重点工作任务和重要制度情况严格督促检查，有效解决了“灯下黑”的问题。

从严规范支部换届工作。印发了《换届工

作手册》，对机关党组织换届工作进行了周密部署和督促指导，圆满完成了换届任务。通过换届，真正选出来一批高素质的党组织书记，配备了一批责任心强的党务干部，为提高机关党建工作水平奠定了坚实的基础。

探索开展机关党建品牌创建。选取县医疗集团、县税务局、县供电公司党建基础比较扎实的单位作为首批重点联系示范单位开展创建工作。工委采取包联督导制，定期实地督促指导，确保创建活动高标准起步、高质量开展，有效推动了党建工作和业务工作的深度融合。县医疗集团的党建品牌创建工作受到了省市工委有关领导在山阴县调研时的一致好评。

开展系列主题活动。指导县直机关各单位陆续以重温入党誓词、举办演讲比赛、讲党课、观看抗疫公益专题片、去县内红色教育基地开展革命传统教育、去延安重温革命历史，隆重庆祝党的生日。

激发机关党组织的组织力、凝聚力和战斗力。2020年“七一”期间，走访慰问全县机关事业单位困难党员15名，援鄂英雄3人，共发放慰问金21000元，向他们致以节日的问候，让他们充分感受到党的关怀，进一步增强党组织的战斗力和凝聚力。

机关事务

【物业管理】 2020年，山阴县机关事务服务中心加强物业管理规范化。规范政府大院管理，重新划定大院停车位138个，严格按照消防安全要求划定车辆禁停区域，进一步规范内部车辆管理。新设2个智能栅栏道闸，划定单向行车标识，实行“东进西出”，打通大院交通“微循环”。推动公用区域改造，实施政府大楼雪亮计划，维修更换监控摄像头4个，补全了视频监控死角。彻底清理地下车库、电梯间、步梯间堆放电动车、杂物12处，畅通消防通道，消除安全隐患。加强公共秩序维护，实行门岗24小时值班制度，做好人员来访、大宗物品进出登记，特别是疫情防控期间，每日对全楼公共区域进行全面消毒，严格外来人员管控，有力确保了政府机关安全稳定运行。

【会务服务】 机关事务服务中心建立完善了重大会议联系协调制度，明确1名班子成员专职负责，统筹安排会务事宜，做好协调联动。组织5名工作人员培训学习会务保障要求，进一步提升会务保障质量。按照统一规划、集成高效原则，重新规划改造了县中心会议厅、县委常委会议室，分别新增304平方米、201平方米面积，可容纳参会人员170人、70人。2020年，共服务召开各类会议1000余场，配合完成各类培训任务20次，圆满完成了全年会议保障任务。

【食堂服务】 2020年，县机关事务服务中心对照市场监督管理部门食品卫生标准，对工作区域设施、食材购买留存、卫生消毒、消防安全等方面开展了全面自查，坚决守住饮食安全“红线”。按照精细管理、高效服务、控制成本原则，实施职工食堂“光盘行动”，将制止餐饮浪费纳入餐饮生产、加工、服务的全过程；采取自助用餐模式，在明显位置张贴节约粮食宣传标语或宣传画，摆放提示牌，提醒适量取餐。

【接待服务】 县机关事务服务中心抓好党政机关厉行节约反对浪费条例和国内公务接待管理规定的贯彻执行，始终坚持“有利公务、务实节俭、严格标准、简化礼仪、高效透明”的原则，规范各类公务接待活动。2020年特制定并印发《关于进一步规范全县公务接待工作的实施细则》，受到各级领导和来宾的一致好评。

【后勤管理】 县机关事务服务中心坚持创新求变，后勤管理工作科学规范。资产信息动态管理。开展全面摸排，对县城内67家单位现有的27处办公用房和13个乡镇公车使用情况进行清查摸底，建立全县办公用房、用车资产管理总台账及各单位分台账，定期清查盘点，确保账实相符、账账相符。经统计，按照党政机关办公用房建设标准核定，全县办公用房使用面积仍存在13153平方米缺口，公务用车缺口15辆。

公车改革稳步推进。认真贯彻落实党政机关公务用车管理实施办法，严格公务用车编制、配备、使用和监督管理要求，提升公务用车管理水平。做好机构改革公务用车集中管理，建立了全县公务用车服务管理平台，出台《山阴县公务用车平台管理办法》《山阴县公务用车平台建设运行方案》，除执法执勤用车及特种车辆，全县114辆公务用车全部纳入全省“一张网”统一管理，实现车辆标识化、管理平台化、平台信息化。积极推动老旧公务用车淘汰处置工作，到期处置报废公车13台。加强司勤人员教育管理，引导驾驶员安全出车、文明行车，提升公车服务形象。

办公用房统一管理。按照办公用房房屋维护管理要求，结合全县建筑领域安全隐患排查工作，对县政府大楼、地税大楼和乳品大楼3处办公用房进行了房屋建筑部件、附属构筑物检查，完成了政府大楼水暖改造维修和地税大楼楼顶维修。针对县交通局、县能源局、县外来投资服务中心3家单位的办公用房存在安全隐患、短期租用等问题，统一租用县煤炭交易中心大楼，解决了3家单位办公用房困难的问题。

机构节能成效凸显。实施节能升级改造，政府大楼全面改造更换红外感应水龙头39个，替换节能灯400盏，新建雨水回收装置1处。积极开展节能宣传周活动。利用楼梯间电子屏滚动播放节能宣传标语，提高干部节能意识。整治机关大楼彻夜亮灯现象，定期对凌晨1点以后亮灯办公室进行检查登记，并通知相关单位予以纠正，提升节能意识。

【**党建引领**】 2020年，山阴县机关事务服务中心坚持党建引领，思想政治建设持续加强，政策理论学习不断深化。坚持把学习宣传贯彻党的十九大精神和十九届二中、三中、四中、五中全会精神作为首要政治任务，以建设政治机关、枢纽机关、服务机关、参谋机关、督办机关的“五型机关”为目标，不断增强机关事务管理改革发展的自觉性和坚定性。严格执行“三会一课”制度，截至12月，共召开支部党员大会4次、支部委员会9次、党小组会议18次，开展主题党日活动9次、党课3次，所有党员按月足额缴纳党费。坚定扛起全面从严治党政治责任，班子成员认真落实“一岗双责”，将党风廉政教育作为巩固深化“不忘初心、牢记使命”主题教育成果的重要内容，组织全体党员干部观看了警示教育片《失守的初心》，教育引导干部敬法畏纪、不逾底线、不碰红线。深入贯彻县委持续净化政治生态工作要求，全中心22名党员干部全部签订了违规经商办企业承诺书；一名退休人员已及时缴纳清欠个人贷款。为巩固拓展落实“中央八项规定”精神成果，推动全面从严治党工作常态化、制度化，9月2日—9月18日，中心对公务接待、公车管理、办公用房和食堂管理等重点领域进行抽查检查，坚决防止“四风”问题反弹回潮。

档　案

【**概况**】 2020年，县档案局认真学习十九届五中全会精神和习近平视察山西重要讲话精神，深入贯彻习近平总书记关于档案工作的重要指示精神，按照省委“四为四高两同步”总体思路和要求，全面落实县委、县政府档案工作任务，切实履行为党管档、为国守史、为民服务职责。认真做好协调工作。自局、馆职能划分后，县档案局领导高度重视档案工作，多次强调档案是党和国家的宝贵财富，先后于2019年12月和2020年9月召开局、馆联席会议，讨论制定档案事业“十四五”规划，并解决了档案工作中存在的问题和困难，在人、财、物等方面给予保障，确保档案工作正常开展。

【基础建设】 加大基础设施建设力度。2020 年县档案局在县委、县政府高度重视和关心支持下，配备了必要的档案管理设备：电脑 3 台、打印机 1 台，更换防盗门 2 套，购置了档案柜架（五节铁皮柜）30 套，增加档案库房面积 36 平方米，维修了库房监控设备，使档案管理在硬件上有了保障，极大地改善了档案基础设施和办公环境，适应了现代化管理的需要。2020 年山阴县财政共拨付档案经费 5 万元（包括档案保护费、设备维护费、柜架等）。

【业务培训】 2020 年，县档案局加强档案局库日常管理和人员业务知识培训。以《地方各级档案馆人员编制标准的要求》为标准，县档案局配备了具有较高专业素质工作人员任档案管理人员，建立健全了档案管理工作网络，所有档案资料专柜存放、专人保管，定期对库房保管情况进行全面检查，规范使用管理程序，定期对档案资料除尘、消毒，保持档案的整洁性和完整性，并进行消防安全知识培训。

【收集与利用】 县档案局以《朔州市国有企业退休人员社会化管理实施细则》为规定，本着强烈的责任感和对历史高度负责的态度，做好国有企业退休人员人事档案的移交和接收工作，截至 2020 年底，共接收大秦铁路有限责任公司等单位共 112 卷人事档案。并出台相关文件（山办函〔2020〕26 号），协调做好脱贫攻坚、疫情防控等重要档案的移交、接收工作。充分发挥档案资政、育人作用，深入挖掘档案资源，聚焦县委中心工作做好档案利用工作。创新档案查阅利用手段，最大地满足人民群众的需求。利用范围主要是县委县政府文件、房产存根、人事档案等。2020 年，共接待利用者 60 人次，提供档案 171 卷次，免费复印 700 余份，为工作查考、编史修志、著书立说以及工龄、工资、房产、土地、林地等需要，提供了翔实的原始依据。

【安全管理】 2020 年，县档案局在做好疫情防控工作常态化的同时，进一步加强了档案的安全管理工作。认真开展自查自纠，修订《档案馆安全工作应急预案》，库房和办公区相对独立，功能严格划分，使档案管理更趋合理化、规范化、科学化。

【档案宣传】 2020 年，县档案局做好档案的宣传工作。6 月 12 日，局、馆联合共同在政府广场开展了以“档案见证小康路、聚焦扶贫决胜期”为主题的第 13 个国际档案日宣传活动。活动中，通过展板、咨询台、发放宣传手册等形式向群众宣传档案法律法规知识、档案的利用、查阅以及档案工作在服务中心大局、服务经济文化、服务社会民生等方面取得的突出成绩，进一步增强了群众的档案意识和档案的工作价值。

党　校

【概况】 县委党校主要职能：开展马克思列宁主义、毛泽东思想、邓小平理论、“三个代表”重要思想、科学发展观、习近平新时代中国特色社会主义思想教育和党性教育等；发挥干部教育培训主渠道作用，有计划地培训县管干部、各类机关和事业单位党员干部、国有企业干部、优秀中青年干部、理论宣传骨干、哲学社会科学科研骨干、基层干部、党员等；培训民主党派和无党派人士、统一战线其他领域代表人士；加强马克思主义基本理论研究，培养马克思主义理论人才；开展重大理论和现实问题研究，发挥新型重要智库作用，为县委和政府决策提供相关咨询服务。参与县委关于县委党校（县行政学校）工作政策以及干部培训计划的制定工作；开展同有关机构和组织的合作与交流；完成县委交办的其他任务。

2020年，山阴县委党校（行政学校）坚持以深入学习贯彻党的十九大和十九届二中、三中、四中、五中全会精神为主线，以学习贯彻落实习近平新时代中国特色社会主义思想为首要政治任务，认真学习贯彻落实《中国共产党党校（国家行政学院）工作条例》，继续着力推进新形势下加强和改进党校工作《实施意见》，紧紧围绕全县的中心工作，充分发挥自身的职能职责，积极进取，主动作为，不断开拓创新，各项工作有序开展，党校事业明显提升，圆满完成全年工作任务。

【党员培训】 2020年山阴县委党校充分发挥“主阵地、大熔炉”作用，着力抓好党员干部教育培训工作。县委党校（行政学校）坚持“党校姓党”根本原则，坚持从严治校基本要求，狠抓“质量立校”和自身能力建设，积极履职尽责，扎实开展全县党员干部教育培训工作。在具体教学培训中，坚持以学习贯彻党的十九大和十九届二中、三中、四中、五中全会精神，特别是把习近平总书记视察山西重要讲话精神和习近平新时代中国特色社会主义思想作为学习培训的中心内容和首要政治任务，把提高参训学员的政治素质作为学习培训的第一目标，把严格执行政治纪律作为学习培训的第一要求，把提高参训学员维护“两个核心”，坚定理想信念和宗旨意识，增强“四个意识”、坚定“四个自信”提升政治站位，增强执政本领，贯穿到整个培训的全过程。为认真贯彻落实习近平总书记“确保新选派的驻村干部和新上任的乡村干部全部轮训一遍”的重要指示精神，根据《山阴县2020年度脱贫攻坚干部教育培训计划》（山组通字〔2020〕6号）安排，于2020年6月3—5日举办全县新任乡镇班子成员和驻村干部履职能力提升专题培训班，88人参加；为认真贯彻落实新时代党的建设总要求，把学习贯彻习近平新时代中国特色社会主义思想作为首要政治任务，全面落实省委、市委、县委农村工作会议及脱贫攻坚有关会议精神，根据《山阴县2020年党员教育培训工作计划及重点任务分解》，于2020年7月28日—7月30日举办全县乡镇干部、农村（社区）“领头雁”、驻村干部、村后备干部、村集体经济组织负责人培训班，主分会场共908人参加；按照市委安排部署，为认真学习贯彻习近平总书记关于全面加强党的领导、党委（党组）落实全面从严治党主体责任重要论述，深入贯彻落实市委《关于在山阴县持续开展净化政治生态的工作方案》和县委《贯彻落实市委〈关于在山阴县开展持续净化政治生态的工作方案〉的工作措施》有关要求，进一步提高各单位和基层党组织落实全面从严治党主体责任的思想认识和政治自觉，于2020年10月20日—10月22日举办党委（党组）书记学习习近平新时代中国特色社会主义思想暨落实主体责任培训班，共89人参加；按照市委、县委安排部署，为深入学习贯彻习近平新时代中国特色社会主义思想和党的十九大和十九届二中、三中、四中、五中全会精神，学习宣传“十四五”规划和2035年远景目标的建议，突出政治建设和“五大能力提升工程”要求，于2020年12月14—25日举办第三期县管干部学习习近平新时代中国特色社会主义思想读书班，50人参加。在培训方法上坚持以提升政治站位和理论政策、业务知识水平以及纪律规矩意识为培训目的，突出专题培训，运用现场教育，党性基地，红色延伸培训，视频案例、微信学习和分组讨论、座谈交流、结业总结，达到形式为内容服务，以多形式提升高质量。在课程安排和培训内容上，以理论教育、党性教育，特别是习近平新时代中国特色社会主义思想为主题和中心内容，按照“干什么，学什么”“缺什么，补什么”的培训要求，突出专业化能力提升，围绕全县中心工作，重点安排“不忘初心、牢记使命”主题教育、四中全会、生态治理、扶贫攻坚、“三农”问题、乡村振兴、基层组织建设、“扫黑除恶”、社会治理和“右玉精神”等方面的教学内容。同时注重复合型干部的培养，安排设置消防知识讲座、消防设备应用、传统文化、战略思维、法治思维与法治方式的培养应用等多方面的专题辅导、视频教学和现场教学课。侧重提升党员干部基础性、常识性、警示性和程序性的知识水平，达到了培训内容不断更新，专业知识不断扩展，使用课程逐年增加，培训效果明显突出。

【党校工作】 2020年，山阴县委党校抓住机遇，主动作为，不断推进党校（行政学校）整体工作上台阶。县委党校紧紧抓住全省市县两级党校办学质量评估这一机遇，对照评估指标，学文件、找差距、寻不足、查短板，以标准要求为前提，以存在问题为导向，以提升推进整体工作为目标，认真自查，及时汇报，引起了县委的高度重视，县委书记亲自主持召开专题会议，研究解决县委党校办学质量评估中发现的问题。县委认真落实中央、省、市《2018—2022年干部教育培训规划》，印发出台了《中共山阴县委关于落实2018—2022年全部干部教育培训规划的工作举措》，进一步明确了县委党校的主体地位和工作职能，明确了党校的具体工作任务，为党校日常工作的有序开展作出了制度化、规范化的文件依据。明确规定了县委、县政府领导带头到党校讲党课的要求，保证了县领导讲党课成为常态化，全年先后有七位县委常委到党校作动员辅导、专题讲课，县委书记，县委副书记，县纪委书记、监委主任，县委宣传部部长、组织部部长等领导，多次到县委党校调研考察指导工作，并与读书班学员进行面对面座谈交流，对党校工作给予了极大的鼓舞和支持。从经费保障上作出明确要求，责成相关部门千方百计保证党校日常运转经费的投入，同时规定全县凡是财政开支的各种干部教育培训，都要由县委党校组织开展。制度建设上有了明显提升。全年先后修订出台了教学管理制度、财务管理制度、学员管理制度、学籍管理制度、学员守则，以及入学、考勤、请销假制度和学员政治、生活、学习纪律等，规范了教学培训管理。每期培训都要从讲政治、守纪律、守规矩入手，分别制定针对性很强的纪律要求，并安排纪检监察人员跟班督学，协助班主任搞好班级管理，从而保证了从严治校、从严治教、从严治学落到实处。全年学员到课率超过96%，达到培训不走过场，培训确有实效，实现党校工作走上正轨，整体工作再上台阶。

【基础建设】 2020年，山阴县委党校针对党校基础条件不配套、不完善的实际，积极争取，尽力而为，量力而行，不断增加教学设施设备，改善优化校园环境。改造基础条件。先后维修改造了教学办公大楼楼顶，修建了学员休息室、卫生间、文体活动室等场所，彻底解决了大楼多年漏雨和学员休息、文体活动的问题，同时维修改造了主报告厅的灯光、音响、视频等电器设备，新增了一些必备的教学设施，教学环境进一步提升。加大校园文化建设。突出红色文化基因，突出政治理论和党性教育，以党史国史和爱国主义为主题，制作了“党的光辉历程”、十九届五中全会、省委十一届十次全会精神要义图板，伟人画像、名言名句、共和国功勋、时代楷模等先进人物事迹，提升了县委党校的特色文化氛围、教育氛围，让党的旗帜在党校高高飘扬。

【净化政治生态】 2020年，山阴县委党校结合党校实际，成立工作机构，进行安排部署，集中组织学习，认真开展自查。强化问题导向。严格按照要求，认真抓好落实，确保工作取得实效。开展传统教育和警示教育。把“右玉精神”作为生动教材，用习近平总书记对“右玉精神”的重要指示精神教育广大党员干部，牢记嘱托、不负使命，大力学习弘扬“右玉精神”。开展大讨论活动。结合贯彻落实县委十四届十二次全会精神，每名党员干部围绕“山阴需要我做什么”“我能为山阴做什么”“我为山阴做了什么”这些主题开展大讨论，反思自省，时刻警醒自己、唤醒自己。进行反思剖析，开展纪律作风整顿，建立长效工作机制，做好巩固提升工作。开展持续净化政治生态工作，开展自查评估，一体推进“三不”机制建设，认真剖析问题存在的原因，深入查摆制度上、政治生态上的漏洞，查找政治建设、党内政治生活、理想信念教育、作风建设、政商关系等方面存在的突出问题，提出针对性的解决办法，形成自查自评报告，认真推动全县政治生态持久风清气正。按照全县“不忘初心、牢记使命”主题教育的安排和要求，坚持问题导向、责任导向、发展导向，切实通过学习教育，筑牢忠诚根基；通过调查研究，补齐发展短板；通过检视问题，改进工作作风；通过整改落实，推进事业发展。制定实施方案，安排学习计划。举办调研办实事解难题专项行动，深入脱贫攻坚帮扶村，解决贫困村民实际问题。检视问题，列出清单，积极整改。召开班子成员和党员民主生活会，针对存在的问题，面对面进行批评和自我批评，达到了措施可行、整改到位的效果。

【脱贫攻坚】 2020 年，山阴县委党校继续组织由一名正科级校领导带队的 4 人脱贫攻坚驻村工作队。全年 4 人严格按照“六个精准”和“五个一批”的工作目标和省、市、县脱贫攻坚会议精神，因地制宜，因人而异，精准施策，扎实工作，成效突出。协助村委搞好日常工作。继续抓好结对帮扶，用一对一的帮扶办法，解决贫困户生产生活中的困难，减轻贫困户家庭脱贫压力。引导扶持发展特色种植业，帮助贫困户种植渗水地膜旱地高产谷子 33 亩。落实种植补贴和农机负责作业费用，降低种植成本，确保稳定增收。争取公益岗位，安排就业增收。有 3 名村民被安排为保洁员护林员。开展慰问走访。逢年过节领导和驻村队员到贫困户慰问走访，送去慰问金和慰问品，送去党和政府的温暖和关怀。

山阴县人民代表大会

人　大

【概况】 2020年是全面建成小康社会和"十三五"规划收官之年，是第一个百年奋斗目标的实现之年，是深入学习贯彻习近平新时代中国特色社会主义思想和党的十九大精神的重要一年。县人大常委会高举中国特色社会主义思想伟大旗帜，坚持以马克思列宁主义、毛泽东思想、邓小平理论、"三个代表"重要思想、科学发展观、习近平新时代中国特色社会主义思想为指导，全面贯彻党的十九大和十九届二中、三中、四中、五中全会精神，深入贯彻习近平总书记关于坚持和完善人民代表大会制度的重要思想和对地方人大工作的重要指示，贯彻落实习近平总书记视察山西重要讲话精神，增强"四个意识"，坚定"四个自信"，做到"两个维护"，统筹推进"五位一体"总体布局，协调推进"四个全面"战略布局，认真学习省委十一届十次全会精神，市委六届十一次全会精神，县委十四届十二次全会精神，围绕中心、服务大局，忠实履行宪法和法律赋予的职责，为推进全县经济发展、社会和谐稳定，发挥地方国家权力机关的重要职能作用。

【县人大常委会】 2020年，县人大常委会共召开常委会会议8次，听取和审议"一府两院"专项工作报告16个，作出决议决定4项，配合省市人大常委会开展执法检查9次、集中视察7次、专题调研6次，任免地方国家机关工作人员34人次。

监督　审议

【司法监督】 山阴县人大常委会完善行政权力运行监督机制，促进依法行政。人大常委会加强对宪法法律实施情况的监督，常委会积极配合省市人大对"湿地保护""电动车管理"等开展立法调研，对矿山安全法、安全生产法、环境保护法、文物保护法、旅游法、大气污染防治法等贯彻执行情况开展执法检查，听取审议县政府关于矿山安全法贯彻实施情况的报告，依法促进矿山安全。开展执法检查和执法调研，监督检查《中华人民共和国动物防疫法》《山西省促进雁门关农牧交错带发展条例》的贯彻落实情况，发挥执法"法律巡视"监督利剑作用。围绕促进公正司法，听取审议县人民法院关于加强刑事审判工作情况的报告和县人民检察院关于适用认罪认罚从宽制度情况的报告，以法治提升社会治理水平。

建立健全规范性文件备案审查办法，促进完善备案审查工作。完善备案审查的沟通、审查、处理和反馈机制，按照"有件必备、有备必审、有错必纠"的原则，依法开展备案审查工作，坚决维护宪法法律尊严和国家法制统一。

【工作监督】 2020年，县人大常委会加强经济工作监督。关注宏观经济运行，听取全县统筹疫情防控和经济社会发展的情况报告，听取审议县政府关于上半年经济和社会发展计划执行情况的报告、预算执行情况的报告、预算调整和决算的报告等，促进经济平稳运行、健康发展。抓好重点专项资金决算的审查，强化对全县税收工作的监督。继续完善国有资产报告制度，听取审议全县国有企业国有资产管理情况报告和国有资产管理情况的综合报告，促进政府及有关部门管理好国有资产。对部分审计查出问题进行专项督查，严肃财经纪律，规范预算行为，提高财政资金使用效益。

人大常委会高度重视来信来访工作，把信访工作作为畅通民意渠道、维护群众权益的重要工作来抓，主动深入基层调研解决实际问题，变上访为下访，把信访关口前移，努力把矛盾化解在基层。2020年，共受理群众来信来访9件（次），对受理的信访案件认真分类、整理、登记，均已交办、转办、督办，办结率达100%，做到件件有落实，事事有回音。深入实施生态环境状况报告制度，听取审议县政府关于2019年度环境状况和环境保护目标完成情况的报告，督促政府采取有效措施，加大整治力度，确保完成年度环境保护目标任务。做好配合省市人大常委会开展土壤污染防治法执法检查的各项工作。人大常委会听取审议决战决胜脱贫攻坚工作情况报告，助力全县完成脱贫攻坚目标任务。围绕推进乡村振兴战略实施，听取审议县政府关于春耕备耕、乡村产业振兴、乡村医疗卫生机构达标建设等专项工作报告。听取审议县政府关于《中华人民共和国残疾人保障法》《山西省残疾人保障条例》贯彻实施情况的报告，推进保障残疾人合法权益。听取审议县政府关于医保支付改革情况的报告，提升医疗保障水平。专题调研全县教育信息化建设情况，推动教育事业发展。

【视察调研】 县人大常委会围绕全县中心工作和2020年工作要点组织开展代表视察活动，重点选择群众关心的民生、重点项目工程、三农以及文物保护、旅游开发等领域为主题，组织市县乡人大代表和人民群众进行视察，视察采取小规模、多批次、现场观看、现场询问、座谈交流等形式进行，视察前均要求相关职能部门负责人在现场解答代表、群众提出的问题，使视察活动真正起到监督的作用，杜绝走形式、走过场。5月12日，组织市县人大代表40余人对县重点项目、民生工程暨复工复产情况进行视察，视察现场代表们详细询问了项目工程负责人疫情防控、工程进展以及复工复产情况，并现场就具体问题提出改进意见。8月7日，组织市县乡人大代表、机关干部、人民群众50余人对全县有机旱作农业生产、文物保护、旅游产业开发进行视察座谈，座谈会上代表和群众畅所欲言，对农业生产、文物保护和旅游开发提出了许多建设性意见，并对当前山阴县在这三项工作中所取得的成绩表示肯定。9月24日，组织市县乡人大代表、机关干部、人民群众100余人对府东街跨线立交桥建设项目、旅游产业开发进行视察座谈，代表和群众对翘首以盼多年的府东街跨线立交桥项目建成通车表示了高度赞扬，并期望新的县委班子能够再接再厉，带领山阴人民取得新的更高成就。

为了强化对“一府一委两院”的监督工作，按照县人大常委会年初工作要点安排，经请示县委同意，县人大常委会从2020年12月14日开始，利用三天时间，对“一府一委两院”30个单位的年度工作进行了集中视察评议。这次视察采取以行业或大口系统集中进行的方式，视察内容主要是各单位部门执法、普法及依法行政工作情况；各单位办理十六届人大五次会议人大代表建议和意见的情况。视察过程中，除了听取各单位部门负责人2020年度的工作情况和满意度测评外，视察组还首次邀请群众代表参与视察，群众代表就关心的供水、供气、供暖等问题向各相关单位负责人进行了询问，各负责人认真细致地进行了解答，群众代表纷纷表示这样的活动机会很难得，希望以后能有更多机会参加这样的视察活动。

【决议重大事项】 2020年，县人大常委会认真行使重大事项决定权，坚持做到党委决策、人大决定有机统一，推进科学民主依法决策。进一步修改完善了《山阴县人民代表大会及其常务委员会讨论、决定重大事项的规定》，明确各类重大事项范围及决定程序，提高了行使重大事项决定权的科学化、法治化水平。第一次听取审议了县人民政府《关于国有资产管理情况报告》和《国有企业资产管理情况报告》，听取审议了县人民政府《关于特别抗疫国债、特殊转移支付的报告》《关于2020年上半年全县预算执行情况》《2020年债券资金使用情况的报告》，审查和批准了县人民政府关于“经济技术开发区企业税收分成的议案”“2019年财政决算”以及“2020年县财政预算调整方案”的报告，并及时作出决议，将县委的重大决策及时转化为全县人民的共同意志。关注新冠肺炎疫情防控与复工复产工作，作出关于凝聚全县人民力量、夺取新冠肺炎疫情防控和经济社会发展双胜利的决议。

人事与代表

【人事任免】 2020年，人大常委会坚持党管干部和依法任免干部相统一，不断完善任免程序，扩大常委会组成人员对拟任免干部的知情度，对拟任命干部进行任前法律知识考试，任中做供职报告、向宪法宣誓，任后监督述职测评等制度。2020年，依法任免、决定任免国家机关工作人员34人（次），所有被任命人员都进行了向宪法宣誓仪式，在确保实现党委意图的同时，为国家机关工作正常开展提供了组织保障。

【代表工作】 县人大常委会进一步完善“加强和改进代表工作”“服务代表履职”“常委会主任、副主任联系委员，常委会组成人员联系代表”等制度，构建起代表工作机制新格局，推动代表工作走向制度化、规范化。2020年，常委会主任、副主任联系委员60余人次，常委会组成人员联系基层县人大代表320余人次；邀请市县乡人大代表20余人次列席常委会会议，200余人次参加常委会及各工作委员会的检查、调研、视察；组织市县乡三级人大代表对全县疫情防控、复工复产、脱贫攻坚、旱作农业、重点工程建设、文物保护、旅游开发等工作进行了专项视察调研，并将代表们提出的建议意见整理提交县政府进行落实，对促进全县经济社会的发展，起到了积极作用。

加强代表学习培训。县人大常委会始终把加强代表思想政治作风建设、提高代表素质能力摆在突出位置，督促代表积极履职尽责，模范遵守宪法法律，自觉接受人民监督。2020年，因为疫情防控的要求，没有安排外出学习。常委会邀请省委党校刘树信、市委党校刘海两位教授对十九届五中全会精神、习近平总书记“三篇光辉文献”、2020年视察山西重要讲话精神和山西省委十一届十次全体会议精神进行了两场专题培训，共培训代表近300人次，在满足疫情防控要求的前提下，最大程度地保障了代表提升履职能力的要求。

拓展代表履职渠道。县人大常委会充分尊重代表主体地位，始终把发挥代表作用作为坚持和完善人民代表大会制度的重要内容，健全完善工作机制，支持和保障代表依法履职。2020年，在往年已建成的52家代表活动中心基础上，重新规划改建成13家代表联络站和39家代表联络点，继续发挥代表联络站点在联系群众方面的独特优势，为代表提供一个与群众智慧共融共享的平台，激活代表积极履职、激发群众建言献策热情。8月20日，合盛堡乡组织代表联络站活动，市县乡人大代表、人大常委会机关工作人员、合盛堡乡群众等共计100余人参加，活动现场观摩了合盛堡乡11个重点工作和项目，并安排部分代表与群众进行了座谈交流，群众对代表联络站活动表示肯定，希望今后能多组织此类活动。2020年，全县各代表联络站和实践基地共组织代表活动30余次，参加活动的代表和群众达到800余人次，收集有效建议意见80余条，化解矛盾十余起，受到了群众的一致好评。

加强代表履职服务保障。继续办好代表履职培训班，提高代表履职能力。组织代表开展专题调研和会前集中视察活动，认真研究处理调研视察中代表提出的意见建议，注重调研视察成果的转化运用。引深“向申纪兰学习、做人民好代表”活动。改进和创新闭会期间代表活动，有效发挥代表联络站功能，精心选定调研、视察和代表小组活动主题，积极为代表履职创造条件。

优化代表履职监督机制。建立代表联系原选举单位机制，通过多种形式向原选举单位公示代表履职的相关信息，拓宽联系方式，确保联系工作成为常态。加强对代表履职、代表工作先进典型的宣传。健全代表履职激励机制，开展优秀代表建议评选活动，提高代表提出建议的质量。健全市、县人大代表履职档案登记、履职情况通报制度，开展市人大代表向县人大常委会述职、县人大代表向选民述职活动，增强代表履职意识。

强化代表议案建议办理质效。常委会致力于加强和改进人大代表建议办理工作，通过采取联合督办、重点督办、现场督办、专门督办和开展“回头看”等方式，加大督办力度，督促“一府一委两院”不断提高建议意见办理工作效率和水平。年终视察，将办理代表意见建议作为视察及工作评议的一项重要内容，以此提高国家工作人员对代表意见建议的认识水平、增强重视程度、加大办理力度；县十六届人民代表大会第五次会议提出的78件代表建议批评和意见已全部办理完毕，代表建议办复率100%。

机关工作

【自身建设】 2020年，县人大常委会强化学习教育，认真贯彻落实党的十九大及十九届三中、四中、五中全会精神和习近平新时代中国特色社会主义思想，将学习教育作为人大常委会和人大常委会机关日常工作的重要组成部分，坚持周一、周五集中学习制度，以人大常委会党组和机关党组成员轮流领学的形式组织集体学习不动摇。一年来，共组织集中学习48次，学习内容涵盖党的建设、党的理论、从严治党、法律条文、人大工作、上级决策、讲话精神等方方面面，使常委会及机关领导干部自觉运用党的理论武装头脑、指导实践能力得到进一步提升，坚持政治原则和政治路线的自觉性进一步增强，运用法治思维、底线思维和创新思维分析解决问题、谋划推动工作的本领进一步提高。

加强党的建设。党的政治建设是党的根本性建设，决定党的建设方向和效果，事关统揽推进伟大斗争、伟大工程、伟大事业、伟大梦想。旗帜鲜明讲政治是马克思主义政党的根本要求。人民代表大会制度是中国特色社会主义的根本政治制度，人大常委会机关是党领导下的重要政治机关，人大工作是党的工作重要组成部分。常委会坚持把讲政治作为第一要求，把政治合格作为第一标准，把传达学习贯彻习近平总书记重要讲话重要指示精神作为人大常委会机关各级党组织开展活动的首要内容。严肃党内政治生活，不断增强党内政治生活的政治性、时代性、原则性、战斗性。强化党建主体责任，严格落实第一责任人责任和“一岗双责”。坚守初心，突出政治标准，打造忠诚干净担当的人大干部队伍。牢记使命，深入开展党风廉政建设，持之以恒整治“四风”，力戒形式主义、官僚主义，永葆共产党人政治本色。认真学习贯彻党的十九届四中、五中全会精神，通过多种形式的集中学、自己学，不断强化理论武装、坚定理想信念，为坚持和完善人民代表大会制度贡献力量。按照市委要求和县委安排，扎实开展持续净化政治生态工作，坚持以案为镜、深刻反思、汲取教训，做到防微杜渐、警钟长鸣，摒弃看客心理、看戏心态，时刻拧紧理想信念的“总开关”，不断推动全县政治生态风清气正。

提升法律意识。加大对法律法规的学习力度。积极组织机关党员干部参加市人大组织的“民法典专题培训班”，定期不定期地对宪法、民法典、预算法、监督法等法律法规进行学习，了解代表履职与人大工作的法律性、重要性，自觉做到学法懂法用法不违法，全面提升人大代表以及机关工作人员的法律意识；加大对普法工作的参与督促力度。检查督促全县“七五”普法工作开展情况，积极参与“12・4”宪法宣传日活动，多次组织人大代表到公安局、检察院、法院、司法局等地对法律宣传工作进行视察，使各执法机构普法工作日常化、系统化；加大对法律法规执行情况的检查力度。加大对全国以及地方性法律法规的执法检查力度，以高度负责任的态度，强有力的监督手段确保法律法规落实到位。

完善制度建设。县人大常委会进一步修订完善了《人大常委会关于国家机关工作人员任后监督评议办法》《山阴县人民代表大会常务委员会调研制度》《山阴县人大代表视察调研制度》《人大常委会主任、副主任联系委员，常委会组成人员联系代表制度》《人大常委会党组工作规则》《人大常委会党组议事规则》《人大常委会主任会议制度》《人大常委会财务管理制度》《人大常委会机关公务用车管理办法》等人大常委会党组和机关管理各项规章制度40余项，细化了人大常委会机关办公室人员分工，基本形成体现国家权力机关特点，涵盖机关运行各个方面的制度体系，提高了常委会履职和机关运行的制度化、规范化水平。

改进工作作风。常委会持续改进工作作风，提高工作质量，就是要在人大树起清风正气，努力让“信念坚、政治强、本领高、作风硬”成为新时代人大干部的鲜明标签。要求常委会班子成员和各委室负责人要切实发挥领导带头作用，为全体干部职工做好示范表率。一是带头学习政治理论、学习法律法规、学习业务知识，带头做到干一行、爱一行、专一行、精一行，努力成为人大工作的行家里手。二是带头转变工作作风，保持对人大工作的“崇敬”，保持充沛精力和昂扬斗志，创新工作方式，改进视察调研，改进会议审议。三是带头增强责任意识，做到谋划工作心中有数、推动工作措施得力、落实工作紧追不舍。

加强党风廉政建设。认真贯彻落实党风廉政建设“一岗双责”责任制，充分发挥人大常委会党组在推进机关党风廉政建设中的引领和指导作用。高度重视廉政建设思想教育工作，结合常委会工作实际，以开展持续净化政治生态工作为契机，深入学习了《中国共产党廉洁自律准则》《关于新形势下党内政治生活的若干准则》《中国共产党纪律处分条例》《中国共产党党内监督条例》等党内法规制度，进一步增强了党组成员廉洁从政意识和反腐倡廉自觉性，牢固树立了正确的权力观、地位观、利益观，增强了党性观念。进一步规范完善廉政建设制度。结合常委会机关工作实际，指导机关制定和完善了《山阴县人大常委会机关党风廉政建设责任制度》，按照党风廉政建设工作要求，修订完善了机关公务接待制度、机关公务用车管理制度、机关公务出差管理制度、机关财务管理制度、机关考勤制度、机关学习制度等工作制度，进一步强化机关干部落实党风廉政建设责任意识，为机关党风廉政建设工作深入开展提供了制度保障。建立领导责任制。按照中央和省市县委的部署和要求，根据县人大常委会及机关工作的实际情况，深入研究落实党风廉政建设责任制的措施，对党风廉政建设任务进行了分解，形成了一级抓一级，一级带一级，层层抓落实的工作机制。人大常委会领导班子成员率先垂范，强化自律意识，带头反“四风”、反腐败。人大常委会领导班子成员模范遵守规章制度，严格以各项规章制度对照检查自己的行为，认真落实领导干部报告个人有关事项制度、外出报备制度等；在节假日、公休日等重要时间节点以及人大常委会班子成员和机关工作人员操办婚丧嫁娶等事情上，人大党组都会专门召开党组会议或者通过谈心谈话的方式强调“中央八项规定”精神，互相提醒，互相监督，把纪律和规矩挺在前面，以“零容忍”的态度惩治腐败，将党风廉政建设不断引向深入。2020年，县人大党组成员共进行谈心谈话20余次，对机关工作人员提醒谈话15人次，批评3人次。

做好疫情防控工作。县人大常委关注全县疫情防控工作大局，常委会根据疫情防控工作实际，安排听取县人民政府关于疫情防控工作的报告、组织代表视察重点企业和重点工程项目复工复产情况、慰问抗疫医护人员、按照县委安排选择优秀干部进驻社区开展疫情防控工作等；做好县十六届人民代表大会第五次会议期间的疫情防控工作，本次人代会筹备处新设立疫情防控组，购置口罩、测温仪、消毒液等，协调县疾控中心、县医疗集团、县机关事务中心派出专人负责会议期间的疫情防控工作，要求所有参会代表及工作人员都要填报会前14天的行动轨迹和每日测温记录，要求每个会场在会前都要做到全方位消毒、工作人员以及代表进入会场前都要进行测温、参会人员前后左右间隔大于1米等，确保会议期间零隐患、零传播；做好人大常委会机关疫情防控工作，安排专人对人大常委会机关各办公室、会议室进行日常消毒，对工作人员进行日常测温，同时购置口罩、消毒洗手液等疫情防控用品，按照工作需要进行发放，并按照全县疫情防控工作的安排，对机关干部外出信息进行登记报送，以严肃负责的态度面对疫情防控工作的需要，为山阴县疫情防控工作零感染、零传播加油助力。

做好《山阴县人大志》续修工作。在县委和各方面的关心支持下，经过全体编纂人员的努力，历时两年，数易其稿，全书90余万字，共分六编，严格遵循方志编纂通则，根据人民代表大会的性质和地方人大工作特点，真实而科学地记述了十年来县人民代表大会的发展和现状，篇目安排多以宪法和法律规定的职权为要素横陈，以届次和时间为顺序纵述，做到了横不缺项，纵不断线，使之具有较高的历史价值。《山阴县人大志（2011.5—2020.12）》截至2020年底基本完成，进入印刷前的校稿阶段。

【脱贫攻坚】 县人大常委会充分发挥人大职能作用，全力助推脱贫攻坚工作。聚焦全县脱贫攻坚工作重点和贫困群众关注热点，听取和审议了全县脱贫攻坚整改问题情况报告，充分运用工作监督、述职评议、代表视察等监督方式，督促脱贫攻坚各项政策及举措落到实处；充分发挥人大代表密切联系群众优势，广开言路、广集民智、广听民声，促进各级人大代表充分融入脱贫攻坚大局；积极做好包扶村的脱贫攻坚工作。县人大按照全县脱贫攻坚工作安排，积极研究和加强驻村工作队人员配置，配备专车服务驻村工作队，并全力支持驻村工作队的工作。2020年，县人大党员干部多次深入贫困户开展走访慰问，宣读政策精神等活动，6月16日，县人大常委会得知大坪村以及周边村民就医买药面临困难后，第一时间联合县中医院奔赴大坪村开展了扶贫送医送药活动，并提前通知了周边几个村的驻村工作队，有效地缓解了大坪及周边村民就医买药不方便的问题，共发放药品价值5000元，接待群众70余人；7月22日，县人大常委会组织常委会组成人员、人大代表和机关干部奔赴大坪村开展环境整治暨爱心超市捐赠活动，并向全县各级人大代表发出“脱贫攻坚人大代表在行动”倡议，截至年底，共收到扶贫捐赠钱物价值近1万元。

山阴县人民政府

综 述

【概况】 2020年是山阴县发展历程中极不平凡、极具挑战的一年，也是拼搏进取、收获满满的一年。特别是县委十四届十二次全会以来，县委把舵定向、谋篇布局，凝心聚力、靶向施策，全面提振干部群众干事创业的精气神。紧紧围绕打造“灵秀古城”、建设“新韵山阴”战略目标，全县上下思想同心、目标同向、工作同力、落实同步，以饱满的热情、昂扬的斗志和务实的作风，全面开启“率先蹚新路、转型出雏形”的新征程。

全年地区生产总值完成151亿元，同比增长6.6%，位居全市第二；规模以上工业增加值增速10.9%，位居全市第二；固定资产投资完成39.6亿元，同比增长33.7%，位居全市第一；一般预算收入完成12.3亿元，位居全市第三；城乡居民人均可支配收入分别为38024元、19476元，位居全市第三和第一。

【疫情防控】 2020年，面对突如其来的新冠肺炎疫情，全县上下万众一心、众志成城，联防联控、群防群治，实现了零疑似病例、零确诊病例“双零”目标。全力推动企业复工复产复市，特别是全国疫情防控最吃紧的关键时候，率先对两座煤矿进行复工复产验收，保障了周边省市的电力供应，派出3名医护人员赴武汉支援抗疫。高规格召开了第三个“中国医师节”暨第一届“山阴好医师奖”表彰大会，隆重表彰5个疫情防控先进集体、20名一线人员，弘扬了尊医重卫的时代风尚。

【补齐城建短板】 2020年，山阴县政府全面实施“两下两进两拆双修”专项整治行动，打好“九场硬仗”，完成强弱电管线、移动光缆下地25.6千米，广告下墙1100块，小街小巷改造及破损路面修复和修补17条，新划机动车停车位1600个。府东街跨线立交桥、西二环等建成通车，打通了县城“主动脉”，有效缓解了交通压力。新增县城供水输水线28千米，新建备用储水池两座，日均供水量达1.7万立方米，实现输水线“双管”运行和供电线路“双回路”，有效解决县城经常停水问题，县城形象大为改观，城市功能进一步完善。

【大气污染防治】 2020年，山阴县政府大力开展大气污染防治，实施8个城中村清洁能源集中供热改造工程，建设管网72千米、换热站12个，新增县城集中供热面积90万平方米，覆盖居民6129户。在农村地区推广“环保炉具+洁净煤”取暖试点609户，配送置换清洁煤1.2万吨。全年二级以上空气质量达标268天，综合质量指数5.3，同比下降4.5%。

【民生保障】 山阴县政府始终把就业作为最大民生，2020年城镇新增就业3033人，转移农村劳动力3147人，均超额完成年度任务，荣获“全省就业工作先进县”称号。倾心倾力发展教育事业，设立教育发展专项基金，募集基金900万元，拿出300万元对山阴一中高考做出特别贡献的教师进行表彰奖励，高考二本B类以上达线336人，600分以上14人，创近年来新高，全县外出就读学生回流人数大幅提高，共回流中小学生300余人，这是家长和学生对山阴教育重拾信心的体现。招考事业单位、卫生技术人员89名，招聘社群健康助理员226名、专职网格员150名。成功创建省级精神文明先进典型16个、市级先进典型80个，被评为全市“精神文明创建先进县”。送戏下乡167场，“农家书屋”发放图书1.5万册，县文化馆被评为“国家一级文化馆”。

【抓改革促发展】 2020年，山阴县行政区划调整圆满完成，供给侧结构性改革、能源革命综合改革试点、增量配电等重点改革事项取得重大突破。国企国资改革步伐加快，“三供一业”分离移交任务基本完成。规上企业技术创新实现全覆盖。深化“小切口、大纵深”工作流程改革，体制更加完善，机制更加顺畅，广大干部群众想干事、敢干事、会干事、干成事蔚然成风。

政府办

【办文办会优质服务】 2020年，山阴县政府办公室突出工作重点，强化服务保障，精心办文办会，详细调查研究，强化沟通协调，狠抓督促落实，全力当好政府“参谋部”。

公文处理科学规范。进一步规范和完善公文处理机制，提高工作效率。牢固树立规矩意识。县政府办公室对各类文件的处理，均由内务科或机要股认真做好收发文登记，由主任首先提出拟办意见，呈相关领导批示，并由跟进科室进行处理，做到件件有人管、件件有人抓、件件能落实。牢固树立责任意识。各类文件由跟进科室全程跟进负责，确保文稿质量；拟稿人充分把握领导意图，按照“谁拟稿、谁负责”的原则，并由相关领导把关敲定后进行发文或报送。牢固树立大局意识。对重要材料，县政府办公室充分发挥办公室集体智慧，站在全县发展的高度去思考、去撰写，高标准、高质量完成了全县政府工作报告，以及经济工作会议、农村工作会议、安全生产工作会议、招商引资工作会议、桑干河“清河行动”百日攻坚大会、经济运行分析会议、乡村振兴战略会议等一系列综合性、专业性会议的文件及材料起草工作。牢固树立规范意识。制定了《山阴县人民政府办公室日常工作制度》，进一步规范了来文来电传送、公文起草、会议组织、信息报送、调查研究、日常考勤、年度考核、应急值守等程序，做到每项工作程序规范、格式规范、逻辑严谨、准确及时。处理省级机要20件，省政府办公室机要58件；处理市政府机要16件，市政府办公室机要22件；处理省级明电87件，市级明电285件；处理省级来文62件，市级来文813件；处理县乡来文802件；印发政府红头文件35件，印发政府办公室红头文件42件，印发政府红头便函文件39件，印发政府办公室红头便函22件，印发政府常务会议纪要10个，印发县长办公会议纪要18期；撰写领导讲话100余篇、调研报告16篇、专题报告20余篇、市政府约稿74篇。

会务组织规范缜密。2020年，县政府办公室严格按照提高办会质量、降低办会成本的原则，坚持抓好会前准备、会中服务、会后落实三个环节。承办电视电话会议21场次，承办参加市级会议110场次，组织座谈会11场次，现场会8场次，一般性会议200余场次。抓好会前准备工作。对政府各类会议提前谋划、提前筹备，层层分解任务，责任落实到人，确保会议圆满成功；对县政府常务会议、县政府党组会、县长办公会等政府常规性会议，安排具体人员具体跟踪落实。抓好会中服务工作。对政府各类会议，从会议签到、材料分发到引导参会人员入座；从会议记录、会议录音、录音整理到摄影摄像；从预防突发事件到维护会场秩序等均进行周密安排，均安排相关人员搞好协调服务，确保会议顺利进行。狠抓会后跟踪落实。及时整理会议记录、起草会议纪要、撰写会议信息、整理领导讲话50余篇。对重要会议进行会后总结、会后督查落实，确保会上领导明确的各类事项、要求落实到位，确保会议精神的贯彻落实落地开花结果。

【**收集信息辅佐政务**】 2020年，政府办紧紧围绕县政府的中心工作，以做好政府参谋助手为目标，多渠道收集或调研经济、社会、生态、发展、稳定等各方面有价值的信息，及时准确向相关领导汇报，辅助领导决策的能力和水平明显提升。提前谋划，有针对性地开展信息收集工作。根据县政府阶段性工作中带有战略性的课题，早谋划，早部署，积极主动开展相关信息收集或调研。各跟口秘书在跟随领导检查工作后，撰写相关信息，真正使收集到的信息成为领导决策的重要依据。突出重点，有针对性地开展调查研究。针对政府工作中出现的热点、难点问题，特别是亟待解决的突出问题，形成了有机旱作、脱贫攻坚、安全生产、转型综改、乳业发展、煤炭发展等10余篇调研报告，为全县各项重点工作的顺利开展提供了支撑。

注重时效，切实做好政务要情。认真做好政务要情报送和编辑工作，共编发政务信息464条，双日要情38期，充分发挥了政务要情的作用，及时向社会传达了政府当前重点工作，并及时反映出了当前群众关切和政府关注的事项，为领导决策提供了参考辅助作用。

【**综合协调高效运转**】 2020年，县政府办强化纵向沟通，切实发挥了承上启下的“桥梁”作用。抓好县政府领导的协调工作，积极协助县政府领导处理好日常事务，让县政府领导有充足的时间和精力谋思路、促发展；积极协调县政府领导按要求参加上级相关会议，根据实际主持或出席相关公务活动，确保了各项工作有条不紊推进。加强了与省、市政府办公厅的沟通协调，多渠道汇报工作，寻求上级部门业务指导，建立了和谐的工作关系。前三季度，县政府办公室先后选派了20余人次干部到市政府、右玉等地进行学习培训，重点从“13710”督办、“12345”服务、干部能力提升等方面培养，取得了良好效果。省、市政府办公厅（室）在协调重要工作、处理重要公文、协助省市领导等方面给予了极大的帮助和支持。

强化横向沟通，切实发挥了联动左右的“纽带”作用。积极与县委办、人大办、政协办沟通协调，鼎力把各类会议安排好、把每个环节衔接好，确保为领导提供更优质高效的服务；积极与各乡镇、管委会、县直各职能部门联系沟通，既及时传达县政府领导的工作意图和相关会议精神，使决策部署迅速贯彻落实，又不断掌握基层新情况、新问题、新动向，协助县政府领导科学决策，确保工业经济、农业农村、社会事业、民生保障、生态建设等各项工作稳中向好。

强化重点沟通，切实发挥了服务中心的“头雁”作用。政府办充分发挥在重点工作、重大改革、重点工程、重点技改、重点招商“五重”任务上的牵头抓总作用。加大了全县77个重点项目和23个招商引资项目的协助、服务和督办力度，确保了县政府确定的重点项目有序快速推进。圆满完成了省、市领导赴山阴调研、县政府领导赴乡镇调研座谈，爱国卫生运动、“两下两侧两进”、美丽乡村建设和桑干河“清河行动”、重点项目集中开工等现场观摩会的策划、组织、协调和承办工作，得到了各级领导的充分肯定和广泛好评，28个职能部门完成各领域重点任务。

【督查督办决策落实】 2020年，山阴县政府办全力抓好重点目标任务的督办落实。及时对省、市、县政府工作报告和重点考核目标任务进行了分解，进一步明确了各单位2020年的目标任务，定期不定期对目标任务完成情况进行检查督办。“12345”呼叫中心转办工单1111件，按期办结率83%；严格执行“13710”工作制度，26件督办任务办结23件，做到事事有回应、件件有落实。全力抓好阶段性重点任务的专项督查。按照“年初有安排、年中有检查、年终有考核”的要求，紧紧围绕政府工作报告、会议纪要议定事项、阶段性重点工作等，开展专项督查，在全县形成了有部署就有落实的良好工作格局，爱国卫生运动百日攻坚战取得明显成效，多次得到县委主要领导的肯定；柴油货车散装物料运输专项执法行动取得良好效果，路面抛撒物明显减少；医保工作督查深入开展，骗保、套保现象得到有效遏制。全力抓好建议提案办理的检查督办。坚持把人大代表建议、政协委员提案办理工作作为政府发扬民主、体察民情、联系群众、服务群众的大事、实事来抓，狠抓交办、督办两个关键环节，严格落实办结制、督查督办制等制度，积极协调、督促、审核承办单位的办理工作，全面接受人大、政协监督，办理人大代表建议68件，办结率95.8%；办理政协委员提案88件，办结率70%。山阴政府门户网站信息发布总数2051条，其中：政务信息1534条，信息公开目录更新量517。县长信箱收到55条，已办结办理46条，政策解读27条。门户网站维护5次，新开设数量专题专栏2个（行政执法公示，经济技术开发区）。

【强化管家作用】 2020年，县政府办公室突出内部管理，增强服务能力，全力当好政府“管理员”。办公环境进一步优化。坚持“科学、合理、节俭、实用”的原则，年初对各科室办公用品拉出清单，进行补充补齐；对于办公消耗品按照利用最大化的原则，及时进行补充，确保办公所需；对部分办公设施进行了维修，新购置了一批必要的办公设备，办公环境得到进一步优化，并完善制定了办公用品管理制度，工作效率明显提升，服务能力进一步增强。公务接待围绕政府中心工作，严格执行《山阴县公务接待管理办法》，与接待办密切协调配合，建立健全公务接待制度，做到公务接待规范化、制度化管理。公务接待坚持务实节俭、高效透明的原则，不搞超规格公务接待。对重大接待活动，精心制定接待方案，确保各个环节衔接紧密、热情周到。会务服务周密细致扎实有效。会前做好通知印发、材料准备、沟通协调等各项工作，会中做好人员签到、材料分发、后勤保障等，确保各类会议顺利召开、圆满结束。

内部管理进一步规范。严格执行《山阴县政府办公室车辆管理制度》，明确车辆外出必须事先向内务科开具出车单，确保办公室车辆调度有序；规范车辆维修和燃油等经费管理，进一步增强驾驶员的节约意识、纪律意识，减少浪费，降低行政成本。日常工作管理井然有序。由专职保洁人员，负责做好领导办公室、楼道卫生管理等工作，营造了清洁、优雅、舒适的工作环境；按照政府办公室值班制度，严格执行24小时值班，确保了信息畅通，特别是应急值守能力明显提高，有力促进了县政府正常办公秩序。

县政府办公室信访工作常抓不懈。信访认识到位。对信访事件进行理性认识和判断，坚持做到在思想上尊重，感情上贴近信访群众，让群众感受到“脸好看、门好进、话好听、事好办”。工作方法到位。对不了解政策的上访群众，积极宣传政策，帮助排忧解难；对诉求过高的上访群众，在政策规定范围内倾情相助，对不合理的诉求，做好耐心细致解释。责任落实到位。对信访群众提出的相关诉求，不能当场解决的问题，及时转交有关单位办理或协调相关单位进行解决，确保群众的诉求件件有回应、事事有反馈。

【强化带头作用】 2020年，县政府办公室突出模范带头作用，坚持自身能力提升建设，全力当好政府“排头兵”。坚持民主决策，汇聚工作合力。坚持民主集中制原则，对重大问题实行集体研究决定，使县政府办公室上下在思想上同心、在目标上同向、在行动上同力。县政府办公室认真学习习近平总书记系列讲话和习近平视察山西时重要讲话精神，召开了脱贫攻坚民主生活会，深入开展批评与自我批评，全面查摆、认真整改，形成了相互理解、相互尊重、相互支持的良好格局。坚持制度约束，提高干部素质。始终以政府办日常管理制度为遵循，规范干部学习、工作、生活，让制度真正发挥作用。2020年，政府办干部职工共集中学习40次，坚持学习中国特色社会主义理论体系，坚持学习习近平系列讲话精神，坚持学习党章，坚持学习党的路线、方针、政策，坚持学习中央和省市、县重要文件、重要会议精神，切实提高干部职工的理论素养；政府办干部职工精神抖擞，稳扎稳打，12个股室各项工作有条不紊推进，圆满完成领导交办的各项任务；政府办干部职工能够充分发扬艰苦奋斗的优良传统，严格要求自己，从管好自己的嘴（不该吃的不吃）、管好自己的手（坚决拒绝收受各种礼金、礼品）、管好自己的腿（不该去的地方坚决不去），为全县各部门树立模范带头作用。

坚持帮扶贫困，真情服务群众。2020年，政府办按照“交总账”的要求，积极开展结对帮扶活动，建立了结对帮扶机制，发动干部职工走访40余户群众，2名政府办干部常年入驻黄草梁村，解决群众最关心的问题，积极宣传党的路线、方针、政策，在当地产生了良好反响，进一步密切了党群干群关系。帮助群众彻底解决了水、电、路等民生实事，协助完成劳务输出20余人，带动增收12万元，协调完成无劳动能力家庭土地转租1520亩，全程参与助力黄草梁村脱贫摘帽，积极参与扶贫产品销售，切实增加群众收入。

坚持改进作风，提升服务水平。积极开展纪律作风整顿，深入贯彻党中央关于改进工作作风、密切联系群众的八项规定要求，进一步加强机关效能建设，建立健全各项规章制度，转变工作作风，提升服务水平。同时，严格执行党风廉政建设的有关规定，教育和引导全体干部职工从自身做起，严守纪律，筑牢思想防线，坚决杜绝违纪违法行为的发生。

【疫情防控】 2020年，自新冠肺炎疫情发生以来，政府办公室依靠集体力量、团队精神，讲团结、顾大局，守初心、担使命，充分发挥党员模范作用和党支部战斗堡垒的作用；全体党员干部冲锋在前，恪尽职守，无私奉献，较好地完成了指挥部办公室协调各方、统计报告等工作，为全县疫情防控工作有力有序有效开展提供了保障。配齐配强人员力量，充分发挥支部战斗堡垒作用。疫情防控是一项系统工作，既要保证第一时间上传下达，又要确保八个工作组同步同向，必须建立一套运转协调的工作机制，积极组建一支敢打硬仗、纪律严明的队伍。1月23日，县政府办公室根据县新冠肺炎疫情防控工作指挥部安排部署和八大组开展工作需要，及时学习了习近平总书记关于疫情防控的重要指示精神和省、市、县关于疫情防控的相关会议精神，积极调配办公室精兵强将18名，相应成立了信息摸排、交通管控、物资保障、医疗救治、市场监督五个统计组和文字材料、信息督查组，协调全县疫病防控组40多个成员单位有序展开工作；坚持24小时值班值守制度，认真记录群众反映的疫情防控方面来电和上级交办任务，第一时间转办相关单位办理，保证了信息精准传达。统筹协同各项工作，确保疫情防控有力有序。政府办全体党员干部主动放弃春节假期，充分发挥先锋模范作用，任劳任怨、兢兢业业，“5+2”“白+黑”全面铺开疫情防控工作，大家心往一处想，劲往一处使，不厌其烦进行文件传阅、统计报告，打印校对、沟通协调，认认真真核实公安系统、教育系统、乡镇管委会提供的数据，确保不遗漏1人、不重复1人，确保上报信息真实、准确、完整。

脱贫攻坚

【概况】 2020年，山阴县扶贫办坚持以习近平新时代中国特色社会主义思想为指导，认真学习领会习近平总书记关于扶贫工作重要论述、“三篇光辉文献”和视察山西重要讲话精神，深入贯彻落实中央和省、市、县脱贫攻坚巩固提升决策部署，围绕2020年“交总账”，聚焦“两不愁三保障”目标，从严落实“四不摘”要求，尽锐出战、全力冲刺、全面总攻，如期实现交总账目标。截至年底，全县6294户15303名贫困人口全部脱贫，脱贫监测户234户631人，边缘户28户66人全部解除返贫风险。

【扶贫保障】 山阴县扶贫办落实攻坚政策，提升保障水平。聚焦“两不愁三保障”，积极推进政策落地。实施教育扶贫。全面落实“雨露计划”等各类教育扶贫政策，2020年共资助399人、119.7万元，资助二本B类以上建档立卡大学新生41人、20.5万元，减轻了贫困家庭的经济负担。做好金融扶贫。协调配合县域内7家银行机构做好贫困户小额信贷发放工作，截至11月底，为461户贫困户发放小额贷款2884.94万元，完成年度任务1450万元的198.89%。推进特色农业扶贫。拨付特惠补贴161.7万元，有力推动了马铃薯、中药材等特色种植业的不断发展。圆满完成剩余1户3人减贫任务，截至2020年9月底，全县所有贫困人口全部脱贫。

健全保障机制，防止返贫致贫。建立健全《山阴县防贫返贫动态监测预警实施意见》《关于建立防止返贫监测和帮扶机制的实施办法》《关于规范完善减贫防贫保险机制的指导意见》等帮扶机制，2020年已为17252人购买防贫（防贫）保险，投保金额约27.6万元。聚焦“六个精准”，加强动态管理。2020年，共开展建档立卡动态调整工作3次，自然增加197户256人，自然减少647户734人。

【监管项目资金】 山阴县扶贫办监管项目资金，确保正常运营。2020年，多次抽调专人，对各乡镇2016年以来的扶贫资产从项目规模、带贫成效、管护机制等多个方面进行统计排查，并与项目库一一进行核对，加强扶贫资产后续管护，圆满完成了扶贫资产确权工作，确保项目正常运行，实现收益最大化。同时，会同县审计、财政、发改及相关行业主管部门，对财政专项扶贫资金和整合资金的使用情况进行检查，督促存在问题的责任单位限时整改，保障了扶贫资金阳光运行，提高了资金使用效益。2020年，山阴县财政扶贫专项资金共计4667.28万元，其中，中央财政扶贫专项资金222万元，省级财政扶贫专项资金2230.5万元，市级财政资金投入634万元，县级财政投入750万元，2017年教育扶贫整改资金764.42万元，2019年度结转结余资金66.36万元。全年安排扶贫项目82个，已开工项目82个，开工率100%，完工率100%。

【问题整改】 2020年，县脱贫攻坚领导小组办公室、扶贫办针对省委第三巡视组、省委第四督导组、国考、省考、省脱贫攻坚领导小组办公室重点工作月通报、审计、市际交叉检查等各类反馈个性或共性问题，及时向各乡镇、成员单位下发问题整改交办函件和问题排查整改通知，制定出台整改方案及问题整改“三清单”，明确整改措施、整改时限，压实问题整改责任。

在问题整改过程中，督促问题整改单位严格按照“一问一档”要求，建立台账、对账销号，举一反三，全面整改，做到了以问题整改实效推动脱贫攻坚提质增效。在认真梳理汇总各乡镇、成员单位整改报告的基础上，起草县级层面整改报告，提交县委常委会（扩大）会议讨论通过后，向省市扶贫部门进行了上报。截至11月底，各类反馈问题已全部完成整改，实现问题整改清仓见底，动态清零。

【规范档案】 山阴县扶贫办为规范各单位、各乡镇档案管理工作，多次下发规范整理完善档案函件，督促各乡镇、各脱贫攻坚成员单位按照《朔州市脱贫攻坚档案资料规范化管理指导意见》要求，对2014年建档立卡以来本部门各类信息数据台账资料进行“回头看”，确保了扶贫档案真实、完整、准确。同时，积极与成员单位对接，进行数据比对和信息交换工作，及时更新系统数据，做到账实相符。

【部门联动】 2020年，县扶贫办协调部门联动，凝聚攻坚合力。充分发挥扶贫办上传下达职能，积极协调行业部门共同扛起行业扶贫责任，在全县上下形成了三级联动、齐抓共管、合力攻坚的工作格局。参与制定《2020年脱贫攻坚行动方案》《山阴县脱贫攻坚领导小组2020年工作要点》等文件10余个，与县民政局、县医保局、县卫健体局等部门联合出台文件10余个，共同推动了脱贫攻坚各项工作任务落到实处。

【健全机制】 县扶贫办制定出台《山阴县脱贫攻坚挂牌督战工作方案》《关于进一步压实决战决胜脱贫攻坚责任的八项工作机制》等机制，实施周调度月通报，及时盘点工作进度，研究解决存在问题，进一步压紧压实各乡镇、成员单位攻坚责任，确保了全县脱贫攻坚巩固提升工作有序推进。

【舆论宣传】 2020年，县扶贫办深入贯彻落实习近平总书记“脱贫攻坚不仅要做得好，而且要讲得好”重要指示，不断加大宣传力度，营造攻坚氛围。编印《脱贫攻坚应知应会手册》《习近平总书记关于打赢脱贫攻坚战七次专题座谈会上的重要讲话精神》《脱贫攻坚惠民政策》等宣传资料1万余册，在乡村粉刷脱贫攻坚宣传标语200余条，为全县打赢脱贫攻坚战营造了良好的舆论氛围。总结驻村帮扶、贫困户脱贫、保险扶贫、光伏扶贫等各类典型案例60余个。吴马营乡后榆林村贫困户李辉脱贫案例、下喇叭乡刘家窑村王振英脱贫案例入选山西省扶贫开发办公室《百户脱贫案例》。特别是在2020年第七个全国扶贫日期间，在政府广场展出“十三五”脱贫攻坚成就展板40多个，全方位、多角度展示了山阴脱贫攻坚成果。

【强化理论学习】 山阴县扶贫办强化理论学习，提升攻坚能力。2020年是全面建成小康社会、脱贫攻坚“交总账”之年，收官之年又遭遇疫情影响，各项工作任务更重、要求更高。强化扶贫干部队伍教育培训，打造一支能征善战的扶贫干部队伍，对于打赢脱贫攻坚战至关重要。山阴扶贫办聚焦全县脱贫攻坚巩固提升各项目标任务，不断强化理论学习工作，组织全体干部职工认真学习贯彻习近平总书记关于扶贫工作的重要论述、党的十九届五中全会精神以及省、市、县关于脱贫攻坚巩固提升系列决策部署。在抓好政治理论学习的同时，积极参加省市扶贫办组织的脱贫攻坚业务知识培训班，有力提高了干部队伍脱贫攻坚整体素质和业务能力。

行政审批

【概况】 2020年是全面建成小康社会和“十三五”规划的收官之年，也是行政审批服务管理立足新起点、抢抓新机遇、落实新改革的关键之年，是行政审批“一枚印章管审批”改革出雏形的开局之年。县行政审批服务管理局坚持以习近平新时代中国特色社会主义思想为指导，深入贯彻落实党的十九大和十九届二中、三中、四中、五中全会精神及习近平总书记视察山西重要讲话重要指示精神，深入贯彻习近平总书记“三篇光辉文献”和“五次重要指示”精神，按照县委、县政府和省、市局工作部署，紧紧围绕推动山阴县营商环境提档升级目标，聚力转型发展，强化协同攻坚，持续深化“放管服效”改革，加快推进数字政府建设，深入推进相对集中行政许可权改革、“一枚印章管审批”改革，统筹推进公共资源交易领域改革，着力打造“六最”营商环境，奋力开创服务全县高质量转型发展新局面。

【营商环境改革】 2020年，山阴县行政审批服务管理局推动营商环境改革升级，打造“六最”营商环境。掀起学法用法高潮。将学习宣传贯彻国家《优化营商环境条例》《山西省优化营商环境条例》《山西省企业投资项目承诺制规定》以及省政府第266号令《山西省政务数据资产管理试行办法》、省政府第269号令《山西省相对集中行政许可权办法》作为贯穿全年的一项重要工作任务、首要学习任务。以全省域营商环境评价为抓手，建立山阴县优化营商环境的常态化工作机制。山阴县委针对目标责任考核进行了改革，首次将营商环境、政务服务“好差评”纳入考核范畴，与党建任务、高质量发展综合绩效、专项考核并列作为年度目标责任考核任务，制定了营商环境考核办法和政务服务“好差评”考核办法，认真做好政务服务“好差评”涉及一体化平台政务服务事项发布有关工作，从机制上推动营商环境持续优化，全力保障山阴县营商环境评价工作顺利完成。推动营商环境提档升级。坚持“三对”“六最”要求，以为群众办好“一件事”、做好企业全生命周期服务为标准，切实“为市场主体添活力、为人民群众增便利”。开展“投资项目审批办理月”活动，利用两个月时间集中为重点投资项目办理各种手续，确保项目审批“及时办”。建起了山阴县2020年拟实施固定资产投资项目台账，将78个项目纳入台账动态管理。

配合做好全省域营商环境评价工作。行政审批局积极发挥牵头抓总作用，成立了“营商环境评价工作专班”，班子成员分工协作，责任到人，切实做好营商环境评价前期培训、数据填报、信息核验和编制报告四个阶段工作。强化组织协调，创新工作方式，搞好衔接配合，确保山阴县营商环境建设主要工作在评价体系中充分体现，同时协调县直部门紧扣评价指标体系要求，把各项要求落实、落细、落到位。先后组织参加9月14日省、市全省域营商环境评价动员部署电视电话会议，9月22日召开了山阴县营商环境评价工作部署会，对全县营商环境评价工作进行部署安排。9月23—24日，在县委党校组织了营商环境评价前期培训；10月12—16日是营商环境评价指标填报阶段，县行政审批局把填报指标通知到位、填报材料预审到位、填报场地准备到位、填报电脑网络调试到位、填报后勤保障工作到位，督促相关单位准确把握数据填报、总结提炼、数据核验的三个环节，通过网络进行指标填报，重点围绕开办企业、办理建筑许可、获得电力、获得用水用气、登记财产、获得信贷、执行合同、政务服务、市场监管、包容普惠创新10项指标开展评价填报工作，切实做好营商环境评价工作。

【数字政府建设】 2020年，山阴县行政审批服务管理局加快推进数字政府建设，提升政务信息管理水平。“数字政府建设”与“相对集中行政许可权改革”双轮驱动，结合山阴县政务信息化建设实际，完善山阴县“顶层设计”，出台了《山阴县政务信息化项目建设应用管理办法（试行）》《山阴县加快数字政府建设实施方案》，启动建设任务。深化“放管服效”改革，推进政府治理数字化转型，全面营造高水平“六最”营商环境，奋力开创服务全县高质量转型发展新局面。

【“一枚印章管审批”】 2020年，山阴县行政审批服务管理局推进“一枚印章管审批”改革，提升“一网通办”水平。“一枚印章”审批打造营商环境。按照省委省政府在全省市、县两级和省级以上开发区推广复制城市相对集中行政许可权改革试点经验的决策部署，山阴县于2019年12月30日举行了“山阴县相对集中行政许可权改革审管衔接备忘录签署暨集中审批印章启用仪式”，启动“一枚印章管审批”。县政府将首批255项行政审批及关联事项划转至县行政审批服务管理局集中行使。县委编办、县审批局与县发改局等17家单位签订了《审管衔接备忘录》，明晰了审批部门与监管部门的职责。不在划转范围内保留的审批事项，按照“两集中、两到位”的要求，由相关部门继续保留服务窗口办理。以“一个机构管审批、一枚印章发证照、一个大厅办成事”为方向，实行“一枚印章管审批”，在事项办理和办结时加盖行政审批专用章，初步完成相对集中行政许可权改革。

【互联网服务与监管】 2020年，相对集中行政许可权改革启动后，县行政审批服务管理局组建成立综合受理中心，探索推行“一窗受理、集成服务”的工作模式。以一体化在线政务服务平台为支撑，推进审批服务标准化。加快“一网通办”步伐，90%以上政务服务事项在线咨询、在线预审、在线核验，实现“一网通办”。2020年，共办理行政许可及关联事项6868件。其中，完成企业投资项目备案审批434项，累计投资2695677.87万元；办结人防工程审批事项22件、施工许可47件、房地产开发企业资质9件、建筑起重机械备案8件、新建房地产网签合同备案312件；办结发放3880件营业执照、注销各类市场主体769户；办结食品经营许可159件、食品小经营备案394件；办结医疗机构执业许可321件、执业医师证变更41件、护士证变更17件；办结公共场所卫生许可63件；办结特种设备使用许可证73件；办结动物防疫条件合格87件、种畜禽生产经营许可3件、生鲜乳准运30件、生鲜乳收购许可8件；办结道路客运班线经营许可延续2件、道路旅客运输站许可1件；按照《山阴县人民政府办公室关于印发〈山阴县国三及以下排放标准营运中型和重型柴油货车淘汰工作方案〉的通知》（山政办发〔2020〕43号）文件精神，加快推进国三及以下排放标准营运中型和重型柴油货车淘汰工作，注销道路运输证60件；办结树木采伐许可12件、植物检疫证书8件、临时性使用林地审批1件、永久性使用林地初审2件；办结取水许可12件、洪水影响评价报告审批4件、水土保持方案报告备案1件、水土保持方案报告审批3件；办结劳务派遣经营许可延续和项目变更4件、人力资源服务许可延续1件、民办职业培训学校项目变更1件；办结社会团体法人登记6件、民办非企业单位登记13件；办结燃气经营许可证核发初审2件；办结营业性演出许可2件、粮食收购许可2件；完成建设项目环评审批26个，办结排污许可28件，在8月底前完成了所有行业排污许可证的核发工作，实现固定污染源排污许可证全覆盖。

山阴县行政审批服务管理局加强“互联网+监管”系统应用，规范事中事后监管。提高“互联网+监管”系统数据汇聚质量。截至2020年底，山阴县监管事项目录清单监管事项总数为986项，认领监管事项目录清单986项，完成100%；应编制监管事项检查实施清单911项，已发布编制检查实施清单871项，完成95.61%。监管行为入库数1719条、监管业务数据入库数2980条、监管业务数据入库率100%、“双随机一公开”入库数24条、监管对象入库数909条、执法人员入库数328条、监管事项数964条。

【审批管理】 2020年，“一枚印章管审批”改革实施以来，县行政审批服务管理局对划转的255项事项进行重新梳理，编制了《山阴县行政审批服务管理局审批事项办事指南》。截至年底，划转事项录入全国一体化政务服务系统并已同步国办事项245项，在政务服务平台发布事项245项，全程可网办率达到了86.5%，项目审批时限平均缩短了60%。开展“一网通办”，提高审批服务效率。持续营造流程最优的营商环境，依托一体化在线政务服务平台，按照统一入口、统一身份认证、统一事项管理、统一“好差评”、统一办件信息归集的要求，加快网上政务服务入口整合和业务办理系统对接，实现工程建设项目审批管理系统、投资项目在线审批监管平台和一体化在线政务服务平台“三网融合”。加快推进电子证照应用、电子印章应用，梳理并公布县级“最多跑一次”事项、“马上办”事项、“就近办”事项、公共服务事项“四项清单”。充分利用“朔州政务服务”App、“三晋通”App，推动更多事项实现“全程网办”“一次不用跑”。山阴县级政务服务行政审批事项行政许可事项337项，四级网办数量286项，四级网办事项占比84.8%，达到《山西省全面推进政务服务“一网通办”实施方案》“除涉密等事项外市县级审批事项100%达到三级网办，80%达到四级网办”的要求。

【创新服务机制】 2020年，山阴县行政审批服务管理局开展“五减行动”创新审批服务机制。持续营造审批最少的营商环境，整合简并相同、相近事项及关联事项，开展“五减行动”专项改革，进一步“减事项、减时限、减环节、减要件、减证明”。取消3项行政许可事项，现有行政审批事项252项（其中，行政许可事项207项、关联职权事项45项），60项事项减少了审批时限，平均减少5.4个工作日；73项事项减少了审批环节，平均减少1个审批环节；4项事项减少了审批要件，共计减少4件；3项事项减少了审批证明材料，共计减少5件，项目审批时限平均缩短了60%。实行政务服务事项动态清单管理，实现同一层级同一事项办事指南“一套标准”。引深“一窗通办”改革，让更多审批服务“不见面”“最多跑一次”。

【强化审批质量】 2020年，山阴县行政审批服务管理局踏勘强化审批质量。优化现场踏勘和专家评审。疫情防控期间，各类行政审批服务事项需要现场踏勘、专家评审的，根据项目需要，灵活采用实时连线、远程核查、在线反馈、视频会议等远程踏勘、评审方式开展工作，让企业尽快取得资质投入生产。建立审管衔接机制。按照《山阴县人民政府关于印发〈山阴县行政审批事中事后监管办法（试行）〉等7项制度的通知》（山政发〔2019〕69号）和《审管衔接备忘录》，新受理需现场勘查的事项由县行政审批局发起，监管部门派相关业务人员参加，形成勘查意见，审批局综合相关部门意见作出审批决定。联合核验采用电子邮件发函的方式发起，共发起728次联合核验，其中，医疗机构及卫生许可业务321次、食品经营137次、生态环境业务49次、住建业务71次、农林水业务150次，推送审批信息6154条。因省市暂未建立“审管联动信息平台”，现在采用PDF格式通过电子邮箱方式通知联合核验和推送审批信息，确保审批结果及时推送监管部门，为加强事中事后监管提供信息支撑。

【完善审批制度】 县审批局“一套制度”保障优化政务服务。县行政审批服务管理局根据《山阴县人民政府关于印发〈山阴县行政审批事中事后监管办法（试行）〉等7项制度的通知》（山政发〔2019〕69号）文件精神，逐步完善配套制度，持续深化改革，加大简政放权力度，进一步优化审批流程、压缩审批事项、提高审批效率。充分发挥集中审批优势，以为企业和群众办好“一件事”为标准，持续深化改革，大幅提升市场主体便利度、快捷感。健全完善配套制度。坚持问题导向，对运行过程中发现的问题，针对性地研究制定制度规范，健全完善分级审批、专家评审、核查勘验、中介服务管理、审批档案等方面的制度，逐步形成完备实用的制度体系。全面推行政务服务一体化。探索推行“前台集中受理、后台集成审批”模式，试行同类综合窗口接收同类事项所有申请，提出并联办理意见，后台审批科室按责“并联办理、集成审批”，建立受理和审批相分离的“一窗收件、集成办理、一窗出件、评价反馈”闭环流程，让市场主体和群众不见审批人即可“一个窗口全办结”。

【公共资源改革】 2020年，山阴县行政审批服务管理局推进公共资源交易改革，深化平台整合共享。结合山阴县公共资源交易实际，认真贯彻落实省、市《深化公共资源交易平台整合共享实施方案》，对平台整合共享工作任务，明确责任单位，细化分解责任，推进工作落实。推进落实平台整合共享任务，加快推进公共资源交易平台“四个统一”，实现“平台之外无交易”。共实施采购项目16件，中标金额累计3176.7215万元。

【“放管服效”改革】 山阴县行政审批服务管理局充分发挥部门职能，持续深化“放管服效”改革，坚持“三对”“六最”要求，聚焦短板弱项，攻坚堵点难点，着力“补短板、创一流”，以为群众办好“一件事”、做好企业全生命周期服务为标准，切实“为市场主体添活力、为人民群众增便利”。协同编办，组织梳理《乡镇权责清单》《县级公共服务事项清单》，持续开展“减证便民”行动，深化“证照分离”改革，全面推行证明事项和涉企经营许可事项告知承诺制。整合行政审批、市场监管、公安、住建、社保、税务6个部门的业务办理系统，将涉企开办信息归集到一个平台，企业开办全程网办实现企业开办申请材料网上提交，部门间网上流转，共享一套材料，进“一扇门”办完企业开办的所有事项；实现各部门信息数据共享，相关申请人一次身份验证后，企业开办信息一次采集，即可一网通办全部事项。山阴县企业开办时间压缩至1个工作日内。全省重大政策措施落实审计报告显示山阴县企业开办全程电子化网办率居全省第三名。

信　访

【信访活动】 2020年，国家、省信访局交办山阴县“四个重点”案件共8件，其中国家信访局交办3件，已全部化解，省信访局交办5件，化解3件、办结2件。已汇报山西省信访信息系统，并将相关案件材料报送市信访局。中央联席办交办山阴县5件，全部化解，化解率100%。已将相关案件材料报送市信访局。“三个一批”专项行动交办山阴县信访事项共50件，其中，化解44件，办结48件，化解率88%，办结率96%。

【网上信访】 截至2020年底，山阴县信访局受理网上信访件共502件，全部办结，办结率100%。网上信访“三率”总体保持在较高水平，排名位居全市前列，其中，信访机构及时受理率为99.39%，有权机关及时受理率为98.85%，案件平均办理时限为16天，全市排第一，按期答复率100%；信访群众对信访部门办理满意率为72.87%，信访部门参评率为73.64%；对有权处理部门办理满意率为79.72%，有权处理部门参评率为80.17%。

【治理信访案件】 2020年，中央和省、市交办山阴县重复信访事项共164件，按照上级会议精神及工作方案要求，县信访局结合实际，制定集中治理重复信访、化解信访积案专项工作方案，并已将上级转送案件集中交办至责任单位，本次专项工作实行“挂图作战”，对所有交办重复信访事项的领导包案、责任措施、化解时限等实行台账管理。责任单位对中央、省、市、县交办的重复信访事项，要对照台账逐一落实，并及时上报相关情况。中央和省、市交办的信访事项均通过信访信息系统进行网上交办、网上汇报、网上审核，责任单位从10月开始每月20日前将工作进展情况报县信访局，县信访局汇总后报送市信访局。

【疫情防控】 自疫情发生以来，县信访局认真贯彻执行县委、县政府关于做好疫情防控工作的决策部署，强化组织领导，狠抓责任落实，及时召开会议安排部署，对本单位内部、亲属及身边人进行排查，向全县信访工作人员和人民群众发出倡议书，提倡广大人民群众通过网络平台反映诉求，并在县信访局门前竖立宣传公告牌，公布接待电话及山西省信访局网上投诉平台网址、网站二维码，让群众少跑路，数据多跑腿，办理情况全程查询，安心在家就能反映问题。

项目监控

【项目资金监控】 2020年，山阴县项目资金监控中心人员团结一致，精诚合作，深入贯彻落实党的十九大和十九届二中、三中、四中、五中全会精神，将全省“改革创新、奋发有为”大讨论与“不忘初心、牢记使命”主题教育紧密结合，认真学、仔细想、努力做。不断增强“四个意识”、坚定“四个自信”、做到“两个维护”。在改进工作作风的同时，积极响应上级号召，抓严抓实党员党风廉政建设，紧紧围绕财政投资建设工程，认真履行监控职责，狠抓工作成效。紧紧围绕县委“2361”总体思路，以党建统领全局，做好项目资金监控工作，为县委、县政府节约大量资金。

【管理制度】 2020年，山阴县项目资金监控中心强化学习，着力提高干部职工政治理论素养。每周二、周五定期开展学习活动，坚定党的理想信念，提升思想觉悟的精神引领，汇聚全县改革发展的正能量。学习好习近平新时代中国特色社会主义思想，切实把“右玉精神”内化于心，外化于行，实化于绩。增强约束性、减少随意性、提高规范性，建立健全“一岗三责”制，即业务工作、廉政建设、思想政治工作三者合一，统筹兼顾，从思想上、行动上建立起相互制约、层层把关的内部控制机制，确保权力在阳光下运行，使自己的一言一行都要向《榜样》栏目中的优秀共产党员看齐，做到信念坚定，对党忠诚。山阴县项目资金监控中心坚持把党风廉政建设作为一项重要工作，以党的十九大精神为指导，围绕“不忘初心、牢记使命”主题教育和县直机关党建工作要点，牵住全面从严治党主体责任这个深入推进党风廉政建设和反腐败斗争的“牛鼻子”，加强党风廉政建设工作。对党员干部严格教育、严格要求、严格管理，狠抓纪律建设，营造对党忠诚、个人干净、敢于担当的良好氛围。

【脱贫攻坚】 2020年，山阴县项目资金监控中心按照县委组织部门要求，对薛圐圙乡薛圐圙村、白坊村进行驻村扶贫帮扶。工作队本着要干事先了解实情的原则，入驻包点村，对两村采取入户座谈、走访等多种形式，进一步摸清贫困户的基本情况和存在的不足。深入贫困户家中，加大对政府扶贫项目和政策的宣传力度，让贫困户对政策依据有所了解，同时为白坊村贫困户解决了饮水困难问题。

中国人民政治协商会议山阴县委员会

综　述

【概况】 县政协坚持以习近平新时代中国特色社会主义思想为指导，全面贯彻党的十九大和十九届二中、三中、四中、五中全会精神，深入贯彻习近平总书记“三篇光辉文献”、对“右玉精神”的六次重要指示批示精神和视察山西重要讲话重要指示精神，认真学习贯彻中央政协工作会议精神和习近平总书记关于加强和改进人民政协工作的重要思想，紧扣全面建成小康社会目标任务，按照省委“四为四高两同步”总体思路和要求，聚焦市委“生态立市、稳煤促新”发展战略和“塞上绿洲、美丽朔州”奋斗目标，广泛团结参加政协的各党派团体和各族各界人士，不忘合作初心、牢记职责使命、始终携手奋进，紧紧围绕县委工作思路和全县发展大局，凝聚共识，汇聚力量，建言献策，在服务全县各项事业发展中书写政协新篇章。

【加强政治建设】 2020年，政协山阴县委员会加强思想理论学习。按照县委要求，组织党员干部深入总结、持续巩固第二批“不忘初心、牢记使命”主题教育成果。组织政协机关和广大政协委员将集中学习与线上自学相结合，深入学习《习近平谈治国理政》（第三卷）、中共党史、新中国史、人民政协历史和习近平总书记视察山西重要讲话重要指示、党的十九届四中、五中全会精神以及《中共中央关于新时代加强和改进人民政协工作的意见》等理论政策。深入学习省、市、县委全会精神，省委和市委政协工作会议精神，重点围绕加强和改进人民政协工作，严格落实中央八项规定，持续净化政治生态，强化党员干部遵守政治纪律的责任意识；把“以案促改”作为党建和反腐载体，强化对党员干部职工的教育和约束，持之以恒地抓好全面从严治党工作；充分发挥机关党员和政协委员中党员委员的作用，以高度的政治责任感和使命感，以“五带头、五表率”，引导广大政协委员牢固树立“四个意识”，坚定“四个自信”，坚决做到“两个维护”。

【推动“书香山阴”建设】 在山阴县政协大力推动下，在广大政协委员和社会各界人士的积极响应、倾力支持下，山阴县“书法五进”取得了可喜成果，截至2020年底，全县已有16所学校、6个农村、3家企业、1个社区、2个机关开展了“中书汇书法学习班”；建立线下学习交流场所、站点30余处；成立了一、二、三期“种子军”，共培养学员700余人；零基础拿起毛笔参加“中书汇”书法辅导的学员5000多人，其中4人作品入围省展，47人作品入围省级其他书展，139人作品入围市级书展，2名小学生获得了第二届山西省翰墨薪传杯特等奖。

2020年12月16日，成功举办了以“颂党恩讴歌百年辉煌，跟党走谱写盛世华章”为主题的喜迎建党一百周年“书法五进”成果汇报展，依托全县深厚的书画文化底蕴，为广泛联谊社会各界、扩大政协工作影响力搭建了有效平台，激发了全县广大群众的文化创作力度和参与热情。本次展览集中展出了山阴县中书汇学员选出的优秀书法作品500余幅。其中，零基础学员作品468幅，同时展出名家书画作品10余幅。在此基础上，县政协着力拓展书法文化与实践应用的深度融合，通过开展“书法五进”和经常性地举办书法笔会、交流座谈、主题书展、知识竞赛等，开启了山阴县书法事业大发展、大繁荣的新局面，使书法文化真正成为丰富广大人民群众文化生活的支点；推动基层文化艺术普及传承的亮点；提振全民文化自信、凝聚社会各界正能量的重点；塑造“新韵山阴”形象、构建良好营商联谊环境的焦点。2020年11月11日，山阴县被山西省老年书画家协会授予“书香山阴灵秀古城”称号，“书法大县”已成为山阴县一张响亮的文化名片享誉省内外。

《山阴人文》于2020年下半年复刊以来，第17、第18、第19三期如期出版，受到历届政协委员、各界人民群众的欢迎。刊物设置关注山阴、政协之声、走近山阴、历史追溯、文史钩沉、非常山阴、委员风采、洪涛儿女、艺术长廊、文学会馆、风俗民情等10多个专栏，以“存史、资政、团结、育人”为办刊宗旨，充分发挥“文以载道，史以借鉴”作用，是具有山阴特色的高品位文史读物和服务山阴社会发展的重要信息载体，真正做到广采博览、雅俗共赏、互通有无、共同发展，成为山阴人联系乡情的桥梁、凝聚智慧的纽带、展示情怀的平台。

参政履职

【培训交流提升履职能力】 政协山阴县委员会主席、副主席及部分机关干部和政协委员，赴右玉干部学院、市委党校、县委党校、红旗渠干部学院参加培训学习；建立政协委员讲堂工作机制，组织政协机关党员干部和部分委员开展“迎七一”主题党日活动、“党性教育与理想信念”专题培训、《习近平谈治国理政》（第三卷）宣讲报告，进一步坚定理想信念，不忘初心、牢记使命，增强党性修养，提高政治站位，全面提升机关党支部综合素质以及政协委员履职能力和水平；两次邀请厦门大学吴廷玉教授对机关党员干部和政协委员进行“学习传统文化、提升履职能力”系列专题理论培训，大力传承和弘扬中华优秀传统文化，体悟传统文化魅力，汲取传统文化精髓，滋养为民履职情操，启迪干事创业智慧。围绕学用习近平新时代中国特色社会主义思想、习近平总书记视察山西重要讲话重要指示、“三篇光辉文献”，深入学习贯彻党的十九届四中、五中全会精神，提升政协委员履职能力。通过交流学习，使广大党员干部、政协委员进一步坚定政治立场，强化责任担当，开阔了眼界，启迪了思路，提升了能力。

【健全协商规则】 县政协实行“党委定题、政府点题、政协出题、委员找题”相结合的方式制订协商计划，面向县各民主党派、工商联，各乡镇，县政协各界别、各人民团体和全体政协委员，广泛征集年度协商议题，报县委批准后，围绕全县中心工作，根据重点、难点、热点，适时、有序地组织常委会议协商、专题协商、对口协商、界别协商、提案办理协商以及委员履职活动。进一步健全协商规则，建立政协主席座谈会、政协办公室主任会议工作机制，拓展协商深度、广度和参与面，坚持调研于协商之前，通过重大协商议题协同调研、联动调研等形式，把协商互动列为必要环节。探索建立协商议政质量评价体系和工作方法，培育协商文化、提升协商质量、用好协商成果，促进社会主义协商民主广泛、多层、制度化发展。县政协高举爱国主义、社会主义旗帜，牢牢把握大团结大联合的主题，坚持一致性和多样性统一，找到最大公约数，画出最大同心圆。依托各专委会成立党员委员临时履职党支部，充分依靠和发动政协委员，引导和团结社会各界，同心协力开展持续净化政治生态，全力以赴推动党风廉政建设和反腐败工作；通过提案和社情民意等信息渠道，围绕人民群众关注、关切、关心的重点、难点、热点问题建言献策，为山阴县实现决胜全面建成小康社会汇集智慧、凝聚力量。

【复工复产协商调研】 在疫情得到有效控制的前提下，县政协组织部分委员，围绕全县各行业复工复产开展了专题协商调研，就加强科学防控、保障安全生产、有序复工复产等方面，提出一系列具有建设性、可行性的意见和建议，为山阴县经济尽快恢复产能、各项事业恢复正常运行做出积极努力。

【助推产业交流合作】 2020年，县政协助力生态循环农业合作交流。为促进山阴县生态农业产业化发展，县政协邀请乡宁县政协组织有关专业人士到山阴县进行农业经济专项考察。山阴县工商、经企、农林等界别委员参加调研，就山阴县有机旱作技术推广、牧草种植、农产品加工等情况进行了现场观摩交流，并召开专题座谈，参会人员围绕增进地区经济合作、延伸农产品产业链、打造特色农业种植基地等，深入探讨交流，研究方案办法，为有关部门提供了有价值的意见和建议。

围绕发展特色产业考察取经。县政协组织机关党员干部和部分界别委员、乡镇和企业代表，就发展现代特色农业、文旅产业、城市建设等议题，赴太原、清徐两地考察调研，调研组一行在实地考察观摩的同时，与当地企业负责人、专家等进行了深入的交流研讨，结合山阴县实际总结出一系列可行性较强的意见建议，为山阴县城乡企事业立足自身优势、发展特色产业提供了有益的参考和思路。

监督调研

【文化创意产业考察】 政协山阴县委员会为进一步贯彻落实习近平总书记关于“建设社会主义文化强国”的重要论述，扎实推进社会主义文化建设，探索文化产业发展的新模式新机制，弘扬书法文化，打响“古汉新韵”文化品牌，助推“文化兴县”战略步伐，县政协组织部分政协委员、机关干部、文体界别委员和有关单位人员，赴内蒙古乌海市就当地文化创意产业、“书法五进”、书法艺术馆以及博物馆建设等方面学习考察，学习借鉴当地文化创意产业以及文化公园、博物馆建设等方面的先进做法和成功经验，开阔视野，拓宽思路，努力提高建言献策水平，为助力“文化兴县”建设，打造“灵秀古城”、建设“新韵山阴”贡献了智慧力量。

【助力民生事业】 政协山阴县委员会畅通建言通道助力民生事业。组织部分政协委员，就山阴县乡村振兴、城建规划、交通乱象治理和构建良好营商环境等专题，进行深入调研，通过报送调研报告、大会发言、提案等形式建言献策，充分发挥政协委员参政为公、资政为民的履职作用。针对各界委员、群众反映的关系人民生产、生活的具体问题，各专委会组织界别委员和相关人员主动开展调研、协商、座谈，通过社情民意等形式及时反馈到县委、县政府及相关部门，为人民群众畅通表达渠道、参与共享发展成果发挥积极作用，牢固树立了人民政协密切联系群众、服务社会的良好形象。

发展政协事业

【完善工作机制】 县政协就山阴县新时代加强

和改进人民政协工作，拟定具体贯彻实施方案。在强化协商民主建设、改进和完善提案工作、委员履职考核等方面进一步深化、细化，着力解决“一人一委”问题，推进建立以不同类型的“委员工作室”“委员之家”为主体的“请你来协商”基层协商平台，并纳入山阴县加强和改进政协工作的重点，通过不断探索、实践、改进、完善，进一步强化党对人民政协的领导、健全政协工作机制、推动政协委员参与基层协商，为政协委员依宪依章履职尽责提供了有力的保障。

【疫情防控】 政协山阴县委员会动员各界委员全力防控疫情。2020 年初以来，面对突如其来的新冠肺炎疫情，县委团结带领全县干部群众加强联防联控，科学救治病患，火速驰援湖北，有效防控疫情，全力复工复产，做到了疫情防控与经济社会发展“双统筹”“两不误”，夺取了新冠肺炎病例零确诊、医务人员零感染、抗“疫”一线零事故的阶段性胜利。在这场没有硝烟的战斗中，广大政协委员听党话、跟党走，讲政治、顾大局，投身战“疫”、奉献爱心。全县参加疫情防控一线工作的委员有 92 人，占县政协委员总数的 58%，他们为山阴县疫情防控工作贡献了政协智慧力量。政协有倡议，委员见行动。一个个爱心委员用实际行动诠释“一方有难、八方支援”的精神。据不完全统计，县政协机关党员以及在职处级非党委员共计捐款 7300 元；政协委员为一线防疫人员捐款和捐赠物品共计 12.77 万元。

【聚焦脱贫攻坚】 山阴县政协多措并举，将巩固脱贫攻坚成果、夯实全面小康基石作为重点工作抓在经常、切入日常。2020 年疫情防控期间，县政协党员干部通过电话、微信等方式密切关注所包联村、贫困户的生活起居状况，引导群众科学防疫，有序复工复产。发动政协委员开展爱心扶贫捐赠活动，筹捐 30 多种 500 余件生活用品，为整村易地搬迁的东石人坡村建立贫困户“爱心超市”。政协机关形成每季集体走访贫困村、每月个别走访贫困户、随时电话关注贫困户的工作模式，引导贫困群众树立新理念、适应新发展、创造新生活。同时，倡议广大政协委员以典型作标杆、以先进作榜样、以实际行动作表率，为决战决胜脱贫攻坚战添加新动能、贡献正能量。县政协密切联系贫困群众，以实际行动全方位、多角度、大纵深地服务全县脱贫攻坚工程，为决胜全面建成小康社会凝聚了人心和共识，汇聚了智慧和力量。

中国共产党山阴县纪律检查委员会 山阴县监察委员会

综　述

【概况】2020年，全县纪检监察机关在市纪委监委和县委的坚强领导下，全面履行监督职责，以省委巡视和县委巡视“回头看”反馈问题整改为契机，聚焦决战决胜脱贫攻坚，大力整治群众身边腐败和作风问题，深化纪检监察体制改革，保持惩治腐败高压态势，持续净化政治生态，推动全县党风廉政建设和反腐败斗争取得新成效。

【深化改革】2020年，山阴县纪委监委持续深入推进纪检监察“三项改革”，党对反腐败工作的集中统一领导不断加强。协助县委扛起全面从严治党政治责任。严格贯彻落实省委《落实党对反腐败工作全过程领导的实施细则（试行）》，截至12月，县委常委会研究全面从严治党工作31次、书记专题会议研究9次、召开反腐败领导小组会议2次。报请县委批示纪检监察工作77件，批准谈话函询18人次、初核21人次，批准立案审查29人、处理处分84人次。全面深化派驻机构改革。实施“1+2”改革模式。修订深化派驻机构改革方案，制定推进县管企业、县管学校纪检监察体制改革实施方案，出台《关于县管企业纪检监察机构、县管学校纪检机构设置有关事项的意见》，建立县纪委常委会统一领导、县纪委监委统一管理工作机制，探索实行派驻组交叉办案，一体推进县纪委监委班子成员直接联系派驻组指导业务工作。截至12月份，11个派驻组共处置问题线索144件，其中谈话函询40人次，初核104件，立案34件，处分27人。主办留置案件1件、涉黑涉恶专案1件。强化乡镇纪检监察工作。选优配强乡镇监察办公室干部65人，实行县纪委监委班子成员包联乡镇制度和乡镇纪检监察协作区制度，乡镇纪委定期报送问题线索，定期听取工作汇报，进一步加强对乡镇纪检监察工作的业务指导。截至12月，13个乡镇纪委报送问题线索149件，处置问题线索483件，谈话函询350人次，初核133件，立案114件，处分102人。强化沟通协作，形成监督合力。制定了《山阴县纪委监委与驻县单位在纪检监察工作中沟通、协作、联动服务机制》，推动与驻县单位党风廉政建设和反腐败工作的沟通协作。制定了《山阴县监察委员会特约监察员工作办法》，推动监察机关依法接受民主监督、社会监督、舆论监督。

【政治监督】2020年，山阴县纪委监委深化运用政治监督“六步工作法”，自觉担负起“两个维护”的政治责任。加强对党中央决策部署和习近平总书记视察山西重要讲话重要指示贯彻落实情况的监督。制定《关于加强政治监督全力保障习近平总书记视察山西重要讲话重要指示精神在我县落实落地的通知》，严明政治纪律，重点围绕“十个聚焦”开展监督，着力防范和纠治形式主义、官僚主义，全力保障落实。2020 年 2 名科级干部因违反政治纪律受到处理。稳慎有效开展疫情防控监督工作。在做好自身防控的同时，加强对全县各乡镇、各单位疫情防控工作和复工复产、春耕备耕和疫情防控资金、物资使用、中小学复学复课等情况的监督。派出监督组累计 20 余个，开展督导谈话 90 余次，督促立行立改问题 120 余条。及时处置群众举报线索 11 件，综合考虑疫情形势，精准运用“四种形态”，诫勉谈话 4 人、批评教育 4 人、提醒谈话 5 人、约谈 6 人，向县疫情防控指挥部办公室、有关乡镇党委发出纪律检查建议 5 份，有力推动一线党员干部在疫情防控工作中认真履责、服务大局。协助党委把好选用干部的政治关、品行关、作风关、廉洁关。一年来，共回复党风廉政意见 2242 人次，回复评优评先党风廉政意见 772 人次，25 个集体，甄别出 29 人；回复干部选拔任用廉政意见 1470 人，其中村“两委”干部 1330 人、选派任村党组织书记 54 人，甄别出 10 人。坚决防止干部“带病提拔”“带病上岗”，加强对公务员等行使公权力人员的入职审查，严把入口关。

【纠治“四风”】 2020 年，山阴县纪委监委在加强作风建设，纠治“四风”上不松劲。深入整治形式主义、官僚主义。聚焦习近平总书记视察山西重要讲话重要指示，党中央打赢三大攻坚战、统筹推进常态化疫情防控和经济社会发展、为基层减负等重大决策部署，做深做细做实政治监督，持续深入整治形式主义、官僚主义突出问题，严肃查处表态多调门高、行动少落实差，作风漂浮、推诿扯皮，不担当不作为、慢作为乱作为等问题，一年来共查处 29 件，给予党纪政务处分 42 人，处理 30 人。大力整治享乐主义、奢靡之风。紧盯时间节点，采取盯人跟事监督方式，聚焦执行“中央八项规定”精神情况，餐饮浪费，教师违规收受礼品礼金行为等，及时纠正“四风”隐形变异问题，查处享乐主义奢靡之风问题 19 件，给予党纪政务处分 16 人，处理 23 人。

监督惩治

【净化政治生态】 2020 年，山阴县纪委监委坚持率先作为，深入开展净化政治生态监督工作。及时督促贯彻落实。6 月 30 日，市纪委黄杰副书记到山阴县召开全县处级领导干部会以后，7 月 1 日，县纪委监委及时召开会议，学习传达讲话精神，安排做好监督检查和信访接待处置工作。县纪委监委各监督室牵头，各乡镇纪委、各派驻组迅速行动，督促全县 128 家单位 4636 名干部及时学习贯彻上级精神，并在规定时间内督促干部主动向市县两级纪委交代问题。率先开展自我净化。对照市委、县委持续净化政治生态工作方案、责任清单和工作措施，主动认领工作，成立专班研究措施，制定了《山阴县纪委监委贯彻落实〈中共朔州市委关于在山阴县开展持续净化政治生态的工作方案〉的工作措施》，盯住关键人，坚持 6 个“紧盯”，持续推动净化政治生态。县纪委常委会 8 次深入学习习近平总书记关于营造风清气正良好政治生态等重要论述，在全县纪检监察系统开展为期 2 个月的纪律作风整顿，对照 4 方面 14 个问题，深刻剖析原因，找准找实问题，强化整改落实。1 名纪检监察干部因违规经商办企业受到党内警告处分并调离纪检监察系统，2 名乡镇纪委书记因积压问题线索被通报，4 名逾期贷款人员全部还清欠款。实行县委常委蹲点施治净化政治生态专项工作。10 名县委常委、7 名分管副县长、法检两长带队，深入 36 家重点单位，召开专题会议，督促自查分析，深入查摆问题，县纪委常委会专题研究各单位查摆问题情况，及时向县委反腐败领导小组汇报工作进展情况。2020年，36家单位列出问题266个，扎实推进整改落实。强化案件查办。下发《关于在全县持续净化政治生态工作中开展不作为乱作为问题专项监督检查的通知》，综合运用巡视巡察、日常监督和案件查办成果，党纪政务处分49人、组织处理15人，其中科级干部18人，推动净化政治生态扎实开展。加强日常监督。将政治理论学习作为日常监督重点，统筹纪律、监察、派驻和巡察四个监督力量，督促各单位坚持第一议题，教育引导党员干部筑牢思想道德防线。聚焦市监委《关于在山阴县开展工程建设领域突出问题专项整治的监察建议》贯彻落实加强监督，严肃查处工程建设领域腐败问题。强化警示教育。组织县处级以上领导干部和全体纪检监察干部观看《镜鉴》，听取《典型案件》通报，认真学习王拥军在全省领导干部警示教育大会上的讲话精神。在10月21日全县党组（党委）书记学习习近平新时代中国特色社会主义思想暨落实主体责任培训班上，县纪委书记选取8起典型案例，对89名乡镇和县直主要党员领导干部进行以案促教，督促其守纪律、存戒惧、明底线。激励干部担当作为。针对山阴县干部队伍中存在的不担当、不作为，士气不高、懒政怠政等问题，积极践行“三个区分开来”，做到具体化、对象化。2020年以来，对医保领域2案6人、扶贫领域1案1人、疫情防控4案5人大胆践行“三个区分开来”，激励干部担当作为，其中科级干部4人。

【严惩基层腐败】 2020年，山阴县纪委监委聚焦群众关切，严惩基层“微腐败”。以扶贫领域腐败、涉黑涉恶腐败和民生领域腐败三项工作为重点，深入推进群众身边腐败和作风问题专项整治。截至12月底，共查处群众身边腐败问题136件，处理259人。深化扶贫领域腐败和作风问题专项治理，全力保障决战脱贫攻坚。聚焦省委专项巡视和“回头看”反馈问题整改，带头认真整改自身存在问题，制定详细整改措施，明确具体任务，率先认真整改。聚焦扶贫政策、资金、项目落实，采取跟踪监督、专项摸排、起底线索等方式，排查发现71条扶贫领域问题线索，坚持严查快处，给予党纪政务处分46人、组织处理56人，下达纪检监察建议8份，约谈18人。压实责任落实。先后两次对13个乡镇和相关职能部门“一把手”进行督导谈话，推动整改落实。制定《山阴县纪委监委关于与扶贫、财政、审计等部门互相移送扶贫领域问题线索的实施办法》《关于乡镇纪委定期报送扶贫领域问题线索的实施办法》，督促落实监管，加强信息共享。紧盯“三支队伍”作风问题，向派出单位下达整改通知函51份，对17名多次不在岗人员进行处理，11名派出单位和所驻乡镇主要负责人被约谈、1名被诫勉谈话。及时下达纪检监察建议书8份，提出整改要求，督促转变作风。针对省委巡视组指出的“十个倒数第一”问题，精准运用“四种形态”，26名干部受到党纪政务处分，23名干部受到组织处理，以强有力问责倒逼责任落实。深入推进涉黑涉恶腐败和“保护伞”问题专项整治。开展“两个一律”复核排查和“惩腐打伞”行动，逐案过筛，循线深挖，2020年，共立案查结11件，给予党纪政务处分24人，组织处理8人，对5家单位下达纪检监察建议，督促涉案单位认真整改。强化民生领域腐败和作风问题专项整治。紧盯教育、医疗、住房、社保等民生领域突出问题，紧盯“六稳”工作、“六保”任务中涉及群众利益的突出问题，强化监督执纪执法。截至12月，共查处民生领域腐败和作风问题82件，处理131人，以实际成效维护人民群众切身利益。

【深化政治巡察】 2020年，山阴县纪委监委坚持巡改并重，推动巡察工作高质量发展。县委切实扛起主体责任，县委常委会共研究巡察工作6次，书记专题会听取巡察汇报2次。领导小组研究巡察工作10次，推动巡察工作深化开展。2020年，县委安排了人防专项巡察，完成了第十轮对18家县直机关事业单位的常规巡察，安排开展了第十一轮对19家县直机关事业单位的常规巡察，对6个乡镇党委及所属35个村级党组织的“回头看”，对所属28个村级党组织、10个社区的延伸巡察。两轮巡察共发现问题410个，移交问题线索10条。认真落实省委、市委、县委巡察工作专项检查反馈意见整改要求，梳理归纳出六方面12个问题，制定了35项整改措施。向村（社区）党组织巡察全覆盖工作已开展；“一长两员三库”人员扩充到215名。制定了《巡察期间立行立改工作机制》《山阴县委巡察工作流程》《县委巡察组组长负责制实施办法（实行）》等一系列制度规范，为巡察工作高质量发展提供了制度保障。强化巡察成果运用，把巡察监督与执纪监督、组织部门职能监督等有机结合，督促被巡察党组织切实做到即知即改、立行立改、真改实改、全面整改。

【强化以案促治】 2020年，山阴县纪委监委突出惩治重点，一体推进“三不”。聚焦党的十八大以来不收敛不收手，特别是党的十九大以后仍不知敬畏、顶风违纪问题，始终保持惩治腐败高压态势，坚持受贿行贿一起查，坚决查处以权谋私、甘于被“围猎”的腐败分子。1—12月，县纪委监委共受理信访举报536件，同比下降27.8%，其中重复件341件，同比增长17.1%。全县纪检监察机关共处置问题线索881件，同比上升9.69%。谈话函询435件，同比下降24.22%。初核448件，同比增长34.13%。立案282件，处分246人，分别同比增长0.7%、2.1%。给予党纪处分204人、政务处分53人；组织处理505人。处分乡科级干部40人。“四种形态”方面，适用第一至第四种形态分别为605人次、213人次、37人次、4人次，占比分别为70.4%、24.8%、4.3%、0.5%。加大问责力度，截至12月底，党内问责21件38人，监察问责10件15人，通过精准问责，进一步推动作风转变和工作落实。将震慑、警示、教育、整改一体推进，以刘修占严重违纪违法等案件为反面教材，组织全县127家单位深入查摆权力运行负面问题，健全相关配套制度184项，修订完善313项，切实做到用制度管权管人管事。进一步加大警示教育力度，组织全县党员领导干部观看《镜鉴》《廉吏于成龙》等，听取医保领域、违规入股企业典型案例通报，丰富廉政文化载体，拓展警示教育形式，推出音乐情景剧《悔恨泪》、诗朗诵《新韵山阴廉政歌》，创作廉政戏剧《王阁老嫁女》，引导党员干部增强不想腐的自觉意识。

【推动专项治理】 2020年，山阴县纪委监委坚持问题导向，推动重点领域专项治理。开展人防系统腐败问题专项治理调查整顿及“回头看”工作。及时召开推进会，推动人防部门积极按时整改存在问题，督促人防部门收追缴易地建设费505万余元。部署开展了人防系统专项巡察和审计工作，排查问题线索2件，立案查处2件，给予2人党纪政务处分。开展能源领域专项治理。制定《关于在全县开展能源领域反腐败专项行动工作方案》，聚焦能源领域7项重点，起底摸排问题线索27条，开展调研18次，明察暗访1次，发现问题线索3条，查处人数20人。稳步开展金融领域反腐败。深入推进金融领域反腐败斗争，扎实开展清收清欠攻坚战，共发现问题线索9条，其中金融机构移送7条、监督发现2条。开展医疗领域反腐败。紧盯医疗机构巧立名目违规收费、过度医疗等行为，深挖彻查违纪违法问题，立案查处3件，处理处分9人。扎实做好其他领域专项监督。根据省市纪委监委有关精神，开展低级红高级黑、历史文物保护、乱占耕地建房、违规入股企业、安全生产、合村并居等专项监督工作，深入排查问题，建立动态台账，坚决查处不作为、慢作为、乱作为问题，确保党中央各项政策落地见效。

【建设纪检监察铁军】 2020年，山阴县纪委监委不断加强自身建设，纪检监察队伍更加担当作为。加强班子建设。调整充实班子成员，常委会坚持第一议题制度，深入学习习近平新时代中国特色社会主义思想、习近平总书记视察山西重要讲话重要指示，习近平总书记关于脱贫攻坚的重要论述和扶贫领域相关政策，不断提升政策理论水平。充实办案力量。增设干部监督检查室和组织部2个科室，调整机关科室负责人2名、派驻纪检监察组负责人2名，交流系统外2名；从公安、审计等部门选调8人充实到8个科室中，人才引进4人，增强了办案力量。加大学习培训。发放《习近平总书记论脱贫攻坚》《习近平总书记三篇光辉文献》，《纪检监察干部综合业务学习资料汇编（1～3）》编印手册，组织全体纪检监察干部深入细致学习，深刻领会精神，撰写心得体会。利用“学习强国”“三晋先锋”“山西干部在线学院”平台，组织参加中央省市纪委视频培训和专题培训，采取派出学、集中学、支部学、自己学等方式，推动纪检监察干部随时随地汲取营养能量，不断提高综合素质。坚持刀刃向内，率先行动、率先净化系统内部政治生态，采取通报、谈话提醒方式对不作为、慢作为的乡镇纪委干部作出处理。坚持严格教育管理，解决“灯下黑”，全年共处置反映纪检监察干部问题线索8件，初核了结2件，给予党纪处分2人（调离1人），谈话3人，批评教育3人。

山阴县经济技术开发区管理委员会

【概况】 山阴经济技术开发区是2019年1月批准设立的省级开发区，“四至”核定总规划面积19.40平方千米，按照“一区两园八大产业”的模式建设和管理，主要以煤炭洗选、低热值煤发电、碳基新材料、钙基新材料、新型建材、新能源、装备制造、节能环保为主导发展产业。其中西区核定面积15.65平方千米，以原北周庄低碳循环经济工业园区为基础，现有中煤华昱能源有限公司、山西昱光发电有限责任公司、山西永皓煤矸石发电有限公司3个大中型煤电企业和17个地方煤炭洗选、冶金、建材、化工等生产企业入驻，形成“煤炭产—运—洗—销”“矸石发电—冶金生产—新型建材”和“粉煤灰—废弃水—电厂余热综合利用”三条工业循环链，企业产品与废物得到了综合循环利用，实现了资源利用最大化、企业生产清洁化、废弃物再生化。东区核定面积3.75平方千米，以原规划建设晋北现代煤化工基地为基础，现有生产企业2个，在建企业6个。2个生产企业是山西超牌煅烧高岭土有限公司和山西金胜达环保科技有限公司。

【区内“四上”企业】 截至2020年底，区内共有“四上”企业15家，14家规上工业企业：中煤集团山西华昱能源有限公司、山阴县嘉国达生产设备维修运营有限公司、山西永皓煤矸石发电有限公司、山阴县红杉选煤有限公司、山阴县升华环保能源洗煤有限责任公司、山阴县森泰新型科技型煤有限公司、山西瑞之琦洁净煤有限公司、山阴炫昂建材有限公司、山阴赤钰冶金有限公司、山西松蓝化工科技有限公司、山西昱光发电有限责任公司、山西超牌煅烧高岭土有限公司、山阴县五福煤业有限公司、山阴县鑫海洗煤有限责任公司。1家规上服务业企业：山阴县旺旺运输有限公司。

【经济指标】 2020年，山阴经济技术开发区工业投资完成3亿元，同比增长48.1%；工业增加值完成33.3亿元，同比增长15.6%；转型项目投资完成2.6亿元，转型项目投资占工业投资比重86.7%；有高新技术企业2家，同比增长100%；“四上”企业数达到15家，同比增长25%；产出强度达到238.35万元/亩。

【体制机制改革】 2020年，山阴经济技术开发区实行了管委会领导班子任期制，任期为三年。制定了《山阴经济技术开发区职员岗位聘用试行办法》，全部职员签订了聘用合同，聘用合同期限三年，约定了工作岗位及职责、工作待遇、违约责任等。县政府研究制定了《山阴经济技术开发区绩效工资管理办法（试行）》，开发区出台《山阴经济技术开发区管理委员会绩效工资制实施办法》和《山阴经济技术开发区管委会绩效考评办法》，全面实行“以岗定薪、按绩取酬”的分配制度，从2020年1月开始执行绩效工资制。管委会设置内设机构6个，分别为综合办公室、经济运行与安全监管部、投资促进与科技创新部、建设管理部、综合执法局、行政审批局。下设3个所属事业单位，分别为山阴县北周庄工业园区服务中心、山阴县合盛堡工业园区服务中心、山阴县晋北现代煤化工基地服务中心。核定科级领导职数共13名，其中，正科级6名，副科级7名。引进专业技术人才。聘请北京斯伯乐科学技术研究院院长刘宽胜担任开发区顾问。公开招聘了11名专业技术人才，通过人才引进计划，引进了2名紧缺专业人才。

引入市场主体。引入山西泓源达集团以BOO模式建设开发区东区污水处理工程项目。项目公司实施项目投融资、建设、运营、维护、管理等，合作期满后项目公司将开发区管网资产及权益无偿、完好、无债务、不设定担保地移交给开发区。项目已开工建设，占地15亩，已完成土地招拍挂，完成厂区围墙地基工程。引入太原煤气化燃气集团有限责任公司以BOO模式通过特许经营在开发区建设管道燃气工程项目，已完成项目招标并签订了特许经营协议。

【管运分离】 2020年，县政府成立了山阴县东炜泰投资有限公司，隶属关系由原山阴县北周庄低碳循环经济工业园区管理变更为由山阴经济技术开发区管理，作为开发区市场化运营企业。经营范围为山阴经济技术开发区范围内的综合治理及资本运营、开发区基础设施项目投资、移民搬迁、新农村建设、基础设施项目代建代管、投资服务等。截至2020年底，已授权山阴县东炜泰投资有限公司为山阴经济技术开发区基础设施项目融资贷款承贷主体，并授权山阴县东炜泰投资有限公司特许经营开发区标准化厂房等有收益的基础设施。同时，原北周庄低碳循环经济工业园区被国家能源局批准为增量配电业务改革试点单位，东炜泰投资有限公司为新成立的售电公司股东之一，已完成山阴经济技术开发区配售电有限公司组建，完成增量配电业务试点项目配售电公司协议签订，完成增量配电业务改革试点项目规划方案编制，并按规划有序开展项目规划和基础建设，以满足园区企业低成本用电需求。

【招商引资】 2020年共举办各类招商活动6场，签约项目13个，全部为战略性新兴产业项目，签约投资额419.1亿元，投资总额全省排名第二位。当年签约项目开工10个，开工率76.92%。特别是引进中国华能集团有限公司风火光储输一体化项目，“十四五”期间计划完成投资450亿元，建设4台100万千瓦级超临界清洁高效煤电机组，600万千瓦光伏和风电项目，用于晋电送浙特高压输电工程配套电源，并将列入山西省“十四五”电力发展规划。

营造舆论氛围。制作山阴经济技术开发区招商引资宣传片和宣传图册，在县政府网站设立山阴经济技术开发区模块，为开发区宣传报道营造强大舆论声势。

制定招商引资优惠政策。出台了山阴开发区招商引资惠企12条，重点对达到一定投资规模、效益显著的项目进一步加大政策倾斜和奖励扶持力度。

组织开展招商引资推介活动。全年先后多次赴山东、江苏、浙江、湖南、天津、北京、广东、广西等地考察，密集开展各类招商活动，与山东青州宇信钙化工产业项目、苏州盈创3D打印建筑项目、杭州舜海智能机器人清洁光伏发电板项目、长沙超牌研发中心新材料产业项目、天津锦美新型碳材和石墨材料项目、中煤矿业地质总局钙化工产业项目、广东恩平燕怡钙化工产业项目、广西贺州碳酸钙新材料产业项目等初步达成投资意向，为开发区在“十四五”期间钙化工新材料、3D打印建筑新技术等“六新”产业发展奠定了坚实基础。

【项目建设】 2020年，山阴县招商引资签约续建产业转型项目2个，总投资12.76亿元，现已累计完成投资3.55亿元。锦晔100万吨低阶煤清洁利用示范项目，总投资10.7亿元，累计完成投资2.1亿元，项目于2018年9月开工。聚天海100万立方米装配式建筑新材料项目，总投资2.06亿元，累计完成投资1.45亿元。项目于2019年10月开工建设，全部工程计划于2021年底前建成。

2020年新建产业转型项目13个，已开工项目8个，总投资9.956亿元，累计完成投资0.8822亿元。山西超牌煅烧高岭土有限公司新建年产10万吨功能型高岭土生产线项目，总投资1.08亿元，项目于2020年8月开工建设，已完成部分厂房钢结构主体和厂区围墙基础。山西恒登机械有限公司新建煤矿设备机械制造项目，总投资5.1亿元，项目于2020年8月开工建设，已完成2个厂房基础“出零”，回填土方基本结束。山西致德环保科技有限公司新建环保设备生产加工项目，总投资0.8亿元，项目于2020年8月开工建设，已完成厂区围墙建设，厂房基础“出零”，预计2021年5月底前投产。山西汉沣科技发展有限公司利用天然气年产1.6万吨煅烧煤矸石生产线项目，总投资0.066亿元，项目于2020年3月开工建设，已完成全部工程。山阴国炫新材料有限公司新建10万吨煅烧高岭土项目，总投资1.05亿元，项目于2020年7月开工建设，已完成厂区围墙、办公楼，完成厂房钢结构主体工程，进入试生产阶段。山西超牌煅烧高岭土有限公司新建办公楼项目，总投资0.07亿元，主体工程基本完工。朔州市泰力新能源有限公司新建北周庄LNG加气站项目，总投资0.16亿元，已完成办公楼主体工程。山阴县泓源达水处理有限公司东区污水处理工程项目，总投资1.63亿元，已完成土地招拍挂，厂区围墙完成地基工程。

2020年已投产项目1个，共完成投资0.2695亿元。山西昱光发电有限责任公司一期2台300兆瓦机组接至500千伏线路送出系统改造项目，总投资0.4亿元。8月已投产运行，实现当年开工当年投产。

2020年推进项目6个，总投资57.3亿元。山西松蓝化工科技有限公司4×20万吨/年乙炔羰基合成丙烯酸建设项目，总投资116亿元，其中一期投资29亿元。截至2020年底因受限于中间产品电石产能问题未能获批，等待省工信厅正式行文。山阴县雅航明胶有限公司年产5000吨明胶生产线项目，投资2.3亿元，计划租用开发区标准化厂房，已完成1300万元的设备订购。智恒泰新型环保超薄防火保温材料山阴县生产基地项目，总投资4亿元，项目选址在开发区东区，拟建装配式一体标准化厂房，采用EPC方式投资建设，建成后由该项目单位租用。山西松蓝化工科技有限公司16万吨纳米碳酸钙和14万吨轻质活性碳酸钙项目，总投资3亿元。山西祥合润能源科技有限公司年产500万立方米绿色环保秸秆丝纤维板及绿色环保包装材料项目，总投资15亿元。上海盈创科技有限公司（盈创新材料山西有限公司）3D建筑打印循环产业园项目，总投资4亿元。

【重大转型项目】 2020年共实施重大转型项目9个：（1）山阴县聚天海新型建材有限责任公司60万立方米/年装配式建筑新材料及100万立方米/年混凝土生产线项目。项目主要建设内容是利用粉煤灰、矿渣、炉渣等工业固体废物生产40万立方米装配式建筑新材料、10万立方米/年气凝胶节能材料、5万立方米/年岩棉复合材料、5万立方米/年低成本相变储能墙体材料等及100万立方米/年混凝土生产线，产业类别为新材料，项目于2019年10月开工，总投资2.06亿元，年内完成投资1.45亿元。（2）山西恒登机械制造有限责任公司煤矿机械设备制造项目。项目主要建设内容为煤矿设备机械制造。产业类别为机械制造，项目于2020年8月开工，总投资5.1亿元，年内完成投资0.1041亿元。（3）山阴县国炫新材料有限公司煅烧高岭土深加工项目，项目主要建设内容为年产10万吨煅烧高岭土生产线一条，产业类别为新材料，项目于2020年7月开工，总投资1.05亿元，年内完成投资0.6567亿元。（4）山西致德环保科技有限公司环保设备加工生产线项目，项目主要建设内容为设计生产水处理设备150套（台）/年、生产大气治理设备70套（台）/年，总建筑面积14020平方米，产业类别为机械制造，项目于2020年8月开工，总投资0.8亿元，年内完成投资0.0208亿元。（5）山阴县泓源达水处理有限公司山阴经济技术开发东区污水处理工程。项目主要建设内容：污水处理规模40000立方米/日，设计年限为2025年全部建成。工程分两期建设，一期规模为3000立方米/日。污水处理厂设计采用“调节+气浮+水解酸化+A/O+混凝沉淀过滤+电化学氧化+活性炭吸附”工艺。产业类别为节能环保。项目于2020年3月开工，总投资1.63亿元，年内完成投资11万元。（6）山西昱光发电有限责任公司一期2台300兆瓦机组接至500千伏线路送出系统改造项目。项目主要建设内容：1#、2#机组以发电机—主变—线路单元接线方式送至厂外220千伏翠微变电站。产业类别为电力输送。属于战略性新兴产业。项目于2020年3月开工，8月投产运行。总投资0.4亿元，年内完成投资0.2695亿元。（7）山西汉沣科技发展有限公司利用天然气年产1.6万吨煅烧煤矸石生产线项目。项目主要建设内容：设计煅烧煤矸石生产能力1.6万吨/年，天然气使用量56万立方米/年，总建筑面积1000平方米。产业类别为新材料。项目于2020年3月开工，总投资0.066亿元，年内完成投资0.0404亿元。（8）朔州市泰力新能源有限公司山阴县北周庄LNG加气站项目。项目主要建设内容：年设计规模1440×1.0牛·立方米二级LNG加气站。产业类别为节能环保。项目于2020年6月开工，总投资0.16亿元，年内完成投资0.0309亿元。（9）山西超牌煅烧高岭土有限公司新建办公楼项目。项目主要建设内容：新建综合办公楼，高五层，建筑面积3500平方米。产业类别为新材料。属于战略性新兴产业。项目于2020年8月开工，总投资0.07亿元，年内完成投资0.0282亿元。

【“三个一批”】 2020年全年三期“三个一批”活动共签约项目7个，总投资58.08亿元；开工项目5个，总投资12.03亿元。投产项目2个，总投资0.466亿元。第一期“三个一批”活动签约项目2个：山西松蓝化工科技有限公司4×20万吨/年（一期工程20万吨/年）乙炔法制丙烯酸及酯类项目，总投资116亿元（一期投资29亿元）。山西昱德化工科技有限公司万吨级乙炔法制化工产品中试项目，总投资2亿元。第二期“三个一批”活动签约项目2个：山西超牌煅烧高岭土有限公司年产10万吨功能型煅烧高岭土生产线项目，总投资1.08亿元，占地94.69亩；山西松蓝化工科技有限公司16万吨纳米碳酸钙和14万吨轻质活性碳酸钙项目，总投资3亿元，已完成立项，并开始基础设计。第三期“三个一批”活动签约项目3个：山西智恒泰新材料有限公司新型环保超薄防火保温材料项目，总投资4亿元，占地72亩；山西祥合润能源科技有限公司年产500万立方米绿色环保秸秆丝纤维板及绿色环保包装材料项目，总投资15亿元，占地550亩；上海盈创科技有限公司（盈创新材料山西有限公司）3D建筑打印循环产业园项目，总投资4亿元，占地900亩。

"开工一批"情况，第一期开工项目5个：山西恒登机械有限公司新建煤矿机械制造项目，总投资5.1亿元，占地168亩。山阴国炫新材料有限公司新建10万吨煅烧高岭土项目，总投资1.05亿元，占地31.23亩。山西致德环保科技有限公司新建环保设备生产加工项目，总投资0.8亿元，占地24.2亩。山西汉沣科技发展有限公司利用天然气年产1.6万吨煅烧煤矸石生产线项目，总投资660万元。山阴县泓源达水处理有限公司东区污水处理工程项目，总投资1.63亿元，现已完成土地交易。第二期开工项目1个：山西超牌煅烧高岭土有限公司年产10万吨功能型煅烧高岭土一条生产线项目，总投资1.08亿元。第三期开工项目1个：山西智恒泰新材料有限公司新型环保超薄防火保温材料，总投资4亿元。

"投产一批"情况，第一期"投产一批"项目1个：山西昱光发电有限责任公司一期2台300兆瓦机组接至500千伏线路送出系统改造项目，总投资0.4亿元。8月份已投产运行。投产达效率为100%。第三期"投产一批"项目1个：山西汉沣科技发展有限公司利用天然气年产1.6万吨煅烧煤矸石生产线项目，总投资660万元。

【基础设施建设】 2020年基础设施建设开工项目3个，总投资4.97亿元。东区路网工程项目，总投资1.7亿元。项目于2020年8月开工，正在铺设路面垫层和污水管网、供水管网；东区热电联产集中供热工程项目，总投资1.67亿元。项目于2020年8月开工，已随路网工程铺设供热管道；东区装备制造业基地标准化厂房建设项目，总投资1.6亿元，项目于2020年8月开工。

推进项目5个，分别为东区工业用水和生活用水供水工程项目，总投资1.04亿元，现已完成勘察、设计公开招标；开发区东西区连接线项目，总投资0.61亿元，完成立项、环评；完成土地预审与选址意见书办理；用地单选组卷上报省自然资源厅；完成设计公开招标，办理临时用地手续；东区装备制造业基地标准化厂房（二期）建设项目，总投资0.94亿元。现已完成勘察设计和土地竞买，办理不动产证（土地），编制工程量清单招标控制价；东区110千伏变电站项目和增量配电业务试点项目，已完成增量配电业务试点项目配售电公司协议签订，重新编制增量配电电网规划；东区燃气特许经营建设项目，总投资0.8亿元，已完成公开招标，与太原煤气化燃气集团有限公司签订开发区管道燃气特许经营协议。

【公共服务平台建设】 2020年，山阴经济技术开发区积极承接好下放开发区行政职权事项，在县政务服务大厅和开发区政务受理服务大厅设置了开发区行政审批窗口，下放的行政许可事项59项，已录入40项，重点开展行政审批事项全程领办代办"保姆式"服务，全年共为企业办理营业执照8例，规划许可1例，施工许可1例。推进"标准地"改革，完善了相关规划的编制。完成了"四至"范围核定和1677亩土地征收。

【创新驱动】 2020年全区有高新技术企业2家，分别为山西超牌煅烧高岭土有限公司和朔州市骏宝宸农业科技股份有限公司。山西超牌煅烧高岭土有限公司。该公司采用独创的生产工艺，自动化生产装备，多项技术获得国家发明专利，拥有完全的自主知识产权，产品生产的整体技术与国际接轨，在高岭土行业为国内标杆企业。2020年12月，中国建筑材料联合会、中国非金属矿工业协会在北京组织召开由山西超牌煅烧高岭土有限公司、内蒙古超牌建材科技有限公司完成的"年产10万吨陶瓷釉用煤系煅烧高岭土生产线成套技术与装备"项目成果鉴定会。鉴定委员会由来自中国工程院、武汉理工大学、中国非金属矿工业协会、中国硅酸盐学会矿物材料分会、中国科学院上海硅酸盐研究所、北京大学、中国矿业大学（北京）、中南大学、苏州中材非金属矿研究设计院有限公司、太原理工大学的专家组成，中国工程院院士、武汉理工大学教授张联盟院士担任主任委员主持评审。一致认定该项目成果的开发与应用解决了高铁钛高岭岩型煤矸石的高值化利用技术难题，填补了国内外空白，为我国高岭岩型煤矸石资源化利用开辟了新的应用领域。项目成果整体技术达到国际领先水平。2020 年 12 月，该企业列入全国高新技术企业认定管理工作领导小组办公室颁布的“山西省 2020 年第二、第三批拟认定高新技术企业公示名单”。该企业 2020 年实现产值 8308 万元，实现营业收入 7978 万元。

朔州市骏宝宸农业科技股份有限公司。该公司是山西农科院技术推广协作单位，山西农大科技创新、大学生实践教学和大学生就业基地，山西省种子站挂牌的良种展示基地，朔州市、山阴县农委的良种试验示范基地及展示田示范基地，山阴县农技中心试验基地。2017 年，该公司依托山西农科院的技术支撑，进行系列蔬菜种植技术培训，推广水肥一体化种植技术，实施化肥农药减量增效示范。2019 年 11 月，该公司获得由省科学技术厅、省财政厅、国家税务总局山西省税务局联合颁发的“高新技术企业证书”。2020 年 12 月，该企业注册到山阴经济技术开发区合盛堡工业园区。该企业 2020 年实现产值 2423 万元，实现营业收入 1959 万元。

【土地节约利用】 山阴经济技术开发区批准规划面积 1986 公顷，“四至”核定开发区土地面积 1940 公顷。截至 2020 年底，山阴经济技术开发区已开发面积 276.5956 公顷（4148.934 亩），土地开发利用率 14.26%。2020 年规上工业企业主营业务收入 98.9 亿元，产出强度达到 238.4 万元 / 亩；2020 年全区企业税收收入 4.1 亿元，税收强度达到 9.88 万元 / 亩。

【基层党建】 2020 年，开发区党工委牢固树立“抓党建就是抓发展，就是最大政绩”理念，围绕全省两新组织党建标准，扎实开展示范园区创建。强化组织领导，健全管理制度。成立了非公企业党委，安排 1 名副主任担任党委书记，重点专抓新经济组织党建工作。同时研究制定了“三会一课”制度、党员管理制度、发展党员工作制度、党员教育培训制度、民主评议党员制度等 20 多条党建工作管理制度，确保了开发区运行顺畅高效，各项工作有序开展；强化非公经济组织建设。截至 2020 年底，开发区有非公企业 16 家，独立成立党支部的 4 家，其中新成立 3 家。同时成立东区企业联合党支部、西区企业联合党支部和晋北现代煤化工基地企业联合党支部，3 个联合党支部分别安排 2 名机关党员干部作为党建工作指导员，指导所辖未设立党支部的企业和项目开展党建工作，实现了党的工作全覆盖。常态化开展党员排查摸底。按照“五清”要求建立起非公企业经营管理和党员管理台账，推动了党员教育管理监督规范化，使党员在企业生产和项目建设中的先锋模范作用得到充分发挥。稳步推进党群活动服务中心规范化建设。紧紧围绕“六有、七室、一厅、一统一”建设标准，在开发区一楼设置了山阴经济技术开发区党群活动服务中心，与开发区行政审批局合并办公，建立党务政务受理服务大厅一体化综合服务平台，做到“一栋楼办公、一个窗口对外、一条龙服务”。设置了多功能会议室、党建工作室（党委办公室）、党建成果展览室（档案室）、图书阅览室、文体活动室、党员电教室和党员接待室等，总利用面积达到 1050 平方米，确保党群活动服务中心达到规范化建设标准。

人民团体

工 会

【基层工会】 2020年基层工会组建工作扩面提质，新建工会组织10家。特别是在“工会组建月”工作期间，货车司机等八大群体入会工作取得突破，金鼎物流公司、鸿海物流、鑫顺源物流、劳务派遣公司4个单位按照工会章程成立了工会，约2300名职工加入工会。在工会组建过程中，县总工会坚持“六有”标准和“三告知、两报告、两宣誓”程序，在从源头上把好关，保证成熟一家，组建一家，推进新建工会规范化建设，按照“六有”标准提高科学化水平，保证工会“建起来、转起来、活起来”。

【职工培训】 2020年，县总工会大力弘扬劳模精神、劳动精神和工匠精神，积极选出2020年省五一劳动奖章获得者2名和市模范个人10名、模范集体4个。充分利用各种媒体，讲好劳模故事。密切与劳模的联系，倾听劳模呼声，反映劳模诉求，做好劳模服务，强化劳模管理，为近40名省市级劳模办理了劳模体检卡；推行菜单式、项目式服务，着力在职业技能培训、法律政策咨询、心理疏导等领域，满足职工个性化、多元化需求。组织开展“五小文化”竞赛活动，参赛单位和职工逐年增加，成效越来越显著。选出朔州工匠1名，最美劳动者2名。

【完善维权机制】 县总工会不断完善职工民主管理机制，进一步健全了职代会、厂务公开制度，保障职工的知情权、参与权、监督权。截至2020年底，全县非公企业职代会和厂务公开建制率均为65%，国有及其控股企业职代会和厂务公开100%覆盖。集体协商工作不断推进，工资集体协商和女职工特殊权益保护专项合同不断扩大。截至2020年底，全县80家企业签订了工资集体合同，覆盖职工2万名；女职工专项合同70余份。大力加强劳动安全保护工作，定期开展劳动保护监督检查，大力开展职业病防范和安全知识宣传教育，组织参加“安康杯”竞赛活动，打造煤矿五星级安全井口1个并通过省总验收，切实维护了职工安全健康权益。

【职工文体活动】 县总工会以职工群众喜闻乐见、寓教于乐的形式组织活动，调动职工群众积极性。2020年9月，组织了“中国梦·劳动美”学习习近平新时代中国特色社会主义思想和党的十九大精神职工演讲比赛山阴预选赛和朔州总决赛；10月，组织参加了全市第八届职工运动会，获得男子乒乓球单打比赛全市第一名、篮球比赛第二名的较好成绩。大力创建职工书屋，创建县级标准化书屋13个，为各级职工书屋派送书刊1万余册，价值20余万元，丰富了职工的精神文化生活，提升了职工的素质。

【困难职工解困】 县总工会始终把困难职工解困脱贫工作作为脱贫攻坚战的重要内容。采取多种措施大力帮扶，建档立卡困难职工人数不断减少，截至2020年底，建档立卡困难职工由2020年9月底的316户减少为6户。大力发展职工互助项目，实行普惠化服务。持续开展春送岗位、夏送清凉、金秋助学、冬送温暖活动，先后为800多名环卫工人、建筑工人及一线工作人员送去防暑用品；资助困难职工家庭子女上大学43名，每人5000元。同时，始终坚持以民生为重，财力和政策持续向大病医疗救助倾斜，大病医疗救助能力不断增强，制度趋于完善，救助水平逐年提高，有效缓解了群众“看大病难的问题”。截至2020年10月，全县160个机关企事业单位的9701名职工参加大病医疗互助，共收缴互助金970100元，66名职工得到互助补偿金933706元。

共青团

【“五四”系列活动】 2020年，共青团山阴县委开展纪念五四运动系列活动。贯彻落实习近平总书记五四寄语精神相关情况。组织各级团组织开展学习，推动新时代山阴县青年和共青团工作开创新局面、实现新发展，提升全县团员青年的综合能力和素质，增强服务青年的本领，引导团员青年奋进新时代、走好新征程、展现新作为。以纪念五四运动101周年，庆祝建团98周年为契机，在2020年“五四”期间发起寻找“最美青年”活动。组织“五四精神、传承有我”网上感悟活动。在线上面向全县团员青年围绕五四精神、精髓征集感悟活动。组织开展“青春共筑防疫长城”主题事迹云分享活动。选择全县新冠疫情防控期间表现优异的团员青年、志愿者录制短视频，发布在公众号进行宣传。用真人、真事和真实情感，讲好青年典型跟党奋斗、战胜疫情的青春故事，激励山阴县青年见贤思齐。各学校、机关团组织组织了丰富多样的纪念活动，广大团员青年时刻牢记誓言，严格要求自己，在各自的岗位上不忘初心、不辱使命、凝心聚力、奋发向上。

【青年发展】 2020年，共青团山阴县委高度重视青年发展工作，助力脱贫攻坚工作。团县委围绕精准救助、精准帮扶，凝聚青年助力脱贫攻坚，继续开展“爱心助困·青春点亮微心愿”活动；开展“大学生志愿者助学扶志”主题服务活动；动员青年创业者助力消费扶贫，建立扶贫专柜。推荐8个项目参加第六届“创青春”朔州青年创新创业大赛。组建山阴青创联盟并正式揭牌，开展青年创业培训。进行青年电商人才培训，促进青年就业，依托青创服务中心帮助10名青年实现就业。按照团市委要求和具体部署，在山阴农商行和太行村镇银行建立青春驿站。

【青少年权益】 共青团山阴县委开展维护青少年权益工作。开展“三零”单位创建，按照县委部署安排，制定创建方案，将预青工作、禁毒防艾、扫黑除恶等工作一并纳入开展。预防青少年违法犯罪专项工作，召开专项组会议进行安排部署，社区普法志愿者队伍结合“三零”单位创建开展常态化法治宣传教育。联合彩虹社工，进农村、进社区，开展禁毒防艾宣传。邀请人大代表、政协委员与团干部、青年代表，围绕“青年参与新时代的社会建设”这一主题进行了探讨交流，并积极建言献策。开展爱国卫生运动，开展了“防疫有我，爱卫同行”主题志愿服务活动，在高考志愿服务期间开展爱卫宣传活动。为1名白血病患儿申请大病救助基金帮扶。组织青年志愿者开展“护花行动”主题宣传活动。

【青年志愿】 2020年，山阴县青年志愿者参与社区疫情防控工作。全县共招募329名志愿者，深入疫情防控一线，走上街头，劝导行人少外出、不聚集、戴口罩；走进社区，协助开展防疫宣传、摸排登记、消毒消杀等工作；开展线上心理咨询服务，帮助青少年及市民消除因疫情带来的紧张焦虑情绪；组织开展爱心助考高考志愿服务活动、文明祭扫宣传活动、垃圾分类宣传活动；举行青年志愿者服务队授旗仪式，举办青年志愿者培训交流会，激发志愿者服务热情。

【少先队】 共青团山阴县委贯彻落实习近平总书记对全国少年儿童的寄语精神，全县各级辅导员老师组织少先队员学习寄语精神。开展少先队和中学共青团改革工作，县域中小学成立了以校长为主任的少工委。推荐2名辅导员为山西省少先队工作专家人才库候选人。学校少工委建设和学校少先队阵地建设，“六一”之际，各学校开展庆“六一”和少先队入队仪式；组织全县小学生参加省少工委举办的家乡的巨变画作比赛，选出20幅优秀作品参与评选；为喜迎第八次全国少代会，组织小学录制寄语视频。举办“中华魂”演讲比赛，开展爱党爱国教育。在10月13日少先队建队日，各学校认真筹备，精心策划，开展了新队员入队活动，争做新时代好少年。开展防艾知识宣传，举行以“共担防艾责任，共享健康权利，共建健康中国”为主题的主题班队会，各班利用班队会学习艾滋病防治知识。

【基层组织建设】 2020年，共青团山阴县委不断加强基层组织建设，做好2020年“智慧团建”系统毕业学生团员团组织转接、新发展团员录入、团支部对标定级工作。强化“全团抓学校”的意识，聚焦规范组织生活、提高发展团员质量，增强团组织的吸引力、凝聚力。新建“青年之家”6家，围绕思想引领、文化学习、公益志愿、社团建设、读书交友、青年交流等服务项目开展活动。积极拓展“两新”组织团组织覆盖面，新建团组织15家。开展“青春兴朔”大学生暑期社会实践，录取6名大学生参加岗位见习，熟悉机关日常工作内容。

妇 联

【概况】 2020年，山阴县妇联以习近平新时代中国特色社会主义思想为指导，深入学习贯彻习近平总书记关于妇女和妇女工作的重要论述，以及习近平总书记视察山西重要讲话精神，以增强政治性、先进性、群众性为根本要求，立足引领、服务、联系职能，倾情“巾帼心向党、巾帼建新功、巾帼暖人心”三大行动，大力深化妇联改革，2020年6月获2019年目标责任考核优秀单位。县妇联主席赵晓君在2019年目标责任考核中被评为优秀等次。

【疫情防控】 2020年，为打赢疫情防控阻击战，按照县委县政府统一部署，县妇联立即行动、主动作为，带领全县广大妇女投身疫情防控工作，充分发挥引领、联系、服务作用，以巾帼不让须眉的精神，协助打赢山阴县疫情防控攻坚战。疫情防控期间，县妇联第一时间发出《在战“疫”防控一线贡献巾帼力量》的倡议书，号召和带领全县广大妇女和家庭投身战“疫”，齐心协力当好疫情防控的“宣传员”，科学防疫。县妇联创新疫情防控工作方法，充分发挥村级妇联横向到边、纵向到底的组织优势，发动妇联干部加入村社防控一线，积极参与网格服务。建立疫情防控微信宣传群。充分发掘、宣传援鄂医疗服务队成员和各级妇联干部、巾帼志愿者的典型先进事迹，分别在《山西妇女报》和《朔州日报》刊登《抗击疫情，她力量顶起半边天》与《尽显巾帼本色》《以身为盾践初心》等宣传稿件。妇联机关干部融入基层一线防疫主战场，按照县委安排深入各个社区，对疫情防控工作开展督导，及时发现防控工作薄弱环节，切实将漏洞消除在萌芽阶段。为支援武汉医疗队护士家属送蔬菜水果和生活必需品，直到她们平安归来，每周一次，从未间断。为古城、东城管委会等8个地方送去牛奶、方便面等慰问品。

【巾帼建新功】 2020年3月底开展了“巾帼助力复工复产”活动，积极推进巾帼创业基地复工复产，多次送去口罩、消毒液，在玉马小区妇女之家进行苦豆豆香包制作手工送技上门等技术培训，为贫困妇女和残疾妇女开辟创业就业的路子，增加她们的收入，增强她们面对困境的勇气和信心。在高三开学之际，开展“巾帼助力复学”活动，县、乡、村三级联动，为贫困中的高三学子送去《致高三学生的一封信》，从精神上安慰和鼓励他们在疫情防控期间调整好心态，并为他们送去水果等慰问品，给学子鼓劲加油。

【巾帼脱贫】 2020年，县妇联组织直播带货助力脱贫攻坚。6月24日晚，县妇联主席赵晓君在山阴县鑫霏农业有限公司直播间化身主播亲自带货销售本县特色小杂粮，不足两小时下单量突破1000单。此次直播带货充分发挥了基层妇联与巾帼扶贫工作的有机结合，极大地提升了山阴农产品的品牌影响力和市场知名度，为巾帼脱贫起到了积极的推动作用。

【妇联宣传】 2020年，县妇联积极开展普法维权宣传活动。2020年，依托“三八”国际妇女节、国家安全教育日等节点集中开展主题宣传，共计发放宣传资料3000余份，参与群众300余名。依托妇女之家等阵地，宣传妇女权益保障法、反家庭暴力法等涉及妇女儿童权益保障的法律法规和政策。利用微信、公众号等新媒体平台，推送普法内容。10月15日，县妇联在县二中和光明社区开展了以“妇女儿童毒品预防教育关爱行动”为主题的全民禁毒宣传活动，教育引导广大群众遵纪守法，不染毒品，为创建“平安山阴”做贡献。10月28日，县妇联积极倡导科学婚检，在县政务便民服务中心开展了婚检基本常识宣传活动，并为登记新人现场发放了婚检倡议书。

【服务妇女儿童】 2020年山阴县妇联开展“巾帼暖人心”系列行动，不断增强妇女儿童获得感、幸福感。依托各种节日送去温暖关爱。4月23日世界读书日，陪同市妇联刘虹主席一行赴薛圐圙乡白坊村儿童书屋参加捐书活动，同日又在县老干局亲子阅读基地开展了“看见幸福、阅出梦想”捐书亲子阅读活动。5月20日，陪同市妇联领导深入开展“纾困解难助力脱贫”活动，为建档立卡贫困户送去慰问金。“六一”儿童节期间，为马营、玉井两个贫困乡镇的幼儿园和小学送去书籍和文具。

持续开展农村妇女“两癌”免费检查和治疗救助工作。与县卫健体局、县医疗集团人民医院等部门密切配合，合力推进“两癌”免费检查项目的顺利实施。

开展寻找“最美家庭”系列活动。选树优秀家庭典型，进一步激发广大妇女和家庭弘扬中华传统美德，树立良好家风的内在自觉。在“母亲节”“国际家庭日”之际，开展“最美家庭”评选活动，评出11个最美家庭。4月读书月，开展了“最美书香家庭”评选活动，评出两个最美书香家庭。6月评选出6个绿色家庭，以好家庭培树传统美德。为了弘扬中华优秀传统文化，6月6日，县妇联还举办了“墨香伴我成长”评选总结暨传统文化进校园活动，极大地丰富了全县广大妇女儿童的精神文化生活，为打造文化大县贡献巾帼力量。

2020年，山阴县妇联引领妇女为生态文明建设建新功。以爱国卫生月为契机，评选出美家美户3户，为全县各乡镇社区妇联送去洗衣液，引导广大妇女积极投身生态文明建设，助力农村环境综合整治，从家庭做起、从点滴做起，让农村妇女的生活更加幸福美好。

【妇联改革】 2020年，山阴县深化妇联改革新路径，将妇联组织改革进行到底。通过大培训、大学习提升妇联干部素质。8月17—22日，对县、乡、村三级妇联的主席、副主席、执委进行培训，确保年内三级妇联干部培训全覆盖，提升引领联系服务的能力水平。

进一步深化基层妇联改革。为进一步适应妇女群众的新需求、新变化，创新妇联组织设置、扩大妇联组织覆盖，切实打通妇联组织服务妇女群众"最后一千米"，全县各乡镇、各村全部建立妇女微家，并且把微家延伸到"四新"领域，共建立妇女之家249个、妇女微家9个，真正实现联系妇女"零距离"、服务妇女"精准实"、关爱妇女"无缝隙"，让妇女群众随处都能找到妇联组织。

【妇联建设】 2020年，山阴县妇联开展"巾帼心向党"行动，筑牢广大妇女听党话、跟党走的思想根基。强化妇女思想政治引领，坚持把学习贯彻习近平新时代中国特色社会主义思想和党的十九届五中全会精神作为首要任务，着眼新时代妇女群众思想特点，引领广大妇女不断增强"四个意识"，坚定"四个自信"，做到"两个维护"，切实从思想深处增强听党话、感党恩、跟党走的行动自觉。坚持把培树宣传先进典型作为引领和激励妇女的重要内容，选树基层一线、平凡岗位、群众认可的典型，用强大正能量凝聚妇女群众，带动女性成长。"三八"期间通过"战疫情、我在岗"活动，评选出抗疫先进女性26名，均被市妇联表彰并颁发荣誉证书。

科　协

【概况】 2020年山阴县科协坚持以习近平新时代中国特色社会主义思想为指导，全面贯彻党的十九大和十九届二中、三中、四中、五中全会精神，深入贯彻习近平总书记"三篇光辉文献"精神和对"右玉精神"的重要指示精神，认真学习贯彻省、市科技工作会议精神，紧扣全面建成小康社会目标任务，按照县委打造"灵秀古城"、建设"新韵山阴"工作思路，团结和带领全县科技工作者凝聚共识、汇聚力量、建言献策，为加快推进山阴县各项事业建设和决胜全面建成小康社会做出了新贡献。

【"科普+防控"】 新冠肺炎疫情发生以来，在县委和县政府的正确领导和省市科协的正确指导下，山阴县科协提高政治站位，提早行动，充分发挥自身优势，多措并举、群策群力，线下线上协同"抗疫"，"科普+防控"全力筑牢疫情阻击战科学阵地。

线上科普，构筑科学防控宣传阵地。充分利用网络传播优势，调动20多个大型官方微信公众号平台的科普资源，大力推送疫情应急权威科普知识。2020年1月9日率先在线上进行了疫情科普宣传，特别是1月21日以来更是大规模、密集性地进行了疫情防控科普宣传。截至2月10日，山阴科协利用微信公众号发表疫情科普宣传文章20篇，利用微信平台在3000多人的朋友圈和30多个微信群（6000多人）推送疫情防控应急科普文章300余篇。利用"科普山阴"美篇平台发表疫情科普文章17篇，利用"科普山阴"抖音平台发表疫情防控科普视频20多个。利用易企秀创作疫情防控科普作品2个。

线下联防联控，众志成城筑起抗疫长城。春节假期期间，县科协就向全县科技工作者发出了众志成城坚决打赢疫情防控阻击战的倡议书；同时，科协干部职工加班加点印制疫情防控宣传手册500余册。疫情就是命令、防控就是责任，2月3—8日，山阴科协党员干部积极响应县委组织部的号召，党员干部高举党旗，走上街头，一方面劝诫街上群众返家，另一方面散发疫情防控科普宣传手册，利用高音喇叭进行疫情防控科普宣传，并在第一时间上街广播宣传《朔州市政府疫情防控八项措施的通告》。2月10日，县科协在山阴县政府大楼后一楼大厅举办了为期半年的新冠疫情公众防护科普宣传展览。一共24块展板，聚焦个人与家庭防护、居家医学观察、理性就医、心理疏导等防治细节，通过问答形式解读新冠肺炎有关问题，引导大家正确认识疫情，积极做到防治结合、科学防护、消除恐慌、理性应对。与此同时，组织编印了《新型冠状病毒感染防护手册》5000册，第一时间配发到全县13个乡镇和东西城管委会，为乡镇防控工作提供了强有力的专业科普信息支持。2月18日开始，山阴县科协联合县电视台、林业局、东城管委会党员干部开展疫情防控工作和科普宣传活动，深入南街社区、铁路小区张贴疫情防控科普挂图，与志愿者一道对小区进出车辆和人员进行管控，并为小区居民发放新冠肺炎防控科普手册等。县科协驻旧广武村第一书记郑夏生（科协副主席）和扶贫工作队宋清梅（队长）、魏玉斌、王东生在疫情防控期间坚持驻村帮扶，积极开展疫情防控科普宣传，张贴疫情防控科普挂图，发放疫情防控科普手册，受到了广大群众的好评。4月2日，县科协党组书记丰建国带领干部职工深入张家庄乡旧广武村和油坊村入户开展疫情防控科普宣传，给老百姓发放疫情防控科普书籍和挂图，同时，积极为他们提供优良籽种和相关技术信息、务工、就业招聘信息等，鼓励他们有序复工复产，受到了老百姓的欢迎。

【实施“3+1”】 2020年，县科协以《中国科学技术协会章程》和中国省、市科协《关于开展“3+1”建设提升基层科协组织力的通知》精神，全力推进乡镇科协“3+1”组织建设工作。成立领导机构，理顺工作机制。在市科协的指导下，成立以县委副书记为组长的县“3+1”基层科协组织，成立领导小组，领导小组下设办公室（县科协主席兼任办公室主任），负责指导全县各乡镇落实推动基层科协“3+1”建设具体业务工作。加强请示汇报，确保目标实现。县科协积极向县委汇报，争取让县委组织部、各乡镇党委重视乡镇科协“3+1”建设，着重吸纳“三长”进入乡镇科协班子。县科协积极向县委、县政府分管领导汇报乡镇科协“3+1”筹备工作，得到了县委、县政府分管领导重视，《山阴县关于开展提升基层科协组织力“3+1”建设实施方案》的通知（2020年11月4日山办字〔2020〕41号）已由县委办印发。市科协领导多次深入山阴县及有关乡镇进行“3+1”工作指导，确保“三长”能顺利进入乡镇科协组织，达到预期效果和目的。制定工作方案，推进试点先行。为扎实推进乡镇“3+1”建设，夯实基层科协组织力，县科协本着“重点培育、示范引领、创新推动、整体提升”的工作原则，率先在条件成熟的乡镇开展“3+1”试点建设。由于得到了县乡党委、政府的高度重视和支持，北周庄、马营庄、古城三个试点乡镇的科协换届选举工作率先于10月上旬圆满完成。其他乡镇也于2020年底前全部完成科协换届选举工作。

【扶贫工程】 2020年，县科协立足自身实际，充分发挥科协队伍人才荟萃优势，以科普惠民、科技扶贫、科普惠农等形式，提升农村卫生防疫、文化、科技应用水平，丰富农民精神文化生活，增强科学防控新冠疫情、有序复工复产的信心和决心。扶贫工作接地气，驻村帮扶显成效。县科协驻旧广武村和油坊村，驻村工作队员克服困难，每月驻村时间不少于21个工作日，吃住在村，其间，入户调查，与村民做到心灵相通，真正做到事事服务村民所需、所想、所急，春季为村民联系优质籽种化肥农药，帮助村民做好春耕备耕工作，秋冬季节积极为村民推销农产品，共为老百姓推销农产品5000公斤。旧广武村建档立卡贫困户125户，油坊村建档立卡贫困户20户。2020年是脱贫攻坚全面实现小康的收官之年，是全面建成小康社会目标实现之年，是全面打赢脱贫攻坚收官之年，工作队克服时间紧、任务重等重重困难，科协全单位干部职工积极配合，圆满完成了各项扶贫任务。11月2日省明察暗访组到旧广武村检查扶贫工作，对县科协驻村工作队的辛勤付出大为赞赏。在工作队的帮扶下，村“两委”班子整体素质极大提高，形成了一个有号召力、有凝聚力、有战斗力的整体。密切了党群关系，通过帮助群众办几件看得见、摸得着的实事，送去党的温暖，密切了干群联系，减少了工作阻力。

【科普惠农】 2020年，县科协采用多种网络平台推送与现场活动相结合的形式，贴近基层群众新需求、新期待开展形式多样、包罗万象的网络科普活动，惠及城乡人民群众；线下筹集医卫（包括新冠疫情防护）、文化、种植、养殖、农机、垃圾分类、养生保健等科普书籍、挂图等，通过乡镇、单位代发和全国科技工作者日期间现场发放相结合的形式，为农村群众送去实用、有用的科普精神食粮。科普帮扶措施的多样化、内容的精准化，让广大农民在决战决胜全面建成小康社会进程中，拥有了更多的获得感和幸福感。

县科协将所包的旧广武、油坊两村作为普及科学知识、激发创新思想、传播科学方法、弘扬科学精神、提高公民科学素质的重要阵地，自疫情得到控制以来，开展科普“常下乡”，形成每季集体走访贫困村、每月个别走访贫困户、随时电话关注贫困户的工作模式，把对口、实用的科技知识及时送到群众家门口，充实到“科普书屋”中，为提高农民科技应用水平、促进农村产业发展、农民增收和美丽乡村建设做出积极贡献。

7月29日，县科协与县工信局、农技中心、移动、电信等部门一起深入马营庄乡共同开展了科技信息扶贫咨询活动，就疫情防控、病虫害识别、农业机械化、科学种植、养殖等方面进行了广泛深入的科普宣传。

9月24日，山阴科协邀请山西农业大学高粱研究所所长邵林生教授到山阴县北周庄镇举办了“农业生产托管科普大讲堂”。北周庄镇镇村两级干部和种粮大户200余人聆听了讲座。

【视力科普】 在全国“爱眼日”前后，山阴县科协组织山阴县青少年视力保护协会有关专家，先后赴县城一小、五小、二小、七小、新洋等十余所学校，开展“保护视力、预防近视”公益性专题巡回科普讲座。讲座从眼球物理结构、视光学基本理论、常见视力障碍病理分析以及预防、保健等角度，深入浅出、通俗易懂地将青少年视力保健知识呈现给参加讲座的师生。活动中，面向在校教师，专门组建了“青少年视力保健微信群”，不定时推送有关弱视、远近视预防，科学膳食、作息，以及阅读习惯培养和视力矫正等科普知识。同时，县科协编印《科学保护视力》挂图2400幅发放到全县所有中小学校，协调县青少年视力保护协会成员单位，为全县中小学教师和学生提供免费视力检测服务。活动为山阴县青少年视力保护做出有益的探索和积极的贡献，深受广大教师、家长和学生的欢迎。

【“科技工作者日”活动】 2020年，县科协以“科技为民、奋斗有我”为主题，召开了山阴县科技工作者日座谈会。来自山阴县各领域的一线科技工作者代表30余人参加座谈，县委副书记王国文出席并讲话。

座谈会上，王国文代表县委、县政府，向孙清芳、刘慧、张振国3位参加援鄂抗疫医务工作者颁发了“最美科技工作者”荣誉证书，充分肯定科技支撑疫情防控的成绩，盛赞科技工作者矢志报国的情怀。在团结和谐的氛围中，参加座谈的科技工作者代表，围绕科技创新、工农业科技应用推广、科技人才培养、科普工作开展等方面，一一作交流发言，会场不时响起热烈的掌声。王国文代表县委对科技工作者立足本职岗位、致力科技事业做出的贡献给予充分的肯定，希望广大科技工作者深入学习贯彻习近平新时代中国特色社会主义思想，坚定理想信念，弘扬爱国为民情怀，切实增强历史使命感和社会责任感，自觉把实现个人抱负与国家前途命运结合起来，把从事科学技术活动与推动经济社会发展结合起来，在创造一流的科技业绩中书写人生辉煌。座谈会为畅通科技工作者诉求渠道、增进科技交流、服务党政科学决策发挥了桥梁纽带作用；为县委、县政府团结带领广大科技工作者，决胜全面建成小康社会、决战脱贫攻坚凝聚了智慧和力量。

【专家授课】 为落实省市县脱贫攻坚工作整体部署，巩固提升脱贫工作成果，全面完成脱贫攻坚工作任务，县科协充分利用扶贫点优势，创新工作方式，组织了“杏树种植与管理科普大讲堂”。

县科协专门邀请山西省农科院果树研究所杨复康教授，为张家庄乡的广大农民群众讲授杏树科学栽培技术，就杏树栽培种植常见和疑难问题与果农互动交流，并到旧广武村杏园为果农实地指导杏树防冻防虫、修剪增产等实用技能。通过专题科普大讲堂进乡村活动，进一步增强了周边贫困群众的自我造血、科学种植的积极性，为“一村一品”“一户一策”、打通群众增产增收致富奔小康的“最后一千米”发挥了科学引领、技术助力作用。为此，6月14日朔州电视台晚黄金时间新闻联播以“山阴科协将科普大讲堂开进田间地头”专门做了专题报道。

【全国科普日】 2020年全国科普日来临之际，山阴县科学技术协会及早谋划，精心组织，以“决战全面小康、践行科技为民”为主题，联合县文化馆、气象局、水利局、应急局等部门，举行了声势浩大的山阴县2020年全国科普日系列活动。

在县文化广场全国科普日主会场，展出科普展板55个，内容涉及乡村振兴、小康建设、疫情防控、垃圾分类、应急安全、气象、水利等各个方面；活动现场，科技工作者和科普志愿者们为过往群众散发各类科普读物2万余册，挂图3000幅；主会场锣鼓喧天、彩旗飘扬，人潮如海，气氛热烈，由县文化馆组织的20支文艺团体组成的科普文艺宣传队奉献了一台盛大精彩的科普文艺演出。

青少年科普应用分会场，科普点亮创意灵感。由山阴县第六小学承办的全县小学生机器人大赛火热进行，创新科技舞蹈《我是小创客》拉开校园科技节的帷幕，机器人巡线挑战、机器人编程技能、机器人创意等项目的比赛令人目不暇接。

2020年全国科普日期间，山阴科协特邀“中国流动科技馆”山西巡展项目在山阴开馆，受到了全县广大群众的热烈欢迎。“中国流动科技馆”巡展山阴站以“体验科学、放飞梦想”为主题，由中国科协提供的50件科普展品，组成包括声光体验、电磁探秘、运动旋律、数学魅力、健康生活、汽车原理、数字奥秘、科学表演8个展区，为青少年开阔眼界、增长知识，零距离接触科学、体验科技搭建了平台。巡展期间，全县十多所中小学校组织学生实地参观、体验。

【政治建设】 2020年，县科协加强科协政治基础建设，以案促改持续净化政治生态，不断加强思想政治理论的学习。按照县委要求，组织党员干部深入总结、持续巩固第二批“不忘初心、牢记使命”主题教育成果。组织机关党员干部，深入学习《习近平谈治国理政》（第三卷）、党史、新中国史、时事政策、有关文件精神和习近平总书记视察山西重要讲话重要指示精神，党的十九届四中、五中全会精神等理论政策。不断坚定理想信念中，夯实党员干部职工思想政治基础，增强干事创业、担当尽责的使命感、责任感。

深入学习县委十四届十二次全会精神，持续净化政治生态。严格落实中央八项规定，把“以案促改”作为党建和反腐工作载体，结合山阴县持续净化政治生态工作要求，强化对党员干部职工的教育和约束，持之以恒地抓好全面从严治党工作。充分发挥机关党员和科协代表中党员代表的作用，以高度的政治责任感和使命感，营造风清气正的干事创业环境；引导科协代表、广大科技工作者牢固树立“四个意识”，坚定“四个自信”，坚决做到“两个维护”，为打造“灵秀古城”、建设“新韵山阴”做出新贡献。

工商联

【概况】 多年来，山阴县委、县政府坚持把民营经济作为全县经济社会发展的重要力量，毫不动摇地鼓励、支持和引导民营经济健康发展，全县民营经济呈现出蓬勃发展的良好势头。到2020年，全县民营企业4100多户、从业人员5.8万名；民营经济总产值348亿元，利税93亿元，占到全县利税的71.6%。

【疫情防控】 2020年春节，面对突如其来的新冠肺炎疫情，山阴县民企响应中央和县委号召，按下了生产的暂停键并积极参与抗击疫情活动，县工商联对民企防疫工作提出了具体要求和措施，发放防疫宣传1000多份。工商联还倡议民企为抗击疫情积极捐赠，古城乳业为抗击疫情一线人员捐赠510万元乳品，国飞建材为县环卫工人捐赠15万元订制统一制服等等，全县民营企业为抗击疫情捐赠合计550万元，践行了社会责任。工商联干部职工上街劝阻人群聚集，深入居民小区检查外来人员，有效配合了全县的疫情防控工作。工商联主席解洪明、党组书记樊晓雨为东城区防疫各捐献现金1000元。

【党建工作】 2020年，县工商联进一步加强党建工作，工商联党支部认真学习贯彻新颁布的《中国共产党支部工作条例》，健全党支部资料台账和各项规程，坚持“三会一课”制度，及时宣传和贯彻上级党组织的决议，落实支部议事制度，充分尊重党员职工的民主权利，发挥每一名党员的作用，不断改进工作作风、工作方法，更好地为民企服务，结合中央下发的《中国共产党党员权利保障条例》，更好地发挥党员的先锋模范作用。落实组织生活会制度，召开党员民主生活会，开展批评和自我批评，交流思想、相互学习、相互提高。抓好党风廉政建设，完善廉政建设制度，严格要求从自身做起，并教育引导党员加强自律，树立党组织良好的形象，使支部自身建设得到加强，执行力进一步提高。

工商联党支部在2020年底有6名党员，党组书记兼任统战部副部长，其中一名党员闫祖升是民营企业家，曾获得“三晋英才”称号，一名党员到农村驻村做扶贫工作，还有2名退休党员干部。在每周的集体组织学习中都做到了时间、内容、辅导人员三到位，坚持每周三学习制度，为已退休党员送学习资料到家到手，创新学习形式，建立长效机制，完善了学习制度。

【净化政治生态】 2020年，县工商联按照县委《贯彻落实市委关于在山阴县开展持续净化政治生态的工作方案的工作措施》要求，深入开展以案促教、以案促改、以案促建，达到以案促净的效果。结合县委巡察组对工商联为期三个月的巡察，广泛开展党风党纪教育，进一步筑牢党员干部思想防线，坚持以案为鉴，举一反三，查找不足，在巡察组指出8个问题的具体表现上一一制定了整改措施。既解决存在问题又加强制度建设，把从严治党落到实处，巩固深化“不忘初心、牢记使命”主题教育成果，为推动山阴县民营企业率先蹚新路，为打造“灵秀古城”、建设“新韵山阴”提供纪律保障和良好的政治生态。

【护航民企发展】 县工商联认真落实最高人民检察院、中华全国工商业联合会关于“服务六稳六保，护航民企发展”的精神，县工商联与县人民检察院共同举行检察开放日活动。2020年9月21日，县工商联邀请了15位民营企业家走进检察机关参加座谈会议，民营企业家在座谈会上谈了民营企业发展历程和酸甜苦辣。这次会议为倾听民企呼声，增进司法认同，凝聚各方力量，齐心协力护航民营经济健康发展，让社会公众更多关注服务保障民企工作。县工商联从非公有制经济人士能力提升、政企对接、涉企法律服务等方面入手，帮助民营企业解决新形势下面临的新问题，提高综合竞争力。

【调查研究】 2020年，县工商联以调查研究为抓手，开展入企帮扶，积极建言献策，发挥参政议政职能。对县委、县政府的中心工作，工商联围绕民企转型创新高质量发展，深入山阴县具有代表性的企业开展调研和入企帮扶工作，2020年4月底疫情结束后，工商联及时为企业复工复产提建议、想办法，共深入企业21家，调查企业存在的问题，研究开工方案，制定下一步防疫措施。在5月底，山阴县民企全部复工，实现正常生产。根据调查情况撰写了山阴县民营企业“十三五”总结和“十四五”工作规划纲要。规划提出，为民企对冲新冠肺炎影响，延长执行纾困惠企系列政策，安全生产，引导企业家回乡创业回报桑梓；推进民企助力乡村振兴、构建亲清政商关系、提高城乡资源要素配置效率；在突出提升金融服务、打造公平竞争市场环境、健全平等保护民营经济发展的法治环境等方面更加重视民营经济发展，并把规划上报县有关部门，为山阴县编制“十四五”规划提供参考。

【招商引资】 2020年，县工商联进一步创新招商引资模式，山阴县先后开展“本土企业家投资在本土”活动，引深“民企入晋”“朔商朔才回乡创业创新”活动，县工商联积极宣传县委、县政府出台的《关于进一步加强招商引资推进项目落地的实施意见》，大力开展产业链招商、集群式招商、精准化招商，鼓励本土企业家、战略投资者、技术和管理人才到山阴投资兴业。2020年，全县已制定了25条招商引资优惠政策，初步拟定了30个招商项目，与“双胞胎”集团等11家企业达成了投资意向。7月底，已完成签约8个，总投资49.2亿元，开工率75%，排名全市第一。

【金融支持】 县工商联进一步加大财政专项资金对民营企业创业基地、技术创新、产业集群、品牌建设等支持力度，创新扶持方式，拓宽融资渠道，有效促进民营企业成长为合格的市场主体。积极推进“政银企”对接。在制定14项减税、降本、融资措施的基础上，按照“形式多样，分层推进，精准对接”的原则，建立融资协调制度，进一步推动银企对接的精准化、常态化、专业化和实效化。1—4月，全县12家银行业金融机构累计为124家企业发放贷款22.62亿元；已累计为8家中小微企业办理“助保贷”业务贷款1771万元。建立中小微企业贷款风险补偿机制。设立中小微企业贷款风险补偿基金，对符合一定条件的不良贷款，按比例进行补偿，让银行、担保等机构放开胆子，为中小微企业进行贷款或担保，解除了民营经济发展的后顾之忧。鼓励民营担保机构增资扩股。鼓励个体工商户、中小企业、民营企业建立互助担保基金；鼓励融资担保机构与银行业合作，鼓励担保机构通过联保、再担保等方式，满足不同规模企业的担保需求；完善融资性担保机构扶持政策，提升担保服务能力。

国防　武装

【概况】 2020年，山阴县人民武装部（以下简称人武部）学习领会中央军委主席习近平关于备战打仗重要论述，聚焦练兵备战，提高打赢能力，履行新时代军队使命任务。面对突发新冠疫情和繁重练兵备战任务，人武部党委坚持因疫情而变、因备战而动，因强基而建。牢固树立习近平强军思想指导地位，着眼新时代职能使命，以“听从党的指挥、践行职责使命、抓好主责主业、保持安全稳定”为目标，坚持科学统筹、合理分工，抬升起点、扭住重点、打造亮点，年度工作任务完成圆满，全面建设呈现向上向好的发展态势。县乡两级党委以及机关各局办对武装工作非常重视，列入财政预算的工作经费逐年增加，2020年安置退役士官、推进多名随军家属随调工作。

【国防教育】 山阴县人武部积极参与全民国家安全教育日宣传活动，发放宣传书籍及资料500多份。在全县交通干线和公共场所设置宣传标语、打造国防教育宣传广场和双拥宣传一条街，将国防教育列入党校干部培训，在山阴县第六小学组织国防教育示范学校授牌仪式，组织所有中学新生开展军训。组织各学校利用手工报、小广播等形式开展国防教育，营造了浓厚的爱国拥军氛围。持续推动红涛山革命遗址挖掘，协助开展358旅旧址修复，组织战斗遗址标志碑揭碑仪式，发动党员干部和广大学生深入战斗遗址过组织生活，打造国防教育新阵地，军地各级邀请新闻媒体宣扬报道此次活动，先后被《新闻联播》《新闻直播间》《中国新闻》栏目以及中国新闻网、新浪网等126家媒体刊登报道。截至9月底，县直机关党组织结合“不忘初心、牢记使命”主题教育，先后有20多批次近千名党员干部深入战斗遗址祭奠革命先烈，接受红色教育。

6月5日，人武部在山阴县第六小学被授予“山西省国防教育示范学校”之际，联合军地相关单位在山阴县第六小学隆重举行“国防奖牌送进校园，培育少年爱国情怀”活动。人武部组织干部职工向全校师生展示了单个军人队列，介绍了轻武器知识，给师生上了一堂生动的国防知识课；组织与会领导参观了学校文长廊、国防教育室、创客中心以及学生创意作品等。

【国防动员潜力调查】 2—5月，根据民兵调整改革需要，为适应经济社会发展，准确全面地掌握辖区国防动员潜力，山阴县国防动员委员会全面、扎实细致地开展了一次辖区国防潜力数据调查。山阴县人武部军事科（国防动员综合办公室）积极协调各办公室、各乡（镇、管委会）组织召开潜力调查任务部署会，成立领导小组，对潜力调查任务进行组织筹划，制定下发了《组织整顿潜力调查实施方案》，将需调查的潜力任务逐个分解到各办公室，并明确工作准备、完成时限等内容。潜力调查期间，人武部主官协调县主管武装工作的副县长2次深入各办公室调研工作、了解情况、解决实际困难，有力地促进了潜力调查工作落实。

【针对性训练】 立足国防动员系统新的职能使命对全体人员能力素质提出的新要求，牢固确定备战打仗标准意识，扎实落实《国防动员系统军事训练大纲》，军分区区分参谋人员、专武干部、库工、无人机操作手和运输车驾驶员5类大抓岗位练兵活动，人武部结合实际和各类人员岗位特点，有针对性地开展岗位训练。现役人员突出提升国防动员能力，加大了参谋业务、动员业务和基本技能学习训练。专武干部突出组织指挥能力，在参加军分区集训的基础上，每周利用一天集中组织学习训练，重点轮流值班、轮流组训、轮流指挥。操作手突出岗位特点要求，认真组织岗位自训、业务学习和体能训练，积极适应岗位需求。通过前期训练，各类人员军事素质和业务技能均有明显提高。

【民兵整组】 2020年，人武部着眼优化布局结构、调整编组方法、贯彻党管武装制度和转变职能定位要求，加大民兵队伍整组力度。深入全县机关局办、企事业单位、行业系统等走访调研。结合辖区交通要道、能源要地实际，形成贯穿交通沿线、突出“两域”、遍布“三级”民兵编组新格局，完成基干民兵编组任务。

【党管武装】 2020年，人武部在抓民兵工作中，突出党组织领导作用，联合县委组织部印发《基干民兵分队党组织预建实施办法（试行）》，规范基干民兵分队党组织建设、运行和职责，做法被全市转发。将党管武装纳入各级各部门年度考核指标，实行一票否决，有力提高基层工作积极性；规范基层配套建设，协调县委、县政府落实乡镇武装工作专项经费，有力促进基层阵地全覆盖、乡镇应急器材库全达标，进一步提升基层营连“双应”能力，达到人装结合要求。

【练兵比武】 2020年，人武部紧跟疫情防控形势，在首长机关开展“三学三练”活动，率先组织全县专武干部进行业务集训，拉开了练兵比武序幕。积极组织群众性练兵活动，区分干部、职工、民兵等6个层次组训施教，全体人员按岗参训练技，军事训练得到全面落实。在军分区组织的比武竞赛中，取得了3项第一名、2项第二名的好成绩。有力推动了全县各级各类比武训练落地落实。采取分散与集中相结合的方式，组织120名森林防火专业民兵开展基地化训练，完成21个必训科目，同时积极组织演讲比赛、宣誓仪式、祭奠烈士等配套活动，有力促进了民兵参训积极性。狠抓应急备战准备，全面修订战备方案内容体系，积极发挥民兵应急攻坚作用。扎实开展机械化信息化建设，完成人武部指挥、生活、保障方舱建设，推进了指挥信息系统升级改造，进一步提升了人武部组织指挥能力。

【森林防火演练】 2020年，人武部针对辖区冬季以来降水较少，近年来森林火灾频发、民兵参与火灾扑救任务繁重的实际，为防止春节期间群众野外用火较多、火灾隐患增多等问题，于1月25日组织4个森林防火任务重的乡镇应急排160多名民兵应急分队，开展森林灭火行动演练。此次演练人武部重新修订森林灭火预案和4个配套保障方案；建立4个微信联络群，解决人员难通联问题；明确人员收拢方案、车辆保障方案，并利用3G可视指挥、集群对讲、无线对讲、卫星电话建立综合通信保障方案，在演练中，全程组织通联测试，确保演练联通顺畅、行动全程掌握。通过演练，指挥员全面掌握了组织指挥流程，民兵骨干清楚了森林防火任务分工、组织程序，每名参训人员明白各自职责、需要携带的物资、防火器材操作方法，为抓好森林火灾抢救工作打下了坚实基础。6月5日，出动民兵参与了朔城区大莲花村森林灭火处置，全体人员连续作战，第一时间到达火场，参与灭火行动，表现了较好的战备素养。

【征兵工作】 2020年，人武部认真落实省征兵办“五个规范”文件，紧扣征兵“五率”指标，突出征集大学生优质兵员，从严抓紧征兵各个关口，严肃廉洁征兵纪律，圆满完成新兵征集任务，大学生参军比例较高。在征兵工作中创新宣传方式，投入大量人力物力，采取发布公告、悬挂条幅、张贴标语、散发传单等形式，大力营造兵役登记氛围；统筹开展疫情防控和征兵宣传，在大学生“返乡”期间，动员所有专武干部、民兵干部开展“一对一”防疫工作，“零距离”宣讲征兵政策，引导青年算清政治账、经济账和社会账，充分调动他们参军报国热情。6—9月，人武部以“征集优质兵员、营造浓厚氛围”为目标，全力抓好年度兵员征集工作。利用征兵宣传车深入全县200多个村镇进行针对性宣传，利用电视台、广播、电子屏循环播放征兵广告。上半年，为适应“一年两征”新变化，人武部在县域主要道路、火车站、汽车站安排宣传版面10个、在国防教育广场设置专题宣传栏12个，制作、悬挂征兵宣传标识200多条，印发大学生宣传手册500套、宣传公告1000份，设立征兵咨询站8个，营造浓厚的征兵宣传氛围。对全县大学生开展定点电话宣传，“一对一”讲解征兵政策，答疑解惑，吸引大学生参军入伍。为实现廉洁征兵目标，人武部及时公布了县征兵领导组人员名单以及省市县三级廉洁征兵监督电话，严格廉洁征兵监督，从监督员选拔聘用、教育管理、工作流程、监督形式和监督内容及相关保障等方面严加规范，全程监督检查征兵工作，2次对未定兵员、体检不合格和参军人员进行电话回访，2次开展不计名问卷调查，有效杜绝违规违纪问题发生，实现了零上访、零举报的目标。通过各级各部门共同努力，实现了“一增一减两无”（大学生兵员征集率增加、低学历兵员征集率减少，无违规违纪问题、无退兵问题）的年度征兵目标。

【双拥共建】 2020年，人武部联合退役军人事务局继续借鉴以往好传统、好做法，在春节、“八一”前后广泛开展“情系军人军属”走访慰问活动，先后组织对全县现役军人军属和烈属进行慰问，协调县领导上门走访慰问立功军人家庭和维和军人军属，发放荣誉金并悬挂光荣“功臣之家”牌匾，产生较好的社会效应。同时，组织官兵和民兵预备役人员踊跃参与定点帮扶，持续巩固脱贫成效，为全县打赢脱贫攻坚战做出贡献。按照脱贫摘帽不摘责任、不摘政策、不摘帮扶、不摘监管的要求，对冻牛坡村继续搞好后续帮扶。协调农业部门，积极引进优质土豆、谷子等新品种子，开展种植技术培训，提高农业产量。年内购置“民兵送水车”，捐献给贫困村，解决老弱扶贫户用水和担水困难的问题，受到广大贫困户好评。2020年春节来临之际，为表达对山阴籍军人军属爱国奉献精神的褒奖，发挥山阴县拥军优良传统，激发全社会爱国拥军热情，人武部协调县退役军人事务管理局以及各乡（镇、管委会）党委政府，大力开展走访慰问现役军人军属和优抚对象活动。春节前，人武部协调县乡两级积极组织“五个一”慰问活动，向所有军属发放一张军属年历画、一套祝福春联、一封感谢慰问信、一床暖心慰问毯，在全县营造出军属光荣的良好氛围，进一步提升军人军属的荣誉感和自豪感。

培训 保障

【军事训练】 2020年，人武部在军分区组织完成现役干部年度军事训练考核的基础上，利用

2天时间组织完成3类人员年度军事训练考核。军事训练考核结合每类人员业务特点，专武干部突出业务能力、军事技能和组织指挥能力，职工突出日常业务和队列素养，非现役警卫人员突出警卫执勤规范等，全体人员以3类人员体能标准，进行了全面检验考核。通过考评，向全体人员明确传递参加军事训练的重要性。

认真贯彻国防动员部有关加强专武干部队伍建设文件精神，落实朔州市委、市政府、军分区《关于加强新时代专职人民武装干部队伍建设的实施办法》，围绕全面提高专武干部能力素质，人武部按照朔州军分区统一计划，周密组织专武干部参加资格认证，重点围绕“德、能、勤、绩、体、廉”六个方面，采取个人述职、民主测评、个别谈话、业务知识测试、军事素质考核、工作实绩分析、综合素质评定等方式，全面了解专武干部政治表现、思想道德、能力素质、履行职责、完成任务、遵守纪律以及身体、心理等情况，通过考评，有力促进专武干部队伍建设质量。

【专武干部集训】 2020年，人武部按照军分区军事训练指示和人武部年度工作安排，结合疫情防控变化和年度战备训练、民兵整组和征兵工作需要，组织专武干部进行为期3天的集中训练，按照“强化职责定位、提升能力素质、推进工作落实”的思路，通过学理论、抓管理、强素质、练体能的方法，突出解决基层专武干部“号令意识不强、业务素质不精、工作标准不高”等问题。针对前期人武部遴选参加省军区专武干部比武中暴露出职责定位不准、能力素质不高、号令意识不强等问题，集训中通过学制度明确职责定位、练业务提升能力素质、抓管理强化号令意识，使专武干部进一步认识到了基层武装部工作的重要性，强化了号令意识。集训采取集中授课与体会交流、课堂辅导与考核评比相结合的方法，将理论授课与业务训练交叉进行，集中安排了《山阴县基干民兵分队党组织预建实施办法》《民兵营连部阵地建设标准》《民兵军事训练大纲》等法规学习。聘请民兵骨干教练员组织队列训练教学法、识图用图、森林火灾扑救等科目训练，科学合理，确保了训练质量和标准，为人武部领导机关、专武干部和民兵分队训练落实打下坚实基础，为完成国防动员工作和遂行应急应战任务提供有力支撑。

【思想建设】 2020年，人武部坚持用习近平新时代中国特色社会主义思想和强军思想统领和引领发展。坚持理论学习制度，建立“四个第一”制度，重点学习习近平主席最新讲话精神，把《军委主席负责制》、《习近平谈治国理政》（第三卷）和《习近平论强军兴军（二）》列入理论学习计划，每月安排不少于2天的党委中心组理论学习、不少于1次的集中讨论交流。十九届五中全会召开后，采取“个人自学、书记领学、宣讲导学、氛围促学”相结合的办法深入学习领会全会精神，进一步明确发展方向。人武部始终高度重视举旗铸魂工作，扎实开展两项重大教育，严密进行主题教育宣讲和民兵政治教育，认真组织传承红色基因活动。从严制订“两项重大教育”实施计划，及时组织再动员、再部署，进一步统一官兵思想，坚持领导带头、干部分工、党员包片，区分不同层次，分类组织开展理论宣讲和教育辅导，完成主题教育16个课时。坚持用典型事迹引领基层建设，组织全体民兵骨干参加朔州市基层建设先进典型报告会暨“不忘初心、牢记使命”主题教育宣讲活动，激发基层骨干动力，带动基层建设标准质量提升；7月，组织全体官兵、专武干部参加军分区开展的“寻访红色足迹、夯固红色阵地、传承红色基因”主题党日活动，促进了学习教育向基层延伸拓展，实现了宣传活动覆盖全体人员，广大官兵牢记使命、投身强军目标的思想基础更加牢固。积极协调推进358旅旧址抢救性挖掘保护，高标准组织王老沟、水头村两场战斗遗址标志碑揭碑仪式，先后被

《新闻联播》《新闻直播间》《中国新闻》栏目以及中国新闻网、新浪网等126家媒体刊登报道。统筹安排基础性教育内容，认真抓好理想信念、职能使命、党史军史、安全保密等教育落实，定期展评学习笔记、组织学习讨论、更换宣传橱窗，全体人员思想基础进一步提升。广泛开展谈心交心活动，紧贴官兵思想动态，做好一人一事思想工作，干部职工心思和精力更加集中到本职工作上。

【综合保障】 2020年，人武部坚持聚焦使命保打仗，落实标准搞保障，健全制度抓管理，聚力保大事、干实事、解难事，为部队练兵备战和主责主业提供有力保障。坚持党委理财，严格落实党委集体理财、经费预算和使用审批制度，科学统筹经费投向投量，从严从紧安排经费项目，积极开展阳光采购，规范采购操作流程，进一步提高了经费使用效能。加强财经监管，按照着眼长远、简洁规范、科学可行的要求，研究探索经费管理使用办法，加强资金、采购、招投标、油料监管和政府经费、行政运转经费管控，发挥群众监督作用，提高经费收支透明度。搞好服务保障，协调地方政府足额落实工作保障经费，维修办公楼及营院设施，加强营区美化绿化建设，改善伙食质量，营造拴心留人良好环境。

【安全管理】 2020年，人武部坚持把安全稳定作为党委工程、保底工程。坚持思想教育引导，常态化组织安全教育落实，确保安全意识在官兵头脑中深深扎根；坚持培育良好习惯，着力培塑官兵职工严谨的思维习惯、遵章守纪的行为举止和健康向上的生活方式。及时传达学习上级一系列安全指示精神，严密组织安全保密法规和条令条例学习，严肃规范一日生活制度落实，扎实开展日常养成和队列训练，定期组织检查督查、拉单列表、整改提升、建章立制，确保问题隐患归零。坚持活动牵引，认真开展精细化管理，坚持一项一项工作推进，确保各项工作全面落实，不断打牢部队安全稳定基础。面对突发疫情，严格落实疫情防控要求，确立“管住人、看好门、物资足、用好兵”的12字防疫工作思路，拿出了《人武部疫情防控17条特殊措施》，购置、储备5类500多件（套）防疫物资，出动民兵参加环境消杀和道路布控，实现人员可控、部队安全。牢牢把住政治安全底线，常态化推进廉洁过节、绿色过节，坚决落实中央八项规定、军委“十项规定”，重申军委“十一个严禁”，严明禁酒纪律，确保人人守规矩、不踩线。

【疫情防控】 新冠肺炎疫情发生以来，人武部及时成立人武部疫情防控领导小组，制定疫情防控制度规定，确定了“管住人、看好门、物资足、用好兵”的12字防疫工作思路。坚决贯彻落实党中央、中央军委和习主席决策部署，把疫情防控工作作为压倒一切的头等大事，作为各项工作的重中之重，以高度的政治自觉、思想自觉、行动自觉，切实抓好疫情防控工作。及时传达上级指示要求，采取分批学习、分头传达的方式组织全员学习，不漏一人，确保上级指示精神能够第一时间传达到每一名所属人员。根据疫情防控形势，人武部党委先后4次召开专题会议，研究疫情防控工作，制定17条控制措施，严格落实营门封闭、值班值勤、隔离办公、分批就餐要求；严密组织营区消毒、室内通风、体测检测、留营住宿制；购置体温计、防护用品、84消毒液、防护服、隔离衣等，制作专题宣传版面、标语等。大力宣传疫情防控方法，紧跟形势扎实开展专题教育，深入细致广泛组织科普教育，纾困解难进行关切教育。整个防控期间，积极组织民兵分队参与地方防疫工作。通过微信公众号和民兵管理系统向民兵宣传防控知识，对主要路口进行封控排查，对部分重要场所开展病毒消杀，对单位人员、一名山阴籍维和战士和部分现役军人军属进行了慰问和药品发放。与县疫情防控指挥部办公室建立信息互通机制，每日了解疫情防控情况。及时修订支援地方新冠肺炎疫情防控行动方案，补充了相关物资器材，做好随时支援地方疫情防控行动准备。3月5日，山阴县人武部组织为疫情防控捐款活动，全体党员、职工积极响应，纷纷主动捐款，积极支持新冠肺炎疫情防控工作。

政法委及综治

【概况】 县委政法委员会是党委领导和管理政法工作的职能部门。主要职责是：在党委领导下履行职责、开展工作，把握政治方向、协调各方职能、统筹政法工作、建设政法队伍、督促依法履职、创造公正司法环境，分析研判全县政法工作情况动态、分析社会稳定形势，统筹协调社会治安综合治理、反邪教等有关工作，监督和支持县级政法各部门依法行使职权。2020年，全县政法工作严格按照习近平总书记关于着力推进政法领域全面深化改革，提高政法工作现代化水平的重要指示精神，紧紧围绕省委“四为四高两同步”总体思路和要求、市委“七大工程”和全县政法“1261”工作思路，牢固树立“大政法、大治理、大平安”理念，引深扫黑除恶专项斗争，扎实开展“三零”创建和禁毒百日攻坚工作，统筹做好防风险、护稳定、保平安、促发展、惠民生各项工作，全面提升社会治理科学化、精细化、智能化水平，以政法工作新作为新成效助力“十三五”收官之年决胜成功。

【风险防控】 山阴县委政法委全面贯彻总体国家安全观，强化底线思维，不断提高预测预警预防能力，有效应对各类风险挑战，确保国家长治久安、人民安居乐业。把防范风险放在首要位置，不断健全维护政治安全和社会大局稳定工作体系，进一步完善风险防控机制，建立健全风险研判机制、决策风险评估机制、风险防控协同机制、风险防控责任机制，精准研判、妥善应对政治安全、网络安全、公共安全、金融安全等方面可能出现的各类风险挑战，科学制定工作预案，创新工作举措增强履职实效。同时，针对各类邪教借疫情散布歪理邪说的问题，借助广播电视、新媒体等方式，加强针对性的警示宣传，积极引导正确导向，营造良好舆论氛围。

坚持关口前移、情报先行，健全社会矛盾常态化排查发现机制，完善搜集、会商、协作制度，及时获取深层次、预警性、内幕性和行动性情报信息。充分运用大数据监测预警等现代技术手段，主动预判风险所在，提前把握风险走向，尽早化解苗头性、倾向性风险。在第五个全民国家安全教育日，山阴县紧密结合当前疫情防控工作，积极组织政法系统宣传矩阵及山阴电视台、“爱山阴”App等多方媒体，开展国安宣传周线上宣传活动。通过微信、微博、客户端等多种方式同步发布国安知识宣传内容，形成“发布—互动—反馈”模式，渲染出强大的线上宣传氛围。

建立健全危机管控机制，推动工作从事后反应、被动应对向事前评估、主动防御转变。

打造“金牌调解”，在总结2019年处理晋能集团企业改制经验做法的基础上，继续做好长期困扰山阴县企业改制遗留问题的化解处理，切实提升防范化解和妥善处置群体性事件的能力水平。扎实开展信访问题大排查大化解百日行动、“四个重点”攻坚战暨重点领域专项治理等十项行动。

【服务发展】 2020年，山阴县委政法委理顺“服务中心大局”和“聚焦主责主业”的关系，深入开展“更新执法司法理念、改进执法司法作风”专项活动，教育引导广大干警切实转变思维理念、提升服务意识。6月8日，组织召开了全县政法机关“端正执法司法理念，改进执法司法作风”专项整治活动动员会，教育引导广大政法干警树牢“六大理念”、纠正四个方面不良作风，着力整治执法司法不严格、不规范、不公正、不文明行为。随后，成立督查组，深入政法各单位以及基层派出所、司法所进行专项执法检查，对发现的问题及时与相关部门领导沟通整改。针对司法局班子成员中的三人，经司法局确认无故不参加专项行动动员部署会，对其在全县政法系统内部进行通报批评，并将司法局作为专项监督重点整改对象。围绕深化供给侧结构性改革、打好“三大攻坚战”、全面做好“六稳”“六保”等工作，找准结合点、切入点，创造性开展工作，积极提出司法服务举措，为经济社会发展提供优质高效的司法服务和保障。公安机关依法打击各类侵企扰企违法犯罪活动，集中整治企业内部和周边治安秩序，主动配合相关部门打击金融诈骗、破坏生产经营等违法犯罪活动，为企业健康发展创造良好的社会环境秩序。法检两院进一步提高产权司法保护水平，依法保护民营经济发展，健全涉企错案甄别纠正常态化机制，妥善处理企业破产、重整案件，保护各类市场主体人身和财产安全，激发全社会创新、创业、创造活力，进一步营造稳定、公平、透明、可预期的法治化营商环境。司法机关加快推进律师担任企业法律顾问工作，帮助企业解决涉法难题，防范降低法律风险。政法各部门认真研究出台服务和保障复工复产、扩大内需、维护企业和职工合法权益等方面的措施，为推动有序复工复产、恢复生产生活秩序创造良好的法治环境。特别是在2020年抗击新冠肺炎疫情战斗中，全县政法部门深入贯彻习近平总书记重要指示精神和中央、省委、市委、县委一系列决策部署，迅速响应、周密部署，县委政法委第一时间分5个组，每组由2名科级干部带队，深入西城管委会5个社区开展疫情防控工作；586名政法干警，814名网格员，特别是东、西城管委会的全体网格员们，闻令而动、冲锋在前，强化社会面巡逻防控，严厉打击扰乱社会秩序违法行为，妥善处置疫情防控中出现的各类矛盾纠纷，配合做好疫情监测、排查、预警、宣传等工作，严防严控、联防联控、群防群控，坚决打好打赢疫情防控人民战争。

认真梳理近年来出台的各类服务保障文件，整合优化完善，分系统形成统一的实施方案，健全惠民便企工作机制，切实提高工作实效。强化督导检查，确保各项措施部署到位、落实到位、效果到位，坚决防止工作走形式、走过场。开通涉企案件办理“绿色通道”，建立涉企案件优先立案、优先送达、优先调解、优先审理、优先执行制度。组织开展政法干警进企服务活动，成立由法检公司等部门人员组成的法治保障服务组，实施重点企业、重大项目包联制度，主动提供“一揽子”法律服务，提升服务精准度。创新完善公共法律服务体系。加快建设一站式多元解纷机制和一站式诉讼服务中心以及县法学会法律服务中心，完善“12309检察服务中心”，推进公安政务服务标准化建设，推动公共法律服务“实体、热线、网络”三平台融合发展。年内，开展免费法律咨询便民工程，设1名专职管理人员、7名免费法律咨询值班人员，每周在规定时间、规定地点、规定乡镇坐班服务，共免费解答群众法律咨询760多条，群众满意度100%。

【扫黑除恶】2020年，山阴县委政法委打好扫黑除恶专项斗争决胜战。紧扣三年为期总目标，坚持稳中求进工作总基调，加压发力、主攻薄弱、进位争先，截至2020年底，全县共打掉4个黑社会性质组织、3个恶势力集团、5个恶势力犯罪团伙，共抓获犯罪嫌疑人93人，刑事拘留82人，破获各类刑事案件80起，黑恶势力嚣张气焰进一步得到打击，推动党风、政风、社风明显好转，人民群众的安全感、满意度进一步得到提升。同时，深入开展“六清行动”，积极抓好问题整改，向党和人民交出一份优异答卷。深挖彻查，推进“线索清仓”。坚持“三个必核”，对被举报人有涉黑涉恶前科未查处到位线索、全国及省扫黑办线索、多人反复举报线索逐条核查，确保不放过任何可疑之人。2020年，共收到线索176条，办结175条，线索办结率99.43%。科技助力，推进“逃犯清零”。坚持多警联动、多轨联控，按照“四个一”工作要求，在宣传发动、教育规劝的基础上，开展大数据、全要素信息“抄底”。截至年底，目标逃犯到案率100%。综合施策，推动“案件清结”。采取“领导包案、提前介入、司法建议”等措施，推动涉黑涉恶案件快侦、快诉、快判。截至2020年底，山阴县有在侦案件1起。多措并举，推动“伞网清除”。把整治涉黑涉恶腐败和打击“保护伞”纳入执纪监督、执纪审查（调查）和巡察工作内容，严格落实“两个一律”，逐案过筛，循线深挖。2020年，共处理党员干部和公职人员50人，其中移送司法机关4人，查处充当黑恶势力“保护伞”11人。成立专班，推动“黑财见底”。全面梳理黑恶案件资产清缴情况，逐案成立工作专班，加强政法、金融、财政等部门沟通协作，建立处置台账，全面理清债权债务关系，确保悉数入库。2020年，共扣押、冻结涉案资产5556.727万元，执行到位1319.6507万元。强化整治，推动“行业清源”。根据已打掉涉黑涉恶案件暴露出的深层次问题，逐项剖析存在根源，有针对性提出整改建议。截至2020年底，针对12起涉黑涉恶案件，共发出“三书一函”87份，其中出具风险提示函35份，检察建议书9份，司法建议书33份，监察建议书10份，完成整改67份，其中，涉及社会治安领域34份，工程建设领域11份，交通运输领域6份，乡村治理领域3份，自然环保领域4份，市场流通领域4份，金融放贷行业2份，文化旅游行业1份，教育卫生行业1份，信息网络领域1份。

【“三零”单位创建】山阴县委政法委打好“三零”创建攻坚战。自“三零”单位创建工作部署以来，山阴县委、县政府全面贯彻落实省、市一系列安排部署，因地制宜、因治施策、因创而动，突出政治、战略、机制、创新、典型“五大引领”，推动站位更高、基础更实、调度更准、融合更畅、成效更优，全面推进创建工作落地见效，为全县聚焦“三大变革”、实施“三大战略”和打好“三大战役”保驾护航。

在省、市动员部署会后，山阴县第一时间成立了领导小组，召开了动员会，印发了工作方案。并按照“谁主管、谁负责”的原则，重点落实了党委（党组）的政治责任，政法委的组织推动责任，信访、应急、公安三个牵头部门的专业作用和指导责任，农村、社区、企事业单位主体责任，不折不扣地把各项创建任务和措施落到实处。全县各级各部门都把“三零”单位创建工作与业务工作同安排、同部署、同落实，全部投入到“三零”单位创建工作中。同时，采取“六位一体”方式，进行了广泛深入的宣传发动，通过“舆论战”助力“实体战”，营造了浓厚的创建氛围。

紧扣目标任务，对照创建标准，讲究策略方法，结合自身实际，坚持分类创建、前置创建、开门创建，确保创建工作取得实效。2020

年，共摸排197个村、10个社区、99所中小学及幼儿园、33家医院、12个车站、17个宗教场所、1个景区、167个厂矿、153个营业网点、76个市场（商场）以及383个基层事业单位，3626个包括金融、建筑工程、服务、科技、商贸、农业等在内的企业单位，共计4762个创建主体。截至12月底，破“一零”的村20个，占比10.2%；破“二零”的村2个，占比1%；实现“三零”的村175个，占比88.8%。破“一零”的社区9个，占比90%；破“二零”的社区1个，占比10%。破“一零”的事业单位13个，占比2.5%；破“二零”的事业单位1个，占比0.2%；实现“三零”的事业单位501个，占比97.3%。破“一零”的企业51个，占比1.3%；破“二零”的企业1个，占比0.02%；实现“三零”的企业3980个，占比98.7%。同时，采取问需于民、问计于民、问效于民的工作方式，以“端正执法司法理念、改进执法司法作风”专项整治活动为契机，把“三零”单位创建作为全县政法各部门转变作风的“助推器”、创优法治环境的“大课堂”、服务高质量转型发展的“直通车”，实行政法机关包联重点农村（社区）、重点企业制度，构建亲清新型政商关系，指导和帮助创建主体加强防范、化解矛盾纠纷和风险隐患。

按照“1+3+X”模式，组建了全县“三零”单位创建工作总指挥部和信访、应急、公安分指挥部，充分发挥其牵头作用和专业优势，视“小事”为“大事”，打造“零上访”，截至12月底，全县共排查矛盾纠纷419起，化解399起，化解率95.2%；涉疫矛盾排查59起，化解58起，化解率98.3%。积“小安”为“大安”，创建“零事故”，共排查监管企业（10人或占地10亩以上）256家，实地检查87家，发现一般隐患2976条，整改2972条，下达执法文书5份，整改率99.9%。汇“小力”为“大力”，确保“零发案”。全县共排查治安问题661起，化解652起，化解率98.6%。

坚持一手抓发展、一手抓稳定的工作思路，将“三零”单位创建与扫黑除恶、禁毒攻坚、行业治理和普速铁路安全隐患治理等相结合，坚持边扫边治、边建边创，以扫促创、以创带扫，推动创建活动、专项斗争双提升。全县结合县域实际，以整治“行业乱象”为抓手，以网格化服务管理为手段，在乡镇实行“1211”工程（乡镇建设要求高标准、高质量，辖区内选树2个典型村、1所学校、1个单位），行业系统实行“1111”工程（1块阵地、1名专抓领导、1个标准、1套责任制），重点人群实行“分类管理、精细服务”和“心防工程”工程，扫黑除恶专项斗争从全市推进县，争先进位到全市前列，特别是“4·30”专案的侦破，受到省厅、市局主要领导的充分肯定；禁毒工作从全省后20名，跃居全省前列；普速铁路安全隐患综合治理经过2个多月的治理，94处隐患，整治销号92处，整治效果明显。突出典型引领，推动创建成效更优。充分发挥典型示范引领作用，注重在村（社区）、企业、单位中发现、选树和培育典型，在“点”上布控，在“线”上管控，在“面”上防控，按照每个乡镇打造不少于5个示范村、5个示范企业、5个示范单位，各部门打造不少于5个示范企业和单位的标准开展创建工作。同时，建立“四个一”督导检查机制，即一月一安排、一月一督导、一月一考核、一月一排名，真正把基础工作做细做实。

政法委打好社会治安防控体系升级战。坚持以立体化、法治化、专业化、智能化为方向，推动形成城乡统筹、网上网下融合、人防物防技防结合、打防管控一体的社会治安防控新格局。学习借鉴新冠肺炎疫情防控中群防群治的经验做法，创新组织群众、发动群众机制，充分整合群防群治力量，联合开展巡逻防范，深入摸排危害国家安全、非法宗教、侵害群众生命财产等违法犯罪线索，大力整治群众反映强烈的治安热点问题。

【基层治理】 2020年，山阴县委政法委牢固树立大抓基层、大抓基础的鲜明导向。下大力气攻克基层基础建设的难点，补齐欠账短板，切实提升基层基础工作水平。协助完成综治中心规范建设。按照功能定位科学化运行机制高效化、基本设施标准化、组织机构实体化、网格管理精细化、工作手段信息化的“六化”要求，强化人员力量配备，完善首问负责。协作督办、分流处置、研判预警、应急联动、考核奖惩等机制，提升综治中心实战效能，实现县级综治中心实体化运作的功能，推动乡村两级综治中心成为创新市域社会治理的前沿阵地、服务群众的第一窗口。特别是2020年，山阴县从维护社会和谐稳定的大局出发，创新基层社会治理手段，强化综治中心实战功能，搭建心理服务平台，倾力打造社会心理服务室，按照“源头预防、及时介入、重点干预、有效疏导”的原则，为全县社会治安重点人群开展心理服务疏导和危机干预，全面筑牢社会心理服务体系心理防护工程，从源头上预防、减少各类矛盾纠纷和社会稳定风险隐患。截至年底，组建了由精防医生、心理咨询师、心理治疗师、心理学教师组成的心理服务专家队伍和由20余名心理服务志愿者组成的志愿者队伍，有效延伸触角，织密防护网络，定期深入基层，为服务对象提供互动式授课，及时掌握重点人群思想及心理动态，做到早发现、早干预，把苗头性、倾向性风险隐患化解在萌芽状态。

努力提升网格管理服务水平。重点推进全科网格工程，以“党建+”为引领，以“条线+”为基础，以“制度+”为重点，以“服务+”为保障，以“活动+”为手段，从单一到全科，从线下到线上，形成网格合力，实现共治共享。调整优化网格布局，缩小网格单元，扩大网格覆盖面，将城市社区网格划小到楼宇单位，将农村网格划小到组巷，将辖区内人、地、物、事、组织等要素分类整合，全部纳入网格服务管理范畴，为精细化服务管理奠定基础。规范网格员职责，明确任务清单，加强教育培训，制定管理办法，落实保障待遇，建立健全网格队伍调整、退出和奖惩机制，提升网格化服务管理整体水平。鼓励相关部门下沉力量参与网格化服务管理工作，建立服务团队，使网格“办小事、报大事”和部门“办实事、解难事”成为常态。11月9日，县委常委会通过《山阴县网格员管理办法（试行）》《2020年山阴县公开招聘专职网格员公告》，成立了山阴县配备专职网格员工作领导组组织机构，由县委书记任组长，县委常委、组织部部长，县委常委、政法委书记、分管财政的副县长任副组长，下设三个小组，即公开招聘工作领导小组、网格员管理小组和财政保障小组。专职网格员由山阴县配备专职网格员工作领导组按程序招聘；兼职网格员由村“两委”成员、村（居）村民代表、大学生村官、人民调解员、平安志愿者、社会工作者、物业管理员、楼栋长等人员担任，村上报，乡镇把关，县综治中心确定。专属网格员由机关、园区、企业、校园、景区、商铺的保卫科工作人员、办公室工作人员、市场管理员、保安等人员担任，由所属单位组织实施，报县综治中心备案。11月12日在全县正式启动招聘，共招录专职网格员150名、兼职网格员132名，年底全部培训上岗。

【政法舆论宣传】 政法委积极开展政法舆论宣传工作。聚焦扫黑除恶专项斗争，以及基层社会治理、政法队伍建设等重点内容，加强宣传引导，讲好“政法故事”。截至2020年底，重点推送法进万家工程，创新组织群众、发动群众的机制，搭建“书魂诗韵·法融山阴”网络平台，突出“五抓”：抓老、抓小、抓家庭、抓企业、抓会员；打造法治基地，建立“五老议事会”，实行“1+5+X”模式，通过开展法治创建工作建设好主阵地，打造法治大县，积极发声主动作为，占领网络舆论的法律制高点。老年大学学员自编自导，编排了小品《打赌》、快板书《土地承包啥内容》、独幕剧《野生动物要保护》、鼓书《远离毒品别沾染》等法治宣传节目，在各乡镇、管委会以送戏下乡形式演出5场，收到了很好的成效，营造了浓厚的法治宣传氛围。

【智能建设】 2020年，山阴县政法委牢固树立新发展理念，坚持向科技化要警力、向信息化要战斗力，高起点谋划、高标准建设、高水平管理、高效能应用，推动政法工作创新发展。2020年，县城公共点位496个已全部安装完毕；农村点位1158个，已完成1108个；铁护点位100个，已完成31个，各项工作正有序推进。健全重点区域、行业信息化设施联测联防联处机制，通过县综治中心、公安指挥中心联网应用，推动政法大数据与政务大数据有效融合共享，进一步提高智能感知、精准处置能力，实现“全域覆盖、全网共享、全时可用、全程可控”。认真学习“206系统”全省试点经验做法，积极拓展应用范围，加强实用性调度，做好全面复制推广准备，建立健全深度应用工作机制，凡是刑事案件必须应用“206系统”进行智能辅助、全流程网上办理。统一网上流转、网下办理标准程序，有效解决线上线下“两张皮”问题。强化实践应用，定期总结分析，发现问题、优化完善，真正将智能化优势体现在提高办案质效上。持续深化智慧法院、智慧检务、智慧公安、智慧法律服务建设，建立健全公检法机关远程庭审、远程提讯系统，积极拓展“互联网+”模式的深度应用，统一基础数据标准、共享服务标准，充分运用区块链技术，推动公检法司联盟链与政法跨部门大数据办案平台深度融合，实现网络互联互通、资源共建共享，积极推动社会治理、司法运行、公共服务等工作流程再造、手段创新、效率提升，努力为群众提供更加方便快捷的服务。

公　安

【概况】 2020年，县公安局在县委、县政府和市局党委的正确领导下，以党的十九届五中全会和习近平新时代中国特色社会主义思想为指导，认真贯彻县委十四届十二次全会精神，围绕聚焦“三大变革”、实施“三大战略”、打好“三大战役”，以建设平安山阴、法治山阴为目标，团结带领广大民警积极作为，担当尽职，开展了一系列严打整治专项行动，为打造“灵秀古城”、建设“新韵山阴”贡献公安力量。县公安局上半年在全市公安工作考核中，总成绩全市排名第二，在下半年开展的秋冬季严打整治行动中，因工作成绩突出，市公安局为山阴县公安局荣记集体三等功。通过严打整治，2020年全县刑事类、治安类警情同比分别下降10.3%、63.6%，保持了全县社会治安的持续稳定。

【扫黑除恶】 2020年，山阴县公安局党委深入贯彻落实习近平总书记关于扫黑除恶专项斗争的重要指示批示精神，以中央、省、市、县部署，紧紧围绕“六清行动”的目标，坚持高站位部署，高标准推进，坚决打赢扫黑除恶专项斗争攻坚战。2020年，县公安局共接到线索33条，全部核查办结并上报市局扫黑办；打掉1个黑社会性质组织，共抓获犯罪嫌疑人9人，破获刑事案件46起，冻结涉案资金45万元，扣押涉案车辆3辆、电子设备31件。自专项斗争开展以来，县公安局共接到线索183条，查结181条，查结率98.9%；共打掉4个黑社会性质组织、3个恶势力犯罪集团、5个恶势力团伙，抓获犯罪嫌疑人87人；破获刑事案件126起，查处行政案件18起；冻结涉案资金355余万元，扣押、查封涉案车辆、房产等资产价值总计5230余万元；山阴县35名涉黑涉恶逃犯全部落网；向纪委监委和县委组织部移送违纪线索44条33人；向19个行业部门发送风险提示函42份；整治治安乱点116处。经过三年来的扫黑除恶专项斗争，彻底摧毁了黑恶势力团伙，彻底铲除了黑恶势力犯罪，党风政风社风明显好转，人民群众获得感、幸福感、安全感进一步提升。

【严打禁毒】 2020年，山阴县公安局坚持主动进攻、强化打击，全县毒情形势得到有效遏制。党委政府高度重视，县委、县政府多次召开常委会和常务会，专题研究禁毒工作，提出具体工作要求，并为县公安局拨付专项经费70万元，全力保障禁毒工作。强化禁毒宣传。行动期间，向全社会公布《关于毒品违法犯罪举报奖励的通告》《致全县人民一份禁毒公开信》，在县城同太路等重点路段制作了禁毒宣传标语，共发放宣传资料2万份，动员广大群众网上签订《禁毒承诺书》4万余份，出动9辆宣传车，深入大街小巷不间断开展禁毒广播宣传，营造了浓厚的全民禁毒氛围。强化专案攻坚。先后组织开展了“集中收戒”“毒驾清查”“破案攻坚”禁毒三大行动，共破获刑事案件21起，抓获犯罪嫌疑人44人，扣押涉毒资金295万元，缴获各类毒品3.7公斤，抓获吸毒人员207人，其中行政拘留49人，强制隔离戒毒117人，社区戒毒41人。特别是年内打掉一个重大贩毒团伙，抓获团伙成员10人，缴获冰毒等毒品2.7公斤，查获涉毒现金37万余元，冻结涉毒资金263万元及一批作案工具，斩断了一条从河南到朔州市的贩毒通道，该案被确定为公安部部督案件（全市唯一一起）。强化吸毒人员管控。山阴县成立了社区戒毒康复服务中心，配备禁毒专业社工55人，排查建档在册吸毒人员1537人，排查率为92.5%，在全市位于第一方阵。强化毒情动态监测。每月开展一次污水检测，判断毒情形势，提出打防措施。按照全省毒品滥用程度“严重、较重、较轻、轻度”四个标准规定，自5月以来，山阴县在全省污水检测中连续三次均为轻度值，禁毒斗争取得显著成效。通过禁毒严打整治，影响群众安全感的多发性侵财案件同比下降20.2%。

【严打整治】 2020年，山阴县公安局坚持重拳出击、打防并举，深入开展严打整治专项行动。结合全县治安实际，县公安局组织开展了打击盗抢骗、黄赌毒、食药环及秋冬季严打整治等专项行动，确保了全县社会大局平稳有序。2020年共破获各类刑事案件188起，抓获犯罪嫌疑人142人，追捕逃犯88人；受理查处各类治安案件984起，其中调解572起、行政拘留300人。

严打盗抢骗违法犯罪活动。县公安局坚持“既要破大案，又要破小案”的理念，对群众关注的盗、抢、骗等民生小案，采取“传统侦查手段+大数据抄底技战法”，以破案控发案，最大限度保障人民群众财产安全。2020年，盗窃案件发147起破70起，破案率47.6%，其中入室盗窃案件发54起破34起，破案率62.9%；抢夺案件发3起破3起，抢劫案件发1起破1起，破案率100%，破获接触性诈骗案件7起，打掉犯罪团伙6个16人。

严打电信网络诈骗违法犯罪活动。针对电信网络诈骗案件多发、高发的形势，在加大日常宣传教育、提高群众防范意识的基础上，成立了打击电诈犯罪专班，多警种同步上案、合成作战，提升了打击电诈案件整体效能。2020年，共破获电信网络诈骗案件68起，抓获犯罪嫌疑人23人，及时止付1112万元，冻结246.5万元，挽损38万元。

严打经济类违法犯罪活动。组织开展了涉税百城会战、积案清理、打击非法集资、信用卡诈骗等多个专项行动，共破获经济案件4起，刑事拘留5人。

严打食药环类违法犯罪活动。组织开展了“昆仑2020”专项打击整治行动，在县政府统一领导下，积极参与秋冬季大气污染综合治理攻坚联合行动，保护百姓健康，守护碧水蓝天。2020年，共破获环境污染类刑事案件3起，刑事拘留3人；查处行政案件21起，行政拘留21人。

严打“黄赌”违法犯罪活动。组织开展了“扫黄禁赌”专项行动，破获容留卖淫嫖娼案件2起，刑事拘留2人，查处卖淫嫖娼案件12起，行政拘留28人；查处赌博案件15起，行政处罚75人，有效净化了全县社会风气。

【便民利企】 山阴县公安局始终坚持以人民为中心的发展思想，组织民警充分运用公安业务平台，创新便民利企工作，不断增强群众和企业的便利感、满意度。深入开展“三零”单位创建活动。公安机关创建重点是防范各类案件发生，结合实际，县公安局研究制定了实施方案，明确了目标任务，建立了工作阵地，制作了23套工作台账，组织各派出所，对全县13个乡镇、2个管委会、207个自然村、10个社区及4798个企事业单位2019年以来刑事、治安发案情况进行梳理标注，其中，2019年零案件村（社区）159个，占比73.3%；零案件企事业单位4140个，占比86.3%。2020年零案件村（社区）占比78.6%，零案件企事业单位占比98.4%，截至2020年底已完成标注任务，为下一步做好创建工作提供了方向指引和基础依据。

夯实社会治安防控体系建设。组建了一支50人的巡警大队，配齐配强巡逻车辆和警务装备，在县城内分时、分段、定点实行24小时巡逻防控，真正做到“白天见警察、晚上见警灯”，切实增强了群众的安全感、满意度。同时，为做好街面反恐防暴工作，县公安局组织巡警大队队员每天开展队列队形、盾牌操、小单元实战演练等警体训练活动，着力提高巡逻民警实战技能，确保在处置突发事件时能够“拉得出、追得上、打得赢”。

【安全检查】 山阴县公安局深入开展安全大检查活动。组织对全县重点涉爆单位开展安全检查307次，发现并整改安全隐患11处，收缴过期炸药1891公斤、雷管9947枚；组织开展了护校安园大检查，协调37所中小学安装了“一键报警”装置，并与公安局指挥中心联网，一旦遇有突发事件，可在第一时间快速处置；组织各派出所对辖区“九小场所”开展了消防安全大检查，发现安全隐患98处，下发整改通知书67份，已全部整改完毕，消除了安全隐患；会同县市场监管局开展了散煤清理和禁燃禁放专项行动，查处1起非法储存烟花爆竹案，行政拘留1人，组织开展了禁燃禁放教育宣传和集中整治专项行动，查处违规燃放烟花爆竹、燃点旺火案件40起，罚款40人。

【便民服务】 2020年，县公安局深入开展服务企业活动。开展了“一网通办”“一门通办”平台宣传应用，让广大群众熟知通过两个平台可以快速办理377项公安业务和交通、出入境业务；同时，加强企业周边治安秩序整治，对各种干扰企业的阻工行为依法予以严厉打击，及时处置了发生在玉井镇水泉矿、吴马营乡织女泉村风电项目、朔山连接线等重点工程的阻工问题，确保了全县重点工程顺利进行。

【道路交通】 县公安局加强道路交通安全管理。组织开展了预防道路交通事故百日攻坚、路面秩序整治严管、危化品道路交通安全整治、“一盔一带”安全守护等专项行动，从严查处酒驾毒驾、“三超一疲劳”、乱停乱放、涉牌涉证等突出交通违法行为，全力以赴防事故、保安全、保畅通。2020年，共查处各类交通违法行为125027起，刑事拘留19人，行政拘留6人；共受理交通事故165起，死亡25人，受伤195人，财产损失62万元，分别较2019年同期下降5.17%、30.56%、5.8%、35.09%，全年未发生重特大道路交通事故。

【疫情防控】 疫情就是命令，防控就是责任。自新冠肺炎疫情防控工作开展以来，山阴县公安局全警动员，全警参战，从1月28日起，全体民警取消休假，全部返回工作岗位，参与疫情防控。县局成立了局长任组长的疫情防控工作领导组，制定了工作方案和应急预案，并与县政府办、县卫健体局建立了联动工作机制和信息通报制度；110指挥中心牵头，运用大数据分析，对1346名武汉入晋、“四国”入境、北京新发地返乡等人员全部进行核查比对，落实管控措施，并第一时间报告县疫情防控领导组办公室，未发现异常情况；安排网警大队24小时值守，密切关注网上有关疫情动态，在各类贴吧、论坛上代表政府正面发声，引导群众消除恐慌心理，对一些微信群发布的不实内容，第一时间删除，及时辟谣，落地查控2人，教育训诫2人；分别在高速公路出入口、火车站设立了6个固定检查站，在重点道路设立7个流动检查站，全天24小时对重点地区和外来人员、车辆进行安全检查，共出动警力4884人次，检查车辆20526辆次，检查人员33132人次，劝返外地车辆317辆次，劝返人员1089人次；在县人民医院发热门诊、北周庄隔离点安排专门警力备勤，保障体温测量、核酸检测、人员隔离工作顺利开展；严格落实“内防反弹、外防输入”要求，配合文旅委关停22家公共娱乐场所，安排宾馆、酒店每日上报入住人员信息，实行清单式、动态化管理；对监管场所实行全封闭管理，在防护装备、人员、物资方面进行全力保障，确保了安全无事故；因疫情防控工作突出，县公安局有1名民警被市委、市政府通报表扬，2名民警荣立个人三等功，9名民警荣获市局嘉奖，指挥中心被市妇联评为“朔州市‘最美巾帼抗疫奋斗者’先进集体”。针对当前疫情形势，按照县委、县政府和市局党委部署要求，县公安局全面落实“外防输入、精准防控”的总体防控策略，强化核查管控、联防联控，全力维护山阴县疫情防控常态化工作秩序。截至2020年底，共接到省厅、市局下发的河北、北京、黑龙江、晋中到山阴人员80批次、8733人，全部核查上报；在山阴动车站、岱岳火车站设立2个疫情检查点，在古城高速口设立1个检查站，从1月14日至19日，共检查人员4296人，未发现异常情况；共接涉疫警情7起，排查6人，车辆1台。

【党建引领】 山阴县公安局按照习近平总书记在全国公安工作会议上提出的“政治建警、改革强警、科技兴警、从严治警”总方针，进一步抓好基层党组织建设，对全局1个党总支、16个党支部进行了换届选举，基层党组织战斗堡垒作用明显增强，县公安局党建工作得到上级党委和组织部门的充分肯定。进一步抓好政治建警，通过党委中心组集中学习、主题党日活动等形式，认真组织学习习近平新时代中国特色社会主义思想和习近平总书记在全国公安工作会议上的重要讲话和在中国人民警察警旗授旗仪式上的训词精神，以及党的十九届五中全会精神，树牢“四个意识”，践行“两个维护”，坚定“四个自信”，毫不动摇坚持党对公安工作的绝对领导。进一步抓好改革强警，完成警员职务和警务技术两个序列套改晋升工作，分两批落实了十多年来想解决而没有解决的31名科所队长的正副科职级待遇。进一步抓好从严治警，严格落实党风廉政建设“两个责任”和“一岗双责”职责，组织民警集中观看了《警钟》系列警示教育片，召开了党风廉政建设大会，局党委与各科所室队签订了党风廉政建设履职清单责任书，充分运用监督执纪“四种形态”，坚持全面从严管党、治警。进一步抓好从优待警，为全体民辅警每年进行一次健康体检；开展了团体心理辅导活动，每年为全体民辅警缴纳人身意外保险；每年举办退休民警荣休和新警入警仪式，落实战时和节日期间走访慰问制度，增强了广大民警的荣誉感、归属感，在全局营造了凝心聚力、干事创业的良好氛围。2020年，山阴县公安民警自身认同感为94.87%，连续三年居全市第一。2020年，县公安局和县局扫黑办荣立集体三等功，2个基层所队荣获集体嘉奖，有1名民警荣获二等功，7名民警荣获三等功，22名民警荣获个人嘉奖，有1名民警荣获全省实战大练兵省级标兵，有1名民警荣获执法规范化建设先进个人，有1名民警荣获智慧监所建设先进个人。

检　察

【概况】 2020年，山阴县人民检察院党组有5名成员，由1正3副检察长和1名党组成员组成。检委会共7名成员。2020年全院政法专项编制共24名，占编22人；工勤编制4名，占编4人；事业编制5名，占编5人，实有事业人员25名。全院干警共51人，其中，干部39人（其中副处级干部1人、正科级干部2人、副科级干部8人），工人12人。占政法编制人员中，共有员额检察官8人，司法辅助人员13人（其中法警3人、检察官助理9人、检察技术人员1人），司法行政人员1人。全院在职中共党员共26人，退休党员22人。全院本科以上学历43人。人员平均年龄43岁，其中35周岁以下的16人，36～45周岁的14人，46～55周岁的17人，55周岁以上的4人。

【检察监督】 2020年，山阴县人民检察院依法打击刑事犯罪。共受理审查逮捕案件77件113人，批准逮捕64件94人，不捕12件16人。受理审查起诉案件96件142人，提起公诉91件125人，不诉6件6人。办理未检案件5件，批捕1件2人，不捕1件1人；提起公诉2件4人，不诉1件1人。审查起诉涉恶案件4件13人，依法提起公诉3件4人，退侦1件9人。强化刑事诉讼监督。监督公安机关立案2件，监督撤案4件，提前介入侦查3件，纠正漏捕1人、漏诉2人、漏罪3起；书面纠正侦查活动违法12件；提出刑事抗诉案件3起，书面纠正刑事审判活动违法案件2起。办理羁押必要性审查3人，纠正监外执行活动违法23人，发出刑事执行监督《纠正违法通知书》7份。检察长列席审委会讨论案件1次。加大民行检察及公益诉讼力度。共办理支持起诉案件3件，民事审判监督3件，执行监督1件，提出检察建议1件。共摸排行政公益诉讼案件线索52件，发出诉前检察建议52件，行政机关回复并整改的61件（包括2019年未结案回复数）。认真抓好控申工作。共接待各类来信来访31件次，检察长接待9人。受理并审查信访案件20件，办理国家司法救助案件2件，书面答复纪委转办案件7件。

【扫黑除恶】 2020年，山阴县人民检察院持续推进扫黑除恶专项斗争。活动开展以来，检察院认真落实党中央部署，积极查办涉黑涉恶案件，推动扫黑除恶专项斗争深入开展。共受理审查批捕黑恶势力犯罪案件9件31人，其中涉恶案件6件18人、涉黑案件3件13人。经审查，批准逮捕8件29人，移送单位撤案1件2人。共受理审查起诉涉黑涉恶案件16件87人，其中涉恶案件12件43人、涉黑案件4件44人。经审查，提起“涉恶”公诉案件6件28人，法院均作有罪判决；经书面请示市检察院后，将涉恶案件变更为普通刑事案件提起公诉4件11人；经审查，依法报送市检察院审查起诉“涉黑”案件2件34人。朔州市院审查后，将涉黑案件变更为恶势力犯罪集团案件，指定检察院审查起诉1件12人。

【司法改革】 2020年，山阴县人民检察院不断引深司法配套改革。认真落实检察人员职业保障。严格落实员额单独职务序列评定、工资等级晋升和绩效奖励等制度，确保检察人员正常享受改革红利。进一步调整完善内设机构。检察院内设机构2017年为12个，经过两轮改革，现内设机构为4个，机构精简率67%。不断推进司法责任制落实。出台了《员额检察官权力清单》《办案岗位责任清单》，完善了本院《案件质量监督评查实施细则（试行）》《检察业务管理监督办法》等。全面深化“捕诉一体”改革，积极推动认罪认罚从宽、刑事和解等落地落实。适用认罪认罚从率达宽制度以来，刑事案件适用认罪认罚从宽处理率达97%左右，上年全市检察系统业务考评时，认罪认罚和精准量刑两项业务均居全市第一，取得了良好的效果。

积极推进互聘干部挂职。认真落实检察长张军和检察长杨景海关于“与行政机关开展干部交流挂职”的要求，经请示县委同意，检察院3名检察干部分别挂职本县自然资源局、市场监督管理局、生态环境局执法大队副队长，上述三局各派1名行政执法干部挂职检察院检察业务部门的检察官助理，已互任挂职干部职务，并召开联席会议1次。

【服务高质量发展】 县人民检察院着力服务高质量转型发展。结合工作实际，检察院出台了《开展“服务企业复工复产十个一”专项活动实施方案》《2020年服务民营企业经济健康发展工作重点任务分解》《关于服务保障高质量转型发展的实施意见》等。注重在办案中服务高质量发展，依托“四大检察”职能，对涉企业案件精准审查、精准量刑，最大限度地保护企业依法正常运转。2020年，检察院办理的2起涉企业非法占用农用地犯罪案件，均按照国家支持民营企业发展方针和相关法律，作出确定刑量刑建议，法院采纳后，对犯罪嫌疑人依法从轻处罚。

【脱贫攻坚】 2020年，山阴县人民检察院充分发挥党员先锋模范作用，号召党员干警不忘初心、主动担当，在脱贫攻坚中展示新作为。精准扶贫工作开展以来，检察院共为贫困家庭捐赠大米、白面、衣服等物品价值5万元，现金捐款2万余元，协调扶贫企业为贫困村购入农机具价值30余万元。全院48名干警主动深入帮扶群众家中，开展入户探访工作。对照建档立卡App，详细核实贫困户基本信息、“一达标、两不愁、三保障”和饮水安全等情况，进一步制定帮扶措施，确保及时消除脱贫短板。其间，共走访贫困户52户，为群众提供法律咨询153件次，帮助群众解决生产生活问题50余件，为高质量完成脱贫攻坚任务贡献了力量。

【公益诉讼】 2020年，山阴县人民检察院紧紧围绕《关于开展“公益诉讼守护美好生活”专项监督活动的实施方案》，将食品、药品安全领域专项整治作为重要工作，对超市、学校食堂、校园周边餐饮、食品销售门店、加工地、水源地摸排走访共100余次，立案11件，提出诉前检察建议11件，行政机关全部作出回复并整改，有效保障了人民群众舌尖上的安全。

2020年进行摸排行政公益诉讼案件线索，其中，涉及防治大气污染36件，生态环境违法40件、资源保护5件，均发出诉前检察建议，督促行政机关修复生态环境和自然资源。共督促有关单位覆盖清理煤矸石、原煤、煤泥20000余吨，依法治理并恢复地貌共100余亩，督促清理乡村生活垃圾三处共约1000吨，督促造成环境污染的企业升级改造1家，取缔造成环境污染的企业1家，通过狠抓公益诉讼，为全县创造天蓝、地绿、水清的生态环境贡献了检察力量。

【队伍建设】 2020年，山阴县人民检察院持续强化全院理论装备。将强化理论武装作为首要政治任务，坚持领导带头，认真学习党的十九大和十九届四中、五中全会精神，习近平总书记视察山西重要讲话精神，中央全面依法治国会议精神，习近平总书记对检察工作的重要指示批示精神，《中国共产党政法工作条例》等，通过读原著、学原文、悟原理，在融入内心、带入工作上下功夫，提升了干警的政治素养和综合能力，确保检察工作政治方向正确。

积极增强“两个责任”担当。院党组将落实“两个责任”作为首要政治任务，严把部署、落实两个关键，做到分层部署、随时监督、事后总结。工作中，采取听取专题汇报、开展工作调研、召开工作促进会等形式，推动“两个责任”落实。严格履行一岗双责，一级抓一级，层层抓落实，形成横向到边、纵向到底、覆盖完整的责任体系。全年召开党风廉政建设会议2次，专题研究部署党建工作4次，向上级党组专题汇报工作2次。营造风清气正的政治生态。根据持续净化政治生态的工作要求，检察院结合“端正执法司法理念，改进执法司法作风”专项整治和“三零单位”创建，以南志中、王泽邦等腐败案件为警示教育题材，深刻反思，吸取教训，坚决防止“围猎”和甘于被“围猎”问题。围绕营造净化政治生态氛围、深化“一岗双责”落实、强化干部教育管理、查摆整改突出问题四方面重点内容，提出20项工作措施，进一步强化督导落实，推动全院持续净化政治生态工作有序开展。人民检察院接受督察巡查提升工作质效。市院和市委政法委督察巡察组先后进驻检察院，开展了政治巡察“回头看”和政治督察、执法巡查工作，对检察院党组工作进行了全面的政治体检，推动了检察院工作持续健康开展。共召开座谈会8次，谈心谈话20余人次，梳理汇总问题5类19条，并进行全面整改。

人民检察院严肃党内政治生活氛围。从严落实“三会一课”、主题党日等党内生活会制度，着力提升班子的凝聚力和战斗力。班子成员带头过双重组织生活，主动参加党支部活动，围绕学习贯彻党的十九大和新党章等内容不定期讲党课，较好地发挥了示范引领作用。2020年召开支委学习会52次，党员集中学习104次，党小组学习会议12次，院党组成员讲党课6次。持续加大执纪监督力度。认真践行监督执纪“四种形态”，坚持抓早、抓小、抓平时，把问题消灭在萌芽状态。强化警示教育，组织干警结合思想、工作和作风，对照反面案例进行反思剖析，做到警钟长鸣。同时，着力推动日常监督常态化，注重对干警遵守中央八项规定、司法办案作风和纪律等的常态化监督，发现苗头性问题，通过全院大会通报、党组及支部会议批评教育、谈心谈话、函询诫勉等手段，提醒部门和个人及时整改，做到防微杜渐、常抓不懈。

法　院

【概况】 山阴县人民法院始建于1954年11月，重建于1979年3月。2002年6月，经县编办批准，设立11个内设机构，分别为办公室、政治处、立案庭、刑事审判庭、民事审判第一庭、民事审判第二庭、行政审判庭、审判监督庭、执行局、司法警察大队、书记员室。5个派出法庭，分别为薛圐圙法庭、山阴城法庭、玉井法庭、北周庄法庭、岱岳法庭。2012年5月，经县编办研究决定，成立山阴县人民法院司法鉴定中心（后更名为山阴县人民法院司法技术管理中心），系全额拨款事业单位，股级建制，编制3人，领导职数1名。2020年新招录2名公务员。

2020年，县人民法院坚持以习近平新时代中国特色社会主义思想为指导，在县委的坚强领导下，在县人大和上级法院的监督指导下，紧紧围绕“努力让人民群众在每一个司法案件中感受到公平正义”目标，牢牢把握司法为民、公正司法工作主线，以政治建设为统领，加强党建工作、狠抓审判执行，践行司法为民，聚焦司法改革，推进信息化建设，各项工作取得了新进展、新突破，为山阴县稳定发展提供了强有力司法保障。

【执法办案】 2020年，山阴县人民法院强化执法办案，全面提升护航社会发展能力。全年受理各类案件2101件，审执结2038件，结案率97%，各项工作稳中求进、持续向好。依法惩治刑事犯罪，有效维护社会稳定。受理各类刑事案件113件158人，审结109件124人，结案率99.12%。深入开展扫黑除恶专项斗争，依法审理了涉黑涉恶案件6件28人，起到打击一案、震慑一片的社会效果。截至年底，6件涉恶案件全部清零。依法严惩严重危害社会治安和影响人民群众安全感各类犯罪案件35案48人，严惩涉黄赌毒犯罪案件24案43人，严惩交通肇事、危险驾驶案件15案15人，严惩疫情防控期间实施诈骗案件1案1人，严惩纪委监委移交职务犯罪1案1人，严厉打击了犯罪分子嚣张气焰，维护了公共安全。

【**化解民商纠纷**】2020年，山阴县人民法院妥善化解民商纠纷，护航县域经济发展。共受理各类民商事案件1417件，审结1375件，结案率为97.04%，妥善审理婚姻家庭、继承、赡养、抚养等案件228件，针对家庭暴力发出人身安全保护令，着力修复家庭伦理关系；畅通劳动者维权绿色通道，审结劳务合同、劳动争议等案件64件，保护劳动者的正当权益；继续坚持“能调则调、当判则判、调判结合、案结事了”的原则，多途径解决纠纷，促使当事人自觉服判息诉，民商事案件调解撤诉结案459件，有效化解了社会矛盾。

【**府院良性互动**】2020年，山阴县人民法院依法规范行政执法，实现府院良性互动。在行政案件集中管辖的大环境下，强化非诉行政执行案件办理，为依法行政提供强有力的司法支撑。截至年底，涉人防工程非诉行政执行案件5件，全部准予执行，保障了依法行政。办理司法救助案件13件，共计救助金额39万元，确保困难群众得到及时救助。主动延伸审判职能，开展对行政部门执法指导，健全与行政部门沟通联络机制，加强府院良性互动，促进依法行政。

【**解决执行难题**】2020年，山阴县人民法院竭力破解执行难题，坚决维护司法权威。共受理执行案件571件，执结551件，执结率96.5%。将执行作为一把手工程，记在心上、扛在肩上、落实在行动上，强化执行措施，创新执行模式，深化执行改革，完善执行机制，为破解执行难题提供“山阴经验”，贡献“山阴智慧”。进一步完善执行综治大格局。紧紧依靠县委领导，充分发挥政治优势和制度优势，统筹协调各方积极因素，为基本解决执行难凝聚力量、汇聚共识。县委主要领导多次作出批示支持执行工作，全县相关单位和社会各界积极协助配合，“党委领导、政法委协调、人大监督、政府支持、法院主办、部门配合、社会参与”的综合治理执行难格局运行良好。积极与县政府、住建局、市场监督管理局、应急局和各乡镇事前充分沟通，在兼顾各方利益的基础上，协调推进涉党政机关、涉企、涉金融、涉民生专项执行活动顺利开展。深入开展涉农信社贷款清收清欠百日攻坚案件集中清理专项活动。2020年在县委、县纪委的组织领导下，积极开展“清收清欠”专项活动，山阴法院上下联动，集中执行力量、整合执行资源、扩大执行宣传，加大执行强度和惩戒力度，通过叠加使用强制传唤、拘留罚款、限制出行、集中曝光等强制措施，对失信被执行人穷追猛打，顺利完成任务。截至年底，共审执结纪委台账39件，执结了39件，执结标的5190余万元；高院台账案件47件，执结标的3972余万元；银行台账外案件5件，执结标的8368万元。活动开展期间，新收地方银行诉讼案件128件，清收现金680余万元，以物抵债1300余万元。进一步创新机制规范执行管理。发挥执行指挥中心“三统一”功效，强化执行指挥中心实体化运作。成立执行事务中心，通过集约化管理、流程化作业、团队化实施，促进执行质效提升，同时注重执行难常态化解决机制的建立，推动执行工作长远发展。

【**司法服务**】2020年，山阴县人民法院践行司法为民，竭力满足群众多元司法需求。牢固树立以人民为中心的发展理念，努力满足人民群众日益增长的多元司法需求，不断增强人民群众的获得感、幸福感、安全感。

完善机制，强化“一站式服务”建设。积极与中院新型诉讼事务集约化中心全面对接，深化“两个一站式”改革。建成集立案审查、诉讼咨询、信访接待、投诉举报等功能为一体的一站式诉讼服务中心，并即将投入使用。深化立案登记制和“最多跑一次”便民改革，让信息多跑路，让群众少跑腿，为人民群众提供全方位、一站式、信息化便捷的诉讼服务。将非诉讼纠纷解决机制挺在前面，创新发展新时代“枫桥经验”，搭建以立案调解中心为协调、以岱岳法庭为先行先试实验基地，其他乡镇基层法庭与村基层调解组织为前沿的调解网络，实现法庭与相关职能部门的诉调对接，“五调”联动，实现矛盾纠纷多元化解，使大量的矛盾解决在基层、化解于初萌，促进共建共治共享的社会综合治理格局建设。

畅通渠道，化解信访积案。积极与县委政法委和信访相关部门联动，畅通申诉、申请再审渠道，制定《山阴法院实质性化解涉诉信访案件工作方案》，将涉诉信访纳入法治化轨道，做到人人有接待、件件有回音，减少信访存量，有效控制信访增量，近五年来无一起新增信访案件。2020 年，共接待涉法涉诉信访来访 32 件 31 人次，书面答复来信 29 份，对申诉、再审案件，认真予以审查，及时依法给予答复。

【司法改革】 2020 年，山阴县人民法院深化司法改革，切实促进公正高效规范司法。深化司法体制综合配套改革，紧紧牵住司法责任制改革这一“牛鼻子”，蹄疾步稳推进内设机构等改革，将 18 个机构精简整合为 5 个机构，用改革的思维和方法研究破解执法办案难题，向改革要公正、要效率、要公信。一如既往发挥刑事、民事两个专业法官会议、主审法官会议过滤器、智囊团的良好作用，统一裁判尺度，防范重大风险；细化院庭长的权力清单、责任清单，健全制度、创新举措、规范管理、强化落实，逐步构建权责明晰、权责统一、监督有序的审判权力运行机制，促进公正高效规范司法，推动审判体系和审判能力现代化。

【执法监督】 2020 年，山阴县人民法院坚持党的领导，诚恳主动接受社会各界监督。自觉将法院工作纳入县委中心工作和地方经济社会发展全局谋划，推进重要工作安排、重大改革事项、重点敏感案件及时请示汇报，确保正确政治方向。主动接受人大监督，主动报告工作，全面落实决议，认真办理批转信访件和代表提出的意见建议，并将意见建议转化为工作谋划参考依据。同时，接受政协民主监督、检察法律监督和社会公众监督，寻找差距，立行立改，司法公信力得到提升，各项工作健康有序发展。

【扶贫工作】 2020 年，山阴县人民法院主动作为，延伸服务触角。坚决贯彻脱贫攻坚决策部署，在人案矛盾凸显的形势下，派出 2 名副院长带领两个扶贫工作队下沉驻村，积极参与扶贫工作；44 名党员干警奔赴 3 个乡镇 11 个村结对帮扶，扶贫工作成效明显。依法审理产业扶贫过程中的借贷、买卖合同，优先保证低收入贫困群体执行兑现，制裁发生在扶贫领域的违约失信行为，及时保障贫困当事人合法权益。截至年底，驻村法官走访群众 200 余人次，提供法律咨询 45 件（次），发放宣传资料 2530 份。

交　警

【概况】 2020 年山阴县公安局交通管理大队坚持以党的十九大精神和习近平新时代中国特色社会主义思想为统领，围绕年初制定的工作思路和任务目标，以“防事故、护安全、战疫情、保稳定、保畅通”为出发点，以人民满意为目标，努力完成各项工作任务，打赢了疫情防控阻击战，保持了全县道路交通安全平稳态势。为全县全面如期建成小康社会、扎实开展平安山阴建设，推动经济发展、维护社会稳定、保障人民群众道路交通安全做出了重要贡献。

2020年，山阴县辖区共接报道路交通事故2071起（包括现场处理事故、一般程序、简易程序、取消报警、事故快处）。其中适用一般程序处理的道路交通事故165起，同比减少8起，下降5.17%；死亡25人，同比减少10人，下降30.56%；受伤204人，同比减少5人，下降2.39%；直接经济损失64.33万元，同比减少32.92万元，下降33.86%。适用简易程序处理的道路交通事故180起，同比增加73起，上升71.43%；受伤17人，同比增加13人，上升325%；经济损失60.46万元，同比增加35.49万元，上升142.13%。事故快处742起。刑事拘留19人，行政拘留6人。刑事立案19起，重大逃逸事故5起，侦破5起，侦破率100%。辖区内未发生一次死亡3人以上的较大交通事故，较好完成了上级下达的预防道路交通事故“减量控大”目标任务。

【车辆管理】 2020年，全县两客一危、重型货车和重型挂车、农村面包车检验率、报废率、违法处理率进一步提升，全县重点驾驶人审验率、重点驾驶人换证审验率均已达标。车管部门牵头组织力量深入辖区企业排查车辆及驾驶人安全隐患，举办驾驶人培训52期、1510人次，下载隐患数据28次，下达隐患整改通知书60份，抄告交通运输部门、安监局15份，约谈重点企业36次。大队与交通运输部门建立通报机制，全面掌握了重点车辆登记信息且书面通报了交通运输部门。

【事故隐患排查】 2020年，山阴县公安交警大队认真排查整改辖区道路安全隐患，截至2020年底，全县共排查道路交通事故多发点段和隐患路段共17处，隐患路段均向县政府和安委办报告，已完成整改17处。农村交通安全方面，手机App用户使用活跃度达到100%，全年安全劝导日志录入86557条。进行了农用三轮机动车违法载人专项整治，并以乡为单位建立了台账。

【交通秩序整改】 2020年，山阴县公安局交通管理大队在县城开展了街道交通秩序集中整治活动，重新施划了县城交通标志标线；清理占用道路摆摊设点、堆物作业，整治同太路两旁、闫家巷路旁随意停放车辆等非法侵占道路行为；实施重点路段交通管控，整治交通违法行为，强化学校门前护学和交通管理。在县城各主要街道施划出停车位1600个，禁止机动车在道路两侧路阶以上、人行道乱停乱放。重点整治了同太路、青年街、府西街、府南路、西环路、南环街、北环街的乱停乱放车辆，起到了很好的教育警示作用。在县城主要交通街道十字路口，增加警力强化日常执勤执法，指挥车辆行人，规范交通行为，维护交通秩序。积极投身城市道路交通文明畅通提升行动，县城青年路铁立交桥安装隔离护栏800米，府东街安装中央隔离栏720米。在县城新建跨线立交桥通车之际，组织施划道路交通标线1.5千米，保障了道路的顺利通行。加大工程运输车辆管理，查处违法行为1起，对查处的工程运输车企业进行了约谈，收回了通行证，倒逼企业整改。

【交通安全】 2020年，在“春运”工作开始之际，山阴县公安局交通管理大队精心组织，统筹谋划，于2月1日在县客运汽车站前广场，特邀县政府及有关部门领导，与交通民警、运政管理人员200多人，共同举行了隆重的春运交通安全工作启动仪式。传统“两节”、清明节、劳动节、端午节、中高考、中秋节、国庆节等和全国“两会”、全县重大会议等重点时段，大队科学安排警力，采用驻站强化客运车辆源头管理，启用辖区交通安全执法检查站布控，以及路面交通执勤执法巡查管控的交通安全保卫工作措施，细化分解工作任务，严格明确管理责任，具体落实工作措施，保证了安保任务圆满完成。

加强重点违法行为查处。2020年全年共查处各类交通违法行为为125027起。其中：在酒驾醉驾专项整治中，查处酒驾455起、醉驾5起；在假套牌专项整治中，查处假套牌28起，收缴假套牌28副；在县城交通秩序专项整治中，查处行人违法1987起、非机动车违法2186起、机动车乱停乱放7199起；在普通国省道重点违法整治中，查处国省道重点违法4696起，包括超载93起、疲劳驾驶11起、强超强会86起、货车违法载人1159起、货车超速33起、货车闯红灯12起、逆行169起、不按规定车道行驶3133起；在农村道路重点违法整治中，查处农村面包车超员98起，拖拉机、低速货车载人62起；在危化品车专项整治中，查处危化品车违法行为48起，其中超速6起、不按规定车道行驶9起、违反禁限行规定33起；在摩托车违法专项整治中，查处摩托车违法2211起，其中酒驾91起、无证246起、摩托车驾驶人未佩戴头盔181起、摩托车乘车人未佩戴头盔1693起；在农用三轮违法载人专项整治中，查处农用三轮违法载人323起，行政拘留3人；在“一盔一带”安全守护行动中，查处摩托车驾乘人员不戴头盔1874起、汽车驾乘人员不系安全带3537起；在“分心驾驶”集中整治中，全年查处“分心驾驶”违法行为462起，其中驾车时接打电话74起、驾车时观看视频262起、驾车时有其他妨碍安全行为126起；在道路扬尘污染专项整治中，查处不加盖苫布1140起。全年刑事拘留19人，行政拘留6人。

开展农村道路交通安全守护行动。规范农村行车秩序，推进农村“千灯万带”工程，治理农村低速载货汽车无证驾驶、农村面包车超员、酒驾、农用车载客等问题，已登记农用车590辆，建立农用车档案590个，发放通知严禁农用三轮车载人，车身喷涂严禁载人字样340辆。深化农村警保合作两站两员的建设，建成14个警保合作劝导站，实现了13个乡镇全覆盖。实施“千灯万带”工程，安装3处红绿灯，安装减速带116条。

【智慧交通】 山阴城市灯控路口共16个，全部安装视频监控，视频覆盖率为100%。大队抓紧建设智慧停车诱导系统，已采集城市建成区停车场基础数据2个。与百度公司建立合作关系，按时完成支队考核推送数量要求，加强交通信号调优系统建设，全面提升车辆电子监控水平。利用大数据对“人、车、路、环境”进行隐患风险排查和动态化管理。

【交通安全文明】 山阴县公安局交通管理大队开展春运安保、两会安保、安全生产月、中秋、国庆等大型宣传活动十余次。发送新闻媒体稿件488篇，其中，中央级媒体4篇，省级媒体31篇，部级媒体采纳21次，发放宣传材料3万份；开展文明交通“七进”宣传活动，面对面宣讲交通安全知识、交通法律法规255次，其中进学校23次、进农村86次、进社区54次、进企业53次、进家庭13次、进驾校10次。在双微平台发布各类安全提示信息共计4965条，利用短信平台发送安全提示9万条，通过微信群发送提示信息500条，曝光酒驾案例324例，其中向支队报送典型违法案例42例。开展“一盔一带”安全守护行动。联合相关部门、企业组织开展交通安全答题奖头盔、捐赠头盔、为职工配头盔等活动；联合相关部门和行业协会，推动快递行业开展佩戴头盔示范活动；联合相关部门和行业协会推动在市级范围实施“买电动自行车送头盔”或“买保险送头盔”；推动出租车、网约车行业开展使用安全带示范活动；推动公路客运、旅游客运行业开展使用安全带示范活动；推动外卖行业开展佩戴头盔示范活动。

【事故救援】 2020年，根据4月29日全市道路交通安全工作电视电话会议精神和预防道路交通事故“减量控大”工作要求，山阴县公安局交通管理大队会同山阴县卫生健康体育局、山阴县消防救援大队、朔州银保监分局山阴监管组，联合制定出台了《道路交通事故应急救援“四位一体”联动工作机制》，建立了警医合作长效机制。确定山阴县人民医院为山阴县专业救治医院，实施快速精准有效救治，避免延误救治时间，提高重伤员救治成功率。加强交通事故救援“绿色通道”建设，切实保障应急救援、医疗救护等车辆优先通行权。全面落实了交通事故社会救助机制。按规定扩大救助范围，延长救助时限，简化救助程序，保障抢救费用及时到位，全年道路交通事故共垫付24起，垫付金额625413.23元；追偿3起，追偿金额73203.5元。

【联动整治】 山阴县公安局交通管理大队加强旅游客运安全管理。与交通部门合作深入重点企业进行全面检查，约谈重点企业负责人，详细检查企业动态监控运行情况。加大超限超载治理力度。现场查处货运车辆超载92起。与交通运输部门建立重点车辆登记信息通报机制。每月梳理辖区两客一危、非营运及“营转非”大客车登记信息，排查57座以上大客车及卧铺客车信息，将梳理车辆及所属企业列出清单，书面通报交通运输部门。

【交通执法】 2020年，山阴县公安局交通管理大队实施交通安全执法文明工程。路面执法、交通事故处理，车辆驾驶人管理全部纳入执法全流程智能管理平台监管。路面执法、交通事故处理、驾驶人考试和机动车查验民警4G执法记录仪配备率达100%。加大一线执法执勤和办理窗口业务的民警辅警执法记录仪配备率。及时向支队上传执法音视频资料。加强执法监督管理，深入推进执法权力运行机制改革，推进执法办案管理中心建设，构建全链条、闭环式、可查询、可追溯的执法办案机制，解决了执法不作为、乱作为和选择性执法、随意执法、粗暴执法等突出问题，努力让人民群众在每一起案件办理、每一件事情处理中都能感受到公平正义。

认真学习了省厅《关于朔州交警不文明执法引发舆情的情况通报》，组织干警开展警示教育，结合实际查找执法办案工作中存在的问题，要求全体民警辅警写出保证书，落实通报中提出的5项整改措施，对发生的问题从严处理、顶格处理，绝不姑息迁就，坚决杜绝舆情事件的发生，消除任何不良影响。

【疫情防控】 2020年初新冠肺炎疫情发生后，山阴县公安局交通管理大队认真贯彻党中央和省、市、县委县政府关于做好疫情防控工作的重大决策部署，从保护人民群众生命安全和身体健康的高度出发，把疫情防控作为最重要、最紧迫的政治任务抓紧落实，全警动员、全员参战，冲锋在道路防控第一线，战斗在布控战线最前沿，全面投入疫情防控阻击战。从1月24日至2月18日路面疫情防控以来，大队共有166名干警投入战“疫”一线，全县主干道路设立8个疫情防控点，干警们日夜奋战、轮班排查，先后共检查车辆40022辆，劝返应县车辆332辆、湖北籍车辆4辆，严把车辆人员出入关口，守住了防控的第一道关口。根据疫情防控工作要求，疫情防控期间全员取消休息休假，24小时值班值守，防控勤务，深入辖区路段设立检查卡口，实行实名登记、定时消毒、佩戴口罩。疫情防控期间党员民警挺身而出、冲锋在前，组织辖区民警不间断巡逻防控，适时监督，及时上报，确保了疫情防控期间交通管理和社会面治安的持续稳定。广大交警用忠诚、敬业、奉献、担当，赢得了人民群众的理解、支持、配合和赞誉，保障了全县零疫情发生。

【政治建警】 山阴县公安局交通管理大队，2020年初开展了队伍整肃活动及“公正廉洁执法”活动，从6月以来参与了政法系统“端正执法司法理念、改进执法司法作风”专项整治活动。特别是8月全省公安机关教育整顿工作开展以来，县交警大队全面落实省公安厅《全省公安机关坚持政治建警、全面从严治警教育整顿总方案》中涉及交警的3个分方案和公安部交管局关于在全国交警队伍中开展顽瘴痼疾专项整治活动的部署要求，聚焦省公安厅关于交警系统的5个方面问题，按照省厅党委确定的“强学习、查问题、建机制、抓落实、评优差、树标杆、走前列”的总体思路，及时召开会议，全面安排部署了“坚持政治建警，全面从严治警”教育整顿工作，全队形成了以支部牵头、党员干部示范带动、全警全员共同参与的教育整顿格局。坚持政治引领，学习教育不放松。大队以支部牵头每周组织1次集中学习，重点学习教育整顿方案，学习《习近平谈治国理政》(第三卷)，学习贯彻习近平总书记重要训词精神，传达学习党的十九届四中、五中全会精神，学习中全体成员撰写了学习笔记。大队分三批次组织全体民警辅警观看了警示教育片，进行了专题考试。各股、所、室、中队开展了班前半小时理论学习。通过学习教育，有效解决了当前交警队伍中存在的理想信念缺失、政治站位不高、政治意识不强、政治纪律自觉养成不够、组织生活制度坚持不经常等方面的问题，夯实了民警辅警的思想根基。坚持问题导向，查找问题不放松。在教育整治中大队把解决思想问题和解决实际问题相结合，以基层单位、岗位职责、群众来信意见对照查找问题，全队各部门共查找出理论学习、执勤执法、事故处理、窗口服务4个方面33条问题。针对问题各支部组织了座谈讨论，认真分析了存在问题的原因，共同议定了解决问题的措施。坚持边查边改，整改落实不放松。针对存在的问题，大队制定了“三个清单”，明确了整改措施，于9月17日召开了全队教育整顿工作推进大会，在会上进一步明确了教育整顿的意义和如何落实任务，进一步确定了教育整顿的方向和目标。把教育学习、查纠问题、落实整改贯彻始终。坚持边查边改、边整边改，持续推动整改落实，测评整改效果。通过教育整顿真正做到党的领导更坚强、政治生态更文明、忠诚警魂更牢固、纪律作风更严谨、担当作为更到位，使人民群众更满意。着力锻造一支有铁一般的理想信念、铁一般的责任担当、铁一般的过硬本领、铁一般的纪律作风的公安交警铁军。

消　防

【概况】 2020年，山阴县消防救援大队以习近平总书记授旗训词精神为指引，深入贯彻习近平总书记关于安全生产和消防安全重要指示精神，紧紧围绕全市经济社会发展大局，以稳定为中心，以发展为主线，在县委、县政府的坚强领导下，在相关行业部门的积极配合下，以防、灭火工作为重心，着力推动落实消防安全责任制，深化推进“放管服”和执法改革，创新升级消防监管模式，综合整治火灾隐患，深化消防宣传“五进”，严格规范队伍管理，扎实推进执勤训练改革，当先锋打头阵，全力维护人民群众生命财产安全，顺利完成了各项工作任务，社会面火灾形势持续平稳。

【火灾情况】 2020年，山阴县消防救援大队共接警110起，出动110次（含增援），出动消防车155辆次，消防人员1032人次，抢救被困人员41人，疏散人员140人，抢救财产价值192.5万元。其中，发生火灾72起，死亡0人，受伤0人，直接经济损失52.2万元。同比2019年，火灾起数上升了111%，伤亡数为0，直接财产损失上升了440%；抢险救援38起，抢救被困人员36人，同比2019年上升36%。综合分析2020年的火灾情况，有以下几方面主要特点：一是引发火灾的原因主要有违反电气安装使用规定和电器故障引发火灾16起，占到火灾总起数的22.2%；生活用火不慎引发火灾21起，占到火灾总起数的29.1%。二是住宅和交通工具仍是火灾发生的主要场所。2020年全县住宅共发生火灾16起，占火灾总起数的22.2%，呈火灾上升趋势；汽车发生火灾6起，占火灾总起数的8.3%，汽车火灾呈下降趋势。三是农村、集镇火灾高发。全年县城建城区范围内共发生火灾21起，占火灾总起数的29.1%；其他农村地区火灾共51起，占火灾总起数的70.8%，农村火灾形势仍不容乐观。四是山阴县各乡镇柴草、树林火灾多发。全年山阴县共发生柴草、树林火灾27起，按区域分布岱岳镇9起、北周庄镇4起、玉井镇2起、古城镇3起、马营庄乡1起、安荣乡1起、薛圐圙乡2起、合盛堡乡4起、后所乡1起。

【火灾防控】 2020年，县政府2次召开常务会专题研究消防工作，书记王世杰、县长苏坡、副县长翟云丰多次听取消防工作汇报并带队开展消防检查，就火灾防控、队站建设、经费保障等工作作出重要批示，形成了领导带头抓消防工作的良好局面。健全完善消防委成员单位联合执法、督查督办、信息共享、函告警示等工作机制，每半年组织开展一次消防安全形势分析评估，每季度召开消防安全委员会联席会议。深入落实部门联合检查制度，分行业、分领域开展消防安全整治。以《消防安全责任制实施办法》为载体，培训村“两委”负责人、重点单位责任人、社区网格员、民警共2000余人，组织发动行业部门和社会单位开展消防安全自检自查活动，有效整治消除了一批火灾隐患。县政府、县安委办先后6次召开会议，部署消防工作，广泛发动开展消防安全专项整治。对标消防安全专项整治三年行动和“零事故”单位创建要求，紧盯不托底区域、高风险场所，突出小火亡人、复工复产等关键环节，开展排查整治。2020年，共计检查单位515家次，督促整改火灾隐患492处，下发行政处罚决定书22份，临时查封2家，罚款15.54万元。

【执勤训练】 山阴县消防救援大队坚持严管实训练精兵，使打赢制胜能力进一步提升。扎实开展岗位练兵活动。制发了全员岗位大练兵工作奖惩措施，坚持周测试、月考核、季比武，全面掀起练兵热潮，队伍各级体能、技能水平稳步提升。年内分批次组织参加支队举办的岗位培训比武，进一步提升了队伍的能力素质和业务水平。抓实抓细队伍管理教育。按照“两严两准”要求，修订《专职队员日常管理暂行规定》，组织开展了“作战训练安全”、“三零”单位创建、涉赌涉贷专项治理，进一步提升了队伍正规化水平。着力提升应急救援能力。结合辖区事故特点，开展“六熟悉”95家，修订灭火演练预案95个，开展水源普查2次，普查水源60个，开展装备器材训练46次，指战员体能达标率达到92%；每日利用点名、饭前碎片时间加大器材装备操作熟悉和维护保养力度，累计熟悉器材36件套。2020年，全县共接警110起，出动110次（含增援），出动消防车155辆次，消防人员1032人次，抢救被困人员41人，疏散人员140人，抢救财产价值192.5万元。

【后勤基础】 山阴消防大队营房基础设施建设扎实推进。建筑面积500平方米的食堂和健身房投入使用，8大类健身设备配备到位；6辆执勤消防车全部完成安全带、360° 行车影像、倒车雷达的安装任务；改造了办公室、卫生间、晾衣房、健身房等，对后院土方深坑回填。积极争取政府支持，北周庄镇政府专职消防队建设取得了新突破，建筑面积1760平方米的营房完成内装，工作和生活设施配套完成，车辆器材装备的配备加快推动。配齐装备技师，培训无人机驾驶员及装备技师3人，与7类社会联勤联动单位建立合作协议。

【队伍建设】2020年，山阴县消防救援大队以习近平新时代中国特色社会主义思想为指导，始终坚持政治工作生命线地位，采取抓教育铸队魂、抓班子强核心、抓基层打基础、抓用人树导向、抓作风正风气等务实举措，扎实开展“强党性、明规矩”学习周活动、“警示教育周活动”、“弘扬风清气正，凝聚奋进力量”专题教育活动、“学习贯彻习近平总书记看望慰问抗洪牺牲烈士亲属讲话精神开展向九江市消防救援支队和陈陆同志学习”活动和“践行训词精神，担当神圣使命，坚持五个不动摇”教育实践等专题活动，良好保持了队伍昂扬向上、和谐稳定的工作状态，着力推进各项政治工作高质量开展，为锻造新时代消防救援队伍奠定了政治基础。统一组织开展理论集中学习9次、理论“读书班”活动12次，组织专题学习讨论4次，组织党员干部开展主题教育应知应会测试3次，开展重温入党誓词、集中观影等党日活动47次，集体廉政谈话2次，举行演讲比赛、体育竞技运动会和书画摄影等活动，全体指战员对党忠诚的政治本色更加牢固。

【党风廉政】山阴县消防救援大队党支部坚持以严格落实“两个责任”为抓手，始终保持管党治党的高压态势。严格落实纪委各项规章制度，定期召开会议，坚持每月议廉，及时贯彻落实上级精神和要求。准确把握纪律处分和问责的结果运用，切实与指战员的表彰奖励、个人成长进步、绩效考核挂钩，发挥应有效用。始终按照不回避矛盾、不掩盖事实、不上交矛盾的原则，对违规违纪情况一经发现查实，坚决从严从重处理。年内组织廉政教育活动12次，警示教育实地参观1次。集中组织开展集体廉政谈话2次，3名干部填报了消防救援干部近亲属涉消事项申报表，无干部近亲属涉消事项，队伍上下的规矩意识和廉洁自律意识进一步巩固和深化。

司法行政

【概况】2020年，山阴县司法局坚持以习近平新时代中国特色社会主义思想为指导，落实山西省“四为四高两同步”总体思路和县委“2361”工作思路，以“三零”创建为目标，统筹推进法治政府、法治社会一体化建设，深入推进“扫黑除恶”专项斗争，努力实现全县司法所“双提升”，司法行政各项工作稳步推进，为山阴县跨越转型发展创造了和谐稳定的法治环境。

【疫情防控】2020年，新冠肺炎疫情发生后，省、市、县启动Ⅰ级响应，山阴县司法局快速反应抓部署，紧急召开班子会，迅速成立了疫情防控工作领导小组，制定下发了疫情防控工作预案，对全系统疫情防控工作进行全面安排部署。疫情防控期间，先后6次下发紧急通知，分别对单位值班值守、疫情信息上报、系统内部人员疫情信息排查、社区矫正人员疫情信息排查、党员干部到社区报到值班、疫情防控期间工作安排等进行部署，确保全系统疫情防控工作有序进行。

冲到一线抓防控。根据县疫情防控工作指挥部安排，县司法局8个骨干党员、若干志愿者下社区参与社区一线防控监测点值班值勤，开展体温测量、人员登记。共捐赠13箱方便面、2箱砂糖橘子、2箱纯净水、1箱苹果、1箱蛋糕和1箱罐头，价值1000多元。局党组书记、局长李日旭带领全局党员干部，先后到所包乡村、企业进行实地指导，协调解决实际问题，并为企业尽快复工复产提供帮助。

正面引导抓宣传。县司法局通过微信公众号、工作群等新媒体平台，每天及时发布从国家卫健委、县疫情防控工作指挥部等官方渠道获取的疫情通报、公告等内容，大力宣传与疫情防控有关的政策法律法规，强化广大群众自觉遵守疫情防控有关规定的法律意识，提醒各级党员干部依法开展疫情防控。同时，大力弘扬司法行政系统正能量，对疫情防控期间涌现出来的先进典型进行正面宣传，树立司法行政机关敢于担当的良好形象。全局干部职工自发捐款8500元，用实际行动支持疫情防控，取得良好社会效果。

线上加力抓矫正。各司法所通过手机定位、电话、微信视频、微信群等线上管理方式开展信息化核查，社区矫正中心每天进行手机定位情况通报，发现问题及时督促整改，全县社区矫正人员信息核查率和在线定位率均达到省、市要求，确保疫情防控期间社区矫正对象基本情况清、行动去向明，无脱管、漏管现象。在抓好监管的同时，暂停组织每月集中例会和大规模的公益劳动，创新利用微信群平台，通过视频、语音等形式将社区矫正对象集中学习课堂搬到线上，重点加强对传染病防治法律法规、疫情防控知识的宣传和学习，做到矫正与疫情防控两不误、两促进。

发挥职能抓服务。组织引导公共法律服务中心、法律援助中心等法律服务机构通过各种渠道公开咨询电话、网上业务办理流程，引导广大群众通过电话、视频、网络等远程手段进行预约办、掌上办、网上办，及时解决生产生活中遇到的法律问题，全力保障疫情防控期间群众办理法律援助的需求。

【社会维稳】 2020年山阴县司法行政系统全体党员用实际行动来践行“党建引领促调解，化解纠纷保稳定”这一理念。以党建提升人民调解服务水平，发挥党员优势，化解矛盾纠纷“硬骨头”，培养了一批政治过硬、业务精通、纪律严明的党员干部担任矛盾纠纷调解员。目前全县各级人民调解委员会和人民调解员，做实做强邻里纠纷、婚姻家庭纠纷和道路交通事故纠纷等多发性纠纷的调处工作；组织党员开展人民调解攻坚活动。一方面县局成立重大纠纷调解攻坚组，攻坚组由3名分别有着20多年调解经验的党员组成，在化解纠纷、维护稳定、应急处置时冲在一线，着力化解重大疑难纠纷；另一方面全系统党员争先锋、做表率，积极地发挥党员模范作用，第一时间化解了各种矛盾纠纷；调解普法两结合，践行服务为民宗旨。三年来，全县各级人民调解机构共调解矛盾纠纷570件，调结率90%。

以科技提升社区矫正规范化水平，完善了社区矫正信息指挥中心设备配置，安装了信息显示屏、视频指挥系统、指纹认证机等网络化设施设备，全面夯实信息化工作平台。进一步推进社区矫正管理信息系统建设，在系统中录入社区矫正机构信息、工作者信息和服刑人员信息，充实、完善了社区矫正数据库，社区矫正服刑人员入矫前的执行档案信息录入率达到100%。强化社区矫正人员定位系统，山阴县司法所全部建立了“司法e通”信息管理平台，通过定位系统实现了对社区服刑人员定位管理，入矫服刑人员手机定位装机率100%。山阴县社区矫正信息化建设在12个乡镇全面覆盖，充分发挥了县级社区矫正信息指挥中心辐射作用，实现对社区服刑人员的规范化监管。严格落实排查、走访制度，加强日常监督管理及敏感时期的走访、执法检查工作，强化特殊时期矫正对象的监管工作。加强与各执法单位的协调配合工作，促进社区矫正工作的开展。截至2020年底，在册社区矫正对象共57名，已录入社区矫正管理信息系统57人。所有社区服刑人员全部建档登记，列入矫正管理系统，无脱管、漏管和重新犯罪现象。

【扫黑除恶】 2020年山阴县司法局以齐抓共管加强安置帮教工作，加强动态管理。进一步深挖社区服刑人员漏罪和涉黑涉恶犯罪线索，对全县57名社区矫正对象和320名监狱释放、解除社区矫正的刑满释放人员进行了摸排谈话，全力配合“扫黑除恶”专项斗争，防范和处理邪教工作。

【建设“精品司法所”】 2020年，山阴县司法局深入贯彻落实习近平总书记“加快推进社会治理现代化，努力建设更高水平的平安中国”指示精神，进一步强化“精品司法所”建设，夯实司法行政基层基础工作，充分发挥司法所在推进基层法治建设、提供公共法律服务和加强依法治县工作中的重要作用，全力推动全县司法所工作再上新台阶、新水平，为全县“三零”创建工作的顺利开展和经济社会又好又快发展保驾护航。严格执行《司法所外观及室内标识规范》，规范功能分区和标识标牌，通过规范实施形象识别“六统一”项目，对司法所“色调、徽章、标牌、标识、外观、卷宗”进行统一设计、制作，司法所办公场所门外统一悬挂司法行政徽，增强司法所的识别度，进一步增强司法行政工作的公信力和权威性。2020年9月16日，全市司法所“精品工程”建设山阴现场观摩交流会暨安置帮教培训基地建设会议在山阴县胜利召开，进一步推动山阴县司法所建设规范化、标准化、专业化、科学化、信息化和智慧化。

【法制宣传】 2020年，山阴县司法局继续开展服务民生，增强公共法律服务成效，加强法治宣传教育工作，积极拓宽法治宣传新阵地。利用“3·15”消费者权益保护日、“4·15”国家安全日、禁毒日等，大力开展普法宣传教育活动20余场次，发放宣传资料2万余份，受教育人数3万余人。在全系统开展了禁毒宣传专项行动，全体党员干部学习宣传禁毒法律法规知识，网上签写禁毒承诺书，并于5月12日，协同公安机关对全局干部职工和全县52名社区矫正服刑人员进行了尿液测试。

【法律援助】 2020年，山阴县司法局发挥公共法律服务作用，打造山阴人“法律之家”，公共法律服务中心聚集了山阴县司法行政职能优势，拓展和规范法律服务，合理配置各类法律服务资源，集法治宣传、法律服务、人民调解、社区矫正、安置帮教服务于一身，为有需求的群众提供“窗口化、综合性、一站式”的公共法律服务，群众只要走进一个大门就能获取多种专业的法律服务；如果不想出门，群众还可以通过拨打法律服务热线咨询。县公共法律服务中心安排8名工作人员值班，开展免费法律咨询便民工程。共为群众提供法律服务2200余人次，实现“零距离”法律服务，着力打造山阴人“法律之家”。

县法律援助中心以维护社会稳定、促进经济发展、保障司法公正为工作重心，坚持扶贫济困、服务社会弱势群体的根本宗旨，围绕服务保障和改善民生，抓好“窗口”文明行业创建活动，优化便民服务流程和效果，积极开展法律援助工作，不断创新法律援助工作新局面。加强宣传力度，将法律援助与法治宣传相结合，利用多种渠道、多种形式、多种途径开展多方位、多层次的宣传活动，扩大了法律援助的社会影响力提升了公众知晓率；开通法援“绿色通道”，对农民工申请法律援助，简化程序，快速办理；并采取一切优先手段，积极主动与劳动仲裁部门、人民法院等职能部门协调，争取优先受理、优先审理、优先判决（裁决）、优先执行，确保农民工维权案件“应援尽援”。截至2020年底，县法律援助中心共审查指派法律援助案件21件，其中民事案件13件、刑事案件8件，受援人数200多人，挽回经济损失100多万元，共解答群众法律咨询300多人次，开展法律宣传2场次，顺利完成预定目标，切实保障了弱势群体和特殊群体的合法权益。

【队伍建设】 2020年，山阴县司法局打牢理想信念，增强政治定力。加强机关党的建设，继续推进“端正司法执法理念、改进司法执法作风”活动。组织全体干部职工认真学习贯彻习近平新时代中国特色社会主义思想和党的十九大精神，学习《中国共产党纪律处分条例》《中国共产党问责条例》《关于新形势下党内政治生活的若干准则》等党纪党规，要求每位干部职工做好学习笔记，切实打牢理想信念，增强政治定力。强化业务学习，制订业务学习计划，有计划地开展业务学习培训，扎实开展“大培训、大练兵”活动，强力增强专业素养，提高履职能力。

坚持纪律严明，确保队伍廉洁。加强纪律作风建设。深入学习廉洁自律准则和纪律处分条例，把纪律和规矩挺在前面，锲而不舍落实中央八项规定精神，持之以恒反对“四风”，做忠诚干净担当的好干部。深入推进党风廉政建设。严格落实一岗双责，加强对准则和条例的学习、领悟和执行，坚决预防腐败现象发生。完善了机关管理制度，再次明确了干部职工上下班纪律、请假制度、会议制度、学习制度，要求全体干部职工做到纪律严明；切实用好监督执纪“四种形态”，加强日常监管，让咬耳扯袖、红脸出汗成为常态。主要领导与领导班子成员和各股室负责人、各基层所所长进行了谈心谈话，其他领导班子与所分管的股室、基层所人员进行了谈心谈话，让广大党员干部明规矩、守红线、知敬畏、存戒惧，确保司法行政队伍清正廉洁。

抓好责任落实，提升队伍素质，落实全面从严治党主体责任，党组书记切实承担起从严治党主体责任，并将党风廉政建设与司法行政业务同落实，大力支持纪检部门工作。一方面党组认真研究部署上半年党风廉政工作，落实上级纪委2020年党风廉政建设和纪检工作要点；另一方面山阴县司法局在实施乡村振兴战略，打赢脱贫攻坚战，扫黑除恶专项行动、扶贫领域腐败和作风问题专项整治行动、形式主义、官僚主义突出问题专项整治行动中积极履职作为；党组书记切实承担起抓党建工作责任，推进抓好“三会一课”“党支部+”活动，认真做好党建各项工作；严格落实“一岗双责”，落实司法行政系统思想政治工作，深入查找队伍管理中存在的盲区、盲点，严抓队伍日常管理，加强队伍“八小时以外”监督管理，不断提升司法行政队伍的素质与水平。

经济管理与监督

计　划

【概况】2020年，山阴县发展和改革局以习近平新时代中国特色社会主义思想为指导，全面贯彻党的十九大和十九届二中、三中、四中、五中全会精神，中央、省委、市委经济工作会议精神和疫情防控各项决策部署，一手抓疫情防控，一手抓发展改革，“两手抓、两不误、两促进”，不断增强“四个意识”、坚定“四个自信”、做到“两个维护”，按照省委“四为四高两同步”思路、市委“生态立市、稳煤促新”战略和四个方面原则，创新实施“2361”打造“灵秀古城”、建设“新韵山阴”工作思路，坚定信心、同舟共济、科学防治、精准施策，强化谋略意识、大局意识、服务意识、参谋助手意识，统筹推进疫情防控和发展改革各项工作，主要经济指标持续改善，项目建设加快推进，企业和项目复工复产有序推动，为打赢疫情防控人民战争、努力完成全年目标任务、决胜全面建成小康社会奠定坚实基础。全面建成小康社会涉及山阴县考核指标51项，分别为成果巩固类29项、决战冲刺类10项、全力攻坚类12项。截至2020年底，开复工项目76个，总投资117.89亿元，其中，续建项目30个，总投资71.65亿元，开工率96.77%；新建项目46个，总投资43.3亿元，全部开工建设，开工率100%。

【项目建设】山阴县2020年计划实施投资500万元以上项目77个，总投资118.53亿元，年内计划完成投资44.27亿元。其中，续建项目31个，总投资75.23亿元，年内计划完成投资21.58亿元；新建项目46个，总投资43.3亿元，年内计划完成投资22.69亿元。亿元以上项目30个，总投资104.29亿元，年内计划完成投资34.8亿元。截至11月底，完成29.64亿元。产业转型项目33个，总投资79.5亿元，年内计划完成投资26.65亿元。省级重点工程2项，总投资14.34亿元，年内计划完成投资4.03亿元。山西联胜风能新能源有限公司新建15万千瓦风电场项目，总投资10.5亿元，年度计划投资3亿元。截至2020年底，浇筑完成56台风机基础、80台极电线路基础，220千伏升压站全部建成，1—10月累计完成投资9.83亿元，年内并网发电。桑干河山阴县段河道综合治理工程，总投资3.84亿元，年度计划投资1.03亿元。土方开挖完成35120.85立方米；堤防工程：基底清表完成37461.26立方米，基底碾压完成153748.14立方米；过水路面工程：夯插片石完成350立方米，混凝土浇筑完成70立方米。市级重点工程10项，总投资41.58亿元，年内计划完成投资8.29亿元。山阴县钰琳房地产开发有限公司浦东新区二期工程，总投资2.19亿元，年内计划完成投资0.5亿元。截至2020年底，该项目4栋住宅楼已封顶。引黄供水区山阴县泥河供水工程，总投资1.41亿元，年内计划完成投资0.3亿元。截至年底，部分土建已结束。山阴县聚天海新型建材有限责任公司新建60万立方米/年装配式建筑新材料及100万立方米/年混凝土生产线项目，总投资2.06亿元，年内计划完成投资0.6亿元。该项目一期工程厂区路面硬化，全封闭骨料棚全部完工，办公楼主体、餐厅、实验室、磅房、调度室、储水井、消防井主体完工，搅拌机生产线正常生产。山阴县锦晔清洁能源有限公司100万吨/年低阶煤分质利用示范项目，总投资3.62亿元，年内计划完成投资0.5亿元，1—11月累计完成投资0.385亿元。山西朔州山阴兰花朱和咀煤业有限公司兼并重组整合项目，总投资4.87亿元，年内计划完成投资2亿元。截至年底，土建工程已完工，井下二期工程已结束。山西朔州山阴金海洋水泉煤业有限公司兼并重组整合项目，总投资4.99亿元，年内计划完成投资2.29亿元。宿舍楼、办公楼、食堂已竣工。井下一二期工程已结束。山阴县府东街棚户区跨线立交桥建设项目，总投资1.2亿元，年度计划投资0.3亿元，截至2019年底完成固定资产投资0.9亿元。5月16日，随着工程第十片箱梁的吊装完成，标志着由大同铁路路兴工程有限责任公司建设的二标段跨线建设工程成功跨过同蒲铁路线，打通了制约跨线立交桥工期的主要堵点，为后续主线贯通及其他各个施工环节的顺利完成创造了条件。截至2020年底，桥梁灌注桩、墩柱、系梁、盖梁等基础及下部工程全部完成，10月14日剪彩通车。1—11月累计完成投资0.3亿元。漳泽电力山阴吴马营10万千瓦风电场项目，总投资8.2亿元，年内计划完成投资0.7亿元。该项目已并网发电，1—11月累计完成投资0.78亿元。大同煤矿集团电力能源有限公司山阴织女泉风电场四期（99.5兆瓦）工程，总投资7.94亿元，年内计划完成投资0.6亿元。该项目已并网发电，1—11月累计完成投资0.99亿元。山西恒登机械制造有限责任公司煤矿机械设备制造项目，总投资5.1亿元，年内计划完成投资0.5亿元。该项目8月开工建设，1—11月累计完成投资0.1亿元。

【县级重点工程】 2020年，县级重点工程65项，总投资56.12亿元，年内计划完成投资27.21亿元。开工64个，1—11月完成累计完成投资19.13亿元。如：晋能清洁能源光伏发电有限责任公司山阴县8万千瓦光伏发电项目，总投资5.05亿元，累计完成投资4.12亿元；山西朔州山阴中煤顺通北祖煤业有限公司9213综放设备购置，总投资1.1亿元，累计完成投资1.08亿元；漳泽电力山阴吴马营220千伏送出工程总投资0.526亿元，累计完成投资0.4437亿元；大同煤矿集团电力能源有限公司山阴织女泉220千伏送出工程总投资0.12亿元，累计完成投资0.0927亿元；朔州市国恒房地产开发有限公司新建山鹰一号住宅小区建设项目总投资3亿元，累计完成投资0.7556亿元；山阴县国炫新材料有限公司煅烧高岭土深加工建设项目总投资1.05亿元，8月开工建设，累计完成投资0.5291亿元；山阴县新大象养殖有限公司新建柏坡村年存栏6000头种猪规模化养殖场建设项目总投资0.55亿元，累计完成投资0.28亿元等。未开复工项目1个，山西汇和玄同10兆瓦沼气发电及5万吨有机肥生产线项目，因接入网手续未办结，复工时间在11月。

【上级资金支持】 2020年，山阴县发展和改革局争取上级资金情况、金融支持力度。山阴县职业教育中心校改扩建项目中央预算内资金1915万元已到位，山阴县医疗集团人民医院感染性疾病科（病区）改造项目中央预算内资金1100万元、山阴县广武长城步道建设项目中央预算内资金410万元已到位。一般性专项债券6000万元已到位，分别是山阴县府东街棚户区跨线立交桥建设项目3000万元、山阴经济技术开发区1000万元、山阴县农村生活污水综合利用项目1000万元、山阴县医疗集团人民医院500万元、山阴县中医医院314.79万元、玉井镇易地扶贫搬迁光伏扶贫项目126.52万元、山阴县易地扶贫搬迁项目58.69万元。

积极申请地方专项债券，第一批引黄供水泥河供水工程专项债券5500万元已到位；第三批山阴经济技术开发区东区装备制造业基地标准化厂房建设专项债券3000万元（已到位）、山阴经济技术开发区东区基础设施建设路网工程建设项目专项债券2000万元（已到位）、山阴经济技术开发区东区热电联产集中供热工程专项债券2000万元（已上报省发改委）。第四批山阴县医疗集团人民医院感染性疾病科（病区）改造项目专项债券400万元（已到位）、山阴县2018年冬季清洁能源替代工程专项债券4000万元（已到位）。

争取市政府重点项目前期工作费补助资金50万元已到位，分别是山阴经济技术开发区东区南片路网工程30万元、聚天海新型建材有限公司新建60万立方米/年装配式建筑新材料及100万立方米/年混凝土生产线项目20万元。上报新增中央投资项目27项，总投资23.42亿元，拟争取中央资金11.55亿元。项目已上报省发改委。

【以工代赈】 2020年，山阴县发展和改革局争取省以工代赈资金124万元（其中12.4万元用于贫困户的劳务报酬）。在吴马营乡屯港村实施美丽乡村建设，严格按照程序要求批复了可研、初设，办理了招投标手续，并进行了公示等，于5月28日开工建设，硬化道路、广场、舞台、长廊文化墙等于9月28日结束，10月6—8日栽植景观树200株也已结束，该项目已竣工。

【易地扶贫搬迁】 山阴县易地扶贫搬迁涉及玉井镇东石人坡、西石人坡、北祖村、王坪沟村4个村79户164人，属集中搬迁安置，截至2020年底，4个村的土地复垦工作有序推进；下喇叭乡后山村、下立羊泉、上立羊泉、刘家窑村、吴庄村5个村18户47人，属分散搬迁安置，18户均为连体房，不宜拆除复垦，原有旧房归村集体所有。

【综合治理采煤沉陷区】 全县2015—2017年采煤沉陷区搬迁安置涉及玉井、马营2个乡镇14个村3349户8677人（玉井镇5村1372户3530人，马营乡9村1977户5147人），县政府采取回购玉马小区商品房方式，予以妥善解决采煤沉陷区搬迁安置任务。其中货币化安置1377户，玉马小区安置1972户。截至2020年底，完成搬迁安置3229户（玉井镇分房1013户，货币化补偿249户；马营乡分配房屋1193户，货币化补偿774户）。马营乡龙泉寺村、陆家窑村、上石井村已经全部拆除完毕。截至2020年底，玉井镇剩余110户，马营乡剩余10户，正在积极做工作，预计年底基本完成。2019年被山西省采煤沉陷区综合治理领导小组办公室评为先进县（全省仅8个）。

【协调粮食储存】 2020年，山阴县发展和改革局统筹协调粮食收储，确保1500万公斤战略储备粮的保质保量收储。2020年3月完成500万公斤粮食轮换任务。疫情防控期间完成应急物资一周储备，成品粮400吨，食用油40吨，方便面14吨，纯净水60吨。10月16日是世界粮食日，开展以“齐成长、同繁荣、共持续、行动造就未来”为主题的宣传活动，坚决守好“责任田”，全力扎牢“米袋子”，为保障国家粮食安全做出贡献。上报中国好粮油项目、山西好粮油和粮食产后服务共5家。

【价格审查】 2020年，山阴县发展和改革局完成重要疫情防控用品和民生商品保供稳价工作，建立价格监测日报告制度，做好价格认定工作，完成一幼、二幼政府定价成本监审，落实延长阶段性降低住宿和餐饮行业用水、用气价格工作，协助公安、国土对盗抢资源进行采价10批次；对4个建制镇生活垃圾适时定价；对清洁取暖“煤改气”落实定价，比照朔城区方式600～1800平方米范围内每立方米用气补贴1元，政府1.4元，供气方0.21元。出租车运营价格听证已结束，完成价格临时补贴发放工作。截至2020年底，配合自然资源局、公安局共完成案件认证26起，涉案金额27万余元。

【规划编制】 山阴县于2020年7月启动了“十四五”规划编制工作，并多次召开专题会议研究、推进编制工作，并指派由发展和改革局牵头承办此项工作。编制完成工作方案。发改局牵头起草了《山阴县“十四五”规划编制工作方案》，文件明确了“十四五”规划编制的具体任务和进度安排。经县政府常务会议讨论通过后，于8月17日正式印发，发送至各相关单位。成立工作领导小组。以县委、县政府办公室成立了由书记、县长双组长的领导小组，具体负责“十四五”规划编制工作的组织协调和推进实施。组织重大课题研究。聚焦“十四五”时期必须破解的重大问题和培育壮大新动能，结合县委十四届十二次全会精神，组织开展了29个前期研究课题，并根据部门职能明确了任务分工，确保形成高质量的课题研究成果。研究聘请专业团队。发改局经过第一阶段考察研究，通过筛选，初步选定两家机构，即山西省社科院、山西省投资咨询和发展规划院。同时，采取公开招标方式，于9月10日在市政务大厅开标，由山西省投资咨询和发展规划院中标。9月14日，由山西省投资咨询和发展规划院社会事业处处长魏旺栓带队一行9名专家到山阴县进行了为期7天的实地调研工作，听取了各乡镇、各部门、各重点企业和各重点项目关于“十四五”期间的详细规划情况，正式开展了山阴县“十四五”规划编制工作。11月2—4日，省投资咨询和发展规划院10名专家再次赴山阴县，就山阴县“十四五”专项规划进行了补充调研，预计11月底可形成规划初稿。加强重大工程项目谋划。经过发改局多次收集、协调、和汇总，各部门围绕基础设施、科技转新、社会民生、生态环保等方面，谋划了一批拟纳入国家和省“十四五”规划的重大工程。

审　计

【概况】 2020年，山阴县审计局坚持以党的十九大和习近平新时代中国特色社会主义思想为指引，深入学习贯彻中央、省、市、县委审计委员会历次会议精神，以及各级审计工作会议精神，紧紧围绕全县中心工作，全面加强审计机关党的建设，依法履行审计监督职责，全力推进审计全覆盖，各项工作取得新进展。2020年，县本级共安排审计项目57个，完成审计项目41个，完成市审计局委托项目4个。审计查出问题金额合计4.02亿元（违规金额0.18亿元，管理不规范金额3.84亿元）。出具审计报告45篇，提出审计建议52条。

【职责职能】 2019年3月山阴县机构改革中，优化县审计局职责，将县发展和改革局和重大项目稽查职责、县财政局的县级预算执行情况和其他财政收支情况的监督检查职责等划入县审计局。山阴县审计信息化审计中心职能：受县审计局委托组织开展计算机审计；具体服务县审计局的信息化建设，负责“金审工程”的建设以及网络维护和技术支持；协助业务股开展计算机审计工作；负责审计大数据库建立和运用，为县审计局审计业务开展提供及时有效的信息；负责县审计局计算机网络系统的管理，开发和利用信息资源，确保网络和信息安全。

【审计监督】 山阴县审计局以落实重大政策为目标，持续开展跟踪审计。2020年，重点关注疫情防控、复工复产、清理拖欠民营企业中小企业账款、减税降费、财政资金效益、就业政策落实、营商环境优化、新增财政资金使用等政策落实，完成了全县扶贫审计工作，移送案件5件。坚持以保障和改善基本民生、维护人民群众利益为目标，重点关注教育、医疗卫生、就业培训、脱贫攻坚、县城供热、供水和环境卫生等民生资金和项目，坚持“上审下”和“同级审”相结合。2020年，完成专项审计项目3项，审计资金总额36593.75万元，查出违规问题资金和管理不规范资金176.37万元。

【财政收支审计】 2020年，山阴县审计局以提高财政资金绩效为目标，深化财政预算执行审计。对县级2019年度预算执行和其他财政收支情况进行了审计，审计总额316100万元，审计查出管理不规范资金28806.15万元，下拨滞留资金14402万元，已上缴财政1700万元，提出审计建议3条。预算执行审计工作在县委审计委员会第四次会议上做了报告，并向县人大常委会报告了工作。以规范财务管理为目标，加大财政财务收支审计。关注县直部门各项财政财务收支的真实性、合法性、效益性，消除审计“盲区”和“死角”。县审计局及时调整项目计划，采取一次审计2年、2年全覆盖的计划安排，扎实消除审计“死角”。

【政府投资审计】 山阴县审计局以规范政府投资为目标，加大政府投资审计。2020年，共完成审计项目6个，报审金额5402.83万元，核减金额351.28万元，核减率6.5%。对2019年度“农村四好公路”建设工程决算审计和县城施划交通标线竣工决算审计、职业中心校建设项目跟踪审计等3项审计正在进行中。

【干部经济责任审计】 山阴县审计局以规范权力运行为目标，强化经济责任审计。2020年，完成了对县食品药品监督管理局、县供销合作联合社和2个乡镇等4个单位6位原任主要领导干部和县中医医院院长经济责任审计。完成了市局安排的交叉审计项目。对朔州市公安局原新开分局、开发分局局长和怀仁县公安局原局长进行了经济责任审计，同时对怀仁市经济技术开发区进行了审计。

【上级部署审计】 县审计局认真抓好上级审计机关和县委审计委员会议定重大事项的落实工作，严格执行重大事项请示报告制度，切实增强践行“两个维护”的政治自觉和行动自觉。2020年，对财政预算执行和其他财政资金收支情况和2019年审计查出问题整改情况，向县委审计委员会第四次会议作了专题报告。

【自身建设】 严肃党内政治生活，持续净化积极健康的党内政治生态。2020年，结合山阴县开展持续净化政治生态工作，山阴县审计局党组高度重视，及时制定了《山阴县审计局党组开展持续净化政治生态工作方案》，围绕开展净化政治生态四个方面的要求，认真查找局党组、党组成员和党员干部自身存在的问题，排查干部经商办企业和在审计工作中政治站位不高的问题，深刻剖析了问题产生的原因。对查找出的7个问题，逐条建立了问题、责任和整改三个清单，明确整改时限，全力进行整改。以作风建设为保障，树立良好审计形象。教育引导党员干部增强党的意识、强化组织观念，聚焦监督职责，进一步改进工作作风。严格落实主体责任，审计干部严格执行中央八项规定精神、审计“四严禁”工作要求和“八不准”工作纪律。组织党员干部开展廉政警示教育，用身边的人和身边的事教育审计人员，警钟长鸣，促使全体审计干部作风大提升。

统　计

【概况】 2020年，山阴统计局在县委、县政府及上级统计部门的正确领导和精心指导下，坚持以党的十九大、十九届五中全会精神以及习近平总书记全面依法治国新理念、新思想、新战略为指导，认真学习领会习近平总书记关于统计工作重要指示批示精神，以强基础、严质量、优服务、求创新、争一流的工作目标，严抓干部队伍建设，强化重点工作落实，为全县经济社会平稳发展提供了有力的数据支撑。

【统计监测】 2020年，山阴县统计局优化统计监测预警。围绕经济运行中的痛点难点问题，着力加强对重点行业、主导产业、龙头企业的动态监测和预警分析，高度关注工业增加值、固定资产投资、社会消费品零售总额等重要统计数据。通过月度、季度经济运行分析会等形式及时向县委、县政府反映全县经济运行中苗头性、趋势性问题，有针对性地提出对策建议，为县委、县政府加强经济调度和管理提供了有益参考。

【统计分析】 2020年，山阴县统计局及时研判统计分析。建立专报制度，着眼全县经济运行、追赶超越、转型发展、县域经济、疫情影响、复工复产、刺激消费等方面做好统计咨政服务，第一时间全面准确汇集“领导需要了解的数据”和“需要领导了解的数据”，增强针对性、可用性和时效性。在重要时间节点，注重围绕经济增长的速度、结构、质量、效益以及经济运行的亮点难点趋势等开展分析研究，2020年共撰写8期快报和5篇分析，为领导决策和社会公众提供数据参考。

【人口普查】 2020年，山阴县统计局强势启动“七人普”工作，按照“统一领导、分级负责、部门协作、各方参与”的原则，6月初，县、乡、村三级普查机构全部组建完成；8月圆满完成建筑物标绘和小区划分工作，共划分普查区214个、普查小区951个，标绘建筑物41672个；认真做好“两员”选聘和业务培训工作，共选聘了876名普查员和指导员，分批分次对“两员”进行业务培训。10月11—31日，顺利完成七人普摸底工作。11月1—15日，短表登记工作结束，共登记户数126159户，11月16日至12月15日，“七人普”进入长表登记和比对复查阶段。

【脱贫攻坚成效调查】 2020年，山阴县统计局精心组织脱贫攻坚调查。由于山阴县没有国家统计调查队，山阴统计局还承担了脱贫攻坚成效调查工作。成立以政府副县长为组长，组织、宣传、政府办、统计、扶贫、发改、财政等部门相关人员为副组长的领导小组，相关多个部门为领导组成员，明确县、乡两级工作职责；选调279名清查摸底人员，对全县6381户贫困户进行了摸底排查。为确保脱贫攻坚普查工作有理有序进行，统计局在人员相当紧张的情况下，派精兵、出强将对清查摸底人员的摸底数据进行认真的审核，组织摸底人员填写村级调查表，配合异地调查组入户调查。此外，还做好了投资领域统计改革、劳动工资统计改革以及狠抓四上企业申报入库工作。

【基层统计】 2020年，山阴县统计局夯实统计基层基础工作。积极争取县委、县政府的重视，按照“六化”标准夯实基层统计基础；加强与县发改、工信、住建局等行业主管部门的沟通衔接，在挖掘、培育、申报、审核、培训等方面加大协作力度，基本做到了符合标准的“四上”企业应统尽统，使新增“四上”企业较好地发挥了经济发展生力军作用；加大非一套表统计人员培训力度，确保统计人员素质整体提升。

【法制宣传】 2020年，山阴县统计局加强统计法治宣传。广泛开展统计法、统计法实施条例、《关于深化统计管理体制改革提高统计数据真实性的意见》《统计违纪违法责任人处分处理建议办法》《防范和惩治统计造假、弄虚作假督察工作规定》精神的学习和宣传，不断深化学习效果，依法行政的能力和水平不断提高；认真组织开展统计执法检查，将统计执法贯穿于普查、调查和日常统计工作当中，确保统计基础工作更扎实、上报资料更及时、调查流程更规范、统计台账更健全、数据来源更清楚、资料保管更完善，切实发挥依法治统对统计数据质量的保驾护航作用。

【城乡居民收入调查】 2020年，山阴统计调查监测中心从五个方面开展居民收支调查基层基础工作和数据质量检查。一是样本管理情况，二是《现金和实物收支账》质量，三是执行国家统计局及山西调查总队山西省统计局工作制度情况，四是住户调查应用平台运行和管理情况，五是电子记账开展和管理情况。2020年，根据国家统计局的要求开展城乡住户样本轮换工作，专业人员根据上级样本轮换制度和要求，对抽中的十个村和居委会的辅调员进行两期样本轮换业务培训，使学员真正掌握制度和细则要求，达到预期目标。9月21日，接受了省市调查队和监测中心联合的检查和业务指导。10月13日开始，在慰问的同时对全部抽中的100户调查户亲自上门进行问卷调查，就每个抽中户常住居民的性别、年龄、就业情况、收入支出、种植作物面积和产量、家庭耐用品情况、居住房屋面积和当时的投资和房屋的现场估价等现场调查，真正掌握了调查户的家庭基本情况。11月2日市调查监测中心会同统计中心对全县抽中的100户调查户进行集中业务培训，同时开始试记账，为下一轮记账工作的开展奠定坚实的基础。根据省调查总队和省统计局要求，积极推进电子记账，共发展电子记账户50户，达到上级下达的推广目标。

【贫困监测】 贫困监测工作是了解和掌握该乡农村贫困状况的重要手段，是上级出台更加科学的扶贫政策的数据支撑。2020年山阴统计调查监测中心从思想上高度重视，行动上扎实稳妥做好该项工作。认真学习方案，提高认识。深入调查，严格把关。调查过程中坚持做到“五看五不准”，“五看”即看调查对象收入多少、看房屋结构怎样、看有否病残、看子女上学费用多少、看劳动力是强是弱，“五不准”即入村调查不漏户、入户调查不漏项、数据不凭空臆造、表格填写不马虎、资料整理不更改。调查过程做到公开公正透明，确保贫困监测工作高质、高效地完成。

【粮食产量跟踪监测】 数据质量是统计调查的“生命线”，为扎实做好农业调查工作，严格按照上级工作部署，把数据质量这条红线贯穿始终，多管齐下，紧抓对调查各环节的督查指导。2020年山阴统计调查监测中心从6月5日起经过15天对全县抽中的15个村根据卫星遥感地图确定的3个地片每个村90多块地通过PDA定位踏田进行分作物播种面积调查。9月23日单位全体人员深入抽中的10个村对主题作物玉米进行实割实测，完成了产粮大县农作物播种面积的卫星遥感调查和玉米产量的抽样调查。

【规模以下工业和服务业抽样调查】 2020年，山阴统计调查监测中心积极推进规模以下工业和服务业统计调查工作。认真进行辅助培训工作，详细解读了定期报表中的指标；加强对调查员的检查、指导，及时、高效、准确地完成了报表收集、数据汇总、进度分析、报表说明等任务；绘制适合山阴县的《规模以下抽样调查工作流程图》，编印、使用《规模以下工业调查回访（查询）记录》和《规模以下工业调查报表核查清单》，确保了推算数据的真实可靠。不断强化服务业统计调查工作。强化样本维护。为确保有效样本，对被纳入调查样本的企业的基本信息进行全面核对，确保企业有效样本的上报率；强化数据评估、审核。加强现场登记数据与历史数据的对比，保证数据的连贯性和一致性，对上报数据采取三审措施，做到企业调查员初审、专业负责人二审、分管领导三审，确保源头数据真实可信。强化现场调查。6月初，对部分已上报报表企业进行了实地调查，重点核实企业人均月工资情况，利润总额小于营业利润情况，固定资产原价减少情况。经核查，更正了部分数据，保证了上报数据能真实反映企业的实际运行状况。

市场监督

【市场监管】 2020 年，山阴县市场监督管理局结合全市系统“一对一”帮扶行动和“三零”单位创建活动，深入开展“净化经营秩序，优化营商环境”专项整治。山阴县市场监督管理局制定了《山阴县市监局开展“净化经营市场、优化营商环境”专项整治行动工作方案》，成立了领导小组，班子成员负责，牵头组织协调，职能股室对口市局专班牵头科室，各站所队按照网格强化责任，积极行动，深入辖区管片，加大宣传引导力度，发放《打造“灵秀古城”、建设“新韵山阴”——致全县各类市场主体倡议书》300 余份，营造了良好宣传氛围。进企业、见设备、看产品、出实效，了解影响企业发展滞后的问题，发现企业违规违法问题，规范经营行为，创优营商环境，发放“一对一”帮扶服务卡 760 余份。

加大执法力度，提升办案数量质量。多渠道通过日常监管、投诉举报、双随机抽查等发现案源线索，不断加大案件查办力度，以人民群众关心的食品、药品为重点，严肃查处各类市场违法经营活动。截至 2020 年底全局共查办案件 57 起。积极主动化解纠纷，强化消费者权益保护。认真处理各类消费投诉举报，积极主动化解矛盾纠纷。截至 2020 年底，“12315”中心共受理投诉举报 297 起，其中“12315”平台 72 起，政府“12345”服务热线 204 起，现场受理 6 起，县局电话受理 10 起，已办结 295 起，办结率 99.3%。

【事中事后监管】 2020 年，山阴县市场监督管理局以监管需求为导向，以提升效能为目标，以信用监管为手段，精心谋划，规范实施跨部门“双随机一公开”监管模式，整合执法资源，创新事中事后监管，对重点领域和行业开展联合执法，切实减轻企业负担、优化营商环境，形成监管合力，为营造全县公平、有序、安全的经济环境保驾护航。建立完善了“一单两库一计划”，科学实施抽查检查。截至 2020 年底，省、市、县三级共进行了 23 次“双随机、一公开”抽查，涉及执法人员 298 人次，检查市场主体 252 家，包括特种设备项目抽查、广告公司、眼镜店、企业登记公示事项、工业产品获证情况、旅行社许可证、税务违法抽查、劳动用工检查等方面，抽查检查结果已全部完成，并通过信用信息公示系统录入并公示。2020 年，除市场监管系统“双随机”外，还联合教育、公安、统计、住建等部门开展了 8 次跨部门联合“双随机、一公开”抽查。由省、市、县三级执法监管人员及专家组成的检查组分别对朔州市新科工程技术有限责任公司、山阴炫昂建材有限公司进行了“双随机、一公开”监督检查，把“双随机、一公开”监督检查工作与指导工业产品质量安全“零事故”创建工作有机结合起来，做到“进一次门，查多项事”。

【政务公开】 2020 年，山阴县市场监督管理局加大政务信息公开力度，扎实做好“双公示”数据归集工作。严把数据关。及时排查各办案机构行政处罚信息公示情况，对未及时公示的信息进行梳理审核，保证了行政信息公示数据的质量。严把录入关。严格按照“谁办理、谁录入、谁负责”的原则，认真对照行政信息公示的原则、范围、内容、程序、监督保障等规定开展公示工作，先审批，后录入，确保行政信息录入程序及录入内容的规范准确。严把时效关。严格按照《信息公开条例》和《企业信息公示暂行条例》的规定，要求办案机构在作出行政决定之日起及时公示行政处罚信息，确保信息公示工作的时效性。截至年底，县局在信用山西公共信息平台共归集公示行政处罚信息 56 条，公示率 100%。

【安全检查】 2020 年，山阴县市场监督管理局开展安全大检查。认真贯彻落实全省建筑领域专项整治工作会议精神，按照县委、县政府和市局安排部署，开展专项排查整治。下发了《关于在全县市场监管领域人员密集场所开展安全隐患专项排查的通知》，以商场、超市、食品经营单位、餐饮经营户为重点，全局共出动执法人员 128 人次，车辆 26 台次，排查餐饮经营户 401 家，食品经营户 12 家（其中超市 6 家），场地 50 家，商场 7 家，发现隐患 3 项，整改 3 项，对个别证照不全、票据台账制度不完善的门店责令改正。在中秋、国庆食品安全隐患排查中，全局共出动车辆 33 台次，出动执法人员 118 人次，排查商场 4 家、食品经营户 9 家、场地 15 家、超市 15 家、食杂店 38 家、食品生产企业 1 家、加油站 9 家、药店 5 家、小作坊 5 家、饭店 52 家、宾馆酒店 10 家、海鲜店 1 家、其他商户 19 家。排查发现隐患问题 22 条，已整改 21 条。对食材购进记录不完备、药店温湿度记录不全、饭店操作间垃圾桶未加盖等问题现场责令整改，对灭火器等消防器材超期使用的责令立即采取措施整改落实，同时将有关情况抄报县消防大队。对农村自建房用作经营场所进行了排查，全局出动 11 组人员，排查农用房经营户 159 户，其中山阴县玉枝小卖部和徐万义棺材铺经营场所房屋常年失修，已成危房，县局已下达责令停业整改通知。强化特种设备安全监管。2020 年，山阴县共有特种设备使用单位 131 家，注册登记特种设备 1492 台，共涉及六类，其中锅炉 65 台、压力容器 673 台、电梯 603 台、起重机械 124 台、厂（场）内专用机动车辆 27 辆、液化石油气瓶 12000 只。抽查各种特种设备 340 台，下达特种设备安全监察指令书 39 份。日常监督检查共检查特种设备重点使用单位 75 家次，出动执法人员 150 人次。开展高层电梯安全专项检查，对照自查的 239 部电梯进行了抽查，建立隐患台账，限期整改。加强协作配合，促进人居环境改善。结合“两下两进两拆双修”工作，开展违法广告查处整治。按照政府统一安排，对县城同太路及府南路商场、餐饮、酒店、药店及沿街门店的门头牌匾尺寸进行了摸排，共计排查经营户 571 户，牌匾延长 4126.5 米。

【食品监管】 2020 年，山阴县市场监督管理局加强食品安全监管，确保食品安全，强化食品经营户的监督管理。县局专门召开了食品安全推进会，要求各基层监管单位严格落实食品安全监管责任，坚持问题导向和目标导向，结合疫情防控，突出围绕重点任务，对小饭桌、集体食堂、酒店、宾馆等重点场所，强化工作措施，增加检查频次，严格执法办案，做好食品安全工作。从严要求落实进货查验、索证索票制度，确保食品、蔬菜和日用品质量安全及价格稳定。共出动执法人员 276 人次，检查各类食品经营户 425 家次。组织开展食品抽检工作。县局拟抽检各类食品（含食用农产品）992 批次，截至年底已完成，等待抽检结果。配合市局开展农产品抽检 136 个批次。

加强校园食品安全监管。对全县学校食堂食品卫生安全开展了拉网式检查，检查学校食堂 58 家，检查覆盖率达 100%。深入山阴县第一幼儿园、山阴县第一中学等各类学校食堂，重点对食品安全管理制度建立情况、食品进货渠道及索证索票台账记录、餐饮具清洗消毒情况、食品添加剂管理、食品留样、疫情防控等情况进行了检查。县局的学校食品安全工作，受到了省局食品安全交叉检查组一行领导的高度肯定，认为山阴县学校食堂落实各项食品安全管理制度扎实到位，食品安全总体状况良好，明厨亮灶建设工作推进有力。共检查食品经营户 21 家、餐饮经营户 7 家、学校食堂 9 家。

开展冷冻冷藏肉品检查。山阴县市场监督管理局组织冷链经营户和监管人员召开了全县冷冻冷藏肉品监管工作推进会，对近期工作进行了再部署，县委常委、副县长赵栋出席了会议并强调，要进一步提高思想认识，进一步增强责任意识，进一步强化工作举措，严格落实省、市、县整体防控要求和冷链监管工作安排，确保冷冻冷藏肉品及冷链监管工作扎实有效。监管人员以各市场监督站日常辖区管片为界，分 8 组对全县冷链经营情况进行了两轮排查检查。截至 2020 年底，山阴县有冷链经营企业 37 家，其中冷库 2 家。按照人物同防原则，加大检查力度，对进口冷冻食品及经营户从业人员全部进行了核酸检测。截至年底，县局配合疾控中心共排查冷冻食品经营户 37 家，在营在用进口冷链企业 14 家，进口冷链食品数量 2046.3 公斤，封存了 129.3 公斤，进总仓检验数量 1917 公斤。共进行核酸抽检经营户 37 家，从业人员 53 人，商品和人员抽检结果均为阴性。和交警部门协同配合，在县城两处高速入口派专人对过往冷链物流车辆严密监控，对 3 辆车的 5 个品种 18 个样本及 4 人进行了核酸检测，结果阴性。从运输、源头等多渠道堵塞漏洞，增强整体防控能力。

【药品监管】 山阴县市场监督管理局加强食品安全监管，以退烧药、口罩等防疫物资为重点，对全县 68 家药店（含乡村药店）、5 家民营医院、3 家县级以上医院和 13 家乡镇卫生院进行了全覆盖监督检查。截至年底，共出动 492 人次，巡查药品零售企业 165 家次。配合市局进行药品抽样 80 批次，并对山阴县疫苗使用单位开展了专项检查。药品使用单位药品质量检查，全县共出动执法人员 106 人次，检查药品使用单位 32 家次，发现问题并整改 2 家。疫苗安全专项检查，计划对县疾控中心及疫苗接种单位开展全覆盖的监督检查，确保山阴县疫苗质量的安全，全县共出动执法人员 68 人次，检查疾控中心及疫苗接种单位 18 家次。

【专项整治】 2020 年，山阴县市场监督管理局严厉查处“禁煤区”内散煤销售，避免散煤复烧。共排查 12 家，清理 9 家经销点，共清理煤炭 230 余吨。其中建成区内 5 家、安祥寺 1 家、北沙沟 1 家、虎山线 1 家、西二环东 1 家、翠微东街 1 家，对无照经营散煤的经营户下达了责令改正通知书。同时，开展民用煤质量专项整治行动，对销售不符合质量标准的民用煤以及在“禁煤区”销售煤炭及其制品等违法行为，依法依规严肃查处，杜绝不合格产品回流到民用煤市场。坚决禁止销售灰分大于 16%、硫分大于 1% 的劣质煤，对民用散煤和洁净煤依法实施监督抽检，加大煤样抽检频次，采暖季每月煤质抽检覆盖率不低于 20%，全年抽检覆盖率 100%。2020 年，县市场监督管理局抽检 4 家经营户 4 个煤样，1 个煤样不合格。

加强对油品质量监督管理，组织开展车用油品质量监督检查。县局制定下发了《山阴县市监局 2020 年开展成品油市场专项整治工作实施方案》，组织相关股所开展专项整治，配合市局对全县 16 家加油站进行了抽检，共抽检 23 个样品，其中汽油样品 8 个、柴油样品 12 个、尿素 3 个。经检验，涉及 2 个加油站的 3 个油品不合格，由市局作统一处理。县局组织抽检了 21 批次汽油样、27 批次柴油样、5 批次车用尿素样，1 个柴油样不合格，已立案查处。

配合生态环境部门清理建成区内燃煤设施。燃煤设施 10 蒸吨 / 小时以下压力锅炉清零任务基数 43 台，已全部淘汰注销登记证 38 台。对环委办提供的县城建成区各类市场经营主体 75 家在册燃煤设施进行了全面摸排，第一轮下达责令改正通知书 64 份，2 户已拆，1 户已接大暖，其余 8 户无法联系。二轮排查 68 家，7

户无法联系，2户接大暖，1户已拆，1户接天然气，1户改新能源，下达责令改正通知63份。不间断开展餐饮油烟专项整治行动。强化餐饮油烟生活源VOCs治理。大力开展餐饮油烟治理宣传，强化餐饮经营户主体责任和环保意识。以重点行业（经营烧烤等污染强度较高的）、重点规模（大型及以上餐饮服务单位）为整治对象，开展现场指导，逐户排查推进油烟净化设备安装情况。按照突出环境问题清零工作要求，对县城建成区范围的室内烧烤店进行了专项检查。要求各经营单位按照大气污染防治法相关规定和要求，安装油烟净化设施并保持正常使用，出动执法人员35人次，排查检查相关烧烤店等经营户44家。

【整治烟花爆竹】 2020年，山阴县市场监督管理局开展烟花爆竹专项整治。对辖区烟花爆竹及日杂经营户进行了全面摸排，结合无照经营专项整治进行宣传引导，号召广大经营户履行市场主体责任和社会责任，严格执行省政府关于从10月1日起全省域禁止生产、运输、储存、销售、燃用烟花爆竹的规定，通知从事烟花爆竹经营的经营户在10月1日前主动到县行政审批局办理注销或变更登记，为打赢蓝天保卫战清零攻坚战，不断改善全县空气质量和生态环境，打造“灵秀古城”、建设“新韵山阴”作出贡献。专项整治活动共出动执法人员17人次，车辆3台次，排查经营户25家次，5家停业，1家已注销，发放通知和宣传资料30余份。

【有机产品认证】 2020年，山阴县市场监督管理局抓好标准公开，加强有机产品认证宣传。辖区18家企业在企业标准信息公共服务平台上报标准44项涵盖50种产品，其中国家标准15项、企业标准27项、行业标准2项。继续推进“山阴县黄花梁富硒有机旱作农业标准化示范区”“山西鑫霏农业有机旱作谷子农业标准化示范区”两个有机旱作农业标准化示范区的建设。示范区的建设培养锻炼了一大批懂技术、会管理的专业技术人才，使农民增加了收入，企业获得了很好的经济效益。朔州市朔煤古城食品有限公司参与了燕麦片行业标准的制修订工作，惠牧源农业专业合作社联合社主导制订地方标准。这些优势企业通过主导参与地方标准、行业标准的制修订工作，较好地推动了“2+7+N”现代产业体系的加快构建。有一个团体标准已经进入公示环节，另一个团体标准正在审核中，还有一个团体标准正在申请准备。企业标准信息公共服务平台截至2020年底，有27家企业上报190项标准，涵盖199种产品。2020年9月24日在县文化广场举办了以“守护绿水青山，共享绿色生活”为主题的有机产品认证宣传活动。宣传活动的宗旨是广泛宣传普及有机产品生活理念，提升消费者对有机产品的认知度，扩大有机产品市场影响力，促进有机产业健康可持续发展。县局和企业共出动宣传人员30余人，发放有机产品认证宣传单、宣传手册等宣传资料1000余份。

【公平竞争审查制度】 2020年，山阴县市场监督管理局对2019年12月31日前的存量政策措施于6月19日前已清理完成，严格增量政策措施审查，为进一步优化营商环境、防止滥用行政权力排除限制竞争奠定了基础。10月23日召开了山阴县公平竞争审查工作联席会议第二次全体会议，对全县公平竞争审查工作提出了要求。山阴县竞争联办印发《关于报送清理政策措施的通知》，组织清理了全县在2019年年底前制定的规范性文件和其他政策措施；举办了公平竞争审查工作业务培训，印发了培训资料，推进了公平竞争审查制度在山阴县的贯彻落实；政府及所属部门明确内部审查机制，政府办印发了《关于改进和规范公文处理工作的通知》，严格规范审核程序，各成员单位制定了公平竞争审查工作制度；建立了县公平竞争审查工作联席会议办公室投诉举报机制，建立面向各类市场主体的有违公平竞争的投诉举报和处理回应机制；山阴县竞争联办组织人员对各成员单位进行了考核，以此推进公平竞争审查工作的落实。

【队伍建设】 2020年，山阴县市场监督管理局运用国家市场监督管理总局行政学院、山西干部在线学院、“学习强国”等平台，持续推进干部知识更新，通过外出参加培训、网上自学等多种方式，开展全员知识更新培训，参加人数220余人次。全面贯彻从严治党新要求，教育引导干部进一步增强“四个意识”，通过学习培训提醒党员干部严格贯彻有关规定，确保干部职工风清气正、廉洁自律。深入开展持续净化政治生态工作，2020年9月30日县局召开全局大会动员部署，按照《关于在山阴县开展持续净化政治生态的工作方案》要求，认真落实县委部署和县政府党组、县纪委监委有关要求，立足市场监管工作实际，严格落实全面从严治党主体责任，通过党组中心组学习、周五例行学习培训等时间，组织班子成员、股所以上干部、离退休人员、全体干部职工，分层次、多渠道开展集中学习，学党章、《中国共产党党内监督条例》等重要内容，对照县委工作措施、责任清单围绕四个方面14个突出问题，聚焦严肃党内政治生活等“八个方面”，认真进行对照检查，组织全局开展排查，形成问题清单、责任清单和整改清单，制定整改措施并积极落实推进，确保全局政治生态得到有效净化。

国土资源管理

【国土空间规划】 2020年，山阴县自然资源局进行了城镇开发边界划定、生态红线优化工作和永久基本农田划定工作。划定城镇开发边界44.78平方千米（县城27.95平方千米、开发区12.19平方千米、其他乡镇4.64平方千米），划定永久基本农田84.01万亩，生态红线优化后面积为39.46平方千米，占全县面积的2.4%，为项目建设留下了空间。完成了山阴县国土空间规划初稿的编制和“国土空间开发保护现状评估和风险评估研究”等8个专题研究报告。开展了山阴县城市总体设计，对县城功能分区、生态景观、空间结构、交通组织、建筑风貌、开发强度、公共服务等进行整体研究和分项设计，已初步完成，截至2020年底正在征求意见，有待进一步修改完善。同步开展了乡镇国土空间总体规划、“多规合一”实用性村庄规划，北周庄镇辛留村等5个村庄的规划已完成编制。

【城乡建设用地】 2020年，山阴县自然资源局全年实施了2个城乡建设用地增减挂钩项目，总规模2613亩，创收2.699亿元。马营乡城乡建设用地增减挂钩项目区已完成拆除复垦，正在申请验收。该项目涉及马营乡8个行政村，户数1515户，拆旧区总面积1198亩，新增耕地819亩。新增建设用地指标全部易地交易，交易总额1.229亿元，已收回指标交易资金8600万元。

玉井镇、马营乡城乡建设用地增减挂钩项目区正在加紧推进旧房拆除工作。该项目涉及8个行政村，户数1960户。拆旧区复垦总规模1415亩，新增耕地957亩。新增建设用地指标全部进行易地交易，交易总额1.47亿元，已收回指标交易资金7179万元。

【不动产登记】 2020年，山阴县自然资源局大力推进不动产登记工作，易地扶贫搬迁安置不动产登记优先发证工作全部完成。农村宅基地和集体建设用地确权登记，已经完成13个乡镇192个村34500宗地的房地一体权籍调查，截至12月14日，在不动产登记系统完成登簿21321宗。城市不动产登记发证5356件，超额完成了上级下达的任务，进度全市排名第一。

【耕地保护】 2020年，山阴县自然资源局全面加强耕地保护，县与乡、乡与村层层签订了耕地保护责任书，2020年，山阴县耕地保有量107万亩，超额完成了上级下达山阴县耕地保护面积104.24万亩和永久基本农田保护区面积84.01万亩的保护任务。扎实推进耕地占补平衡。实施补充耕地项目7个，建设总规模182公顷。实施高标准基本农田整理项目4个，建设总规模870公顷。通过土地开发整治，新增耕地面积7500亩，改善了农业生产种植条件，促进农民增收，保障了全县建设项目的需要。

【矿产资源管理】 2020年，山阴县自然资源局严格矿产资源管理秩序，完成了市局下达的矿业权人开采信息公示工作的目标任务，全县应公示矿业权数43家，实公示矿业权数43家，完成率100%。2020年共征收矿业权出让收益31264万元，资金占用费7380万元，共计38644万元，做到了应收尽收。

开展了矿山生态修复和非煤矿山综合整治工作。各矿山企业全部编制了矿山地质环境保护与治理恢复方案，18家煤炭企业设立矿山环境治理恢复基金专户，提取治理恢复基金18394万元，已使用基金15497万元，复垦土地9270亩。22家非煤矿山企业恢复治理保证金转为基金162万元，新提取恢复治理基金330万元，治理复垦土地162.8亩（种草37.5亩），植树20740株，边坡治理16900平方米，绿色矿山建设取得了阶段性成果。

【地质灾害防治】 2020年，山阴县共有43个地质灾害隐患点。2020年投入1819万元，在虎山线、岱马路通过削坡、挂网、修筑护坡工程，消除高陡边坡隐患点10处，吴马营乡西短川村搬迁1户地质灾害隐患点附近院落，兰花口前煤矿修复1处采煤塌陷路段。通过采煤沉陷区搬迁和土地复垦，消除马营乡、玉井镇地质灾害隐患点6处，改善了群众的生产、生活环境，保障了群众的生命和财产安全。

【土地执法监管】 2020年，自然资源部下发山阴县卫星遥感监测图斑198个，其中违法图斑70个，图斑监测面积121.12亩，其中耕地面积1.91亩，拆除违法建筑物面积867平方米，没收违法建筑物面积533平方米，退还土地39.59亩，行政处罚293.8万元。土地违法数量、占用耕地面积创近年来新低。

【信访案件】 山阴县自然资源局将解决群众的信访问题作为一项重要任务，对信访案件实行党组成员包案、股所队负责人具体承办，重点信访案件集体会商研判的工作机制，凡是群众合理诉求的信访事项都做到及时受理、专人办理、热心处理，防止将“小事拖大，大事拖炸”。截至2020年底，受理信访案件27件，办结25件，办结率93%。

【土地利用供应】 山阴县自然资源局有效保障土地利用供应，截至2020年底，共计出让土地41宗，出让土地总面积2741亩，其中划拨用地5宗1580亩，出让土地38宗1183亩。处置批而未供土地1357亩，2020年新增建设用地供地率74%，超出省、市控制指标线。实现土地出让收益16190万元。

应急管理

【概况】 2020年，县应急局认真贯彻落实党中央国务院，省委、省政府，市委、市政府关于安全生产重大决策部署，坚持安全发展理念，紧紧围绕县委、县政府年度工作目标任务，层层落实监管责任，全面开展了安全生产专项整治三年行动和“零事故”创建工作，有效化解重大安全风险，及时消除事故隐患，确保各行业安全生产。同时建立健全应急管理体制机制，加强应急救援队伍建设，提高防灾减灾救灾能力，进一步促进了全县安全生产形势稳定好转，各项工作呈现良好态势。

【煤矿安全生产检查】 2020年，山阴县应急管理局开展疫情防控期间煤矿复工复产验收工作。2—3月，面对突如其来的疫情，在县政府的统一安排下，由县应急局牵头，卫健、能源、乡镇配合，对全县15座煤矿组织开展了有序的复工复产验收，通过对逐矿逐人严格审查，井下逐面逐头严格把关，做到合格一座，复工复产一座。在复工复产验收中，查出隐患问题83条，全部由“五人小组”督促整改闭合。开展煤矿安全集中整治和“一通三防”专项整治以及打击煤矿违法违规专项行动等工作。3—4月，开展了全县煤矿安全生产集中整治和“一通三防”专项整治以及打击煤矿违法违规专项行动，由局分管煤矿安全领导带队，组织相关人员组成专项检查组，对全县煤矿开展了全覆盖排查整治，共查出隐患问题275条，全部由“五人小组”督促整改闭合。开展全国“两会”期间重点时段煤矿安全专项检查工作。5月，抽调“五人小组”骨干人员组成全国“两会”期间煤矿安全专项检查组，重点对煤矿采掘计划执行情况、职工队伍培训和持证上岗情况、监测监控系统运行管理情况、安全费用使用情况以及探放水、“一通三防”、机电运输等现场管理情况进行了全面检查，共查出隐患问题103条，并督促煤矿严格按照“五落实”要求整改落实。同时由“五人小组”对所监管煤矿开展了采掘工作面（头）摸排，督促煤矿严格按照采掘计划部署，做到“一井一面两掘”开采，防止多头多面生产。开展汛期煤矿安全专项检查工作。6—7月，为认真贯彻落实习近平总书记关于对汛期安全工作的指示要求，组织“五人小组”对全县煤矿开展了汛期安全专项检查，共查出隐患问题26条，全部由“五人小组”督促整改闭合。同时加强“五人小组”汛期值守工作，及时应对暴雨自然灾害，确保煤矿安全度汛。开展国庆节和党的十九届五中全会期间特殊时段煤矿安全专项检查。为确保国庆节和党的十九届五中全会期间煤矿安全生产，按照上级部署要求，首先在国庆节期间开展了煤矿安全突查活动，共突查煤矿6座，查出隐患问题36条，全部整改闭合；其次在党的十九届五中全会期间，重点对灾害严重的煤矿进行了严格管控，重点加强探放水、“一通三防”和顶板、火工品等管理工作，特别是在特殊时段，要求煤矿停止火工品使用，确保煤矿安全生产万无一失。开展第四季度全县煤矿安全生产大检查。为认真吸取平鲁区万通源煤业“11·11”透水事故教训，根据省、市安排，从11月份开始，开展了全县煤矿安全生产大检查。组织“五人小组”组长和相关人员组成安全大检查组，由局分管煤矿安全领导带队，对全县煤矿开展了全覆盖、全方位、全领域排查整治。共检查煤矿15座，查出隐患334条，全部责令限期整改，并由“五人小组”督促整改闭合。

【非煤领域安全检查】 山阴县应急管理局开展了非煤矿山企业安全专项检查。2020年，共查出隐患39条，当即整改34条，限期整改5条，挂牌督办企业4家，已全部整改闭合。同时为非煤企业印发了《关于新型冠状病毒感染的肺炎疫情应急预案》和《疫情防控工作手册》《山阴县非煤矿山安全生产专项检查实施方案》《关于开展非煤矿山安全生产风险隐患排查治理专项行动的通知》，做到疫情防控和复工复产“两不误”。开展了危化企业安全生产执法检查。2020年，共检查加油站70家，查出一般隐患问题82条，全部整改闭合；对全县加油站加油员进行了全员培训，共培训180余人，持证上岗；国庆节前严格落实烟花爆竹“五禁”工作，对烟花爆竹25家零售门市和3家批发企业进行了吊证，并对库存进行了清零。开展了两节、两会期间冶金工贸行业安全生产专项检查。重点对工贸企业内部配置危化装置进行了集中整治以及建材行业重大事故隐患进行了大排查大整治，在专项行动中，共发现一般隐患78条，并督促企业整改到位。同时结合6月份“安全生产月”活动，对冶金工贸行业开展了安全大检查和标准化建设以及有限作业空间专项整治工作。开展了地面煤场安全专项检查。2020年，共检查煤场34家，下达执法文书34份，共查出一般隐患问题103条，并督促企业全部整改闭合。

【“零事故”创建】 2020年县应急局印发了《开展“三零”单位创建工作方案》。6月23日，县政府在应急局召集全县各成员单位负责人召开了“零事故”单位创建暨安全生产专项整治三年行动工作推进会；8月7日，县应急局在北祖煤业召开了全县煤矿“零事故”创建现场推进会；10月26日，在玉井煤业召开了全县煤矿安全生产技术交流会，全县成立了开发区、各乡镇、各行业监管部门等40个“零事故”单位创建工作专班，各专班分别制定了工作方案，明确了各行业领域工作任务，深入开展创建工作。应急局充分发挥牵头示范作用，加强“零事故”创建的综合协调、统筹推进、阵地建设、示范引领等工作。各创建单位进一步加强安全监督检查，织密安全防控体系；各乡镇、各行业结合安全专项整治工作，开展了风险隐患排查治理，做到了真查真改，边查边改，立查立改，确保每个风险隐患都能得到有效防范化解。年内，各行业共排查风险隐患3030条，已整改2910条，限期整改120条。

【应急救援】 2020年，县应急管理局做好森林消防救援工作。应急局森林消防专业队，共接森林火警60余次，全部为一般火情，均得到了有效控制和灭火处置，未发生森林火灾人员伤亡事故。全年共组织防火巡查90余起，及时开展了森林火灾隐患督查巡查。做好地面消防救援工作。2020年，县消防救援大队相继开展了全县出租屋及校园场所消防安全综合整治；民政福利机构、文博单位、危险化学品企业“排险除患”行动；开展了疫情复工复产消防服务专项行动、电动自行车消防安全管理专项行动、打通“生命通道”专项行动、人员密集场所专项行动、仓储物流专项行动、消防技术服务机构整治行动、建筑领域安全隐患专项排查整治行动。

应急局做好矿山救援工作。年初，县矿山救援中队与各煤矿企业签订了年度矿山救护协议。在做好疫情防控的情况下，县矿山救护中队组织开展了日常训练，组织全体指战员进行万米拉练训练3次，91人次参加；进行挂风障、安装高炮灭火机等一般技术操作训练，进行了伤员创伤急救、仪器席位操作、闻警集合和下井准备等训练。其中打风障8队次，安装高炮灭火机8队次；伤员创伤急救训练12队次，仪器席位操作24队次，提高指战员实战能力。在搞好日常训练的同时，参加地面火灾救援5起，并完成对全县所有煤矿兼职救护队员配备情况进行突击检查任务。应急管理局在强化三支应急救援队伍建设的同时，进一步加强应急救援演练和应急处置工作。7月30日应急局组织机关、消防队、矿山救护队、森林消防队、煤炭纠察队等120余人在桑干河湿地公园举办了应急管理系统干部职工体能训练比赛活动，从而检验和提升了全县应急救援队伍处置能力和协作能力，确保应急救援队伍拉得出、打得赢。

【煤矿智能化技术改造】 2020年，山阴县应急管理局积极推进煤矿企业在安全监控系统、顶板监测系统、防治水设备、主要排水系统、主通风机在线监控和无人值守系统、清洁环保节能设备等方面进行了智能化改造。对顶板压力监测系统进行改造的矿井有11座（台东山、五家沟、南阳坡、北祖、安平、辛安、元宝湾、华夏、千井、口前、芍药花）。配备智能化探放水设备的矿井有11座。辛安、北祖、台东山、腰寨、玉井配备了钻孔测井分析仪；五家沟配备了充水水源快速识别仪；千井、元宝湾、水泉配备了矿用钻孔成像轨迹监测装置；南阳坡、华夏配备了钻孔测斜仪。主排水系统进行智能化改造的矿井有9座（台东山、五家沟、南阳坡、北祖、辛安、元宝湾、水泉、华夏、朱和咀）。使用清洁环保节能型空压机的矿井有10座（台东山、五家沟、南阳坡、玉井、辛安、元宝湾、水泉、华夏、朱和咀、芍药花）。其他智能化设备使用情况，南阳坡煤矿、五家沟煤矿配备了地面远程供液自动配比系统；水泉基建煤矿对安全监测监控系统、人员定位系统、主通风机在线监测系统、井下中央变电所无人值守系统进行了升级改造，使各大监控系统和控制系统实现了数字化、信息化、智能化；9座煤矿和县应急救援队伍分别购买了智能化机器人共计10台，投资1300万元。

【安全生产月】 山阴县应急管理局积极开展第19个安全生产月，县安委办及时印发了《关于开展2020年全县“安全生产月”活动的通知》（山安办发〔2020〕19号），要求各乡镇、各部门、各企业采取灵活多样的形式，在做好疫情防控的情况下，切实推进“安全生产月”活动各项工作。活动期间，各部门、各企业开展了丰富多彩、形式多样的“安全生产月”活动启动仪式，同时开展了线上、线下网络安全宣传教育活动；6月16日，县政府在广场举行了“安全宣传咨询日”活动，县政府有关领导、部门领导和“三支”应急救援队伍以及广大民众共150余人参加了活动。

【防灾减灾】 应急管理局结合《山西省人民政府办公厅关于实施自然灾害防治重点工程的通知》（晋政办发〔2019〕98号）和省减灾委员会办公室制定的《山西省综合减灾示范社区创建管理暂行办法》，进一步细化了山阴县“综合减灾示范社区”创建标准和具体要求。结合社区、人群、文化、基础设施、财力、安全等方面特色，深挖潜力、综合利用资源，在创建中打造各自社区特色，精准化、持续性推动减灾示范社区建设，形成综合减灾示范社区创建工作的多样化。开展“防灾减灾”宣传教育活动。5月12日上午，由县政府组织，应急局承办，各成员单位参加，在政府广场举办“防灾减灾”宣传活动，各成员单位通过发放防灾减灾科普读物，展出主题展板，讲解答疑等形式向过往群众宣传普及洪涝、地震、风暴、地质、森林防火、生态环境等各类自然灾害以及火灾、用电、燃气泄漏等事故的知识和防范应对技能，既提高了广大群众的安全防范意识和应对突出事件的能力，又唤醒了社会各界对防灾减灾工作的高度关注，达到了“筑牢防灾减灾救灾的人民防线”的预期效果。应急局全面做好防汛备汛工作。在全力应对新型冠状病毒肺炎疫情的同时，立足防大汛、抢大险、救大灾，切实做好防汛备汛工作。严格落实属地责任，健全以乡镇长负责制为核心的防汛抗旱责任制，强化组织领导，精心安排部署，落实防汛隐患排查、除险加固、河道清淤、物资储备、抢险队伍建设、应急值守等各项工作，做到有备无患，防患于未然。汛期，修订完善了全县13个乡镇以及受洪水灾害威胁128个村16270户49685人的防撤抢方案，制定撤退路线240条，设置安置点306个。

【党风廉政建设】 2020年，县应急局党委坚持聚焦重点、破解难题的工作思路，正确处理好能源领域反腐败专项行动和推动当前各项工作的关系，切实做到“两手抓、两不误、两促进”，以专项行动的实效来教育全系统干部职工，真正把党员干部的工作热情和进取精神挖掘出来，用于推动全局各项工作的顺利开展，实现安全稳定发展，服务全县大局。高度重视，全面部署。按照省、市、县《关于开展能源领域反腐败专项行动工作方案》部署要求，县应急局印发了《山阴县应急局关于开展能源领域反腐败专项行动方案》，成立了以党委书记、局长为组长，其他党委委员、副局长为副组长，局各股室、下属单位负责人为成员的能源领域反腐败专项行动工作领导组。2020年3月11日县应急局召开党委扩大会议，就全局党风廉政建设暨能源领域反腐败工作进行了全面安排部署；3月23日县应急局召开能源领域反腐败再动员再部署工作会议，对能源领域反腐败专项行动工作进行了再动员再部署再安排。12月，县应急局召开了“四风”问题专项整治会议，对系统内“四风”问题整治工作进行了全面安排部署。严格排查，全面整治。将纪律挺在前面是干好工作的关键，监管服务对象认可是工作发力的目标，局党委派出督查人员定期深入各煤矿和非煤矿山等能源领域企业进行调查走访，多途径掌握局干部的工作状态。为此，县应急局设立了举报箱、举报电话，并制定印发了《山阴县应急管理局能源领域反腐败专项行动意见表》，定时不定时地进行突击检查，明察暗访，对监管人员违法违规行为，发现一起，查处一起，确保专项行动取得实效。

【扶贫攻坚】 2020年，县应急局脱贫攻坚帮扶对象为玉井镇窝棚沟村。按照脱贫“四个不摘”和扶贫攻坚工作力度、资金投入、政策支持、帮扶力度“四不减”要求，局里投入4万元，帮助该村村民购买土豆、莜麦、胡麻、玉米籽种及地膜投资2.898万元，其余1.102万元充入该村爱心超市；帮助该村8户9人外出务工，村内安置贫困户2户2人从事保洁、护林工作。帮助该村申请专项扶贫资金50万元，建设66千瓦光伏电站一座，与原光伏电站合并发电，贫困户继续享受村集体光伏收益分红，并为村集体经济未来发展奠定了坚实基础。

【扫黑除恶】 2020年是扫黑除恶专项行动的关键年，县应急局加大系统内扫黑除恶的宣传和摸排工作力度，继续对所监管行业进行深入摸排，走访企业和周边人员进行多渠道调查了解，特别要随时关注企业职工动态，发现线索及时上报，并及时对接信访和公安等相关部门。年内，出台了《应急局党委2020年扫黑除恶工作要点》《应急局党委加强扫黑除恶专项行动宣传工作的通知》《应急局党委扫黑除恶专项斗争突出问题专项整治实施方案》，引深扫黑除恶专项斗争，深入开展应急管理行业领域突出问题专项整治，同时强化党员干部职工管理，从严管理，健全长效机制。

农林水牧

农 业

【概况】2020年，山阴县农业农村局以习近平新时代中国特色社会主义思想为指导，深入学习贯彻习近平总书记关于“三农”工作重要论述和视察山西重要讲话精神，认真落实中央、省、市、县农村工作会议精神，牢牢守住“三农”工作基本盘，坚持农业农村优先发展，以实施乡村振兴战略为总抓手，以打造“灵秀古城”、建设“新韵山阴”为目标，坚持疫情防控和稳产保供两手抓，全县农业农村工作稳步推进。

【农业产业】2020年，农业粮食生产稳中有升。山阴县粮食作物种植面积84万亩，粮食作物产量预计可突破2.85亿公斤，有效地确保了“米袋子”保供给。2020年全县杂粮种植面积突破22万亩，已完成绿色有机产品认证13个。合盛堡乡黄花梁富硒有机旱作农业基地、岱岳镇七里沟村渗水地膜旱地谷子种植基地、岱岳镇骏宝宸公司水肥一体化种植基地等集成有机旱作农业技术模式，突出主导品种和特色产业，提高产业效益，有效地促进了全县杂粮产业向精细方向发展。

【畜牧业】2020年，山阴县农业农村局紧紧抓住粮改饲试点县和雁门关农牧交错带结构调整先行区的政策机遇，坚持“调优结构，以畜定草，草畜结合，以草促牧，以牧富民”的发展思路，结合奶牛养殖效益的提升，着力实施了16万亩优质玉米饲草种植工程、3万亩苜蓿种植工程和多年生牧草种植工程，全县草牧产业发展势头强劲。畜牧产业提升振兴。以“粮改饲”试点项目为契机，把奶牛乳品产业作为重要品牌，坚持“立草为业、草畜结合、以草促牧、以牧富民”，发展草牧业，年内优质牧草种植20万亩，重点建设了川区奶牛牧场化养殖、山区优质肥羔羊标准化养殖、肉牛育肥养殖三大现代化优质畜产品基地，逐步构建起了种养结合、粮草兼顾的新型农牧业发展新模式。

【农村改革】2020年，山阴县农业农村局深化农村改革。农村承包地确权，全县257个行政村，有252个村完成了农村承包地确权登记颁证；有5个村未确权，其中北周庄镇张庄村、柏坡村、白殿沟3个村全部退耕还林，岱岳新大滩村和移民新村没有承包地。已完成调查家庭承包农户38251户，实测家庭承包地面积860072.08亩，确认家庭承包地面积860072.08亩，土地承包经营权证书颁证到户38251本，档案整理完成38251户。

农村集体产权制度改革。全县257个行政村集体资产清产核资工作全部完成，核实资产总额6.66亿元；已确认成员身份17.34万个，完成率 100%；已完成产权制度改革 257 个村，完成率 100%；已完成登记赋码 257 个，完成率 100%；集体经济组织证书颁发数 257 个，完成率 100%。

有序推进土地流转。强化政策宣传引导，促进“小田”变“大田”，实现适度规模经营。大力培育家庭农场、农业大户等多种新型农业经营主体，促进“小户”变“大户”。大力推进土地托管，促进农业产业规模化发展。年内全县土地托管面积达到 8 万亩，有效地提升了农业综合效益。

【环境整治】 2020 年，山阴县农业农村局加强农村人居环境整治、村容村貌提升整治。重点实施了拆违治乱、垃圾治理、污水治理、厕所革命、卫生乡村“五大专项行动”，围绕清河行动沿线村庄和贫困村环境提升两大重点，以桑干河沿线为重点集中打造了 5 个美丽乡村示范村（分别是北王庄、大洋村、河曲堡村、芦岭村、庞家堡村），投入资金 514.42 万元重点对 39 个贫困村开展了以“一拆三清一改”为主要内容的村庄清洁行动，村容村貌得到整体提升。

农村环境整治。在全县所有村庄对环村环镇环企业，道路边河边景区周边“三环三边”地区，开展了以清理垃圾、整顿秩序为主要内容的农村环境整治行动。2020 年，全县农村“厕所革命”改厕任务 4700 座，已全部完成。

美丽乡村建设提档升级。在全县着力打造了美丽乡村提升示范村，村容村貌达到净化、美化、硬化、亮化、绿化“五化”要求；垃圾、污水治理设施设备齐全、管护运行正常；公共服务设施配套，有老年日间照料中心、公共浴室、便民超市、金融服务网点等。

【农业产业脱贫】 2020 年，山阴县农业产业脱贫取得新成果。农村经济稳定向好。2020 年全县农村常住居民人均可支配收入 19476 元，同比增长 6.1%。第一产业完成固定资产投资 1.78 亿元，农林牧渔业增加值 10.45 亿元。强化有机旱作补贴。2020 年，县财政投入资金 378 万元，对谷子贫困种植农户给予亩均 42 元渗水地膜扶持补助，同时对贫困村和由贫困户组成的合作社给予每 350 亩配置一台覆膜播种机具补助，极大地降低了贫困户种植旱地谷子的生产成本。实施优质燕麦、道地中药材、优质牧草、特色蔬菜种植扶贫增收项目。通过订单合同、入股流转、吸纳打工带动贫困群众从事燕麦、中药材、优质牧草、特色蔬菜种植。年内实施 16 万亩全株青贮玉米、3 万亩优质苜蓿草牧业扶贫增收工程。依托山西宇昊蘑菇食用菌加工企业，通过收购玉米秸秆、棒芯及畜禽粪便和吸纳贫困户入股或入企打工就业，辐射带动贫困户和巩固期内贫困户增收致富。

【农田建设】 2020 年，推进 2019 年度高标准农田建设项目，完成了盐碱土壤治理 13145 亩、地力培肥 17969 亩、更新机井 45 眼、管道铺设 69.6 千米、新建防渗渠道 87 千米、建设田间机耕道路 86.3 千米、新增 15 台农用变压器及铺设高低压线路 26.2 千米，按照项目设计要求全部完成。2020 年高标准农田建设项目建设规模 14705 亩，计划 2021 年全部完成。

林　业

【概况】 山阴县林业局拟订全县林业生态保护修复、规划并组织实施，组织开展全县森林、荒漠和陆生野生动植物资源动态监测和评价。组织全县林业生态保护修复及造林绿化工作。组织实施林业、草原（地）重点生态修复工程，开展退耕还林，拟订全县造林绿化的指导性计划，参与拟订相关县级标准和规程并监督执行，指导公益林和商品林的培育，组织、指导植树造林、封山育林等生物措施防治水土流失工作，组织、指导全民义务植树工作、城乡绿化工作。组织、指导林业、草原有害生物防治、检疫工作。承担林业应对气候变化的相关工作。组织编制并监督执行全县森林采伐限额，指导执行林木凭证采伐、运输，指导森林经营、利用工作。负责林地、林权管理和天然林保护工作，拟订林地保护利用规划并指导实施，组织、指导天然林划定和管理工作。组织、协调、指导全县荒漠化防治工作。组织拟订全县防沙治沙、石漠化防治及沙化土地封禁保护区建设规划，按照国家荒漠化防治标准拟定配套政策措施并监督实施，监督管理沙化土地的开发利用；组织、指导建设项目对土地沙化影响的审核。组织、指导陆生野生动植物的救护繁育、栖息地恢复发展、疫源疫病监测。监督管理陆生野生动植物猎捕或采集、驯养繁殖或培植、经营利用。按分工监督管理野生动植物进出口，承担濒危物种进出口和国家、省级保护的野生动物、珍稀树种、珍稀野生植物及其产品出口的上报工作。拟订集体林权制度、国有林场等重大改革意见并指导监督实施。拟订农村林业发展、维护林业经营者合法权益的有关措施。指导、监督农村林地承包经营工作。按照国家和省林业资源优化配置、木材利用及相关林业产业政策，拟订相关配套措施并监督实施。指导全县林业产业结构调整，对全县林业生产企业实行行业指导。按分工组织、指导林产品质量监督。指导国有林场和国有苗圃基本建设和发展，组织建立种质资源库，负责良种选育推广，管理林木种苗生产经营行为，监管林木种苗质量。监督管理林业生物种植资源、转基因生物安全、植物新品种保护。监督管理林业资金和国有资产，提出林业预算内投资、财政性资金安排建议。参与拟订全县林业经济调节措施。牵头查处林业开发利用违法案件。指导全县森林公安工作，监督管理森林公安队伍，指导林区社会治安治理工作。统一行使全县全民所有森林资源资产所有者职责，为保护和合理开发利用全县森林资源提供科学指引。进一步加强全县森林资源的保护和合理开发利用，建立健全源头保护和全过程修复治理相结合的工作机制，切实加大生态系统保护力度，加强森林监督管理的协调，大力推进国土绿化，实现整体保护、系统修复、综合治理，保障全县生态安全。创新激励约束并举的制度措施，推进全县森林资源节约集约利用。进一步精简有关行政审批事项、强化监管力度，充分发挥市场对资源配置的决定性作用，更好发挥政府作用，强化森林资源管理规则、标准、制度的约束性作用，推进全县森林资源监督管理和评估的便民高效，更好地促进和保障全县经济社会发展。2020年是“十三五”规划全面完成的收官之年，也是全面建成小康社会之年，山阴县林业局以习近平新时代中国特色社会主义思想和生态文明思想为指导，认真学习贯彻落实习近平总书记两次视察山西重要讲话精神，深入践行“绿水青山就是金山银山”的理念，按照山水林田湖草系统治理的要求，大力开展国土绿化，消灭荒山秃岭，实现全域绿化。坚持大地增绿、林业增效、农民增收相统一，科学规划，创新机制，优化布局，整体推进。努力创建安全生产“三零”平安单位建设，紧紧围绕“绿色生态文明”建设目标，积极履行主体职能，大力实施造林绿化，巩固脱贫成果，把脱贫攻坚同生态建设有机结合起来，在一个战场打赢脱贫攻坚和山河生态修复治理两场攻坚战，为决胜全面建成小康社会、建设生态文明和美丽山阴做出贡献。

【林草种植】 2020年省、市下达山阴县营造林任务0.6万亩，已全部完成。包括国家京津风沙源治理工程0.2万亩，省级京津生态屏障区建设工程0.2万亩，省级交通沿线荒山造林工程0.2万亩，造林主要集中在山区，工程涉及4个乡镇7个村。全部列入省级PPP投资项目，通过议标形式全部由山阴县扶贫造林攻坚专业合作社造林，共有7家扶贫造林专业合作社参与，参社人员141人，贫困户89人，有劳动能力的贫困户 87 人参加了劳动，共获得劳务收入 85.6 万元，人均劳务收入 9618.5 元。在省级资金未到位的情况下，全部由合作社兑现给贫困户，实现了绿化与脱贫增收的双赢。

2020 年草原职能划归林业局，林业局实施 500 亩草种基地建设，完成实施方案的编制及批复，以及招投标工作，确定了施工单位，现已完成任务，并通过了上级的验收。同时进行了草地有害生物防治，完成了防治方案编制，实施草地鼠害防治 20000 亩、虫害防治 10000 亩，共计投入资金 205.4 万元。

【林政管理】 山阴县林业局组织精兵强将对“十四五”期间年森林采伐限额进行了认真编制，经测算及论证，山阴县“十四五”期间年合理采伐限额 4284 立方米，编制成果已报请县政府同意后上报省林草局。强化依法行政受理办结。共接各类毁坏林地案件举报 3 起，办理林木采伐手续 6 件，帮助企业地类核查 15 件。为依法保护好现有的林业用地，做到合法、合理使用林地，对在建项目依法审查其合法性，凡是取得项目批复文件并需要征占用林地的项目，林业局均依法勘验，帮助其申报办理征占用林地手续。

山阴县林业局深入开展 2020 年森林督查暨森林资源管理“一张图”年度更新工作。按照《国家林业和草原局关于开展 2020 年森林督查暨森林资源管理“一张图”年度更新工作的通知》和《山西省林业和草原局关于开展 2020 年森林督查暨森林资源管理“一张图”年度更新工作的通知》文件要求，对遥感判读图斑开展实地调查，及时查处纠正违法破坏森林资源问题，认真填报数据库，对山阴县涉及的 13 个乡镇 154 个判读图斑进行逐个调查，已完成调查任务。完成山阴县自然保护地整合优化。林业局积极进行行业违建别墅清查。局里召开 3 次会议，组织湿地公园、广武名胜风景区、西山森林公园、各苗圃及国有林场进行多次排查，按上级要求排查工作延续到 8 月中旬。积极推进林政项目审批工作，一年来林业局与行政审批局、自然资源局积极协调配合，提前介入，严格把关，增强“放管服”，主动与项目负责人沟通，推进企业项目和行政审批建设。

【森林防火】 2020 年入春以来，山阴县气温回升较快且持续少雨，大风天气多，全县森林火险等级高，防火形势异常严峻。森林防火工作成为重头戏，山阴县坚持“预防为主，防控并举”，多管齐下加强森林防火工作，全力避免森林火灾发生，确保群众生命财产安全和森林资源安全。全县深入学习贯彻习近平总书记关于森林生态安全的重要指示精神，按照国家、省、市、县领导的指示和批示要求，清醒认识到森林防火工作面临的艰巨性、严峻性和复杂性，坚决克服侥幸心理和麻痹思想，将护林防火工作摆在突出位置，坚持防范在先、工作提前，全面压实管护责任，加大隐患排查力度，把重点区域、重点时段的管控工作做细做严，消除各类隐患。

林业局加强宣传发动，营造良好森林防火氛围，全县以森林防火法律法规、防火基本知识为重点，充分利用微信、短信、广播等宣传方式，通过悬挂标语条幅、印发宣传材料、建立宣传标牌、出动宣传车辆等手段，开展形式多样的防火宣传活动，确保全县范围宣传活动取得实效，力求做到防火宣传横向到边、纵向到底，形成人人参与森林防火、人人关注森林防火、群防群控森林火灾的氛围。全面落实《关于禁止销售易燃祭祀用品的通知》要求，在入山、入林处等设立鲜花祭祀点，引导群众自觉转变观念，自愿进行鲜花祭祀，让森林防火意识入脑入心。各乡镇在村庄、道路、林区悬挂了 1000 多条宣传横幅，设立防火宣传广告牌 80 多个，印发宣传资料 10000 多份，为中小学生提供宣传手册 5000 本。县政府与各乡镇和涉林单位签订防火责任书 21 份，各乡镇与所辖村庄、省直林区签订防火责任书和联防联控责任书274份。全县范围内共建设防火隔离带200千米，防火通道262千米，管护站10个。根据国家林草局的统一安排，在全县重点林区的进出口共设置了174个“防火二维码”。在寒衣节前夕，林业局防火站与森林派出所成立了督查组，采取“四不两直”的方式对各乡镇和涉林单位进行督导检查，共下达整改通知书6份。

强化防控措施，全面排除森林火灾隐患，全县层层分解、人人压实森林防火责任，严格落实包保责任制，包联乡镇领导一人一乡（镇），乡镇党政正职一人一片，乡镇班子成员一人一村，守山头、查地头、堵路头、盯人头、看坟头，切实落实管护职责，做到山有人管、林有人护、责有人担；一旦发生森林火灾，严格追究相关人员的责任。在林区要道和山区入口位置设置森林防火检查点和瞭望点，由乡镇、村干部及护林员等轮流把守，对进山人员进行严格的登记、排查，杜绝携带火种进山，从源头上管控住火患。全县进一步完善了森林火灾应急预案，通过瞭望台、地面巡逻、群众报告等方式，全天候、立体式监测森林火情；一旦出现火情，第一时间快捷、高效、科学扑救。按规定组建森林防火队并进行应急演练，对各种扑火机具、设备、车辆、通信等物资储备进行及时补充、定期维修保养或更换，确保防火储备物资随时调用。

【联防联治】 山阴县林业局抓好联防联治，共同维护生态建设成果，为了进一步规范全县清明祭祀用品市场经营秩序，倡导文明祭祀的社会风俗，由县市场监督管理局牵头，公安、民政、交警等配合，深入市场、商店，大力开展文明祭祀专项整治行动。重点检查了经营业户是否取得营业执照，禁止无证无照经营殡葬用品。严禁生产、销售“冥币纸钱、纸扎祭祀品、锡铂元宝”等易燃封建迷信祭祀用品及生产设备。加强值班值守和巡逻检查，严格执行24小时值班制度，特别是加大火源野外管控力度，严防死守，及时全面掌握辖区内森林火情动态，发生火灾及时上报，杜绝发生有火不报、大火小报等现象，形成部门联动、联防联治、群防群治的防火格局，共同维护生态建设成果。

【有害生物防治】 2020年以来总体气候干旱少雨，森林病虫害极易发生，林业局加强森林有害生物防治，提早动手，积极应对，经常深入林区实地勘察，加强林业有害生物的预测预报，区划了有害生物易发区，设立了观察站。便于及时准确地掌握林业有害生物的发生情况、发生规律，侧重防治向预防的转变，对有有害生物的发生迹象及时采用低残留高效率生物防治药物进行防治，防治松毛线虫面积3000亩。

【野生动植物保护】 2020年，山阴县林业局加强野生动植物保护管理工作，加强宣传教育，大力开展了“爱鸟周”“野生动物宣传周”，多种内容丰富、形式多样的野生动植物保护宣传活动，悬挂保护鸟横幅标语、宣传彩旗，发放到饭店、学校，设立了专题展板。协助做好野生动物救助工作，2020年共救助国家二级保护动物2只。特别是在新冠肺炎疫情防控工作中，成立防控工作领导组，加强野生动物监测管理，组织有关人员进行市场食用野生动物排查，坚决杜绝食用野生动物流入市场，并建立野生动物疫情防控长效机制。

【生态扶贫】 2020年，市下达山阴县的林业建设生产任务共计0.6万亩。其中京津风沙源治理工程0.2万亩，京津冀生态屏障工程0.2万亩，省级交通沿线黄山绿化工程0.2万亩。通过议标确定了7家扶贫攻坚造林专业合作社参与造林，增加贫困人员收入。为保证在一个战场打赢两场战役目标的顺利实现，尽可能地为贫困人口提供就业机会，林业局组织各乡镇对所有贫困人口逐个摸底排查，吸纳符合条件、有劳动能力的贫困人口进入管护队伍。经过认真细致筛选，2020年新增贫困管护155名，达到了市里要求的名额，并将花名上报市自然资源局。

2020年全县国家公益林29.82万亩，共聘用管护员337名，其中贫困户206名，占总管护员的61%；集体公益林管护员298名，其中贫困户193名，占集体林管护员的64.7%，达到比例要求60%以上。

【退耕还林】 2020年，林业局巩固退耕还林成果，做好京津风沙源二期工程2000亩任务的规划设计、议标和实施工作，配合省规划院完成第六次荒漠和沙化监测；完成市审计局对山阴县退耕还林2016—2019年度政策兑现审计资料的收集整理工作；配合财政局完成部分乡镇退耕还林一卡通信息的收集上报；完成群众上访和配合纪委监委专案调查2起和1—5月旱灾摸底调查工作。

畜　牧

【经济指标】 2020年，畜牧业经济指标全县奶牛存栏7.95万头，肉牛存栏1.1万头，牛出栏2.5万头；生猪存栏10.5万头，生猪出栏15万头；肉羊存栏21.265万只，出栏15.2万只；蛋鸡存栏58.8万羽，出栏28.6万羽；肉类总产1.5万吨，鲜奶产量28万吨，蛋类总产0.8万吨。

【防疫工作】 动物强制免疫是养殖业发展最重要的环节，2020年春秋两季，山阴县畜牧兽医服务中心利用4个月的时间，两次对全县3.2万个养畜场户的6.9万头牛、10.5万头猪、29万只羊和75万羽家禽进行了强制免疫（免疫种类为口蹄疫、禽流感、猪瘟、小反刍兽疫、布病等）。做到了村不漏畜、畜不漏针，应免尽免，畜禽免疫率100%，耳标佩戴率100%，免疫建档率100%。同时对规模养殖场户进行集中消毒，完成全方位消毒灭源工作，消杀面积200多万平方米，有效阻断病源传播。针对非洲猪瘟防控难度较大的实际，畜牧中心对全县养猪场负责人和技术人员进行了集中培训，培训150人次，发放宣传资料2000余份。与此同时，中心对规模养猪场户实行专人监管，对生猪的存栏、补栏、病死情况随时进行上报，做到早发现、早处置，有效预防疫病的发生和蔓延。截至2020年底，全县未发生重大动物疫病，养殖形势良好。

【畜禽良种繁育】 2020年，山阴县畜牧兽医服务中心加强畜禽良种繁育体系建设。积极引进先马士、鼎元、赛科星等国内外知名育种公司入驻山阴县，认真组织实施奶牛良种繁育工程。全县奶牛禁止使用劣质精液配种，统一使用由农业部指定调运的奶牛优质细管冻精，良种覆盖率100%；在奶牛育种核心群内开展了DHI测定，通过对乳脂率、乳蛋白率、脂蛋比例等指标的测定，为改进饲养管理、提高产奶量、改善牛群品质、增加养殖效益提供了科学依据。组织全县90余家规模奶牛养殖企业负责人和技术人员130余人召开了奶牛现代养殖技术培训班，重点培训了奶牛繁殖技术与牧场繁殖管理。2020年全县完成奶牛良种补贴2.8万头，推广三元优种猪5.1万头；全县奶牛良种精液实现全部免费使用。

【粪污处理】 2019年山阴县争取到农业农村部畜禽粪污资源化利用整县推进项目，项目分两个年度完成，项目总投资7654万元，其中国家投资3500万元、县财政配套300万元。项目共涉及130个养殖场和4个集中处理中心。2019年完成24个重点规模畜禽养殖场和4个集中处理中心的畜禽粪污资源化利用工作。2020年完成106个养殖场的粪污处理设施建设任务。项目完成后，全县畜禽粪污资源化综合利用率

90%，粪污设施装备配套率100%。

【生猪养殖业】 2020年，山阴县畜牧兽医服务中心大力支持生猪养殖业的发展。山西大象农牧集团在双寨、东堡的养殖基地已建设完工并投入生产，2020年，全县与大象集团合作的场户有55个，年生猪出栏量可达15万头，生猪养殖将成为农民致富的又一产业。

【京津风沙源】 2020年，完成京津风沙源项目（中央投资1494万元），新建畜禽棚圈7万平方米，涉及27个规模养殖场户；新建青贮窖3.7万立方米，涉及37个规模养殖场户，工程已全部完工，已经过省林业厅和县项目办的验收。

【粮改饲】 2020年省农业农村厅下达给山阴县的粮改饲种植任务为3.25万亩，资金450万元。经过组织申报，2020年全县进行粮改饲的合作社和草加工企业共97家，其中对全株玉米青贮的有92家、收贮燕麦草的5家。项目收贮工作于9月5日开始，山阴县畜牧兽医服务中心对收贮工作进行了全程监督指导，收贮工作进展顺利，全县完成粮改饲面积16万亩，收贮优质饲草30万吨。2020年全县还完成了优质苜蓿种植0.6万亩。

【奶牛场改造项目】 2020年争取中央财政资金1112.5万元，完成了8个奶牛场标准化建设和9个奶牛场的改造项目。重点将陈旧落后的挤奶设备更新改造为自动脱杯、电子计量、智能化管理系统。通过奶厅改造、智能化信息化推广等，牧场做到资源合理配置、集约经营管理，降低管理成本，提高资源利用效率并产生规模效益，奶牛单产稳步提高到29公斤/天，每公斤鲜奶生产成本降低0.3元。奶牛场的改造降低了生产成本，提高了养殖效益，推动和引领了全县奶牛养殖场向牧场化转型。

【牧场建设项目】 2020年，山阴县畜牧兽医服务中心扶持壮大大型专业草业企业2家，投资160万元，由朔州市骏宝宸农业科技有限公司承担建设区域性规模贮草棚3000平方米，朔州市隆祥农牧有限公司承担建设区域性规模贮草棚3000平方米，重点解决全县苜蓿收贮和玉米秸秆收贮问题。全县苜蓿累计种植面积3.2万亩，亩产干苜蓿草1吨，全县每年优质干苜蓿草产量2万吨、裹包苜蓿青贮1万吨。苜蓿产业的蓬勃发展，大大降低了奶牛饲喂成本，增加养殖效益，真正实现了“节本增效”，为全县奶牛养殖业提质增效提供了基础性支撑。同时，完成1个生态牧场建设项目，投资30万元。

农技与开发

【概况】 山阴县农业技术推广中心成立于1983年，是县政府所辖正科级建制全额拨款事业单位。推广种植业技术，促进农业发展。种植业技术试验示范，种植业技术推广体系管理，种植业技术培训，种植业技术服务。2020年，农技中心全面贯彻中央、省、市委农村工作会议精神，按照省委“四为四高两同步”、市委“135战略”，围绕打造“灵秀古城”，建设“新韵山阴”目标，以农民增收为主题，以项目为载体，以有机旱作节水农业为主攻方向，大力推广适合当地的新品种、新技术、新模式，努力实现农业增产、农民增收。

【有机旱作】 2020年在气候干旱的情况下，山阴县农业技术推广中心承接承担2019年、2020年有机旱作示范项目两个年度，示范面积1.1万亩，主要种植谷子、黍子、高粱、有机旱作玉米、蔬菜等作物，大力推广膜下滴灌和膜侧播种技术，减少化肥使用量，增加有机肥，实现了有机旱作。其中骏宝宸公司播种有机旱作玉米1220亩、有机蔬菜250亩；惠牧源合作社种植有机旱作玉米、谷子、高粱各1000亩，喜获丰收，亩均产玉米750多公斤，高粱600多公斤，谷子400多公斤，黄花梁富硒农业示范基地成为全县农民丰收节、全省首届红高粱庆丰收活动的主场地，大同、原平、怀仁等周边区县多次组织农民观摩培训；鑫菲农业公司和天一生态公司在玉井、吴马营、马营等山区乡镇种植谷子1200多亩，黍子5000多亩，2020年都取得丰收，山区亩产150公斤，亩收益高于燕麦100多元。

【农技推广】 2020年，山阴县农业技术推广中心聘用83名基层农技员、畜牧员、农机员，每人技术指导3个农业科技示范户，全县培育249个科技示范户，每户免费发放玉米新品种、杂粮、喷雾器等物化补助价值500多元，全部送货上门到户。建设3个农业实验示范基地，其中奶牛示范基地1个（春旺奶牛场），高效种植示范基地2个（雁园、潮潮农业合作社），共试验种植玉米、高粱、谷子等新品种60多个，肥效利用率校正试验3个，为农民引进新品种和化肥减量增效提供了科学依据。

【飞防植保】 2020年，农技中心加强病虫害防治工作，坚持预防为主，统防统治，科学防治的原则，充分利用无人机防治效率高、效果好的优势，对东沙堆玉米黏虫、后所谷子谷瘟病、薛圐圙良种场苜蓿蚜虫等病虫害进行统防统治，出动无人机120架次，防治面积5万多亩。同时在13个乡镇160多个村布设草地贪夜蛾诱控设备400多套，全民监控草地贪夜蛾虫情，做到了病虫害早防早治，减少了粮食损失。

【信息进村】 根据省农业厅和省联通公司的框架协议，组织专门力量，在全县191个村新建益农信息社，分标准社和简易社档次，每个村配备电脑1台，打印机1台，开通网络，点亮农业服务平台，选配信息员191人，向外宣传山阴的农产品。

农　机

【农机成绩】 2020年，全县农机装备总量持续增长，农业机械化作业水平稳步提升。全县农机总动力预计新增1万千瓦以上，可达到37万千瓦；全县主要粮食作物耕、种、收综合机械化水平85.9%以上，玉米生产基本实现了全程机械化。保护性耕作、机械深松和秸秆综合利用等农机化技术的推广应用均有较大幅度增长。农机服务中心加大农机购置补贴工作力度，农机购置补贴成效显著。认真贯彻执行上级部门关于做好农机购置补贴工作的一系列政策规定，精心组织实施，统筹安排部署，严格补贴程序，创新工作机制，全县农机购置补贴工作进展有序。2020年使用农机购置补贴资金999.57余万元，补贴各类机具432台（套），受益农户332户，大大提高了山阴县农业机械化发展水平。一批科技含量高、技术先进的农业机械在山阴县得到了应用，部分陈旧机具得到更新换代，全县农业机械化程度显著提高。通过实施农机补贴，充分调动了农民购机用机的积极性，大大提升了全县农机装备水平，有效改善了农业生产条件，促进了全县现代农业的发展。

【技术指导】 山阴县农机服务中心精心组织重要农时季节机械化生产，全力夺取粮食丰产丰收。2020年初，农机中心早动手、早安排、早行动、早落实，进行春耕、春播各项工作，各分管领导带头，以“摸底数、抓检修、保安全、促生产”为工作重点，全力做好春季农机各项工作。春耕、备耕期间培训新型职业农民100人次，为农民提供技术帮助；“三秋”期间，通过确保维修、技术、安全、供应、帮扶、宣传等服务措施落实到位，充分发挥农业机械“抢收”的关键作用，加快作业进度，确保实现粮食丰产丰收。借助农机市场发展的又一个黄金时节，大力推广杂粮机械，助力推进山阴县有机旱作农业的规模化发展。2019 年底，经过积极争取，在合盛堡乡黄花梁万亩富硒有机旱作农业基地进行丘陵山区宜机化改造项目，使 611.34 亩不宜大型农机作业的丘陵土地通过推土整理，达到满足农机全程机械化作业要求，提高了劳动生产率和土地综合利用率，改善了项目区的耕种条件和种植结构，基本做到“当期可承受、未来可持续”，社会效益不可估量，被树立为全省典型。

【科技推广】 2020 年，山阴县农机服务中心精心组织运作，实现农机科技推广新的跨越。以旱地谷子全程机械化、农机化科技推广项目为重点，解决农机科技推广“最后一千米”问题。结合山阴县近几年全县旱地渗水地膜谷子种植情况和 2020 年山阴县计划种植渗水地膜谷子有关情况，在种植上科学规划、积极引导，通过多种渠道调动农民种植谷子的积极性，制定惠农政策，谷子全程机械化种植面积达到 8 万亩。农机服务中心充分利用科技项目的示范宣传和辐射带动作用，突破关键环节，解决薄弱环节，用项目来带动农业机械化的发展，促进经济增长，增强发展后劲。

大力推广玉米机械化收获技术，提高秋粮机械化水平。采取印发资料、技术宣传等行之有效的形式搞好玉米机械化收获技术宣传推广，使秋粮生产机械化程度有了大幅提高。在后皇台村进行了玉米茎穗兼收收获机演示，效果良好。全县玉米联合收割机保有量达到 843 台，玉米生产基本达到了全程机械化，有效促进了全县农业增效、农民增收。大力推广机械深松技术。依托机械深松作业补助项目的带动，鼓励农民购买和使用深松机械，使机械深松技术推广取得了较好成效，经济社会生态效益明显。2020 年完成机械深松作业面积 7 万亩。

【农机安全监管】 2020 年，农机服务中心加强农机安全监管，确保农机安全生产。长期坚持“安全第一、预防为主”的方针，高度重视农机安全监理工作，大力进行农机安全宣传，配合县农业农村局对全县农机进行专项整治，通过电视播放、张贴公示等形式，对全县 480 辆变形拖拉机进行注销、报废，杜绝了农机安全事故的发生。以促进农业机械化安全发展为目标，以提高“上牌率、检验率、持证率”为重点，紧紧围绕“创建平安农机，促进新农村建设”活动开展工作，坚持常抓不懈，根据不同时期的特点，采取相应措施，抓苗头、除隐患，确保农机安全生产。2020 年完成各类拖拉机、联合收割机（包括青饲料收获机）注册登记 330 台，全县未发生一起农机安全事故。

【社会服务体系】 农机服务中心积极引导专业合作社到“物联网 + 农机合作社”平台，开展网上业务对接，扶持惠牧源农牧专业合作社购置六面一体真空包装机，降低合作社作业成本，提高了经营效益；新装 12 套农机深松作业 GPS 远程监控系统，为项目的精准实施提供了有力的技术支撑；培育扶持诚瑞农机合作社为省级农机示范合作社，弘润天成农机合作社为省级示范家庭农场。

【优化办公环境】 2020 年，农机服务中心优化办公环境，提升办公效能。农机中心在原有办公环境和条件较差的情况下，为全面提升办公效能，进一步提高工作质量和水平，对办公区域环境进行了优化。对各站室的办公桌椅、沙发和文件柜进行了更换；更新各站室办公电脑 8 台，打印机 4 台；将 25 间办公室原有的照明灯泡更换为 LED 节能面板灯；开通监理站、装备站服务窗口，对一楼门厅过道及会议室进行了装饰；对楼体进行了亮化，安装了 LED 轮廓灯 500 米、射灯 5 盏，营造出了良好的办公环境。

【队伍建设】 山阴县农机建设服务中心加强干部队伍建设，提升农机队伍形象，强化学习提素质。坚持以习近平新时代中国特色社会主义思想为指导，深入学习贯彻党的十九大精神、习近平总书记视察山西重要讲话精神、“三篇光辉文献”、对“右玉精神”的六次重要指示精神和净化政治生态的重要论述，突出学习内容的针对性，不断提高班子成员及干部职工的理论素养和政治理论水平。强化制度约束抓规范。建立健全各项规章制度12项，坚持用严格的制度管理人，通过健全完善各项制度，形成了用制度规范从政行为，按制度办事，靠制度管人的机制。强化服务意识树形象。以农业生产为契机，班子成员带头深入田间地头，及时了解和掌握当前农机化发展的现状和实际，切实提高解决实际问题的能力，树立农机良好形象。

【党风廉政建设】 山阴县农机服务中心积极开展持续净化政治生态活动，强化党风廉政建设。组织干部职工学习公职人员违规经商办企业相关规定，清理单位公职人员违规经商办企业1人，清欠4名职工拖欠贷款17万余元。坚持问题导向，加强理想信念教育，督促党员干部坚守党内政治生活准则，坚持立党为公、执政为民，教育引导广大党员干部严格遵守党的“六大纪律”，特别是严格遵守政治纪律和政治规矩，自觉抵制“七个有之”，切实做到“五个必须”，正党风、转作风，把全体党员干部的精气神引导到农机事业的长远发展上来。强化廉政建设筑防线。在全中心深入开展廉政风险排查活动，认真查找个人岗位、重点股站及单位的廉政风险点，做到早预防、早告诫、勤观察、多提醒、敢批评，全面构筑廉政建设防线。坚持把纪律和规矩挺在前面，以严的标准要求党员、以严的措施管理党员、以严的纪律约束党员。以2014年全省农机系统腐败案件为镜鉴，以案明纪、以案促改，用身边事教育身边人。

农机服务中心改进党的思想组织作风建设，积极做好党务工作。改选了支部班子，配备了专职党务工作者，将各项党建活动与业务工作同安排、同部署。强化党员学习教育，充分利用“学习强国”学习平台，创新载体，坚持每周二、周五上午为集中学习，班子成员、站股级干部轮流主持授课，采取集中学习、个人自学、组织讨论等形式，组织党员认真学习新党章、系列讲话精神等内容，提高广大党员政治理论水平。认真做好党费收缴管理工作。明确专人按标准足额收缴并定期公布党费收缴情况，自觉接受监督。安排新的驻村扶贫工作队，巩固尖山村的脱贫成果。

水 利

【农村饮水】“两不愁三保障和饮水安全”是脱贫攻坚的核心指标，农村饮水安全问题事关民生。县水利局摸清建档立卡贫困户饮水状况，编制农村饮水安全精准扶贫实施方案，优先实施农村饮水安全精准扶贫项目，在2018年底全部解决规划内建档立卡贫困人口饮水安全问题的基础上，先后组织开展“回头看”、大排查、再排查等专项行动。大力实施农村饮水安全巩固提升工程，经过努力，按照现行标准，山阴县农村人口饮水安全问题得到全面解决。农村饮水安全巩固提升工程完成总投资547.76万元，其中中央资金150万元、省级资金100万元、县级配套资金297.76万元。工程受益户2654户，受益人口7228人，其中，涉及贫困村5个，贫困户361户，贫困人口932人。吴儿城等5村农村饮水安全巩固提升工程完成总投资255.78万元，其中省级资金100万元、县级配套资金155.78万元。巩固提升吴马营、下喇叭2个乡镇的包家岭、后榆林、吴儿城、柳沟、榆树洼5村的饮水安全状况。工程受益户696户，受益人口1710人，其中，涉及贫困村5个，贫困户214户，贫困人口525人。中央预算内资金农村饮水安全巩固提升工程完成总投资291.98万元，其中中央资金150万元、县级配套资金141.98万元。巩固提升玉井、后所、合盛堡3个乡镇的沈庄窝、南辛庄、西沙堆、南洲庄、杨庄、西双山、东双山、陈家岭8个村庄的饮水安全状况。工程受益户2067户，受益人口5679人，其中涉及贫困户147户、贫困人口407人。

【水利防洪】 2020年，县水利局聚焦水利工程防洪安全，快速推进桑干河山阴段河道治理工程，治理起点为山阴县泥河村西南侧的泥河大坝，治理终点为河头村，长度26.56千米，项目总投资为28921.71万元，工程设计标准为沿河村庄防洪标准为10年一遇，县城防洪标准为20年一遇。项目工程于2019年10月1日开工，预计2021年9月30日前完成，截至2020年底完成形象进度：主槽疏浚9.06千米，已完成5.8千米；主槽防护2.37千米，已完成0.6千米；堤防填筑34.795千米，已完成21千米，迎水面防护8.337千米，已完成7千米；穿河过水路4处，已完成3处；排水涵管10处，已完成3处。累计完成投资17117万元，投资完成率59.2%。

【农田节水灌溉】 县水利局打通农田水利“最后一千米”，扎实推进故驿片区节水灌溉工程。2019年8月28日，山阴县农牧交错带桑干河灌区故驿片区高效节水灌溉工程项目启动实施。项目涉及山阴县6个乡镇8个村庄，计划新增高效节水灌溉面积1.92万亩，工程总投资3717.32万元（其中中央资金2782万元、企业自筹935.32万元），2020年工程进入收尾阶段，完成工程投资3050万元。

【水利水保】 2019年度工程计划总投资600万元，其中中央投资400万元、地方配套200万元。栽植油松成片林176公顷，封禁治理324公顷；新打98米机井35眼，埋设φ110PVC管道11396米，兴建D60U型渠974米，兴建D80U型渠3114米，埋设地埋电缆344米。工程于2019年9月开工建设，2020年上半年完成全部工程量，并顺利通过了省厅组织的有关专家验收。

【灌区水源置换】 2020年，县水利局补齐水资源配置短板，开工建设岳庄灌区水源置换工程。岳庄灌区位于山阴县以西浅层孔隙水小型超采区，涉及山阴县安荣1个乡7个行政村，现状水源为桑干河地表水及灌溉机井。项目计划对项目区内高灌站和灌溉水井的灌溉面积进行整合，通过工程实施，达到置换水源、关井压采的目的。工程批复总投资3357.78万元，其中中央水利发展资金3000万元、县级配套357.78万元。计划新建提水泵站1座，铺设提水、灌溉管道81345米，新建出水池4座等。工程实施后，可关闭32眼灌溉井，年可压采地下水96万立方米，改善灌溉面积2.17万亩。工程于2020年6月开工建设，工期一年。截至2020年底，已完成投资1500万元。

【农业水价改革】 2020年，山阴县农业水价改革任务面积6万亩。县水利局编制完成了山阴县灌区农业水价分配制度，通过明晰水权，将总量指标逐级划分到乡镇、用水协会、用水户，初步形成了“总量控制、定额管理、以水定地、配水到户、公众参与、水量交易、高效运转”的运行机制。完成县级水权分配及交易平台升级改造建设1项、村级软件计量平台建设2项，安装机井智能计量系统19套，灌区水价核定24项，完成投资42万元。水价改革任务区域内成立农民用水者协会2个，继续推行分级管护承包责任制。协会由用水者和承包者组成，承包者组成理事会，理事会负责日常工作，用水者代表组成监事会，对理事会的工作进行监督，协会下设用水小组负责灌溉管理、工程管护、水费征收等工作。通过农业水价综合改革，统筹价格和补贴，构建农田水利工程的良性运行机制，有利于从根本上破解农田水利工程“有人建、没人管”的顽瘴痼疾。同时通过机制的建立，实现促进农业节水的目的，保障工程的建设和维护管理，有效避免了长期以来农田水利工程重建设轻管理的弊端，避免出现“短命”工程，促进农田水利工程可持续利用和管理，让农田水利工程发挥长远效益。

【水法宣传】 2020年，县水利局创新手段，加大宣传，提高全民水法律意识。水法规宣传和普法工作是水行政执法工作的重要组成部分。县水利局充分利用世界水日、中国水周、安全生产月、“12·4”国家宪法日等平台和载体，采取悬挂横幅、发放传单、展示图板、现场咨询等多种方式深入开展水法规宣传教育活动，向广大人民群众介绍党中央新时期治水方针、水法律法规，以及山阴县水资源现状和水利工作情况，进一步增强广大人民群众的水法治意识。同时，县水利局还积极参与了全县组织的法制宣传活动，向广大市民现场咨询解答他们最关心的热点、难点问题，使水法规观念进一步走进千家万户，使广大群众加深对水法律的了解，形成一个人人懂法、守法的良好社会氛围。全年共张贴水法律宣传标语20余条、悬挂横幅12条、印发宣传材料5000余份，运用各种媒介如手机短信、微信等普及率广的通信平台10余次，面向社会开展宣传活动。

【“互联网+监管”】 山阴县水利局按照持续深化山阴县“一枚印章管审批”，打造“六最”营商环境，提升山阴县“互联网+监管”能力，不断提高事中事后监管能力，扎实推进水利“互联网+监督”系统建设工作。严格对照部门“三定”规定，认真梳理职责范围内的监管事项，形成目录清单和检查实施清单，纳入“互联网+监管”系统，推动监管事项全覆盖、监管过程全记录。

【取用水管理】 2020年，县水利局积极推进取用水管理专项整治行动工作。按照省市水利部门的要求，围绕合理分水、管住用水的水资源管理工作目标，共对全县13个乡镇198个村、216家企事业单位和个人进行了地毯式核查和登记。截至10月底，取水口核查工作全部完成，共核查农业取水口水井2682眼，企事业单位和个人取水口水井267眼。截至2020年底，取水口系统登记工作已经全部完成，基本摸清全县取水口现状，掌握已知取水口和未登记取水口的数量、取水口的合规性和取水口的监测计量现状，为规范取用水行为、健全取水口监管机制奠定坚实的基础，进一步促进水资源节约保护和合理开发利用。

【水资源管理与保护】 2020年，县水利局加强水资源管理与保护工作。积极推进节水型社会达标建设，年内完成节水宣传和水利局节水型机关建设，完成古城乳业集团有限公司、县政府、第六小学、职业中学、天力中央城5个节水载体建设，顺利通过省厅组织的节水型社会达标建设初验。严格控制水资源消耗总量和强度，落实最严格水资源管理制度和山西省水资源管理条例，严格重大规划和建设项目水资源论证，全面落实建设项目节水设施“三同时”制度，实行项目和用水“双限批”。严控企业废污水排放总量，严格限制发展高耗水项目，倒逼企业提高用水效率，坚决遏制用水浪费，不断提高水资源利用效率和效益。截至2020年第三季度，全县用水总量为0.6962亿立方米，万元GDP用水量和工业增加值用水量均超额完成序时进度。

【水域岸线管理】 加强水域岸线管理保护工作。完成河道管理范围划界工作，境内流域面积50平方千米以上的河流13条，于2020年9月23日完成河道划界成果的公告。加强河道采砂管理，按照《水利部关于河道采砂管理工作的指导意见》（水河湖〔2019〕58号）要求，河道采砂必须实行统一规划制度和许可制度，确保河道采砂管理规范有序，切实维护河流健康，保障河势稳定和行洪安全。县水利局委托南京市水利规划设计院股份有限公司于11月编制完成了旧广武河、岔峪口河及源子河3条河流采砂规划报告。

【水土保持监管】 县水利局在实行河长制基础上，按照河湖“清四乱”常态化、规范化要求，2020年全年开展河湖巡查30余次，与县人民检察院联合启动“携手清四乱保护河库生态”专项行动，探索建立全流域河湖环境治理与司法保护协作新机制，河湖管理保护水平显著提升。年内发现位于桑干河吴马营乡段的平鲁区榆林乡朝阳湾村段砂厂，占用河道加工砂石的1处“乱占、乱堆”问题，于2020年6月24日前，砂石非法加工厂已取缔，现场堆放的石料已清除，土地复垦、复绿工作全部完成。按照全面加强水土保持监管，创新手段大力推行水土保持遥感监管的意见，对山阴县疑似72处水土保持违法违规的生产建设项目进行了现场认定，对未编报水土保持方案开工建设，属于未批先建的生产项目，均下达了限期整改通知书，确保人为水土流失违法违规行为都能及时发现并依法处理。

【社会信用体系】 2020年，县水利局认真做好行政许可和行政处罚“双公示”工作，自觉接受社会监督。明确了“双公示”的具体负责人和联络员，建立“双公示”信息工作台账，将各类行政处罚信息规范、完整、清晰、准确地向社会公开，方便公民、法人和其他组织查询查看。同时，建立了市场公平竞争内部审查工作机制，积极开展公平竞争审查自查清理工作，对部门的存量文件和新增文件逐一排查，促进权力在阳光下运行。

【队伍建设】 县水利局强化政治引领，坚持用习近平新时代中国特色社会主义思想武装头脑、指导实践、推动工作，积极培育和践行社会主义核心价值观，让干部有正气、职工有士气、单位有朝气。始终把深入学习贯彻党的十九大精神和十九届三中、四中、五中全会精神以及习近平总书记在黄河流域生态保护和高质量发展重要讲话精神作为局党组学习和基层党组织学习的“第一议题”和重中之重，在学懂弄通做实、入脑入心入行上下功夫，形成了“党组集体学、支部集中学、党员全体学”的良好氛围。扎实抓好“不忘初心，牢记使命”主题教育巩固深化和“三会一课”“支部主题党日”等活动，运用“学习强国”“干部教育在线”等平台作用，以及征订各类党报党刊、业务杂志，保障全局干部职工做到自主学原文、悟原理，做到线上线下有机融合，丰富学习形式，拓宽学习渠道，提升干部理论素养和政治站位，牢固“四个意识”，坚定“四个自信”，增强政治敏锐性，严守政治纪律和政治规矩，增强能力本领，不断探索山阴水利改革发展的新思路、新举措。提升格局谋发展，领导班子成员做到率先垂范，以上率下，发挥“头雁效应”，用关键的少数带领大多数，以“功成不必在我”“功成必定有我”的态度干事创业。切实转变工作作风，牢固以人民为中心的宗旨，坚持一线工作法，做到了问题在一线发现、一线解决。

加强组织建设，筑实战斗堡垒。局党组树立了“党建抓实了就是生产力、抓细了就是凝聚力、抓强了就是战斗力”的意识，认真履行“第一责任人”责任，坚持党的全面领导，推动党建工作与业务工作同部署、同落实、同检查、同考核，层层传导压力，层层压实责任。领导班子成员严格按照“一岗双责”要求，抓好分管单位党建工作，形成议党建、抓党建、促党建的强大合力。认真开展党内政治生活和组织生活，加强党员教育与管理，增强党员的身份意识，积极稳妥做好发展党员工作，年内有2

名同志成为正式党员。提高基层组织规范化水平，选强基层组织书记，建强阵地，增强党员的归属感，提升基层组织的凝聚力和战斗力，发挥支部战斗堡垒与党员先锋模范作用，凝聚水利改革发展的正能量，把“忠诚、干净、担当，科学、求实、创新”的水利行业精气神融入单位氛围营建之中，让新时代水利精神成为干部职工干事创业的精神力量、团结一心的精神纽带，不断提升单位的凝聚力和向心力。

加强规范管理，深入净化政治生态。局党组充分认识净化政治生态对凝聚正能量、提振精气神、凝心聚力、干事创业的净化作用、导向作用、纠偏作用和祛邪作用，按照县委的统一部署，局党组要求全局上下从加强党的建设和防止歪风邪气两端发力，切实担起净化政治生态的主体责任，以钉钉子精神，持续深入推进净化政治生态工作，以实际行动落实全面从严治党永远在路上，在全局营造风清气正的良好政治生态。提高政治站位。局党组切实增强政治意识，坚定“四个服从”，坚决贯彻县委要求，制定了《进一步净化政治生态工作的实施方案》，明确了工作目标、工作重点、责任分工和工作要求，多措并举修复和净化全局政治生态。坚决整改纠偏。以《关于新形势下党内政治生活的若干准则》《中国共产党党内监督条例》《中国共产党纪律处分条例》和反面典型为戒尺，清醒认识“政治生态受到污染的重灾区”的危害性和破坏性，紧盯干部主体责任落实、紧盯干部作风问题、紧盯党员干部违规经商办企业和紧盯退休人员插手现职事务问题等来开展工作。深化中央、省委环保督察及“回头看”反馈意见整改落实以及“省委、省政府脱贫攻坚督察反馈意见整改落实”等专项行动，加强作风建设，找问题，抓整改，促提升。全体党员干部做到光明磊落、襟怀坦荡、言行一致，匡正净化政治生态工作，努力实现“不倒一名干部、不出一起负面典型”的目标。

山阴农牧场

【农业产业】 农业是农牧场的基础产业，长期以来，农业因多种因素和客观条件的影响和制约，一直处于慢发展甚至不发展的状况，产量低、效益差，“种什么”“怎么种”“怎么卖”成了农业生产的现实问题。2018 年以来，为了加快农业发展步伐，形成规模化的经营模式，努力实现农业高产、高效的目标，按照这一目标，山阴农牧场制定了一系列改革发展举措，并开展了大量推进工作。2020 年，经过一年的艰苦奋斗，全株玉米和苜蓿均取得了很好的成绩，山阴农牧场多年来首次实现了盈利。为了农业种植多元化，2020 年农牧场在五分场规划种植其他牧草，2020 年试验种植了糯玉米 70 亩，取得了良好的效果。

【土地整合】 2020 年，山阴县农牧场进一步推进土地整合工作。按照“职工自愿、土地整合、规模量产、项目实施、经济发展、互惠共赢”的办法，各分场开展了土地整理工作，2020 年新整理出来的土地面积共计 285.8 亩，五分场收回土地 1000 亩，已形成 10000 亩优质牧草种植基地，发展以牧草为主的种植业，以此进行调整农业种植结构，逐步实行规模化的经营模式。

【考察学习】 2020 年，山阴县农牧场学习成功经验，大力推动农业改革。2020 年 1 月 3—6 日，组织相关人员一行 4 人，前往山东日照考察学习，对各类农业机械进行了考察，熟悉现代化农业生产和应用，进一步拓宽领导干部的思路，推动山阴农牧场改变农业经营模式，为逐步实现现代农业发展奠定良好基础。2020 年 6 月 10 日，组织相关人员一行 7 人到朔州市红旗牧场圣女果基地考察学习，全面系统地了解了现代设施农业的开发、经营和管理经验，探索多种经营模式，结合农牧场实际，走出一条适合山阴农牧场农业多元化发展的新路子。

2020年11月24日到12月3日，组织相关人员一行7人赴太原、山东、河南进行考察学习，参加了2020年中国磷复肥工业展览会暨第二十一届国产高浓度磷复肥产销会，了解了化肥的生产工艺以及原料配备情况，并与多家化肥生产厂家就化肥的生产建设和销售达成了初步合作意向，同时对滴灌的生产和建设进行了考察，与建设厂家达成了初步合作意向，并根据农牧场实际和周边地区需求情况做了初步预算，为山阴农牧场下一步的规划建设提供了可靠的依据。

【抗旱灌溉】 2020年入春以来，由于持续高温，狂风扬沙，久旱未雨，农牧场旱情不断加剧，苜蓿及玉米等各类农作物抗旱保苗工作任务艰巨。针对这一情况，山阴农牧场全场上下勠力同心，动员一切力量与旱情抗争，把抗旱保苗当成工作的重点，全体干部职工身心下沉，走进田间地头，配合分场工作，顶着夏日高温，深入田间一线铺设管道、开挖渠道，力争在最短的时间内将抗旱设备投入使用。加快抗旱灌溉进度，扩大灌溉面积，完成保苗工作，累计铺设滴灌毛管772480米，维修好的机井全部投入使用，喷灌设备不停机喷洒，有效地缓解旱情对作物的影响，为秋后有较好的收益打下了坚实的基础。

【配套设备】 山阴农牧场2017年与2018年国有贫困农场扶贫资金，由山西省财政厅于2017年6月29日下达（晋财发〔2017〕74号）文件和2018年11月23日下达（晋农财字〔2018〕80号）文件，下达资金分别是107万元和200万元，通过农牧场申请得到批复。经场会议研究决定分别配套资金13万元和71.39万元，实施120万元的2000亩节水灌溉项目和271.39万元的牧草基地建设项目。项目按照公开、公平、公正的原则，通过网上招标确定施工单位，两项目均已竣工，资料完善。山阴农牧场组织有关人员进行了初验，2020年11月29日由山阴县发展和改革局牵头，组织相关部门及专家验收组对项目进行了验收。

【园区建设】 山阴农牧场2020年国有贫困农场扶贫资金，由山西省财政厅于2020年4月24日（晋财农〔2020〕29号）文件下达资金42万元；山阴县财政局于2020年4月3日（山财农〔2020〕4号）文件下达资金180万元，共计222万元，经场会议研究决定，在一分场实施农业产业园区建设项目，企业自筹资金60.24万元，项目概算投资282.24万元，其中建筑工程费170.2万元、设备购安费83.99万元、独立费19.83万元、其他费8.22万元。该项目于2020年9月11日委托山西恒顺通工程咨询有限公司进行公开招投标，2020年10月14日在朔城区政府招待所进行了竞争性谈判，中标单位为山西宏泰达建筑工程有限公司，2020年10月25日开工，现灌溉工程、农田输配电工程已完成，其他工程预计2021年4月中旬全部完工。

2020年，为了进一步完善农业基础设施，根据农业生产需要，维修机井5眼，配套设施全部完善，已经全部投入使用，为农业增产、增收、增效提供保障。

【企业盈利】 2020年，经过全场干部职工的共同努力，全株玉米和苜蓿全部实现了既定目标利润，并超额完成，山阴农牧场多年来首次实现了企业盈利，扭转了长期亏损的局面。2020年，场种植全株玉米3810亩，投入费用236万元，收入476万元，取得了良好的经济效益。苜蓿2550亩，投入费用167万元，生产出3557包苜蓿，用于销售。按照场制定的《山西省山阴农牧场种植牧草工作绩效考核办法》，对分场和机关科室工作人员进行激励。

【牧草种植】 2020年12月5日，省、市、县苜蓿种植验收领导组对农牧场种植的2400亩苜蓿进行了验收。苜蓿种植是场发展牧草业的重要板块，按照“职工自愿、土地整合、规模量产、项目实施、经济发展、互惠共赢”的办法，将整合回的土地全部种植苜蓿，按既定利润进行分配，切实提高职工收益，改善职工生活。

【人口普查】 2020年，山阴农牧场圆满完成人口普查工作。按照国家的统一安排部署，开展了第七次人口普查工作，农牧场抽调各科室、各分场共18人成立了人口普查领导组，对全场3357人进行了普查登记，户籍人口2360人，常住人口1924人，新生人口11人，死亡人口12人，并及时准确地在系统中进行了填报，赢得了上级人普办的好评。

【脱贫攻坚】 2020年，山阴县农牧场按照中共山西省委农办、山西省农业农村厅《关于做好全省农垦国有农场脱贫攻坚工作的通知》（晋农组办发〔2019〕22号）文件精神，以及上级部门的相关会议安排部署和要求，为了有序有效顺利开展脱贫攻坚工作，农牧场成立了脱贫攻坚工作领导组，本着“实事求是、规范操作、按期脱贫”的原则，严格按照脱贫自评程序和要求，如实进行了脱贫自评。通过自评，山阴农牧场得分为74分，达到了脱贫要求，并将脱贫攻坚工作自评以文件形式报告至省农业产业集团有限公司。

【移交退休人员】 按照山西省人民政府《关于印发山西省国有企业退休人员社会化管理工作方案的通知》（晋政发〔2019〕19号）和山阴县人民政府办公室《关于印发〈山阴县国有企业退休人员社会化管理工作实施方案〉的通知》精神，山阴农牧场积极组织开展了退休人员社会化管理移交工作。按照要求，农牧场将退休人员基础信息和相关资料报送到山阴县国有企业退休人员社会化管理工作领导小组办公室，按退休人员现居住地分别划分到薛圐圙乡、东城和西城管委会。7月6日与山阴县人社局签订了《山西省山阴农牧场退休人员人事档案移交协议书》，7月28日由县领导小组办公室组织，农牧场与以上三个乡镇和管委会签订了《关于山阴地区退休人员社会化管理工作移交协议书》，移交退休人员414人。9月1日与山阴县组织部签订了《退休党员党组织关系移交协议》，移交退休党员91人，其中19人因档案缺失，暂未接收。2020年底移交新增退休人员21人。移交后的退休人员管理服务职能由地方政府相关部门承接。

【安全与扫黑】 2020年，山阴县农牧场以省农业产业公司和当地政府有关部门的要求，以会议传达、制定制度、发放资料、口头宣传等形式，加强安全工作，普及安全知识，提高职工群众的安全意识和防范能力，同时对国有资产加强管护。农业备耕备播期间，要求各分场要加大安全生产宣传力度，要经常性地检查本单位的安全隐患，教育职工注意车辆出行安全，春季风大，要注意防火，切实抓好安全生产工作。在日常工作中，由与分场合作的科室配合分场不定期进行了安全检查，对发现的问题限时整改，努力做好全场的安全生产工作。国庆期间，山阴县农牧场召开紧急安全会议，深刻汲取台骀山火灾事故教训，对驻场企业、场区房屋、林区草场等场所进行了检查，特别是易发火灾等重点部位进行了检查，并对全场的危房进行了拆除，确保全年安全生产无事故。

2020年，山阴县农牧场持续抓好扫黑除恶专项斗争工作。通过会议部署、在场区和各分场中心点悬挂扫黑除恶标语、张贴扫黑除恶公告等多种形式大力宣传，发动职工群众继续参与，发现线索及时报告。要求保卫科积极配合当地派出所开展工作，持续抓好农牧场扫黑除恶专项斗争工作，为山阴县农牧场的各项事业发展创造一个安全和谐的治安环境。

【信访工作】 抓好稳定工作是企业发展的基石，是树立企业形象的保障，是招商引资的招牌，是实施项目的关键。要求领导干部在信访方面，要高度重视，不能稍有疏忽、要加强与职工群众的联系，大力宣传国家相关政策、法规和信访条例，以及场规场策。收集、了解、掌握职工群众反映的焦点、热点问题，进行研究解决，加强对职工的思想教育，耐心细致地做好稳定工作。加大对全场苗头性、倾向性隐患问题的排查力度，化解矛盾，落实稳控措施，从根本上解决问题，保证全场正常发展和社会安定。

【民生工作】 2020年，山阴县农牧场多次与山西省农业厅、市县农业农村局申请、报告，终于将场职工2018—2020年的农业地力补贴资金申请到位，切实保障了场职工的合法权益。2018年补贴户数482户，补贴面积20109亩，补贴金额1347346元；2019年补贴户数485户，补贴面积19600亩，补贴金额1313200元；2020年补贴户数495户，补贴面积19600亩，补贴金额1313200元。

为了推进危房改造工程项目工作，农牧场召集山阴县国营林场、施工方、物业公司负责人召开了会议，对项目存在的问题、到期移交、财务账务等情况进行了通报并讨论，就相关工作做了具体安排。

【疫情防控】 2020年1月24日起，山阴县农牧场党委召开多次紧急会议，部署新冠肺炎疫情防控工作，并成立了疫情防控工作领导组。2020年，山阴农牧场共召开了八次疫情防控工作部署会议，坚决以贯彻落实中央、省、市部署要求，以一级的责任、一级的标准、一级的状态和一级的措施落实好疫情防控各项工作，建立联防联动机制，大力开展宣传教育，做好必要的物资储备，将疫情防控形成长效。为坚决打赢新冠肺炎疫情防控阻击战，支援武汉疫情防控，农牧场全体党员干部共捐款9430元，同时收到了社会各界支持山阴农牧场防疫工作的爱心物资。2020年，山阴农牧场在购买各类疫情防控物资和监测点的建设方面共投入6.4万余元。

【党的建设】 2020年，山阴县农牧场为庆祝中国共产党成立99周年，进一步激发农牧场党组织的活力，增强全场党员的光荣感、使命感，推动党员干部切实做到“一句誓言、一生作答”，谱写新时代中国特色社会主义山阴农牧场篇章。2020年7月1日，场党委组织全体机关党员干部和入党积极分子赴右玉干部学院进行学习，开展了“践行领袖嘱托，率先蹚出新路”主题党日活动。党员干部首先在绿化丰碑前重温了入党誓词，随后，赴“右玉精神”展览馆、四五道岭等进行了现场教学，观看了《右玉的县委书记们》纪录片，重温先辈们咬定青山不放松、艰苦奋斗的壮举，增强党性意识，凝聚智慧力量。

利用学习平台，提高党员干部队伍素质。“学习强国”和“三晋先锋”App，是推动全社会进一步深入学习、宣传、贯彻习近平新时代中国特色社会主义思想和党的十九大精神高标准建设最全面、最丰富的学习平台。按照中共山阴县委办公室《关于加快推进“学习强国”学习平台推广应用工作的通知》（山办字〔2019〕8号）和中共山阴县委组织部《关于转发市委组织部〈关于党员登录学习、应用“三晋先锋”手机端及信息完整度的项目要求〉的通知》精神，农牧场要求全体党员下载并注册“学习强国”和“三晋先锋”App，在学习中不断反思自己的工作，进一步发挥党员的先锋模范作用。全体党员在学思践悟中牢记初心使命，增强“四个意识”，坚定“四个自信”，做到“两个维护”，为农牧场发展提供强大思想保障和精神力量。强化纪律，杜绝腐败。按照上级主管部门和有关部门的要求，加强节日期间的内部管理，要求领导干部特别是党员干部，要认真贯彻落实中央八项规定精神，坚决做到“十严禁”，牢固树立廉洁自律意识，自觉抵制不正之风，在严守党纪上远离违纪红线，带头崇廉拒腐，增强执纪守规的自觉性和坚定性，坚决杜绝“节日腐败”。发展党员。为充实党组织后备力量，加强党的建设，推动企业产业稳健发展，山阴农牧场2020年有7人从发展对象转为预备党员，有12人已具备入党积极分子的条件，正在填写入党积极分子相关材料。

原种场与林场

【种植结构调整】 2020年，原种场积极调整种植业结构，逐步改变种植大户以粮食玉米为主的习惯性传统种植，有序扩大饲草和瓜果蔬菜种植规模，2020年全场苜蓿种植面积3200亩，瓜果种植面积120亩。

【基础设施建设】 2020年，依托种植大户对场内耕地进行高标准农田建设3800亩，充分发挥原种场的农业规模种植示范作用。切实改善人居环境，2020年对场区人居环境进行集中整治，共清理场区各类垃圾60余吨。

【基层组织建设】 2020年，原种场高标准完成本场信访整顿工作，通过集体座谈、个别面谈，心与心零距离沟通，稳定职工群众情绪，信访工作取得明显成效。定期开展“党史”学习，加强职工群众对我党光辉历史的了解。学习党史炼忠心。通过领导带头学、党员自学和三次集中学习，广大党员干部党性修养进一步提升；积极创新学习形式，班子成员讲专题党课，不断提升党性修养。调查研究见真心。班子成员紧扣各自分管领域研究制定调研课题，主动认领调研任务，开展专题调研，形成调研报告3篇，着力推动各项决策部署落地落实。整改落实有恒心。原种场坚持把学党史、守初心作为干部职工年度考核依据，坚决做到边学边改、边学边做、即知即改。特别是针对本场农业发展示范带动作用不明显的短板，建设高标准农田3800亩，充分发挥原种场农业发展的示范带动作用。

【护林防火与林木管护】 森林防火工作是林场所有工作中的重中之重，为了搞好森林防火工作，对林场各营林区周边的群众进行防火宣传教育，使护林防火家喻户晓，另外要求林场各营林区护林员对本营林区进行全年的巡护，尤其是在防火期，要进行重点巡护。在大年三十、正月十五、清明节、农历七月十五、农历十月初一这些特殊日子里，林场所有护林员和职工坚持二十四小时值班，严防死守。在清明节、农历十月初一前后野外用火危险性很大，林场护林员和职工对林区的坟地要严格看守、蹲点防守，在林区内严格火源管理，对进山人员及车辆进行严格检查登记，不间断在林区内进行安全巡逻，同时严厉打击林区内违规用火人员。森林公园防火。对公园管辖范围内所有林地全部耕隔离带，对不能耕的地方全部人工除草，有效地防止了杂草的生长。通过一系列的防火措施，山阴林场全年无一起山林火警的发生，有力地保护了山阴县森林资源的安全。

林场每天组织人力在公园广场、公园主路、林间小路进行清扫，保持了日常卫生的干净，为市民们提供了良好的休闲娱乐场所。在榆树洼林区进行了围网15654米。

农田建设服务中心

【党内组织生活】 山阴县农田建设服务中心严格党的组织生活。按照县委部署，扎实组织召开领导班子专题民主生活会、党员组织生活会和民主评议党员工作，领导班子成员、全体党员敞开心扉深入开展了批评和自我批评。创新开展“主题党日”活动。结合党员思想工作实际，采取讲党课、观看教育片、网络听课、专题讨论、红色教育基地开展革命传统教育等多种形式，既丰富了“支部主题党日”活动载体，又强化了党员的党性观念，进一步激发了党员干事创业热情。做好党费收缴工作。传达学习有关党费收缴和管理通知精神，让广大党员进一步了解党员的义务，增强党员自觉、按时、足额交纳党费意识，按照党费收缴标准，及时完成党费收缴。

【疫情与扶贫】 2020年，山阴县农田建设服务中心在职党员到社区工作有序开展。疫情防控期间，按照要求组织全体党员干部下沉社区开展疫情防控值守，对过往车辆、行人进行登记、排查和防疫宣传等。按照县委安排部署，组织党员深入幸福社区配合社区工作人员积极开展清煤任务，为打赢禁煤区散煤燃烧治理攻坚战做出积极贡献。深入开展抓党建促扶贫工作。组织党员与帮扶贫困户签订帮扶目标责任书。积极响应消费扶贫、助力攻坚倡议，开展购买贫困户农产品助力扶贫活动，购买贫困户马铃薯1300余公斤，帮助解决了贫困户农产品销售难的问题。

惠牧源农牧专业合作社联合社

【概况】 近年来，随着我国现代农业深入发展，农业生产性服务业加快发展。中央提出要加快农业供给侧结构性改革和全面实施“乡村振兴战略”总要求。山阴县惠牧源农牧专业合作社联合社紧扣现代农业发展脉搏，坚持为农服务宗旨，坚定不移实施“服务＋品牌”双轮驱动发展战略，突破企业限界，积极整合周边经营主体和各类产业集群，由泰和牧业专业合作社牵头成立了山阴县惠牧源农牧专业合作社联合社。

山阴县惠牧源农牧专业合作社联合社由山阴县泰和牧业专业合作社牵头汇集19个各具特色的专业合作社组建而成，位于山西省山阴县合盛堡乡东双山村，成立于2017年6月，注册资金1253万元，是一家集奶牛养殖，牧草种植和特色富硒农作物种植、储存、加工、销售，农机服务，农技服务，技术培训，电商物流，农业休闲观光为一体的农业产业化综合企业。

【企业理念】 山阴县惠牧源农牧专业合作社联合社始终以“四个坚持”为导向，坚持为农服务根本宗旨；坚持合作经济基本属性；坚持社会主义市场经济改革方向；坚持因地制宜、分类引导。整合资源优势，全力打造晋北一、二、三产业融合发展示范园；从而实现覆盖全程、综合配套、便捷高效的现代农业社会化服务，激发农业农村发展效能。应用现代先进的农产品综合加工利用技术与设备，提高农副产品供给品质，促进养殖业优质高效发展，各主体互补互动、共生共利。并使农产品加工、养殖业、生物有机肥、种植业四者之间形成有机的产业循环链，建立起农业资源高效利用的集约化现代农业经济循环体系，全面提高农业资源利用效率和农业生产经济效益，实现农业增效、农民增收、农村繁荣。可以实现“低开采，高利用、低排放、再利用”。最大限度地利用进入生产和消费系统的物质和能量，提高经济运行的质量和效益，达到完善和提升农业社会化服务的目标。

【运营模式】 山阴县惠牧源农牧专业合作社联合社通过深入贯彻落实习近平总书记视察山西时的讲话精神，按照中央“乡村振兴战略”和省、市、县有机旱作农业示范区建设要求，加快建设富硒有机旱作农业示范园、雁门关农牧交错带核心区和一、二、三产业融合发展田园综合体。山阴县惠牧源农牧专业合作社联合社积极整合山阴县泰和牧业（国家级示范社）、泰和农机（国家级示范社）、廷东农林、康民种植、峰跃种植、惠民水利、优泰农业、富泰农牧、喜瑞种植、聚鑫园农业、众福缘手工艺、俊熠农牧等19个专业合作社的优势，形成了产前、产中、产后全要素聚集的农业产业化联合体。实现融产业化、集约化、科技化、标准化和生态化为一体，发展绿色有机农业，提升农产品质量，促进农业产业的逐步升级，带动农民脱贫奔小康。

采取“支部+联合社+协会+合作社”，以山阴县合盛堡乡合作社联合社党支部为统领，以山阴县惠牧源农牧专业合作社为龙头，以合盛堡乡奶牛养殖协会、合盛堡乡小杂粮种植协会、合盛堡乡瓜果协会为服务体系，引领周边杨庄、来远、西双山、东双山、陈家岭等8个村的15000亩土地，收纳社员2000多户（其中建档立卡贫困户55户），有效促进了基地内部要素的优化配置和高效运作；有效形成了种养加管全系配套的良性循环体系；形成了“种植—养殖—加工—采摘—销售”的内部循环和农牧一体化发展的新格局。

【产业规模】 山阴县惠牧源农牧专业合作社联合社始终坚持农民主体地位，依托当地奶牛养殖和小杂粮种植优势，积极整合引领各合作社发挥自身优势，集中奶牛养殖1200头。采取流转、订单、托管等多种方式实施土地规模化经营，规模化经营土地面积15000亩，促进了土地向基地的聚集。2018年联合社立足资源优势，依托黄花梁区域富硒区（土壤自然含硒量9.6毫克每千克），规模化种植青贮玉米6000亩、苜蓿3000亩、特色经济林1500亩、特色小杂粮2000亩、渗水地膜谷子2000亩和特色瓜果500亩，生产富硒小米650吨，年销售额突破2000万元。随着农业供给侧结构性改革的不断推进，联合社借助全省打造“小杂粮王国”的政策优势，大力发展集小杂粮种植、加工、贮运、销售于一体的支柱产业。2020年建成年加工能力2500吨的集加工、贮运、销售于一体的优质小杂粮加工厂，进一步解决过去传统的卖粮难和卖原粮的被动格局，提升广大群众的增收致富能力和农业抗风险能力。

【品牌建设】 截至2020年底，山阴县惠牧源农牧专业合作社联合社已完成注册“塞外火山土”和“黄花梁泰和”两个商标；完成了黄花梁坡区15000亩无公害种植区产地认证（山西省农业厅认证）；完成了富硒小米认证（上海英格尔认证公司认证）、无公害农产品认证（山西省农业厅认证）、有机认证（上海英格尔认证公司认证）；完成土壤矿物化验（上海英格尔检测公司），检测土壤含硒量为每千克9.6毫克，是国家规定富硒土壤0.4标准的24倍，含铁量为每千克16882.3毫克。完成谷子、小米硒含量测定，硒含量为每千克0.076毫克，小米的硒含量为每千克0.085毫克；2020年“塞外火山土富硒小米”参加了第三届全国小米品鉴大会，被评选为“中国好小米”产品品牌。截至2020年底，联合社正筹建完善线上线下销售渠道，做大做强“塞外火山土富硒小米”这个品牌，不断提升产品的附加值和小米产业强县富民能力。让“塞外火山土富硒小杂粮”成为国民心中的放心粮，为“农业供给侧结构性改革”保驾护航。

【技术力量】 山阴县惠牧源农牧专业合作社联合社积极依托山西省农科院高寒所、农科院资源与环境研究所、农科院高粱所、农科院旱作农业研究中心、农科院畜牧所、农科院谷子所、农科院中药材所、农科院土豆所、农科院果树所等10个研究所和中国农业大学50多位专家教授的技术支撑，建立了晋北有机旱作农业试验区和示范区，试验区面积2000亩（其中基地核心区800亩，核心区外1200亩），可辐射带动周边5万余亩耕地。涉及农户5000多户，年户均增加收入3000元以上。2020年9月联合社与朔州市科技局、山西农业大学高寒区作物研究所和山西农业大学高粱研究所签署了战略合作协议，建立博士工作站，真正意义上把科技生产力利用到田间地头。

【服务内容】 山阴县惠牧源农牧专业合作社联合社在贯彻落实朔州市农业农村局石局长调研时指示“要拓宽服务领域，要提高服务水平，要扩大带动范围，要增强带动能力”精神，合作社大胆创新农业生产服务方式和手段，紧紧围绕破解“谁来种地”“地怎么种”等问题，采取大田托管、代耕代种、股份合作、以销定产等多种方式，为农民和各类新型农业经营主体提供农资供应、配方施肥、农机作业、统防统治、收储加工等系列化服务，推动农业适度规模经营。创新农资服务方式，推动农资销售与技术服务有机结合，积极争取农资物联网应用与示范项目建设。充分发挥农科院各科研所、庄稼医院、职业院校在农业技术推广和农民技能培训中的积极作用。着力构建覆盖全程、综合配套、便捷高效的农业社会化服务体系，全面由经营服务型向服务经营型转变，取得了明显成效。立足发挥资源和区域优势，率先打造现代循环农业核心示范先行区，然后引领辐射带动周边地区相关产业发展。开展统一提供农业生产资料的购买，农产品种植、加工、运输、贮藏、销售以及与农业生产经营有关的技术培训、信息服务等。

按照“种植—养殖—废弃物资源化处理—有机肥腐熟—还田利用”循环农业技术路线，以杂粮提质增效，优质饲草增量，提高种植、养殖效益为目标，采用单项技术研究与集成示范相结合的方法，重点开展优质、高效农田饲草优异资源的挖掘利用与新品种鉴选；杂粮提质增效；水肥高效利用；减肥减药；粮、草、牧轮作，草、畜、田一体化绿色生态模式，集成生态与绿色粮草畜（农牧）协调发展的生态循环模式示范应用，全面提升晋北地区有机旱作农业技术水平和畜牧业生产水平，促进食物安全、资源安全和生态安全。

【企业荣誉】 山阴县惠牧源农牧专业合作社联合社 2017 年被农业部评为农民专业合作社“国家级示范社”；2018 年、2019 年连续两个年度被中华全国总社评为国家级“示范社”；被朔州市委、市政府评为农业产业化“龙头企业”；“塞外火山土”富硒小米荣获第十七届中国国际粮油博览会金奖；联合社被中国粮食行业协会授予“第八批全国放心粮油示范加工企业”。2019 年基地被山西省科学技术协会认定为“山西省农村科普示范基地”。

工业和信息化

【经济指标】 2020年，1—12月，全县规模以上工业企业增长值预计增长12%，工业总产值完成168.03亿元，较上年同期156.53亿元增加了7.35%。全县原煤产量累计2754万吨，同比增长了2.95%；洗精煤产量2107万吨，同比增长12.67%；发电量69.22亿千瓦时，同比增长25.13%。销售收入累计185.48亿元，较上年同期182.64亿元增加了1.55%。实现利润13.48亿元，较上年同期15.74亿元下降了14.36%。截至2020年12月，工业增长值预计增长12%，全市第一。企业科研费用收入完成869.7万元，较上年同期167.8万元增长418%，居全市第一。

【清欠民营企业账款】 2020年，山阴县工业和信息化局班子能够提高政治站位，压实清欠责任，加大工作协调力度，常态化更新偿还清单和偿还计划，防止边清欠、边拖欠的现象发生，不折不扣推动清理拖欠民营企业和中小企业账款工作继续走在全省前列。2020年，全县拖欠账款总额为1435.18万元，其中，无分歧欠款为1223.34万元，有分歧欠款为45.8万元（有分歧欠款按政策要求尽力通过调解、协商、司法等途径加快解决，不在2020年考核范围）。全县零清偿拖欠主体以及500万元以下欠款于6月底前全部清零，无分歧欠款于9月底全部清零，已完成年度目标任务。

【脱贫攻坚】 2020年，山阴县工信局驻村帮扶张家庄乡3个村：山阴庄村、陆庄村、羊十二庄村，共有建档立卡贫困户100户253人，均已脱贫。2020年工信局及时调整驻村扶贫工作队，做到“尽锐出战”，决战完善脱贫攻坚工作。局班子和工作队多次研究扶贫工作，继续帮助贫困户制订帮扶计划，细化帮扶措施，对已脱贫户进行跟踪回访，开展防止返贫制度宣传、入股分红情况跟踪调研、协助办理金融贷款助力巩固脱贫成效以及进村入户开展“四问三宣一推动”活动调查及全省脱贫成效考核工作。通过一系列扎实的工作，助推村基础设施持续改善、群众生活水平持续提高、脱贫群众生活保障更加有力、村容村貌村风积极向上、稳定脱贫工作巩固提升，为打赢脱贫攻坚战、全面建成小康社会做出应有的表率。

【管理国企退休人员】 推进国有企业退休人员社会化管理工作是党中央、国务院作出的重大决策部署，是全面深化国企改革、构建现代企业制度、加快剥离国有企业办社会职能的重要内容，也是保障和改善民生、创新社会治理的重要举措。2020年，工信局根据县委、县政府部署，成立山阴县国有企业退休人员社会化管理工作领导小组，由分管副县长为组长、工信局主要负责人为副组长，相关部门及乡镇、管委会分管负责人为成员，明确牵头单位和具体联络人，确保有人抓、有人管、有人接。根据山阴县人民政府办公室出台的《山阴县国有企业退休人员社会化管理工作实施方案》，召开了领导小组成员单位工作调度会，做好前期摸底工作，按时完成央企、省企、市企移交协议签订。通过对县属国有企业退休人员情况进行摸底统计，山阴县国有企业需移交社会化管理人员1212名，县外移交到山阴县的企业人员110名。截至2020年底，已签订移交协议15份，其中本县企业签订14份，共1181人。县外移交到山阴县的企业签订3份，共110人。并及时和组织部、人社局、档案馆等部门对接，落实好企业党员关系及档案接收所需资料；与有关乡镇完成对接，确保做好相关人员移交准备工作。

【“三供一业”分离】 山阴县国有企业“三供一业”分离工作共涉及两家企业，分别是山阴县供电公司两个小区，中铁太原局集团有限公司两个小区（房建段，供电段），其中供电维修改造工作由电力公司承担，供水维修改造由山阴县自来水公司承担，供热维修改造由山阴县热力公司承担，物业分离改造由山阴县晶景城市建设投资有限公司承担，且工程验收均以完成，财务审计正在进行中。热力公司承担的铁路职工家属区集中供热分户管理改造工程涉及2个小区224户改造户，山阴县供电公司职工家属区集中供热分户管理维修改造工程及2个小区99户。铁路小区、供电职工家属区供热改造工程都已完成验收，财务审计已完成。自来水公司承担的铁路职工家属区406户，山阴供电公司家属区2个小区共99户。供水改造工程都已完成验收，财务审计已完成。国网山阴县供电公司承担“三供一业”供电分离移交工程共三项：一是铁路东区12幢4层224户单元楼改造；二是车站附近88户平房改造；三是泥河村北东榆林车站生活区10户平房改造。铁路小区、供电职工家属区供电改造工程都已完成验收，财务审计已完成。山阴县晶景城市建设投资有限公司承担山阴县铁路职工家属区2个小区224户和山阴县电力公司家属区2个小区99户，工程已完成验收，财务审计已完成。

【能源革命】 2020年按照《山西省能源革命综合改革试点山阴行动》要求，县工信局推进实施大数据战略，编制《山阴县加快5G建设实施方案》，成立山阴县5G基建服务专班，积极引导通信运营公司，加快推进智能化矿井建设，推进大数据应用。移动公司与水泉矿就智能化矿井建设达成初步合作协议。同时，县工信局积极帮助企业新材料建设项目达产达效。2020年10月，山阴县玉竹保温板生产线、超牌高岭土二期达规上企业标准，实现产值2000万元。

【工业固废和煤基建设】 山阴县重点推动山西金胜达环保科技有限公司（以下简称金胜达）年产5万吨再生胶及下游产品改扩建、山阴县聚天海新型建材有限责任公司（以下简称聚天海）新建60万立方米/年装配式建筑新材料及100万立方米/年混凝土生产线项目等项目建设，推动产业扩规提质。2020年1—10月全县煤矸石综合利用量55.5万吨，同比下降12.13%；粉煤灰综合排放量81.6万吨，同比增长21.53%；粉煤灰利用量32.2万吨，同比下降63%；脱硫石膏利用量25.6万吨，同比增长110.4%。

在煤基新材料基地建设方面，重点抓好推动煤基产业相关链条项目建设。推进山阴锦晔公司100万吨/年低阶煤项目加快建设进度，推进松蓝化工科技有限公司（以下简称松蓝公司）煤—电—冶金一体化发展整合，扩大铝镁等高载能产业规模。支持山西玉竹新材料科技股份有限公司（以下简称玉竹科技公司）年产

60万吨活性石灰及配套年产300万吨石灰石生态矿山项目建设，示范带动全县钙产业发展壮大。同时2019年还圆满完成朔州市新材料展馆——山阴馆建设任务。

【科技服务和创业】 2020年，山阴县工业和信息化局积极配合山西省科技厅落实中西部地区“三区”人才支持计划科技人员专项计划。以项目为单位，组建产业扶贫技术团队，市县科技特派员对贫困村科技服务和创业带动全覆盖。依托山阴县塞北畜牧发展有限公司的“百头奶牛高效繁殖与健康养殖技术示范”项目，最终以示范农场和个人培训作为一种手段，将技术、管理、实践在山阴县推广普及。结合实际，因地制宜选用奶牛品种，采用先进技术，优化牛群结构，提高良种比例，提高遗传品质，增加牛奶产量，项目依托龙头企业，引领和带动奶牛养殖农户，促进全县奶牛养殖业的可持续发展。依托山阴县惠民农业专业合作社的“改良晋谷21号膜侧高产栽培技术示范推广”项目，对生物菌剂拌种、播种、田间管理、收获和地膜回收等5项技术进行推广。通过这些种植技术实现高产、优质、高效、具有市场竞争力的谷子生产。谷子种植面积增加0.3万亩。实现户户有一个明白人，户户懂技术，户户丰产增收，引导谷子种植成为当地的优势小杂粮作物，实现农民持续增收，助力全县脱贫攻坚工作。2020年进入冬季后，县工信局精准组织相关企业实施错峰生产，坚决避免环保“一刀切”，“一厂一策”指导企业提高重污染天气应急响应能力，最大限度地减少重污染天气预警期间对企业生产和运输等环节的影响。

【国有企业改革】 截至2020年底，山阴县10家国有企业国有资产总计416431.502万元，负债155859.76万元，负债率37.42%，经排查，山阴县党政机关和事业单位所办的企业或已转换为差额或自收自支事业单位，或破产，已全部脱钩。下半年，县工信局加快改革进度，制定了山阴县国有企业改革方案，该方案已经县政府常务会议批准印发，10家国企将按照方案，结合企业类型和经营状况，稳步推进改革。

【科技创新和工业转型】 2020年，山阴县工业和信息化局助推科技创新和工业转型。科技创新实现全覆盖，全县43家规上企业，企业创新工作全覆盖，与统计部门合作，推进研发费用申报。工业转型项目建设情况良好。11家工业企业转型中已完工的项目有6家，分别是：建强公司15万吨/年回转窑，6万吨/年钙产品深加工项目；聚天海100万立方米/年混凝土生产线项目；玉竹科技公司1万吨/年硅酸钙新材料和2万平方米绝热保温板生产线项目；山西超牌煅烧高岭土有限公司高岭土生产线一、二期工程项目；东升钙业公司10万吨/年轻钙生产线项目；金胜达公司废旧轮胎加工生产线项目。正在建设的有2家，分别是锦烨公司100万吨/年低阶煤分质利用项目；宇昊蘑菇3万吨/年双孢菇及深加工项目；正在推进的3家，分别是松蓝公司2×40万吨/年乙炔法制丙烯酸项目、煤制乙二醇项目及玉竹科技公司60万吨活性石灰项目。

【5G网络覆盖】 截至2020年12月，全县已建成开通5G基站22座。根据铁塔公司提供的转改直明细，现山阴共有52座站址需改直供电，截至年底，山阴国电和山阴铁塔公司共同对这52个站址进行现场摸牌并完成方案制定工作，已经施工完成10个站址，走上户流程；5个站址接受山阴国电分户处理。

【企业服务】 2020年，山阴县工业和信息化局通过“96302”企业服务热线与企业家座谈及工信局企业家微信群建设互动，逐步将工信局打造成“企业家之家”，知企困、解企难，作用日趋明显。通过银企对接，帮助古城乳业、山西超牌、金胜达、玉竹科技等公司，通过晋商银行解决3000余万元贷款；完成超牌公司技术改造项目资金申报工作，争取省工信厅技术改造奖励资金申报工作并获通过；解决博瑞饲料三方争议并顺利复产；通过“山产山用”工作，协调解决地面非煤企业主要产品山阴当地消费工作，解决企业产品销售及货款回收难问题；利用省政府战略性新兴产业电力专场交易平台，帮助山西超牌、玉竹科技、金胜达、禹恒等企业获得优惠电价0.365元/千瓦时，帮助晋能、石星化工等企业办理申报大用户用电事宜。

【疫情防控】 2020年疫情警报拉响后，山阴县工信局认真贯彻落实中央、省委、市委关于企业复工复产和疫情防控的相关要求，经过全体干部职工的共同努力，12家规上非煤电企业于2020年4月底全部实现了有序复工复产。在做好企业复工复产的同时，坚持抓紧抓实常态化疫情防控工作，按照科学、客观、适度的原则，做好疫情防范应对宣教工作，普及疫情防控知识，引导干部职工保持健康心态，增强自我防护意识。要求地面规上企业在疫情防控期间建立情况登记制度及报告制度，原则上不组织培训等聚集性活动，不安排单位干部出差外地，工作汇报尽可能通过电话、传真、电子邮件联系。对本单位干部职工也多次开展全面排查摸底，及时向县疫情防控工作领导小组办公室报告。一年来，还加强对企业节假日期间疫情防控常态化管理工作的督促，抓紧抓实抓细，对节假日可能存在的危险，要求企业做好预防机制。严格执行领导干部带班和值班制度，主要领导和值班成员要保持24小时联系畅通，切实加强应急值守和信息报送工作。

【队伍建设】 2020年，工信局班子紧扣思想建设，着力提升理论武装的引领力，坚持每周组织集中学习，学习习近平新时代中国特色社会主义思想及习近平总书记重要讲话精神，以理论武装头脑，做到入脑入心。紧扣政治建设，切实提升自觉看齐的向心力，局政治建设扎实推进。严格按照县委的方案，开展了持续净化政治生态相关活动，抓好队伍建设，切实提升干部干事创业的落实力，加强干部日常管理监督，完善干部监督管理制度。

能源局

【概况】 2020年，山阴县能源局深入学习贯彻习近平总书记视察山西重要讲话重要指示和“三篇光辉文献”，认真贯彻落实党的十九大和十九届二中、三中、四中、五中全会精神，按照省委“四为四高两同步”总体思路和市委生态立市、稳煤促新的总体思路和要求，紧紧围绕县委、县政府决策部署，加强行业管理，有序扎实推进能源革命，煤矿已由机械化向智能化迈进，能源可持续发展呈平稳态势。

2020年，全县生产原煤2754.38万吨，同比增长2.98%；规上企业原煤入洗2127.3万吨，同比增长11.05%；全县规上发电企业发电77.34亿千瓦时，同比增长30.09%。电力行业无安全生产事故。

【能源执法】 2020年，县能源局紧盯能源革命综合改革试点工作、清洁供暖工作和行业管理工作，明确各项分管领导作为工作落实的责任领导，各牵头股室负责人作为责任人，按照目标任务和责任分工，将每一项工作的落实责任细化到工作人员，建立职责清晰、目标明确、人员到位的工作机制，做到项项有人抓，人人有职责。通过挂图作战，按月定期汇报完成工作情况，并对下一个月工作做出计划，使各项工作按期完成。

建立跟踪督查制度，注重抓早、抓小，防微杜渐，对工作中存在的不作为、乱作为甚至故意影响干扰的行为严肃处理，迅速报告上级部门，启动相应问责程序，把纪律挺在前面，保持高压态势，发挥震慑警示作用，严防腐败发生。

县能源局进一步完善行政执法程序，促进严格规范公正文明执法。持续加大违法违规行为自查力度，综合运用行政处罚等措施，着力解决行业反映强烈、人民群众普遍关心的突出问题，推进执法法律效果和社会效果的有机统一。结合年度工作计划，将执法工作任务分解到每个科室、每名干部，确保人人肩上有担子、个个身上有压力。2020年，先后组织开展21场普法宣传，涉及企业65家；组织党员干部学习能源领域执法普法优秀案例，增强领导干部法治意识、提高依法行政能力。深入各能源企业开展检查69次，下达执法文书28件，共发现问题130条，完成闭合130条。

【煤炭行业管理】 2020年，县能源局加强行业管理，依法行政，严把项目审核审批关，加强事中、事后监管工作。积极推进山西朔州山阴兰花朱和咀煤业有限公司和山西朔州山阴金海洋水泉煤业有限公司建设；完成山西山阴元宝湾煤业有限公司延深开采项目验收工作；跟进芍药花煤业、辛安煤业、五家沟煤业新建、改扩建及技改项目的手续办理情况，并督促尽快开工。严格生产要素公告能力管理和煤矿井下煤质管理。2020年，对全县生产煤矿进行了两轮全覆盖检查，发现问题46条，闭合46条。严格执行采掘计划依法依规稽查。加大采掘计划机制的监督力度和隐患排查治理工作，采取“四不两直”的方式，对所有煤矿进行不定期突查。严格做好洗选企业及煤矿坑口配套洗煤厂认定工作。认定煤矿坑口配套洗煤厂4家，公示生产能力2220万吨，上报社会独立洗煤厂2家，其余22家社会独立洗煤厂资料已上报市局审查，市政府准备开会研究，予以公示。

【电力发展】 2020年，县能源局加强电网基础设施建设，提升电力外送能力。全力推进昱光电厂一期2×30万千瓦机组改造，完成晋北特高压1000千伏系统的接入工作。四台机组已全部接入华北电网。新建浙电和华能联合4×1000兆瓦超超临界电厂示范项目，已委托华北电力设计院完成基地项目的实施方案和技术经济评价报告，并根据国家能源局“两个一体化”指导意见，完成了晋北综合能源基地实施方案修编工作。委托华北电力设计院对晋北清洁能源基地煤电项目可研报告进行编制，要求尽快完成并通过评审。环评报告已委托华北电力设计院进行编制。

推进电力交易市场化，完善电价形成机制。扎实做好山阴县分布式市场交易试点项目推进工作，项目交易平台建设方案已由市级提交至省能源局，等待省能源局组织专家评审。全县参与大用户直供电共计82户，交易电量10.5亿千瓦时，为企业节约成本约5000万元。

推进新能源建设，不断优化能源结构。全力推进山阴经济开发区增量配电改革试点工作，截至2020年底，已完成配售电公司的组建，签订了《增量配电试点项目供电区域划分协议》，增量配电试点供电区域划分及配电网规划已通过市能源局评审。加大“风电打捆”改革力度，优先销售风电企业产出电量，确保完成全年0.5亿千瓦时销售任务，截至12月底，企业累计风电打捆交易电量为1.1亿千瓦时。

【化解过剩产能】 县能源局按照《山西省人民政府办公厅关于分解下达2020年煤炭行业化解过剩产能目标任务的通知》（晋政办函〔2020〕50号）等相关文件要求，晋煤集团金明公司山阴晋泰煤矿（设计能力120万吨/年）被列为2020年关闭退出矿井。省级验收已结束，12月26日省能源局通过官网发布了《关于山西省2020年化解过剩产能关闭退出煤矿的公告》予以公示，共关闭退出煤矿32座（其中包含山阴晋泰煤业有限责任公司）。

2020年县能源局大力推进先进产能建设，

12家煤矿企业（安平煤业、口前煤业、芍药花煤业、千井煤业、宝山玉井煤业、宝山腰寨煤业、五家沟煤业、台东山煤业、元宝湾煤业、南阳坡煤业、华夏煤业、辛安煤业）已通过国家煤协特级高效矿井评审，山阴县煤炭先进产能占比达到100%。

【清洁能源】 2020年，县能源局全力做好清洁能源替代工作，严格落实全县秋冬季污染防治工作推进会议精神和县委王世杰书记讲话精神，能源局清洁取暖工作集中供热实施8个村2个小区共6129户，圆满完成环保炉具实施4个村609户，试点工作7043户，顺利完成优质煤配送11781吨，移民搬迁1321户，超额完成省市任务。

【疫情防控】 2020年，县能源局始终坚持“外防输入、内防反弹”工作方针，严格落实“面上放开、点上精准、关口内置、闭环管理”工作要求，科学合理安排调度防控力量，落实各项防控措施，在抓好能源局疫情防控的同时，组织各能源企业制定《新型冠状病毒疫情应急预案》《新型冠状病毒肺炎防控保障措施》，严格落实企业法人责任，切实抓好能源企业外来务工人员管控，有效防范了输入型疫情发生。为了使企业尽快恢复生产，在疫情风险等级降低后通过专列、专车接回工人263名。组织企业通过各种渠道动员职工自行返矿返厂3530名，并严格按照疫情防控相关要求对自行返岗职工进行隔离观察。把往年开工前的职工备案、劳动培训变为网上培训和复产后补办备案手续，使企业迅速实现了复工复产。

国家电网

【概况】 山阴作为山西北部电网的枢纽县，截至2020年12月，境内拥有1000千伏交流特高压输电线路74千米，±800千伏直流特高压输电线路16千米，500千伏过境线路230千米；拥有220千伏变电站2座/540兆伏安，110千伏变电站6座/560兆伏安，公司管辖运维35千伏变电站6座，主变12台，变电容量105.2兆伏安；10千伏开闭所1座；所有站均实现了双回路供电和综合自动化。山阴电网拥有35千伏线路36条，总长397.92千米；其中公用线路17条200.57千米，用户专线19条197.35千米；拥有10千伏线路84条，总长1893.95千米，其中公用线路63条1737.79千米，用户专线21条156.16千米。运行配电变压器共计3104台，总容量584.005兆伏安，其中公用配电变压器1300台252.505兆伏安，用户专变1804台330.440兆伏安。公司现管理高压用户1641户，低压用户104714户，共计106355户。公司先后荣获“全国优秀质量管理小组”“山西省文明单位标兵”“山西省功勋企业”等荣誉称号。

【人力资源】 截至2020年底，山阴供电公司共有在册职工118人，女37人、男81人，其中党员43人（含退休党员15人）。有离退休职工50人，集体制职工10人，用电协议工3人，农电专职电工94人，签合同的临时工45人。本科以上学历66人，占在册职工55%，大专以上文化程度28人，占在册职工23%；中技文化程度16人，占在册职工13%；高中以下文化程度6人，占在册职工5%（不包括农电工、集体工、临时工）。具有中级职称25人，占在册职工21%；初级职称35人，占在册职工29%；高级职称7人，占在册职工5%（不包括农电工、集体工、临时工）。高级工29人，占在册职工24%；中级工16人，占在册职工13%；初级工4人，占在册职工3%；技师37人，占在册职工31%；高级技师3人。年龄结构，55周岁以上10人，占在册职工8%；54～45周岁以上39人，占在册职工33%；44～30周岁以上31人，占在册职工26%；29周岁以下37人，占在册职工31%（不包括农电工、集体工、临时工）。平均年龄40岁。

【经济指标】2020年，国网山阴供电公司售电量累计完成7.48亿千瓦时，完成进度计划6.8亿千瓦时的110%，同比增长12.86%；平均电价累计完成503.87元/千千瓦时，比计划低47.11元/千千瓦时（未剔除直购电因素影响）；综合线损率累计完成4.69%，同比下降0.41个百分点，比计划下降0.36个百分点；电费回收率100%。截至2020年12月31日，公司未发生电力生产人身轻伤及以上事故，未发生一般电网事故和一般设备事故，未发生火灾事故及人员恶性误操作事故，未发生交通事故，累计实现安全生产长周期运行10701天。

【安全生产】2020年，国网山阴供电公司牢固树立安全就是底线、生命线、高压线意识，始终把保障人身安全、杜绝人身事故作为首要任务，注重人防和技防全过程管控。深入开展“安全生产月”“安全万里行”活动及“安全隐患整治专项行动”等，圆满完成迎峰度夏、迎峰度冬保电任务。安全生产取得了新突破，成功承办了“一县一示范”双降山阴现场会，因线施策、优化方案。按照“停电一条、治理一条、管用一条”的原则，对高跳闸线路进行集中治理。2020年10千伏线路故障率同比降低9.65%，配变停运时长同比降低了9.1%，形成了可借鉴、可推广的典型经验。持续深化“防止人身触电”和“高危及重要用户隐患排查治理”两个专项行动，对公司16户高危及重要客户进行了隐患排查，共排查出问题47条，对相关用户下达了隐患整改通知书，并向政府及相关职能部门进行了书面报备。报备结果引起了县能源局等部门高度重视，责成专人对隐患进行专项治理督办。对老旧的10千伏以及0.4千伏线路进行拉网式排查，共排查治理隐患178处。常态化开展作业现场安全纠察，查纠违章20余起，确保了电网安全稳定运行。

【电网建设】2020年，国网山阴供电公司坚持科学部署、稳扎稳打、有条不紊地推进山阴电网协调发展。以坚韧不拔的毅力解决了一件件错综复杂的受阻难题，圆满完成5项2105万元配网升级改造工作，投入800多万元对配网进行了维护整治，切实提高配网设备水平。2020年新投运北郭线、北东线2条10千伏线路，完成了对永洗线、北郭线、北辛线、山城线、北东线等负荷的切改工作，有效解决了北辛线、永洗线、山城线三条10千伏线路过载运行问题。同时积极组织实施完成城西线、永燕线等跨林区线路改造，全年大修技改累计投入537万元，改造线路59千米，保证了线路安全稳定运行，彻底解决了白家堡、故驿等5个村低电压、线路老旧问题。多方筹措资金，投入近200万元用于光伏接入电网配套工程，既解决了新能源接入问题，又增加了贫困户农民收入，得到了县委、县政府的充分肯定。顺利通过省公司组织的平高项目可研、初设评审工作，储备6000多万元的项目，省公司已批复同意2020年出库，为2021年山阴城网网架提升奠定了基础。

【经营管理】2020年，国网山阴供电公司超前研判、精准施策，全面评估各类高危及重要用户的经营、财务现状，准确预估欠费缺口，全年实现电费回收、上缴“双结零”，特别是行政事业单位电费收缴的机制得到进一步优化完善。将“定制度、立规矩、严考核”贯穿经营管理全过程，全方位提升了营销工作质效。以台区治理为切入点，通过日通告、周对比、月总结，将合格台区占比提升稳定在98%以上，合格线路占比提升16.33%，采集率稳定在99.98%以上。加强供用电合同的管理，重新签订高压合同1489份，整改低压合同1147份，有效规避了法律风险。深化服务体系建设，在县城范围内制作张贴台区经理公示牌2000余块，发挥台区经理一线服务协同作用，为有效下降工单投诉创造了条件。主动服务光伏用户，实现光伏电费按月结清，结算率100%，确保扶贫政策资金及时足额落实到位。

2020年，国网山阴供电公司团结协作、典型引领，公司发展取得新突破。充分发挥先进典型的辐射带动作用，克服重重困难，在接受脱贫攻坚省际交叉检查时，获得了政府部门和贫困群众的一致认可，被评为山阴县脱贫攻坚先进集体。以王乾梁事迹为题材、王乾梁担任主演的微电影《有道道的“黄嘴叉”》荣获中国电力传媒集团主办的2020电力奥斯卡微电影类三等奖，英大传媒2020年优秀电视作品展评微电影类三等奖，在公司内外引起强烈反响。以结果论英雄，以实绩选干部，让“肯干事、能干事、干成事”的人发挥更重要的引领作用，选拔5名优秀大学生到部门负责人岗位上培养锻炼，选拔14名大学生到生产经营一线挂职班长、所长，盘活了公司干部员工队伍。以“干什么、学什么”为原则，组织“管理人员学政策，一线员工学技能，青年员工学知识”，充分落实好成长成才激励机制，6名职工在市公司机关部门人员招聘中脱颖而出。组织全体青年职工积极参加公司组织的各类竞赛，其中霍乐（光缆熔接）、王涵煊（文稿大赛）获得一等奖的好成绩，安全知识竞赛获团体三等奖。进一步发挥QC创新优势，2020年共形成6项QC成果，均获山西省优秀QC成果奖，其中“提高配网供电可靠率”QC成果首次在全国进行发表交流，并荣获全国优秀QC成果奖。将QC小组成果融入生产经营各个环节，并以管理创新和技术创新推动公司更快更好地实现“供好电、服好务”。公司先后荣获全国优秀质量管理小组、山西省文明单位标兵、山西省功勋企业等荣誉称号。一大批个人也受到了省市公司、朔州市的表彰，郝中伟荣获朔州市“朔州工匠”“最美退役军人”提名奖和朔州公司2020年度优秀人才等称号。

【企业建设】 2020年，国网山阴供电公司坚持“以奋斗者为本、以客户为中心”的理念，主动服务山阴地方经济社会发展的大局。以“讲政治”的高度精心组织各项保电任务，配合忻州公司完成山西省第六次旅游发展大会保电，收到感谢信。克服困难，组织“2020年塞上朔州长城旅游节”开幕式保电工作，受到县委、县政府高度肯定。主动沟通协调，促成县委、县政府主要领导与朔州公司主要领导多次进行会谈，增进了政企合作融通。主动加强与地方政府及职能部门沟通，融入地方发展大局，在脱贫攻坚、新农村建设、环境治理等各项社会工作中彰显了供电担当，同时也为企业发展营造了良好的社会环境。坚持“让职工充分享受改革发展的红利”的理念，创造条件多维度体现企业对员工的关怀关爱。加大对困难员工和退休员工慰问的同时，在端午、中秋、春节等传统假日开展节日慰问，并在“三八”“七一”、国庆、元旦等节日组织各类文体活动，让职工在工作之余充分感受到企业大家庭的温暖，有效提升了职工的幸福感。加大新冠肺炎的防控力度，特别是在疫情初期千方百计保证防疫物资及各项措施的到位，尤其是保证了营业窗口的物资保障，实现了防疫工作的“双零”，同时有效保证了疫情防控期间企业复工复产的电力供应。

【党的建设】 2020年，国网山阴供电公司始终坚持把党的领导、党的建设摆在首位，围绕四个聚焦，全方位加强党的建设。聚焦理论武装，拧紧“总开关”。坚持党员干部理论学习制度、领导干部中心组学习制度、“三会一课”制度、民主生活会制度。精心策划各类创新党日活动，各项党建工作有效落地。认真学习党的十九届五中全会精神和习近平总书记系列重要讲话精神，切实将习近平新时代中国特色社会主义思想精神学懂弄通。聚焦党的建设，把好“方向盘”，巩固“旗帜引领三年登高”成果，提升基层党建工作质量，贯彻国有企业基层党组织工作条例。聚焦党建质量，打好“主动仗”，开展

“文化铸魂、文化赋能、文化融入”专项活动，后所供电所被省电力公司评为2019—2020年企业文化建设示范点，建设案例入选《国网山西省电力公司2020年企业文化建设示范点成果案例集》一书。聚焦廉政建设。加强对职工的日常教育引导工作，强化职工的廉洁自律意识，杜绝各类违纪违规事件的发生。

城镇集体工业联合社

【概况】 山阴县城镇集体工业联合社负责全县集体企业的管理工作，根据国家的产业政策和本地区的实际情况，研究和拟定城镇集体联合社行业的发展规划，指导城镇集体联合社行业改革和结构调整；指导、检查、监督企业的安全生产，汇集和分析企业生产动态、经济运行等数据指标。协调行业内部关系，监督指导行业开展互助合作相关活动；对城镇集体联合社集体企业的经营、投资和改革等重大事项进行审批和监督，确保国有、集体资产安全运营与保值增值。宣传、贯彻、落实党和国家关于集体经济的法律、法规、方针、政策，监督实施《中华人民共和国城镇集体所有制企业条例》，检查政策、法规执行情况。选拔、任免系统内企业班子成员，管理系统内党群事务、人事劳资、职工档案等，指导企业开展党建、思想政治等工作。承办县政府和市二轻联社交办的其他事项。

【主要业绩】 山阴县城镇集体工业联合社所属龙头企业华夏煤业公司全力克服新冠肺炎疫情带来的不利影响，尽早恢复生产，确保环保和安全投入，全年完成工业总产值4.67亿元，销售收入4.33亿元，工业增加值1.4亿元，上缴税费1.1亿元。工业美术方面，全县工美骨干企业众福缘工美合作社充分发挥辐射引领作用，在扶贫助残、教育培训、花色品种、电商销售等领域都有所突破，全县全年共完成工美产品总产值161万元，销售收入103万元，工业增加值55.2万元。

【扶贫】 2020年，山阴县城镇集体工业联合社对所包的3个村庄和联系的2个乡镇4个村，共16户贫困户继续落实原有扶贫项目，加大走访慰问和联系力度，想方设法为他们解决生产生活中的实际困难、增加致富门道，充分巩固脱贫成果。

【信访】 2020年，山阴县城镇集体工业联合社在信访工作中，通过努力，挤出10万元左右资金，合理解决了两起急需解决的历史遗留问题，有效化解了数次进省、进京越级上访事件，有效完成了赴省、进京零上访的目标，维持了全系统的安全稳定运行，为全县的经济社会发展做出了应有的贡献。认真配合县委巡察组的巡察工作，努力完成巡察发现问题的整改工作，深刻剖析产生问题的原因，认真规范各项制度和纪律，改正错误，发扬成绩。

工业企业服务中心

【概况】 工业企业服务中心贯彻执行党和国家的方针、政策，依据国家相关产业政策，对所属企业发展实施宏观指导，促进企业产业结构调整，推动企业产品升级换代。认真落实国家、省、市、县对企业的指示要求，并对执行情况进行跟进督查，确保落到实处。保障民生，对系统内各企业职工合法权益保障情况实施监督，积极热情接待来信来访职工，化解矛盾。抓好安全生产，对企业日常生产实施监察管理，指导企业安全生产，协助处理重大事故。严格劳动政策，监控系统内职工调配、退休等，保证人员合理有序流动。深入企业进行广泛的调查研究，对各企业在经营过程中好的做法，认真总结，及时推广，起到典型引路的作用。指导、组织企业技术创新，技术引进和新产品的开发，指导资源约和综合利用。加强职工教育培训，努力提高全系统干部职工的文化技术整体素质。负责全系统党建、工会、共青团、妇联工作。

2020年，工业企业服务中心深入学习宣传贯彻党的十九大精神，用习近平新时代中国特色社会主义思想武装头脑、指导实践、推进工作，始终把学习宣传贯彻落实党的基本理论、基本路线、基本方略，坚决执行中央、省、市、县委、县政府的决策部署作为讲政治的核心，组织全中心干部职工深入学习宣传贯彻党的十九大、习近平总书记视察山西重要讲话，以及省、市、县全会精神，牢固树立“四个意识”，坚定“四个自信”，做好“两个维护”，自觉在政治上、思想上、行动上同以习近平同志为核心的党中央保持高度一致，推动党中央大政方针和决策部署不折不扣落地落实，深入贯彻落实“建设新韵山阴，打造灵秀古城”工作思路和发展理念，不断开创工业系统开放内涵式发展的新局面。

【信访】 2020年，山阴县工业企业服务中心制定中心信访维稳突发事件应急处置工作预案，密切关注石星化工、金源公司、滕宇等公司在企业破产、改制遗留等方面的信访事项，有效化解矛盾纠纷。面对系统内复杂形势，中心提早动手、积极应对，主动深入企业，倾听职工呼声，主动积极接访约访。经过努力，在全国“两会”以及国庆、十九届五中全会等重要时期，未发生集体进京非访。

【安全生产】 强化安全生产，确保社会和谐。工业企业服务中心深刻汲取各类事故血的教训，强化安全责任，细化安全监管，时刻把握安全生产的主动权，2020年中心继续派出专职干部驻厂安全监督员，深入企业现场监督，周周反馈，形成了良好的工作格局，安全生产工作取得了明显成效，截至2020年底共排查各类隐患56起，整改56起，整改完成率100%，同比下降11%，实现了安全生产零事故。

【脱贫攻坚】 2020年经测评，工业企业服务中心帮扶的10户人均收入较上年全部大幅增长。巩固了前期工作成果，杜绝返贫，一年来，工作队多次深入贫困户，逐户登门回访了解每个贫困户的具体情况，包括每年人均可支配收入、住房是否安全、饮水是否安全等。并开展了“问效”“问计”“问需”“问政”，围绕帮扶成效和脱贫成效，对“两不愁三保障”和“三个落实”情况跟踪回访，通过“四了解、六查看、两核实”摸清贫困户发展现状，了解群众的发展想法、需求和当前困难，了解民生期盼，就脱贫攻坚问题与群众面对面交谈，询问有无新的致贫原因、好的脱贫途径，认真听取群众对县乡两级党委政府以及村“两委”工作的评价，每回访一户，均做好相关记录工作，做好入户问卷调查，了解民情民意；抓好政策宣传落地，对群众及时进行释疑解惑；及时做好每天的工作日志，对一天所做的工作进行总结和记录，通过回访，梳理了问题，明确了解决思路。通过县、乡、村三级联动的不懈努力，精准扶贫工作的持续开展，西安峪、云水庄、南口前、许家洼村“两委”的凝聚力显著增强，村容村貌焕然一新，农民得到了实惠，“两委”得到了口碑，工作队成为贫困户的贴心人。

【疫情防控】 2020年，工业企业服务中心严格落实疫情防控工作，在第一时间利用单位微信工作群，及时传达县里的防控工作精神，要求全体干部职工严格按照县疾控中心的重要通知，进行相关精神的学习，并积极开展排查自查工作。在单位微信工作群，及时传达相关要求，让大家明白面对疫情，要提高政治站位，坚定战胜疫情信心，树立正确防控意识和观念，做好各自工作，从每个人每个家庭做起，为打赢防控阻击战做出各自的贡献，充分发挥党员模范作用。加强值班及外来人员的登记排查。坚持每天领导带班，值班人员坚守工作岗位，用严明的组织纪律保证疫情防控工作的正常开展。

严格控制非本单位人员进入。利用网络办公，减少接触外界人员。对中心系统各企业，要保持高度警惕，在落实排除来自重点疫情地区员工上班，做好厂区消杀、员工体温监控、佩戴专用口罩等疫情防控措施的基础上，加强监测，及时有效处置突发事件，确保全系统职工群众基本的正常生活。

【党的建设】 2020年，工业企业服务中心认真抓好理论学习。制订中心组和机关干部学习计划，落实中心组学习制度，坚持每周机关学习制度每月集中学习研讨1次。落实意识形态工作责任制。2020年班子成员召开从严整改县委巡察反馈问题专题民主生活会，班子成员自觉参加党支部活动。抓实机关党建工作。强化党委书记、机关党支部书记责任，坚持把抓机关党建和业务工作紧密结合，把抓机关党员队伍建设和中心工作紧密结合，使机关党建与业务工作更好地融合起来，同频共振，同推共促，推进党建与业务融合共促。抓严机关作风建设。以争创好机关、争做好干部为载体，以专项整治为抓手，深入开展干部作风大整治回头看活动，按计划有步骤开展转理念转方式转作风，加快推动高质量发展大学习大讨论活动，推动了县委第二巡察组巡察反馈问题整改落实，推动了县委、县政府安排部署工作在工业系统的全面贯彻落实。抓严党风廉政建设。落实党委主体责任、党委书记第一责任人责任，班子成员"一岗双责"责任。把"两个维护"作为最根本的政治纪律和政治规矩。加强系统党组织建设。建立党委班子成员包抓基层党建制度，对于"空壳"党组织、停破产企业等不符合设置要求的进行了调研，并制定相应调整规划。

小企业发展促进中心

【概况】 2020年，小企业发展促进中心在县委县政府的正确领导和上级业务主管部门的精心指导下，全体党员、干部、职工精诚团结，锐意进取，守正创新，担当尽责，深入贯彻落实习近平总书记在民营企业座谈会上的重要讲话精神，以习近平新时代中国特色社会主义思想为指导，认真学习《中共山西省委、山西省人民政府关于支持民营经济发展的若干意见》《中共朔州市委、朔州市人民政府关于支持民营经济发展的实施意见》《中共山阴县委、山阴县人民政府关于支持民营经济发展的实施意见》等文件精神，全面落实省、市关于中小微企业的一系列扶持措施，创新贯彻县委"2361"工作思路，为全县中小微企业提供了优质服务，把培育"小升规"企业作为壮大中小微企业经济实力的重要渠道，把培育"专精特新"企业作为引领中小微企业高质量发展的重要途径，把"股改"作为建立现代化企业管理制度，实现做大做强的必由之路，把"双创基地、中小微企业服务站"作为推动中小微企业创新创业的重要载体，把"企业家培训"作为推动中小微企业素质提升的有力举措，让中小微企业家安心、便捷、规范、激情创业，推进经济高质量发展，2020年度各项工作取得了较好的成绩。

【普法宣传】 2020年，小企业发展促进中心认真贯彻落实《中华人民共和国中小企业促进法》，多渠道开展普法宣传。一方面通过入企服务进行"送法规、送政策、送服务"三服务活动，加大对中小微企业法律、法规、政策的贯彻宣传力度，营造全县共同关心支持小企业发展的良好氛围；另一方面利用"6·27"中小企业日组织宣传活动，深入县政府广场、地税广场大张旗鼓地进行宣传活动，重点宣传规改股的现实意义和奖补政策，全力推动"个转企、小升规、规改股、股上市"，加快企业做大做强，加快中小微企业和民营经济转型升级，印发宣传资料3000份。加大"小升规"政策宣传力度，充分利用微信、App等媒介采用政策推送、在线解答等方式开展政策宣传服务。继续举办好

"6·27"中小微企业政策宣贯活动和"中小微企业法律服务"活动，有针对性地提供小微企业急需的政策解读和法律咨询服务，不断提高政策的知晓率和覆盖面，帮助小微企业用足用好政策，发挥好政策的引领导向作用。

【股改工作】 山阴县中小微企业规范化股份制改造工作多年来一直处于空白阶段。针对规改股工作难以推进问题，在小企业发展促进中心强有力推动下，通过入企服务，重点向企业宣传股改的意义、程序、奖励及有关优惠政策，指导两家企业完成股改程序，及时为朔州市骏宝宸农业科技股份有限公司和山西东昱建筑工程股份有限公司申报中小微企业规范化股份制改造奖励项目资金各50万元。企业规范化股份制改造工作从而取得了重大突破，朔州市股份制改造企业申报指标5家，山阴县完成2家，位列全市第一。股份制企业的改造完善，进一步提高了企业的知名度，拓宽了企业的融资渠道，加快了企业做大做强，为山阴县中小企业建立现代企业制度开了好头，树立了标杆。切实加强山阴县上市挂牌后备企业资源库的规范管理工作，让后备企业资源库成为山阴县企业进军资本市场的孵化器，加速推动企业上市挂牌。为此，申报推荐了"朔州市宏远农牧有限公司"山西省上市挂牌后备企业资源库入库企业。

【脱贫攻坚】 小企业发展促进中心积极引导和支持山阴县中小企业和企业家在产业扶贫，精准脱贫中担当重任、主动作为，助力脱贫攻坚。小企业发展促进中心组织山西香饽饽食品有限公司、朔州市骏宝宸农业科技股份有限公司、山西博途文化传媒有限公司于2020年9月11—17日在浙江大学举办"2020年山西省中小企业脱贫攻坚专题研修班"，汇聚相关领域权威教授和专家，重点围绕深度解读党中央国务院脱贫攻坚重大战略决策、交流学习浙江省脱贫攻坚的成功经验，有力地提升了山阴县企业家整体素质和企业经营管理水平。

【"专精特新"】 山阴县小企业发展促进中心按照省小企业发展促进局晋企发〔2020〕14号文件《关于开展2020年省级中小微企业发展专项资金"专精特新"中小企业项目申报工作的通知》要求，全面开展摸底筛选工作，确定重点培育对象，将创新能力强、市场占有率高、掌握关键核心技术，质量效益优的企业作为2020年"专精特新"中小企业项目首选申报企业，培育了"山西超牌煅烧高岭土有限公司"组织申报省级扶持项目资金，指导、鼓励走"专精特新"的发展之路，培育新的经济增长点，形成新的竞争优势。

【入企指导】 2020年入企指导服务：陪同省、市局领导深入"山西超牌煅烧高岭土有限公司"企业调研3次；陪同市局领导深入"山阴县佳美达陶瓷有限公司"进行调研2次；陪同市局领导深入"山阴县泰昌农业有限公司"调研2次；陪同市局领导深入"朔州市骏宝宸农业科技有限公司"进行调研2次；陪同市局领导深入"朔州市宏远农牧业有限公司"进行调研2次；陪同省市局领导深入"朔州市朔煤古城食品有限公司"进行调研3次；陪同市局领导深入"山西玉龙土特产有限公司"进行调研1次；陪同市局领导深入"手工艺编织"企业进行调研3次；陪同省市局领导深入"双创基地"进行调研2次。密切配合县总工会指导中小企业成立工会联合会，认真贯彻落实《中华人民共和国工会法》，切实维护中小微企业职工合法权益，指导朔州市雁门香米业有限公司成立了工会联合会。

【推进"小升规"升级】 2020年，山阴县小企业发展促进中心积极促进小微工业企业上规升级，对于进一步壮大规模以上工业经济，推动经济转型及高质量发展具有十分重要的意义。规模以上工业企业是山阴县经济发展的中流砥柱，最具潜力，有着举足轻重的战略地位。特别是“小升规”列入省定、市定考核主要指标，中心作为“小升规”考核的重点单位，高度重视、精心安排，将其放在日常工作重要议事日程。完善机制，推进“小升规”工作常态化，加强组织领导，完善工作目标责任制。加强部门之间的协作和沟通，形成齐抓共促的工作格局，力争完成2020年度新增“小升规”工业企业7家的目标任务；建立“小升规”培育监测分析制度。落实好“小升规”培育企业监测报表制度，强化数据信息采集、分析和企业培育服务力度。加强与统计、税务、市场监管局等部门的信息沟通与协调，及时了解掌握培育企业的生产经营情况，协调指导升规企业建立规范科学的财务统计报表制度，逐月上报生产、经营、销售情况；强化帮扶，着力推进企业上规升级，建立“小升规”重点企业培育库。以2019年度应税主营业务收入1000万～2000万元的企业为重点，围绕全县创新型、科技型、成长型小微企业，筛选确定12家重点企业为培育对象，建立“小升规”重点企业培育库，强化入库企业的培育指导、动态调整和跟踪服务；加强分类指导和精准帮扶。建立重点企业走访联系制度，定期联系走访重点培育企业，及时收集梳理企业生产经营中遇到的困难和问题，突出问题导向和效果导向，加强现场帮扶、专家指导，切实帮助企业解决生产经营和成长发展中的困难和问题。根据企业不同发展阶段和类型，组织开展专业化的培训服务和企业家素质提升工程，帮助小微企业提升精细化管理水平、技术创新和产品研发能力、财务管理和融资能力、市场开拓和网络营销水平、法律意识和风险防范能力等。

【疫情防控】 小企业发展促进中心深入基层督促企业全面落实好复工前疫情防控措施，企业复工生产前做到“五个必须”：必须建立企业主要负责人牵头的疫情防控工作领导机构，制定防控工作方案；必须掌握每名职工的健康状况和出行等情况，排查职工密切接触者中是否有重点疫区来源人员；必须对厂区公共场所、人员聚集场所的设施、设备进行专业消毒；必须做到省外、市外、县外，特别是重点疫区工作人员的暂缓返回；必须向所在地乡（镇）做出承诺，严格执行县疫情防控工作领导小组下达的重大决策指令。坚持做好企业人员及车辆进出登记；坚持做好厂区食堂、宿舍的消毒处理；坚持对入厂人员体温检测；坚持佩戴口罩要求；坚持取消全员会议，减少人员聚集；坚持开展摸排报送工作。

把握疫情防控由静态向动态、由应急向常态转变的特征，遵循“外防输入、内防反弹”的目标和以乡（镇）社区为单位的防控要求，建立健全常态化疫情防控长效机制，加强企业疫情日常和应急监测，压实用人单位主体责任，确保复工复产人员应检尽检，严格落实工作场所、食堂宿舍等重点场所的防控措施，实事求是地抓好各项政策措施落地落细落实。确保疫情形势持续向好，确保经济社会秩序持续改善，巩固全县疫情防控成果。

2020年2月24日以来，小企业发展促进中心成立中小企业复工复产工作指导小组，积极参与复工复产的各项工作。负责督促中小企业落实复工复产主体责任，督促落实疫情防控期间帮助中小企业有序复工复产有关工作，及时反映、协调解决企业在复工复产中遇到的困难和问题，加强对复工复产的中小企业统计监测工作。按照“应复尽复，能复快复”的原则，坚持综合协调，跟踪服务，向企业大力宣传省政府10条、市政府12条帮扶措施。疫情防控期间及时向山阴县泰昌农业有限公司拨付“专精特新”奖补资金20万元，有力地促进了企业资金链的正常运转。同时，11名党员干部为支持疫情防控工作积极自愿捐款1500元整。

·山阴县周泰煤业有限公司·

2006年12月5日山阴县周泰煤业有限公司注册成立，注册资金2500万元，地处朔州市山阴县北周庄镇辛庄村西，占地面积53000余平方米。公司以“诚信为根本、质量为保障”为核心发展理念，通过十余年的发展，产业涵盖煤炭、陶瓷、建材、光伏发电等众多领域。

发展历程。煤炭是周泰煤业有限公司发展的根基。公司运用科学技术不断改进煤炭产业各个环节，实现了煤炭从安全生产、运输到洗选的安全、高效、自动和清洁化水平。2006年山西省经济委员会为公司办理了煤炭经营资格证。2008年新建山阴县周泰煤业有限公司年储运原煤120万吨项目，项目总投资443万元，其中环保投资217万元。2018年8月新建山阴县周泰煤业有限公司120万吨/年洗煤生产线项目，项目总投资2218万元，其中流动资金500万元、固定资产投资1718万元。为响应国家节能减排和低碳经济发展的要求，2019年6月总投资120万元建设煤库屋顶分布式光伏发电项目，设计总装机容量150千瓦，预计年发电量27.375万千瓦时。2020年5月公司继续新建设计总装机量395千瓦屋顶分布式光伏发电项目，项目总投资316万元，预计年发电量72.0875万千瓦时。实现安全发展、绿色发展，提供清洁、高效的能源，创造和谐环境，塑造良好形象。

·朔州市圣峰煤炭销售有限公司·

2016年7月，朔州市圣峰煤炭销售有限公司注册成立；2017年4月19日“朔州市圣峰煤炭销售有限公司120万吨/年洗煤生产线项目”予以备案；2018年5月取得“朔州市圣峰煤炭销售有限公司120万吨/年洗煤生产线项目环境影响报告表”；同年7月6日，山阴县环境保护局以山环审〔2018〕26号对本项目环境影响报告表予以批复；2019年7月公司取得朔州市生态环境局山阴分局颁发的排污许可证。公司仓区主要设备有14平方米洗煤设备1套，年生产力120万吨，直径达28米沉淀池一座，全封闭原煤库3250平方米，成品库2600平方米，设有雾炮4台，研石库310平方米，厂区围墙全覆盖防风扬尘网，洗车平台1座，洒水车2辆。公司严格按照各项环保政策措施执行，确保各项污染物达标排放。投产后计划安排本村闲置劳动力20人。

·山阴县神马洗煤有限公司·

山阴县神马洗煤有限公司于2006年4月份筹建，当年建成开始生产经营，公司位于“煤炭之乡”的山阴县北周庄镇永静城村西，北周庄工业园区内，紧邻中煤集团华昱有限公司。公司地处交通要道，交通便利，东邻208国道，南邻玉井路，北邻岱马路，距山阴县城12千米，占地面积365亩，建筑面积14600平方米；公司下设董事长、总经理、办公室、财务科、供销科、车间、车队等部门，拥有员工100余人。公司紧紧围绕“资源综合利用，提高经济效益，保护生态环境”的总体要求进行生产和经营。公司总投资5300万元，引进国内先进的16平方米数控自动跳肽洗煤机及附选设备，采用全封闭、低噪音废水循环利用新技术、新工艺，完全符合国家煤炭洗选企业的安全标准，符合国家环境保护的要求。近年来，公司根据国内、国际市场的需求和变化，逐年增加并改进生产线，提高生产技术，彻底改变了以往单洗面煤的生产格局。主要产品有高卡精煤、块煤、三八籽、三六籽、二五籽等多个品种，极大地满足了市场多样化的需求，深受广大客户的青睐。现在有客户100余家，产品远销山西、内蒙古、北京、天津、河南、山东、河北等地。公司下设运输车队，车辆38台，驾驶员40人，管理人员5人。

·山阴县一生辅环保新能源有限公司·

山阴县一生辅环保新能源有限公司（120万吨/年洗煤生产线项目），位于山阴县北周庄苑家辛庄村西1.48千米处，占地面积92.66亩，注册资本为500万元整（自然人独资）。主要经营煤炭选洗加工与销售、新型环保洁净型煤、新型能源及化工原料的生产、销售与运输。公司年收入300余万元，公司设立生产、财务、质检、综合等领导机构，拥有职工20多人，既解决了一批社会的剩余劳动的安全问题，又为社会的经济发展和社会稳定做出一定贡献。公司以采用现代化企业的管理模式，以质量第一、信誉第一为宗旨，坚持以人为本，安全高效的科学管理、诚实守信的经营理念，为开发山阴县的煤炭资源优势为主，为政府的经济效益和社会效益做出更大贡献。

·朔州威龙混凝土搅拌有限公司·

朔州市威龙混凝土搅拌有限公司是一家以商砼、石料、水稳等生产为主的私营企业。公司下设搅拌站、石料厂、洗砂厂、水稳站。专业生产经营各种强度等级、各种性能的预拌混凝土。年设计生产能力约35万立方米，各种规格的石料20多万立方米。年产值8500万元。公司自正式投产以来，先后从三一、中联重科购进了先进的搅拌设备、运输工具和泵送设备。在生产流程上，采用微机控制的全自动电子称量系统，通过电脑不仅对每种强度等级的混凝土配合比进行分级处理和储存，且有齐全的实验设备，实验室已通过了资质验收质量认证。通过实验室对购进公司的水泥、外加剂、矿粉、粉煤灰，各种规格的砂、石料按国家现行的标准进行检查、筛选，严格控制原材料的质量；并通过大量的混凝土实验，科学合理地确定了每种强度等级的混凝土配合比，在实际的生产中产品的质量保证率99%以上。

公司现拥有员工74人，各类管理人员15人，具有技术经济职称人员13人，企业主要领导均由具有专业技术经济职称的管理人员担任，为本企业在当前市场经济环境中，进一步提高企业素质完善企业管理，促进经济发展奠定了良好的基础。

·恒通利煤炭销售有限公司·

朔州市恒通利煤炭销售有限公司，位于朔州市山阴县北周庄镇下神泉村东，占地30亩，土地手续已报批。2016年7月11日成立，2018年9月开始建设，安装洗选设备，2019年3月试运转，注册资本100万元整，煤炭的洗、加工、仓储、销售；道路普通货物运输。计划年洗选能力120万吨，是一座现代化程度较高的动力煤洗煤厂。洗出的精煤直接装车外运，生产出的中煤、煤泥、煤矸石等废弃物输送电厂、材料厂，形成了一个较为完整的工业循环链，做到了对资源的充分利用，降低了对环境的污染。洗煤厂共有2个产品仓，其中1个精煤仓，储量20000吨、1个原煤仓，储量20000吨。洗煤厂主选车间，长100米、高25米、宽27米，车间内主要设备采用钢框架分层布置形式，设有五个主要操作层面，设备按照顺煤流进行工艺布置。含有三个独立的分选系统和一个加压过滤系统，每个分选系统中包括原煤分级脱泥、块煤重介浅槽分选、沫煤三产品重介旋流器分选、介质回收、粗煤泥分选以及煤泥脱水回收。

洗煤厂在册员工14人：生产技术1人、经营管理1人、综合管理部1人、工人11人。

·山西玉竹新材料科技股份有限公司·

山西玉竹新材料科技股份有限公司成立于

2016 年 6 月，是一家以钙化工产品研发为主的高新技术企业，公司拥有员工 60 名，其中研发人员 18 名。总资产 2 亿多元，年销售收入 15000 多万元。截至 2020 年底，项目一期工程 1 万吨 / 年硅酸钙新材料和 2 万立方米绝热保温硅酸钙项目已建成投产。

为了保持持续的竞争力，公司培养自己的研发队伍的同时，高度重视技术信息、技术资源的整合。分别与大同大学、长安大学、东北大学、东大设计院、北京石油化工学院、天津科技大学、西安科技大学、福清师范学院、北京工商大学、中国塑料改性协会等大专院校建立了产、学、研合作关系，紧紧围绕山阴县优质石灰石资源，将共同研发的微孔硅酸钙新材料实现工业化转化。

为适应公司产业升级，公司非常注重人才培养，主要做法是招聘专业对口的大学生与聘用行业专家相结合的人才培养模式，经过几年的实践，公司人才短期的矛盾初步得到缓解。技术中心人才已初具规模。技术中心设主任 1 名，由总经理兼任、设副主任 2 名；设专家委员会；设重点项目室、研发室、实验室、化验室、财务室、办公室 6 个科室。有研发人员 27 人（专家 18 人技术员 9 人）、实验化验人员 4 人、财务 2 人、办公室 2 人。其中学术带头人有清华大学毕业的教授级高级工程师中国改性塑料协会秘书长刘英俊；工艺研究带头人徐鹏博士（内蒙古工业大学教授）、宋宝祥专家（享受国务院津贴）。在此基础上公司又聘用了东北大学及东大设计院的 6 位专家。公司产品微孔硅酸钙新材料是由公司与多家科研院所、专家教授研发的拥有自主知识产权的新型功能性材料，具有白度高、粒径小、粒度分布范围窄、堆积密度低、重量轻、比表面积大、吸附能力强、导热系数小、强度高、耐高温、无腐蚀 11 项功能。可广泛应用于橡胶、塑料、造纸、涂料、车用板材、重金属吸附、新风系统、医药、军工、化妆品、保温材料等多个领域，可替代白炭黑、纸浆、硅藻土、活性炭等多种材料。

住房和城乡建设　环境保护

住房和城乡建设

【道路建设】 2020年，府东街跨线立交桥建设项目，全长820米，主线宽28米，主桥（跨铁路段）长120米，双向六车道，工程总投资13864.66万元，10月14日通车。四好农村路七里沟—关岱岳—贺家沟（洪涛山旅游路）道路改造项目。主线全长5.113千米，支线宝峰路1.043千米，项目总投资2067.08万元，10月14日通车。西二环道路拓宽工程项目，全长1.584千米，项目总投资2664.77万元，10月14日通车。西二环、虎山线交叉口渠化工程，交叉口处虎山线由原来的2车道变成4车道、西二环由原来的6车道变成8车道，增加导流标线，调整红绿灯位置，项目总投资533.61万元，10月14日竣工。

【公共基础设施】 2020年，山阴县住房和城乡建设管理局，为提升城镇生活污水处理水平，全县建成雨污合流管网45.796千米，雨污分流管网9.675千米，基本实现生活污水全收集全覆盖；水污染治理重点工程任务中，岱岳镇8村1区生活污水工程12月中旬完工；县污水处理厂由原来日处理1万吨扩容为1.5万吨。为提升县城大气环境质量，冬季清洁能源替代工程分为北周庄供热片区、虎山线供热片区，虎山线供热片区，11月底完工，北周庄供热片区由于天气转冷，预计2021年5月开工，9月底完工；建筑工地扬尘污染治理工作取得了很大的进展，基本实现了工地周边围挡、物料堆放覆盖、路面硬化等“六个百分之百”要求，在建项目基本完成了接入“智慧工地”平台；市容市貌事业中心每天完成对县城主要道路洒水抑尘至少4次。

城镇垃圾分类工作。依据《山阴县城镇生活垃圾分类工作实施方案》的通知，开始了山阴县的垃圾分类工作。初步确定山阴县5个公共机构（县政府办公楼、县政务服务大厅、县市容市貌服务中心、县中心医院、山阴中学）、3个企业（嘉和大酒店、华圣大酒店、阳光洗浴酒店）、3个公共场所（湿地公园、岱岳火车站、山阴火车站）、5个居民区（铁东民福小区、玉马小区、金玉花园小区、棣阁文嬴小区、天力中央城小区）为示范点，以点带面，有序推进，逐步扩大分类覆盖面，县城主要路段已布置分类垃圾箱；此外，山阴县垃圾处理厂扩建工程招投标手续已办理完毕。

【乡村建设】 2020年，山阴县巩固农村危房改造成果。完成建档立卡贫困户等4类重点对象农村房屋安全排查、鉴定认定全覆盖工作；完成2020年上级下达改造任务132户，以及经排查发现问题136户，合计268户农村危房改造任务，解决了农村贫困人群住房安全问题；完成山阴县建档立卡户6498户，全国农村危房改造信息检索系统、脱贫攻坚住房安全有保障核验系统的录入。

加大农村人居环境整治力度。开展6个村的村容村貌提升、乡村建筑风貌整治和1个村庄的美好环境与幸福生活共同缔造示范行动。确定古城镇芦岭村、岱岳镇小快乐村、北王庄村，薛圐圙乡庞家堡村、河曲堡村，张家庄乡旧广武村为2020年村容村貌提升和乡村建筑风貌整治示范村；确定古城镇古城村为共同缔造活动试点村。至年底，上述村庄已完成农村生活污水、垃圾治理以及残垣断壁的清理，完成村内基础配套设施建设，并建立村规民约。加强传统村落保护发展利用。已完成北周庄镇燕庄村、马营庄乡故驿村、张家庄乡旧广武村3个传统村落的数字博物馆申报工作。完成村庄建设调查系统录入。完成13个乡镇所属村庄的建设调查系统录入。

【规范整治】 山阴县住房和城乡建设管理局重点对工程建设领域突出问题开展专项整治，对全县16家在建工程进行了拉网式专项大检查，共发现未批先建、未办理工程质量监督手续8家，下达责令停工通知书8份，现场对施工机械、配电箱张贴封条2家，同时针对存在的问题向相关职能部门下发建议函5份；检查期间还就工程建设中阻工扰工、强迫交易、垄断建材、煽动闹事等涉黑涉恶线索进行了摸排，建立摸排台账，由施工单位负责人签字确认并加盖公章；同时加强扫黑除恶宣传发动，共向沿街商铺、建筑工地、房屋中介、物业小区等场所发放扫黑除恶专项斗争宣传手册250余份。

对县城政府路、商品街、西环路、五万三市场、应山路、西二环、地税广场进行集中市容环境整治；共发放《山阴县城市管理综合行政执法局市容环境整治重点》5000余份，清理占道经营商贩180余家，清理“店外店”商家65家，拆除临时搭建物40家，整治临街“五堆”80余处，共清理占道物品210余立方米，建筑垃圾80余立方米，拆除不规范大型广告牌匾11块，不规范中小型广告牌匾60块，摘除条幅200条，取缔烧烤摊点8家，规范建筑工地围挡2处；拆除违法圈占公用市政道路围栏1600平方米，扣押违规占道经营车辆1辆；对县城同太路、青年街、北环路门店的墙体广告及玻璃上的广告字体进行了集中整治；整治行动共清理墙体广告800余处，清除玻璃广告800余家，清理（拆除）废旧垃圾箱85个，清理垃圾80余吨。

2013年1月至2020年5月底，共排查工程项目172个。人防工程整改项目有5个，均已移交法院，下达了裁决书，基本完成阶段性整改任务。

【法治建设】 2020年，山阴县住房和城乡建设管理局完成了住建局“三零”单位创建的宣传工作以及“三零”创建阵地的建设工作；完成了《山阴县住建局信访接待制度》的编制工作；2020年山阴县住房和城乡建设管理局共受理信访件130多件（不含重复件），其中115件来源于“12345热线”、县长信箱等投诉平台，10件来访登记，5件来源于县信访局信访专项活动转办，已办结案128件，结案率约为98%；组织召开了对边延红信访一事的听证会，邀请市县各级领导及群众代表参加听证会，完成了对边延红信访事项的听证。

【安全监管】 2020年，山阴县住房和城乡建设管理局加强安全行业监管，出台了《全县城乡建筑领域安全生产风险隐患排查专项行动整治方案》，明确了工作目标、整治时间、组织机构、整治内容和工作要求，建立了《建筑领域安全隐患专项排查整治工作统计表》台账、《重点行业领域安全隐患专项排查整治情况汇总表》台账。建筑领域安全生产专项排查整治中，共计检查建筑工地22家，发现一般安全隐患27条，已全部整改完毕。对县城全部运营中的朔州华油天然气有限公司大羊村加气站、山西压缩天然气集团朔州有限公司古城加气站、山西三城天然气有限责任公司山阴分公司山阴储备站、山西三城天然气有限公司山阴县岱岳镇七里沟加气站、山阴县兴和源加气站5家加气站，山阴县神达液化气有限责任公司、山阴县兴安液化气销售有限责任公司2家充装站进行安全隐患检查，提出整改意见共计14条已全部整改完毕。

截至12月3日，全县各乡镇（东西城管委会）共排查农房4600家，录入农村房屋安全信息采集助手4600户。

工程质量监督。截至2020年底共办理质量监督注册20项，工程总投资约33236.31万元，建筑面积264096平方米；工程质量监督覆盖率100%；复工前质量检查4项；开工前进行建设工程质量监督交底10项；下发《质量监督抽查通知单》4份，要求施工单位提供切实可行的整改方案，经建设单位、监理单位有关人员审核同意，由施工单位按要求整改合格后，方可进行下道工序施工。在建工程全部签订了《质量终身责任制承诺书》《法人授权书》及《接受意见书》，竣工验收严格按要求设置永久性标识牌。另外，采取“双随机”的方式对建设工程检测机构进行了检查工作，对5家商砼站进行了抽查，存在问题均已整改。

建筑工地汛期安全隐患排查整治工作。督查全县建筑工地监理、施工单位防汛抗旱工作，监督检查工地防汛抗旱措施落实情况和现场安全状况，发现存在问题的，督促整改；对所属直管公房进行全面排查，重点是对房屋结构安全和周边档墙保坎和排水设施进行检查，发现存在问题的，督促整改到位。

【党建】 2020年，山阴县住房和城乡建设管理局认真分析研究建筑领域与房地产领域的政治生态现状及存在的廉政风险，有针对性地制定领导班子责任清单。对照“山阴县2011年至2018年违章建筑明细表”“建筑施工企业出借资质承揽工程明细表”以有效管用的工作举措抓细抓实党风廉政建设工作。加强教育，建设正气充盈的政治文化。筑牢思想防线。常态化开展“微腐败”案件反思剖析，尤其是发生在住建领域的腐败案例和作风问题。结合实际，加强行业监督管理。牢牢把握房地产市场监管。不断规范行业秩序，依法查处房地产开发建设、房地产交易和房地产中介市场等方面存在的违法违规行为。坚决查处服务意识不强、作风不实等问题，严肃查处涉黑涉恶和“保护伞”问题。严格监督，驰而不息正风肃纪。大力整治庸政懒政怠政。针对发现的不作为、慢作为现象，严厉惩处、绝不姑息，旗帜鲜明为那些敢于担当、踏实做事的干部职工撑腰鼓劲，营造求真务实、真抓实干的良好氛围。提升党员干部勤廉度。坚定不移抓实纪律执行。全力配合县纪委监委工作，支持查办违纪违法案件，认真整改落实巡视巡察督察等反馈、交办问题。健全常态长效制度机制。紧盯重点领域、重要岗位和关键环节，围绕权力集中、资金密集以及民生关切事项，找准薄弱环节与制度漏洞，加强岗位廉政风险防控。

征收补偿

【概况】 2016年1月1日成立山阴县国有土地上房屋征收与补偿中心股级建制，全额拨款事业单位，核定编制8个，隶属县人民政府办公室管理。2016年4月7日，根据朔编办字〔2016〕19号文件精神，将山阴县国有土地上房屋征收与补偿中心机构规格调整为正科级，核定领导职数一正一副。

主要负责宣传、贯彻、执行国家、省、市有关国有土地上房屋征收与补偿管理法律、法规和政策；制定辖区内国有土地上房屋征收与补偿管理的规划、政策并组织实施；核发房屋征收许可证，发布房屋征收公告；对房屋征收活动进行协调，监督和检查，对相关工作人员进行岗位培训。

【征收补偿】 2020年，山阴县国有土地上房屋征收与补偿中心对山阴县和顺社区棚户区改造项目，实际调查评估总户数980户，截至2020年12月底已签户数为682户，未签协议户数为298户。

公共事业

【概况】 2020年，山阴县公用事业维护中心积极推进县城市政公用设施建设及维护，完成17条小街小巷改造任务及破损路面修复和修补，同时稳步推进供热、供水设施更新和能力提升建设。县城集中供热新增90万平方米，建成区供热面积570万平方米；供水能力明显提升并确保了持续供水不停水，冬季采暖期在保障了供热72个换热站全部补水的同时，居民用水畅通，日均供水量13000立方米，备用储水4000立方米。

【清洁能源供热】 山阴县县城建成区清洁能源集中供热工程是山阴县蓝天保卫战三年计划清洁能源替代散煤供热工程，工程建设一次管网4.4千米，二次管网69.4千米，这是山阴县2020年实施的一项重大民生工程，也是县委十四届十二次全会提出的“打造灵秀古城、建设新韵山阴”的具体体现。工程完工后，县城扩大供热面积90万平方米，6129户居民的生活条件得到显著改善。

工程因同时涉及供水、污水管道施工，工程施工程序复杂、工程量大，建设工期短，工程充分考虑到受施工环境和施工条件差等原因，换热站建设分6个标段、供热管网建设分12个标段同时开工推进建设。施工队抓进度抢时间昼夜加班，主管网均已连接贯通，在进一步完善供热辅助工程的同时，换热站完成安装调试，供热试运行正常。

【供水】 2020年，山阴县公用事业维护中心再次提升输水能力，铺设水源地到河阳湖输水管南端连接线1650米，与现输水线形成双管运行，满足日益增长的县城供水需求，概算投资392万元。新建自来水供水线（部分）和蓄水池加固、设施维修工作。山阴县自来水输水线自双管运行以来，提升了输水能力，保障了用水需求，达到了群众满意。为了巩固输水成果，完善供水功能，按照公用事业维护中心计划，分期完成全县供水系统96千米的备用管网建设，实现输水供水和电源双回路的全部双管运行模式，确保输水供水运行稳定。

供水主线（二级路以东晋源红小区至青年街西口）两千米属县城重复回填地段，存在极大的爆管隐患；第二供水厂始建于2007年，至今已有十多年的历史，水池的外围受风雨侵蚀破损严重，供水设备均超出使用年限无法修复，给蓄水供水带来一定的潜伏危机。经县政府第64次常务会议议定，新建部分供水线、对供水二厂进行设备更新、水池加固、办公楼修缮。按照县政府10月9日常务会议〔2020〕10次纪要的安排，自来水公司实施的大运路二千米供水线建设、蓄水池加固、办公设施维修和设备更新已全部完工。清洁能源集中供热工程需跟进的自来水管网建设，自来水公司跟进实施的自来水主支管道建设涉居民1500余户，其中安祥寺村1000户需新建，其他城中村500余户需新建支管网。2020年完成了府东街高架桥管网改造和经济开发区等四套办公楼给水工程。

【市政道路建设维护】 2020年初，山阴县公用事业维护中心对县城道路进行了勘测和排查，并制订了破损路面和隐患路段的修复计划，雨季来临后，又做了应急抢修安排，对县城路面适时维护，发现一处，修复一处，共修复和抢修破损路面2500平方米。

2020年，对县城小街小巷调查摸底后，建立工作任务台账，对具备硬化条件的17条街巷进行勘查和设计，已全部完成。

市容市貌

【环卫保洁】 2020年，山阴县市容市貌事业中心在加强县城日常环境卫生清扫保洁的基础上，增加环境卫生巡查频次和清理力度，积极清理城乡接合部和背街小巷居民偷倒的垃圾，持续推进爱国卫生运动。从3月26日开始，开展为期两个月的“战胜疫情、爱我县城”2020系列行动。9月进行了“喜迎国庆中秋、整治市容环境”活动。对县城同太路、政府街、青年街、西环路等县城主要路段的过期、破烂宣传牌匾、条幅和公共设施上张贴的广告宣传标语及树木、灯杆上攀挂的绳索铁丝等进行集中清理，对城乡接合部的渣堆、垃圾堆等进行再次集中清理。共出动作业车辆70多台、宣传车4辆，工作人员200多人次。清理过期、破烂宣传牌匾130块，条幅200余条，清理公共设施上张贴的广告宣传标语1500余张，树木、灯杆上攀挂的绳索铁丝230余条，清理渣土垃圾45000余立方米，县城环境更加整洁干净。

【园林与市政管护】 2020年，山阴县市容市貌维护中心在县城环境卫生加强日常清扫保洁的基础上，进一步加强城乡接合部和小街小巷的清扫保洁推进工作，加强夜晚生活垃圾堆专项治理，增加拉运车次，缩短垃圾在地面停留时间，提高夜晚路面保洁度；加大市政道路机械化清扫力度，提高机械化清扫率，为打赢蓝天保卫战、应对重污染天气，把环卫工作做得更加扎实细致；根据季节变换和气象条件对县城主要路段进行每天洒水4～8次；积极应对下雪天气，及时清扫县城主次干道路面积雪；推进垃圾分类工作，印发垃圾分类宣传材料，在府南路和单位院内设置垃圾分类桶，推进垃圾分类新时尚。园林队对所辖公园、广场和县城绿化带修剪4～5次，做好日常浇水除草工作；集中修剪了王家涧路至平泽苑学校之间路段两侧树木；对政府街、青年街、同太路行道树进行了冬季大型修剪。做好县城路灯照明日常维护工作，维修路灯故障线路150多处，更换配电柜2个，更换变压器1台，维修变压器1台，更换维修主电缆30多处2500多米，对河阳大道南、北段和高速路引线LED路灯灯头进行了维修，更换了府东街延长线中华灯灯罩、灯泡，积极提升县城主次干道亮化质量，对文卫街灯头全部更新，维修更换攀附在路灯上的景观灯电源盒450多个。积极完成上级安排的绿化修剪任务。从7月18日开始，多次调动园林队、环卫队人员、车辆和设备，加班加点，集中时间对古城高速路口至青年街东口整体绿化进行了修剪、除草、平整、刨树根和树枝杂草的垃圾清运，修剪后的绿化带效果良好。

【防汛保障】 2020年，市容市貌维护中心在汛期来临前对县城主干道公共排水管网进行全面检查，对雨水篦中的树叶、渣土进行了拉网式清掏；用商砼改建修理破损砖混雨水井143个，更换破损雨污水井盖136个；组织园林队、环卫队负责人对土牛沟、大寺沟县城段进行检查，对附近居民乱扔在沟内的垃圾安排环卫队在汛前进行了两次清掏；对虹桥商贸背后改建石涵北口施工遗留的水泥管安排环卫队雇佣吊车予以清理；对土牛沟矿业小区北防洪沟上破损铁皮挡板安排园林队予以补齐。制定了2020年防汛排水工作方案，成立了组织机构，明确了工作职责。进行了防汛排水设备的检查维修，补齐了短缺的防汛物资，在小暑节令前储备了防汛沙袋1500个。每逢大雨后，重点对南环路和同太路交叉路口形成的积水组织人员揭开雨水井盖、疏通淤堵、专人看管、及时排水。

【疫情防控】2020年，市容市貌事业中心加强环卫工作，积极开展新冠肺炎疫情防控。党员干部带头开展疫情防控工作，坚持每天深入公园广场、环卫工作一线督促检查疫情防控各项工作。督促全体职工要戴好口罩勤洗手，特别是环卫工人既要干好本职工作，又要加强自我防控和公共防控，对服务范围内的垃圾做到日产日清，实行片长负责制，分片管理、立体管控。在疫情防控期间环卫工作做到时间不变、力度不减，只能加强、不能放松。加强公园广场禁园工作，劝导管控公园广场游人集聚行为和广场舞等相关活动，防止疫情扩散。制作宣传展板四块共20平方米，制作疫情防控宣传条幅9条，出动疫情防控宣传车1辆，滚动播放疫情防控措施，教育引导广大居民为打赢疫情防控阻击战人人从我做起，身体力行加强自我防控，促进公共防控取得应有成效。对环卫作业车辆、垃圾收集容器及管辖的公共卫生间和车库进行消毒。成立“抗击疫情党员在行动”疫情防控行动小组，每位党员举党旗、戴党徽轮流在东环路值班，主动劝导群众不聚集、不聚餐，无事不外出，外出必须戴口罩。响应县委组织部“党旗在飘扬”疫情防控号召，积极组织骨干党员深入社区参与社区疫情联防联控工作。

【帮扶脱贫】2020年，市容市貌维护中心驻村帮扶脱贫，对帮扶的后所村送去价值两万元的物资和慰问品；召开四次专题会议研究驻村帮扶工作，结对包户党员干部每月入户走访一次，了解掌握帮扶对象脱贫巩固情况，发现问题及时研究解决。按要求及时发放了驻村干部生活、交通、通信补助，所有驻村干部都进行了体检并缴纳了人身意外伤害险等。

生态环境

【概况】2020年，是打赢蓝天保卫战决战决胜年，朔州市生态环境局山阴分局以党的十九大和十九届二中、三中、四中、五中全会精神为指引，以习近平新时代中国特色社会主义思想为指导，强化党建引领，深入学习贯彻习近平总书记视察山西重要讲话精神，认真落实省委、市委生态环境保护战略目标任务以及县委、县政府工作部署，精准对标对表污染防治攻坚战目标任务，扎实开展把突出环境问题“清零”进行到底，秋冬季大气污染综合治理攻坚行动，坚决打赢蓝天保卫战。加强党员干部队伍建设，开展生态环境系统作风纪律大整顿和警示教育活动，取得了较好成效。形成生态环境保护工作机制。县委、县政府及全县13个乡镇全部成立了生态环境保护委员会，实行“双首长”负责制，建立了党政同责、一岗双责、权责一致、齐抓共管的工作机制。

【审批制度改革】2020年，朔州市生态环境局山阴分局推动审批制度事权改革。完成了以环评、许可等7项审批事项为主要内容的审批权限划转，集中移交县行政审批管理局，工作方向重点聚焦环境执法监管。与行政审批局积极协调配合，提前介入，严格把关，批复22个新建项目环评文件；开展排污许可规范登记。山阴分局召开7次排污许可管理专项培训会，下达了《限期完成排污许可信息登记告知书》和《限期申领排污许可证告知书》。截至2020年底，对需进行排污许可登记316家单位全部完成登记；在排污许可证核发方面，2020年需核发排污证33家企业，已全部核发。

【环境宣传】2020年，朔州市生态环境局山阴分局改进环境宣传教育方式。以“环保双微”为平台，加强生态环境保护宣传工作，上半年发布及登载各类文稿50余件，阅读量、点击率明显提高，全县干部群众环保知晓率得到提升；2020年2月，参加了全县中华人民共和国成立70周年成就展，全面展示了山阴县生态环境保护机构从诞生到成长发展壮大，环境保护一步步地推进的历程，受到了全县人民好评；县城主要街道两块环保宣传显示屏管理步入常态化，运行效果好、更新快、跟进紧、内容新；“6·5”环境日期间，通过设立咨询台、悬挂宣传标语、发放宣传资料、展示宣传展板、手机美篇等形式开展环保宣传，山阴分局还把“6·5”环境日延伸为“服务企业日”，为全县石灰企业送法律、送政策、送服务，指导帮助企业做好环境保护工作。印制了《2020年决战决胜蓝天保卫战文件资料汇编》140余册、《山西省生态环境六项地方排放标准》40余册、《朔州市生态环境局山阴分局基本情况及工作指南汇编》30余册，《禁烧散煤告知书》6000余份分发到环委会成员单位及全县群众手中，宣传环境保护知识，进一步强化了全县党政领导干部的生态环境保护意识。

【环境质量指标】 在空气质量方面，截至2020年12月31日，山阴县空气质量达标（二级以上）268天，与上年相比增加4天。在地表水质量方面，河头断面1—12月水质达到地表水Ⅲ类标准。黄水河1—12月水质达到地表水Ⅳ类标准，麻疃村入河口水质为劣Ⅴ类，原因是1月县污水处理厂氨氮排放超标。在饮用水水质方面，山阴县委托第三方检测公司对山阴县水峪口饮用水源地进行了取样检测，共检验93项，全部达到地下水质量标准III类标准。

【环境管理】 2020年，朔州市生态环境局山阴分局以规范为目标，环境管理能力不断提升。项目资金规范管理。选取华昱公司金龙带式输煤专线储煤场封闭、五福煤业燃煤锅炉清洁能源替代和古城乳业废水处理提标改造扩建等5个项目进行了申报。积极与上级生态环境部门沟通，将2020年全县冬季清洁取暖项目列入项目库，推进山阴县大气环境治理。推进挥发性有机物大气污染综合治理。按照省、市《2020年挥发性有机物治理攻坚方案》要求，持续推进VOCs治理攻坚工作。山阴县列入朔州市重点VOCs排污单位名录的山西华森木业有限公司、山西金胜达环保科技有限公司已完成治理任务。交通部门排查涉挥发性有机物治理的汽车维修企业4家，完成治理的3家，1家烤漆房停用。编制《山阴县环境质量简报》12期，以季度并全县上半年环境空气、地表水环境质量状况分析及并提出对策建议，还对“十三五”期间环境空气、地表水环境质量状况进行了全面分析并提出对策建议；同时，联合县气象局制作并发布环境气象公报62期。2020年，山阴分局在推进污染源在线监控方面，要求金胜达公司安装VOC在线监控设施，预计12月底完成联网并运行。截至12月25日，监管的6家在线监控企业联网运行，在线监控设备数据传输率均在95%以上。截至12月20日，全县43家企业完成竣工环境保护自主验收，全部纳入备案管理范畴。按照“十三五”环境统计制度要求，完成了全县35家生产工业企业和17家规模化养殖环境数据统计，为全县减排工作打好基础。

加强固废、危废、医废管理。规范申报工作。完成工业危废、医废、一般固废网上申报工作，2020年固废系统需注册数75家，提交数75家，注册提交率100%，走在了全市前列。同时，组织工业产废单位、医疗单位、一般固废产生单位各危废产生单位参加了全省危废培训，取得了良好效果。加强危险废物、医疗废物管理。对工业危废产生单位、医废单位进行了专项检查，有效促进了企业的危废规范化管理水平。

【放射源规范使用】 在防控新冠肺炎期间，山阴分局对3家医疗机构和1家隔离定点医院进行了检查，现有X射线装置设备安全可控；5月对县医院、众雅口腔医院的X射线装置设备安全防护工作和档案资料管理工作进行了现场检查，督促办理辐射安全许可证；采用微信远程进行非现场检查，对华昱集团洗运中心现有5枚放射源进行辐射剂量监测；督促7家已办理辐射安全许可证的单位进行年度辐射安全防护评估，并在国家申报网上上报评估结果报告。

【规范应急管理】 2020年，朔州市生态环境局山阴分局规范应急管理工作。完成应急减排清单制定工作。全县126家减排企业制定了重污染天气“一厂一策”应急减排清单，经核定全县101家企业开展应急减排。加强重污染天气监测预警。山阴分局与气象部门联合制定了山阴县重污染天气监测预报预警会商机制，联合开展重污染天气监测预报预警工作。夯实错峰生产清单。山阴分局与工信部门相互配合确定2020—2021年秋冬季错峰生产企业22家，实施停产企业清单3家，豁免错峰生产企业2家。同时，实施绩效分级差异化减排，要求评为B级的炫昂建材和松蓝化工，严格落实《技术指南》中不同预警级别各绩效等级对应的减排措施要求。强化应急减排措施。针对秋冬季重污染天气多发时段或重污染天气橙色及以上预警情况下，要求运输车辆加盖苫布，重型货车和柴油车限行虎山线（河阳大道至二级路）、西二环措施。要求建筑施工工地停止施工作业。加大县城道路清洁频次，减少扬尘污染。

在应对重污染天气期间，山阴分局动员全局党员干部36名党员干部入企驻厂进行监管，确保减排措施真正落实到位，确保污染物排放量真正减下来。按照市大气污染防治工作领导组办公室要求，2020年一季度1月15日20时至18日24时，根据县气象部门预判天气情况，经县重污染天气应急指挥部会商研判，将橙色Ⅱ级预警响应升级为红色Ⅰ级预警，有效地降低了污染物扩散。采取应对不利气象条件改善空气质量减排措施3次。根据市重污染天气应急指挥部2020年秋冬季调度，启动重污染天气橙色Ⅱ级预警响应减排措施2次，延续1次，提升了环境空气质量，减缓了空气重污染不利影响。

【大气污染防治】 2020年，朔州市生态环境局山阴分局在打好污染防治攻坚战役中，始终坚持“标本兼治、治本为重”的原则。对全县9家白灰窑、18家石料厂、7家搅拌站、4家活性炭厂、14家洗煤厂、8家煤站、9家煤矿、1家洗沙场、1家污水处理厂、1家矿山地质生态恢复项目、90多家固废医废单位进行了污染防治攻坚强化检查，下达责令改正违法行为通知书14份，现场责令整改24家，调解群众纠纷3起，进一步保障了全县环境质量持续稳定。2020年是打赢蓝天保卫战的决战决胜年，朔州市生态环境局山阴分局及时起草了《山阴县打赢蓝天保卫战2020年决战计划》，划分了重点任务清单。对承担《山阴县打赢蓝天保卫战2020年决战计划》的相关部门及乡镇拟定了《决战任务书》。

为进一步加大了禁燃禁放宣传力度，春节前后，山阴分局日均出动宣传车辆2台、播放宣传音频6小时以上，累计发放宣传资料1000余份，悬挂宣传条幅20条，与6个城边村“两委”干部建立起禁燃禁放联动对接机制，在10余个县城主要住宅小区张贴了禁燃禁放通告，解答市民提问120余人次。不间断宣传禁燃禁放通知，大大提升了居民保护环境的意识，降低了县城环境空气质量污染浓度。在正月十五和二月初二两个时段，未出现严重超标问题，同时开展了清明节前后的秸秆禁烧宣传督导工作。2020年6月，山阴分局在原有基础上调整了禁止燃放烟花爆竹和燃点煤制旺火区域范围。

为了贯彻落实市县关于“全面排查土法烧制煤矸石问题”的部署要求，防止取缔后的“散乱污”企业在疫情防控期间进行违规生产，对全县6个乡镇15个村进行了全面排查。未发现“散乱污”企业反弹及土法烧制煤矸石污染现象。经各乡镇持续开展拉网式排查，共发现并清理“散乱污”企业14家，其中，北周庄镇违法晾晒煤泥点11家、下喇叭乡1家、安荣乡2家。对土法烧制碘石问题进行专项清查，同时对全县5家高岭土煅烧企业也进行了全面排查。经查，5家高岭土煅烧企业处于关闭停产状态，没有土法烧制碘石现象。

深入推进燃煤设施整治。完成10蒸吨/小时及以下燃煤锅炉“清零”任务，依据打赢蓝天保卫战2020年决战计划，完成淘汰10蒸吨/小时及以下燃煤锅炉43台290蒸吨任务。其次，从11月开始在建成区内，开展清煤行动，共排查沿街门店2026家，对仍在使用原煤的，下达整改通知书135份，取缔小炉灶197台。全县累计清理使用散煤户数12869户，清煤3170.646吨。推动锅炉达标改造。按照《山西省锅炉大气污染物排放标准》（DB14/1929-2019）要求，对县污水处理厂、古城、玉竹新材料、宝山腰寨4家企业4台锅炉进行提标改造，截至12月24日，4家企业4台锅炉全部完成了提标改造任务。按照省市安排，对全县51家洗煤企业的原煤库建设，洗煤水不外排，煤矸石合理处置等情况进行了全面排查，形成档案资料51份，认定不合格企业11家，全部上报县能源部门和市局。经市局认定，从环保角度来看，符合条件的洗煤厂共40家。3月，对北周庄镇一带开展打击行为。经查，共有3处晾晒煤泥行为，山阴分局执法人员要求晾晒人自行清理，并作出书面承诺。通过无人机航拍核查，晾晒煤泥全部清理完毕并用黄土进行覆盖，已经达到了恢复地貌的要求。2020年对全县16家相关企业开展了物料转运、物料堆场、生产工艺、厂区环境等环节的无组织排放管控工作。下达《限期完成无组织排放整改通知书》，截至12月，9家企业完成治理，2家停产整治。

推进道路与非道路移动机械治理。依法划定并公布了禁止使用高排放非道路移动机械的区域。已办理淘汰国三及以下营运柴油货车手续的为45辆。开展了非道路移动机械摸底调查，完成非道路移动机械编码登记389台。开展了柴油货车和散装物料运输车污染治理专项行动工作，对在册登记的5个车队进行了柴油货车尾气达标排放情况进行测量，共测量车辆108辆，全部合格。对5个车队和8家企业下发《关于建设管控运输车辆的门禁和视频监控系统的通知》，并与相关负责人沟通相关工作要求，推进此项工作。

【水污染防治】 2020年，朔州市生态环境局山阴分局抓好重点流域水污染防治监管。强化城镇活污水处理厂运行管理，一季度执法检查7次，对超标行为处罚90万元，严禁溢流和超标排放。持续推进工业企业废水治理设施提标改造，32家涉煤企业达到了煤场全封闭、厂区勤清洁、车辆全清洗、道路全硬化、初期雨水全收集的要求。推进畜禽粪污无害化处理和资源化利用，畜禽粪污综合利用率75%以上，规模养殖场粪污处理设施配套率达到了95%。

强化桑干河入河排污口核查。对24条河道及农灌渠入河口进行了现场核查，经初核认定，山阴县有4个入河排污口，已上报市局待审定，通过核查，对河道和农灌区治理，提出了不同治理措施，为全面消除劣V类，实现桑干河流域质量改善提供了支撑。同时，开展农村黑臭水体排查整治。通过全面排查，山阴县13个乡镇农村没有黑臭水体。推进工业废水提标改造。全县1家地面企业和13家煤矿企业共4家企业进行提标改造，2020年底14家企业工业废水提标改造工程已全部完成，出水水质达到地表水III类标准。

【土壤污染防治】 2020年，朔州市生态环境局山阴分局推进净土保卫战，强化土壤污染防治，加强煤矸石治理。对全县煤矸石堆场进行全面、反复排查，排除自燃隐患，对发生自燃的矸石堆场明确主体责任，做好灭火工作，对存在矸石处置不规范的3家企业进行了行政处罚。开展重点行业土壤污染详查。协助第三方就山阴县鑫华煤气有限公司的土壤采样工作和企业负责人进行了对接，截至2020年底山阴县的基础性工作已经完成，将逐步探索土壤污染风险管控与治理修复的适用方法。推进加油站双层罐和防渗池改造备案。3月中旬，召开了全县加油站双层罐和防渗池改造备案部署会，截至12月28日备案工作已全部完成。

【农村环境整治】 2020年，朔州市生态环境局山阴分局实施农村环境综合整治。2020年共选取了薛圐圙村、老羊寨村、新广武村、康庄村、北周庄村、玉井村6个村列入2020年农村环境综合整治范围。主要整治任务是农村饮用水安全、畜禽养殖无害化处理、农村生活垃圾治理、农村生活污水治理4项，截至年底各相关职能部门的工作已全部完成。

【生态环境违法整治】 2020年，朔州市生态环境局山阴分局通过生态环境违法行为"清零"深化综治工作。进一步巩固"百日清零"工作成果，健全"清零"工作机制，适时调整重点和方向，问题出现在哪里，"清零"就跟进到哪里，形成打击生态环境违法行为的高压态势，持之以恒推动污染防治攻坚。通过打击生态环境领域违法犯罪深化综治工作，深化生态环境行政执法与刑事司法的衔接工作，开展专项行动，重拳出击、严肃查处环境污染刑事案件，实现生态环境行政执法与刑事司法有效互补，形成齐抓共管的格局，有效解决一批突出生态环境问题。截至2020年底，共办理行政处罚案件29件，涉案罚款178.58万元。通过解决舆情反映问题深化综治工作。针对2020年媒体集中反馈环境问题的特点，对企业进行全面"体检"，发现的问题责令整改，整改不到位的，依法依规严肃处理，不回避矛盾，变被动为主动，促进企业治污水平的提升。上半年媒体舆论反映的4条问题全部得到了解决。通过处理环境信访案件深化综治工作。紧紧围绕环境信访，开展对各类污染扰民问题的查处，对超标排污现象依法进行处理。截至年底，共办结群众来电、来信、来访26件，办结率100%。

【脱贫攻坚】 2020年，朔州市生态环境局山阴分局在脱贫攻坚工作中，坚持以"责任精准、产业精准、资金精准、导向精准"为抓手，进一步巩固帮扶村榆树洼村脱贫攻坚成效。责任精准。全局在职党员18人对榆树洼村81户贫困人口进行帮扶，实现对81户213人精准扶贫建档立卡户帮扶全覆盖。面对山阴分局承担全县污染防治攻坚战的巨大任务，时间紧、任务重，难以抽调年轻干部驻村脱贫攻坚，由三位老同志挂帅，立足走出去发展创收，引导帮助贫困户剩余劳力外出务工共51户72人，努力为他们解决外出后顾之忧，依靠外出就业有效地增加了贫困户的收入。2020年春节，分局全体干部职工踊跃捐款购买白面大米，书写新春对联，慰问榆树洼村贫困户以及孤寡老人，为他们送上新春问候和祝福。中秋节前，为全村贫困户及五保户孤寡老人等困难群体送白面64袋、大米64袋、胡麻油64桶，增强了榆树洼贫困户和孤寡老人的获得感。产业精准。以增加贫困户收入为目标，大力推进农业特色产业扶贫等模式，2020年春天，根据市场变化，在下喇叭乡党委的具体指导和帮助下，合作社转型发展，由养肉驴27头转养肉牛33头，预计年实现利润20多万元。并完善了山阴县富洼养殖专业合作社建设和管理，建立健全各项管理制度，同时充分用足扶贫小额贷款资金，大力发展养羊规模，引进优良种羊，现在养羊规模30只的大户就有10多户。2020年新建水窖28个，实现在村户户有水窖，同时协调同煤织女泉风电公司投资3万多元无偿为全村提供人畜用水1000多立方米，做到了贫困户饮水安全有保障的标准；建立扶贫超市，集中解决农村困难群众农副产品销售难，把农村困难群众产出的农副产品通过网上展示，党员干部推销和购置，帮助农村困难群众销售农副产品。2020年秋天，帮助劳力少、种地多，秋收困难的贫困户秋收10人次，并推销农产品土豆1万多公斤。资金精准。积极帮助该村14户贫困户争取小额贷款70万元，为提高贫困群众的产业发展，提供了资金保障。2020年8月，又争取投资50万元，新建66千瓦屋顶分布式光伏发电扶贫项目，项目已建成运行，年发电量为9.9万千瓦时，年收入3.28万元，集体经济年收入可达6万余元。导向精准。积极转变扶贫方式，通过驻村工作组及党员干部帮扶责任人大力宣传教育，宣传党的扶贫政策2300多人次，引导贫困户打起摆脱贫困的精气神，解放思想，增强信心，不等不靠，激发贫困户干事创业的热情，提从“要我脱贫”变为“我要脱贫”，完成从“输血”到“造血”的转变，形成积极脱贫致富的良好氛围。

【党建】 2020年，朔州市生态环境局山阴分局开展了6次廉政建设警示教育活动，分别是环保系统作风纪律大整顿暨警示教育、坚决制止违规干预企事业单位监测仪器设备选型行为警示教育、持续净化政治生态整顿活动、举一反三汲取教训从严治理干部队伍纪律作风整顿、开展党政领导干部违规入股企业问题专项清理工作开展学习医保领域警示教育典型案例，活动中，全局40多名党员干部通过认真学习相关政策规定、相关法律法规以及违纪违法问题反面教材，全局干部职工守纪律、懂规矩、知敬畏、明底线，切实做到自觉遵章守纪、警钟长鸣。9月底，召开了作风纪律大整顿暨警示教育民主生活会，通过作风纪律大整顿暨警示教育，进一步夯实了铁的纪律、锤炼过硬作风，凝聚起全局广大干部职工打赢污染防治攻坚战的正能量，为奋力书写美丽山阴新画卷，打赢全县蓝天保卫战提供坚强有力保障。特别是在疫情防控期间，3人被县委组织部授予“携手抗疫、勇当先锋”称号。2020年，朔州市生态环境局山阴分局提升干部队伍能力。局党组结合机构改革和工作实际创新机制调整了部分股室负责人，选拔并使用了一批年纪轻、敢担当的干部，明确了工作职责和领导分工，夯实了组织和队伍基础。同时，全面推进“学习强国”平台学习，制定了学习方案、通报制度、考核机制以及日常管理办法等，确保干部队伍能力得到提升，在全县94家单位中位列第8名。在监管能力方面，投资6万元，新购置无人机2架，环境执法技防能力进一步增强。与县纪委、检察院分别建立了联络协调机制，县第五纪检监察组参与山阴分局“三重一大”议事，发现问题及时进行纠正，增强监督的针对性和有效性。在此基础上，山阴分局与县人民检察院建立互派干部挂职机制，县人民检察院第三检察部干部在山阴分局挂任监察大队副大队长，山阴分局监察大队中队长到检察院挂任检察官助理，互促共进，成果共享，确保生态环保工作得到有效的监督制约。

桑干河湿地公园管护中心

【概况】 桑干河是山阴的母亲河，流经山阴县5个乡镇，16个村庄，境内长度36千米，流域面积1651平方千米。山阴县桑干河湿地属于大同盆地中部典型的河流与库塘复合湿地生态系统，是维护永定河上游流域水生态安全、保护晋北珍稀水禽栖息地的重要区域，现有国家Ⅰ级重点保护野生动物黑鹳1种，国家Ⅱ级重点保护野生动物天鹅、灰鹤等12种。湿地公园面积859.32公顷，湿地面积550.24公顷，湿地率64.08%。2013年被原省林业厅批准建立为省级湿地公园，2020年被省政府认定为全省第一批10处省级重要湿地之一。

山阴县桑干河湿地公园管护中心成立于2015年12月，属全额拨款事业单位，编制8人。一个下属单位——湿地公园管理所，属自收自支事业单位，股级建制，编制20名。2011—2014年为建设期，由桑干河湿地生态修复项目指挥部办公室负责。2015年后，由桑干河湿地公园管护中心负责日常管护工作。按照山编办字〔2017〕12号文件《关于县桑干河湿地公园管理中心核定内设机构的批复》，中心内设办公室、环卫股、园林股，负责公园内巡逻、防洪、防火、防盗以及公共秩序、游人、车辆的安全等工作。

【公园管护】 近年来，湿地公园管护中心认真贯彻习近平生态文明思想，全面落实《湿地保护管理规定》，参照《国家级湿地公园管理办法》，坚持规划引领，本着保护水体水质、动植物生存生长环境、土地资源、湿地农业生产系统、文物古迹和地域特色湿地文化等原则，强化对桑干河湿地公园的管理，重点维护桑干河湿地生态功能和生物多样性，全力推进湿地升级。对河阳大道、顺通大街、河阳广场、滨河路段、河阳湖畔、观景台等主要景区的30千米路段的55万平方米的树木进行养护，保证了树木的成活率。对湿地公园内所有道路、广场、景区、河畔、湖畔进行日常清理、维护，保障湿地公园内的干净整洁，给市民及游客提供一个绿色环保的休闲场所。在林木集中的路口设置“防火”拦路架17个，专人负责把守，严防死守，杜绝一切易燃易爆物品进入林地。

【申报国家级湿地公园】 2020年3月24—26日，省林草局委派专家组就山阴县申报国家级湿地公园，进行了实地考察和专业指导，提出了加大保护恢复工程投入力度、加大宣教工资投入力度、加大科研监测工程投入力度等意见和建议。

经县委、县政府研究同意，决定启动实施桑干河省级湿地公园晋升国家湿地公园建设工程，桑干河湿地公园中心起草了《山阴县桑干河省级湿地公园晋升国家湿地公园工作实施方案》，成立了领导小组，拟定了建设内容，初步计划2021年3月前，完成山阴桑干河省级湿地公园所需建设任务，达到国家湿地公园晋升标准，通过国家考察评估后晋升。申报资料情况。晋升国家湿地公园是一项综合性的系统工程，涉及水利、环保、自然资源、住建、农业、林业、气象、电力等多部门，截至2020年底，桑干河湿地公园中心制定《山阴县桑干河省级湿地公园管理办法》，组织协调各部门资源，做好申报的各项准备工作。

交通运输　邮政通信

交　通

【基础建设】 2020年，山阴县交通运输局实施交通强县战略，夯实各项基础工作，道路建设快速推进，苑家辛庄至白殿沟公路改造工程，全长8.225千米，批准概算总投资2697.38万元，2019年11月29日开工建设，受新冠肺炎疫情影响，2020年5月13日工程项目复工建设,10月1日完工,10月14日举行了通车仪式。农村公路安全生命防护工程、养护提质改造工程。项目共涉及农村公路80条170千米，预算总投资1893.33万元。项目于2020年9月18日开工建设，于2020年11月18日完工。省道206至国道208连接线工程（宏达物流—李家窑），路线全长0.677千米，采用全幅式沥青混凝土路面。中标价145.81万元。于2020年09月25日开工建设,已完工。下疃东—胡峪口（代县界）沿长城旅游路建设工程，该项目从下疃村东（应汴线）起至胡峪口村（代县线界）止，全长3.86千米，路面宽度8米，估算总投资2190万元。现已完成施工图设计并批复。

列入省级“十四五”期间重大建设项目规划的七条道路：山阴县荣乌高速连接线道路工程，里程2.62千米，总投资6000万元；河阳大道—G55高速出口连接线工程，里程3.95千米，总投资4980万元；沿长城旅游路支线，下疃东—胡峪口（代县界）段，里程3.866千米，总投资2233.24万元（工可批复文号：山发改发〔2020〕133号），计划于2021年实施；沿长城旅游路主线，G208（新广武村）一胡峪口段，里程32.725千米，总投资24562万元（正在编制可行性研究报告，计划于2021年开工，2023年完工）;沿长城旅游路连接线建设项目（6条），里程74.3千米，总投资18143万元；虎山线—G55高速连接线，里程5.55千米，总投资35000万元；河阳大道南延—洗朔线（白坊村南），里程5.69千米，总投资9280万元；虎山线县城段外移建设项目，里程10.8千米，总投资24218万元。

进入筹备实施阶段的七个重点项目：乡镇通三级及以上公路建设项目，里程28.607千米，总投资5962.88万元,（计划于2021年实施3条14.217千米，总投资2916.48万元）；农村公路提质改造建设项目，里程79.776千米，总投资11749.84万元,（计划于2021年实施2条5.388千米，总投资476.36万元）；资源路旅游路产业路建设项目，里程12.808千米，总投资2962万元；农村公路联网路建设项目，里程6.743千米，总投资540万元；自然村通达建设项目，里程2.816千米，总投资225.28万元；综合客运枢纽建设项目，占地面积41658平方米，总投资8800万元；林场林区场部通硬化路建设项目，里程6.938千米，总投资693万元。

【养护管理】 2020年，县交通运输局不断加强养护力度，加大投入养护工程。玉井桥修补14.87万元、吴儿城下沙河道路养护修补7.24万元、永静城—燕庄村道路养护修补4.12万元、冻牛坡—小庄窝道路养护修补31.59万元、苑家辛庄超限站修缮17.08万元，共计74.9万元。养护管理步入正轨。对全县所有县道、乡道、村道进行了讫点调查，将对全县所有县乡村道实行“路长制”管理，《山阴县农村公路路长制实施方案》已行文下发，扩大社会参与，创新养护模式，健全长效管护机制，落实管护主体、人员和经费。

【脱贫攻坚】 县交通运输局秉持“让群众满意、让政府放心”的理念，全县城乡公交一体化，农村客运覆盖所有村庄。2020年，配套设施日趋完善。完成乡镇综合汽车客运站改造1座，完成投资40.57万元；二级客运站建设1座，完成投资1700万元；制作村通公交公示牌46块；对104个农村公路与国省干线公路平交路口安装了减速带共计1573.25米；以广武旅游景区为依托，持续推进旅游集散中心新型客运服务。运营线路更加优化。在原有扶持力度的基础上，每月新增建制村公交线路补助费用96460元。建制村公交线路由原来23条增加为35条，其中对12条原有线路进行了延伸。重新规划后的线路让群众享受到更加安全便捷的客运出行方式，特别是人大代表关注的贫困村、边远村的老百姓出行更有保障；为打赢交通行业脱贫攻坚巩固提升战，为乡村振兴当好先行官再添助力。

【安全监管】 2020年，全县拥有道路运输经营业户2239户，其中客运经营户3户，货运经营业户2191户，客运站6个，物流企业5个，机动车维修业户30家，驾培业户4户，道路运输从业人员总数10266人。县交通运输局坚持源头监管，加大安全排查，在节日、“两会”、汛期等重要时期，先后组织5次安全大排查，督促运输企业、施工企业落实好安全责任制和安全措施，对存在隐患及时预警并限期整改，确保交通运输领域安全平稳态势。客运市场方面，着重完善客运驾驶员的教育培训，特别是客运车辆的技术档案和管理档案；城乡公交客运车辆驾驶室全部安装隔离设施，确保车辆安全规范运行。货运管理方面，大力发展甩挂运输，制定了《山阴县农村物流和城市配送试点推进方案》，积极推进物流业发展。维修管理方面，将山阴博昌4S店作为汽车配件追溯体系试点建设企业，树立维修建设工程品牌，开展了二类以上汽车修理厂维修健康档案工作，规范了维修管理的流程。驾培市场方面，联合交警部门开展了文明交通进驾校行动，推动驾驶员培训从“应试教育”向“素质教育”转变。源头治超方面，已形成“一处超限，处处受限”的格局，3月11日，组织全体治超执法人员深入宏星混凝土搅拌站、南阳坡煤矿和槽山石料厂等企业开展源头治超有关法律法规的宣传活动。车辆年审年检方面，一不准徇私送人情；二不准刁难运输经营者，简化办事程序；三不准乱收费。扫黑除恶方面，本着“有黑扫黑，无黑除恶，无恶治乱”的原则，打击非法营运，净化道路运输市场，出动执法车辆300余次、执法人员500余人次，查扣非法营运车辆51辆。

【节能减排】 2020年，县交通运输局加强节能减排绿色发展，推动县城建成区实现“禁煤区”。扩大新能源或清洁能源汽车覆盖面。全县公交车共有82部，其中72部新能源车、10部为柴油车。督促公交公司向政府申请将10部柴油车更换为新能源车；出租车220辆，按照行政许可的要求，2021年进行更换。加快新能源汽车充电站建设。已建三处充电站，公交客运总站投资210万元、玉井乡村客运站投资30万元、金玉花园社会自筹自建一处充电站。山阴县电力公司已申报拟建5处充电站，盛世锦珠、棣阁文赢、浦东新区、格林宾馆、政府停车场。推行运输或中转煤炭企业煤炭装卸自动化、无尘化技术应用。13家生产煤矿均建设了筒仓、硬化了场地、建设了洗车平台、购置了洒水车等。24家生产洗煤厂建成了全封闭煤库、硬化了场地及进出厂道路，安装了车辆清洗装置，购置了洒水车，装卸输送全部密闭运行。提升9大煤炭发运站环保设施建设，清洁化运输水平逐步提升，9家煤站均建设了防风抑尘网，硬化了运煤道路，建设了喷淋设施、雨水收集池，购买了洒水车、多功能抑尘车等，建设了洗车平台。特别是中煤集团山西华昱能源有限公司洗运中心采用全封闭输煤皮带运输，做到了运输、生产无尘化。部分煤站建成了全封闭煤棚，在装卸时较好地控制了煤尘。坚持资源节约利用，加强土地资源节约利用，改造工程充分利用老化路面，提升用地效率。开展绿色出行行动，倡导绿色低碳出行理念，加大绿色低碳出行理念宣传力度。加强联合执法，“国三”淘汰全市领先。高度重视，组成专班，交通牵头，分工协作，一站式服务。通过电视台、微信朋友圈等多种形式和执法人员上门进行一对一政策讲解，动员车主主动到朔州回收公司办理报废手续。派出7个执法队加大路检路查，17辆已办理报废且享受政府补贴，209辆已强制注销营运手续。11月30日，受到市政府通报表扬。

【疫情防控】 为有效应对疫情的传播蔓延，县交通运输局发动全系统力量投入疫情防控工作，会同卫健、公安部门在火车站、高速出口、国省道和县道交界处设置13处卡口，实行24小时联防联控，按照“一问、二测、三查、四处置”工作流程，对过往车辆进行摸排，做好体温监测、信息登记和劝返等工作，做到“逢车必查、逢人必检”，坚决隔断传染源、切断风险源。从1月27日零时开始启动应急响应，到2月22日19时撤销检查站点，全县范围内所有高速公路收费站、国省干线公路、农村公路共设置疫情防控卡口检查人员46686人，车辆42384辆；2月26日，根据疫情形势变化，城市公交、城乡客运全面恢复运营。从3月15日起，逐步恢复省市县际班线运营。山阴动车站、岱岳火车站、汽车站县交通运输局始终带领卫生防疫人员坚守关口。全面加强农村公路交通管制。对通往山阴县境内的各条农村公路实施封闭，协助乡镇在每村保留一个进出口且安排专人值守检查，并在各封闭点设置交通安全警示标识牌。强化特别管控。疫情发生以来，县交通运输局以锁定道路客运疫情防控为工作重点，督促客运公司对站场公共区域、营运车辆等人流密集场所进行每日消毒、通风，在客运中心设置体温监测筛查，确保出站人员检测“不漏一人”，确保疫情不通过交通运输渠道传播。积极推进复工复产，落实施工企业、运输企业复工复产备案制，开通临时特殊客运班线和直达包车客运。2月24日，按县政府调令，于25日前往朔州火车站，接山阴县规模以上企业复工的徐州籍工人，派出大巴车11辆，接回工人260名；2月27日，山阴顺达客运有限公司及朔州顺发旅游汽车服务有限公司还支援大同市铁军劳务有限公司，派出7辆大巴接送抢修铁路的民工到阳泉市驻地。做好系统内部防控。对全系统干部职工及其亲属近期外出情况、身体状况进行排查统计，同时对局机关、局属各单位等公共场所及各查控点每日集中消毒2次，有效保障工作人员健康安全。

【廉政建设】 2020年，县交通运输局坚持全面从严治党，突出“一把手”责任，重点加强交通建设领域的廉政建设。针对在工程建设中存在的管理漏洞，加大对项目分管负责人、现场代表等关键部位和人员的监督管理。签订党风廉政建设责任状，每个干部职工承诺在工作中遵纪守法，不吃、拿、卡、要，坚决杜绝“门好进、脸难看、事难办”的现象。严格资金管理使用。农村公路建设资金采用专户存储、专户管理、专款专用的方式，建立项目财务管理制度，上级安排补助资金全额用于工程建设直接工程费，无滞留、截留等现象，资金拨付程序合法合规；建设资金使用情况公开透明。建立党组通报制度，严格按照有关标准执行报账制度。经常开展警示教育。始终高悬利剑，用身边人身边事教育干部职工，与干部职工算好腐败账。让党员干部时刻带上廉政“紧箍咒”，筑牢廉政思想防线。

公路管理段

【概况】1963年4月，山阴岱岳公路站始建于山阴县岱岳镇同太北路。管养里程192千米，由机械化养护中心和十三个道班负责养护。因县城原山阴公路管理段办公场所整体搬迁至同太北路翠微路，沿用至今。山阴公路管理段养护5条主要干线：G208线K561+504—K615+680、大忻线K57+000—K88+000、天神线K555+800—K582+643、虎山线K68+000—K122+382、呼北线K131+000—K156+000。

【养护生产】2020年，山阴公路管理段对路基边坡进行了挂线整修，对路两边绿化平台和绿化带进行了整修平整。共整修路肩边坡50806平方米，处理翻浆共计575平方米，修补坑槽4032平方米，灌缝134506米，贴缝带贴缝90000米，大忻线加铺114000平方米，呼北线加铺50000平方米，画标线57千米。

针对水泥路面露骨麻面的病害，公路管理段多方寻找科学的修补方法，最后确定先洗刨，再用改性沥青进行稀浆封层，效果良好。对虎山线兰花口前煤业采空区，进行了修复处理，保障了车辆安全通行。

在日常养护方面，整修路肩136千米，为开展桥梁提档升级锥坡，八字墙维修139立方米，车辙4856平方米，警示柱1876根，修补波形护栏50米，发现、上报、处理水毁18处。部分路面进行了冷再生基层处理12850平方米，网裂严重段罩面88700平方米，并铺筑沥青混凝土路面。

【大中修工程】2020年，山阴县公路管理段正式启用“应急保障服务中心”，满足了段内所有机械设备的存放、维修盒各种应急物资的储备，切实做到有备无患，随急随用。完成创建文明样板路，进行公路绿化、美化。增设公路停车区1处（安荣）。西短川危桥改造工程完工，确保了呼北线道路畅通。

【应急抢通】2020年，山阴县公路管理段加强了应急管理工作，切实提高了应急保障能力。采取了实物储备和协议储备相结合的办法。建立了物资储备库，并与所雇用的抢险应急车辆也签订了雇用合同，切实做到有备无患，随即随用。

【安全生产】2020年未发生较大以上的安全事故，安全指标严格控制在上级下达的控制数内。按照“党政同责、一岗双责、齐抓共管”的原则，认真履行安全监管职责和隐患排查治理，及时消除排查中发现的安全隐患和问题；狠抓安全生产工作目标责任制的落实，继续执行安全生产年度考核。

【路政管理】2020年，路政管理工作基点放在保护路产、维护路权、依法行政、为人民服务上，抓路面管控和许可审批两个重点，以科技进步和督导检查为手段，提高规范文明执法水平和服务效能，2020年山阴公路段路政大队在分局路政支队的指导下，在段委会的大力支持下，以党的十九大精神为指引，紧紧围绕年度工作目标务实奉献，开拓进取，以保障公路完好畅通，维护路产路权的各项工作为目标，圆满完成了各项管理工作。山阴公路段结合工作实际，加大宣传力度，扩大宣传声势，提高公众知晓率，共在沿线为人民群众和司乘人员发放安全、法治宣传单2250份，在重要路段、加油站等重要路段悬挂扫黑除恶、安全宣传条幅共20余条，全年共上路巡查1200人次，清理路障31处共346平方米，纠正各类路政违章107件，排除非公路标志16处共16块，拆除临时广告牌89块，下达违章通知书10份，拆违章建筑23处共130多平方米，对加水站、停车场、搅拌站等进行整治，其中清理加水站5处，立案查处3起，路政案件的查处率、结案率均达到100%，共收取路政赔（补）偿16680元。

【扶贫】 2020年，山阴县公路管理段对水河铺村送去生活必需品，慰问贫困村民。“一人帮扶有限，全段党员帮扶红满天”，为此发动全段党员结对帮扶，使精准扶贫有效实施，全村贫困户全部实现了脱贫，按照党中央“四不摘”政策继续帮扶，经常回访，防止返贫，持续巩固脱贫成果。受到张家庄乡党委政府的高度赞扬，2020年6月受到山阴县委、县政府授予2019年度脱贫攻坚目标考核“突出贡献奖”称号。

【疫情防控】 2020年，春运工作自1月28日开始至3月8日结束，历时40天，在这期间，山阴县公路管理段切实做好春运的各项工作把公路平安运输和广大人民群众的生命财产，以“外防输入、内防反弹、联防联控”为疫情防控原则，按照“安全第一、保障有力、方便快捷、服务至上”的要求，科学研判本地区路网运行情况，合理配置人力、财力、物力、压实责任，细化、实化春运各项工作举措，确保疫情不因春运扩散，着力打造“健康、平安、便捷、温馨、绿色、诚信”春运，为广大旅客的出行和重要物资运输提供一个畅通、高效、安全、绿色的交通环境。

【精神文明建设】 2020年，山阴县公路管理段大力践行社会主义核心价值观，努力构建层次分明、覆盖面广、内涵丰富的行业文明创建体系，加强统筹安排、组织领导。围绕段中心工作，大力开展行业文明主题创建活动，职工思想真正融入事业发展中，保持“市级文明单位标兵”光荣称号，已成功申请为省级文明单位。

【反腐倡廉】 2020年，山阴县公路管理段认真贯彻落实中央、省委、省政府及省厅、省局、分局党风廉政建设新精神、新要求，严格执行廉洁自律准则和纪律处分条例，并组织所有党员干部进行了相关的知识测试。深入开展党风廉政建设和反腐败斗争。加强对全段干部职工的监督，对干部队伍中存在的一些苗头性、倾向性问题，及时提醒纠正。持之以恒落实中央八项规定，形成纠“四风”转作风长效机制。

治理公路超载

【主体责任】 2020年，全县治超工作坚持政府主导、部门联动的格局，调整了县治超工作领导组人员，强化了政府治超主体责任。及时对货运源头企业进行了公示，各相关监管部门依法进行监管。

【业务工作】 2020年，根据朔州市治超领导组的安排，从6月中旬由山阴县治超事务中心牵头，抽调交通、交警、运管部门执法人员，开展了区县之间互检工作，查获的违法超限超载车辆，由有关执法部门进行了处罚。

2020年全年各公路超限检测站上报检测车辆数1881399辆，路警联合执法处罚各种违法超限超载车辆94辆，卸载1576.46吨，罚款81700元，记分399分。交管大队对不进站接受检测的货运车辆，通过抓拍系统全部录入。

【宣传教育】 2020年，山阴县治超事务中心开展了治超与疫情防控公益宣传，全年编发治超动态 77 期，“山西治超”微信公众号选用了 52 篇，在全省各市县发布数量排名第一，《朔州日报》3 篇，各网站转载 20 篇。

【精神文明建设】 山阴县治超事务中心积极开展精神文明创建工作，明确创建工作目标和任务，以创建促工作，以工作带创建，2020 年 8 月，荣获朔州市精神文明建设指导委员会 2018—2019 年度“朔州市文明单位”荣誉称号。

【信访工作】 2020 年，山阴县治超事务中心，重视和加强信访工作，及时解决人民群众反映的问题，为全县经济社会发展创造了良好的社会环境。坚持以人为本，积极开展排查化解工作。按照“三基建设”的要求，建立完善领导信访接待制度、信访案件督查督办制度、重要会议和重大节假日期间信访值班制度等。对群众举报的问题，就地解决，限期办结，做到了举报问题件件有着落、事事有交代、案案有结果。

【党风廉政】 山阴县治超事务中心牢固树立“不抓党风廉政建设就是失职，抓不好党风廉政建设就是渎职”的理念，对标对表，深化对全面从严治党的认识，始终在政治立场、政治方向、政治原则、政治道路上同党中央保持高度一致。精准聚焦，严守底线、严控风险，坚持挺纪在前，自觉主动接受纪检监察部门的监督。严早严小，从自己做起，从身边抓起，从班子严起，从队伍管起。通过召开警示教育会，进一步增强全体党员干部职工拒腐防变的自觉性和坚定性，筑牢思想防线，坚守做人底线，不触纪律红线。

主要站点

【山阴站】 山阴站建于 2014 年，位于山阴县古城镇马梁村，隶属于太原铁路局集团公司朔州车务段管辖，2014 年 7 月正式开办客运业务，2019 年 9 月 23 日开通动车组列车。山阴站 2020 年日开行旅客列车 16 趟，其中动车组列车 9 趟，去往西安、北京、沈阳、包头等方向，日均发送旅客 600 人，年发送旅客 16 万人，客票收入 12991080 元。

【岱岳站】 岱岳站位于山西省朔州市山阴县境内，隶属大秦铁路股份有限公司朔州车务段管辖。本站为三等站，按技术作业为中间站，按业务性质为客货运营业站。主要担负客运、货运、装卸和列车到发、会让等工作。站内有正线 2 条，到发线 4 条，货物线 1 条，装车专用线 2 条。

全站干部职工 75 人。车站管理干部 4 人，职工 71 人，其中党员 23 人。车站班组分别为行车班组、客运班组、货运班组。2020 年岱岳站货运完成发送 1799 车，发运总重量 123326 吨。2020 年岱岳站客运完成旅客发送 75342 人。

邮　政

【邮政业务】 2020 年中国邮政集团公司山西省山阴县分公司认真贯彻落实集团公司“一体两翼”经营发展战略和省、市公司工作会议精神，注重提高发展质量和效益，坚持转型发展，加强服务支撑，提升企业管理，带领全局职工以“拼、抢、上”的进取精神，全力推动山阴邮政健康持续发展。寄递业务，细化了一图一表，逐步梳理摸排存量客户和目标客户，对大客户、微商等进行拜访；到各乡镇派出所开展身份证回访活动；开展投递人员散件揽收工作，加强对投递人员业务知识培训，提高揽收率；各道段选取人口密集或小卖铺设为自提点，弥补日常投递能力不足的短板；加强大客户服务与维护工作。文化传媒板块，通过专业联动，营销团队共同营销熊猫币 315 个、销售“米奇平安珠”112套，实现收入29.95万元；认真做好报刊大收订工作，报刊流转额完成410万元，集邮收入完成18.67万元，其中集邮预订完成6.7万元，开展集邮品鉴会1场，“四进”活动8场。渠道平台业务，发动全员大力发展车险、简易险竞赛活动；开展了3场农资订货会，销售化肥共231吨，开展“邮农e家”化肥农资节活动，线上下单1690单，线下销售化肥156吨；5—6月重点推荐邮掌柜“月月有爆款”活动，销售海盐186箱；组织开展了“919电商节暨月满中秋”营销活动，商品推广主要以米、面、油、海盐、月饼等为主推运作，累计下单销售115笔，实现收入24.8万元。

【邮政金融】 2020年山阴邮政分公司金融业务，储蓄业务计划收入519万元，实际完成387万元，缺口132万元，主要原因是各商业银行之间竞争激烈，导致大户流失严重；汇兑业务计划收入0.5万元，实际完成0.27万元，缺口0.23万元，主要原因是山阴煤第三产业不聚集，外来务工人员较少；保险业务计划收入78万元，实际完成21.42万元，缺口56.58万元，主要原因是保险公司没有短期类趸交产品，且目前产品期限长、售后保障不力，造成客户体验下降，信任度降低。制定详细的金融首季开门红营销活动方案，借助市分公司、县分公司、网点三个层面制定的营销奖励政策引导；紧抓节日时点，开展了“存款领元宵”“美丽女人节”超值一元购、幸运大抽奖、会员日、优惠购等各种活动，有效推动了产能提升工作；充分利用个人营销系统邀约客户参加活动，提升价值客户、VIP客户；大力发展单项业务；根据省、市分公司“凝心聚力战旺季”活动方案的精神，制定了金融跨赛营销活动方案，通过大力宣传省、市、县分公司各层面的奖励政策，充分调动起全员参与的积极性，圆满完成储蓄价值余额认购目标；整体于9月底全面完成转型1.0版本补课，并不断针对补课内容中的两大类十六项采取固化纠偏；认真落实厅堂“8+N”，推进增值服务“4+N”模式，常态化开展积分回馈活动，不定期开展优惠购活动；精心打造府南营业所中心网点，以老年客户为主要客群，打造差异化服务体系，建立常态化经营策略；认真实施制定的保险竞赛活动方案，开展了领导班子带头，金融中心支撑，网点参与的大型轮值活动，网点PK赛、个人争先活动，同时做好日常销售、产说会的开展和到期客户的产品转化等工作。

【邮政经营】 截至2020年12月底，山阴邮政分公司累计完成收入709.4万元，完成确保计划的74.08%。其中，代理金融收入完成387.17万元，完成计划的74.56%，较2018年同期降12.08%。文化传媒板块完成159.2万元，完成计划的70.76%，较2018年增长20.28%。渠道平台业务收入完成92.25万元，完成计划的61.91%，较2018年增长79.58%。寄递业务收入完成66.92万元，完成计划的104.88%，同比增长94.51%。

联　通

【概况】 山阴县联通公司成立于2008年，领导班子成员4人，其中总经理1名、2名副经理、1名市场总监，公司现有职工85人，单位属于国有大型企业。山阴县联通公司是县城内三大基础运营商之一，主要经营固定宽带，移动电话，信息应用、信息内容、系统集成，云平台等通信信息服务产品，能够满足客户的各种通信及信息服务需求。公司企业文化是凝心聚力、聚焦发展、诚实守信、务实进取。

山阴县联通公司作为县内实力雄厚的综合信息服务提供企业，坚持以党建为引领，以市场为导向，以客户为中心，建立完善了以“内容+应用+接入+服务”为主的综合信息服务产品体系，坚持服务创新，建立完善以客户为中心营销服务体系，面向个人、家庭客户实行标准化服务，面向商务客户实行差异化服务，面向政企客户实行“一站式”服务。坚持管理创新，建立了完善的内部控制管理体系，实施精确化管理。坚持服务社会，公司始终热心公益事业，勇于承担社会责任，全力建设农村基础通信网络，快速提供应急通信服务，做出了突出贡献。

【通信网络】 山阴联通肩负着全县257个行政村的固网、互联网、移动通信任务，保障了山阴县人民通信畅通。联通公司在上级党委的正确领导下，以及在当地人民政府，特别是乡级政府的支持下，在短短的十多年共建成通信主干网、市话网、移动网、瓦斯监控网、平安城市网。国家级干线网有京太西一干网、大同朔州太原二干网、京呼太一干网。市话通信网有城市市话传输网、农村通信支撑网，共计三大环路五条支链。为满足人民群众的需求，无线通信建成南环、北环、市内环的移动通信传输网。为保障煤矿安全生产，保护人民生命，建成矿区瓦斯监控网53座煤矿接入该网，整合为13个网点。响应县委、县政府城市管理智能化的要求，联通公司与交警队合作建成平安城市监控网。共建设5G基站34个，开通千兆小区23个。

【公司业绩】 2020年，联通山阴分公司主营收入3185万元，同比增幅21.89%，通服收入2897万元。移网发展7436户，移网到达用户数51032户，宽带发展4701户。移网出账用户43994户，较年初增长3.24%，宽带出账20138户，较年初增长21.08%，连续5年完成收入位居全省前五名。

【党建】 联通山阴分公司党支部2020年，在市公司党委与中共山阴县委的正确领导下，始终坚持将党建工作与中心工作紧密结合，以党建促发展、以党建谋转型、以党建寻突破。狠抓思想建设，提高党员干部党性修养，抓好理论武装。2020年山阴联通党支部共计发放《习近平新时代中国特色社会主义学习纲要》《习近平谈治国理政》(第三卷)、《习近平关于“不忘初心、牢记使命”论述摘编》38册，支部党员集中学习“党的十九届五中全会精神”2次，2020年共召开“三会一课”44次。做实思想宣传，组织开展“不忘初心、牢记使命”回头看工作，明确落实“不忘初心、牢记使命”的重大意义和丰富内涵，严格落实习近平总书记关于新冠肺炎疫情防控的有关要求，同时在联通先锋发布各类信息12篇，支部获得“抗疫堡垒”称号。狠抓组织建设，提高党建工作科学化水平，严格落实党建工作责任制，始终牢固树立“不抓党建就是失职、抓不好党建就是不称职”的责任意识，把党建工作列入重要议事日程，支部书记切实履行党建第一责任人职责，带头贯彻党的基本路线和各项方针政策，不断提高党建工作水平。严格抓好发展党员工作，按照“成熟一个、发展一个”的原则，切实增强党员队伍活力，2020年，共转正新党员1名，发展预备党员1名，发展积极分子2名。狠抓党风廉政建设，筑牢党员干部拒腐防变的思想防线，严格党风廉政建设“两个责任”落实，通过观看《拒腐防变》《作风建设永远在路上》等警示教育片、与全体CEO签订党风廉政建设责任书，进一步加大党风廉政建设宣传力度，严明责任主体，明确责任担当。强化对权力运行的监管，支部班子成员严格落实“一岗双责”齐抓共管，坚决贯彻民主集中制，坚持重大事项集体研究决策制度，切实形成用制度管权、管人、管事的长效机制。

移　动

【基层建设】 山阴移动公司加强党务工作者业务学习，开展基层党组织规范化建设实务学习，提升党员对党支部相关工作流程、标准要求理解掌握；完善党建工作机制，建立党建工作绩效考核办法、党员教育管理制度和激励约束机制，推动党建整体工作再上新台阶，建立党务公开栏，自觉接受党内外监督；积极开展“党建和创”、书记项目等活动，按照“奋斗20载、整装再出发”活动要求，开展党员亮身份活动，主动接受监督、主动承担责任、主动解决问题。推进“党建和创”活动，7月与中煤华昱信息中心党支部签订了“党建和创”协议，带领客户经理针对中煤华昱下设煤矿进行走访，截至2020年底与其下设单位签订业务合同6份，合同金额20余万元。同时，借助“党建和创”模式积极发挥党员作用，与山阴县中医医院签订信息化项目，合同金额58万元，与山阴人民法院签订信息化项目，合同金额42万元。书记项目共计拓展广泛渠道229户，完成目标105%，社会渠道数量占比68.76%，活跃率127%，重点业务占比10.1%；岗区队项目中，党员先锋岗权益包完成27930户，增收27.9万元，完成目标349%；重点集客业务责任区和飞信累计新增3111户，视频彩铃59户，企业宽带新增464户，预计增收17.1万元，完成目标283%；空白小区突击队攻坚成功万家明苑、时代华庭、鑫源小区、嘉和家园小区、聚鑫苑小区、虹桥小区、学府苑、裕华苑、盛世锦珠、广场百货院、浦东新区11个小区，完成目标110%。委员项目累计销售1307台小度、和目、路由器等智能硬件，完成45.5万元，完成目标455%。

【脱贫攻坚】 2020年，山阴移动公司及时调整补充扶贫力量，为了打赢脱贫攻坚战，分公司在人员短缺的情况下，依然选拔3名年轻人员驻村开展帮扶工作；加大消费扶贫力度，全年协助贫困村开展销售扶贫，共计销售农产品11000余元；全面开展建档立卡户信息梳理，针对2个村230户贫困户建档立卡资料及脱贫政策落实情况进行全面梳理核对，有效保障了政策落实到位，提升了贫困户脱贫致富的信心；全面配合落实电信普遍服务工程建设，2020年共计完成电信普遍服务村庄6处，有效提升了贫困地区信号覆盖，为农民致富架设了信息桥梁。

【反腐倡廉】 2020年，山阴移动公司严格贯彻执行省、市公司加强党风廉政建设和反腐败工作的会议精神和有关规定，认真履行支部书记“第一责任人”的各项要求，不断加强自身建设，始终坚持廉洁自律，自觉抵制各类不正之风和腐败行为。结合嵌入式风险防控体系建设，每月开展关键岗位自查，季度开展互查，针对风险点每月选取部分员工进行“每月一评”，有效提升了各位员工对嵌入式风险防控的认识和风险点的掌握。按照《关于开展朔州分公司2020年反腐倡廉主题教育月的活动通知》开展了题为“决大战、经大考、担责任”教育活动，通过“三会一课”、青年思想交流开展了“三激活、三担当”、集中警示教育、微课堂等学习研讨，各位党员、群众按照“以案四说”要求积极发表看法和心得体会，进一步增强了全员抵制腐败的决心和信心。

【业务情况】 山阴移动公司稳定客户规模促进收入增长。移动公司山阴分公司通信收入趋势向好，全年完成7177万元，增幅为4.08%，在全市范围内增幅第五，收入份额62.84%，居全市第二；通信用户数136192户，通信客户份额66.97%，居全市排名第二位；新增客户13598户，年累计新增份额51.89%，居全市第四。集团信息化收入完成499万元，完成进度90%，居全市第一；DICT产品收入全年完成25万元，进度113%，全市排名第一；专线收入完成176万元，进度119%，全市排名第一。2020年移动公司扎实推进空白小区攻坚，建设11个小区，新增端口4500个。宽带客户26340户，份额为47.32%，全市排名第二位；全年新增宽带客户

3558户，净增宽带客户2327户，居全市第五。树牢服务理念提升客户感知，2020年开展了“削峰行动”、客户权益“阳光行动”工作，严格要求社会渠道规范办理业务、杜绝不知情定制、避免业务解释差错，严禁社会渠道通过外呼开展营销，严格把控升级投诉，全年平均投诉处理满意度94.38%，完成挑战目标任务。服务综合KPI得分12.53分，全市排名第三，在手机满意度领先、政企满意度、互联网电视满意度等方面提升幅度较大。

【依法治企】 2020年，移动公司强化意识形态，安全依法治企，按照中央“建设具有强大凝聚力和引领力的社会主义意识形态”工作要求，全面推进意识形态责任制落实。站在新的历史起点上，自觉承担起做好意识形态工作的战略任务，全年开展了《树牢政治意识坚定精神追求》《我和我的祖国》、青年思想交流等教育活动。高举习近平新时代中国特色社会主义思想伟大旗帜，不断树牢干部职工正确“三观”，激发正能量。山阴移动公司全面落实集团公司2020法治工作会议和山西公司2020年工作会议要求，以“七五普法”为契机，积极开展全员学法、懂法、用法、守法教育活动，全员开展网上学院和法树依法治国、法治移动、法律事务等学习，人均学习时常20小时以上。办公区域开展张贴了法律内容，宣传营造了良好的文化学习氛围。组织全员签订了嵌入式风险告知书，并开展防控知识学习，大家的合规意识进一步增强。通过开展普法活动和网上法律学习，全员学法遵法守法用法的意识进一步增强，维护公司利益的法律意识和自觉践行法律的意识进一步增强，坚决不做违法乱纪之事、坚决不损坏客户与公司利益的意识进一步加强。

【网络安全】 山阴移动公司深入贯彻落实总体国家安全观，按照《中国移动山西公司2020年网络安全工作要点》深入落实网络安全工作责任制，2020年6月重新修订了《山阴移动分公司疫情防控网络安全应急预案》《山阴中高考网络安全保障应急方案》《山阴网络安全责任制》等相关制度。2020年组织代维公司、自有维护人员开展网络安全、用户信息安全教育集中学习两次，组织开展集中隐患巡检排查3次，协助政府及公安部门开展电信诈骗专项宣传整治1次，通信应急保障2次，节前安全检查3次。全年未发生二级以上网络安全责任事故。全员签订了安全责任书，安全管理员及主要责任人通过了安全认证考试。抗击新冠肺炎疫情防控期间，党员带头冲在一线开展疫情防控、通信保障、服务保障等工作，协助县委、县政府通过视频彩铃进行疫情防控宣传，为4.5万余户客户免费开通视频彩铃业务，为网上上课紧急需求客户开通宽带200余户，为提升网络质量对17台OLT上行口进行扩容；积极协助县委、县政府开展抗洪救灾应急保障，制定了《网络汛期应急保障机制》，储备了应急防护物资，对干线机房施行一周一巡，在三个峪口处建设了基站3处，有效提升了洪灾易发区域内通信覆盖；积极开展5G网络建设，为区域信息化服务提供更加优质服务，2020年建设5G基站48座，实现了县城区域5G网络有效覆盖。

【党建】 2020年，山阴县移动公司夯实党建质量，强化责任担当。认真贯彻“第一议题”制度，积极开展理论学习，将习近平新时代中国特色社会主义思想，党的十九届二中、三中、四中、五中全会精神和系列重要讲话精神作为重要政治任务，往深里学、心里学，确保学深悟透；夯实党建基础工作，按照《中国移动2020—2022年党建工作规划》要求，夯实“三基建设”工作，借助中国移动党建云平台全年召开支委会14次，主题党日13次，党员大会4次，开展专题党课教育4次，有效推动了民主集中决策，通过“六好”党支部创建，党建阵地、党员日常管理、基础工作进一步规范、进一步标准，党内政治生活质量进一步提高，人均“学习强国”累计完成超过 15000 分。坚持整治整改，严明党的纪律。聚焦中央巡视反馈意见，省公司党委第六巡察及集团财务内控检查等反馈问题，按照市公司党委统一部署，认真开展对照检视。发扬“马上就办、真抓实干，办就办好、滴水穿石”的作风，对巡视反馈、专项整治、风险预警等发现的 25 个问题逐一进行了整治整改，通过整治进一步增强了责任意识、风险意识、规矩意识。按照网络强国、数字中国，针对用户反映网络覆盖不到位等问题积极整改解决，2020 年完成空白小区攻坚 11 个，农村上报建设需求 44 个，综合业务机房选址 3 处，盲区新增基站 3 处，电信普遍服务建设 6 个村，有效提升了网络整体覆盖率。

电　信

【概况】 山阴县电信公司成立于 2003 年，现有员工 28 人，总经理 1 人，副总经理 1 人，职工 26 人，国有企业。全县共设营业网点 19 家，其中 2 个电信自营厅，代理点 17 家。作为综合信息服务提供商，主要经营固定电话、移动通信、卫星通信、互联网接入及应用、信息应用、云平台等综合信息服务。

【企业文化】 山阴县电信公司坚持秉承让客户尽情享受信息新生活的企业使命；追求企业价值和客户价值共同成长的经营理念；用户至上，用心服务的服务理念；并以安全畅通的网络、健康环保的产品、方便快捷的服务，为国民信息化建设提供强有力的通信支撑和综合信息服务。坚持高质量健康发展理念，稳步推进用户规模及收入提升。

【网络建设】 山阴电信公司加快网络升级扩容作为扩大有效投资的重要着力点。2020 年按照市公司在通信建设方面的规划部署，结合实际情况，以市场为导向，有步骤有规划地持续优化网络结构，提高网络技术层次，通过市场调查，突出发展重点，充分挖掘现有设备潜力，以适应通信市场高带宽需求。2020 年新建宽带端口 441 线，累计建设端口 32578 线，累计覆盖小区（村）167 个。其中县域累计建设端口 27371 线，覆盖小区 130 个，城市小区覆盖率达到 90%。其中农村累计建设端口 4685 线，覆盖行政村 37 个，覆盖率 18%。

【生产经营】 2020 年，山阴电信落实提速降费要求。全面下调套外流量价格。针对用户担心产生高额套外流量费的情况，全面下调套餐外流量资费至不超过 0.03 元 /MB，推出更加优惠的“达量放心用流量包”。针对套餐流量使用饱和度较高或有溢出的畅享套餐用户，推出“达量放心用流量包”。用户订购后，不达量不收费，达量后直接叠加 5 元 /GB 或 3 元 /GB 流量包，解除大流量用户手机上网的后顾之忧。推广“无忧卡”套餐。面向不喜欢受套餐约束、希望简单消费的用户，推出了“地板价”、阶梯计费、越用越便宜的“无忧卡”套餐。套餐消费，主动提醒。主动以短信形式向用户告知套餐消费情况，重点对套餐使用达量、使用期限、消费账单等情况进行及时提醒，让用户明明白白消费。确保用户知情、敢用、放心用。2020 年全业务累计收入 1178.66 万元，同比提升 8.39%，年累计新增移动用户 4809 户，新增宽带用户 2100 户。

【脱贫攻坚】 2020 年，电信公司积极响应当地政府扶贫攻坚号召，驻村帮扶张家庄乡泉子沟村和东堡村脱贫。东堡村 2020 年精准扶贫建档立卡户 11 户 38 人，泉子沟村 14 户 32 人，村经济结构以种植、养殖为主，而且大部分扶贫困皆因大病致贫，长期需要药物维持，缺乏生产力造成。2020 年，走访入户群众 70 余户，坚持进门入户，讲解相关惠农政策、研究富民门路、与他们一起解决生产、生活中遇到的问题并及时上报村镇相关领导，以便对问题进行实时监控，及时解决问题隐患。为切实改善村委会办公条件，山阴电信为两村委送去书柜、纸张、计算器等办公用品，尽己所能起到帮扶效果。

【党建】 2020年，电信山阴支部全面贯彻党的十九大精神，以习近平新时代中国特色社会主义思想和党的十九大精神为指导，紧紧围绕公司党委工作计划和党建工作目标，扎实推进支部主体责任和党风廉政建设任务的落实。坚持党建统领，深度融合各项工作，稳步推进各项工作，不断增强党建工作水平。

财　政

【概况】2020年，县财政局党组认真落实党建各项工作，持续巩固“不忘初心、牢记使命”主题教育成果活动和党员、干部到社区“双报到”，不断增强党员干部“四个意识”，坚定“四个自信”，坚决做到“两个维护”，全面落实从严治党责任，始终坚持党建总揽财政各项工作，激励和引导广大党员干部积极担当作为，以高质量的党建引领保障财政优质发展，充分发挥基层党组织战斗堡垒作用，努力夯实党统揽全局的基础。

【一般公共预算收入】2020年，县财政局加强收入管理，进一步增强财政保障能力。以建立健全科学、公开、透明、完整的政府收支体系为核心，积极支持配合税务部门依法加强税收征管，从税收征管上增加财力；充分挖掘资源潜力，组织督促征收部门，进一步加大执收执罚力度，努力从非税征收上增加财力；摸清国有闲置资源底数，进一步做好闲置资源的优化配置；盘活财政存量资金，清理整合各类专项资金，统筹用于经济社会发展的重点领域，切实提高资金使用效益。2020年，全县收入累计完成123266万元，较2019年同期减少17.9%，减收26812万元，为年初预算135000万元的91.31%，为调整预算115000万元的107.18%，较调整预算增收8266万元。其中，税收收入完成81122万元，为年初预算105000万元的77.26%；非税收入完成42144万元，为年初预算30000万元的140.48%。

【一般公共预算支出】2020年，一般公共预算支出累计完成240063万元。截至12月28日，全县一般公共服务支出18717万元，同比减少1422万元；教育支出30381万元，同比减少5224万元；文化体育支出2626万元，同比增加88万元；医疗卫生支出18029万元，同比减少225万元；节能环保支出2483万元，同比减少9620万元；农林水牧支出31195万元，同比减少14951万元；社会保障支出45100万元，同比增加1981万元。

【重点项目支出】2020年，财政部门在资金的预算拨付上，按照先基本后重点的支出顺序，在确保刚性民生支出的基础上，进一步加大了对重点工程和重点项目的投入力度。2020年，拨付跨线立交桥建设3300万元、黄河供水区山阴泥河供水工程款5500万元、县城建成区清洁能源集中供热工程6400万元、支付西山矿山生态修复项目工程款2500万元、疫情防控县级配套1137万元、支付感染性疾病科（病区）改造项目986万元、新型冠状病毒实验室200万元、驻村工作队经费122万元、支付经济开发区土地征收补偿费和土地出让费3200万元、支付经济技术开发区标准化厂房建设2000万元、经济开发区路网建设3000万元、经济开发区基础设施建设2000万元、东炜泰投资有限公司政府注册资本金2000万元、和顺社区棚户区改造工程项目4656万元、冬季清洁取暖补助4603万元、学生饮用奶855万元、农村生活污水结合利用2057万元、“四好”农村路建设工程3030万元、“四好”农村路（洪涛山旅游路）1500万元、“集白”线道路建设费用1200万元、新建人民医院等项目贷款本金及利息2722万元、支付纵三路、供热管网、输水管线、和顺社区棚户区供热工程442万元、支付纵四路道路工程款565万元、支付府东街延长线及纵四路亮化工程361万元、西二环道路拓宽工程1800万元、职业教育中心校改扩建工程940万元、支付纪委业务用户及附属设施建设项目工程884万元、黄花梁万亩富硒有机旱作农业基地建设项目156万元、支付小街小巷硬化道路维修工程款498万元、2020年农村饮水安全提升工程472万元、“优质粮食工程”项目432万元、贫困村电商扶贫站配备电商运营设备60万元、支付2019年实施紧急供热供水工程2479万元、支付清河行动费用440万元、支付污水处理厂指标升级改造工程1000万元、申请国家级湿地公园建设资金263万元、支付紫阳湖大桥建设费用231万元、支付韩原线改造工程363万元、支付免费公交费用1040万元、支付储备粮油补贴477万元、支付债券利息5972万元。

【建设“三农”】 2020年，财政部门通过构建重心下移、力量下沉、保障下倾的财力分配体制机制，调整优化财政支出结构，统筹使用财政资金，进一步加大基层投入保障力度，实现了经费向基层组织倾斜、待遇向基层干部倾斜、硬件向基层一线倾斜“三个倾斜”，确保了全县“三农”工作的顺利推进。全县共拨付“三农”经费13248万元，其中乡镇运转经费共1170万元、村级运转经费共2878.4万元、北周庄镇美丽乡村“五村联创”1050万元、发展壮大村集体经济资金1300万元、2020年度“抗击新冠肺炎”期间“三基建设”运转经费432万元、2019年度“美丽乡村”建设资金1070万元，“一事一议”841万元、其他保障资金4506.6万元。

【扶贫资金】 2020年，县财政局进一步加大了扶贫资金的投入力度。2020年县本级扶贫预算750万元，较2019年度县级投入668万元，增长了12.28%。全年，按照“因需而整”的原则，已统筹整合资金2381.6万元用于脱贫攻坚和巩固成效，较上年统筹整合资金1967.05万元的50%多1398万元。为全县打赢脱贫攻坚战提供了坚实的资金保障。

【政府债务率】 2020年，山阴县政府债务率超过警戒线100%数量为0个。山阴县按需控制新增债务规模，做到债务规模与偿债能力相匹配，将债务规模严格控制在预警线内。县政府未完成隐性债务年度化解任务数量为0个。2020年隐性债务年度化解任务为6908.01万元，2020年1—11月实际化解7069.31万元，完成总任务的102.33%，超进度完成了化解任务。山阴县暂付款为3600万元，根据财政部要求，分五年化解，每年化解720万元，2020年已化解720万元，剩余2880万元。

【党建引领财政】 2020年，山阴县财政局加强制度建设，推进党建引领财政工作。认真贯彻落实全县党建工作会议精神，强化党管意识形态工作，以持续深化巩固“不忘初心、牢记使命”主题教育成果为契机，不断深入贯彻落实习近平新时代中国特色社会主义思想，深刻领悟《习近平谈治国理政》（第三卷）的内涵和十九届五中全会精神要义，对标一流，不断加强干部理论学习、着力提高党建工作的针对性、有效性，切实加强机关党的建设，深入推进财政工作。严格落实“三会一课”制度，认真履行党建工作责任制，坚持按照集体领导、民主集中、个别酝酿、会议决定的原则，重大问题和事项坚持集体研究决定，党建工作与财政工作同研究、同安排、同部署，不断强化组织建设、作风建设和制度建设。加强思想教育，增强党员干部宗旨意识。加强党员管理，严格发展党员流程，组织党员按时足额交纳党费。充分利用党建宣传教育专题片和红色教育基地，结合“学习强国”“三晋先锋”等学习平台，加强党员的日常教育管理。加强工作作风，不断提高为民服务能力。结合全县疫情防控和脱贫攻坚工作需要，组织党员下沉社区开展“双报到”，进行志愿服务，选派驻村干部帮扶脱贫攻坚。通过开展志愿帮扶服务活动，不仅提高了党员的党性，增强了党员、干部为人民服务的意识，更进一步密切党群、干群关系，让关爱美德得以传承，让脱贫攻坚成果巩固提升取得了显著成效。

税　务

【概况】 2020年以来，国家税务总局山阴县税务局以习近平新时代中国特色社会主义思想为指导，全面贯彻落实党的十九大和十九届五中全会精神，以依法组织税费收入主业为中心，以服务“六稳”“六保”大局为落脚点，围绕疫情防控和企业复工复产两大主题，扎实开展减税降费、风险防范、纳税服务、队伍建设等重点工作，为服务全面建成小康社会和“十三五”规划圆满收官做出新贡献。

【税收】 2020年，山阴县税务局依法组织税收收入，努力实现应收尽收。县局累计完成收入308354万元（中央级100819万元、省级68223万元、市级30106万元、县级109206万元），同比减收127950万元，下降29.33%。剔除2019年非即期收入147384万元，实际增收19434万元，同比增长6.73%。其中，税收收入268233万元，同比减收135587万元，下降33.58%；非税收入6670万元，同比减收1589万元，下降19.24%；社会保险基金收入29997万元，同比增收8756万元，增长41.22%；其他收入3454万元，同比增收470万元，增长15.75%。

【疫情防控】 2020年，山阴县税务局严守关口筑牢疫情防线，确保工作不断档。为有效应对新冠肺炎疫情，保障干部职工健康，县税务局在春节假期临近结束时，利用“学习强国”平台，远程召开党委会议，部署疫情防控期间各项工作。组织干部职工通过微信群认真学习党中央、国务院及各级党委政府关于做好新冠疫情防控工作的文件通知及各类批示指示精神，引导树立大局意识和全局观念，提高思想认识，稳定干部职工情绪，提升做好特殊时期税费工作的信心。成立疫情联防临时党支部，组建2支突击队，下沉到社区开展防疫。发动128名干部职工共捐赠32000元送达山阴县疫情防控领导小组办公室。

【减税降负】 2020年，山阴县税务局全面落实税收优惠政策，助推企业复工复产。县局把落实疫情防控税费优惠政策作为政治任务，聚焦“四力”要求，不折不扣将各项减税降费政策落实到位。2020年共减免税款6480.13万元，其中2020年新出台的政策减免994.54万元，2019年中出台政策在2020年的翘尾新增政策减免5485.6万元。组织开展政策学习，特别是为应对疫情制定出台的新政策。利用线上自主学习、线下集中学习的形式，全面深入学习《支持疫情防控和经济社会发展税费优惠政策指引》《山西省养老、失业、工伤社保费抗疫期间优惠政策20问》等内容，全力打造一支税法宣传精兵，为政策宣传、落实提供坚实的队伍保障。

【**税源管理**】 2020年，山阴县税务局全面强化税源管理，不断提升征管质效。截至2020年底共有管户6611户，其中单位纳税人2103户、个体纳税人1282户、扣缴登记纳税人1192户、其他纳税人2034户。定期清理征管数据，共清理数据125户次。及时维护征管信息平台，确保征管信息系统硬件、网络、环境安全运行，共提交运维单150条。落实纳税申报期限延长政策，执行“未申报、不处罚、不转非”规定，金三系统、电子税务局税务端即办事项不积压，待办事项日清零，全力保障征管事项正常高效开展。

【**税务改革**】 2020年，山阴县税务局深化落实税收改革，实现税费同征同管。县局稳步推进划转工作，不断强化社保费征收，构建税费同征同管机制，努力克服疫情造成的征收困难，打好社保征收攻坚战。2020年征收机关事业单位基本养老保险费13741万元，企业职工基本养老保险费4817万元，职工基本医疗保险费5252万元，工伤保险费70万元，失业保险费84万元。城乡居民基本养老保险费征收62346户次，城乡居民基本医疗保险费征收151275户次。

【**优化税收执法**】 2020年，山阴县税务局优化税收执法，防范化解执法风险。印发行政执法公示制度、执法全过程记录制度和重大执法事项法制审核制度。坚持执法公示，强化政务信息公开，在办税服务厅公示“最多跑一次”“全程网上办”清单、办税指南信息、纳税户欠税信息、双定户核定征收信息等内容，设置岗位职责公示牌，明示工作人员岗位职责，张贴申请材料示范文本，设立咨询服务台和投诉举报箱。共对79户欠税纳税人进行公告，公示执法人员58人，保存执法音像记录263条。组织干部职工开展法制培训学习累计100余小时。

【**提高服务质量**】 2020年，山阴县税务局着力整合办税资源，不断提高服务质量。坚持“涉税事、线上办，非必须、不窗口”的原则，纳服、税源管理部门通过微信群向纳税人宣传、引导其选择电子税务局、自然人扣缴客服端、社保手机App等线上服务途径，大力推行掌上、网上“非接触式”办税方式。实行预约服务，为纳税人提供网上、电话、线下等预约服务，错期错峰安排办理，最大程度减少缴费服务场所人员聚集。做好线下实体大厅导税服务，对特殊情况上门办理业务的，根据容缺原则，一律快接快办。

【**党建活动**】 2020年，山阴县税务局创新党建活动载体，突出党建引领效应。完善党委中心组学习制度和集中学习制度，把学习习近平新时代中国特色社会主义思想列为党委会议、中心组学习、“三会一课”的第一议题。充分利用“中国税务网络大学”“山西干部在线学院”“学习兴税”“学习强国”等平台，通过党委领学、党支部深学、全体党员普学等多种形式，系统学习党的十九届五中全会精神。全年共召开民主生活会1次，中心组学习12次。参加市局党委组织的五中全会学习研讨一次，各党支部书记参加县委宣讲学习一次。继续把“不忘初心、牢记使命”主题教育作为一项重大政治任务，总结主题教育“回头看”取得的经验，查找不足，补齐短板，形成长效机制。

严肃纪律作风，坚持全面从严治党。由纪检部门牵头，严肃查处税收政策落实中的不正之风，改进工作作风。集中开展违规收送礼品、礼金、私车公养问题专项整治，组织全局126名正式人员和61名临时人员填写自查报告和承诺书。开展领导干部违规入股企业问题专项清理，组织105名税务干部填写承诺书。畅通举报渠道，设立专门的举报信箱、电子邮箱，依规依纪做好有关问题的核实处置，营造风清气正的政治环境。此外，在疫情防控、行政执法、和安全维稳等重要工作中执纪关口前移。

中国人民银行山阴县支行

【概况】 2020年末，山阴县辖内设有银行业金融机构12家。其中，国家政策性银行1家，为中国农业发展银行山阴县支行；国有商业银行7家，分别为中国工商银行股份有限公司山阴支行、中国农业银行股份有限公司山阴支行、中国银行股份有限公司山阴支行、中国建设银行股份有限公司山阴支行、中国建设银行股份有限公司朔州北周庄分理处、中国建设银行股份有限公司山阴同太路支行、中国邮政储蓄银行有限责任公司山阴县支行；股份制商业银行2家，分别为晋商银行股份有限公司山阴支行、大同银行股份有限公司山阴支行；地方性金融机构2家，分别为山西山阴农村商业银行股份有限公司、山阴县太行村镇银行股份有限公司。全县各项存款余额215.62亿元，较年初增加28.44亿元，增长15.19%；各项贷款余额110.21亿元，较年初增加6.27亿元，增长6.03%，存贷比51.11%，新增存贷比22.05%。

【金融监管和服务】 2020年，山阴县支行认真贯彻落实上级行各项工作部署，在坚持做好疫情防控的同时，坚决扛起金融支持疫情防控、复工复产和稳企业保就业的政治责任，认真履行基层央行职能，积极落实人民银行各项金融政策，牢牢守住不发生系统性金融风险的底线，努力创建“让党中央放心、让人民群众满意”的模范机关，各项工作取得积极成效。

为深入贯彻中央、省、市、县关于加强小微企业金融服务的决策部署，按照上级行关于着力改善民营和小微企业金融服务的指导意见，结合支行提出的“2020金融服务小微企业提升年”具体措施，山阴支行将《山阴县银行业金融机构服务小微企业立体式监测考核评估办法》作为2020年全行重点工作。3月11日，支行向朔州中支申报《山阴县银行业金融机构服务小微企业立体式监测考核评估办法》作为2020年全行重点工作。4月22日，在前期通过起草方案和征求县政府、银保监局山阴监管组和银行业金融机构意见，形成了一套切实可行的评估办法，会同银保监局山阴监管组联合发文，下发到辖内12家银行业金融机构。6月30日，《金融时报》以《人行山阴支行服务小微企业不松劲》为题，报道了山阴支行多举措支持小微企业复工复产，充分肯定了《山阴县银行业金融机构服务小微企业立体式监测考核评估办法》所发挥的作用。

总体来看，在《山阴县银行业金融机构服务小微企业立体式监测考核评估办法》的激励、督导下，山阴县银行业金融机构持续发力，有效缓解小微企业融资难题，小微企业融资呈“增量、扩面、稳定价、控风险、服务优”良好趋势。信贷投放显著增长，精准助力企业复工复产。12月末，引导辖内12家金融机构为山阴县小微贷款67.55亿元，较年初增长17.28%，比各项贷款增速高7.09个百分点。其中，新增“首贷”企业121家，余额16.05亿元。融资覆盖面不断扩大，全面落实“六稳”“六保”任务。12月末，全县金融机构投放抗疫情复工复产贷款22.41亿元，其中发放疫情防控领域小微企业贷款4499万元；抗旱备耕贷款1300万元；发放专用支小再贷款20笔，金额1.3亿元，定项惠及20户小微企业，加权平均利率4.35%，及时为企业输送了金融“活水”。减轻小微企业负担，推动用好两项直达实体经济货币政策新工具。12月末，为符合政策要求的32户小微企业办理普惠小微企业办理普惠小微企业贷款延期还本7772.71万元；为6户企业办理普惠小微企业信用贷款27.8万元。山阴农商行运用LPR定价基准转换机制帮助141户企业节约利息成本7501.95万元。不良贷款率控制在合理水平。普惠型小微企业贷款不良率3.33%，贷款质量总体稳定。银行服务小微企业效率不断提升。辖内银行业金融机构通过展期、续贷、调整还款计划贷等方式，缓解企业资金压力，山阴农商行已为32家企业10.42亿元贷款办理了无还本续贷；太行村镇银行为16家企业239万元贷款办理还款计划调整。

银保监局山阴监管组

【金融服务】 2020年，山阴监管组做好金融扶贫工作，通过召开会议、现场督导、监管约谈等方式，督促银行业机构积极投放扶贫小额信贷。2020年，辖内5家银行业金融机构共为464户建档立卡贫困户发放扶贫小额贷款3036.79万元，完成率184.05%。

山阴监管组做好金融支持复工复产工作。严格贯彻落实《关于开展金融支持复工复产和助力决战决胜脱贫攻坚工作自查的通知》《关于金融支持复工复产和助力决战决胜脱贫攻坚的专项督查方案》等文件精神，督促辖内银行业机构降低贷款门槛，简化审批流程，从信贷投放节奏、力度和价格上合理调控，满足复工复产需求。

【扫黑除恶】 2020年，山阴监管组认真开展扫黑除恶专项斗争工作。成立工作领导小组，制定工作方案，对辖内部分银行机构开展工作情况进行督导。收集银行保险业机构工作总结、线索台账等相关资料共1000余份，并汇总按月向县扫黑办报送。督促银行业机构积极配合司法部门相关工作，全县各机构共配合司法机关查询账户90余次，涉及金额88万元。

【防范金融风险】 2020年，山阴监管组扎实做好防范化解金融风险工作。加强法人机构监管，重点关注流动性风险。强化信用风险管控，化解存量严控增量。做好清收清欠“百日行动”工作。督导机构做好案防工作，守住风险底线。依法开展现场检查，规范机构经营行为。

中国农业发展银行山阴县支行

【概况】 农业发展银行山阴县支行成立于1996年12月26日，截至2020年底，支行正式职工13人，服务于山阴县地方经济发展。建行以来，中国农业发展银行山阴县支行服从大局、推进创新发展、遵循银行规律、坚持拼搏进取，在探索中前进，在改革中发展，走过了不平凡的历程，为保障国家粮食安全、保护农民利益、维护农产品市场稳定、促进城乡一体化做出了重要贡献。支持地方粮食机构改革。从原有的14家国有粮食供销企业改革保留为一家，分流人员近千人，解决了历史遗留老大难问题。截至2020年底，支持地方储备粮食贷款3600万元，解决了农民卖粮难问题，稳定了粮食市场。中国农业发展银行的主要任务是按照国家的法律、法规和方针、政策，以国家信用为基础，筹集农业政策性信贷资金，承担国家规定的农业政策性和经批准开办的涉农商业性金融业务，代理财政性支农资金的拨付，为农业和农村经济发展服务。中国农业发展银行在业务上接受中国人民银行和中国银行保险监督管理委员会的指导和监督。农发行以支票网银方式为客户结算。农发行从2007年开始主要代理业务为企业财产保险、家庭财产保险、机动车保险、交强险、货物运输保险、责任保险、短期健康保险、意外伤害保险、工程保险。

【贷款支持】 农业发展银行山阴支行支持地方新农村建设发展。2020年5月投放疫情应急贷款3250万元，支持山阴县现代医院和山西古城乳业公司在疫情防控期间的贷款需求。累计投放项目贷款66919万元，支持地方经济发展。

【业务范围】 中国农业发展银行的业务范围，

由国家根据国民经济发展和宏观调控的需要并考虑到农发行的承办能力来界定。中国农业发展银行成立以来，国务院对其业务范围进行过多次调整。截至2013年，中国农业发展银行的主要业务是：办理粮食、棉花、油料的收购、储备、调销贷款；办理肉类、食糖、烟叶、羊毛、化肥等专项储备贷款；办理粮食、棉花、油料加工企业和农、林、牧、副、渔业的产业化龙头企业贷款；办理粮食、棉花、油料、种子贷款；办理粮食仓储设施及棉花企业技术设备改造贷款；办理农业小企业贷款和农业科技贷款；办理农业基础设施建设贷款；支持范围限于农村路网、电网、水网（包括饮水工程）、信息网（邮政、电信）建设，农村能源和环境设施建设；办理农业综合开发贷款；支持范围限于农田水利基本建设、农业技术服务体系和农村流通体系建设；办理农业生产资料贷款；支持范围限于农业生产资料的流通和销售环节；代理财政支农资金的拨付；办理业务范围内企事业单位的存款及协议存款、同业存款等业务。

办理开户企事业单位结算、发行金融债券、资金交易业务、办理代理保险、代理资金结算、代收代付等中间业务。办理粮棉油政策性贷款企业进出口贸易项下的国际结算业务以及与国际业务相配套的外汇存款、外汇汇款、同业外汇拆借、代客外汇买卖和结汇、售汇业务。办理经国务院或中国银行业监督管理委员会批准的其他业务。办理投资业务。

中国工商银行山阴县支行

【概况】 工商银行山阴支行成立于1986年5月23日，隶属中国工商银行股份有限公司，属于大型国有控股商业银行下属分公司。业务经营范围为人民币存款、贷款、结算业务，办理票据贴现、代理发行金融债券、代理发行、代理兑付、销售政府债券、买卖政府债券、代理收付款项等。

【存款】 截至2020年12月末，山阴支行各项存款余额338044万元，较2019年末增加8298万元，同业排名第一。其中，储蓄存款余额291652万元，公司存款余额18710万元，机构存款余额27681万元。

【贷款】 截至2020年12月末，山阴支行各项贷款余额126702万元，较2019年末增加35407万元。其中，个人贷款余额6687万元，公司贷款余额120016万元，较上年末增加36855万元。

【利润】 2020年，山阴支行累计实现净利润3125万元，累计实现中间业务收入355万元。2020年，山阴支行私人银行客户51户，对公客户净增61户。票据贴现累计1865万元。2020年，山阴支行累计销售理财产品5.91亿元，基金2453万元，国债6431万元，保险8845万元，品牌贵金属147万元。

【党建】 2020年，山阴支行党支部持续加强党建工作，不断加强员工思想政治教育，持续推动转变工作作风，严格执行“三会一课”制度，积极开展“不忘初心、牢记使命”主题教育，以党建工作统领全局，取得了很好的效果。

中国农业银行山阴县支行

【概况】 农业银行山阴县支行成立于1979年2月，主要业务有人民币存款、贷款、结算业务；票据贴现；代理发行金融债券；代理收付款项及代理保险业务以及总行在中国人民银行批准的业务范围授权的业务，经中国人民银行批准的其他业务。该行共有营业网点4个，2020年末，在编员工数62人，4部1室3个分理处。

【存款】 截至2020年末，农行山阴支行各项存款余额25.29亿元，较年初净增4.08亿元，其中，个人存款余额21.03亿元，较年初净增4.35亿元；对公存款余额4.26亿元，较年初下降2734万元。

【贷款】 2020年，农行山阴支行落实党中央、行党委决策部署，进一步加大贷款的投放力度。截至年末，农行各项贷款余额13.36亿元，存贷比达52.8%。此外，该行不断丰富“青贮e贷”“惠农e贷”“纳税e贷”“助业e贷”等线上产品，有力支持山阴县实体经济发展。

【利润】 2020年，农行山阴支行全年实现中间业务收入835.26万元。其中，公司中间业务收入221.21万元，机构中间业务收入4.4万元，国际金融中间业务收入93.94万元，个金中间业务收入366.06万元，信用卡中间业务收入149.65万元。

【服务“三农”】 为贯彻落实党中央乡村振兴战略部署，农行山阴支行围绕“精准、简便、见效快”的原则，从数字化、场景化和专业化三项狠下功夫，快速推进，不断深化乡村市场金融服务，制定“深耕乡村市场助力乡村振兴”方案，成立“三农”专业服务团队，绘制深入乡村工作蓝图，量化细化工作目标，以整村推进为抓手，“三农”服务团队深入乡村，对接村“两委”了解各村实际情况，深入田间地头、农家炕头、猪舍羊圈、鸡舍牛棚，详细了解农户真实需求，使用移动办公终端为农户现场开展信息建档，给农户提供更有效更便捷的服务，支持农户不断发展壮大。

【党建】 2020年，山阴支行党委始终把党建工作作为一项重要工作来抓，通过以抓促建，促进党建工作和业务发展同频共振、融合创新，有力地推进了全行各项工作的稳步发展。抓支部建设，夯实党建工作基础。合理优化党支部设置和党员配置，将全行22名党员按业务发展需要整合为5个党支部，实现了党的基层组织和网点党员全覆盖。支行党委授权支部书记负责本支部所辖网点党务工作、业务指导、安全保卫、工作协调、网点转型等管理职能，充分发挥以支部为核心的战斗堡垒作用。按照“一个支部一个示范点”的标准，对所有基层支部党员活动室进行了规范和提升。

抓有机融合，以党建促业务全面发展。农行山阴支行积极引导基层党支部加强与党政机关、企事业单位、社区（村级）党组织开展活动，充分发挥基层党支部的战斗堡垒作用，达到“党建与业务双推进”。丰富党建活动载体，通过开展创意营销比赛、业务知识竞赛等活动，使党建与业务高度融合、有机衔接、无缝覆盖。持续推进“不忘初心、牢记使命”主题教育。坚持思想建党、理论强党，推动广大党员干部不断增强“四个意识”、坚定“四个自信”、做到“两个维护”，筑牢信仰之基、补足精神之钙、把稳思想之舵。

中国银行山阴支行

【概况】 中国银行山阴支行前身为中国银行山阴同太北路分理处，于1988年5月25日挂牌成立，1991年7月升格为中国银行山阴支行。2006年6月，中国银行山阴支行更名为中国银行股份有限公司山阴支行，下设支行营业部、同太南路支行、同太北路支行三个经营性网点；内设综合管理部、业务发展部2个部门。职工共计44人，属国有大型银行的分支机构。从建行以来，该支行为山阴糠醛厂、山阴外贸公司、山阴地毯厂、山阴东升煤矿等企业共发放贷款9521万元，因企业经营不善或改制因素产生不良的贷款，全部于2002年底前剥离核销。

【存款贷款】 截至2020年底，中国银行山阴支行全年存款余额265854万元，较上年净增31642万元；储蓄存款余额215987万元，较上年净增34856万元；企业存款余额49859万元。各项贷款151897万元。

【业务范围】 中国银行山阴支行办理人民币存款、贷款、结算业务；办理票据贴现；代理发行金融债券；办理发行、代理兑付，销售政府债券，买卖政府债券，代理收付款及代理保险业务；外汇存款，外汇贷款，外汇汇款，外币兑换，贸易，非贸易结算；资信调查，咨询，见证业务；其总行在中国银行业监督管理委员会批准的业务范围内授权的业务；经中国银行业监督委员会批准的其他业务。

中国建设银行山阴支行

【存款】 2020年，建行山阴支行截至12月31日，银行一般性存款余额达124765万元，较年初新增14776万元，其中，对公存款余额达7528万元，较年初新增-1212万元；个人存款余额达117237万元，较年初新增15988万元。

【小微企业贷款】 2020年，建行山阴支行针对小微企业受新冠肺炎疫情影响，经营生产出现严重困难，还贷能力明显不足的实际状况，为全面提升建行信贷资产质量，建行及时召开信贷工作专题会议，用足用活小微企业贷款核销的有利政策，年内通过履行依法起诉等程序，报请上级行核销小微企业不良资产6户，本金1681.4万元，利息239.4万元。其次年内通过加大对小微企业贷款的回收力度，依法收回小微企业贷款本金348.6万元，利息1.6万元。2020年建行继续加大对楼盘项目的营销力度，为有住房需求的优质客户圆上了住房梦，截至2020年底，建行个人类贷款余额11115万元，当年净投放1465万元。

【中间业务利润】 2020年，建行山阴支行把中间业务作为实现创收的重要渠道，充分调动和发挥客户经理、大堂经理的积极性，挖掘部分优质客户的潜在需求，在全行员工的共同努力下，年内销售压岁金钞173张，信用卡当年新增308张，专项分期年交易额928.38万元，全市排名第四；分期通年交易额835.83万元，全市排名第二；装修分期年交易额66.95万元，全市排名第六。2020年实现营业利润700万元。

【电子银行】 2020年，建行山阴支行继续强化管理，多管齐下，大力宣传电子银行业务的优势，加强售后服务，现场对客户进行业务指导，帮助客户激活使用建行电子银行产品，同时调动前后台人员工作积极性，内外协作，互相联动，实现了电子银行业务同步签约率在短时间内大幅提升。全年对公网络系统客户新增30余户，个人网银活跃客户新增380余户。

【“裕农通”】 2020年，建行积极开展了“裕农通”激活及活跃巡检工作。支行组成“裕农通”激活、巡检工作小分队，深入乡镇、农村开展工作。在短短三个月时间内，参战员工发扬“明知山有虎，偏向虎山行”的精神，不辞劳苦，加班加点进行工作，圆满完成了上级行交给的工作任务，受到市分行的肯定和表扬。

【内控管理】 2020年，建行山阴支行为严格执行各项规章制度，进一步提升全行员工按章操作的自觉性，在全行营造依法合规经营的工作氛围，建行根据上级行和银监部门的安排部署，每半年对各项业务进行全面自查，对检查发现的问题以及内外部审计发现的问题，积极进行整改落实。反洗钱是各级银行应尽的社会公共职能，同时也是防范金融风险的一项重要工作，建行根据监管部门及上级行的有关精神，及时调整充实反洗钱工作领导组成员，明确反洗钱信息员，责成会计、储蓄部门专人严格落实反洗钱相关规定。

【案件防控】 年初建行根据银监部门和上级行案件防控工作的要求，完善相关内容，由行长与分管行长及所辖全部员工签订了2020年《案防安保工作责任状》，通过责任状的签订，明确责任目标、责任内容和责任考核与追究。日常抓好责任状的落实工作，各部门围绕责任状的内容开展好本部门的案件防控工作，支行每半年进行一次考核，年终对该项工作全面总结考核。建行抓好案件防控警示教育工作，及时组织全行员工学习总、分行《案件防控工作动态》、市分行《案件风险提示》及重要资料，落实市分行警示教育有关要求，使全行员工对各个时期案件风险的防控形势、防控重点有清楚的了解，做到警钟长鸣。支行负责人做好案件防控的九项规定性动作，包括定期查库、查看监控录像资料、对账、履职大堂经理、业务风险自查自纠等。按照公安银监部门和上级行的要求，做好安全消防工作，在日常工作中勤检查、勤督促，把安全消防的各项要求落到实处，为全行业务健康稳步发展奠定良好的基础。

【党风廉政】 2020年，建行全行上下认真贯彻执行党风廉政建设工作责任制，坚持标本兼治综合治理的方针，从源头上加大预防和治理腐败的力度，班子成员担负起“一岗双责”的责任，“一把手”认真履行第一责任人的职责，其他班子成员按照“谁主管、谁负责”的原则和“管业务必须管廉洁”的要求，抓好职责范围内的反腐倡廉工作。通过开展主题教育，强化党纪法纪教育、廉政教育。领导干部在工作中要率先垂范，以身作则，全行上下风清气正，形成良好的干事创业氛围。

【扶贫】 2016年以来，建行积极响应各级党委、政府及上级行的号召，组建扶贫工作队，开展驻村帮扶工作。经过四年多的工作，建行所帮扶的所有贫困户中，2017年脱贫13户35人，2018年脱贫2户2人，为山阴县2018年如期摘掉贫困县帽子做出了应有贡献。2019年和2020年持续开展帮扶工作，宣传党的扶贫政策、“三农”政策，为贫困户捐赠生产资金，继续巩固脱贫成果，防止发生返贫现象。

中国邮政储蓄银行山阴县支行

【银行网点】 截至2020年底，中国邮政储蓄银行山阴县支行员工人数44人，其中支行长1人、副行长1人、后台部门员工人数20人，本科学历占77%，专科学历占23%。2020年8月机构改革后支行内设部门重新划分为3个，辖内二级支行1个，营业部1个。部门具体为综合管理部、综合业务部、风险合规部。二级支行为同太南路支行。机构共有10人，其中部门经理1人、机构柜员7人、客户经理2人，外包大堂经理1人、保安2人；支行后台部门位于支行二层办公区；二级支行机构名称为中国邮政储蓄银行山阴县同太南路支行，共占地230平方米，同太南路支行共开设一个个人金融业务台席，机构共有12人，其中支行长1人、机构柜员5人、客户经理6人、外包大堂经理1人，保安2人。机构网点人员由部门经理（二级支行长）、理财经理、大堂经理、公司柜员、营业主管、普通柜员及保安人员组成。

【存款】 截至2020年底，邮储银行山阴支行存款总余额为17819万元，其中活期余额为5563万元，对公存款总余额为690万元。支行员工经过共同努力，认真贯彻执行上级行会议精神，对业务发展主动想办法，积极找路径，做好维护，守住存量，全员营销，联动发展，网点工作人员在为客户办理业务的过程中，挖掘客户潜在需求，支行外拓人员在外拓业务的过程中积极宣传银行的定期存款业务；支行组织大客户沙龙活动，邀约客户到支行参加节日活动，提升客户的体验度，促进各项业务发展。

【贷款】 截至2020年底，邮储银行山阴支行发放各项贷款4351.53万元，结余5463.9万元，其中个人经营性贷款3759.7万元、个人消费贷款发放591.83万元、扶贫贷款发放68万元。小额贷款方面，根据山阴县域经济特点，银行就农保贷为抓手，向全县乡镇的农资代理商，开展“一村一品”信贷推介会，同时通过代理商的推荐，发展小额信用贷，建立玉米种植、奶牛养殖等信贷专业信用村；抵押贷款方面，支行将山阴县经济圈按街道划分，每位信贷员为主要营销责任人，划分范围为同太南路、同太北路、府东街、府西街、青年路西、旧街。同时结合线上产品极速贷，进行营销，消费贷款方面，非平台贷款，根据山阴县行政事业单位功能划分为教育、交通运输、金融业、公共管理、居民服务、医疗卫生等几个区域范围。将划分的区域分配给信贷员，信贷员直接上门营销。

大同银行山阴支行

【概况】 2017年12月开始筹建，2018年12月朔州银保监分局正式批复大同银行山阴支行开业,2019年3月9日正式开业。截至2020年底，大同银行山阴支行员工总数21人，其中行长1人、运营工作负责人1人、部门经理3人、部门员工16人，研究生学历占9.5%，本科学历占71.4%。

支行业务范围为吸收公众存款，发放短期、中期和长期贷款，办理国内外结算，办理票据承兑与贴现，发行金融债券，代理发行、代理兑付、承销政府债券，买卖政府债券、金融债券，从事同业拆借，买卖、代理买卖外汇，从事银行卡业务，提供信用证服务及担保，代理收付款项及代理保险业务，提供保管箱服务，经国务院银行业监督管理机构批准的其他业务。

【存款贷款】 截至2020年末，大同银行股份有限公司山阴支行各项存款余额为14640万元，较年初减少3416万元。其中，储蓄存款为9924万元，较年初增加3957万元，对公存款4716万元，较年初减少7373万元。

2020年末，各项贷款余额283万元，办理“薪酬贷”25万元，存单质押贷款1笔5万元，商铺抵押253万元。

【普法宣传】 2020年大同银行山阴支行“3·15”消费者权益保护日宣传活动以“权利、责任、风险”为主题，针对非法集资、电信诈骗、银行卡盗刷、销售误导等违法违规金融活动开展教育宣传。在活动现场，银行工作人员通过向前来办理业务的顾客发放消费者维权宣传手册，现场普及银行保险知识、讲解金融案例，宣传打击金融欺诈、提供消费者维权途径等，着力增强消费者的权利保障意识、风险责任意识、自我保护意识和理性投资意识，引导金融消费者通过合法程序解决金融消费纠纷，优化金融消费环境。针对不同人群金融知识的薄软环节和金融需求，开展金融知识普及活动，面向金融消费者，尤其是低净值人群和广大网民，提供获取金融知识的途径和防范风险的技能，引导消费者合理选择金融产品和服务，自觉抵制网上金融谣言和金融负能量，共建清朗网络空间，使得金融的发展更好地满足人民日益增长的美好生活需要。活动的系列口号为：“提升金融素养，争做金融好网民”“普及金融知识，追求美好生活”“拒绝‘校园贷’‘现金贷’，营造健康学习环境”“诚信保险，保障美好生活”“警惕高利诱惑，远离非法集资”等。

【内控案防】 2020年上半年，大同银行山阴支行召开了“2020年山阴支行工作会议暨案防安保工作会议”，2020年全年全行上下将全面落实各项规章制度，构筑起案件防范、安全保卫工作的坚实屏障，严防发生各类风险，为山阴支行平稳安全运行保驾护航。

支行定期对柜面业务进行自查、排查，排查内容主要包括对公账户开立、网银、重空管理、日常储蓄业务、交接规范性等业务。通过突击查库、调阅监控、翻阅传票及相关登记簿等方式，及时发现问题，纠正问题。通过自查，发现全行在经营管理过程中存在的部分问题，针对自查发现的问题，通过案防形势分析会予以剖析，对问题出现的原因、整改措施予以了明确。同时，计划下一阶段继续有针对性地开展培训工作，逐步提升全行员工的业务素质和业务能力。

【疫情防控】 受新冠肺炎疫情影响，春节假期期间大同银行山阴支行领导紧急召开行长办公会议，安排工作部署，提示同事们防范新型冠状病毒疫情，并组织全行员工积极、主动、自愿的为武汉疫区无偿捐款。银行按照上级行及山阴县防疫指挥部要求，严格执行“正常运行、减少人员流动”的原则，实行人员轮岗制，日常营业时间，人数控制在 6 ～ 8 人，行长每日考察单位工作环境，安排疫情防控事项。2020 年 2 月，为支持山阴县复工复产和春耕备耕，大同银行山阴支行充分发挥线上服务优势，广泛引导企业、用户利用互联网、电话、微信等方式在线办理业务，最大限度实现办理业务“少跑腿”，引导客户在线申请，实现疫情防控期间的非接触式农户金融、贷款服务。

【党建】 2020 年 7 月 1 日，山阴支行开展“践行领袖嘱托率先蹚出新路”庆祝建党 99 周年活动。全行员工观看公益专题片《战“疫”一线党旗红》《用忠诚担当书写勇毅前行的山西答卷——新冠肺炎疫情防控斗争启示录》公益专题片等。运用鲜活朴实的群众语言，用故事讲道理，拿事实来说话，既深入浅出又含义隽永。激励全行党员干部不忘初心使命，时刻践行全心全意为人民服务的宗旨。

山阴农商银行

【概况】 山西山阴农村商业银行股份有限公司（以下简称“山阴农商银行”）2015 年 11 月 27 日正式挂牌开业，是由原山阴县联社改制成立的。截至 2020 年末，全行内设 15 个职能部门，下设 23 家网点（其中吴马营分理处和玉井支行合署办公），在编员工 347 人，其中在岗 304 人、内退 43 人。在岗员工学历情况，研究生 10 人，占比 3.29%；本科 241 人，占比 79.28%；大专 47 人，占比 15.46%；中专 3 人，占比 0.99%；高中以下学历 3 人，占比 0.98%。山阴农商银行是一家现代股份制金融机构。2020 年上缴利税 4582.02 万元。山阴农商银行始终坚持以“服务三农”为宗旨，努力打造山阴人民自己的银行。经营范围包括吸收公众存款，发放短期、中期和长期贷款，办理国内结算，办理票据承兑与贴现，代理发行、代理兑付、承销政府债券，买卖政府债券、金融债券，从事同业拆借，从事银行卡业务，代理收付款项及代理保险业务，代理发放理财业务，经银行业监督管理机构批准的其他业务。

【存款贷款】 2020 年末，山阴农商银行全行各项存款余额 71.19 亿元，较年初增长 8.72 亿元，增幅为 13.96%。存量市场份额 33.81%，增量市场份额 33.77%，均为全县金融机构第一。

2020 年末，各项贷款余额 50.45 亿元，较年初净增 3.63 亿元，增幅为 7.75%，涉农贷款余额为 41.18 亿元，普惠型小微贷款余额为 11.4 亿元。

【电子银行】 山阴农商银行建设社保卡“一站式”服务网点 2 家，即时制卡机和生物特征采集仪各 1 台，并配备座椅、饮水机、叫号机等便民设施。推广“晋享生活”App，帮助客户足不出户代缴养老保险、医疗保险。2020 年代收笔数为10054笔，金额为337.68万元。农商银行免费为晋享e付商户提供收银播报云音响，2020年拓展商户831户，月均交易笔数15000余笔，月均交易额3000余万元。

【精准扶贫】 2020年开展建档贫困户“回访行动”，农商银行对全县6216户建档立卡贫困户回访达4307户，其余均为外出人员，回访率为69.3%；对农商银行包干的6个乡镇2626户贫困户进行了全面回访，包干乡镇回访率达100%。2020年末，农商银行扶贫贷款余额达到37431.34万元。其中，产业扶贫贷款36188万元；个人精准扶贫贷款1243.34万元，2020年累计投放扶贫小额贷款2469.43万元。

农商银行共包三个村，分别是2016年8月包南祖村、2017年6月包盘道村、2018年5月包王坪沟村。2018年末三个村已全部脱贫。2020年度，驻村工作队在县委、县政府和行党委的正确领导下，持续做好脱贫巩固工作，坚决杜绝出现脱困人员返困现象。

【整村授信】 2020年下半年农商银行采取“试点先行、典型推动、扩展推广、长期维护”的工作思路，对辖内乡村开展授信工作。通过走访、评定、授信和有资金需求的农户用信；按照乡村、社区、商区、学区等不同区域特点实施整区授信，将信用工程建设深入每家每户，推进信贷做小、做微，切实服务“三农”小微。2020年共计评定信用村20个，信用市场6个，行政村授信覆盖面77个，累计在11个乡镇25个行政村开展整村授信工作，累计走访农户430户，完成评定授信122户，累计授信459万元，累计用信369.06万元，用信余额125.89万元，极大地方便了广大农户。

【助推复工复产】 2020年，山阴农商银行助推复工复产。以全市农信“千人入企”活动为抓手，主动对接企业需求。年内对接省、市重点项目以及市级重点企业26户，“百行进万企”企业客户62户，辖内其余企业客户386户，积极满足其信贷需求。对2020年1月25日以来到期的困难中小微企业贷款本金和利息，因户施策运用调整还款计划、展期、无还本续贷等多种方式，给予企业一定期限的临时性延期还本安排。2020年内申请办理延期还本付息贷款69笔，18791.39万元。农商银行对中小微企业存量贷款利息收入超出自身成本以上部分进行返还，年内共为45户中小微企业返还利息732.73万元。农商银行对中小微企业新增贷款利率同比下降，着力降低企业融资成本。截至2020年末，为149户普惠小微企业降低贷款利率，节约融资成本2532.66万元。

【创新产品】 山阴农商银行整合后的信贷产品共为五大类37款，结合客户经理扫街式营销和兴农快贷线上申贷方式，有效提高信贷市场服务能力。2020年新增信贷产品20款，其中，个人类13款，分为粮油类、随薪类、车贷类、家装类、经营类五个类别；企业类7款，涉及首贷类、科技类、煤企类、陶瓷类、合作社类五个类别。全方位覆盖了全县各类客户，为县域经济的发展奠定了扎实的产品基础。

【防控风险】 自全省农信系统“四大战役”开展以来，县委、县政府，公检法，纪委监委等部门大力帮助和支持农商银行风险资产清收处置工作。县政府召开全面推进农商行集中清收处置风险资产工作推进会，动员集中全县力量，以县、乡、村“三级联动”的清收策略，找准抓手、压实责任，全力支持农商行风险资产清收处置工作，营造全社会合力攻坚的浓烈氛围。2020年内，全行“六类”风险资产共清收处置102954.15万元。

【公益事业】 山阴农商银行积极投身地方公益事业，不断回报地方人民对银行发展的支持和信任。7月5日，农商银行开展“爱心点燃希望真情传递温暖”慰问儿童福利院活动，组织志愿者前往山阴县慈爱儿童福利院看望慰问“折翼天使”，为他们送去关怀与温暖；7月7—8日，农商银行组织志愿者在山阴一中设立志愿服务点，爱心助力高考学子，为考生们发放了考试专用文具，还为在考场外焦急等待的家长们免费提供饮用水和休息小板凳，为他们提供温馨、周到的“后勤”服务。

山阴太行村镇银行

【概况】 山阴县太行村镇银行是经中国银行业监督管理委员批准成立的“服务三农，服务小微”新型农村金融机构。于2011年12月19日正式成立，内部设有5个中后台职能部门，开设包括营业部在内的营业网点共计6家，员工总人数91人，员工平均年龄30周岁，是一支充满活力的农村金融队伍。成立以来始终坚持“做本土化草根银行”的战略定位和“服务‘三农’，服务小微”市场定位，为助力地方经济发展贡献了力量。先后荣获“全国百强村镇银行”全县“十佳企业”省级文明单位等荣誉称号。

【业务情况】 截至2020年末，山阴县太行村镇银行全行资产总额220504.08万元，其中各项贷款余额75090.72万元；负债总额213423.3万元，其中各项存款余额206674.79万元。

【产品创新】 2020年，山阴县太行村镇银行为进一步改进信贷服务，创新研发了《山阴县太行村镇银行“快易贷”贷款业务操作规程（试行）》《山阴县太行村镇银行个人房易贷操作流程（试行）》产品流程。两个贷款产品流程的制定，业务审批的规范，在有效把控风险的前提下，大大地提高了服务客户的效率及质量。

【内控建设】 2020年，山阴县太行村镇银行全行合规管控能力稳步提升，内控管理做到了规则明晰、流程顺畅、推动有力和执行到位；持续推动内控制度建设；推动问题整改工作；加强对重点领域、重点岗位的检查；扎实做好案防工作。

【品牌形象】 2020年，山阴县太行村镇银行结合实际，通过活动策划、产品宣传等方式，促进全行业务推广，加强客户建设及维护，进一步提升服务质量。组织婚庆服务团队，推广生日存单、婚庆存单，提供贴心的礼仪服务，扩大婚庆服务品牌效应。加强线上宣传。通过行内网站、公众平台、微信平台、企业联盟报等形式发布信息，推广业务，创新活动形式，提升宣传效果。通过广场舞展演、包粽子比赛、书法展览、“九载陪伴，感恩有你”九周年庆典，“惠民购”等系列活动，提升人气，增强品牌影响力。

【疫情防控】 2020年，山阴县太行村镇银行面对突如其来的疫情，行内迅速成立了以董事长为组长的疫情防控领导小组，逐层压实责任，强化疫情防控责任意识，认真落实疫情防控措施，确保全行安全稳健运行。同时积极承担社会责任，助力地方疫情防控，号召全体党员干部捐款，向当地疫情防控指挥部以企业及个人名义共捐资52700元。

【党建活动】 2020年，山阴县太行村镇银行党支部认真做好党员的发展、教育工作，全年吸收预备党员4名，预备党员转正2名，将优秀的人才吸纳进党组织，增强组织活力。同时加强支部建设，发挥支部战斗堡垒作用，将党建与企业文化相融合，实现以党建促发展、以党建促文化、以党建促管理的目的。支部工作得到上级党委、组织部的认可，荣获“山西省党建示范党支部”荣誉称号。

人寿保险

【业务】 中国人寿保险股份有限公司山阴县支公司2020年业务发展虽然受疫情影响，但公司继续保持强劲增长态势，全年实现保费收入4329.52万元，较上年同比增长了14.8%。其中，个险业务达成3930.16万元、团体保险业务达成287.58万元、银行保险业务120.46元。向社会给付满期金、生存金、红利分配及各类赔款共计1180.8万元；其中短期险赔款142.76万元，为山阴县经济的发展和社会保障体系的完善做出积极贡献。

【提升服务】 2020年，中国人寿保险股份有限公司山阴县支公司坚持以客户为中心，始终把"提升服务"作为公司的服务宗旨，关注大众生活，积极为客户分担风险，把客户利益放在首位，做到如实宣传、诚信为本、稳健经营。特别是按照上级公司考核各项指标要求，客户服务工作人员认真努力工作，客户服务中心全年没有出现一件有效投诉案件，通过"微信回执和微信回访"的有效推行，节约了营销人员和客户的时间，提高了工作效率和服务质量，在努力做到快速赔付的同时，调查质量和调查时效较去年有所提高，更好地发挥了保险对社会经济的助推作用及稳定作用。

【扶贫】 2020年中国人寿山阴支公司为全县奋战在扶贫一线的第一书记及驻村工作队员（总计151人）承保了国寿绿洲团体意外伤害保险（A型）（2003版），总计保费75500元，为全县的扶贫工作起到保驾护航的作用。中国人寿保险股份有限公司山阴县支公司帮扶张家庄乡西察罕铺村贫困户。公司派出一队三人，精心组织实施，凝心聚力打好脱贫攻坚战，做到了真行动、真帮扶、真扶贫。细化脱贫任务，把帮扶任务落到实处。将张家庄乡西察罕铺村26户67人帮扶任务落实到具体干部职工，确保所有贫困户都有人管、有人问，用真情、真心去帮助每一名贫困对象。坚持多措并举，把各项工作落到实处。张家庄乡西察罕铺村的脱贫措施是光伏发电、园区入股、打井分红产业扶贫以及养殖业扶贫。截至2020年底，人寿保险公司单位帮扶的26户贫困户67人，已全部脱贫，和西察罕铺村民一道迈上了小康大道。

【队伍建设】 2020年，中国人寿保险股份有限公司山阴县支公司坚持一手抓业务发展、一手抓队伍建设，以夯实客户经理、保险规划师队伍建设和提升服务质量为保障，努力打造一支优秀的团体保险业务拓展团队。一方面，常态化地抓增员及育成辅导，对公司主管精心培训，充分调动主管及新人的积极性，为山阴县社会保障事业提供更有力的支持。另一方面，强化人本管理，弘扬"成己为人、成人达己"文化，利益共享，责任共担，努力把公司打造成广大员工和销售伙伴的精神和事业家园，广大员工干事创业热情竞相迸发，为公司的发展注入了源源不断的活力。2020年公司3名优秀员工受到市公司表彰。

【党的建设】 2020年，中国人寿保险股份有限公司山阴县支公司深入开展"两学一做"常态化学习教育，组织党员观看专题教育宣传片，开展重温入党誓词教育等活动，不断加强党员干部的党风廉政建设学习，使党员干部始终保持清醒的头脑，与时俱进，恪尽职守，廉洁自律。认真贯彻执行中央八项规定，把持续纠正"四风"问题作为一项重要政治任务，锲而不舍，常抓不懈，并从会议、文件的规范，人寿业务管理风险方面入手开展了自查自纠和扎实整改，形成了风清气正的干事创业环境。

人保财险山阴支公司

【概况】中国人民财产保险股份有限公司山阴支公司，是山阴保险行业中成立时间最早的财产险公司。其前身中国人民保险公司山阴支公司成立于1996年，是山阴第一家专业保险机构。1996年，国家决定财产保险和人寿保险分业经营，同年12月，中保朔州山阴支公司分设成立中保财产保险有限公司山阴支公司和中保人寿保险有限公司山阴支公司。1999年，公司继续沿用原中国人民保险品牌，名称恢复为“中国人民财产保险公司山阴支公司”，2003年，随着总公司海外成功上市，实行股份制，更名为“中国人民财产保险股份有限公司山阴支公司”，现沿用至今。

【经营状况】2020年，全县累计实现保费收入3083.53万元，同比增速4.713%。其中，车险保费收入1496.72万元，增速-0.63%，赔款876.39万元；非车险保费收入398.93万元，增速1.658%，赔款支出400.81万元。农业保险保费收入1187.73万元，增速13.56%，赔款支出1167.62万元。

【业务】人保财险山阴支公司主要经营企业财产保险、家庭财产保险、工程保险、机动车辆保险及第三者责任保险、货物运输保险、农业保险和各种责任保险、信用保险，以及大病保险、人身意外伤害保险、短期健康险等业务。

【人保服务】人保财险山阴支公司开通拥有95518全国24小时服务专线、“中国人保”App及微信公众平台等线上化理赔平台，线下现拥有遍布全县城乡的保险服务网络，理赔一线服人员66名，随时随地为客户提供全天候查勘、理赔咨询服务及风险保障服务。

人保财险山阴支公司现理赔服务包括安心修车简化理赔、电子理赔、急速理赔、人伤无忧理赔、限时理赔、全国范围内故障车辆免费救援服务。

【助力山阴建设】人保财险山阴支公司始终牢记“人民保险，服务人民”的宗旨使命，根据山阴县委、县政府的整体工作部署，紧紧围绕山阴县经济社会发展大局，充分履行国有企业的使命和担当，积极发挥保险保障、风险管理和资金融通功能，为经济社会发展，社会稳定以及民生改善保驾护航。公司加强重点领域产品服务供给，强化对受疫情影响企业的支持保障广度和深度，持续优化“三农”服务平台，扩大各类涉农保险保障范围，提升“三农”服务层次，涉农保险为农村住房、奶牛、玉米、能繁母猪和育肥猪、光伏发电等产业提供保障，有效提升助推全县农村经济社会发展的能力。

商 务

【概况】 山阴县商务局承担了全县社会消费品零售总额完成情况的监测任务。坚持以习近平新时代中国特色社会主义思想为指导，认真贯彻落实省市县一系列商务工作会议精神，围绕中心，服务大局，以促进内贸消费、外贸流通工作为重点，拉动商贸活力，创新工作思路，努力开创商务工作新局面。主要职能是负责机关日常运转工作；负责重要会议的组织，重要文件、综合材料的起草工作，协调机关各部门的工作；负责机关的文电处理、应急管理、信访、保密、目标责任制考核、政务公开、后勤管理、档案和接待工作；负责全县商务系统国有资产管理；负责办理领导交办的其他事项。贯彻执行国家和省、市有关对外经济合作方面的法律、法规和规章，研究拟订全县对外贸易、对外经济合作的发展规划并组织实施，编制和提出对外贸易的中、长期计划草案；配合省、市商务局搞好各种经贸交易会、展销会、展览会等活动。贯彻执行国家和省、市关于深化流通体制改革的方针政策、法律法规，拟订全县流通服务业的发展战略、行业规划和年底发展计划；培育发展城乡市场，推进流通产业结构调整和连锁经营、物流配送、电子商务等现代化流通方式。负责指导全县商务系统内部下属企业的改制工作，各种会计、审计、统计报表资料的汇总上报和相关档案的管理工作。负责县城内废旧金属的回收利用，配合有关部门做好废旧金属市场管理；按有关规定对成品油市场流通进行监督管理；按有关规定对拍卖、典当、租赁、旧货流通等特殊流通行业的企业经营资格和经营秩序进行监督管理。负责旧机动车交易和报废汽车管理工作。负责全县商务系统内部各种证照的审理、年检等工作；协调指导流通环节食品安全的相关工作，负责“菜篮子”产品流通的行业指导工作。负责全县整顿和规范市场经济秩序工作。

贯彻执行国家和省市电子商务方面的法律法规和政策方针；统筹推进县电子商务发展。负责推进各行业电子商务应用。

负责开展电子商务行业统计、监测和分析，指导全县电子商务发展；牵头推进各行业电子商务应用，牵头做好电子商务市场监管，协调配送、支付、技术、认证等配套行业发展。

负责办理领导交办的其他事项。负责承担全县促进投资、招商引资的行政职能；负责全县促进投资，招商引资的行政组织指导、协调等工作。

【商务发展】 山阴商务局从拉动消费入手，着力提升商务发展质量。坚持培育商贸新业态，强化流通服务。在统筹疫情防控和经济发展中，重点培育具有高质量发展潜力的商贸企业。2020

年多次深入企业摸底调查，了解防疫期间经营情况和存在困难，千方百计帮助企业排忧解难，为企业发展提供促销方面的服务，创优环境，促进企业持续向好发展。防疫期间，先后3次支持超市、商场发放朔州电子消费券，拉动消费。经过持续发力释放消费潜力，2020年全县消费品零售总额完成了39.2亿元。较好地完成全年市考县目标任务，为全县经济发展努力作为。

【电商发展】 2020年，山阴县商务局坚持创新理念，发展线上经济，率先扶持鑫霏电子商务运营中心，通过网上平台运营，推动农产品提质提效，精心打造特、精、优农产品网上销售。电子商务运营亮点频闪，收到良好的促销效果。全县小杂粮从低端粗放经营向高端消费迈进，特别是有机旱作富硒小米已畅销全国，远销欧洲、东亚和东南亚地区，全年销售小杂粮165多万公斤，销售额2000多万元。

【行业监管】 山阴县商务局从监管行业入手，着力推动商务发展平稳。落实行业安全监管，完善健全商场、超市、批发市场等重点领域的行业安全监管台账，形成纵横到边到底的监管责任机制和监管合力，有力促进企业规范运营、安全保障。从解决问题入手，着力破解商务发展难题。针对山阴县商贸下属企业历史遗留问题多的现状，下大力气协调下属公司百货贸易大楼承包商筹措资金，为贸易大楼职工解决养老金。同步协调推进下属公司向阳商场清理门市，谋划对外盘活运作，让企业职工看到希望，增强信心。坚持创优营商环境，强化服务发展动能，扩大招商引资，筹建全县商贸服务综合体，繁荣山阴县商贸市场。规划在山阴县桑干河新区、河阳大道东侧，邻近高铁站，创建全县商业黄金特色精品街，形成开放繁荣的山阴，为灵秀古城、新韵山阴建设增光添彩。

【安全生产】 2020年，山阴县商务局建立健全安全体制、源头预防机制。本着“安全第一，预防为主”的原则，按照市、县关于做好“安全生产基层基础年”活动的总体部署和要求，狠抓“排查”和“督查”，确保安全生产检查及隐患治理不留死角，努力构建“政府统一领导、部门依法监管、企业全面负责、群众参与监督、全社会广泛支持”的安全生产工作新格局。把安全生产与其他重要工作同部署、主要领导亲自带队，深入超市、商场及加油站开展安全检查，促进了各项安全生产监管工作的落实并收到良好效果。为切实抓好安全生产检查工作，有效减少安全生产隐患，先后多次组织人员深入商业、物资等经营单位开展安全生产大检查，绝不放过任何一处安全隐患。安全生产工作逐步走上制度化、规范化。山阴县商务局从源头加强防范，建立隐患排查治理体系和安全预防控制体系。常态化开展矛盾纠纷、信访维稳、安全隐患和基层薄弱环节整治活动，确保矛盾隐患发现在早，化解在小。坚持科学、民主、依法决策，统筹兼顾各方利益，从源头上减少产生社会矛盾纠纷的因素和隐患。

【党建】 山阴县商务局完善党建制度、加强党建管理规范组织工作运行，规范党建制度。将党建工作纳入全局目标考核体系，签订党建目标管理责任书，并制定党建工作问题清单、任务清单和责任清单；抓好党费收缴和管理工作，充分运用党员信息管理平台，最大程度做到信息的完整性，及时上传“三会一课”、基层活动等图文信息，做好党员组织关系转接及平台内容更新。设置了党建工作阵地，做到党务工作及时公开。室内还悬挂了党支部工作制度、工作流程、党员权利和义务等制度版面，营造了浓厚的党建氛围。

供　销

【概况】 2020年，县供销合作社领导班子在省、市供销合作社和县委、县政府的正确领导下，团结带领全系统广大干部职工认真贯彻习近平新时代中国特色社会主义思想、党的十九大和十九届二中、三中、四中、五中全会精神，全面落实习近平总书记对供销合作社作出的重要批示指示精神、楼阳生书记对供销合作社作出的批示精神以及全国供销总社、省市供销合作社和县委政府的决策部署，认真履职尽责，狠抓领导班子和干部队伍建设，扎实推进供销合作社综合改革，集中整治官僚主义、形式主义，切实解决服务“三农”工作中存在的突出问题，全力狠抓各项工作落实，推动供销工作取得新的成效。

【服务“三农”】 2020年，为了更好地服务农民、保障供应、整合资源，县供销合作社领办的兴农电子商务企业在全县共布置了30多个农资销售网点，确保在春耕备耕期间农民购肥方便、质量可靠、价格满意，同时，在抓好本系统疫情防控工作的同时，积极履行农资配送社会责任，进一步增加服务项目、拓宽销售渠道，更好地发挥农资供应主渠道作用。全年完成氮肥销售900吨、磷肥1000吨、钾肥400吨、复合肥3500吨、农膜161吨，切实保障了广大农民对农业生产物资的需求。

【服务群众】 县供销社领办的山阴县惠牧源农牧专业合作社联合社，始终秉承“做给农民看、带着农民干、领着农民走、帮着农民富”的服务宗旨，凭借黄花梁独特的土地资源优势（富硒），辐射带动周边3个县5个乡20余万亩土地发展杂粮、养殖、瓜果等特色产业，特别是引进了晋谷21号谷子新品种，为广大农民插上了增收腾飞的翅膀。同时，依托山西省农科院高寒所、谷子所等10个研究所和中国农大50多位专家教授的技术支撑，开拓一条有机旱作节水农业丰产增效新路子。同时，改造提升的香豆豆供销编织综合服务社，在上级部门的安排下，2020年7月10日合作社理事长卫红宇和中央政治局常委、全国政协汪洋主席视频连线，汇报了合作社在关爱留守老人和儿童等方面所做的工作。截至2020年底合作社不仅吸纳了11户建档立卡贫困户，还为23名残疾人、3名留守老人提供了就业岗位。

【惠农工程】 2020年山阴县被列入省级综改推进县，按照省社的安排部署，县供销合作社对标对表，精心组织，及早开工，圆满完成了综改推进县项目建设任务。领办专业合作社2个（永捷供销专业合作社、三兄蔬菜专业合作社）、改造基层社2个（广武供销综合服务社、香豆豆供销编织综合服务社）；完成新建惠农服务中心4个（张家庄、后所、马营庄、岱岳惠农服务中心）；提升惠农服务中心1个（北周庄惠农服务中心）；完成提升电子商务运营中心1个（兴农电子商务有限公司），新建或提升电商网点13个。项目的实施搭建了村务、商务、服务阵地及经营性服务、公益性服务、便民性服务、电子商务服务平台，解决了农产品上行“最后一千米”的问题。构建起全覆盖的“三农”服务体系，与农民利益形成共同体，取得了良好的经济效益、社会效益。

【精准扶贫】 2020年，县供销合作社对张家庄乡张家庄村、林桥村积极开展精准扶贫工作，驻村工作队员扑下身、沉下心，舍小家、为大家，始终战斗在基层脱贫一线，真抓实干，埋头苦干，扎实推进驻村帮扶各项工作。服务指导张家庄村19户、林桥村6户贫困户种植渗水地膜谷子135亩、蔬菜80亩、玉米280亩等，在帮助贫困户调整种植结构方面做出了积极贡献。同时，县供销社还积极开展了扶贫消费专项行动，系统职工共捐款2800元，购买了土豆、小米等扶贫产品，进一步拓宽了贫困农户的农产品销售渠道。

烟　草

【概况】 2020年，山阴县烟草专卖局（营销部）经历了奋斗路上的艰辛和不易。在新冠肺炎疫情挑战下，山阴县局（营销部）在市局（公司）领导的正确领导和精心指导下，全体干部职工勇于奉献、攻坚克难，以“1268”高质量发展总体思路和要求为指引，“341”战略目标为方向，深入践行“5586”责任文化体系，紧抓政治生态突出问题整改、自律小组建设、强化市场监管等方面的工作，在逆境中实现了新的发展。截至2020年底，城农网小组成员共1036人。城网29个自律小组共有零售户494人。农网22个自律小组共有零售户542人。城镇小组覆盖率100%，全县小组覆盖率95.09%。

【卷烟营销】 截至2020年12月31日，山阴县局（营销部）销售卷烟9250.6642箱，比去年同期增加221.5166箱，增幅为2.45%。其中，一类卷烟销量为1523.3048箱，占总销量的16.47%，同比增长3.52%；二类卷烟销量为1516.696箱，占总销量的16.4%，同比增长6.37%；三类卷烟销量为5202.836箱，占总销量的56.24%，同比增长4.5%；四类卷烟销量为969.472箱，占总销量的10.48%，同比下降4.85%；五类卷烟销售量为25.584箱，占总销量的0.28%；无价类（雪茄）卷烟销量为12.7714箱，占总销量的0.14%，同比下降7.8%。

截至2020年12月31日，卷烟销售收入26578.5915万元，同比增长1652.8764万元，同比增长6.63%。其中，一类卷烟销售收入为10566.8853万元，占总销售收入的39.76%，同比增长5.8%；二类卷烟销售收入为4878.3616万元，占总销售收入的18.35%，同比增长6.77%；三类卷烟销售收入为10067.1142万元，占总销售收入的37.88%，同比增长7.74%；四类卷烟销售收入为1004.4868万元，占总销售收入的3.78%，同比增长10.03%；五类卷烟销售收入为12.2036万元，占总销售收入的0.05%，同比下降83.69%；无价类（雪茄）卷烟销量收入为49.5402万元，占总销量收入的0.19%，同比上升30.99%。

2020年单箱销售收入2.87万元，与去年同期相比增加0.1126万元，增幅为4.08%。2020年条均价为114.85元/条，增速为4.09%。

【行政许可管理】 截至12月底，山阴县局共有持证户1068户，严格按照《山阴县烟草专卖局烟草制品零售点合理布局五年规划（2019—2023年）》对许可证实行总量控制，不断优化许可证办理机制，不断提高零售户对许可证的珍惜度，将行政许可作为落实“放管服”要求的一项重点工作，也为今后不断强化基础管理打好基础。

【卷烟打假】 2020年，山阴县烟草专卖局重拳出击，不断掀起打假打私新高潮。积极联合公安、食药、邮政、交警等部门开展联合执法，截至12月底，山阴县局共查获各类违法案件74起，查获违法卷烟共计43.742万支。其中，真烟案件43起，数量40.996万支；假烟30起，数量2.55万支；走私烟数量0.196万支；共查处5万元以上大要案件2起。山阴县卷烟零售户平均守法经营率98.26%，卷烟市场秩序继续保持规范、有序、可控的良好状态。

【内部监管】 山阴县烟草专卖局突出监管重点，有效遏制真烟非法流通。把规范卷烟经营，从根本上推动真烟非法流通治理作为当前内部监管工作的重中之重。在日常监管中切实加大了对异常订单卷烟零售户的走访力度，进行有计划、有策略的实地核查，重点掌握零售户的真实经营情况、库存状态及销售流向。同时，进一步加强与营销、专卖部门的沟通协作机制，落实联席会议机制抓好源头监管，阻断其他真烟冲击的源头，实现对真烟案件、零售户的日常监管和市场检查的有效联运，保持打击真烟非法流通的高压态势。

山阴县烟草专卖局推进非现场监管模式，有效促进卷烟经营更加规范有序。继续推进非现场监管模式，优化系统应用，丰富监管手段。在对卷烟经营各个环节全面分析排查总结的基础上，将监管工作重心放在卷烟经营数据监测分析上，每月形成准确真实、有针对性的监测分析报告。内管部门每月主要对卷烟销售数据进行跟踪分析，排查内部经营不规范行为。加强部门协同配合，注重对分析监测结果的应用。

【基础工作】 山阴县烟草专卖局做好资料整理归档工作，按时做好国税报税工作，加强对税务系统的学习理解和掌握，提高办事能力，加强对数据的复审，发现问题及时上报，做到及时、准确、高效。认真完成职工社会保险的申报缴纳复核工作，完成职工补充医疗、体检报销工作，逐月完成财务报账工作，完成本单位的总结、自查报告的上报工作。做好安全工作，牢固树立“安全管理无小事”的思想，坚决杜绝麻痹大意和侥幸心理，督促全体员工时刻绷紧安全这根弦，做到零事故。

【勤政廉洁】 山阴县烟草专卖局（营销部）切实解决庸碌无为、松垮散漫、做虚功不做实事等形式主义，反对特权思想和特权现象。通过开展专题组织生活会，结合严重违纪违法案件抓好警示教育，久久为功推进巡察反馈问题整改和干部作风问题整改，强化制度建设和内部管理，一体推进不敢腐、不能腐、不想腐，并督促全体党员干部立足岗位本职，始终将国家利益至上、消费者利益至上放在开展工作的第一位，以身作则，洁身自好，以自己的实际行动维护党的先进性、纯洁性。

【脱贫攻坚】 2020年，山阴县烟草专卖局（营销部）为使帮扶对象冻牛坡村（贫困村）尽快脱贫，山阴县局党支部全方位组织、全覆盖宣传、全身心服务，积极探索党建＋自律小组＋农产品公司＋贫困户的扶贫模式。通过与冻牛坡村和玉龙土特产有限责任公司多次协调，与自律小组组长、自律小组委员会、村“两委”班子、玉龙土特产有限责任公司展开座谈，推动豌豆等小杂粮深加工及销售工作，明确了产业帮扶工作思路。通过各方不断努力探索。截至2020年底通过产业帮扶的形式，已经累计销售“抿豆面”850袋，贫困户收入增加5950元。在做好豌豆特色农产品扶贫的基础上，山阴县局党支部将继续深挖冻牛坡特色农产品和畜牧产业，运用到冻牛坡村扶贫工作当中，多方带动贫困户增收，打赢脱贫攻坚收官之战。

【疫情防控】 山阴县烟草专卖局加强宣传指导，充分利用微信、QQ等自媒体平台，及时发布科学防控疫情知识，正确对待疫情防控；加强县局区域管控，把好“三道门”（单位大门、办公楼门、宿舍楼门），对进入单位的群众职工做好“四问四登记”，提醒出入人员佩戴好口罩，并排查有无从重点地区来访人员，发现情况及时上报；持续做好疫情防控期间食堂日常管理，加强食材源头控制，减少冷冻肉品的使用；加强班子成员带班制度，疫情防控期间，县局班子轮流带班值守，靠前指挥，监督并指导工作人员落实相关政策，真正做到党旗飘扬在防疫工作一线。

文 化

【送戏下乡】 按照省文旅厅和财政厅关于《山西省“免费送戏下乡一万场”（2020）实施方案》的通知要求，山阴县2020年全年送戏下乡任务是90场。全年保质保量完成198场，超额完成目标任务量一倍以上，取得了全市第一的好成绩。

【文化馆评估】 2020年11月，第五次全国文化馆评估工作开始。山西省文化馆专家对山阴县文化馆功能设置、培训辅导、数字化建设、档案资料等进行评估认定。山阴县文化馆被评为国家一级文化馆，推动了山阴县公共文化服务水平再上一个新台阶。

【文化惠民】 2020山阴县文艺小分队组织开展“走向我们的小康生活”文化惠民活动、山西省首届红高粱庆丰收活动、山阴儿女喜迎北京冬奥会等各类主题文化惠民活动近1000场，异彩纷呈、形式多样，为文化兴县战略的实施注入生机。

【文物保护】 2020年，山阴县文旅局在长城保护的同时，也将新广武长城3段10号敌台（“月亮门”）作为展示利用的重点工程，将其按照1∶1的比例进行修复。工程2019年8月11日开工，因受疫情影响，直到2020年8月6日，拆除保护棚，正式与观众见面，工程的质量和效果受到了广大专家和游客的广泛好评。受到了《中国日报》、“央视新闻客户端”、《山西日报》、山西电视台等新闻媒体争相报道，全国政协副主席刘奇葆考察后也给予高度好评。

党史方志

【年鉴出版印刷】 党史研究室按照省委、省政府的要求和山西省委党史研究院（山西省地方志研究院）的安排，依照中央、省、市2015—2000年地方志规划纲要。实现“志、鉴两全”全覆盖的要求成立了山阴年鉴编纂领导组，2020年《山阴年鉴》编辑部下设联络指导小组负责全县单位的资料收集与编纂工作。科学设置年鉴篇目，虽然受疫情影响，但是经过全体编辑编校人员的长时间努力和县委、县政府及各部门的大力支持，从篇目设置之初前后经过10余次的编纂修改，于2020年9月完成了《山阴年鉴（2020）》初稿的编辑任务。10月完成定稿送方志出版社编审，与此同时11月在全县下发150余份征求意见稿，要求单位与个人填写了年鉴征求意见反馈卡。对各单位与个人反馈意见进行梳理、汇总，拾遗补阙。经修改完善形成63万余字定稿，12月底完成三审三校，年内完成印刷出版。

【省市年鉴】 按照省委、省政府的要求和省地方志办的安排，山阴县委党史研究室组织精兵强将，收集、整理、编辑《山西年鉴》山阴部分，于2020年5月完成了《山西年鉴（2020）》的编辑任务，顺利上交山西省委党史研究院（山西省地方志研究院）年鉴处。按照市委、市政府的要求和市地方志办的安排，党史研究室单位全体职工精诚团结，积极主动收集资料、整理文稿、编辑《朔州年鉴》山阴部分，于2020年6月完成了《朔州年鉴（2020）》的编辑任务，顺利上交朔州市地方志办。

【县志勘误】 第二轮《山阴县志》编撰出版印刷工作于2019年结束，山阴县提前实现了“志鉴两全”目标。县志全县下发后，不少人反映有错误之处。基于这种情况和出版业界的要求，党史研究室一方面收集读者提出的错误，一方面自己研读志书梳理错误。于2020年4月总结错误52处，整理为30条，同时印发了勘误1000份并下发。

【党史工作】 2020年，党史研究室完成省党史研究院（省地方志研究院）《方志山西》每周一域的稿件、革命烈士家书日记书信等文稿、南下干部文稿资料等。完成《朔州市志》征稿和有关山阴的编纂修改任务等。协助县委组织部完成微视频《山阴县第一个农村党支部——口前》的拍摄任务。完成各部门索要各种表格、报送各种报表、查阅各种资料等。建立和完善各项规章制度，实现资料管理定职责、编辑工作定任务、文印办公一体化的新格局。

【疫情防控】 疫情就是命令，防控就是责任。山阴县委、县政府对疫情防控工作在心在行、坚决果断，全县各级进入紧急战备状态。山阴县党史研究室成立党史研究室新型冠状病毒肺炎疫情防控工作领导小组，关注权威动态、信任党委政府，了解掌握县委、县政府的工作思路、指导方针和工作动态，做到了不信谣、不传谣，拒绝感染、平安过年。强化预防措施，党史研究室积极落实县委、县政府严防死守、联防联控、严格排查、严密程序、广泛发动、严明纪律的要求。单位踊跃参与疫情防控和群防、群控、群治工作，党员干部志愿积极参与小区执勤防控工作。加强对干部职工及其家属的监控：防控从我做起，构筑健康防线。做到不串门、不集会、不聚餐，出门戴口罩、勤洗手、常通风，不随地吐痰、不乱扔垃圾，避免接触野生动物。坚决杜绝非自己直系亲属的婚丧嫁娶、圆锁庆典等行礼行为，杜绝聚会行为。居家休息，减少外出和旅行。按照“早发现、早诊断、早报告、早治疗”的原则，出现发热咳嗽等呼吸道感染症状，必须戴上口罩到指定医院就诊，同时告知医生类似患者或动物接触史、旅行史等。

党史研究室做好突发疫情信息报送和舆情管控工作。如有疫情发生，第一时间向县疾控中心和县委、县政府报告，建立疫情档案，做好后续信息报送工作。同时加强舆情管控，教育全体干部职工不传谣不信谣，不转载转发不实信息和视频，避免出现网络炒作和负面报道等。疫情防控期间，党史研究室在职党员4人，离退休党员6人，捐款共1750元。

【“三基建设”】 2020年党史研究室切实加强基层党建工作，着力破难题、补短板、激活基层党组织，增强基层组织力，创建政治强、作用好、服务优的党支部。深入推进基层服务型党组织建设，坚持政治属性，发挥服务功能，推动基层党建工作全面进步。严格执行“三会一课”制度，积极开展党员先锋行活动；注重教育培训，提升党员干部职工履职能力和业务能力；加强制度建设，提高基础工作建设水平；个人能力有了很大提高，通过各级各类学习，全体人员思想觉悟理论素养进一步提高。严肃认真地开展持续净化政治生态工作，提高政治站位，强化政治担当，以案促改，筑牢党员干部思想防线。加强组织领导，确保各项工作落实到位，严查不廉洁、不担当、不作为。严格排查党员干部违规办企业。严明纪律要求，坚持党员干部率先垂范，推进全面从严治党，打造风清气正的良好政治生态。2020 年 10 月参加了由县委组织部组织的科级干部培训学习，在山阴县委党校封闭培训学习 3 天，并进行了闭卷考试。全体干部职工认真学习“学习强国”，在全县每月通报中都位列前茅。党员干部积极学习“三晋先锋”，通过学习，全体干部职工的政治思想有了大幅度的提高。

文 联

【概况】 2020 年，县文联切实围绕县委、县政府的中心工作和县委宣传部的工作安排，用十九大和十九届三中、四中、五中全会精神统领机关工作，坚持“文艺为社会主义服务、为人民服务”的方向和“百花齐放、百家争鸣”的方针，弘扬主旋律，提倡多样化，树立精品意识，充分调动广大文艺工作者的积极性，设计、组织和开展丰富多彩的文艺活动，有力地促进了优秀文艺人才的成长和优秀文艺作品的生产，充分发挥了文艺工作在建设先进文化中的积极作用，为丰富山阴县群众文化生活，发展地方文化，建设文化大县做了大量有益有效工作，取得了可喜成绩。

【精品创作】 2020 年，山阴县文联认真办好文联机关刊物《桑干河》季刊，努力发现和培养文学人才。《桑干河》以发表本县作者的文学作品为主，注重刊物质量，注意发现和扶持文学新人，培养和发现了一大批文艺人才。2020 年编印《桑干河》季刊 4 期，增刊 1 期。刊发各类作品 260 篇（首），40 余万字。马穗生、兰思增、孙淑珍、闫正通、罗学玲、侯静、贺晓宏、郝建平、徐万道、郭跃胜、黄冀等人的作品入选《朔州诗人（1989—2020）》。

采取多种形式，培育新人与骨干。不断地吸收新会员，发挥老会员传帮带作用，培养新生力量；积极推荐会员加入省、市各文艺协会；积极推荐优秀文艺人才参加上级各类学习、培训和活动；把文艺工作者的优秀作品推荐到各级各类展览、赛事和评奖活动中，争取有尽可能多的展示机会。

山阴文联紧紧抓住“出作品，出人才”这个工作重点，扩大文艺队伍，创作一大批反映时代精神、题材丰富、形式多样、思想性、艺术性俱佳的文艺作品。2020 年全县共有各级各类会员近 600 人。各类文艺作品被选拔在省级以上发表、展览、演出、比赛或获奖的作品和作者不断增多。

【文艺活动】 山阴文联开展多种多样的文艺活动，为文艺人才脱颖而出搭建广阔的平台。文联先后组织参加了上级文联举办创作专题讲座、征文比赛、文艺采风、座谈会、研讨会等活动，尤其是借助《桑干河》期刊和《山阴文联》公众号、协会建立的《洪涛山》期刊、《秀水文苑》微信平台等，为会员开辟艺术创作展示的平台，提供艺术交流的空间。激发了会员创作积极性，提高了整体创作水平。

【以文惠民】 县文联加强对协会的组织联络、指导协调等工作，进一步规范协会行为。指导、支持下属学友文会，办好内部刊物《洪涛山》杂志，并编印《山阴民谣荟萃》《广武长城文化专辑》，丰富地方文化。配合县委宣传部积极开展文艺创作活动，完成山阴春晚文艺精品《书韵山阴》《喜盈门》等作品。配合县关工委编辑完成中华人民共和国成立 70 周年主题教育演讲稿汇编；配合党史研究室编辑完成《山阴年鉴（2019）》；推荐李丽、罗学玲、高珍、谢永新 4 人加入省作家协会，进一步壮大了山阴县作家队伍。

【党的建设】 2020年，山阴县文联党支部坚持把抓党建放在第一位，认真落实管党治党主体责任，支部书记切实扛起"第一责任"主责，以身作则，以上率下，对重大问题亲自研究部署，重要事项亲自协调过问。班子成员及股室负责人认真落实"一岗双责"，切实做到各司其职，推动全面从严治党主体责任落实。加强廉政提醒教育。支部书记对本支部的党员开展经常性的廉政提醒谈话，督促党员干部遵守各项廉洁自律规定；加强对中央纪委和省、市、县纪委全会精神的学习，经常性组织开展警示教育活动，督促党员干部明底线守纪律。加强宣传教育。利用学习会、党课、党员组织生活会、干部大会等形式，组织党员干部学习党章、廉洁自律准则、党纪处分条例等，强化了党章意识、纪律意识，编印《习近平总书记"三篇光辉文献"》《习近平在中国文联十大、中国作协九大开幕式上的讲话》《习近平在文艺工作座谈会上的讲话》等，进一步坚定文化自信，切实把思想和行动统一到中央、省委、市委、县委的决策部署上来。加强制度建设。进一步完善细化了一系列制度，如学习制度、值班制度、请销假制度和财务管理制度等，从制度上规范了工作的有序开展。

组织全县文艺工作者深入学习习近平新时代中国特色社会主义思想以及习近平关于文艺工作的重要论述，认真学习十九届五中全会关于繁荣文化事业和建设文化强国的重要论述，重温"三篇光辉文献"，引导文艺工作者增强"四个意识"，坚定"四个自信"，做到"两个维护"，用科学的文艺观指导文艺工作，思想心灵受到了洗礼，精神信心得到了提振，工作作风有了明显的转变。

新华书店

【经济指标】 2020年山阴新华书店全年营业总收入实现1675万元，完成合格值目标（1650万元）的101.51%，良好值目标（1658万元）的101.03%，优秀值目标（1666万元）的100.54%，与上年同期相比绝对值增加5万元，同比增长0.3%。全年利润优秀值目标148万元，实际完成150万元，完成比例为101.35%，与上年同期相比（上年同期实现利润138万元），绝对值增加12万元，同比增长8.7%。山阴新华书店成功中标县教育局薄弱学校改造项目234.71万元，并争取到157万元代采项目。总资产收益率，年度目标值18.36%，全年总资产收益率为17.52%，低于目标值0.84个百分点，与上年同期相比（2019年同期总资产收益率29.92%），下降12.4个百分点。下降原因为预付工程款85万元，固定资产增加7.2万元，利润目标值较上年同期增加10万元。集团当年两教、连锁、传媒货款承付率100%。

【图书销售】 2020年全年POS机任务为237万元（其中一般图书173万元、传媒产品64万元），馆配图书任务为8万元，教育装备任务为280万元。截至2020年底，图书POS机实际销售码洋1730966.50元，完成目标任务的100.05%，较上年同期增加72.04万元，增长71.29%；传媒POS机实际销售码洋641194.44元，完成目标任务的100.18%；教育装备实际销售为3917100元，完成目标任务的139.9%。

【两教销售】 2020年的全年任务919万元，实际完成796.06万元，完成目标值的87%，但全年销售绝对值同比上年增加33.42万元。2020春销售码洋438.47万元，其中免费教材91.05万元、高中收费教材销售22.27万元、教辅销售325.15万元，较上年同期减少了16.22万元。2020销售码洋551.15万元，其中免费教材102.51万元、高中收费教材销售49.64万元、教辅销售399万元，较上年同期增加了49.64万元。

【安全生产】 山阴分公司一直以来把安全生产当作工作中最重要的事情来抓。在装修改造初期邀请消防相关部门视察、研究消防工程部署，介于消防部门机构改革加之二三楼没确定用途，消防备案工作还在进行中。针对集团安全检查小组罗列出整改项目，山阴新华书店公司积极响应，及时整改，部分专业性强、要求高、投资大的项目已做出预算，等待审批。争取在规定时间内完成整改任务，并将安全检查常态化，安全生产规范化，安全管理责任化。

【政治书发行】 2020年，山阴分公司认真对待政治图书的发行任务，发行《习近平谈治国理政》（第三卷）8852册，销售码洋为70.82万元，《中华人民共和国民法典》751册，销售码洋2.9万元，《习近平在宁德》373册，销售码洋为2.57万元，《习近平在厦门》374册，销售码洋为1.57万元，《习近平在福州》74册，销售码洋为0.56万元，《论党的宣传思想工作》80册，销售码洋为0.6万元，十九届五中全会系列图书69套，销售码洋为0.55万元，总计79.57万元。十九届五中全会系列图书、组干读物、纪检工具书及《辞海》有序推进。

【社会服务】 山阴新华书店2020年在疫情防控期间临危不乱，以党员为先锋，全体干部员工齐心协力统筹兼顾，不仅做好本单位防疫工作，保障了“停课不停学的课本人手一册”，还积极协助教育局采购口罩10000只，协助几所学校采购消毒液35箱，并分两批赠送教育局消毒液14箱。

建成校园书店6所，为1000余名学龄前儿童及3000余名小学生开展阅读活动提供有力保障。一中校园书店已完成高三一轮复习资料、高一、高二第二套同步教辅资料分发任务，实现码洋89万元，更是师生课余时间休闲好去处。

建成单位党群阅览室4所，为法院、老干局、县医院干部职工以及东城社区居民提供了学习、休闲娱乐的优美环境，得到了组织部、宣传部领导的肯定，实现销售14万元。

在建农村销售网点2所，合盛堡乡货架基本到位，马营庄乡整修场地，投入使用。

利用各种主题活动，开展丰富多彩的全民阅读活动，至疫情控制后，山阴新华书店积极精选优秀图书，做好各类营销和公益活动。提升了新华书店的整体形象，丰富了广大人民群众的精神文化生活。5月29日在山阴一小举办“山阴新华书店携手山阴一小共建书香校园”主题活动。6月1日上午在山阴七小举办“迎六一好书相伴渡童年”图书优惠活动，共销售为2565元。7—8月在地税文化广场以及政府广场、公园等场所开展为期一个月的“文化惠民图书大展销”活动，共销售图书为8675元。9月16日至10月25日圆满完成2020年农家书屋的补充图书配送任务，共销售图书为429138.6元。10月26日重阳节，组织志愿服务队开展慰问西短川村敬老院并赠送泉林生活用纸50提。

【基层建设】 2020年，山阴分公司坚持把党的建设放在首位，按照集团下发的《基层党组织标准化、规范化建设实施方案》及考核评分标准，对标对表，补短板强弱项，扎实推进标准化规范化建设，并与部门主要负责人签订了《党风廉政建设责任书》和《意识形态工作目标责任书》，实现了党建工作与业务工作同部署、同责任、同考核。引导党员干部把握正确政治方向，及时传达贯彻上级党委的决议指示，定期开展集中研讨式、专题式学习教育，主题党日活动及“三会一课”，对党员管理台账和发展党员工作做了进一步规范，重设了党员活动室，切实把党组织作为山阴公司改革发展的坚强战斗堡垒。

旅 游

【文化旅游】 2020年，山阴县文化旅游发展中心筹备山阴县“长城文创沙龙广武长城文化”论坛。打响“长城博览在山西，精品揽要在朔州”的朔州品牌，立足广武长城历史文化遗迹“游山西读历史”研学旅行产品，以新旧广武、广武明长城为中心，围绕广武边塞文化促进文旅融合，加强广武明长城遗址保护，将山阴广武明长城打造成为山西历史古迹特色休闲旅游目的地以及中国知名边塞文化旅游目的地、国家AAAA级旅游景区，切实推动长城国家文化公园的建设以及长城文化保护传承利用的协调发展。

大力实施“文化兴县”战略，着力在文旅融合上迈出新步伐。深入挖掘广武边塞文化内涵，由县委宣传部牵头，文化旅游发展中心负责接洽了清华大学建筑学院文旅研究中心主任邬东璠、清华大学建筑学院文旅研究中心副主任董瑾、清华大学建筑学院文旅研究中心主任助理陈美霞等专业化团队，到山阴县商谈制定《长城国家文化公园（山阴段）广武边塞长城文化旅游区概念规划》《长城国家文化公园（山阴段）广武边塞长城文化旅游区重点项目策划》。与清城睿现数字科技研究院商谈制定《山阴县长城文化空间保护规划》。与点意空间文化创意产业集团商谈制定《长城文化博物馆设计》等设计规划。9月18日市委宣传部组织“十四五”文化改革发展规划服务项目调研团队到山阴县广武开展调研工作，了解当地文化历史渊源、文化亮点及文化特质。广武旅游区内有广武古城、汉墓群、明长城三个国家级文物保护单位，山阴县文化旅游发展中心要充分利用和开发好这一独特的资源，不断挖掘景区文化内涵，以科学发展观为指导，解放思想，开拓创新，科学谋划景区建设和旅游产业发展思路，突出地方特色，着重体现出雁门关外广武边塞文化旅游区天高云淡、心旷神怡的自然景观。

【乡村旅游】 山阴县旅游工作虽然刚刚起步，但是对旧广武城AAA级旅游景区巩固提升也做了一些实实在在的工作。2020年，按照省文旅厅提出的意见进行升级改造。在旧广武城街道安装了景区导览图4个、景点解说牌12个、安全警示牌20个。先后建起了游客接待中心（建立工作制度、设立游客投诉电话等）、旅游产品展示中心（展示众福缘香囊、富硒小米等山阴本土特色产品）、乡村文化记忆馆，并对其进行布展。

山阴县广武风景名胜区

【概况】 2020年，山阴县广武风景名胜管委会在县委、县政府的正确领导下，在县人大常委会、县政协的监督下，坚持以党的十九大、十九届五中全会精神以及习近平总书记全面依法治国新理念新思想新战略为指导，认真学习贯彻落实习近平总书记视察山西重要讲话精神，高举新时代改革开放旗帜，突出目标导向、问题导向、实践导向，增强改革不能落后、创新驱动发展、占领开放高地、勇于担当作为的信念，推动思想再解放、改革再深入、创新再发力、开放再提质、工作再抓实。全面、细致、扎实地落实各项任务，高标准、高质量地完成各项工作任务。

【法治建设】 2020年，山阴县广武风景名胜管委会坚持以习近平新时代中国特色社会主义思想为指导，深入贯彻落实党的十九大及十九届四中、五中全会精神和习近平总书记全面依法治国新理念新思想新战略，不断提升干部职工学法守法用法意识，为全县文化旅游发展提供了坚强法律保障。

强化组织领导，推进机关法治建设。高度重视法治建设工作，严格落实党政主要负责人履行推进法治建设第一责任人职责，将法治建设工作摆在重要位置，深入开展机关法治建设，机关重大事项均由领导班子会议集体讨论决定。

开展普法教育，加强法治队伍建设。在学习过程中，领导干部带头深入学习，起到了良好的表率作用。通过学习，全体干部职工特别是党员领导干部牢固树立了尊法、学法、守法、用法意识，自觉维护宪法的权威和尊严，自觉把权力置于宪法法律之下，依法行使权力，不断提高了运用法治思维和法治方式推进工作的能力和水平。

【基本工作】 2020年，广武风景名胜区管委会坚持以工作大局为重、协调沟通为先、服务满意为荣，一心一意干事业，精益求精抓落实，认真完成了县委、县政府做出的重大决策和交办的各项工作任务，切实履行各项工作职责，取得了较好的成效。切实做好广武风景名胜区规划工作，按照县委、县政府对广武风景名胜区旅游开发工作安排部署，为了使广武风景名胜区开发建设更具有科学性和可操作性，广武风景名胜区委员会积极组织精兵强将完成了对广武风景名胜区内的各景点进行摸底、踏勘、拍摄、收集文献资料等前期工作，掌握了第一手基础资料，为下一步编制切实可行的广武风景名胜区发展规划奠定了基础；切实做好广武风景名胜区旅游安全生产工作，深入学习贯彻了安全生产法、消防法，强化安全法律意识，规范安全生产行为，确保广武风景名胜区安全无事故；切实做好广武风景名胜区旅游宣传促销工作，多次接待了省、市、县领导观摩调研活动，邀请了国内新闻媒体、快手、抖音、个人摄影爱好者等来广武采风拍摄，使广武风景名胜区的知名度明显提升，为广武风景名胜区的进一步开发奠定基础。

【队伍建设】 科学的理论是社会实践的先导和指南。习近平新时代中国特色社会主义思想是全党的行动指南、是统领各项事业的主线。2020年，山阴县广武风景名胜管委会把党的十九大精神、十九届五中全会精神以及习近平总书记最新指示等精神作为重点内容，做到第一时间传达学习、精准落实。同时，组织学习了《中国共产党党员领导干部廉洁从政若干准则》《中国共产党廉洁自律准则》《中国共产党纪律处分条例》和《关于领导干部报告个人有关事项的规定》等党内政策、法规，通过学习，对党的“情为民所系、利为民所谋、权为民所用”的执政理念有了进一步的理解，职工的政治理论水平有了明显的提高，进一步增强了政治意识、大局意识、核心意识、看齐意识。自觉在思想上、政治上、行动上与以习近平同志为核心的党中央保持高度一致，始终保持正确的政治方向。

融媒体中心

【概述】 2020年7月7日，山阴县融媒体中心揭牌成立。融媒体中心贯彻执行党中央新闻宣传工作的路线、方针、政策以及国家、省、市、县广电行政部门的决策和部署。制定中心发展规划和管理办法，巩固宣传思想文化阵地，壮大主流思想舆论，把握正确舆论导向，不断提高新闻舆论传播力，引导力、影响力、公信力。围绕县委县政府的中心工作，充分利用广播、电视、网站和等媒体资源，组织实施全县新闻宣传工作和重大宣传报道活动，发挥舆论监督作用。负责广播电视、网络、“两微一端”新媒体等传播媒介的科技工作，抓好新技术引进和开发，实施国家有关广播电视、新媒体技术规范和标准，开发广播电视和新媒体资源，增强发展能力。落实行业有关管理规定，加强广播电视节目的传输、播出以及网站建设等，加强设备设施安全防范等工作。协助网信部门做好全县各级各类新媒体平台的服务管理工作。立足媒体资源优势，对接全县各类政务、民生服务平台，积极探索开展网上党建、党务政务公开、干部远程培训、政务、民生等服务；拓展经营媒体广告，影视文化、教育培训、电子商务、智慧城市、经济发展等传媒衍生业务。加强队伍思想政治建设、职业道德教育、技术业务培训工作，研究和推进内部管理体制、机制的改革。完成县委、县政府交办的其他工作任务。2020年，山阴县融媒体中心不断加强主流媒体意识形态主阵地建设，着力讲好山阴故事，唱响新时代主旋律，为“打造灵秀古城，建设新韵山阴”营造浓厚舆论氛围。

【新闻宣传】 2020年，山阴县融媒体中心坚持导向为魂，以实施“舆论引导能力提升”工程为抓手，推动新闻宣传强起来。新闻栏目紧密围绕时政报道、各项改革试点、脱贫攻坚、疫情防控、美丽乡村建设、文明创建等内容开展系列报道。制作播出《山阴新闻》130余期，稿件826余件，在朔州电视台、山西卫视发稿95条。制作播出《战疫情》《脱贫攻坚》《山阴县医疗集团援鄂医疗队逆行抗疫》等专题片5部，播出《佤们山阴》《扶贫答卷》《富硒地上米飘香》等微视频18集，播出中小学安全教育、守护光明未来、新冠疫情防治、精准脱贫等公益广告120余条，为全县经济发展、社会稳定提供了强大的精神动力和舆论支持，起到了凝心聚力，引领舆论的重要作用。

【丰富创作内容】 2020年，山阴县融媒体中心坚持内容为王，以实施“新时代精品”工程为抓手，推动内容创作强起来。

2020年，山阴编辑记者坚持走转改，践行“三贴近”，扎根一线，把镜头更多地对准基层，对准群众，采写了《山阴新时代社会实践志愿者服务疫情防控》《奋战在疫情防控一线的白衣天使—戎雁芳》等一件件报道有深度、有格局、有观众、有“粉丝”的精品民生新闻，弘扬了主旋律，传递了正能量。《山阴县首批35人农民工返岗天津》《山阴惠民合作社特色油果果拓宽致富路》等脱贫攻坚稳岗就业、产业扶贫深度报道，为全县巩固提升脱贫攻坚提质增效营造了良好的舆论氛围。同时，狠抓自办节目质量。在《山阴新闻》节目中，利用消息、新闻特写、现场报道、评论、新闻背景、新闻链接等体裁，提高宣传报道的吸引力、感染力和影响力。同时又开办了《电视三下乡》《全民运动汇》等节目。这些科技类、生活类节目开播后，受众获得了更多的法律知识，科技致富信息，健康指南，时尚动态，生活小窍门等信息，极大地丰富了受众的文化生活。

【创新整合】 2020年，山阴县融媒体中心围绕新时代，服务新时代，全力在建平台、创载体、拓业务上下功夫。逐步整合各方力量、搭建技术平台，媒体融合有了新突破。按照《山阴县扎实推进融媒体中心建设实施方案》，将广播电视台、县委通讯组、记者站、报纸、户外大屏等媒体整合，建成“一个中心、七大平台”传播体系。在省级智慧云平台开设账户，申请广播电视播出机构许可，申领播音员主持人证和记者证。对《山阴新闻》进行全面改版，增加口播新闻、简讯、主题报道和全县重点工程专题报道，更换片头、片花、片尾，对栏目进行重新包装，提升《山阴新闻》栏目收视率。整合播音员队伍，提高工作效率。升级摄录编设备，设备分辨率由4:3变为16:9，变标清画质为高清画质，能够更好的向市台省台传输高质量新闻图像。加强政务服务。为全县各单位开辟了栏目，为广大用户提供便民服务。在疫情防控期间招募1000名志愿者，协助社区及时掌握群众需求，做好人员登记、体温测量、信息收集等服务，收到良好社会效果。融媒体中心与中国移动通信集团山西有限责任公司朔州分公司、山西云媒体发展有限公司合作，加快实施5G网络建设，为山阴县数字化社会建设打下了坚实基础。

融媒体中心科学设置部室，成立新媒体编

辑部，加大《爱山阴》手机客户端推广力度，2020 年下载注册用户 1.95 万人；丰富爱山阴客户端板块设置，全力打造《本地新闻》《民生资讯》《城事服务》三大版块。设立《山阴新闻》《精彩视频》《乡镇社区》《政务服务》《权威发布》《国内新闻》《小视频》《工作动态》《产品展销》《学习强国》《文明实践》《党建》《桑干流韵》等版面，爱山阴客户端全年共播发各类新闻资讯 2800 余条，为社区信息的发展提供了流量，增加了点击率。

【安全播出】 2020 年，山阴县融媒体继续巩固完善村村通广播电视工程。做好了山区片 4167 户直播卫星设备的维护保养工作，确保“户户通”变成长期通。不断强化安全意识，确保安全播出。定期对部门全体员工进行专业基础理论、岗位应知应会、应急处理预案、消防安全知识的考核，提高全体员工的岗位技能。全年举办消防灭火演练 2 次，组织业务培训学习 2 次，培训人数 20 多人次，有力地提高了融媒体干部职工的安全防范意识，极大地提高了员工的业务能力。同时加大投入保障，更新硬盘播出系统一套、UPS 电源一套，确保节目优质播出。2020 年，有线电视安全传输 7200 多个小时，无线安全播出 4800 多个小时，圆满完成了春节、全国“两会”“十九届五中全会”等重要安全播出时段的安全播出工作任务。杜绝了错播、漏播、误播现象的发生，实现节目安全播出、传输零事故。大力提升广播电视覆盖面，年内完成山西电视台、朔州电视台、山阴广播电视台“三台”无线信号全覆盖，极大丰富了受众的业余文化生活，解决了本县乡村群众收看收听不到本地无线电视节目的问题，提高了群众满意度和广播电视覆盖面。

【队伍建设】 2020 年，山阴县融媒体中心坚持把队伍建设作为中心之本，不断提升干部职工的政治素养和专业素养。扎实推进基层党建工作，以党建促提升。全力推进两学一做学习教育常态化制度化，定期开展党日主题活动，严格“三会一课”落实，不断增强了广电台机关党组织的创造力、凝聚力、战斗力。严格落实中央、省、市、县关于作风建设的各项要求，采取了定性、定量、定职、定责的方法，对各部室人员配置和岗位职责进行了明确。修订完善了《新闻三审制度》《安全播出管理办法》等，营造风清气正、务实创新的环境氛围。

融媒体中心注重培养新人，在采编播骨干团队的培养方面逐步跟进，在新人的发现和培养方面同步跟进。切实提高融媒体中心团队的整体业务能力。全年有 10 名业务骨干带徒 30 余人次，有力的提高了干部职工的业务能力。大力开展走出去学习活动。4 月 15 日县委常委、宣传部部长刘宇带领宣传部及电视台有关人员一行 6 人，到山西省媒体智慧云平台与有关领导就全县融媒体中心建设方案进一步对接，参观学习省级平台整体规划和运营情况，了解省级平台大数据分析技术运用，为扎实有序推进山阴县融媒体建设积累了宝贵经验。

微波站

【安全传输】 2020 年，山阴微波站严格按照广电总局“62 号令”和《山西省广播电视发射台运行维护规程》的具体要求，强化管理，严明职责，在各大安全播出保障期前多次组织开展应急演练，确保安全播出。

2020 年山阴微波站圆满完成了春节、清明节、“两会”、国庆以及中国抗击新冠肺炎疫情表彰大会、中国人民志愿军抗美援朝出国作战 70 周年大会、十九届五中全会、第三届中国国际进口博览会等重要保障期的安全播出任务。全年站内零传率。

【基础建设】 2020 年前半年山阴微波站职工对机房改扩建进行前期规划，并协助相关单位对施工区域进行了测绘、地勘。站工作人员在驻地相关部门办理基础设施项目规划许可和施工许可手续。4月10日，微波部与厂家到山阴站安装多画面数据回传服务器和防火墙设备。5月19日，微波站更换由于进水损坏的馈线。6月3日，施工队上山拆除房后铁塔及蝙蝠翼发射天线。7月1日，山阴微波站基础设施建设项目工程正式开工，经过四个月施工，该项目顺利竣工并完成了验收。7月29日，微波站安装微波监测系统设备。9月20日，安装了省内微波扩容的微波天馈线。10月微波站对山下基地供暖管道进行了维修。12月，微波站环境监控项目摄像头安装基本完成。

【学习培训】 2020年，山阴微波站为提高值机员的业务水平，确保安全播出，根据年初制定的学习计划，开展了一系列学习活动，山阴微波站每班组由副站长或机房主任组织职工集中学习2次，学习内容主要侧重机房中的专业理论知识，其余时间自学。每季度开展业务知识应知应会考试，以检查学习效果。同时每月选择两个换班日，人员比较集中的时候，集体学习讨论，学习内容包括政治理论学习和业务知识。2020年7月，山阴微波站指派两名技术骨干参加山西广播电视无线管理中心举办的广播电视技术能手竞赛，2人分别获得一等奖、二等奖的好成绩。2020年9月，山阴微波站指派两名技术骨干参加“京—冀—晋—蒙”微波电路培训，成绩良好。

【精神文明建设】 2020年山阴微波站全面落实山西广播电视无线管理中心关于在中心开展文明创建活动的各项任务，以创建省级青年文明号为契机，积极推动和提升精神文明建设工作，开展了一系列丰富多彩的活动。1月9日，山阴站职工张宁、郭强胜代表中心参加局团委组织的诗词大会，并获得优秀奖。2月13日，微波站青年志愿者参加团县委组织开展新冠肺炎疫情防控志愿者活动，在街道劝导行人做好个人防控，在小区协助社区工作人员开展疫情防控。4月1日，山阴微波站组织青年志愿者协助县乡森林防火队员，做好防火工作。5月1日，团支部开展“同心抗疫、奉献青春”青年先锋表彰活动。5月16日，山阴微波站开展道德讲堂“疫情之后”。7月1日，山阴微波站开展第六届乒乓球比赛。10月1日举行微视频创作竞赛活动，目的在于加强微波站党工团和精神文明建设，提升广大干部职工整体素质和安全传输保障能力。

教育　科技

教　育

【概况】 2020年是山阴县教育事业起承转合的关键年，在县委、县政府的正确指引下，教育局主要领导进行了调整，王日东从山阴县吴马营乡调任山阴县教育局担任党组书记、局长，恰逢“十四五”开局之年，新一届领导班子，坚持以“振兴山阴教育、打造教育强县”为目标，紧紧围绕县委、县政府和市教育局工作部署，抓教学、优环境、正风气、聚人心，教育环境不断改善，教师队伍不断优化，教育质量不断提高，各项工作有序推进。

【教育改革发展】 山阴县进入国家系统的幼儿园有17所，其中普惠性幼儿园15所，覆盖率为88%，完成了国家制定的目标任务。省委、省政府确定2020年公办园在园幼儿占比保持在55%以上，山阴县采取改扩建现有公办幼儿园、新建乡镇中心幼儿园等措施，扩大公办幼儿园招生人数，全县公办园在园幼儿占比56.1%，完成了省里下达的目标任务。6月5日，县政府召开山阴县小区配套幼儿园治理工作会议，涉及移交教育局的小区幼儿园2所，分别是铁东民福小区和玉马小区两所配套幼儿园，已完成移交手续。按照幼儿园办园标准，教育局加大对无证幼儿园的治理力度，关闭了7所不具备办园条件的幼儿园。对其他12所符合办园条件的，经过验收分期分批办理办学许可证，规范化管理。按照上级下达的普惠性民办幼儿园认定任务，2020年山阴县对世纪星幼儿园和金色童年幼儿园已经完成认定工作，完成了目标任务。2020年，投资60万元对4所公办幼儿园（第二幼儿园、五小附属幼儿园、合盛堡附属幼儿园、古城中心幼儿园）进行了改扩建，此项工作已经完成。

2020年校园校舍建设情况。涉及三方面的工作，分别为教育现代化推进工程厕所改造项目、薄弱环节改善与能力提升校园校舍建设项目、公办乡镇寄宿制学校建设改造项目。教育现代化推进工程厕所改造项目涉及7所学校，投资209万元，改造面积807平方米，已全部完成改造。薄弱环节改善与能力提升校园校舍建设项目主要实施项目是校园校舍建设和设施设备购置。校园校舍建设涉及13所学校，有12所学校已全面竣工，剩余一项工程为第三中学的餐厅改建，因工程量较大年内很难完成。信息化设施设备采购涉及全县义务教育阶段学校，该项工作已于6月底全部完成。公办乡镇寄宿制学校建设改造项目涉及3所学校，均已完成。

【疫情防控】 面对突如其来的疫情，教育局于2020年1月25日印发了《山阴县教育系统应对新型冠状病毒肺炎疫情防控工作方案》，成立工作领导小组，明确专人负责。加强新冠病毒的科普宣传、摸排工作。开展网上教学。全县各级各类学校使用钉钉网、乐教乐学、作业帮、优学、猿辅导等平台，结合国家中小学“网络云课堂”平台，开展线上教学。强化复课后疫情常态化防控工作。按照“一个确保”和“三个不发生”的工作目标，学校复课后，教育局派出90余名包校人员驻校实地督导疫情防控期间学校各项工作，形成疫情防控常态化管理机制。

【校园安全】 2020年，山阴县教育局围绕“三零”创建和校园日常安全管理，全面落实各项安全工作措施，确保校园安全。实现学校安保人员（门卫）全天24小时在岗；对校园内现存在违章建筑和临时建筑进行彻底排查整治；强化学校消防安全管理工作；做好学生上下学交通安全排查；落实学校（幼儿园）食品安全、饮水卫生和卫生防疫工作，结合疫情常态化防控要求，做好传染病预防和应急处置工作；加强对学校危化品、易燃易爆品管理；加强学校特种设备管理和使用；安排学校对教职工和工勤人员从业资格审查；进一步加强校园周边综合防控工作。截至年底，全县有10所学校选入“三零”单位创建名单。

【师资队伍建设】 2020年，山阴县教育局为山阴一中招聘教师14名、职教中心招聘教师3名、幼儿园招聘教师9名，充实和优化了教师队伍。启动山阴一中与北京未来菁英京师教育科技有限公司“教师专业能力与教育质量提升”合作项目。7所学校被“山西省名师在线工作室”发展为基地校，全面提高教师的专业素养和教育教学能力。成立义务教育阶段23个名师工作室，涵盖7个学科，着力打造本土名师；全年完成教师全员在线培训1830人次，全县有95名教师参加市教育局组织的第二届中小学乡村教师能力提升培训，92人参加了“国培计划”。实施“名校+”工程，提升教育质量。一中与北京未来菁英京师教育科技有限公司开展合作，实施三年提质增效工程。县城7所小学与山西省教科院合作，建设“名师工作室”基地校，打造山阴县的名师团队。实行中小学教师县管校聘改革，出台了《山阴县关于推行中小学教师“县管校聘”管理改革的实施方案》。完善教师激励表彰机制，引导教师全身心投入教育事业，出台《山阴县教师绩效工资使用办法》。开展教育系统纪律作风整顿工作，出台了《山阴县教育局关于开展教师队伍整顿工作的实施方案》，营造良好教风学风。

按照市、县关于持续净化政治生态要求，出台了《中共山阴县教育局党组贯彻落实市委〈关于在山阴县开展持续净化政治生态的工作方案〉的方案》（山教党发〔2020〕1号）和《山阴县教育局关于开展教师队伍整顿工作的实施方案》（山教发〔2020〕113号），立行立改，对违反教育法律法规、顶风违纪的教育“三乱”等问题，发现一起，查处一起。整顿期间，教育局党组约谈县城小学校长4名，县纪委派驻第七纪检监察组函询6人，谈话2人，处分6人。通过整治，有力地遏制了不良风气、维护了教育秩序、赢得了社会认可。

【教育质量提升】 2020年，县教育局在教育改革方面不断创造性地开展工作，与省教科院开展三年教育质量提升合作，深化合作模式，组建名师工作室，打造线上线下相结合的教育模式，着力培养青年骨干教师讲台与平台并重、网教和课教并用的教改能力，逐步提高现代化教学成果的实践操作和应用转化水平。实施了山阴一中和北京未来菁英京师教育科技有限公司教学质量提升合作项目，提升山阴一中整体教学质量。依托县红十字会，设立“山阴教育发展专项基金”，11月11日，在县政府中心会议厅隆重举行了捐资仪式，首次捐赠共筹集爱心捐款 600 万元，有力地弥补了教育经费紧张的状况。

完成二期改薄和教育质量提升工程项目建设，校舍建设年内完成投资 1500 多万元。2020 年全县参加高考的学生数为 1648 人，由于受疫情影响，取消了体育、理化实验、信息技术考试，总分为660分，二本以上达线人数为353人，达线率为 21.41%，其中 600 分以上 14 人。

【教育扶贫】 2020 年，朔州市教育局从全国学籍网和国家扶贫网数据比对得出山阴县建档立卡家庭经济困难学生 1735 人。局扶贫办多次和各学校、乡镇对接，通过大量信息核实，筛查出受资助就读贫困学生为 1267 人，其中，幼儿助学金 78 人，金额 3.9 万元（500 元 / 人）；小学寄宿生补助 464 人，金额 23.2 万元（500 元 / 人）；初中寄宿生补助 370 人，金额 23.125 万元（625 元 / 人）；高中免学费 324 人，金额 12.96 万元（400 元 / 人）；高中助学金 324 人，金额 32.4 万元（1000 元 / 人）；职业学校免学费 31 人，金额 3.1 万元（1000 元 / 人）；职业学校助学金 31 人，金额 3.1 万元（1000 元 / 人）；资助金额合计 101.785 万元，2020 年秋季大学生助学贷款工作已结束，共资助 5314 人，金额 3508 万元。

【党的建设】 教育局党组真正把党建工作纳入重要议事日程，把党建工作目标和任务责任到人，构建起上下同心、齐抓党建的良好运行机制。2020 年 8 月，订购《习近平谈治国理政》（第三卷）346 本，组织全体教职工集中学习，加强对“学习强国”“三晋先锋”学习情况的督查，保证了学习效果。精心组织，扎实开展党建工作，进一步提高党员队伍的思想政治素质，促进基层支部和党员“两个作用”有效发挥。积极开展谈心活动，把党支部建设成具有亲和力、向心力和信任感、归属感的党员之家。年初，抗击新冠肺炎疫情斗争中，教育工委积极响应县委号召，组织党员教师累计捐款 57370 元，捐款率 100%。按照民主集中制原则，逐步建立和完善了各项制度，推进规范管理，推行党务公开，实行公开承诺制度，充分保障广大党员的知情权、参与权、监督权，党组织工作的透明度明显增强。在进一步巩固深化“不忘初心、牢记使命”主题教育成果的基础上，教工委适时组织开展了“师德师风专项整治”“教师队伍专项整治”和“三项重点工作”集中整治等活动，努力在深化“四风”整治、巩固和拓展党群关系上见实效，在营造良好机关环境上见成效，在真抓实干、推动民生上见绩效。

电　大

【概况】 山西省广播电视大学山阴县工作站，位于山阴县教育局一楼。开设本科专业 6 个，行政管理、法学、教育管理、金融、会计学、汉语言文学；专科专业 7 个，行政管理、法学、教育管理、小学教育、煤炭安全技术与管理、工商管理、采矿。2020 年招生工作顺利进行，共招收学员 210 名，其中，春季招生 180 名，包括普通本科生 8 名、专科生 13 名和农干本科生 64 名、专科生 95 名，秋季招生 30 名，包括普通本科生 20 名、专科生 10 名。2020 年在校学员人数 476 名，春秋两季毕业学员共计 80 名。

【教学教务】 2020 年，县电大工作站紧紧围绕为大众提供优质成人开放教育这个主业，严谨认真开展各项教育教学活动，电大学员的报名注册率、作业完成率、参加考试率、学业完成毕业率在朔州市六县区名列前茅，继续保持教学教务工作“零差错”纪录。

【教育服务】 县电大工作站始终以高度的责任感和勤勉的敬业精神抓紧抓好成人开放教育各项教学教务工作。2020 年，县电大工作站在开展网络教学的基础上，积极探索与学员面对面交流互动的面授教学活动，通过组织协调，分别在县委党校建立了培训基地，在合盛堡乡黄花梁万亩富硒有机旱作农业基地建立了实践基地，先后组织全县“农村干部学历提升工程”274名学员参加了现场学习培训四场次，培训内容包括习近平新时代中国特色社会主义思想、雁门关农牧交错带种植业发展、农村电商经济等。与学员实际工作贴近的面授教学活动，得到了学员的积极响应和一致好评。

【脱贫攻坚】 2020年，包村帮扶工作开展以来，县电大工作站认真落实县委、县政府关于脱贫攻坚工作安排部署，因地制宜开展各项帮扶活动，积极推动建档立卡贫困户稳定增收，确保扶贫帮扶工作扎实有序进行。

改善发展环境，提升贫困户内生动力。2016年以来，县电大工作站为燕庄村7户贫困户购买了种羊和仔羊；投资4万多元为李家窑村安装路灯、修缮井房、重修入村路段，着力帮助帮扶村改善发展环境，积极提升贫困户内生动力。李家窑和燕庄两个村共有6户贫困户养羊规模10只以上，这一项目每年可为养羊贫困户户均增收4000元以上。2020年县电大又投入资金7000多元，为两个村21户贫困户每户购买了6只母芦花鸡，初步测算，芦花鸡养成后，通过售卖鸡蛋和成品鸡，年终可为每户贫困户增加收入1000元以上。

拓宽就业渠道，确保贫困户收入稳定。根据贫困户劳动力家庭情况和技能特点，县电大工作站积极与用工单位协商沟通，鼓励引导贫困户劳动力务工就业，确保贫困户家庭收入稳定。截至年底，所帮扶的两个村实现了有劳动力的贫困户家庭至少一人稳定就业的目标。其中，李家窑村贫困户中有劳动力家庭7户7人已就业，省外就业4人、市内外县就业2人、县内就业1人；燕庄村贫困户中有劳动力家庭6户7人就业，省外就业2人、市内外县就业1人、县内就业4人。

【理论学习和党建】 2020年，县电大工作站紧紧抓住政治理论学习不放松，认真组织开展学习党的十九大和十九届二中、三中、四中、五中全会以及习近平总书记重要讲话精神，坚持以习近平新时代中国特色社会主义思想武装头脑、指导实践、推动工作，引导党员干部树牢“四个意识”、坚定“四个自信”、践行“两个维护”，进一步提高政治站位和理论修养，努力培养一支政治坚定、思想进步、作风务实、业务熟练的新时代成人开放教育教师队伍。

党支部认真落实全面从严治党主体责任，进一步加强对党员干部的教育管理力度，从党章及党规党纪学习教育和严格执行规章制度入手，对在廉政建设方面出现的苗头性、倾向性问题能够及时批评指正，做到抓早抓小、防微杜渐。

认真执行“三会一课”制度，严格按照组织程序和具体要求，定期按时组织举行支部会议、支部党课和主题党日活动，及时传达上级党组织重大活动和重要指示精神，认真学习党的理论知识，坚持以习近平新时代中国特色社会主义思想武装头脑，通过举行理论学习讨论交流、学习习近平总书记对“右玉精神”的五次指示批示、“缅怀革命先烈传承红色基因”等内容丰富的“三会一课”活动，激发了全体党员参与党支部组织生活的热情，有效提升了党支部的凝聚力、战斗力和党员的政治理论素质。进一步严肃党内政治生活，紧扣民主生活会和组织生活会主题，班子成员和在职党员认真剖析自身存在的问题和不足，深入查摆产生问题的思想根源，明确提出整改措施和努力方向，在生活会上认真开展批评与自我批评，不遮丑、不护短、不回避，自我批评深刻到位，批评他人中肯严厉，达到了红脸出汗的效果，实现了互相帮助、共同提高的目的。

进　修

【概况】 2020年，山阴进修校进一步推进全县中小学幼儿园教师全员培训改革，强化教师常态化研训制度建设，建立符合山阴县师训工作实际的教师专业发展支持服务体系，增强全员培训的针对性和实效性，进一步强化与中国教师教育网的合作，创新工作思路，秉承“小集体、大服务”的治校办学理念，坚持“需求导向、服务为本”，按年初工作计划及2020年度目标责任考核指标的要求较好地完成工作任务。

2020年山阴进修校全面贯彻落实党和国家的教育方针、教育规划纲要，坚持“小集体、大服务”的治校办学理念，以服务教改、服务教师成长的工作切入点，克服新冠肺炎疫情影响困难，积极应对困难，在线上教学服务方面强化沟通、开展服务，采取开放式服务九次，全县一线教师参与受益人数达1026人次。2020年7月初组织完成全县1964名教师参加了朔州市中小学幼儿园教师全员培训远程网络学习，截至22号全县有1923名教师合格，总体合格率在全县排名第二，进修校派出的4名辅导教师参与力、辅导力等综合考核指标均居全市前列。

【创新学习】 2020年春节前后，受疫情影响，线下培训叫停，进修校作为教师培训的专职机构创新工作思路，主动出击，在全新教育理念、传播途径上开展工作，升级集中学习的形式，借力“学习强国”学习平台和教师进修学校研讨交流平台，按照包校任务划分点对点服务，一对一沟通，及时传播最新培训信息，同时放大“团队送教到校”的做法，通过线上了解培训需求、跟班督导，为下一步全面实现进修校由“有为”向“有位”提升转变探索新路、积累经验。

【师资培训】 2020年，山阴进修校认真落实国培任务，根据2020年国培计划，中西部中小学教师培训提升工作安排，全县共组织63名骨干教师、19名校长参加培训、跟岗实习，其中最后一批完成在云南的集中培训，分别赴临汾三中、晋中市实验一小学跟岗实习。

2020年进修校按照“管理线、指导线、执行线”三线支撑的项目运行原则，继续承担全县中小学幼儿园教师全员培训的组织、监督、管理任务，自2020年7月初安排组织以县直各学校、乡镇中心校、幼儿园为单位报名以来，全县共有312名高中教师，83名幼儿园教师、763名初中教师、806名小学教师报名参加远程培训。培训开始以来，进修校把努力做好全县中小学幼儿园教师全员远程培训的包校辅导、学习监督工作作为全校的主要工作任务之一。特别是针对2020年疫情防控的要求，进修校积极配合平台的工作，强化线上工作，全县已有896名小学教师、868名初中教师、70名幼儿教师、309名高中教师完成了网上培训学习任务，完成了发帖、提交实践作业，全县教师参训率、学习率、在线率均位居全市前列，受到了继教网山西办事处和省厅教师工作处的多次表扬。

校本研修与网络研修融合进一步深化，按照教育部教师发展司的总体规划结合山西省“十三五”教师成长发展计划，山阴县从2016开始在全县义务教育学校开展校本研修试点工作，2017年开始延伸到高中、幼儿园开展，当前校本研修与网络研修整合工作正在推向深入，但从整体来看，校本研修作为一项新时期教研工作的新方法、前沿做法，各级各类学校已逐步开展，但由受传统习惯的影响和大部分老教师的思想抵触进展相对缓慢，山阴县的校本研修工作还没有突出亮点、形成特色，为此，我们利用远程网络教室的平台，尝试开展网络环境中的校本研修。提倡教师建立博客，积累教学经验，要求以教研组和师训组为单位分别建立QQ群、微信群，提倡将每项任务的总结反思直接写到群里，不仅促使个人及时反思，而且便于同行之间的业务交流。

职教中心

【概况】 山阴县职业教育中心校是一所公办性

质职业技术学校。学校位于山阴县城先进小区，地理位置优越，交通便利，学校成立于2006年，编制为11人，现学校教职员工共23人。属于事业单位。

【职教成绩】 山阴县职业教育中心申报了计算机和汽修两个职业教育高水平实训基地建设项目，园林绿化和美容美发两个专业成功申报职业教育高水平重点建设项目。与北京商鲲教育控股有限公司在高铁服务、人工智能、3D打印、无人机专业方面签订了合作协议，与山阴鹏程汽修服务中心在汽修专业签订合作协议，与山阴黄鹂鸟演出策划公司在音乐专业签订合作协议，与太原市惠印网络科技有限公司、山阴县鸿雁工艺美术社等在计算机、广告设计方面签订合作协议。向发改委争取产教融合建设资金1900余元。产教融合取得实质性进展。接受山西省教育厅关于“山西省县级职教中心达标建设评估验收”并成功通过验收。县政府大力支持职教中心发展，斥资4800余万元新建综合教学楼、实训楼、实训基地、学生公寓、餐厅等，总面积达26000平方米；引进了自来水、集中供暖，教学环境大幅度改善。县教育局为职教中心招聘专业课教师3名，缓解了学校专业课教师不足的现状。学校购置近170万元的计算机广告设计的专业设备，已安装并投入使用。

职业学校

【概况】 2020年，山阴县综合职业学校有教学班3个。设置专业有计算机应用、机电技术应用、汽车维修、音乐、绘画、体育等方向。设有相应的专业计算机教学实训教室、机电电子实训室、音乐实体教学教室，操场、篮球场、足球场。针对当前社会经济发展形势，综合职业学校提出了以服务对象为宗旨，以学生为主体，培养德、智、体、美、劳全面发展的高素质和技能型人才。招生对象为初中毕业或具有同等学力的社会青年。学制为三年或一年制学历教育和短期技能培训。

【办学理念】 综合职业学校“坚守质量立足点，唱响发展主旋律”的办学思路为抓手，努力实践“德智体美全面发展，知情意行和谐统一”的办学理念，在全体师生的共同努力下，各方面工作都取得了长足的发展。学校在职教发展方面主线清晰，专业课程开全开足，实训教学适应工作需求，不断探索职教模式，坚持“以服务为宗旨，以就业为导向”的职教理念，以培养社会实用型人才为目标。落实中职生国家助学金和免学费政策。

【对口升学】 2020年，山阴县综合职业学校有部分同学参加了对口升学考试并顺利进入高等院校就学，实现了山阴县职业教育对口升学考试新的突破。学校举行社会再就业劳务培训，配合劳动部门进行职业资格证书类鉴定考试。

【校园建设】 2020年度，县政府投资4000余万元建设职中，新建了教学楼、实训楼、行政楼、公寓楼、餐厅共7000多平方米，水、电、暖各种设施配套，可在2021年9月交付使用。

技工学校

【概况】 朔州市技工学校，创建于1977年9月，占地70多亩。学校由朔州市政府主办，隶属市人社局主管，为正处级建制。2020年底，市委高度重视校级领导班子建设，先后配齐了3名副校长。学校编制为81人，内设（行政）办公室、教务处、学生处、总务处、膳食科、保卫科、党务办公室7个科室，并有工会、团委2个群体机构。

截至2020年底，学校有退休人员67人；有在职在编职工64人。专业技术人员中，89%为本科学历，按岗位设置规定分别聘用高、中、初级职称12人、23人、6人。学校党总支下设退休党员、在职党员2个党支部，有退休党员32名，在职党员19名。

【技能教学】2020年，朔州市技工学校继续推进“校企合作、产教融合”。通过合作办学，引入北大青鸟筹办了计算机动画、视频、网页设计等精品专业，引入南京众禧筹办了留学日本的多专业学科学习就业平台。技工学校全员参与招生宣传工作，2020年招收到技工学历新生62人。从而使一、二、三年级计算机应用和汽车维修专业学生总数169人。2020年，学校继续坚持技工学历教育和职业技能培训“双轮驱动”。全年开展职业技能培训89期，培训合格4234人；完成创业培训10期，培训合格300人。学校专门举办了“为人师表，以德树人”为主题的教学研讨会，每位教师发表了一篇高质量的研讨论文，汇编成册。

9月起成立校园“学习合唱团”，形成每周二下午课间活动时间全体师生共同“学理论、唱红歌”的热潮。购置了40台教学新型电脑。更新了教研组及办公室桌椅、会议室及学生文艺活动室电子显示屏和投影设备。将学校大门更新为电子自动控制大门。2020年，学校将三年级近60名学生安排到青岛海信公司和朔州声讯电子集团进行顶岗实习。受新冠病毒疫情影响，2020年寒假过后对学生采用网上教学。疫情防控期间，组织党员干部参加了社区疫情防控，《朔州日报》对学校全体党员捐款献爱心作了详细报道。

山阴一中

【概况】2020年，山阴一中共设有教学班59个，学生3092人，教职工368人，其中教师361人、工人7人，专任教师学历全部合格。现有中学高级职称的教师78人，中学一级教师116人，中学二级教师160人。师资队伍结构合理，热爱教育事业，业务精，能力强。山阴县第一中学校先后被中国关工委、教育部关工委授予“全国中华魂主题教育活动先进集体”，三年连续获得山阴县“红旗单位”光荣称号、朔州市平安校园；多次受到省教育厅、市教育局等有关部门的表彰。

【硬件设施】2020年，山阴一中总占地面积288674平方米，其中建筑用地面积223049平方米，绿地率35%，总建筑面积100817平方米。地上建筑面积96853平方米，地下建筑面积3964平方米，教学楼及实验楼26766平方米，图书馆9120平方米，行政楼5415平方米，艺术楼4792平方米，餐厅总面积14622平方米，可同时容纳3200人就餐，学生宿舍25942平方米，浴室及锅炉房1500平方米，综合楼3750平方米。

学校现有物、化实验室各6个，物、化、生探究室各1个，生物准备室3个，物理准备室4个，化学准备室5个，生物观察室3个，通用技术设计室2个，通用技术实践室2个，语音室4个，语音准备室2个，计算机室6个，电子备课室3个，阶梯教室3个，每间教室配有现代化教学设备，实现了多媒体教学，使课堂真正变得“有声有色”，传统教学与现代信息技术结合有效地促进课堂教学的改革，提高了教育教学质量。

【教师团队】2020年，山阴县一中学校专任教师配备及学历结构：学校现有专任教师361名，其中女教师218人、男教师143人。在校学生3092名，师生比1∶9。其中研究生学历48人，本科学历301人。专任教师职称结构，高级职称78人，占总人数比例为21.5%；中级职称116人，占总人数比例为32.7%；初级160人，占总人数比例为45.8%。专任教师年龄结构，30～40周岁181人，41～50周岁97人，51～60周岁83人。

【学生情况】 2020年下学期学校共3092名学生，有59个教学班，平均班额50人。全部学生实行分层均衡编班。学生体质健康率情况，现有学生3092名，参加体质测试的学生3092名，其中体健测试的学生及格及以上共3000人，学生体质健康合格率为96%。山阴县第一中学校的进城务工人员子女共50名，和本地学生同等享受国家政策。学校对留守儿童在生活和学习上给予充分的关爱，给予特别关心照顾。

【教学管理】 山阴一中学校以“品学兼修，知行合一”为校训，全面贯彻落实党的教育方针政策，坚持“营造书香型校园，打造学术型队伍，培养创新型人才”的办学理念，以“服务学生、服务家长、服务社会”为办学宗旨，求发展，创特色，谋跨越。学校多次受到国家、省、市、县的表彰，成为国家基础教育实验中心重点课题“中国学校心理健康教育行动研究”实验基地学校，与首都师范大学形成全方位、多层次的合作格局。

山阴二中

【概况】 山阴二中学校贯彻执行国家的教育方针、政策、法律、法规，落实省、市、县关于教育的决议，制定初中教育管理规章制度。贯彻执行国家语言文字工作的方针、政策，负责语言文字管理工作，指导普通话的推广和培训测试工作。综合管理、督导、评估本校初中教育工作。指导教职工思想政治工作和学校精神文明建设，搞好学校体育、卫生、艺术教育及国防教育。负责教育经费和补助专款管理，教育基建专款的管理，监督、指导学校基建，校舍安全和校园绿化、美化工作。统筹规划，指导教育教学改革。抓好学校内部人事制度和管理体制改革，管理学校教育科研、现代信息教育技术、教学仪器设备配置工作。抓好教职工队伍建设，组织学校实施资格制度，职称改革，教师的培养、培训，教师专业技术职务的推荐聘用工作和继续教育工作。抓好学校党的建设和领导班子建设，指导工会、共青团、少先队工作，抓好纪检、行政监察、信访、审计和行风建设。抓好招生工作。负责学校人事管理和考核、报批工作，学校教育基本信息统计、分析、发布和信息系统的开发工作，归口管理的对口支援工作和对外宣传交流。学校全面贯彻“管理立校、教改强校、文化兴校”三位一体的办学思想，完善制度，精细管理，凝心聚力，奋力开拓，把学校办成管理严格、成绩优异，全县一流、人民满意的特色学校。山阴二中是一所省级示范初中学校，省级平安校园学校，朔州市五星级学校。

【硬件设施】 山阴县二中学校现有建筑面积31938平方米，可容纳2000名学生就读。综合实验楼设有图书室3个，阅览室4个，其中图书有26大类，共43391册，生均22册，各类视听资料、教学软件、模型、挂图等计68件，物理实验室13个，化学实验室2个，生物实验室1个。化学仪器135种8868件，物理仪器143种3524件，生物仪器112种3645件。计算机教室2个，共有学生计算机110台，教师专用机4台。音乐教室2个，美术教室2个，舞蹈教室1个，音、体、美专用教室符合标准。音乐器材11种15件，美术器材30种576件，体育器材51种853件。笔记本电脑160台。全校所有教室、教研室和办公室全部接入互联网。安全保障方面实现“三防”。

学校校内有路灯36盏，夜晚灯火通明，宣传橱窗16个。

【教师团队】 2020年，学校有专任教师125名。在校学生1145人，师生比1∶9.16。其中本科学历121人，占专任教师人数的96.8%，专科学历4人，占专任教师人数的3.2%。

专任教师职称结构：高级职称18人，占总

人数比例为 14.4%；中级职称 51 人，占总人数比例为 40.8%；初级职称 56 人，占总人数比例为 44.8%。

专任教师年龄结构：30 周岁以下 3 人，30 ～ 34 周 岁 26 人，35 ～ 39 周 岁 19 人，40 ～ 44 周岁 14 人，45 ～ 49 周岁 22 人，50 周岁以上 41 人。

【学生情况】 2020 年第一学期学校共 1145 名学生，有 24 个教学班，平均班额 48 人。无择校情况，严格执行国家课程标准，学生每天的课外作业不超过 40 分钟。学校参加体质健康测试的学生共 1145 人，其中体质测试及格及以上共 1113 人，学生体质健康合格率为 97.2%。2020 年第二学期学校共设有 20 个教学班，918 名学生，全部学生实行就近入学，均衡编班。

【教学管理】 山阴二中学校着力优化师资队伍，师资结构合理，教师资源均衡配置，“老中青”三结合的模式，形成了以老带新，以新促老的良性发展格局。在教学管理上，学校经常组织开展各类教研活动，形成了独特的办学风格，建立并完善了一整套科学、严谨的管理制度和严明的奖惩制度，得到了广大家长的一致认可与好评。学校定期召开学生、家长座谈会，向学生、家长发放调查问卷，注重听取学生、家长的意见与建议。

山阴三中

【概况】 2020 年，山阴县第三中学第一学期学校共设 17 个教学班，868 名学生，在编在岗教职工 170 人，借调在岗教师 1 名，专任教师学历全部合格。有中学高级教师 18 人，中学一级教师 49 人，学科带头人 45 人，省、市、县教学能手 60 人。2020 年中考又一次取得优异成绩，2020 年中考，学校参考人数仅有 305 人，600 分以上 32 人，李冉获全县第一名。学校中考优秀率雄踞榜首。学校以提质增效为目的，加强班主任和教师队伍建设，提升学校内涵发展，加强学生理想前途教育和行为习惯养成教育；通过家访活动和教师结对帮教活动，改善师生关系，密切家校关系，形成了家校教育合力，不断提高育人质量和教育质量，向全县人民交出一份满意的答卷。

【硬件设施】 2020 年，山阴县第三中学建筑面积 46620 平方米，校舍建筑面积 16090 平方米，学校按国家规定拥有理化生实验室、音乐教室、计算机教室、美术教室、阅览室等专用教室，并每班安装了多媒体，拥有 19553 平方米的体育场。学校设有图书室 2 个，阅览室 4 个，其中图书有 26 大类，共 60000 册，生均 69 册，各类视听资料、教学软件、模型、挂图等计 68 件。物理实验室 2 个，化学实验室 2 个，生物实验室 1 个。化学仪器 135 种 8868 件，物理仪器 143 种 3524 件，生物仪器 112 种 36454 件。计算机教室 2 个，共有学生计算机 114 台，教师专用机 4 台。音乐教室 2 个，美术教室 2 个，舞蹈教室 1 个，音、体、美专用教室符合标准。音乐器材体育器材 11 种 15 件，美术器材 30 种 576 件，每位专任教师都配备专用笔记本电脑一台。全校所有教室、教研室和办公室全部接入互联网。安全保障方面实现“三防”。学校校内有路灯 16 盏，夜晚灯火通明，宣传橱窗 6 个。校园栽植有松柏树、丁香树、金叶榆等。

【教师团队】 2020 年，山阴县第三中学专任教师配备及学历结构：学校现有专任教师 142 名，其中女教师 79 人、男教师 63 人。在校学生 868 名，师生比 1∶16。其中本科学历 142 人，占专任教师人数的 100%。高级职称 19 人，占总人数比例为 12.8%；中级职称 49 人，占总人数比例为 32.9%；初级职称 83 人，占总人数比例为 55.7%。专任教师年龄结构：30 ～ 39 周岁 21 人，40 ～ 49 周岁 73 人，50 ～ 60 周岁 46 人。

【学生情况】2020年下学期学校共868名学生，有17个教学班，平均班额51人。全部学生实行就近入学，均衡编班。山阴县第三中学无择校情况，严格执行国家课程标准。学生每天的课外作业不超过40分钟。体健测试的学生及格及以上共830人，学生体质健康合格率为96%。山阴县第三中学校的进城务工人员子女共30名，和本地学生同等享“两免一补”国家政策。学校对留守儿童在生活和学习上给予充分的关爱，给予特别关心照顾。

【教学管理】2020年，山阴县第三中学以“针对性与有效性结合、示范性与多样性结合、普及性与提高性结合、指导性与管理性结合”的基本思想，以“尚德、博学、明理、善为”为校训，秉持“以人为本、彰显个性、多元提升、和谐发展”的办学理念，坚持“德育是首位、教学是中心、效率是灵魂、质量是生命”的办学原则，认真贯彻科学发展观，从提高教师学历与水平入手，建立了骨干教师培养机制，强化内部管理，实施制度约束的情感交流管理手段，充分挖掘与启动内部活力，为办学目标夯实了基础，办学质量名列全县同类学校前茅，深受家长及学生的欢迎和社会的好评，多次受到国家、省、市、县的表彰，先后获得先进基层党组织、依法治理示范单位、平安校园、朔州市文明和谐单位等荣誉。

山阴四中

【师德师风】2020年，山阴县第四中学全体教师坚持学习《教育法》《教师法》《中小学教师职业道德规范》《中小学教师‘十不准’及违法‘十不准’处理办法》等法律法规和省市县关于加强师德师风建设的文件，提高全体教师的思想觉悟，明确了教师要以“立德树人”为教育工作的第一目标。设立了学校师德师风问题举报信箱和电话，学校成立了师德师风建设工作小组，与全体教师签订师德师风承诺书，落实个人责任。工作小组定期明察暗访，防微杜渐，发现问题立即整改。在假期学校召开专门的会议，传达了市教育局关于师德师风专项整治实施方案的精神，组织教师对师德师风相关的法规文件进行了学习，要求每位教师摘抄学习笔记，撰写学习心得和自查报告，并对学校教职工在师德师风方面提出了具体要求。

山阴五中

【概况】山阴五中成立于2013年，是一所公立全封闭式寄宿制初级中学校。现三个年级共有29个教学班，1655名在校学生，121名教师，其中研究生学历5名、本科学历110名。40周岁以下教师96名，40～50周岁的教师17名，50周岁以上教师8名。中高级职称63名，骨干教师28人。

山阴五中学校占地面积101亩，建筑面积36000平方米，操场面积13000平方米，绿化面积12900平方米。各类实验室20个（化学5个、物理5个、生物5个、地理1个、语音4个），专用教室9个（音乐2个、美术2个、微机5个），多媒体阶梯教室1个，教学用计算机130台，图书阅览室藏书55000册。学校信息化建设达到班班通，校园监控实现全覆盖。

【教学管理】成绩提幅大。面对招收学生相对成绩较差的状况，五中积极进取，在历次全县统考、中考成绩都很突出，学生整体成绩提高幅度大。班级容量小。每班严格执行不超50人的规定，有利于个别对待、因材施教，各科教师三年内不放弃一个学生。教学管理严。休息、就餐、活动、两操、课间统一管理，整齐划一。努力培养学生团队精神，一视同仁。学生分配均。按成绩均衡分配学生，均衡搭配教师，严格实行教师全员绩效考核，真正能调动全体教师的积极性。师资年纪轻。2013年面向全省特招了30名本科以上学历的教师，从全县选拔了特别优秀的70多名年轻骨干教师，使五中的师资具有学历高、年纪轻、质量好的特征，整体队伍朝气蓬勃、积极向上、劲头十足。

【获得荣誉】 学校于2013—2019年连续七年被县委、县政府授予“山阴县先进集体”荣誉称号。先后荣获“朔州市平安校园”“山西省平安校园”“朔州市最美青年集体”“朔州市综合治理先进单位”等多项荣誉称号。特别是2020年荣获朔州市先进集体、朔州市劳动竞赛委员会“集体一等功”、山阴县委县政府授予“先进集体”、优秀教学工作特别奖、义务教育阶段贡献奖等荣誉。

第六小学

【概况】 山阴县岱岳镇第六小学，始建于1981年，于2008年完成旧校改造，学校坐落在县城中心，为一所县教育局直属的六轨制完全小学。学校占地面积26900平方米，建筑面积9426平方米，有44个教学班，学生2082人，教师105人。小学高级教师5名，小学一级教师52名，小学二级教师47人，小学三级教师1名，省、市、县优秀教师和教学能手58名。学校全面贯彻教育方针，坚持“德育为首、教育为本、育人为本”的办学宗旨。以“博学笃志、切问近思”为校训，积极实施素质教育，深化课堂教学改革，教育教学质量不断提升，受到了社会各界的广泛赞誉。

【学校活动】 学校文化是学校综合实力的体现，山阴县岱岳镇第六小学在物质文化上，设置了爱国主义教育长廊、书画长廊、科学长廊、航模长廊、民族团结一家亲等一系列主题文化长廊。在精神文化上，布置了爱国主义教育厅、励志长廊、学校荣誉展示柜、少先队员宣誓墙及一系列办学理念展台。在制度文化上，六小进行了板报评比，制定了目标管理、教学管理、德育管理等一系列管理制度。在校园文化上。举办了中华诗词大赛，开展了机器人大赛，进行了书法绘画大赛以及“中华魂”演讲比赛，开展了国学文化进校园及戏曲艺术进课堂活动。

第一幼儿园

【概况】 山阴县第一幼儿园投资2000余万元，占地面积8143.63平方米，总建筑面积约5900.89平方米，设计规模为6轨18班，承担着3～6周岁幼儿的学前教育。幼儿园于2015年3月开始招生，2020年，全园教职工86名，在编教师11名。幼儿园每个班级都设有独立的衣帽间、活动室、盥洗室及卧室；户外配有大型游乐设施；综合功能设施配备完善，设有感觉统合训练室，科学探索室、绘本阅览室、多功能舞蹈厅、淘气堡、建构活动室、奥尔夫音乐专用室、蒙台梭利活动室等。园所遵循先进科学的教育理念与教学方法，科学合理的安排一日活动，根据各阶段幼儿年龄特点设有多项加强学科。每个班级配备整套蒙氏学教具。旨在通过幼儿在园内的生活与学习以及家园合作，激活幼儿的潜质与天赋，并能在将来以爆发的力量彰显出他们内在的心智成长。

【课程与教研特色】 山阴县第一幼儿园一日流程兼课程、五大领域知识与目标贯穿于一日活动中，通过主题螺旋式整合课程、领域加强学科（蒙氏数学、自然认读与绘本阅读、创意美术和奥尔夫音乐）、微型课程、潜课程和大型活动课程来实现儿童的全面发展。

一日流程：由每天固定活动方式和变化着的教育与教学内容构成的儿童生活作息过程。一日流程课程设置的意义与目的：实现师童关系的完全平等；用行为标准规定教师工作流程；保证众多教育和课程目标的自动实现。

一日流程环节及操作规程设计：符合幼儿

年龄特点、将生活还给孩子。五大领域——螺旋式主题整合课程：主题线索追求横向全面、纵向深入；重复性不仅符合儿童认识规律，且建构儿童自信心；使教学管理变得更容易；有利于教师的职业成长；更适合于建构园本课程（传统文化、地区文化）。领域加强学科：蒙氏数学——蒙台梭利数学的教具采取了与日常生活和感官教育相同的模式。蒙台梭利数学强调动手练习，要求使用有形的物品帮助学习，致力于培养孩子们小动作的动手能力。大多数教具都为更高阶段的数学理论打下基础。自然认读和绘本阅读——物品标签、记诵上墙、捕捉儿童的新词汇、提示板、故事反复、指读训练、阅读训练、复述口语训练、看图说话、报告新闻。

创意美术和奥尔夫音乐——为孩子提供艺术创造的机会和平台，并在艺术技能和艺术表现力上，寻求到“如何玩美术 / 音乐”的最佳方法，从孩子的作品中了解他们的世界——每个孩子的美术作品都不同，每个班都配备全套奥尔夫乐器。

微型课程：在 1 ～ 5 分钟过渡环节或等待时间内所实施的课程。微型课程内容与形式：歌曲、诗词、儿歌童谣、手指游戏、成语接龙、古代经典。实施方案：园本教材《微型课程内容》的编辑。教师必须首先背诵下来；时间规定性与评估检查；与“自然认读”语言项目衔接。规定记诵量。

【大型活动课程】 山阴县第一幼儿园涵盖传统节日课程、主题生日会、亲子活动、家园共育课程。传统文化课程——幼儿园的孩子年龄在 3 ～ 6 周岁，在这个年龄段的幼儿情感记忆强烈，所以山阴县第一幼儿园会在传统节日的时候进行亲子活动、手工烹饪活动，或者诵诗吟唱活动，让孩子们将这份喜悦与互动记忆在脑海中，形成对传统文化的初步印象。每年中秋节、端午节、清明节、寒食节等都要孩子们感受传统节日的氛围，大多以传统节日的食物为切入点，调动孩子们的积极性，加深孩子们对中华民族传统节日的情感体验。山阴县第一幼儿园一直以创设民主、自由、博爱的文化氛围为教学与教研的最终目标。幼儿教师极易疲倦与烦躁，因此第一幼儿园特别重视教师的心理疏导工作，由副园长安叶牵头，每月举行“心理聚会”，及时发现、疏导教师不良情绪，同时帮助教师逐渐树立科学的儿童观与价值观，使他们能以饱满的热情面对工作、面对幼儿，杜绝在幼儿园教育中出现体罚和变相体罚，更为重要的是不断修正、更新教育观，使得幼儿园教师专业性不断提高。教研活动的具体形式有观摩（半日流程、集体活动、区域活动等）、集体备课、分组研讨、讲座、竞赛展示、评比以及心理聚会、读书会与看电影日等，使教师从认知、情感、技能行为多方面有所提高。

第二幼儿园

【概况】 山阴县第二幼儿园成立于 1982 年 11 月，原名山阴县机关幼儿园。主要招收机关职工的幼儿，开设课程有语言、计算、常识、音乐、体育、美术六门课程，班级有小、中、大班。全园占地面积 7148 平方米，建筑面积 4940 平方米，户外活动场地 2207 平方米，18 个幼儿活动室，同时还有专用活动室、音乐室、美术室、感统室和科学探究室。开设的课程有五大领域和区域活动、礼仪、安全和分级阅读。每班都达到两教一保。

【办园方向】 山阴第二幼儿园始终坚持正确的办园方向，以管理促规范，以教研求发展，走出一条强劲发展之路，园内职工以团结奋进、求实创新的精神为动力，多年来，一直起着窗口示范幼儿园的辐射作用，为山阴教育事业的发展而努力奋斗。

气 象

【概况】 2020年，山阴县气象局在省市气象局和县委、县政府的正确领导下，以习近平新时代中国特色社会主义思想为指导，全面贯彻党的十九大和十九届二中、三中、四中、五中全会精神，主动融入经济社会发展的主流之中，在基础业务、公共气象服务、气象决策服务、防灾减灾、社会管理等方面发挥了积极的作用，取得了显著的经济效益和社会效益，为经济社会发展提供了优质气象服务。

【职责职能】 山阴县气象局负责本行政区域内气象事业发展规划的制定及气象工作的组织实施；对本行政区域内的气象活动进行指导、监督和行业管理。组织指导本行政区域内气象灾害防御工作；组织拟订和实施本行政区域的气象灾害防御规划；组织气象灾害防御应急管理工作；管理本行政区域人工影响天气工作，指导和组织人工影响天气作业；指导城乡气象工作，组织推进农村气象灾害防御体系和农业气象服务体系建设，组织指导乡镇（街道）气象工作站和气象协理员、信息员队伍建设。组织管理本行政区域内雷电灾害防御工作，会同有关部门指导对可能遭受袭击的建筑物、构筑物和其他设施安装的雷电灾害防护装置的检测工作；负责本行政区域内雷电灾害防护装置的设计审核和竣工验收；负责管理本行政区域内的施放气球活动。组织本行政区域内气候资源的综合调查、区划，指导气候资源的开发利用和保护，组织并审查重点建设工程、重大区域经济开发项目和城乡建设规划的气候可行性论证和气象灾害风险评估。负责本行政区域内的气象台站和气象设施的组织建设和维护管理；组织管理本行政区域内气象探测资料的采集、传输和汇交；依法保护气象设施和探测环境；负责审查建设项目大气环境影响评价所使用的气象资料。负责本行政区域内的气象监测、预报预警、公共服务管理工作；组织管理本行政区域内气象信息的发布和传播；组织重大活动、突发公共事件气象保障工作；承担重大突发公共事件预警信息发布系统建设及运行维护。组织开展气象法制宣传教育，负责监督有关气象法律法规的实施，对违反《中华人民共和国气象法》等法律法规有关规定的行为依法进行处罚，承担有关行政诉讼；组织宣传、普及气象科学知识。管理本级气象部门内部的计划财务、人事劳动、队伍建设、教育培训和业务建设；负责气象部门双重计划财务体制的落实工作；负责党的建设、精神文明和气象文化建设。承担上级气象主管机构和本级人民政府交办的其他事项。

【业务改革】 2020年4月1日山阴县气象局实现了台站的全面自动化改革。降水现象仪实现了单轨运行（人工不作记录）；业务人员通过学习完成了天气现象视频智能观测仪的安装，实现了霜、露、云、结冰等天气现象的自动观测，完成了地面综合观测业务软件（ISOS）升级和主采集器程序升级及温雨融合线路的切换。

【气象服务】 山阴县气象局积极配合环保局联合开展重污染天气的会商，及时为山阴县政府提供重大突发环境事件的气象信息。配合山阴县环保局加强重污染天气及大气污染监测、预警和应急管理等相关工作。2020年，山阴县气象局共制作环境气象公报62期，3天制作一期，发布在环境气象应急会商群、山阴县气象信息员群和山阴县气象预灾群，提醒公众出行要注意防护，有效避免了空气污染带来的伤害。并制作山阴县富硒小米农用天气预报5期。

做好防灾减灾工作，建立预警信息发布“一张网”，面向基层乡村确保预警全覆盖。加强与地方各相关部门的合作，2020年共与自然资源局、生态环境局、地震局、消防大队、水利局、科协、交通警察大队 7 个部门签订了合作协议。

推动与国土、水利、农业等部门的信息实时共享。推动气象灾害预警传播功能配置在乡镇（街道）、建制村（社区）落地，2020 年共制作发布各类预警信息 130 余期，森林火险等级预报 180 余期，各类专题预报 20 余期，重要气象信息 18 期，雨情快报 68 期，通过山阴气象公众号、山阴县气象预灾群、山阴县气象信息员群和抖音号、头条号进行发布，提醒公众做好相关防御措施。通知政府部门和群众根据预警情况采取相应的应急措施，避免人身和财产损失。

【科技创新】 2020 年，山阴县气象局紧紧围绕年初山西省气象局加强气象科技创新工作实施方案的重点任务，逐项开展，陆续完成各项任务。运行并完善了一体化智慧农业气象业务服务平台，完成综合气象观测业务运行信息化平台的初始化工作，学习了山西省公共气象服务产品共享平台的运用。积极争取国家和地方的财政支持，2020 年向地方政府申请人影经费 10 万元，都已入账，以进一步加大对气象科技的投入。

【农业服务】 2020 年，山阴县气象局赴万亩有机旱作农业基地、惠牧源农牧专业合作社联合社进行多次调研，对农业大户开展直通式气象服务。分别于 5 月 26 日和 6 月 30 日与市局领导赴山阴县惠牧源农牧合作社进行调研，与合作社负责人商讨气象服务事宜，并于市局领导商讨如何对富硒小米进行品质认证。在科技周对种植户进行气象科技宣传并对其介绍农用天气通气象 App 用法，了解作物长势及对气象服务工作有何要求，对气象服务满意度如何等。山阴县气象局于 10 月 29 日联合气象服务中心与惠牧源农业合作社成功签订了“塞外火山土富硒小米”气候品质认证协议。

【人工降雨】 2020 年山阴县气象局落实人工影响天气作业安全责任制，坚持作业公告制度、规范高炮作业安全射界、严格遵守操作规程等情况；作业人员全部参加市局组织的岗前培训持证上岗。开展了人工影响天气业务安全检查，制定了人工影响天气工作实施方案和突发事件应急作业预案。1—6 月山阴县降水量为 93 毫米，与历年同期相比减少了 21.5 毫米，山阴县气象局抓住有利气象条件，共进行了 5 次人工增雨作业，有效缓解当地旱情。

【安全生产】 2020 年山阴县气象局根据省市局及县委、县政府的部署要求，以党的十九届二中、三中、四中、五中全会精神和习近平总书记关于安全生产重要论述，特别是习近平总书记对气象工作的重要指示批示精神为指导，精心组织，科学谋划，合理安排，尽最大努力抓严抓实抓牢安全生产工作，保证了全年安全生产无事故，圆满完成了市局下达的安全生产目标任务。

提高认识，加强组织领导。为了加强气象安全生产工作，年初，领导班子专题研究年度气象安全生产工作，并召开动员会，对年度的安全生产进行部署，提高全体干部职工对安全生产重要性的认识。全体职工签订安全生产责任书，进一步明确责任人职责，真正做到“谁主管、谁负责”，把安全责任落实到每一岗位、每一个环节，确保各项安全生产工作落到实处。

明确重点，加强重点领域安全防范工作。重点加强气象业务与装备保障、防雷技术服务现场工作、车辆运行、消防安全等安全生产关键部位的防控，强化日常检查，消灭隐患，杜绝事故。建立比较完善的安全生产制度体系。修订完善了安全生产保卫管理制度、安全生产责任追究制度、人工影响天气安全管理制度、公务用车管理制度和安全生产重大信息报告制度，进一步完善车辆运行、水电保障、安保消防、气象业务系统安全管理制度，形成较为完备的安全生产制度体系并强化制度的执行力。

强化部门合作。加强与水利、国土、林业、交通等相关部门密切业务联系，认真抓好本地区的地质灾害、森林火险、道路安全等级预报、预警工作，互通信息，及时发布安全预警信息，提出合理化应对措施，最大程度减轻气象灾害给人民生命财产造成的损失。

加强人影安全管理。组织人影作业人员积极参加市局举办的人影培训班，牢固掌握人影作业安全操作流程。落实作业安全生产责任制，及时检修作业装备并注重日常维护，严格管理弹药安全，作业人员全部持证上岗。同时按照人工影响天气管理办法的有关规定，完善了人工影响天气作业安全事故应急预案，做好应急处置准备。6 月 28 日，为弘扬安全理念，提升社会安全意识，山阴县气象局组织全体职工录制《我是安全明白人》小视频。9 月 21 日，山阴局组织职工开展防火安全演练和消防培训，提高消防应急救援的能力。

【科普宣传】 2020 年山阴县气象局加强科普宣传及部门合作，“3・23”世界气象日开展宣传活动散发传单。5 月 12 日防灾减灾日，参与应急局在政府广场举办的“提升基层应急能力，筑牢防灾减灾救灾的人民防线”的气象科普宣传活动。9 月 22 日参加了由科技局主办的题为“决胜全面小康，践行科技为民”的科技周活动，全方位宣传气象科普、气象法律法规等方面的专业知识，扩大了山阴气象的社会影响力。

【气象宣传】 2020 年，山阴县气象局组织干部职工绿色出行，骑行共享单车积极向群众宣传开展“低碳健康出行，文明和谐交通”，宣传健康、环保的出行方式，带动更多人自觉参与到“低碳出行，文明交通”行动中来，人人争做倡导绿色交通、文明交通、爱护环境的宣传者、传播者、践行者。2020 年 12 月 4 日是第七个全国法治宣传日，为深入贯彻落实习近平总书记关于加强宪法学习宣传教育的重要指示精神，弘扬宪法精神，维护宪法权威，全面提升广大群众的法治意识和气象防灾减灾意识，山阴县气象局组织全体职工在政府广场组织开展“12・4”国家宪法日普法主题宣传活动。2020 年是气象法颁布 20 周年，山阴县气象局职工现场给群众讲解气象法及其配套法律法规和规章。

【文化活动】 2020 年 6 月 24 日上午，山阴县气象局组织全体职工开展中华经典诵读活动，引导山阴局职工纪念屈原、学习屈原、传承屈原强烈的爱国主义情怀。端午节组织职工开展包粽子活动。职工在参与中体验端午情思，感受传统魅力。

【财务工作】 山阴县气象局严格遵守财务会计制度和相关法规，认真履行职责，严格按照单位有关规定程序和审批权限办理。强化会计人员的责任感，促进了各岗位的交流、合作与团结。

2020 年山阴县气象局积极争取地方政府支持，争取并落实到位地方财政拨款 33.8 万元。2020 年市局审计组对山阴县气象局 2019 年 5—12 月财务收支进行了审计，对于发现的问题已进行了全面整改。

【办公环境】 自 1955 年建站，2000 年、2008 年在原有的基础上进行了两次综改，办公楼、办公设施已陈旧破损，已经严重不适应气象现代化发展需求，经过市局党组的大力协调，以及山阴县委、县政府的大力支持，山阴气象局于 2020 年 8 月获批 6660 平方米土地用于气象灾害应急保障中心建设。山阴县气象局旧貌换新颜，从外观到办公室再到内部设施进行了系统的整改。

防震减灾

【概况】 山阴县防震减灾中心，按照机构改革方案应急救援职能划归应急局，抗震设防职能划归住建局，中心现有监测预报职能、“5·12”和“7·28”防震减灾科普宣传工作以及“三网一员”管理工作职能。强化地震监测基础，不断完善监测设施，加强监测，努力提高地震监测水平。全力做好年度震情监视跟踪工作，加强震情值班，及时有效开展异常核实，切实提高震情服务科学化水平，提升震情监测工作服务社会能力；依法加强地震监测点环境保护，对地震监测仪器进行检修、维护和保养；积极配合国家地震预警点在山阴县的建设工作；强化防震减灾“三网一员”体系建设，加强指导和管理，切实发挥群测群防工作在捕捉宏观异常信息、短临预测预报和重大事件发生时的重要作用；根据山西省地震局文件，山西省北部划入全国重点危险区，新建“一县一台”地震监测台站项目，新建二氧化碳和高精度痕量氢观测台站，并接入省地震局台网；完成省地震局交办的地震预警点的土地选址意向协议工作。

【应急演练】 2020年山阴县防震减灾中心参加全省防震减灾系统地震应急演练，提升应急反应处置能力。组织中心业务骨干和“三网一员”等工作人员积极参与地震应急演练，通过演练检验队伍、检验预案，取得了良好效果。

【科普宣传】 2020年，山阴县大力开展防震减灾科普宣传教育，增强全社会防震减灾意识和应急避险能力。一是进一步加强校园安全工作，开展学校安全工作；二是利用“5·12”防灾减灾宣传周，组织指导学生进行应急疏散演练并开展内容丰富的地震科普知识宣传教育活动。通过发放宣传资料、新闻媒体播放宣传标语等方式，进一步提升社会公众的防震减灾意识和应急避险、自救互救能力。

卫生健康

【服务妇幼】 2020年，山阴卫健体局为怀孕妇女提供免费产前筛查与诊断服务。任务数1497人，已筛查1406人，完成率94%，其中筛查出高风险人数65人、转诊65人。为农村妇女免费提供“两癌”检查服务。任务数5980人，截至2020年底，共检查5980人，完成率100%，其中共筛查出癌前病变71例，确诊及转诊宫颈癌2例、乳腺癌3例，通过追踪随访已全部手术治疗。实施免费婚前医学检查。任务数1300对，现在共检查了1323对，婚检任务完成率102%。协助县残联开展0～6周岁残疾儿童筛查。年任务数14人，已筛查11人，转介康复治疗11人。在人流密集公共场所配置自动体外除颤器，截至2020年底，对2个宾馆饭店安装了自动体外除颤器。

【公共卫生服务体系】 2020年，山阴县卫健体局全面加强公共卫生服务体系建设。充分利用中央资金或抗疫国债资金，申报了山阴县疾病预防控制中心大楼维修和实验室改造项目、山阴县中医医院改造感染性疾病科建设项目、山阴县医疗集团人民医院感染性疾病科（病区）改造项目，均完成了立项任务。为了做好疫情核酸检测工作，县医疗集团县人民医院、疾控中心完成了PCR实验室建设。成立了山阴县委公共卫生健康委员会，建立了卫生应急联席会制度，成立了全县卫生应急专家组，并制定三个应急预案。组建了8支应对秋冬季新冠肺炎疫情应急救治队伍，队伍由63人组成；成立了由13人组成的救治专家组；成立了141人的采样队伍，确定全县全员核酸检测采样点21个，安排工作人员693人。每天工作18个小时，三班轮换，每天采样5万人份，五天内完成全员核酸检测采样任务。对各队伍所有人员进行了专业化培训和应急演练。分两期对300多名乡、村两级卫生人员进行了服务能力提升培训。200万元的乡镇卫生院保障金已到位。公共卫生服务项目经费县级配套占比为10%以上，达182万元。县委、县政府召开全县庆祝第三个“中国医师节”暨第一届“山阴好医师奖”表彰大会。表彰了5个先进集体、20名山阴好医师奖，3名驰援武汉医务人员获得特别奖。落实省、市退养乡村医生补助和乡村医生养老保险补助26.512万元。县级配套补助9万元。

【县域医疗服务】 2020年，山阴县医院通过了国家胸痛中心总部基层版的胸痛中心认证。县医院成立卒中中心、创伤中心、危重新生儿救治中心、危重孕产妇救治中心。并开展了10项新技术。完成了招聘卫生技术人员考试工作，市任务招聘50人，实际招聘了45人。中医院组织编纂《山阴县中医药志》。县级中医院建设。县中医院住院楼已竣工，于12月底投入使用。投入30万元，完成吴马营、下喇叭、岱岳3个乡镇卫生院中医馆建设任务。全县乡镇卫生院中医馆覆盖率100%。完成了安荣、后所2个乡卫生院全省基层中医药特色乡镇卫生院复审工作。80%以上的村卫生室开展中医药服务。截至2020年，全县村卫生室总数208个，能够提供4类以上中医药技术方法的村卫生室186个，占比为89.4%。

【医卫改革】 2020年，山阴县卫健体局加快建立“三医联动”、统筹协调领导体制。按照医改相关文件要求，医疗、医保、医药等相关部门由一名政府负责人统一分管，在组织层面实现“三医联动”，充分授权，负责抓总。山阴县在2020年9月底前完成了调整工作。扎实推进编办、卫生健康和体育、人社、财政、医保等部门向县医疗集团充分放权，切实强化医疗集团管理自主权。人事管理自主权、落实薪酬分配自主权、财务管理执行权、基层管理主导权（“六统一”管理）、医保及公卫资金支配权（医保资金实行总额打包付费，签订了服务协议）五权全部下放于医疗集团。

【信息化建设】 2020年，坚决抓好医疗卫生健康工作，完成医疗集团信息化平台建设，促进“互联网+医疗健康”发展。截至2020年底，县人民医院、13家乡镇卫生院、卫生分院和村卫生室互联互通、资源共享，以电子病历为核心的区域医疗信息云平台、以居民电子健康卡为索引的公共卫生服务平台。以电子病历为核心的区域医疗信息云平台满足医疗机构医疗业务和管理需求，实现病历共享、影像中心、临检中心、分级诊疗、双向转诊、远程会诊。有力地保障了为广大群众提供更好的服务。进一步落实了“一兼两管三统一”管理模式，疾控机构与医疗集团达到深度融合。

【重点工作】 2020年，山阴卫健体局完成推进实施健康中国·山西行动。扎实开展了健康教育“六进”活动。启动完成二级公立综合医院绩效考核。完成了“双随机、一公开”监督抽检工作任务。实现了每万名居民拥有2～3名合格全科医生的目标，截至2020年底，全县拥有全科医生139人，每万名居民5.6名医生。开展了贫困人口大病救治活动，全县各医院共收治农村贫困人口确诊大病6种240人，开展大讲堂35余场次，参加大讲堂群众1866人次，发放宣传材料3940份。加强重点传染病监测防控，免疫规划疫苗报告接种率保持在90%以上；艾滋病检测任务3.3万人次，完成了28742人次，占比87.1%；肺结核病发病率控制在55/10万以下。实施“地方病防治专项三年攻坚行动”，通过了省市考核验收。落实尘肺病防治攻坚行动，纳入治理范围的用人单位粉尘危害申报率、粉尘浓度定期检测率、接尘劳动者在岗期间职业健康检查率以及主要负责人、职业健康管理人员和劳动者培训率均在95%以上。推行了食源性疾病县乡村一体化管理。完成了创建全国中医药工作先进县申报工作。投资10万元，对县医院名中医工作室进行了建设。落实母婴安全核心制度，保障母婴安全，山阴县孕产妇死亡率为0/10万、婴儿死亡率为2.4‰、5岁以下儿童死亡率为2.4‰，均达到控制指标以下。完成了150人“山西护工”培训任务。加强全人口监测和计生扶助关怀，计生特殊家庭“暖心行动”实现了全覆盖。

【疫情防控】 新冠肺炎疫情发生以来，山阴县卫生健康和体育局以“坚定信心、同舟共济、科学防治、精准施策”为方针，周密部署，依法防控，全力落实疫情防控措施，科学应对、严防死守、严密管控，全力以赴做好疫情防控各项工作，坚决打赢疫情防控阻击战。

迅速组建机构、迅速响应、完善机制，科学制定出台各类预案、方案、指南和工作流程，做到责任到人、工作到岗。千方百计防输入，对排查出的返乡人员全部进行医学观察；关口前移设置卡点，严把入口关、严把扩散关；重点场所和关口进行消杀。加强防控物资供应、开展专业培训进行流行病学调查、重点人员集中隔离观察。通过各种媒体，采用多种形式进行广泛宣传，普及防控知识。千方百计严管控，暂停关闭所有体育场馆、棋牌馆、美容美发、洗浴中心、商场和各类医疗机构诊疗活动。精心选派医护人员援鄂火线奋战抗疫，圆满完成抗疫任务。对复工复产企业和复学复课学校进行防疫工作指导，对返归工人进行集中隔离医学观察，对恢复开展治疗服务的医疗机构进行现场督查指导。实行“日报告、零报告”制度，为疫情防控提供了重要参数和依据。直面问题，扑下身子，狠抓落实，严把“三关”、严守“四道防线”，加强常态化新冠肺炎疫情防控工作，大力开展爱国卫生运动，实现了零病例疫情目标，为山阴县新冠肺炎疫情防控做出了积极贡献。

【健康扶贫】 2020 年是全国脱贫攻坚的收官之年，也是健康扶贫交总账之年。山阴卫健体局认真贯彻落实习近平总书记关于脱贫攻坚的重要批示指示和党中央国务院及省市县关于坚决打赢脱贫攻坚的战略部署，健康扶贫工作重点仍然是解决贫困人口基本医疗有保障突出问题，打牢基础，补齐短板，巩固提升，全面达标，使贫困人口看病就医有保障，全面提升贫困群众的获得感。

健康扶贫工作部署。先后召开了四次相关会议，研究健康扶贫工作，并按照组织部的安排，为乡村干部解读了健康扶贫政策。加强医疗机构达标建设。县医疗集团人民医院、县中医医院继续巩固提升，乡镇卫生院按照标准进行查漏补缺，全县村卫生室全部达标。各定点医疗机构对贫困患者住院实行“先诊疗后付费”和“一站式”结算服务，方便困难群众就医看病。强化医疗机构服务监管。继续加大对全县医疗机构的监管力度，建章立制，坚决杜绝医疗机构在收治贫困患者时，出现入院指征把关不严、过度检查、过度治疗、过度用药、滥用耗材药品、增加住院天数等过度医疗问题，切实降低住院次均费用和就医负担。贫困人口家庭医生签约服务。截至 2020 年底，贫困人口家庭医生签约为 98%；继续推进“双签约”服务，随访率 100%。继续做好驻村帮扶和干部结对帮扶工作。山阴卫健体局共有 63 名干部职工开展结对帮扶，共涉及 6 个乡 15 个村，167 户贫困户，在帮扶干部扶持和资助下，贫困户全部实现脱贫退出和摘帽。

防　疫

【概况】 山阴县疾病预防控制中心是正科级建制的一类公益性事业单位，负责全县疾病预防控制、监测检验、健康教育和促进公共卫生从业人员健康体检和培训、卫生学评价等工作；承担传染病流行、中毒、污染等突发公共卫生事件预防控制任务；实施全县计划免疫接种工作。2020 年度在县委、县政府和省、市疾控部门及卫生行政部门的领导、指导、督导下，县疾控中心全体职工团结一致，努力做好疾病预防控制工作，推动公共卫生服务均等化，积极推动全县疾病预防控制工作再上新台阶，切实保障人民群众的身体健康。

【疫情防控】 面对新型冠状病毒疫情防控工作，2020 年全年山阴县疾控中心没有节假日，全力进行疫情防控，通过各种渠道有力地保障了山阴县防控物资的供应。疾控单位集体动员，完成了高速路口、汽车站、火车站的各项防控任务。中心职工身兼数职，完成全县返工人员、疫情重点地区归来人员、国外归来人员及全县冷链的采样工作，累计采样 23000 余份。积极投入力量，建设完成全市第一家县级疾控中心基因扩增（PCR）实验室。

【免疫接种】 2020年扩大国家免疫规划疫苗接种情况仍实行按月分“本地”与“流动”儿童接种报告。截至2020年11月，以接种门诊为单位应报告11次，实报告11次，报告完整率100%。截至2020年12月，全县共接种一类疫苗31227针次。乙肝、卡介苗、糖丸、百白破、含麻疹成分疫苗、甲肝、乙脑和流脑等8苗报告接种率以乡镇为单位均在为95%。全县糖丸（OPV）、百白破（DPT）、精百破（DT）、白破（DT）、流脑、乙脑、麻疹类疫苗加强免疫报告接种率均在99%以上。

【传染病防治】 2020年山阴县疾病预防控制中心加强传染病的防治，传染病发病率和去年相持平，但部分传染病发病率较上年有所上升。山阴县无甲类传染病和突发公共卫生事件，共报告乙丙类法定传染病13种740例，发病率为321.7/10万，发病数较2019年同期有所上升。发病数居前五位的分别是乙肝270例、其他感染性腹泻137例、梅毒101例、肺结核87例、布病63例。

【地方病防治】 2020年，山阴县疾病预防控制中心地方病工作成效显著，2020年是地方病三年攻坚行动的结束之年，山阴县疾病预防控制中心对全饮水型砷中毒、饮水型氟中毒病区进行了调查，完成现症患者随访1090人，确诊1090人，其中氟骨症385人，砷中毒705人，并为110个有治疗意愿的氟骨症患者提供了免费药物，同时为8名氟骨症患者开展了膝关节置换。全县44个砷中毒病区、89个氟中毒病区完成全面改水。

【艾滋病防控】 2020年继续开展自愿检测咨询，全年检测600人次，截至2020年11月共完成452人次，因受新冠肺炎疫情无法完成全部任务。羁押人员检测，全年应检测120人次，截至2020年共检测194人次。截至2020年12月底新增HIV感染者11人，死亡1人，共管理HIV/AIDS（艾滋病）患者47人，抗病毒治疗39人，其中2人未得到主治大夫允许自行停药，未治疗8人（患者不配合治疗）；AIDS抗病毒随访，全年应随访16次，实际随访16次。CD4检测，全年应检测47人次，至2020年底检测37人次。病毒载量检测，全年应检测39人，至2020年底实际检测36人。

【结核病防治】 2020年，在疾控中心领导支持下，结核病防治科以“预防为主，防治结合，降低患病率”为目标，技术指导业务畅通、收集信息，保障公众身体健康、促进社会经济发展。结核病防治情况，管理患者47人，阳性患者12，阴性患者35，督导乡镇3次，随访村级10次。随访情况，追踪110例，实追踪106例，到位率96%。开展新生入学PPD（结核菌素）试验工作，共筛查37所学校，新生5339人，实际筛查5114人，筛查率95%，其中强阳性24人，至定点医院检查胸片痰涂片无一例阳性。

【监测检验】 2020年，进一步加强农村饮水安全工作，山阴县疾病预防控制中心科室已监测水质枯水期52份,31个项目。丰水期52份同上。完成地方病研究所下发的盲样监测，尿碘，碘盐，水砷，尿砷，水氟各2份。完成尿碘监测300份。碘盐监测300份，水氟监测96份，水砷监测5份。定期进行艾滋病监测，已监测样本717份。每月对县医院的疟疾血片进行复核，未发现阳性病例。布病防治有序开展，完成血检任务300份，血培养20份。

重症精神防治有序开展，2020年，山阴县登记患者1282例，在管患者1030人，非在管47人，死亡98人，失访107人。

【食源性疾病监测】 2020年，山阴县疾病预防控制中心加强食品中化学污染物和有害因素监测和食源性致病菌监测。监测点覆盖全县，覆盖率100%。全年要求采样任务22份，2020年共采集食品样品22份，并按要求送至市级疾控中心进行检测，检测结果由市级疾控中心网报。食源性致病菌监测。按照市卫健委下达2020年食品中食源性致病菌监测任务要求，全县食品样品采集监测任务12份，2020年完成采集检验12份，并按要求送至市级疾控中心进行检测，检测结果由市级疾控中心网报。

2020年新增特色食品样本采集，包括化学污染物采集和食源性致病菌采集。其中化学污染物（包括铅、铬、镉、汞、砷），对谷子、燕麦、荞麦、红芸豆、玉米、高粱等7种杂粮，共21份样品进行样本采集，任务完成率为100%。食源性致病菌监测包括3大类6类种食品（酱油、醋、直饮水、桶装水、中式拌凉菜、沙拉），共24份样品进行检验，任务完成率为100%。以上地方特色食品，2020年度共采集样本45份，并按要求送至市级疾控中心进行检测，检测结果由市级疾控中心进行网报。

山阴县人民医院为哨点医院承担食源性疾病病例信息采集与调查工作，其中包括县乡村一体化全部乡镇卫生院。2020年全部完成167例，其中，县人民医院采集上报121例，完成134%，C类哨点医院，山阴县中医院采集上报11例，现代医院采集上报5例，均已开展食源性疾病检测工作。2020年山阴县无食源性疾病暴发事件。

【慢性病工作】 2020年，山阴县疾病预防控制中心开展慢性病管理服务项目。截至11月底，老年人22522人，签约12412人，签约率为55.11%。35岁以上人员首诊测血压数是19654人，高危人群数是12118人，高血压登记数是18745人，纳入规范管理数是15176人，参加体检的人数是8623人，控制率达到80%，糖尿病登记数是5654人，纳入规范管理数是3759人，参加体检的人数是2330人，控制率达到77.58%。对以上人员建立了个人管理档案，并按期进行随访。

【职业病防控】 2020年，山阴县疾病预防控制中心职业病防控工作逐步开展，为推进尘肺病防治攻坚行动，卫生健康部门以疾控中心为主，联合公安、民政、人社、医保等部门加强协调配合摸清1950年至2020年，以职业病及健康危害因素监测信息平台提供的618名尘肺患者数据为基础，结合山阴县实际情况并对以上618人的基本信息及各项待遇进行落实调查。为贯彻落实《国家职业病防治规划（2016—2020年）》《山西省职业病防治规划（2017—2020年）》和尘肺病防治攻坚行动要求，山阴县卫生健康和体育局职业健康股联合疾控中心调查28家企业，按方案要求调查录入23家企业，工作场所职业病危害因素监测任务25个企业。

【党建】 2020年，山阴疾控中心党支部以习近平新时代中国特色社会主义思想为指导，深入学习贯彻党的十九大、十九届四中和五中全会精神、《中国共产党党内监督条例》，认真落实中央和省委、市委、县委全面从严治党暨党风廉政建设和反腐败工作安排部署，紧紧围绕中心工作理念，支部班子以上率下，强化压力传导，细化工作举措，切实增强“四个意识”，坚定“四个自信”“两个维护”为各项工作开展提供了坚强的政治和纪律保证。深入开展本单位存在的形式主义、官僚主义整治工作。切实履行全面从严治党第一责任人的职责，把抓好班子建设、带出高素质队伍作为落实“一岗双责”的重要抓手，认真落实党风廉政建设责任制，做到重要工作亲自部署、重大问题亲自过问，确保主体责任落实不留“空白”、压力传递不留“空档”。

强化党建责任。认真落实党建工作第一责任人职责，坚决落实党建工作各项制度，合理确定党建工作目标，使支部目标任务明确、组织措施得力。年初制订了党建工作年度学习计划，加大日常检查指导力度，推动党建工作各项任务落到实处。强化组织建设。认真贯彻落实“两个条例”。对《中国共产党党组工作条例》和《中国共产党党和国家机关基层组织工作条例》进行专题学习，深刻领会条例精神，准确掌握思想内涵，增强运用条例做好党务工作的能力。圆满完成基层组织“三会一课”“主题党日”制度化常态化工作。高度重视党员发展工作。严格按照“成熟一个，发展一个”的原则，积极抓好入党积极分子的培训、考核，2020年吸纳火线入党积极分子3名。强化教育管理。深入开展持续净化政治生态工作。班子成员以身作则、以上率下，引领带动中心全体党员投身净化政治生态工作，顺利完成了各项任务，达到了预期目的，取得了初步成效。狠抓政治理论学习。班子成员坚持先学一步、深学一层，以“学习强国”学习平台等为载体，采取集中学习和个人自学相结合的方式，重点学习领会习近平新时代中国特色社会主义思想、“三篇光辉文献”、习近平视察山西重要讲话、党的十九届五中全会精神等，引领带动全体党员干部读原著、学原文、悟原理，不断筑牢信仰之基、补足精神之钙、把稳思想之舵。全年开展“支部主题党日”活动13次、党员大会集体学习8次、召开支委会11次、讲授专题党课5次。山阴县疾病预防控制中心强化单位内部管理，严明纪律规矩，落实各项内控制度。把纪律规矩摆在前面，严格落实“中央八项规定”及实施细则精神，严控“三公”经费等的各项支出，从严落实“三重一大事项”的管理。开展专项培训和派出学习制度，加大应急演练力度，使单位职工成为多面手。

医疗保障

【概况】 山阴县医疗保障局主要职责是贯彻落实中央和省市医疗保险、生育保险、医疗救助等医疗保障制度的政策、规划和标准，并做好组织实施工作；组织实施山阴县医疗保障基金监督管理办法，建立健全医疗保障基金安全防控机制，推进医疗保障基金支付方式改革；组织落实山阴县医疗保障筹资和待遇政策，统筹城乡医疗保障待遇标准，建立健全与筹资水平相适应的待遇调整机制。健全完善大病保险制度，组织拟订并实施长期护理保险制度改革方案。负责中央、省属、市属驻山阴和县属企业、机关、事业、社会团体等单位的医疗保险和生育保险管理工作；按照全省、全市城乡统一的药品医用耗材、医疗服务项目、医疗服务设施等医保目录和支付标准，进行监督，严格执行；参与制定全市药品、医用耗材价格和医疗服务项目价格、医疗服务设施收费等政策并组织实施；建立医保支付医药服务价格合理确定和动态调整机制，推动建立市场主导的社会医药服务价格形成机制，建立价格信息监测和信息发布制度；制定全县药品、大型医疗设备和医用耗材的招标采购政策并监督实施，指导药品、医用耗材招标采购平台建设；制定全县定点医药机构协议和支付管理办法并组织实施，建立健全医疗保障信用评价体系和信息披露制度，监督管理纳入医保范围内的医疗服务行为和医疗费用，依法查处医疗保障领域违法违规行为；负责全县医疗保障经办管理、公共服务体系和信息化建设。组织制定和完善异地就医管理和费用结算政策。建立健全医疗保障关系转移接续制度。开展医疗保障领域对外合作交流，完成县委、县政府交办的其他任务。应完善统一城乡居民基本医疗保险和大病保险制度，建立健全覆盖全民、城乡统筹的多层次医疗保障体系，不断提高医疗保障水平，确保医保资金合理使用、安全可控，推进医疗、医保、医药“三医联动”改革，更好地保障人民群众就医需求、减轻医药费用负担。县卫生健康和体育局、县医疗保障局等部门在医疗、医保、医药等方面加强制度、政策衔接，建立沟通协商机制，协同推进改革，提高医疗资源使用效率和医疗保障水。

【基金监管】 2020年，山阴县医疗保障局坚持以人民为中心的思想，切实维护基金安全，守护好广大参保人员的“看病钱”“救命钱”。多项举措，实现了对医保基金事前事中事后全程监管，坚决打击欺诈骗保，全面加强医保基金监管，医保基金使用效益进一步提高。持续加大打击欺诈骗保的宣传力度。于2020年4月联合县公安、卫健、市场监管等部门，开展了“打击欺诈骗保、维护基金安全”主题宣传月活动，营造宣传氛围。同时，要求县内各协议医药机构要按照实施方案要求，精心安排部署，密切协调配合，认真组织实施，面向社会广泛宣传，确保宣传月活动取得实效；开展了打击欺诈骗取医保基金专项行动回头看、再回头看，针对虚假住院、重复住院、挂床住院等易发问题，对多家定点医疗机构加大监管力度，多次开展了稽核检查；针对城乡居民医保负结余问题，县委、县政府主要领导高度重视，作出批示，政府常务会进行了专题研究，县政府分管领导组织召开了协调会，按照医保基金支付方式改革精神，在定点医疗机构实行了医保基金年度总额付费模式，进一步缓解医保基金支付压力，解决城乡居民医保负结余运行的问题；积极开展不规范使用医保基金和欺诈骗保问题的查处，为百姓看住“救命钱”。按照定点医疗机构、定点医药机构协议管理规定，通过智能监控、配合飞行检查交叉互查、基金审计、日常巡查等方式，重点针对超标准收费、重复收费、分解收费、串换项目收费、超医保支付范围（限定）结算和挂床住院、诱导住院、不合理住院，不合理诊疗以及其他违法违规违纪行为，加强对两定单位的全覆盖检查。开展了定点零售药店和定点医疗机构专项检查，严肃查处定点医疗机构和定点零售药店不规范使用医保基金问题。2020年，对不规范使用医保基金的45家两定医药机构进行了处理，责令限期整改的12家，暂停医保协议三个月的3家，涉及违规使用医保基金的30家，追回违规医保基金共计367.9万元，其中本金109.74万元、违约金258.16万元。通过依规依法加强医保基金监管，县级使用城乡居民基金2019年、2020年均实现收支平衡、略有结余，并由2019年的1.26亿元下降到2020年的0.98亿元，基金收支压力得到缓解；专项整治漠视侵害群众利益问题，制定实施方案，加强组织领导，重点围绕严肃查处定点医疗机构和零售药店骗取医保基金问题的整治任务，积极推进整治工作落实。在推行医疗费用年度总额控制结算的基础上，采取专项检查的方式，进一步强化基金规范管理。对定点医院和定点药店进行定期和不定期检查，切实加大监督力度。截至2020年底，共实施检查50多次，累计检查医药机构100多家。

【便民服务】 2020年，全县城乡居民医保参保人数为178188人，基金收入为14255万元。城镇职工医保参保人数为22203人，基金收入为7154万元。按照“兜底线、织密网、建机制”的要求，巩固优化基本医疗保障待遇机制，认真抓好待遇保障，确保各项政策落实到位，提升医疗保障公共服务能力，切实提高参保群众医保获得感。基本医疗待遇保障得到落实。2020年，城乡居民医保报销10388.13万元，其中，县级医疗机构住院报销6142.08万元，生育报销84.1万元，慢性病报销1291.25万元；中心报销县外省内住院产生1154.06万元，省外住院报销316.32万元，生育报销75.4万元，特药报销151.49万元；中心报销慢性病296.94万元；普通门诊刷卡176.87万元，药店刷卡费用 699.62 万元。城镇职工报销 5279 万元，其中住院 4122 人次，住院报销 2450 万元；门诊支出 2829 万元。

接续做好退役军人医保工作。县医保局牵头医疗保险事务中心积极配合县退役军人事务局，针对全县所有的退役军人的工作和医保参保年限进行统计核算，参照有关规定在医保系统中给予维护，让退役军人得到应有合理的医疗保障待遇。2020 年已完成 447 人次的医疗保险资格审核；助力抓好新冠肺炎疫情防控工作。疫情发生以来，县医疗保障局认真贯彻落实国家医保局的“两个确保”，紧紧围绕“确保不让一个患者因费用问题影响就医，确保救治医疗机构不因费用而影响救治”的要求开展工作。及时成立了县医疗保障局新冠肺炎疫情防控工作领导小组，积极防控新冠肺炎疫情。将市医保局拨付的 150 万元新冠肺炎医疗保障预付资金，分配给县人民医院和中医院，以减轻医院垫付资金困难，为全县防控工作提供医疗保障。将 2020 年度居民医保费用缴费时限进行延迟，并严格落实国家和省、市医保局关于全面优化疫情防控期间医保经办服务“五个办”要求，印发了关于新型冠状病毒肺炎疫情防控期间医保业务办理的通告，确保在做好疫情防控的同时，服务群众不断档。按照国家及上级医保部门的要求，根据《关于阶段性减征职工基本医疗保险费的实施方案》，落实好对辖区内企业职工的基本医疗保险费进行减免，切实减轻企业负担，支持实体经济发展，促进经济平稳运行，支持企业复工复产。截至 2020 年底，共为 109 家企业减征医保费用 623 万元。加大对定点医疗机构、定点药店的检查力度，落实《关于暂停所有零售药店销售退热及止咳类药品的紧急通知》要求，分组、分片督查，对 2 家违规销售退烧药的药店给予暂停医保协议三个月的处理。按照县疫情防控指挥部的统一安排，做好网格小区住户及人员排查、值守及组织小区住户开展好环境卫生的整治工作；稳步推进药品带量采购工作。严格按照省、市文件精神，通过带量采购，以量换价，确保药品质量及供应，减轻患者负担，节约医保基金支出，提升医保基金使用效率，提高老百姓医疗保障水平。2020 年，全县共完成了 3 批次 112 个药物品种的带量采购工作，主要包括高血压用药、糖尿病用药、心脑血管、抗菌药、解热镇痛、白血病用药、医用耗材等，种类更多、范围更广，切实保障群众用上价廉质高的药品。积极落实医疗救助政策。医疗救助工作自 2019 年 6 月移交以来，县医疗保障局进一步优化医疗救助审核程序，规范医疗救助标准，完善基本医保、大病保险与医疗救助衔接办法，对低保对象、特困供养人员、贫困人口、低收入医疗救助对象以及其他特殊困难人员实施医疗救助，共救助 5200 人次 1030 万元，最大限度减轻困难群众医疗支出负担，提高保障和改善民生，有效发挥了医疗救助的兜底保障作用。同时，严格把关，严格审核，减少不合理医疗救助资金支出，通过实地调查核实，82 名不符合医疗救助条件的普通群众被拒绝受理，拒付金额 53 万元；保障居民“两病”门诊用药。为减轻城乡居民高血压、糖尿病患者门诊医疗费用负担，认真落实了“两病”门诊用药保障制度，在县乡两级定点医疗机构发生的“两病”门诊政策范围内药品费用，政策范围内起付线为 60 元，超过起付标准的部分，使用甲类药品的支付比例为 60%，使用乙类药品的支付比例为 50%，按照不同病种分型设定年度最高支付限额，高血压患者为 260 元，Ⅰ型糖尿病患者为 480 元，其他类型糖尿病患者为 360 元。截至 2020 年底，山阴县高血压患者门诊用药办理 10146 人次，糖尿病患者门诊用药办理 1659 人次。

【脱贫攻坚】 县医疗保障局始终把脱贫攻坚作为重要的政治任务，紧盯重点、强化措施，深入推进医保领域各项扶贫工作。全面落实医保扶贫政策，做到应保尽保、应报尽报。建立部门信息共享机制，定期与县扶贫办、民政、残联等部门共享比对数据，实行参保信息“姓名+身份证号”双匹配动态管理，确保医保管理系统与国扶办系统人数动态一致，确保贫困人员参保“不漏一户、不少一人”。2020年县财政资助特殊人群参保30056人，其中建档立卡贫困人口16079人、特困人员1631人、重度残疾人员3155人、农村低保人员9186人、其他困难人员5人，财政资助特殊群体贫困人员参保金额共计667.66万元，确保了山阴县贫困人口100%参加城乡医保。全面贯彻落实“三保险、三救助”医保帮扶政策，办理流程全部实行了“一单式结算、一站式办理”，减轻了个人医疗费用负担，有效遏制了因病致贫、因病返贫问题，有力促进了脱贫攻坚任务完成。1—11月，建档立卡贫困人员普通门诊报销共计3003人次，医保个人账户支付19.78万元；门诊慢性病、特药报销共计3682人次，报销金额177.82万元；住院报销共计3277人次，报销金额1700.39万元。全面落实基本医疗保险门诊特殊病、慢性病病种管理服务工作，确保符合条件的建档立卡贫困户慢病患者及时办理慢病门诊卡。按照县脱贫攻坚领导小组的统一安排和部署，重点围绕“两不愁三保障”“责任落实、政策落实、工作落实”“精准识别、精准帮扶、精准退出”和“责任、政策、帮扶、监管四个不摘”等要求，扎实开展脱贫攻坚“回头看”工作，对发现的问题和实地核查反馈的问题以及扶贫领导小组交办的问题在规定时间内全部整改落实到位。与此同时，认真做好扶贫联系点新岱岳、贺庄、上神泉村的驻村帮扶工作，多次组织结对帮扶责任人深入三个村就医保政策、医疗服务、医药报销等方面给村民进行宣传解读，特别就下一年度医疗保险缴费方式进行了宣传、指导，现场通过微信支付平台的城市服务模块办理医保缴费作了演示，使村民进一步了解和知晓了医疗保障政策。帮助新岱岳村进行环境卫生清理，党员捐款1600元用于垃圾清运，协调有关部门对村容村貌建设给予倾斜，为贫困户送去米面油等慰问品，价值10000多元。严格按照县里文件要求落实驻村干部待遇，每月按时发放工作补贴。

【优化异地就医】 2020年，县医疗保障局高效推进跨省异地就医直接结算。不断优化备案流程、简化备案手续，根据城乡居民流动大的情况，城乡居民跨省异地就医备案取消备案到医院和疾病，只需备案到省市，放宽了备案的条件，由原来出示住院证明必须由本人或者代办人到窗口办理，改为可由网络、微信、电话备案，及时把备案信息上传至医保异地就医平台，办理异地就医备案，使群众在零跑腿的情况下办理转诊住院。2020年，城乡居民医保、城镇职工医保共办理了异地就医备案2376人次，真正把便民利民落到了实处。

【医保服务】 扎实提高医保经办服务质量。实行医保业务窗口首问负责制、限时办结制、服务承诺制等工作制度，着力打造优质高效、亲民便民的医疗保障服务窗口。进一步简化经办程序，简化备案材料，优化备案形式，深入推进医保领域“放管服”改革，解决群众办事堵点。进一步清理手工报销所需材料，原则上只提供医保审核必需的材料。对照省、市局政务服务事项清单进行自查完善，对医保经办公共服务事项进行全面梳理，共梳理了参保登记、生育保险待遇支付、定点协议管理以及医疗救助等10个主项31个子项，医保经办规范化水平进一步提升。有效利用梳理出的公共服务事项清单，规范每一个经办事项办理流程、每一名经办人员工作职责，排查业务经办服务中存在的风险点，并进一步完善相应内控机制，做到环环相扣、无缝衔接，打造“便民”医保。深化医保窗口效能建设，规范礼貌用语，提升服务意识，实行部分办事材料容缺受理，打造“暖心”医保，全面提升群众办事体验。做好医疗保障信息业务编码工作。根据国家医疗保障局的安排部署，按照“统一分类、统一编码、统一维护、统一发布、统一管理”的总体要求，实行“纵向全贯通、横向全覆盖”，形成自上而下、统一规范的医保信息业务编码体系，提升医保业务运行质量和决策管理水平，发挥信息标准化在医保管理中的支撑和引领作用。已初步完成全县医疗保障基本信息维护平台搭建工作，协调部分医疗机构完成了本单位的基本信息录入及医师、护士等医护人员的基本信息录入工作，为下一步国家医保局“统一分类、统一编码、统一维护、统一发布、统一管理”安排部署工作奠定了基础。

【医保收缴】 2020年，县医疗保障局积极与税务部门搞好衔接，共享信息，在城乡居民医保已划转的基础上，确保了城镇职工征缴职能顺利划转。将符合资助政策的建档立卡贫困人口等特殊群体人员共27243人提前导入税务征缴系统并标注属性，在征缴时人员属性与资助标准对应减免。采用网上缴费与银行缴费结合的形式，“线上线下”多渠道的缴费模式，实现了参保人员少跑腿，大大便利了广大参保人员。协助税务部门通过电视广播、网络微信、宣传资料等多种方式进行全方位的宣传，共同发力做好征缴工作，为完成2021年度征缴任务打下坚实的基础。

【法制建设】 2020年，山阴县医疗保障局牢固树立法治思维和法治理念，加大普法力度，坚持依法行政，充分发挥法治的引领、规范和保障作用。强化法治教育。充分利用党组理论学习中心组集体学习、“主题党日”、干部在线、“学习强国”等形式，围绕党章和党内法规、宪法、公务员法、社会保险法、行政诉讼法等法律法规，注重党内法规与国家法律学习的衔接和协调。三次组织有关工作人员到太原、朔州外出参加行政执法培训教育，全面提高行政执法人员的业务素质。工作中，要求行政执法人员对经常涉及的相关法律条文，加深学习，分析讨论，提高执法业务水平，做到认真学法、真正懂法、准确用法、自觉守法。加强法治宣传。重点组织开展了打击欺诈骗保、维护基金安全的集中宣传月活动，积极参与扶贫日活动、“12·4”国家宪法日活动等一系列法治和政策宣传等活动，为开展执法普法活动创造良好环境。通过微信朋友圈、手机短信、县城主要路口LED显示屏、定点医疗机构、定点零售药店和医保经办窗口进行打击欺诈骗保宣传，营造全社会关注并自觉维护医疗保障基金安全的良好氛围。2020年发放宣传资料2万余份，朋友圈转发政策信息3万余条。完善法治制度。坚持从法治入手，以社会保险法为基础，依托医保定点协议管理，按照省市医保行政部门规范医疗保障基金监管行政处罚程序有关规定、行政处罚文书格式范本等配套文件，对医疗保障基金监管协议违约及行政处罚的具体办案程序进行明确。加强行政规范性文件制定和管理，严格按照调研论证、起草、合法性审查、集体讨论、报送备案等法定程序，确保制定和发布的行政规范性文件材料齐全。提高法治能力。实行执法人员持证上岗和资格管理制度，规范行政执法行为。2020年全局新申领医保行政执法证5人。扎实提高依法处理信访和应诉工作能力，全年办理县长信箱2件，“12345”热线30余件，国家医保局、省医保局转办件2件，全部办结。

医疗集团人民医院

【概况】 山阴县医疗集团人民医院成立于2017年11月，院区占地面积53400平方米，建筑面积54000平方米，编制床位320张，开放床位600张，总投资2.96亿元，是一所综合性二级甲等医院。截至2020年底，门诊人数146232人次，为11584人次进行了住院治疗。业务总收入1.12亿元，住院次均费用4876元，药占比32.41%，邀请上级专家手术、会诊463人次，2020年收治危重症患者670人。

【疫情防控】 面对2020年一场突如其来的疫情，山阴县医疗集团人民医院当即成立新型冠状病毒感染肺炎防治领导组和新型冠状病毒感染肺炎防治专家组，在急诊和门诊大厅设立了发热预检台，并对发热患者做了详细的登记。完善了发热患者的就诊流程，成立发热门诊，有24小时服务热线电话。为了杜绝新型冠状病毒感染性肺炎疫情蔓延，防止感染病毒大流行的发生，医院上下联动迅速成立联防联控医疗保障队，针对火车站、高速路口、县内各主要路口进行消毒、测体温、车辆登记等任务，24小时轮班值守制，严把入口关，严把扩散关，坚守岗位、坚定信心、精准施策，切实保护广大人民群众身体健康。

【医疗技术】 2020年，山阴县医疗集团人民医院通过引进多个国内著名医疗团队和医联体建设，对上与北京、太原、大同市多家三甲医院签订了医联体合作协议，对下指导、培训各乡镇卫生院，形成“大手牵小手”带动县、乡医疗技术的整体提高，引进了磁控胶囊胃镜、椎间孔镜、数字血管造影系统等大型省内先进医疗设备，通过新设备和技术团队的引进先后开展了30余项新技术新项目，心脏病介入治疗、射频消融、永久起搏器植入术、腰椎间盘微创摘除术、全髋关节置换术、膝关节置换术、钬激光前列腺气化切除术、脑膜瘤切除术、颅内动脉瘤介入栓塞术、椎动脉支架植入术、显微镜下大脑深部胶质瘤切除术等30余项新技术新项目均为全朔州市首例，填补了全市医疗技术的空白。

医院各类检查设备和技术团队的引进，已基本解决了大病不出县的医改目标，通过设备检查，只要能够诊断的疾病在山阴县医院就能够得到规范的治疗和手术。成立了创伤救治中心、胸痛中心、卒中中心、危重孕产妇救治中心、危重儿童和新生儿救治中心“五大中心”，骨科、呼吸消化科于2020年2月被朔州市政府授予“朔州市临床重点专科”称号；2020年12月9日确定山阴县医疗集团人民医院呼吸消化科为专科联盟理事长单位。院领导班子为提升大病医疗水平和管理水平，成立了胸痛中心、脑卒中中心、创伤救治中心、微创中心、危重孕产妇救治中心、新生儿救治中心等急救中心。取得了“国家县域内分泌学科发展助力工程试点项目实践基地”的认定，是朔州市唯一一家实践基地；胸痛中心通过国家级胸痛中心认证；卒中中心通过国家脑防委双认证；成为第一批国家分娩镇痛试点医院，山西仅有17家医院入选，朔州市只有山阴县医疗集团人民医院跻身其中，榜上有名。心血管内科、骨科、呼吸科成为朔州市政府颁发的全市重点专科；朔州市心血管内科、骨科全市联盟，山阴县医疗集团人民医院为牵头理事长单位；获得全市“文明单位”称号。医院所有中心技术力量雄厚，为患者做到早诊断、早治疗、早康复。

为进一步加强县域医疗建设，山阴县医疗集团人民医院2020年临床检验中心成立了PCR实验室，保证县域内具备核酸检测的能力。为完善县域内感染性疾病的诊疗及防治院内感染，2020年申请了国家专项债券项目资金，改建医院的感染性疾病科。感染性疾病科（病区）改造项目于2020年9月正式开工。

中医院

【概况】 山阴县中医医院前身为山阴县第二人民医院，1993年3月经省政府批准成立山阴县中医医院，属全民事业单位。医院占地面积8517平方米，建筑面积13058平方米。有编制病床150张，实际开放200张。2020年急诊接诊43513人次，住院1334人次，业务收入

1743 万元。

医院设有内科、外科、妇产科、急诊科、耳鼻喉科、眼科、皮肤科、针灸科（特色专科）、男科、血净室、治未病科、康复医学科、超声科、影像科、胃镜室、心电图室、检验科等临床医技科室。拥有大型医疗设备：西门子螺旋CT（双排）、DR、彩超、电子胃肠镜、全自动生化分析仪、血液透析机、C型臂等。

医院总人数216人，正式职工98人，管理岗位正科2人。专业技术岗位正高4人，副高14人，中级21人，初级42人。工勤技能岗位，技师9人，高级工6人，中级工2人。返聘及临聘人员118人。

【**疫情防控**】2020年，山阴县中医医院疫情防控工作成绩显著，山阴县中医医院召开了新冠肺炎疫情防控系列会议，朔州市政协副主席、山阴县委书记李旭清，县长苏坡多次到中医院调研和指导疫情防控工作。山阴县中医医院举行了赴鄂抗疫动员会，主治大夫张振国毅然决定赴武汉援助抗击新冠疫情。2020年，山阴县中医院全体医护人员自愿积极地捐款助力抗击新冠疫情，山阴县中医院为山阴一中捐赠了抗疫中药，确保山阴一中进行正常教学，特别是保证了高三年级学生顺利参加高考。在防疫抗疫期间，市县相关领导多次慰问该院一线工作人员，市委常委市政法委书记王琳玉慰问了一线党员张振国，县委组织部常务副部长王建永慰问了援鄂大夫张振国，并向他致以崇高敬意和亲切问候，赞扬他在疫情面前的大无畏精神和出色的专业技术水平，县直机关工委韩承升书记慰问了发热门诊医护人员。

【**医技培训**】2020年，山阴县中医医院刘玉虎在社区开展健康教育大讲堂，为群众送去健康知识和中医医药理论，树立了中医院“为民健康”的理念。山阴县中医医院在会议大厅举行中医适宜技术培训，弘扬中华中医理论精髓，增强了医护人员中医理疗水平，山阴县中医医院举行了山阴县基层中医馆人才临床实践培训，牢固奠定了“为人民身体健康、守人民生命安全”的临床基础。山阴县中医医院举办了公共卫生技术培训，筑牢了公共卫生安全的理论和实践基础，确保山阴境内的公共卫生安全。

【**医院建设**】2020年，山阴县中医医院认真学习了习近平总书记视察山西重要讲话精神；深入学习贯彻党的十九届五中全会精神；认真贯彻中共山阴县委十四届十二次会议精神。10月20日中共山阴县委书记王世杰在山阴县中医医院进行了专门调研，对公立医院进行巡查工作。山阴县中医医院住院楼进行了搬迁、膏方正式启动，至此山阴县中医医院门诊楼、住院楼等各项硬件设施配套完善，为山阴人民的健康提供了基础保障。

中医精神病院

【**概况**】 中医精神病院是朔州市乃至全国唯一的以传统中医中药为主治疗精神疾病和内科其他杂病的中医特色专科医院，亦是卫健委、公安部、民政部、中残联等有关部门确定的全国精神疾病防治康复试点医院和朔州市新农合定点医院，2013年8月又被省、市确定为收治易肇事肇祸精神障碍患者定点医院。医院占地面积31960平方米，总建设面积12500平方米，新开设3个封闭病区、3个开放病区和1个康复科病区，实际使用病床将增加至320张。医院技术力量雄厚，具有收治肇事肇祸精神障碍患者的能力，解决精神科和内科杂病急、重、难病例的诊疗能力及心理卫生综合服务功能。诊疗范围主要有各类精神疾病以及各型高血压、胃肠消化系统疾病、妇科疾病等内科杂病。

【**特色治疗**】 朔州市中医精神病医院治疗精神疾病方法独特，特色突出，以祖传师传、中医中药、开放护理、心理治疗等优势而闻名全国，并确立了在中医药行业治疗精神疾病的品牌地位。改革开放以来，根据本院特点、优势和条件，因地制宜，按照突出特色、救治精神患者的思路，基本形成了“院是专科、科是专病、病有专药、人有专长”的格局。治疗精神病的丸、散、膏、丹33种，筛选出协定处方67个；在治疗精神病的方法上创用了“先疏达气机、再排有害因素、然后调理善后”的三步疗法，疗效颇著。

【特色科研】 在中医药治疗精神疾病的科研、诊断、治疗、护理、预防、康复等方面不断创新，成效卓著。科研组先后发表论文60多篇，所撰写的《〈易〉·〈医〉心语》《中医中药在治疗精神分裂症中的作用》和《中医中药治疗老年性精神病便秘浅谈》拓宽了精神病的治疗、诊断范围，证实了中医中药在治疗精神病中的重大作用。所编写的《中医精神病学》《中医精神病护理与治疗学》等四部著作挖掘和整理了中医中药治疗精神病悠久的历史、科学的理论、独特的方法、良好的疗效，填补了中医药治疗精神病与护理的空白，对精神病学科发展起到了重要作用，并且获天津市优秀图书奖和晋康基金会特别奖励。研制出各种治疗精神病的丸、散、膏、丹。多年来为医院和各地以及社区和乡村培养中医精神病专业医生1000余人，专业护士230余人，其中输送内蒙古包头，山西大同、偏关、保德，陕西府谷等偏远地区30余人。

现代医院

【基础设施】 山阴现代医院（山阴县现代综合医院有限责任公司）是2010年经朔州市卫健委批准成立的二级综合医院，山阴县城镇职工医疗保险，城乡居民医疗保险、工伤医疗保险定点医院，2020年3月投资6100万元新建的山阴现代医院新院区住院楼、门诊楼、综合服务楼已投入使用。新医院占地面积为11401平方米，房屋建筑面积25549.45平方米，医疗用房面积11129平方米，新院区设床位201张。新建层流洁净手术室4个，导管介入手术室1个，标准微生物、艾滋病实验室各1个。配备西门子64排螺旋CT、1.5T核磁共振各1台，深圳贝斯达数字摄影系统（DR）数字胃肠造影系统、全自动生化分析仪、PC化学发光仪、ACSONX-2000全彩超、日本奥林巴斯P50胆道镜、290胃肠镜、斯塞克高清腹腔镜等高科技医疗设备。医院设有6个临床科室，4个医技科室、1个体检科、1个理疗康复中心、9个管理科室、4个党群组织。主要设有内科、普外科、骨科、脑科、妇产科、门诊部，其中普外科、妇产科为院重点科室，以腹腔镜技术为支撑点，开展胆结石，宫外孕、子宫肌瘤剔除术等微创手术。设有影像科、检验科、功能检查室、药剂科四大医技科室；设有收费、中西药房、导医3个服务科室；设有行政办公室、医务科、医院感染管理科、护理部、质量控制部、财务科、保卫科、后勤科、医保科九大管理科室；设有党办、工会、团支部、妇联4个党群组织；设1个体检中心，形成小综合、大专科的医院特征。从2017年3月起，公司对医院管理模式进行了改革，实施法人代表委托院长管理模式，公司股东会进行了法人任免，法人委托院长负责医疗业务，财务管理、人事管理等工作。

【服务群众】 2020年，随着医院的不断壮大，服务区域得以拓宽。全县13个乡镇、198个行政村均有患者来院就诊。医院85%的患者来自参加城乡居民医保的农村，12%的患者来自参加城镇职工医保的机关事业单位，3%的患者来自周边区县及县内矿山外来人员，服务区域覆盖全县所有村庄，呈现出以县内患者为主、辐射周边区县的服务网络。

山阴现代医院2010年建院到2020年，

十一年时间医院从小到大，业务量不断增大，服务能力不断提升，建院以来，共为603户贫困家庭送米送面，和其他生活用品16万余元，特别是为贫困户住院患者减免费用，十一年来，共为5920余名患者减免医药费用425万元。巡回免费体检，为边远山区贫困点上门送医送药45余次。特别是2020年医院院长侯润郑重承诺，从2020年起连续5年为山阴县一中医学类院校录取困难家庭5名学生爱心捐款每人每年1万元，直至毕业，帮助5名贫困大学新生解决燃眉之急。

【**技术水平**】 山阴现代医院与大同现代医疗集团管理公司、大同瑞慈康复医院、朔州现代医院、朔州泰康医院、忻州现代医院组成医疗集团，实现资源共享，共同发展，并和中国人民解放军陆军总医院（301医院）、北京天坛医院，北京宣武医院，山西省人民医院，山西医科大学附属第一、第二医院，山西省肿瘤医院，山西省中医医院，山西省中西医结合医院，大同第一、第三、第五医院，大同同煤总医院，大同新健康医院等知名医院建立了长期合作关系，实行引进先进技术和高级人才双战略提升计划。全年共有省级专家定期坐诊144次，邀请专家手术382台。特别是普外科、妇产科作为重点建设科室，其技术更加成熟。普外科在微创中心主任夏连平的带领下，完成了首例双镜联合的保胆取石术，同时全年共完成微创手术（胆结石、阑尾炎、腹股沟疝）225例，在县域内排名第一；妇产科在副院长、副主任医师邢建平的带领下，通过王洪宝教授的传帮带，在腹腔镜下实施子宫肌瘤剔除术，宫外孕、卵巢囊肿等妇科多发病治疗方面，取得了骄人的成绩，全年完成各类宫腹腔镜手术192台，已成为全县一流的技术妇科微创队伍，深受山阴县及邻县区妇女患者的好评。2020年山阴现代医院在原有五大专家团队的基础上，先后引进消化内科、耳鼻喉科、中医科、骨科、运动神经科、泌尿外科等8位学科带头人，使医院的科室结构更加合理，在省内外专家的指导下，开展新技术16项，新项目10项，基本能够满足广大患者的就医需求。医疗技术水平大为提高。

2020年3月16日，现代医院发出《医院创建文明礼貌服务季活动倡议书》，从弘扬职业道德到遵守社会公德，从强化服务意识到展示良好形象，从简化就诊流程到优化服务环境，从强化质量管理到接受社会监督，整个活动历时3个月，活动内容贯穿于整个医疗行为过程，贯穿于整个服务流程。这次活动既是巩固现代医院多年的优质服务光荣传统，又是搬入新院区服务意识大提升的起点。2020年开展患者满意度调查12次，回访患者855人，满意率达99.9%。

【**业务指标**】 2020年，山阴现代医院医疗业务指标，住院4317人次，同比增长11%；门诊52469人次，同比增长12%；手术1538例，同比增加345例；平均住院日9.7天，同比增加0.7天；术前平均住院日2天，同比减少1天；床位使用率53%，同比增加6%；药占比43.6%，同比降低10.4%；检验占比13.6%，同比增长1.8%；检查占比7.8%，同比增长0.5%；医疗服务收入占比27.5%，同比增长8.3%。几项主要手术（技术）开展情况：腹腔镜胆囊切除术137例，腹腔镜阑尾炎切除术40例，人工膝关节置换术9例，骨折内固定术20例，腹腔镜妇科手术321例。

【**财务管理**】 2020年，山阴现代医院累计实现业务收入4800万元，同比增长20%。其中，住院收入3352万元，门诊收入1273万元，其他收入175万元。在支出方面实施年初预算化管理，其收入部分的40%用于设备维护更新，实现自我发展，收入55%为人员工资性支出，2%收入作为市场风险金、纳税，符合现代医院财务管理模式。医院本着诚信办院的理念，共和多个单位与个人发生资金来往，坚持做到诚信守诺，不失信，以签订各类合同为履约标准，及时、准确履约合同，未发生过违约行为，同有关单位和个人建立起良好的互惠互利协作关系。规范药品，办公用品、医疗设备，医用耗材等采购。配合上级部门财务审证，财务运行状况良好。

【传染病及突发公共卫生事件】 2020年，山阴现代医院对大型传染病及突发公共卫生事件及时报告制度，认真开展传染病防治及突发公共卫生事件报告和处理培训工作，做好发热患者的采样送检，及时发现登记来院就诊的疑似病例，按要求积极开展传染病的流调及疫点输送工作。疫情报告率100%，报告及时率100%，无突发公共卫生事件的发生。

2020年初面对突如其来的新冠肺炎疫情，山阴现代医院迅速行动，启动应急机制，充分发挥医院自身专业特长，大力开展疫情防控工作。大年三十医院召开紧急会议传达省、市、县疫情防控精神，安排落实医院疫情防控工作，当日成立了“新型冠状病毒感染的肺炎疫情领导组”，下设3个工作小组，把疫情防控作为最重要的政治任务抓紧抓实抓具体。各科室树立起强烈的政治责任感，以担当精神和过硬作风，扛起疫情防控责任，做到人人领任务，人人有责任。作为民营医院，在抗击疫情的战斗中勇于担当，全院共有26名医护人员踊跃报名参加援鄂医疗队，同时全院职工踊跃捐款，医院积极捐物，捐赠抗疫物资价值达10万元，用实际行动同全国人民一道投身于抗疫行列中。对0～6周岁儿童健康按规范要求开展儿童健康管理服务，认真开展接种疫苗。对老年患者和慢性病患者举办健康讲座，正确辅导用药。

【监督管理】 2020年，山阴现代医院全年接待上级各有关部门监督检查11次，主要包含医疗质量安全、院感控制、医保基金使用、母婴保健、传染病防治、消防安全等项检查中，对检查中发现的问题非常重视，及时进行整改。特别是在医疗质量安全和医保基金使用方面，经常邀请相关专家对医务人员进行专题培训，使全院职工不断树立安全和医保安全意识，保障医院平稳健康发展。

人力资源和社会保障

【概况】 山阴县人力资源和社会保障局贯彻执行国家、省、市人力资源和社会保障事业发展规划和政策法规，拟定全县人力资源和社会保障事业发展规划，并组织实施和监督检查。拟定全县人力资源市场发展规划，指导全县人力资源市场建设，建设统一规范的人力资源市场，促进人力资源合理流动、有效配置。负责全县促进就业工作，拟定统筹城乡的就业发展规划，完善公共就业服务体系，拟定就业援助制度，完善职业资格制度，统筹建立面向城乡劳动者的职业培训制度，牵头落实高校毕业生就业政策，会同有关部门落实高技能人才、农村实用人才培养和激励政策。统筹建立覆盖城乡的社会保障体系，组织实施城乡社会保险及其补充保险政策和标准，会同有关部门拟订社会保险及其补充保险基金管理和监督办法，编制全县社会保险基金预决算草案。负责全县就业、失业、社会保险基金预测预警和信息引导，拟订应对预案，实施预防、调节和控制，保持就业形势稳定和社会保险基金总体收支平衡。负责统筹全县机关企事业单位人员管理工作，会同有关部门拟订机关、事业单位人员工资收入分配政策，建立机关企事业单位人员工资正常增长和支付保障机制，落实机关企事业单位人员福利和离退休政策，指导和监督国有企业工资总额管理和企业负责人工资收入分配。会同有关部门指导事业单位人事制度改革，拟订全县事业单位人员和机关工勤人员管理办法，参与人才管理工作，建立完善专业技术人员管理和继续教育制度，牵头推进深化职称制度改革工作，负责高层次专业技术人才选拔和培养工作。推动劳动用工相关政策的落实，协调解决重点难点问题，维护劳动者合法权益。落实劳动人事争议调解仲裁制度和劳动关系政策，完善劳动关系协调机制，监督落实消除非法使用童工政策和女工、未成年工的特殊劳动保护政策，组织实施劳动监察，协调劳动者维权工作，依法查处重大案件，受理劳动人事信访事项，会同有关部门协调处理有关重大信访事件和突发事件。

【人才人事管理】 山阴县人力资源和社会保障局全力抓好人事人才招聘工作，2020 年完成 3 次招聘，招考事业单位、卫生技术人员共 82 人，其中卫生技术人员 45 人、教育系统 26 人、经济开发区 11 人；选聘社群健康助理员，同县卫健体局通过考试为山阴县选聘 226 名社群健康助理员；配合组织部、政法委完成 150 人的网格员招聘工作。

【创业就业】 人社局在促进贫困户脱贫致富的

过程中扮演着促进就业、增加收入等重要角色。人社局把促进城乡充分就业、推进社会保障体系建设作为服务民生、改善民生出发点和落脚点，充分发挥县、乡、村三级就业服务信息网络建设，促进了老百姓充分就业。就业工作突出，被评为全省先进县，奖励就业资金100万元。2020年，城镇新增就业3058人，完成年任务2900人的105%；失业人员再就业人数1056人，完成年任务950人的111.2%；就业困难人员就业人数392人，完成年度任务360人的108.8%；转移农村劳动力人数3337人，完成年任务3100人的107.6%；城镇登记失业率3.07%（控制在4.5%以内）。全力实施职业技能提升工程。按照“人人持证、技能社会”的总体思路，开展了家政服务、中式烹调、手工编织、电子商务等六项专业。共开班85期，培训3840人，其中贫困户380人。取得职业技能等级证书217人，取得专项职业能力证书2354人。职业技能培训持证率67%。通过培训，实现就业1050人，其中贫困人口269人。全力促进劳动技能成果展示。新建全省第一家劳动技能产品展厅，将全县各类劳动技能产品进行陈列展示。全力做好新冠肺炎疫情防控期间企业复工复产和脱贫攻坚就业扶贫工作。全面落实减免社会保险费政策，共减免社会保险费1996.6826万元。通过对接东方电气（天津）风电叶片工程有限公司，完成两批次69人的全市唯一“点对点”返岗复工劳务输出，其中包括9名建档立卡贫困户。全县贫困劳动力6659人中实现就业5457人，比2019年就业人数增加了34人。

【劳动执法】 为切实开展“三零”单位创建，山阴人社局局长亲自挂帅，担任了创建“三零”单位领导组组长，结合人社局实际，制定实施方案，明确责任，压实监管主体责任，统筹开展创建工作，特别是重点抓好维护劳动者合法权益，全力落实《保障农民工工资支付条例》，深入开展根治欠薪冬季专项行动，取得较好成效。2020年，处理各类欠薪案52起，为275名劳动者追发工资报酬380.12万元。其中国务院“互联网＋督查”平台督办案件3起、人社部督办案件1起、省政府督办案件3起。同时，劳动人事争议调解仲裁受理案件76起，其中裁决21起，调解51起，经调解撤诉4起。单位“三零”创建工作收效良好。

【社会保障】 山阴县人力资源和社会保障局本着人人享有社会保险的原则，坚持“广覆盖、保基本、多层次、可持续”的思路，全面完成社会保障省级统筹升级工作，山阴县社会保障体系进一步完善。企业养老保险。实行灵活就业抓扩保、私营企业抓参保、困难企业抓续保、支柱产业抓全保，两年时间参保人数新增近8000人。截至年底，缴费单位数量194家，参保人员数24712人，征收保费14669万元，养老金发放26207万元，领取人数9132人；灵活就业人员参保人员数8569人，征收保费5569万元，养老金发放3113万元，领取人数2113人。机关事业单位养老保险。参保单位数量229家，参保人员数6859人，征收保费25004万元，养老金发放22159万元，领取人数4237人。城乡居民养老保险。参保人数159163人，征收保费2108万元，养老金发放6102万元，领取人数33136人。工伤保险。参保单位数量125家，参保人员数11160人，征收保费184万元，工伤保险费支出2203万元（包括医疗待遇、伤残待遇、工亡待遇）。失业保险。参保单位数量58家，参保人数20800人，征收保费244万元，失业金发放370万元，领取人数454人。社保卡。制作完成了262156张，完成了年任务24.04万张的109%。

【脱贫攻坚】 2020年，县人社局按照“人人持证、技能社会”的总体思路，全方位宣传“全民技能提升工程”。县人社局针对不同培训人群，引导培训机构采取灵活多样的方式开展“需求导向”和“就业导向”职业培训，最大限度地缩短培训与就业距离。同时，建立完善了人力资源市场和劳动技能产品展厅。6月16日，山县人社局联合山阴县怡群职业培训学校组织的“山阴劳动技能助力脱贫”主题直播活动，活动过程中还对山阴县特色农副产品进行了直播带货，为网友展示了山阴的地域特色、生态特色，吸引不少网友下单，四家企业农产品的12种所备货源一抢而空。活动共吸引26.8万人在线观看，交易量5300余单。

民　政

【概况】 山阴县民政局拟订全县民政事业发展规划和民政系统财务管理有关政策并指导实施；对财政拨付的民政事业专项资金的使用进行指导并实施监督管理；按照上级彩票公益金使用管理办法，管理使用好上级下拨的彩票公益金；负责机关及所属单位财务管理有关工作；负责机关及所属事业单位国有资产管理和审计工作；负责民政统计管理工作。监督实施行政区划管理政策和地名管理办法；承办村级以上行政区域的设立、撤销、调整、更名和界线变更及政府驻地迁移的审核申报工作；会同有关部门编制乡、镇、街道行政区划排列顺序及代码；负责全县地名的命名、更名和标准化处理相关工作；审核申报村级以上行政区划名称、重要自然地理实体地名命名、更名；负责行政区域内的勘界工作；负责全县标准政区与地名地图、资料的编辑和审定相关工作。

牵头拟订全县社会救助政策和标准，统筹城乡社会救助体系建设，负责全县城乡居民最低生活保障、特困人员救助供养、临时救助、生活无着流浪乞讨人员救助工作，指导全县救助服务机构管理。监督实施老年人、残疾人和特殊困难儿童权益保护法律、法规；拟订全县老年人、残疾人和特殊困难儿童权益保护政策并组织实施；拟订全县社会福利事业发展规划和政策办法并组织实施；指导社会福利机构的管理；负责福利彩票公益金管理、使用工作；承办国内居民儿童收养工作，指导社会捐助工作。监督实施基层群众自治组织建设和社区建设的法律、法规、办法；研究提出加强和改进基层政权建设的建议；指导村（居）民委员会民主选举、民主决策、民主管理和民主监督工作，推动村（居）民自治和基层民主政治建设；指导城乡社区建设和服务管理工作；指导协调全县农村村务公开工作。监督实施婚姻、殡葬管理法律法规；拟订婚姻、殡葬事业发展规划并指导实施；推进婚俗和丧葬改革，强化公墓监管；指导婚姻、殡葬服务机构管理；承办国内居民婚姻登记管理；承担全县婚姻登记信息联网建设及管理工作。负责县级社会组织党组织的组建和管理；指导社会组织开展党的宣传、教育、组织、群众工作等；负责社会组织党员的教育培训、管理服务和发展党员工作。监督实施社会组织法律、法规、政策、办法，依法对全县社会团体、社会服务机构等社会组织登记管理；按照管理权限，负责全县性社会组织的执法监督；指导和监督基层对社会组织的登记管理工作。负责行政审批制度改革相关工作，负责政务服务管理工作，负责具有审批性质行政职权事项的受理、办理或牵头组织联审联办工作，指导本系统行政审批制度改革工作。

【社会救助】 2020年，山阴县民政局全面开展农村低保扶贫专项行动。按照《山西省民政厅山西省财政厅关于调整城乡低保保障标准指导意见的通知》和《朔州市民政局朔州市财政局关于提高城乡低保保障标准的通知》文件精神，及时将农村低保标准由原执行的4440元/人·年提高到5040元/人·年。将城市低保标准由原执行的492元/人·月提高到522元/人·月。将农村特困人员标准由原执行的5500元/人·年提高到 6500 元 / 人 · 年。为进一步加强社会救助资源统筹，高效便捷救助困难群众，按照省市要求，及时建立了山阴县困难群众基本生活保障工作协调机制，确保兜住兜牢困难群众基本生活保障底线。为 5679 名农村低保对象发放低保资金 1703.32 万元；为 1242 名农村特困人员发放保障金 1222.64 万元；为 6870 名城市低保对象发放低保资金 2282.92 万元；为 12009 人次困难群众累计发放临时救助资金 1644.8 万元（其中，实物折价救助 438.6 万元，发放救助金 1206.2 万元）；为 37 名人城市特困人员发放保障金 57.48 万元；全县城乡低保户、特困人员临时价格补贴资金全部发放到位。

【关爱特殊群体】 2020 年，山阴县民政局全面开展特殊群体关爱专项行动。为 81 名孤儿发放生活保障资金 102.43 万元；为 139 名困境儿童发放保障资金 95.66 万元。为 121 名事实无抚养儿童发放保障金 128.24 万元。为 772 名农村高龄老人发放生活补贴资金 45.3 万元；为 74 名城市高龄老人发放生活补贴资金 4 万元；为 25 名农村失能老年人发放生活补贴资金 3.24 万元；为 4 名城市失能老年人发放生活补贴资金 0.48 万元；为 1184 名农村经济困难残疾人发放生活补贴资金 64.5 万元；为 438 名城市经济困难残疾人发放生活补贴资金 22.49 万元；为 2997 名重度残疾人发放福利补贴资金 207.06 万元。

全面开展贫困残疾人专项行动。为确保残疾人社会保障政策落实到位，完成好全县脱贫攻坚任务，把残疾人社会保障政策落实情况摸底排查工作作为重大政治任务，强化责任担当，坚持精准靶向抓落实，做到不漏一户、不漏一人，确保摸底排查工作落到实处。对 9025 人进行了摸排，需纳入低保的残疾人 1331 人，需纳入特困供养的残疾人 558 人，需纳入困难残疾人生活补贴 1025 人，需纳入重度残疾人护理补贴 3100 人。

【选优驻村工作队】 县民政局党组高度重视驻村工作队的选派，按照“住得下、帮得准、不分心”的原则，选派了 1 名驻村队长和 2 名驻村工作队员，派驻新广武村。局党组不定期听取驻村帮扶工作汇报，了解掌握驻村工作开展情况，研究帮扶措施。先后多次规范村档、户档，力争把档卡建立规范、精准。全面深入开展档卡规范管理工作，工作中能够严格按照各级要求，坚持公正、公开、公平的原则，深入贫困户家中算清细账、摸清家底，包括贫困户家庭成员、房屋、耕地、林地等情况，做到入户调查过程有图可查，有据可依。依据贫困户致贫原因，因症施策，制定切实可行的具体帮扶措施。对新增贫困对象和清退的贫困对象，逐户核查，做到应进必进、该退必退，不漏一人、不错一户。

【脱贫攻坚】 为全面做好民政部门脱贫攻坚反馈问题整改工作，山阴县民政局以问题为导向，扎实推进上级反馈问题整改工作。通过排查将不再符合条件的人员及时清退，将符合条件的困难群众全部纳入保障范围，切实做到“应保尽保、应退尽退”。对全县城乡低保户、特困对象、特殊群体进行了全面排查，将不再符合低保条件的 380 户 541 人退出城乡最低生活保障。将符合低保条件的 258 户 469 人新纳入城乡最低生活保障。将不再符合特困条件的 133 人退出特困对象供养。将符合特困对象条件的 42 人新纳入特困对象供养。同时，为确保保障对象保障资金使用精准，每月 10 日前足额将保障金发放到保障对象个人账户。通过与财政部门科学合理制定预算，积极盘活滚存结余资金，加大滚存结余资金消化力度，制订了资金用款计划。对滚存结余资金一次性转入专用账户，实行集中统一核算，发挥资金使用效率，保障资金精准使用。截至 2020 年底，涉及山阴县滚存结余的资金已整改到位。城乡低保对象、城乡特困供养对象、高龄老人、困难残疾人、孤儿等特殊群体关爱资金、电费退费、临时价格补贴资全部发放到位。为进一步规范社会救助资金监管，不断提升最低生活保障、特困人员救助供养、临时救助等社会救助资金的使用效益，县民政局会同县财政局、朔州银保监局山阴监督组联合印发了《关于进一步规范社会救助资金监管工作的通知》文件，推动社会救助政策有效落实。

【低保专项治理】 2020年，山阴县各乡镇认真对照省、市反馈山阴县238户665人脱贫不稳定户和29户69人边缘易致贫户的社会保障政策落实情况开展了摸底排查。通过排查全县脱贫不稳定户238户665人，其中，已纳入低保56户126人，需纳入低保38户66人，已纳入五保5户6人；精准帮扶返岗或就业创业225人；纳入残联帮扶项目22人。全县边缘易致贫户29户69人，已纳入低保10户19人，需纳入低保3户8人，需保障对象全部纳入保障范围。按照《山西省民政厅山西省扶贫开发办公室关于进一步加强农村最低生活保障制度与扶贫开发政策有效衔接的通知》文件精神和县委、县政府关于脱贫攻坚的有关会议要求，县民政局会同县扶贫办印发了《山阴县农村最低生活保障制度与扶贫开发政策有效衔接实施方案》文件，在2020年山阴县农村最低生活保障标准基础上，对全县农村低保家庭中60周岁（含）至70周岁的老年人在现享受金额的基础上，再增加现行低保标准的5%；70周岁（含）至80周岁的老年人再增加7%；80周岁（含）以上的老年人再增加10%。对全县农村低保家庭中的未成年人（未满18周岁）在现享受金额的基础上，再增加现行低保标准的7%。对全县农村低保家庭中的一级残疾人在现享受金额的基础上，再增加现行低保标准的10%；二级残疾人再增加7%。对全县农村低保家庭中符合规定的24类病种的重病患者在现享受金额的基础上，再增加现行低保标准的10%。

【扫黑除恶】 2020年，县民政局持续推进扫黑除恶专项斗争。民政局围绕扫黑除恶专项斗争三年目标收官之年目标任务，制定印发了《2020年扫黑除恶专项斗争工作要点》《山阴县民政局关于建立健全扫黑除恶长效机制实施方案》和《落实中央扫黑除恶督导组要求开展民政系统边督边改工作方案》的要求，切实加强村民委员会建设、进一步健全村民自治制度、不断深化村级民主监督、深入开展思想教育等方面进行了安排和部署，确保工作推进。按照要求，及时对全县197个行政村和10个社区“两委”干部的资格进行了审查。

【基层政权】 2020年，县民政局进一步加强新村组织建设，稳步推进新村“三资”融合，促进特色产业发展，增加农民收入，不断提升新村治理服务能力。按照“并得稳、融得进、促发展”的总体要求，坚持党建引领、系统谋划，因地制宜、一村一策，县、乡党政领导班子多次召开专题会议，对行政村合并工作进行安排部署、酝酿讨论、统一思想，扎实有序推进行政村合并工作。于4月1日圆满完成50个行政村合并任务。

【乡村振兴】 2020年，山阴县民政局全面夯实乡村振兴基础。从建立健全自治、法治、德治相结合的乡村治理体系着手，制定了《山阴县乡村振兴战略治理有效专项规划》，为提升乡村治理和服务能力，实现乡村治理能力和治理体系的现代化奠定了坚实的基础。对全县197个行政村（社区）“两委”干部信息录入《全国村（居）委会统一管理系统》，顺利完成村干部信息采集工作。推荐36个村（社区）申报了省级优秀村规民约，推荐13个村申报了善治示范村，推荐9个村申报了省级乡村治理服务示范社区，为深入推进乡村振兴战略夯实了基础。

【社会事务管理】 县民政局有序开展婚姻登记

工作。按照县政府关于预防与控制新型冠状病毒感染的肺炎工作要求，逐步有序恢复婚姻登记工作，切实做好疫情防控常态下婚姻登记服务工作。共办理结婚登记1207对，登记合格率达到100%。同时，为贯彻落实省政府民生实事关于免费婚前医学检查要求，民政局会同相关部门按照免费婚检服务趋向常态化开展的总体思路和要求，统筹谋划婚检工作，全年婚检率超过50%。

严格做好殡葬管理工作。联合公安、卫计、交通等部门，有力保证了清明节期间做好疫情防控和安全祭扫工作。殡仪馆建设项目入选省发展改革委“国家重大建设项目库”，制定出可行性研究报告并通过专家评审。

全面深化第二次全国地名普查成果转化。为认真落实山西省第二次全国地名普查档案整理归档工作要求，民政局按照有关立卷归档要求，把握重点，攻坚克难，对第二次全国地名普查档案资料进行了收集、整理、立卷和归档工作。截至2020年底，整理地名档案条目数共3735条。会同朔城区、怀仁市对县（市）区边界进行了联检。

依托全国农村“三留守”人员信息管理系统，规范农村留守儿童、农村留守妇女和农村留守老人信息采集录入工作，实现信息动态管理。及时救助流浪乞讨人员。认真落实国务院《生活无着的流浪乞讨人员救助管理办法》，从临时生活用品、医疗、返乡等方面，努力为生活困难的流浪乞讨人员分类提供人性化的帮助300多人次。为查找不到家庭户籍长期滞留人员，发布寻亲公告，帮助他们找到了家庭户籍并护送返乡。

【儿童收养】 县民政局全面完成民间儿童收养场所整改。按照朔州市人民政府2019年12月、2020年4月两次催办函和2020年8月6日限期督办函要求，县委、县政府高度重视，积极推进整改工作，经研究对某民间孤儿收养机构进行取缔，决定成立山阴县儿童福利院机构。2020年7月20日县民政局向县编办提交了《关于成立山阴县儿童福利院的请示》文件，8月20日，县编制委员会已批复山阴县儿童福利院机构，成立了山阴县儿童福利院。8月21日，县政府第63次常务会议研究通过了《山阴县儿童福利院管理运营实施方案》。随后，选定了山阴县儿童福利院负责人，于9月29日上午举行挂牌仪式，悬挂了山阴县儿童福利院牌子，全面接管原慈爱儿童福利院工作。在全县13个乡镇197个行政村和2个管委会10个社区配备了“儿童督导员”“儿童主任”，形成“三级保护网络”实现“儿童督导员”“儿童主任”全覆盖。

【养老服务】 2020年，县民政局深入推进社会养老服务。面对突如其来的新冠肺炎疫情，在县委、县政府的统一领导下，深入贯彻落实习近平总书记关于防控新型冠状病毒感染的重要指示精神，从“两个维护”的政治高度，把疫情防控工作作为当前最重要的工作来抓，积极有序地做好“一老一小”疫情防控工作，确保各类民政服务机构防控无死角、全覆盖、零差错。对全县10所养老机构、1所福利机构实行封闭管理，坚持每日监测入住老人体温，截至年底，服务机构全部安全运行。相继为养老机构发放过氧化氢和84消毒液共计80多桶。组织69名养老机构工作人员进行了核酸检测。县民政局及时制定了《山阴县2020年特殊群体关爱行动计划》文件。

【重点建设项目】 山阴县民政局聚焦民政基础设施建设短板，主动作为，积极进取，充分利用国家的相关支持政策，依托国家重大建设项目库，申报建设和正在建设山阴县中心敬老院、山阴县社会福利中心儿童福利院、山阴县流浪乞讨人员救助站（山阴县未成年保护中心）、山阴县殡仪馆等建设项目，得到了国家和省市方面的大力支持。投资1908万元新建的山阴县中心敬老院建设项目已全部完成建设内容。投资1913万元新建的山阴县社会福利中心儿童福利院建设项目已全部完成建设内容。山阴县公益性骨灰堂、山阴县殡仪馆和山阴县未成年保护中心（山阴县流浪乞讨人员救助站）建设项目得到了县委、县政府的大力支持，完成了选址工作。已通过发改部门申报录入“国家重大项目库”，待中央预算内资金到位后开工建设。

【“三零”单位创建】 2020年，全面排查安全隐患，县民政局制定了《山阴县民政局关于做好“两节”期间养老机构安全管理工作的通知》《山阴县民政局民政系统关于深入开展“零上访、零事故、零案件”单位创建工作的实施方案》《山阴县民政局关于开展易燃可燃夹芯材料彩钢板建筑消防安全综合整治工作实施方案》等文件，认真开展各民政服务机构安全生产管理工作，强化全县服务机构安全生产主体责任的落实，开展民政行业安全生产、食品安全各类巡查排查10余项次，对于不能当场整改完成的责令其限期完成整改。为认真做好综合治理工作，根据全县政法工作总体要求，坚持以习近平新时代中国特色社会主义思想为指导，认真学习贯彻落实党的十九届三中、四中全会精神，严格落实社会治安综合治理各项措施，全力保发展、保民生、保安全、保稳定，为经济发展营造良好的社会环境，确保了综治目标任务的实现。

【社会组织】 2020年，县民政局对全县81家社会组织加强了党组织建设，党组织覆盖53家。建立党支部40个（其中单独建立党组织35个，联合建立党支部5个），覆盖率96.22%。全县有5家社会组织制订了脱贫计划。参与文化扶贫的社会组织3个，投入资金6万元、受益贫困人口1.36万人；参与公益志愿扶贫的社会组织5个，投入资金27.3万元、受益贫困人口3152人；参与教育帮扶的社会组织17个，帮扶困难学生2071人，减免资金87.98万元；参与创业就业帮扶的社会组织6个，培训课4场，受益贫困人员133人；投入资金1.26万元；参与健康帮扶的社会组织2个，受益贫困人口3834人；参与其他帮扶的社会组织8个。对28家社会组织列入异常名录。按期推进全县行业协会商会脱钩工作，完成了行业协会商会脱钩工作。

退役军人事务

【概况】 根据山阴县委机构改革人员转隶相关精神，县退役军人事务局与县人力资源社会保障局、县民政局相关职能部门积极对接，划转了县光荣院、县拥军优属拥政爱民服务中心，两单位原有的23名事业人员全部转隶到位。另外，全县13个乡镇、254个村均已挂牌成立了退役军人服务工作站，切实打通了服务退役军人和其他优抚对象“最后一千米”。全县退役军人服务体系全部建设完成，有效保障了退役军人事务各项工作的顺利推进。

【退役军人服务站】 山阴县退役军人服务中心（站）以习近平新时代中国特色社会主义思想为指导，全面贯彻落实党的十九大和十九届二中、三中、四中、五中全会以及全国退役军人工作会议精神，以“基层基础基本建设年”“思想政治工作年”和示范型退役军人服务中心（站）创建活动为契机，着力夯实基础，提高自身素质，提升本领能力，增强“四个意识”、坚定“四个自信”、做到“两个维护”，努力建设一支政治过硬、业务精湛的高素质人才队伍，学习借鉴新时代“枫桥经验”，不断强化自身素质建设，全面提升退役军人事务领域治理能力和治理能力现代化，为山阴政治经济建设贡献力量。

【退役军人工作】 山阴县退役军人事务局建立了微信群，县服务中心加强了政治文化环境建设，制订了年度工作计划并进行了独立法人登记，建立了独立银行账户，全县各级服务中心（站）努力克服疫情带来的不利影响，仍加班加点工作使社保接续受理率100%。按照“五有”覆盖建设情况要求，整合县退役军人事务服务中心、县拥军优属拥政爱民服务中心、县光荣院等3个单位，组建完成山阴县退役军人服务中心，已经正常有序推进各项工作，乡镇退役军人服务站站长及组成人员也已配备到位，并全部挂牌，保证了有人在干事、事情干得成，工作成效显著。在疫情防控期间，山阴县退役军人发扬了“召必回”“战必胜”“战役有我，敢打必胜”的风采。

【退役军人安置】 山阴县历来十分重视对退役士兵的安置和权益保障工作，根据中央、省、市对退役士兵安置工作的重要指示、批示和文件精神，积极采取有力措施，妥善安置符合政府安排工作的退役士兵，确保安置率达到100%。2020年，按照通知，山阴县接收符合政府安置条件的退役军人，安置仍然采取安置计划和本人自愿选岗相结合的方式，优先推荐选择国企、央企，剩余人员全部安置到事业单位，安置率达到100%。

山阴县退役军人事务局积极协调退役士兵社保接续工作，按照县委接续联席会议安排，相关业务部门密切协作，多次组织培训，明确细化了缴费基数、经办流程等一系列具体问题，工作专班及时通过广播电视、网络微信、乡村退役军人服务站，全方位宣传退役士兵社保接续工作，更好地让各单位部门和广大退役士兵理解政策，知道办理要求及注意事项，供退役士兵参考掌握。截至2020年底，已受理退役士兵保险接续，符合条件的退役士兵全部录入系统。人社部门对部分退役士兵基本养老保险断缴补缴金额核算已经于2020年5月完成，各项工作有序推进。向山阴县企业军转干部，按时足额发放全年生活困难补助金。

【权益保障】 2020年，山阴县退役军人事务局为做好全县军休干部各项保障工作，山阴县退役军人事务局不断地改进工作方法，工作人员每月不定时走访及电话联系，给予他们更多的关心，为了丰富军休干部的文化生活，县局为每人订阅了《半月谈》《家庭医生》《特别关注》等杂志，军休干部的基本离退休费和津贴补助按时足额发放，得到老干部们的一致好评。按时发放军休干部离退休费和津贴补贴以及其他补贴费用，协调做好军休干部的医疗保障工作，按要求开展重大节日期间走访慰问活动。定期慰问军休干部，了解他们的日常生活，将他们的调资做好、做细、做准。

【纪念烈士】 山阴县退役军人事务局积极开展清明烈士纪念日活动和网上祭扫活动，营造致敬英烈、缅怀英烈的浓厚氛围。使每个参加活动的都深受洗礼、精神振奋，亲身感受到了革命先烈的崇高品格和伟大意志，更加坚定了理想信念的前进动力。完善烈士褒扬纪念管理系统、对烈士英名录系统进行了整理和录入，使系统更加完善。组织全县领导干部、烈士家属开展“9·30”烈士纪念日公祭活动，缅怀英烈。

【双拥工作】 山阴县退役军人事务局按照上级文件规定优抚对象的各项待遇政策，以“军民融合式发展”的总要求为出发点和落脚点，深入贯彻落实各级有关双拥工作的一系列指示精神，立足基层，服务大局，注重建设，营造了军爱民、民拥军，军民鱼水一家的社会氛围。全县优抚对象的抚恤生活补助按照社会化全部按时足额发放到位，将每年“八一”建军节、春节走访慰问形成常规制度。2020年，县退役军人事务局对全县退役人员、优抚对象及现役军人进行了不同形式的走访慰问，为“两参”人员开辟了绿色通道，在“两参”纪念日为所有“两参”人员发放1000元慰问金，并对在乡“两参”人员增发每人每月1000元的生活补助。

【队伍建设】山阴县退役军人事务局强化自身素质培养工作，树牢“四个意识”，坚定“四个自信”，坚决做到“两个维护”，全力加强局党员领导干部和干部职工自身素质培养。整理政治理论和退役军人事务方面的政策、规定以及社保等方面的学习资料，不定期组织职工学习习近平新时代中国特色社会主义思想及系列重要讲话精神、中央、省、市、县关于退役军人事务的重要会议及重要文件精神，保密、信访等相关法律法规知识，增强局党组凝聚力和战斗力；建立微信工作群，要求全体退役军人事务系统干部职工关注微信公众号，登录国家退役军人事务部网站了解优抚安置、信访、信息采集、双拥等业务工作，增强工作本领，强化自身素质。

残 联

【概况】残联是国家法律确认、国务院批准的由残疾人及其亲友和残疾人工作者组成的人民团体，是全国各类残疾人的统一组织。具有代表、服务、管理三种职能，代表残疾人共同利益，维护残疾人合法权益；团结帮助残疾人，为残疾人服务；履行法律赋予的职责，承担政府委托的任务，管理和发展残疾人事业。

【民生保障】2020年，全面落实贫困残疾人社会保障政策，换证工作有序推进。截至年底，全县持证残疾人7461人，其中本年度新办证298人、变更等级89人、到期换证2259人；过期残疾人证2049人；注销残疾证1575人。“两项补贴”审核全覆盖。配合民政部门对山阴户籍的最低生活保障对象中持有残疾人证的残疾人享受生活补贴好而重度护理补贴审核。残疾人机动车燃油补贴；为28名持有二代残疾人证且平日靠机动车（三轮摩托车、机动轮椅车等）代步的肢体残疾人及多重残疾人申报机动车燃油补贴，每人补贴260元。

山阴县残联扎实做好省政府民生实事工程。按照2020年省政府民生实事残疾预防重点干预、残疾儿童抢救性康复项目、残疾人精准康复服务、0～6周岁儿童残疾复查和诊断项目等相关要求，县残联到2020年底完成了初筛阳性0～6周岁儿童14名，占任务的116.67%；残疾儿童抢救性康复完成48名，占任务的106.67%，超额完成上级下达的任务。

【残联扶贫】2020年，山阴县残疾人联合会积极开展扶贫重点工程项目。根据省市残联下达的相关任务指标，委托县残疾人实训基地，采取集中培训的方式，培训农村贫困残疾人13人。通过实用技术培训，提高了广大残疾人参与社会建设的积极性，促进了贫困残疾人自食其力、自力更生，改善了其家庭生活面貌。完成农村基层党组织助残扶贫任务26人，每人扶助资金3000元。做好扶贫村结对帮扶工作。2020年初，在安排全年工作时，把单位脱贫攻坚工作和驻村帮扶作为一项重要内容列入工作安排，专题研究、安排部署，制定出台《山阴县残疾人联合会2020年脱贫攻坚工作计划》《山阴县残疾人联合会关于扎实做好全县建档立卡贫困残疾人和2019年度残疾人基本服务状况和需求专项调查中基本辅助器具适配全覆盖工作的通知》《山阴县残疾人联合会2020年驻村帮扶计划》等文件，全力助力脱贫攻坚。

为有需求的贫困残疾人发放手杖等辅助器具，已发放20余件；购买适合山区的种植、养殖科技书籍110套，全部下发到帮扶村；为1名符合条件的贫困残疾人争取农村基层党组织助残扶贫项目资金3000元；争取县农技中心支持，为20户精准识别的建档立卡贫困户每户发放电子喷雾器1台。驻村工作队与水泉村“两委”干部一起研究，投资18万元，建设90立方米水窖1座，用于解决村民改厕用水问题；投资23万元为村民改造厕所；投资120万元，为村民安装暖气，已全部完工。

山阴县残疾人扶贫基地从2017年到2020年底，吸收11名残疾人就业，平均增收5000元，其中贫困残疾人4人，辐射带动23名残疾人参与到其中；山阴县实训基地从2017年起，一直承担着山阴县残疾人的培训工作，任务繁杂，但成效显著。每年度对培训合格的残疾人签订就业合同，辐射带动周边贫困户的就业；山阴县闫加威盲人医疗按摩店成立于2017年，经不断努力与各级残联的大力支持，发展成了朔州市第一家取得了医疗机构执业许可证的按摩诊所，且在2018年被评为山西省按摩示范店。依托众福缘手工专业合作社，成立了山阴县残疾人文创园。

【残联服务】 山阴县残联认真开展残疾人精准康复服务工作。2020年，山阴县有服务需求的残疾人875人，其中需要辅助器具的702人。为深入开展贫困残疾人服务工程，减轻残疾人的经济负担，让残疾人能够就近就便领取到辅助器具，4月初，山阴县残联将770余件辅助器具全部下发到乡镇，切实帮助残疾人走出家门，更好地参与生产和社会生活，切实提升他们的获得感和幸福感。山阴残联积极推动山阴县残疾人教育事业发展，资助家庭经济困难残疾大学生。积极为山阴县20余户家庭经济困难的残疾在校大学生申报省彩票公益金助学项目。做好数据统计及配合工作。对学前和义务教育阶段的残疾人学生做好统计并与教育系统做好对接工作，对无法入学的残疾学生，做好送教上门工作。

【残联宣传】 2020年，山阴县残疾联合会强宣传，多举措营造扶残助残氛围，开展爱耳日网上宣传活动。3月3日是全国爱耳日，根据上级残联康复科要求，山阴县结合当前疫情等实际情况，积极在网络上搜集并制作山阴县宣传资料，通过单位职工微信、公众号、微博进行转发。深入开展第30个全国助残日活动。5月17日，山阴县紧密围绕“助残脱贫、决胜小康”活动主题，开展对残疾人家庭、残疾人实训基地、残疾人盲人按摩店走访慰问，宣传报道残疾人先进典型，组织社会各界共同开展助残活动。积极开展残疾预防日活动。8月25日是全国第四次全国残疾预防日，主题为“残疾预防，从儿童早期干预做起”山阴县组织宣传车3辆、发放宣传页300多张，并对宣传资料录音进行不间断宣传，对残疾儿童早期干预起到积极的促进作用。

【党建】 2020年，山阴县残疾人联合会不忘初心，切实履行党建工作主体责任，抓实第一责任。年初，围绕残联党组全面从严治党年度责任目标、党建工作要点分解细化任务、责任清单，层层签订目标责任书。紧跟上级部署要求，带头示范引领，加强跟踪督促提醒，推动工作落实。班子成员依工作分工各负其责；坚持下抓一级，党组书记抓班子成员责任落实；班子成员抓分管部门科级干部责任落实。落实民主集中制制度，坚持用制度管钱、管人、管事，凡涉及“三重一大”问题坚持集体决策。抓实学习教育。认真落实精学理论、深学业务、广学知识、巧学方法要求，坚持政治理论、法规纪律、会议文件、专业业务融合学习，坚持集中学、研讨学、线上线下学相互促进，定期开展思想状况分析，做好思想政治工作。按时参加上级专题辅导、党校等学习；组织集中学习8次、专题研讨2次、讲党课3次；保证“学习强国”学习积分。抓实党建基础。抓细支部基础工作，全年召开支部大会2次、专题组织生活会1次、“主题党日”活动8次，重温入党誓词1次、谈心谈话10人次；参与社区志愿服务20人次，疫情防控捐款1600元。抓实纪律作风。全年组织反腐倡廉集中教育2次，深入开展山阴县党政领导干部违规入股企业问题专项清理工作，召开党风廉政建设专题分析会1次，严格排查廉政风险点，制定防控措施。抓实违规饮酒收受红包问题专项整治，全员签订严格执行“中央八项规定”精神承诺书。坚持对重要节假日和婚丧嫁娶事宜监督提醒，警示干部职工廉洁过节、廉洁办事。督促干部职工增强“8小时”以外自我监督意识，防微杜渐，保持本色。抓实疫情防控。年初，所有人员服从春节期间会党组安排，提前返岗，坚守岗位，制定我会文件材料草拟、摸底排查、疫情防控调度等工作。及时组织开展好“爱耳日”“全国助残日”“残疾预防日”各类宣传活动，助推疫情防控措施落地落实。抓严廉洁自律。班子成员均能如实按规定填报个人及家庭有关事项，及时报告个人、家人工作去向、工作情况。坚持正人先正己，带头模范遵守廉洁自律各项纪律规定，把知敬畏、存戒惧、守底线铭刻在心，始终保持头脑清醒、事事谨慎、处处警醒。全年，个人没有任何违纪违规行为，未发现、未接到对干部职工违纪违规情况的反映。

玉井镇

【概况】 玉井镇位于山阴县西北部山区，地理坐标为北纬 39°40′33″，东经 112°37′23″，西与吴马营乡接壤，经吴马营乡可进入平鲁区，北与马营乡和右玉县接壤，省道虎山线和元元公路贯穿全镇东西两侧，荣乌高速绕境而过，交通条件和区位优势非常明显。玉井镇镇域面积 167 平方千米，占全县总面积的 10.1%，耕地面积 9.6 万亩，全部为旱地。有 18 个行政村，人口 8715 户 21882 人，31 个党支部，699 名党员，是山阴县山区 4 个乡镇中面积最大、人口最多的乡镇。主导产业为煤炭产业和小杂粮种植。全镇地形均属山区，平均海拔 1400 米，境内洪涛山主峰——大贝山海拔 1947.5 米，是全县的最高点。

玉井镇是全县的煤炭大镇，煤炭产业是主导产业。全镇矿区面积 85 平方千米，井田面积 38 平方千米，煤炭资源总储量 50 亿吨，地质储量 11 亿吨。煤炭资源整合和兼并重组后，全镇保留 11 座煤矿，属宝山煤业 1 座、宝山玉井煤业有限公司，属中煤华昱 4 座、中煤华昱水泉煤业有限公司、南泉湾煤业有限公司、玉皇山煤业有限公司、台东山煤业有限公司，属兰花集团 2 座、口前煤业有限公司、朱和咀煤业有限公司，属同煤集团 1 座、同生千井煤业，中煤顺通 1 座——北祖煤业有限公司，晋煤集团 1 座——晋泰煤业有限责任公司，普大集团 1 座——西宜煤矿。在生产的有 7 座，其他处于关闭停产阶段。玉井镇充分利用当地优势，积极转变经济增长方式，加快产业结构调整步伐，不断创优发展环境，培育龙头企业，发展现代农业，促进三种产业协调发展，全面推进经济、政治、文化、社会以及生态文明建设，是一个富裕、宜居、和谐、美丽的幸福乡镇。

2020 年，玉井镇以党的十九大为指导，以习近平总书记重要讲话精神和治国理政新理念新思想新战略为指引，按照“四个全面”战略布局，紧扣“两大任务”工作主题，全面贯彻县委打造“灵秀古城”，建设“新韵山阴”发展思路，始终坚持以经济建设为中心，抓班子带队伍，兴产业强基础，抓民生促和谐，推进镇域经济持续、快速、健康发展和社会全面进步，较好地完成了各项工作阶段性任务。

【扶贫工作】 2020 年，玉井镇认真贯彻落实习近平总书记关于脱贫攻坚重要论述及国家、省、市、县脱贫攻坚会议精神，严格按照“五个一批”和“六个精准”各项要求，紧紧围绕全省“八大工程、20 个专项行动”，多方采取因地制宜、因村施策、因户施策，扎实推进古城乳业和骏宝宸农业公司委托经营资产收益项目、易地扶贫搬迁项目、教育和医疗扶贫项目、社会兜底项目、推荐打工就业和劳务输出项目、山区优质小杂粮种植和集体屋顶光伏发电特色扶贫项目、扶贫驻村工作队伍绩效管理项目等脱贫攻坚各项工作任务。截至2020年12月底，全镇建档立卡贫困人口1325户、2804人全部稳定脱贫。大力发展加工产业。投资70万元新建油坊，与山阴县华轩食用油加工厂合作，收益用于易地扶贫搬迁贫困户的增收，同时可带动易地搬迁有劳动能力的贫困户10人就业增收。大力发展光伏产业。累计投资356.5万元，新建窝棚沟等9个村屋顶光伏项目，总装机容量473.74千瓦，年收益20万元以上，带动贫困户139户317人，年人均收入400元。

【信访工作】 2020年，玉井镇认真贯彻落实省、市、县关于做好信访工作的一系列重要精神，坚持从改革、发展、安定的大局出发，高度重视和加强信访工作，扎实开展矛盾纠纷排查化解活动，及时解决人民群众反映的各类突出问题，进一步畅通信访渠道，规范信访秩序，不断创新信访工作机制，建立畅通、有序、务实、高效的信访工作新秩序，为全镇经济社会发展创造了良好的社会环境。全镇上半年共排查各类矛盾纠纷28起，化解26起，化解率93%。

【美丽乡村】 2020年，玉井镇所有村庄全部开展农村垃圾和污水治理工作，以贫困村整治标准为样本，以“三环三边”即环村环镇环企业、道路边沟边树木周边为重点，以清理垃圾、整顿虎山线、元元公路沿途村庄周边的环境整治为抓手，建立起村收集、乡转运、县处理的垃圾治理机制，实现“四无”，即公路两侧无乱搭乱建乱占、村内院内无垃圾杂物乱堆乱放、企业住户无污水废水乱排乱放、农民无农业生产废弃物乱丢乱埋。

全面推进农村人居环境整治工作，拆除废弃建筑和残垣断壁10处、清理安坪街乱搭乱建21处、清理乱贴乱画30处、清理乱推乱放64处，虎山线、偏玉线硬化路面9900余平方米，两侧新建绿化带3000余平方米、玉井大桥道路两侧挖鱼鳞坑300余个进行绿化，为农村环境常态化治理打下了坚实基础；深入推进农村生活垃圾治理工作，清理虎山线、偏玉线、元元公路两侧垃圾11000余吨；清理农村生活垃圾13025余吨、清理山体斜坡垃圾5000余吨，全镇垃圾基本得到清理，村庄环境面貌有了很大改观；积极推进农村生活污水治理工作，污水管网铺设3.5千米，建设投资273万元；雨水管网铺设1.8千米，建设投资80万元，使玉井镇农村生活污水得到有效治理；扎实推进农村改厕工作，完成农村改厕任务156座；有力推进清河行动工作，对玉井河和阎家窑沟2条河道环境进行了集中整治，清理河道垃圾20余吨。投资35万元新建宋家沟村通村道路建设1.2千米。将4个贫困村纳入美丽乡村建设规划，建立起长效环境整治机制，持续巩固提升。2020年，宋家沟村投资3万元，新建12盏太阳能路灯，玉井村、东庄村、窝棚沟村等积极开展爱国卫生运动宣传，倾倒陈年垃圾1.2万立方米，史家屯村新增人居环境宣传版画13块。

【沉陷区搬迁】 2020年，玉井镇采煤沉陷区搬迁项目涉及王坪沟、东石人坡、西石人坡、北祖、南祖5个村，共1372户3530人，其中：王坪沟293户900人、东石人坡220户610人、西石人坡204户546人、北祖284户645人、南祖371户829人。按照上级关于采煤沉陷区搬迁安置工作有关政策，采用评估村中原有旧房及其附属设施作价兑换玉马小区新房的办法进行安置，截至2020年底，共搬迁1097户。镇党委、政府严格落实主体责任，把人民群众利益放在第一位，把采煤沉陷区搬迁工作作为开展好民生领域工作重要抓手，进一步加大工作力度，坚持成熟一户，搬迁一户。并加大政策宣传力度，积极动员村民签订分房和货币化补偿协议，全力推进采煤沉陷区搬迁工作。

【森林防火】 2020年，玉井镇进一步健全森林草原防灭火工作机制，森林防火工作严格实行镇域内全天候禁止一切野外用火，加大督查巡查力度，规范专职护林员队伍管理，全方位开展森林防火宣传，开展扑火应急小分队和专职护林员培训工作，不断创新森林防火工作新举措，截至2020年底全镇未发生一起森林火灾。2020年重点宣传《山西省人民代表大会常务委员会关于禁止野外用火的决定》。

【安全生产】 2020年6月是第19个全国“安全生产月”，玉井镇高度重视安全生产工作。5月12日，国务院安委会办公室和应急管理部联合下发通知，以“消除事故隐患，筑牢安全防线”为主题，部署开展全国“安全生产月”和“安全生产万里行”活动。

大力做好安全生产宣传教育工作。加大宣传的覆盖面，大力宣传安全生产的重要性、必要性。通过悬挂宣传横幅，发放各类宣传品等，加大宣传教育力度，使干部群众明确了安全生产工作的基本任务及主要目标，明确了范围及工作责任，明确了安全工作的重要性和紧迫性，提高了干部群众的安全意识。同时，安全工作逢会必讲，特别对安全生产存在的薄弱环节，从自我检查、职能管理和安全制度执行等方面进行了深层次的分析，坚持以人为本、强化思想教育，构筑安全生产的坚固防线。

建立健全了各项安全生产规章制度，形成一级抓一级，层级负责的安全生产机制，结合实际，制定出隐患排查治理具体方案。“一把手”为安全生产第一责任人，负全面领导责任；分管安全生产工作的副镇长为第二责任人，负直接领导责任。坚持节假日期间有人值班，并且有带班领导，确保信息畅通；加强机动车驾驶员的管理，有效防止交通事故的发生；加强易燃易爆物品管理，增强消防意识，确保生活用电安全；加强防火防盗安全措施，提高防火防盗意识，确保公共财物安全。

通过开展安全隐患排查活动，摸清了存在的隐患，落实了整改措施和责任，实现了源头防范和长效管理。截至2020年底，全镇未发生一起大小安全事故，对存在的事故隐患和苗头，通过排查、及时发现、整改，基本得到了有效的遏制。

【私挖滥采整治工作】 2020年，玉井镇严厉打击非法、违法和私挖滥采工作。全镇26个村都派有专人对旧窑口进行24小时监管，重点对沈庄窝、老庄窝、董庄窝、南祖4个村露头煤点严格管控，对水头、王老沟、千井黏土矿点重点巡查，认真落实“发现、制止、报告”的工作要求，严厉打击私挖乱采行为，保护良好生态环境。全镇没有发生一起私挖滥采行为。

【疫情防控】 新冠肺炎疫情防控阻击战打响以来，玉井镇把疫情防控作为当前头等政治任务，坚持党建引领，以“党旗飘起来、党徽亮起来、党员动起来”为抓手，充分发挥各级党组织战斗堡垒作用和广大党员干部先锋模范作用，为打赢疫情防控阻击战提供坚强组织保证。提高政治站位，强化组织领导。在疫情形势越来越严峻的紧迫形势下，按照县委县政府的决策部署，1月24日以来，镇党委、政府多次召开镇村两级干部会议，传达、落实中央、省市县会议精神，专题研究部署全镇疫情防控工作，强化领导，全面推进各项具体防控工作。

提高认识，认清形势。广泛宣传此次疫情的严重性，防控形势的紧迫性，增强乡村两级干部的政治敏锐性，提高群众对此次疫情的了解程度，充分认清当前形势，与党委、政府密切保持高度一致，服从领导，听党指挥，确保坚决打赢此次疫情防控阻击战。加强领导，成立组织。镇村两级分别成立了疫情防控的领导组织，镇党委成立了由党委书记麻鹏斗、镇长刘国栋任组长，分管领导李志宏作为副组长，班子成员、相关站办负责人和各村书记、主任为成员的疫情防控领导小组，负责全镇疫情防控工作总体安排部署，党委书记、镇长作为防控工作第一责任人，全天在岗带班，各包村领导下到各村，督导各村具体工作。

加强督导，全面推进。根据疫情发展和工作实际需要，镇党委、政府组织成立督导组，督导全镇两级干部值班到岗情况，各检查口24小时值班登记排查情况，在形势异常严峻的当前，镇村两级干部务必坚守岗位，尽职尽责，确保一方安宁；对全镇各村疫情防控工作的情况进行督导，各村对上级要求的各类返乡人员排查、重点人员管控、群众宣传告知、综合报表情况等形成档案，确保信息准确及时，有据可查；对全镇范围内应关停的企业、饭店、洗浴、歌厅、集市等人员聚集场所检查督导，杜绝发生人员聚集问题，从而对疫情防控工作造成影响；对机关工作人员及外来人员进行体温监测和安全保障工作。

玉井镇地处两县交界之处，交通便利，煤矿企业较多，企业复工复产后外地施工人员接连返企务工，加之春节前后，访亲串友人员返乡，使全镇面临大量人员流入的问题，这为此次疫情防控工作增加了很大困难。镇党委政府在这种情况下，顶住压力、扛起责任、精准发力、多措并举，为全镇疫情防控工作指明了奋斗方向。广泛动员，全面排查。玉井镇共有户籍人口8662户22223人，自1月24日开始玉井镇开展全面排查返乡人员，共排查常住人口6000余户12000余人。其中，户在人不在2600户10000人。截至2020年底，全镇共计排查出返乡人员211人（不包含湖北省及途径湖北省人员），湖北省返乡人员54人，内蒙古、吉林、广东、黑龙江四省（区）人员11人，重点监控共计3人（其中1人是户在人不在，2人户已迁出），已全部按要求解除隔离，并出具解除医学观察报告。

设卡立哨，规范检查。自2月8日开始，各村设立进村道路疫情检查口16个（含县公安局检查口），对所有进出玉井镇各村的人员及车辆详细排查。全镇共派出疫情防控一线人员204人。

重点发力，精准排查。玉井镇煤矿企业较多，随之而来的是外来人员大量增加，通过镇村两级排查，在企业务工共计114人。经镇党委、政府与各企业单位沟通协调，启动应急预案，成立了专门的检查督导组织。

四级包保，难点清查。玉井镇针对武汉返县的3人建立“四包一”制度，对重点人员实行24小时实时监督。对非重点人员实行包村领导、村主要负责人联合包保，动员邻里监督，确保这些人员安全隔离，湖北返县人员、外来人员已全部达到隔离期限和体检合格的要求，已解除隔离。

积极宣传，联防联控。玉井镇连续发放了3个防控疫情公告，发放告知书6000份，宣传单10000张，张贴条幅55条，利用应急广播，每天12小时循环播报健康防控知识，同时利用镇村两级微信群随时发布疫情防控知识和相关动态。做到了疫情防控工作家喻户晓，人人皆知。同时设立举报电话，鼓励群众发现疫情及时举报，全面发挥群众监督作用。

在疫情防控的关键时期，镇党委书记麻鹏斗和镇长刘国栋常驻镇里，每天都到各个检查口走访一遍，了解当前工作中存在的问题以及一线人员所急、所需、所想，疫情防控期间正值天气寒冷，镇里为大家配齐了值班的帐篷和棉衣等保暖用品，尽最大努力满足大家的需求，同时多次慰问一线人员，为他们送去牛奶、食品、饮用水、口罩、一次性防护手套、消毒液等防疫物资，时刻保证大家吃饱、穿暖、健康。

【后勤保障】 自疫情防控工作以来，玉井镇党委、政府多方发力，形成良好物资保障态势。领取物资发放情况。疫情防控期间共从县疫情防控指挥部领取测温枪2把、口罩1445只和手套52副，已全部发放到镇村疫情防控一线工作人员；领取500毫升84消毒液2瓶、2#过氧乙酸2.5升消毒液1桶，发放镇食堂500毫升84消毒液2瓶、镇政府2#过氧乙酸2.5升消毒液1桶用于日常消毒；领取26瓶2.5升的84消毒液和26盒消毒片全部发放到村；从县民政局借取帐篷12个、折叠床12张，已发放帐篷11个、折叠床11张，剩余帐篷1个、折叠床1张镇政府用于应急。捐赠物资发放情况。古城乳业集团捐赠盒奶和袋奶各89件共178件、台东山矿捐赠一次性口罩300只和郭小明（个人）捐赠一次性口罩200只，已全部发放到镇村疫情防控一线工作人员；个人捐赠现金共计7000元用于购置疫情防控物资。自购物资发放情况：镇政府自购绿色军大衣70件、测温枪1把和一次性口罩200只，已全部发放到镇村疫情防控一线工作人员；购置5升84消毒液16桶，按照比例全部发放到镇村。

【传承红色基因】 八路军120师358旅旅部驻地遗址位于东庄村，为一处民居四合院，现有石窑9间,358旅旅长张宗逊曾在这里指挥作战。2020年玉井镇对东庄村红色文化的建设进行了规划，把美丽乡村建设与八路军120师358旅司令部旧址修缮工程相结合，建成美丽的红色革命教育基地。同时，8月31日隆重举行了八路军第120师独立六支队水头村战斗遗址和八路军第120师警备六团王老沟战斗遗址标志碑揭碑仪式。

【队伍建设】 2020年，玉井镇加强制度建设。先后制定工作例会、工作报告、请销假和考勤管理、纪律约束等10项制度，进一步压实“三支队伍”的帮扶责任。同时，坚持日常考核和定期考核相结合，通过自查总结、实地查验、群众满意度测评、综合评价等，对“三支队伍”进行考核评价，全面提升帮扶成效。

加强服务保障。定期与“三支队伍”进行谈心谈话、座谈交流，及时帮助解决工作及生活中的困难和问题。同时，对表现优秀的“三支队伍”进行表彰，进一步激发干事热情，营造良好氛围。加强“一网三超”建设。全镇6个贫困村全部设立爱心超市并建立电商网络销售平台，完善了工作小组及职责管理细则、积分标准等管理制度，明确了人员机构和具体工作内容，建立健全工作管理台账。2020年玉井镇继续认真强化各包村干部、驻村工作队、第一书记的责任担当，积极宣传山区农副产品特色，重点销售莜面、荞面、粉面、粉条、土豆、旱地渗水地膜谷子、胡麻油等，全力做好社会消费扶贫，促进精准脱贫增收。

【党建工作】 2020年，玉井镇党委以抓党建为统领，将村级党群服务中心提升工程列入全镇基层党建考核重要内容，明确任务，夯实责任，创新措施，加快村级党群服务中心党建阵地建设和房屋修缮，夯实党在农村执政基础，提高农村基层党组织凝聚力、战斗力。全镇村级党群服务中心提升工程共涉及康佳新村、福玉新村、一堵墙、盘道、史家屯、水头6个村，投资120余万元。全镇坚持把纪律挺在前面，认真落实党委主体责任和纪委监督责任，按照习近平总书记重要讲话精神和治国理政新理念新思想新战略，以及省委“一个指引、两手硬”总体思路，把党的六大纪律特别是党的政治纪律和政治规矩挺在前面。玉井镇结合实际，落实“盯人跟事”，坚持把纪律、制度挺在前面，净化全镇农村政治生态，实现弊革风清。进一步加大案件查办力度，对发生在群众身边的腐败案件做到发现一起查处一起，一查到底，绝不姑息迁就。

玉井镇 2020 年基本情况一览表

表 1

地区	户籍户数（户）	户籍人口（人）	常住人口数		建档立卡贫困户（户）	党员人数（人）	辖区企业（个）	商铺门面（个）	饭店（个）	废品站（个）	加油站	粮食作物		玉米		谷子		油料		土豆		小杂粮（亩）			猪存栏（头）	羊存栏（只）	大牲畜存栏			版图面积（万亩）
			（户数）	（人数）								面积（亩）	总产（公斤）	面积（亩）	总产（公斤）	面积（亩）	总产（公斤）	面积（亩）	总产（公斤）	面积（亩）	总产（鲜薯公斤）	黍子	高粱	荞麦			肉牛（头）	驴（头）	骡（头）	
合计	8715	21882	1543	2917	2751	561	14	130	34	15	2	3264983	52732	5142	429555	6697	835156	1644890	11114	2424	1636000	3351	4238	12293	3113	3771	724	140	53	25.08
玉井	812	1621	160	300	210	18	2	127	14	0	0	30850	6697	617	30850	6697	417578	62607	815	104	62400	90	66	207	725	51	102	4	4	0.68
水头	862	2315	128	308	334	49	0	1	0	0	0	10200	250	340	10200	250	10000	178670	347	297	178200	122		470	225	500	0	38	11	2.40
东庄	638	1813	213	326	172	30	1	2	0	0	0	19800	910	180	19800	910	45500	345100	845	430	344000	130		1100	715	36	0	3	1	1.85
王老沟	631	1767	169	328	361	38	0	0	0	0	0	45000	430	300	45000	430	21500	81200	438	160	80000	395	45	1200	43	458	0	0	18	1.98
水泉	259	698	27	47	0	15	1	0	0	0	0	0	500			500	40000	0	0						0	0	0	0	0	0.66
南祖	402	979	30	53	118	15	1	0	0	0	0	4500	0	90	4500			82963	50	110	82500	40		463	10	490	97	1	0	1.78
北祖	348	844	3	5	153	17	1	0	0	0	0	800	3	4	800	3	135	51164	0	71	49700			1464	0	0	0	0	0	1.00
王坪沟	294	758	5	10	48	20	0	0	0	0	0	800	0	10	800			10471	0	20	10000			471	0	130	0	3	1	1.09
口前	419	955	125	280	132	24	1	0	0	4	0	5050	0	101	5050			162043	76	161	161000	76		1043	0	40	2	8	2	0.98
沈庄窝	406	1027	76	156	22	26	0	0	0	0	1	13475	273	245	13475	273	19110	38673	62	64	38400	62		273	0	120	447	7	1	1.09
青杨沟	162	404	60	93	22	12	1	0	0	0	1	13140	870	146	13140	870	56550	28753	1131	52	28600	31		153	1100	55	0	2	0	0.40
董庄窝	289	790	58	112	119	16	0	0	0	0	0	20000	121	200	20000	121	7865	25700	352	85	25500	350		200	2	87	1	14	0	0.72
老庄窝	410	1077	36	75	80	23	0	0	0	0	0	2475	200	33	2475	200	20000	5928	451	9	5850	451		78	0	77	0	4	1	0.80
米庄窝	408	1017	65	120	92	34	0	0	0	0	0	31500	232	450	31500	232	11600	102500	553	170	102000	500	15	500	53	29	21	14	3	1.23
盘道	235	521	37	57	75	29	0	0	0	0	0	30000	100	400	30000	100	5000	48120	180	80	48000	180	21	120	0	280	0			0.54
千井	194	433	62	130	129	30	0	0	0	0	0	61500	260	410	61500	260	13000	35290	406	70	35000	400	8	290	6	150	0	2	1	0.74
窝棚沟	109	301	22	43	42	10	0	0	0	0	0	10010	797	143	10010	797	79700	16878	41	28	16800	11		78	30	27	0	3	0	0.32
史家屯	482	1143	78	168	136	27	3	0	0	0	0	33600	7	160	33600	7	350	72230	238	71	71000	82	51	1230	156	143	98	13	3	1.74
吴家坪	232	578	55	76	113	27	1	0	0	0	0	1500	230	30	1500	230	13800	39976	2	78	39000		1700	976	2	16	42	7	1	0.67
范家屯	181	438	33	68	33	16	1	0	0	0	0	15675	96	209	15675	96	4800	31470	186	48	31200	186	571	270	0	463	0	7	2	1.19
宋家沟	119	298	15	28	29	14	0	0	0	0	0	6100	36	61	6100	36	1728	21400	14	26	20800	14	35	600	0	112	0	1	0	0.53
一堵墙	215	556	23	38	113	20	0	0	0	0	0	26200	204	131	26200	204	14280	12073	160	30	12000	160	223	73	0	140	0	2	3	0.49
马家洼	166	399	55	79	60	14	1	0	0	0	0	7380	98	82	7380	98	6860	25834	117	34	25500	71	104	334	46	37	4	4	1	0.60
东石人坡	237	635	5	12	92	20	0	0	0	0	0	40000	180	800	40000	180	10800	13400	0	16	12800		900	600	0	280	0	3	0	0.57
西石人坡	205	515	3	5	66	17	0	0	0	0	0	0	500	0		500	15000	152350	0	203	152250			100	0	0	0	0	0	0.69

马营乡

【概况】马营乡位于山阴县西北部洪涛山腹地，北与左云、右玉县交界，西与玉井镇为邻，南与北周庄镇、下喇叭乡相连，东与怀仁县接壤。全乡东西最大距离16千米，南北最大距离11千米，版图面积139平方千米。耕地面积71471.04亩，林地24741.2亩（其中退耕还林9971.02亩）。辖区内有马营河、大南河，属季节性河流。山阴县最高山峰宝峰山，海拔1968.5米，位于陆家窑村、腰寨村与玉井镇南祖村之间。春夏干旱、秋季短暂、冬季漫长，全年降雨量约450毫米，属温带大陆性干旱气候。农作物为一年一熟制，主要农作物有土豆、莜麦、豌豆、小杂粮，经济作物主要有胡麻，特色农作物主要有苦荞、藜麦。

2020年，马营乡合并了8个移民村，新成立了河阳新村，所在地玉马小区。辖梁家店、偏岭、芍药沟、南河、张家沟、五家沟、上石井、陆家窑。梁头村合并到了马营村。合并后村委会共13个。在册户数5137户11994人，常住人口2066户4842人。乡党委下辖1个党总支（河阳新村党总支），22个党支部（非公党支部2个，即宝山煤业党支部、芍药花煤业党支部），党员413名。其中，农村党员355名。乡政府所在地马营村。

辖区内有大型煤矿企业8座。属中煤华昱3座：五家沟煤业、南阳坡煤业、元宝湾煤业；属普大集团1座：芍药花煤业；属中煤顺通1座：辛安煤业；属同煤集团1座：安平煤业；属民营2座：华夏煤业、腰寨煤业。还有1家偏岭联成风电有限公司。乡政府距离山阴火车站41千米、岱岳火车站34千米；境内有公路4条，均已开通公交线路，交通极为方便。有承接全市国际通信业务的地面卫星接收站。辖区内移动、联通、邮电通信设施齐全，中通、圆通、申通、百世、苏宁、韵达、天天、京东、顺丰快递等网点运营畅通。各种商业点300多家。

【科技兴农】2020年，马营乡政府调整农业产业结构，突出主导产业发展。在张家堡、观音堂、下石井、山峡、梁家店等村种植苦荞30000多亩、种植“晋薯16号”24500亩。同时，充分发挥小杂粮种植的优势地位，通过政策引导、项目资金扶持、技术指导，强化小杂粮在马营乡的主导地位。

科技推广惠及三农，有效促进了农村经济增长、农业增效、农民增收。乡农技站组织10户农业专业合作社带头人，参加县农技中心2019—2020年各类农业实用科技示范项目培训班；组织全乡20名种粮大户到山阴县西双山参加新型农业机械推广现场会，之后，购置了4台新型播种机，分发到张家堡、魏家沟等种粮大户手中。同时，印发各类科技资料12000份，推广各类试验示范田57亩。在观音堂引进种植“糯杂1号”等4个高粱新品种200亩、“赛德1号”玉米新品种地膜覆盖15亩、藜麦、“吨谷1号”等4个新品种地膜覆盖和肥料示范田16亩，“坝莜1号、坝莜18号”莜麦15亩。科技知识的宣传和农业新技术、新品种的推广应用，在全乡上下掀起了科学种植、科学管理的学科技、用科技热潮。

产权制度改革取得新成果，为科技兴乡注入新活力。全乡已完成21个村庄的集体经济组织的清产核资工作；22个村已成立农村集体经济组织，成员认定已全部完成4715户11418人；土地确权工作全面完成，共确权3363本、发放3363本，确权面积71425.74亩，档案资料已全部归档管理。

【安全生产】2020年，马营乡安监站牵头，和各煤矿企业联合举办了9场“安全生产月”活动，消除事故隐患，筑牢安全红线，参与人数4000多人，加强了群众的安全防范意识。同时，加强对乡境内学校、工矿企业、加油站、尾矿、道路交通、易燃易爆物品、地质灾害、建筑领域等各行业、各领域的安全监管，消除安全隐患。严厉打击私挖乱采不法行为，坚决治理“散、乱、污”企业。

【移民搬迁】 截至2020年12月底，南河等9个村实施货币化补偿777户2036人5666.1万元，发放搬迁款1398户3736人140万元，发放过渡安置款815户2109人81.5万元，发放房屋差补款735户2506.1万元，拆除旧房1704户6580间，拆房率村均达到98%以上。总搬迁户1977户5147人，搬迁补偿款总计8393.7万元。

【美丽乡村建设】 2020年，马营乡立足于乡域工矿特色，认真谋划脱贫攻坚与乡村振兴有效衔接推进，把握重点、强化措施、狠抓落实，扎实有序地在马营乡各村开展美丽乡村建设，基本上实现了培育产业取得新发展，农民生活取得新提高，村容村貌取得新变化。马营乡重点在马营村、庄窝村、后石门、水泉四村开展美丽乡村建设：一是马营村，投入116.8万元，府东街粉刷了楼房墙体1400平方米、河道护坡2000平方米，硬化中心校路面2520平方米、铺设下水道420米、栽植樟子松3000株、清理垃圾5200立方米、新建卫生厕所64个，维修其他公共设施20余处。二是庄窝村，投入120万元，硬化主街道7769平方米、建排水池420米、粉刷墙体650平方米、清理垃圾2100吨。三是后石门村，投入65万元，新建文化门楼一座、新修硬化主街道1600平方米、新砌围墙600米、党建宣传牌10个。四是水泉村，投入70万元为村民铺设自来水入户800米、下水管道720米、卫生改厕108座，新建400立方米蓄水池1处。五是岱马路三叉口，投资138.9万元，砌长城墙529米、硬化工程6500平方米、砌院墙114米、修水稳13800平方米、绿化植树220株、顶管16米排水管31米、修花池2个。

【脱贫攻坚】 2020年，马营乡村干部、驻村扶贫工作队，按照“两不愁三保障”“十个清零”的要求，通过开展“四问三宣一推广”活动，对全乡270户510人建档立卡贫困户进行跟踪回访，顺利通过了省市县脱贫攻坚专项检查验收。经过排查，全乡建档立卡贫困户，均享受政府补贴参加城乡居民基本医疗保险等健康扶贫政策，九年制义务教育阶段6～15周岁未发现辍学学生，享受雨露计划8人，享受低保64户、特困供养2户2人、孤儿抚恤2人、残疾帮扶24人；全乡贫困户基本医疗实现全覆盖，所有贫困户实现了家庭医生服务签约，饮用水水质达标且取水方便水量够用，84户建档立卡贫困户住房危房改造任务已完成。现在贫困人口中有就业家庭147户248人，人均月工资2200多元。省督导及巡视问题整改涉及马营乡的14个共性问题已完成整改。上级拨入的100万元的屋顶分布式光伏项目已完成建设，运行良好，可带动约60户贫困户受益。2020年，马营乡还引导脱贫户实施了特色农业种植，共涉及观音堂等15个村，其中杂粮1249.51亩、薯类121.73亩，可使100余户贫困户直接受益，受益金额3.7万余元。

【社会保障】 2020年，马营乡妇联对350名35～65周岁的农村妇女进行了“两癌”筛查；民政站为264户374名低保户、72名特困户补发高龄补贴电费退费15.5万元，对43名重度残疾人、困难残疾人信息系统进行了录入；劳保所牵头完成城乡养老保险4336人，完成率94.16%，对全乡8500多名适龄劳动力进行建档立卡信息录入，为其就业提供全方位的服务；军人服务站对退役军人进行了年检，并为其悬挂了新式光荣牌匾；河阳新村党群服务中心全面启动惠农一卡通；提升政务大厅服务功能，设置土地、移民搬迁、司法、劳保、军人等窗口，解决群众来人来信来访问题；乡政府投资127.4万元，对建档立卡贫困户84户、低保户4户、五保户 1 户、贫困边缘户 2 户共计 91 户进行了危房改造。

【劳务经济】 针对 2020 年百年一遇的疫情、旱情带来的不利影响，马营乡政府按照“农业损失劳务补”的工作思路，通过党委引领、政府实施，与辖区内煤矿企业对接，与县相关部门对接，动员农村富余劳动力外出务工，狠抓向外输出和就地转移，努力为农民提供就业平台。全乡有 1000 多人在煤矿企业上岗就业或就近劳务，550 多人从事餐饮、娱乐、商贸业，年收入 5000 多万元。

【平安建设】 2020 年，以建设平安马营为主线，深入开展“进学校、进家庭、进煤矿、进社区”等“法律六进”宣贯，抓好法制宣传教育。“雪亮工程”网络覆盖全乡，网格化管理日益完善。深入开展“扫黑除恶”专项斗争，严厉打击邪教组织，使人民群众的安全感得到增强，社会秩序得以进一步好转。

【疫情防控】 疫情防控期间，马营乡党委、政府高度重视，乡领导亲自带队、亲自蹲守现场办公，全乡设置 17 个检查点、卡，昼夜不停地盘查从湖北、内蒙古、黑龙江等地入境的车辆、人员，特别是对 18 名从武汉回乡的大学生安排专人日夜盯守，对 8 家煤矿企业所有员工进行了登记检查，每天出动 3 辆车巡回全乡各村、各矿宣传疫情防控的知识、法律法规，发放各种宣传资料 5000 多份。乡纪委监委加大对防控物资的接收与发放、资金的拨付与使用、企业的复工复产、各村的春耕备耕情况的督察检查，加大对乡村干部的监管问责，确保了全乡人民群众的身体健康和生命财产安全。同时，储备大量医药、食品、春耕备耕物资、复工复产物资，严厉打击不法商贩，确保了全乡人民群众的生产、生活正常秩序。

【党建】 2020 年，马营乡政府圆满完成了南河等 9 个行政村的撤并工作，成立了移民村联合党委、玉马小区河阳新村党总支；建立健全了各类规章制度——学习制度、驻村工作队管理制度、“两委”主干管理考核办法、发展党员规划、扶贫光伏项目管理制度等；对 35 名农村干部进行了学历提升工程；发展农村入党积极分子 10 名；完成选派机关事业人员 3 人到水泉、戈道、河阳新村任党组织书记工作；加强党风廉政建设，深入开展反腐败工作。乡纪委、监委，通过“以案释纪”“以案说法”活动，重点整治向扶贫资金、移民、粮补、低保、救济、林业、教育、环卫、危改等上级专项财政资金，以及矿产、交通、工程占地补偿款等动心眼伸黑手，侵占挪用、克扣强占、虚报冒领、挥霍浪费等问题。乡纪委共接收各类问题线索 14 件，其中，上级转办 7 件，自查 7 件，谈话 10 件 12 人，立案 1 件。给予党内警告处分 1 人。

马营乡2020年度乡村情况一览表

表2

项目 村名	在册户数（户）	在册人口（人）	常住户数（户）	常住人口（人）	村占地面积（公顷）	耕地面积（亩）		林地面积（亩）		土地塌陷（亩）	农作物面积（亩）	粮食作物面积（亩）	粮食作物总产量（万公斤）	特色种植（亩）	大牲畜存栏（头、只）			专业合作社（个）	弱势群体						马营乡党组织情况		
																			低保户		五保户（人）		孤儿	残疾人			
						总面积	其中：机动地	退耕还林	公益林					渗水谷子	猪	牛	羊		户	人	分散	集中	人	人	名称	党员人数	其中：女性党员人数
合　计	5137	11994	2066	4842	280.22	71471.04	2721.52	9971.02	14770.18	36607.5	42459	29435	424.552	993	705	350	4096	22	263	376	42	9	11	432	戈道村党支部	13	2
马　营	627	1371	352	880	56.24	5411.33	20.25（梁头）	502	1083.91	2328.4	3167	2440	39.128	69	53	35	550	2	31	42	8	1		45	马营乡党委	414	61
观音堂	394	985	100	300	22.5	7219.02	1899.86	592.92	1966.73	4600	6400	4100	66.06	790	7	120	500	1	16	22	2	0		31	移民村联合党委	172	31
下石井	389	913	265	580	18.44	6045.50		421.7	1086.83	1255.3	2750	2750	43.25	47	250	60	30	2	21	28	2	0		40	河阳新村党总支	140	28
张家堡	209	509	74	137	10.58	4792.98		1603.9	1673.54	1570	4640	1940	27.543	20	100	5	500	3	16	20				17	张家沟村党支部	18	3
山　村	294	657	174	433	13.89	4111.76		2054.8	2054.8	1940	3150	1650	30.7	12	210	1	366	1	6	6			1	18	南河村党支部	22	3
庄　窝	209	478	95	230	11.28	3295.15		287.9	287.9	1300	1652	1220	16.43	39	0	0	500	1	3	7	3	0	1	13	陆家窑村党支部	20	4
水　泉	136	337	76	215	3.62	2620.32				60	1000				0	50	200		14	22	6	0		22	偏岭村党支部	36	8
魏家沟	112	244	25	48	3.99	898.66		680	739.85	1410	215	165	2.295		5	0	400		3	3	0	1		5	芍药沟村党支部	29	7
青杨岭	123	265	12	19	5.02	937.51			269.05	58	32	32	0.814		0	0	0		0	0				5	梁家店村党支部	15	3
戈　道	80	202	6	13	4.39	484.03					26	26	0.728	16	50	0	400		1	2	1	0		10	腰寨村党支部	17	1
腰　寨	241	538	68	126		4785.69			70.96	1543	3600	2100	29.15		0	0	0		7	8	1	0	4	18	后石门村党支部	15	2
后石门	304	784	195	507		4602.76			61.76	3702	1820	1752	25.941		0	60	300		0	0	2	0		27	马营乡机关支部	39	5
河阳新村	2019	4711	624	1354	130.27	26266.33	821.66	3827.8	5474.93	16840.8	14007	11260	142.513		30	19	350	12	145	216	17	7	5	181	宝山腰寨煤业党支部	5	1
																									芍药花煤业党支部	12	0
上石井	89	193	23	56	4.86	2007.33		198.2	269.28	390								1						6	马营村党支部	36	1
五家沟	146	330	32	61	7.72	2786.26		1796.9	1870.86	3610								1						16	观音堂村党支部	17	3
张家沟	210	472	34	78	14.04	1930.39				260								1					1	19	下石井村党支部	26	3
南　河	350	907	81	210	36.6	4032.21	9.78		323.53	2860							120	2						20	张家堡村党支部	14	4
陆家窑	234	545	37	78	10.32	2423.64	657.80	459	1026.96	206								4	2	4				26	山村党支部	28	5
龙泉寺	52	119	14	23	2.71	691.27		250	357.68	560								1						3	庄窝村党支部	17	0
偏　岭	388	836	176	400	24.03	3746.84		340.8	481.65	1454.8								2	7	7			1	40	水泉村党支部	15	1
芍药沟	314	765	165	250	17.01	3315.70		406.5	629.86	3500							20						1	38	魏家沟村党支部	9	2
梁家店	236	544	62	198	12.98	5332.69	154.08	376.4	515.11	4000					30	19	210		4	14			2	13	青杨岭村党支部	11	3

吴马营乡

【概况】 吴马营乡隶属朔州市山阴县，版图面积106.6平方千米。耕地面积66156亩（其中包含退耕还林10268亩）。辖12个行政村，全乡3479户，8409口人。乡党委下设16个支部，（包括农村支部12个、机关支部1个，合作社支部1个、敬老院支部1个和流动党员党支部1个），共有党员289名。乡政府规定行政编制数20人，实有11人；事业编制数21人，实有15人；乡领导班子编制10名，实有7名。农村“两委”干部82名，主干18名。2016年底全乡9个贫困村，建档立卡贫困户742户1834人。现有脱贫户626户1716人，监察户62户162人。各贫困村均有市、县包村领导，市、县配备第一书记11名。吴马营乡位于晋西北黄土高原丘陵地带，元子河流域上游，东接玉井镇，南、西与平鲁区毗邻，北与右玉县接壤，北纬39°64′43″，东经112°48′39″，平均海拔高度1338.4米。荣—乌高速公路和省道元元公路均经过吴马营乡，距离县城42千米。村村通水泥路全长48.7千米，交通较为便利。属温带大陆性季风气候，多为西北风，年平均气温8摄氏度（最高39.4摄氏度，最低–28.4摄氏度），无霜期115天；年降雨量在384.4毫米左右，（最高582毫米，最低仅213毫米）且集中在7月、8月、9月三个月内，占总降雨量的65%。地表水缺乏，地下水在340米左右。

【农村经济】 吴马营乡主导产业为种植业，属于纯农业乡镇。主要种植玉米、豌豆、黑豆、莜麦、山药、荞麦、胡麻、谷黍等作物。近年来，旱地谷子种植得到了大面积推广。2020年推广紫砂豆种植3500多亩，以11个养殖园区（牛、羊、猪）为龙头的养殖业发展逐步壮大，养殖业收入占总收入20%以上。村集体经济，一是光伏电站项目收益，全乡共有光伏电站24座，装机容量2484千瓦，年收益150万元左右，二是资产性收益项目，各村利用财政扶贫资金委托经营到鑫霏农业、骏宝宸等企业合计870万元，年收益52.2万元。

【经济工作】 吴马营乡实施屋顶光伏发电项目。东短川、郭家窑、尖山等8个村新建了村级屋顶光伏发电项目，总投资470万元，装机容量500千瓦，年收益30多万元，为村集体经济发展和贫困户增收提供了保障，同时建立健全村集体项目各项监管运营机制，确保了扶贫项目有实实在在的效益。

实施科技兴农工程。依托优质谷子商品性好和玉米种植产量高的优势，积极争取有关部门农资资助（地膜、化肥等），在全乡大力推广渗水地膜旱地谷子种植和山区玉米地膜覆盖种植，年内种植分别为3000亩和6500亩。尖山村海辉农业合作社推广富硒黑黍子种植1000多亩。同时大力支持、资助特色优质小杂粮的种植。

实施发展家庭养殖工程。鼓励绝大部分贫困户适当发展养殖业，重点以家庭圈养为主，2020年全乡有劳动能力的贫困户家庭户均养羊3只，同时贫困户养猪、养驴、养牛也有大幅增加。截至2020年底全乡羊出栏8000多只、猪出栏4000多头，牛出栏150多头，创收1800多万元。

实施“一村一品、一户一业”工程。一批新型农业经营主体，脱贫致富带头人有效地发挥了带动贫困户的增收作用。全乡村村有光伏电站，300亩以上小杂粮种植大户增加了12户，同时磨坊、豆腐坊、油坊等家庭小作坊也在不断发展。

【脱贫攻坚】 2020年，吴马营乡强力推进补齐脱贫短板。乡党委组织乡村干部和驻村工作队、第一书记多次召开脱贫攻坚推进会，进行分析、总结和安排部署。聚焦“两不愁三保障”和贫困村摘帽十三项指标，夯实精准帮扶、精准管理、精准退出。坚持“缺什么补什么”“什么弱强什么”，落实各级各类巡视巡查问题整改15项；认真实施“六大行动”和“十个清零”工作。完成1户3人脱贫；享受“136”政策的67人全部报销到位；实施危房改造2户，5个村还实施了128户贫困户房屋室内维修工程；引黄入村工程全部配套，15个自然村安全饮水全部解决；新增贫困人口就业53人，566个有意愿外出就业贫困劳力全部就业。新增兜底保障人口7户23人，累计投资475万元，实施基础设施建设工程和贫困村提升工程共18项。扶贫档案资料和基础性工作更加扎实。

吴马营乡落实金融扶贫政策，截至2020年底全乡共落实扶贫小额信贷贫困户258户，1137万元，有效地解决了贫困户在农资购置、发展家庭养殖等发展生产经营中资金不足的问题。落实教育扶贫政策。做好建档立卡贫困家庭学生资助工作，共为建档立卡贫困家庭56名学生出具了贫困证明；全乡未有1名义务教育期间辍学的贫困学生；享受“雨露计划”的大学生共41名。落实健康扶贫政策。建档立卡贫困人口100%参加城乡居民医疗保险、大病保险、医疗救助。贫困人口落实双签约服务111户218人。落实兜底保障扶贫政策，对全乡五保、低保对象进行全面核查，该取消的全部清理。全乡有382户643人丧失劳动能力或部分丧失劳动能力的贫困人口均列入了最低生活保障对象。

【民生工程】 2020年，吴马营乡实施基础设施建设工程。以改善营商环境为目标，着力提升交通便利。实施了乡村道路、街巷硬化工程，硬化面积1.1万平方米。道路硬化新增里程3千米。新修、维修田间道路11.8千米。实施环境整治配套工程，吴马营乡垃圾集中清运站主体工程已竣工。实施环境集中整治工程。全乡共投资350多万元，实施了绿化、净化、美化、亮化工程，共植树1.3万多株；清理垃圾1400多吨。粉刷墙壁5000多平方米。拆除残墙断壁700多米，垒高质量砖墙4600多平方米；新建高质量标识牌匾7个，文化墙、宣传栏400多平方米；五个村安装太阳能路灯130盏。吴马营乡人民政府5个村的农村党群服务中心进行了改扩建和修缮、硬化，新修建、扩建公共文化健身广场5处。

【法治建设】 吴马营乡深入贯彻落实党的十九届四中全会精神，扎实推进依法治乡工作，强化平安建设，全面落实“七五”普法规划，法治知识普及率85%以上；积极推行“枫桥经验”，开展“三零”村、单位创建活动，打造了南屯、后榆林两个“枫桥经验”示范点,4个“三零”村创建示范村。坚持“自治、法治、德治”相结合，进一步增强人民群众法治观念。实行矛盾纠纷和信访问题台账化管理，加强预防和化解社会矛盾机制，正确对待群众合理合法的利益诉求，有效化解历史遗留问题，严防发生群体性事件，2020年，未发生进京、赴省非访事件。深入推进“一约四会”工作机制。出台了《乡规民约》，各村制定《村规民约》，成立了红白理事会、禁赌禁毒会、村民理事会和道德评议会，引导贫困群众自我教育、自我管理、自我约束，培育健康文明生活方式。不断净化社会环境，夯实平安法治根基，使人民获得感、幸福感、安全感更加充实、更有保障。

深入推进扫黑除恶专项斗争。坚持标准不降、力度不减、工作不断。对已侦破的案件循线深挖、逐一见底，全面梳理、深入开展重点领域重点行业整治，处理保护伞案件1起，免去3名村“两委”主干职务。主动防范、发现、打击黑恶犯罪的制度机制进一步健全。

强化安全生产责任。严格落实安全生产责任，先后召开各类隐患排查部署会议6次。积极安排部署。抓实重点行业领域隐患排查、专项整治等工作，坚决预防和遏制重大安全生产、食品安全事故的发生。建立了安全生产隐患、地质灾害隐患排查日报告制度，进一步完善了灾害预警预报监测体系，完善应急处置机制；特别是在森林防火方面，加强灾害风险排查与防范，大力宣传防火知识，群众防火意识不断增强。全年未发生一起安全生产事故。

【社会事业】 吴马营乡强化公共卫生保障。全面落实好二孩、优生促进工程及“奖优免补”政策，实现人口均衡发展；抓实基本公共卫生服务，积极开展疫情防控，普及卫生健康知识，严密排查重点风险地区往返山阴人员6人，配合公安协查11人，有效地抗击了疫情，取得了很好的成效；提高村级医疗卫生服务能力，保障人民群众身体健康，全面实施健康签约服务，乡卫生院和县医疗集团联合对全乡15个村开展下乡义诊，送医送药上门服务；积极开展爱国卫生运动，开展农村厕所革命，按时完成农村厕所改造任务23户。

推进乡村文化事业发展。加强公共文化服务体系建设，抓好乡文化站工作，发挥农村书屋，健身广场作用，办好农民夜校，电影下乡进村每月2场。吴马营村在县文化局驻村干部的帮助下，组织妇女广场舞健身活动，极大地丰富了群众精神文化生活。

社会保障水平进一步提升。落实全民参保计划，扎实做好农村居民基本养老保险、医疗保险收缴工作，农村养老保险参保率和新型合作医疗参合率进一步提高；推进低保规范化、动态化管理，进一步扩大社会保障覆盖面，做到了应保尽保；吴马营敬老院管理进一步规范，服务水平进一步提高；组织农村实用技术和劳动力转移技能培训2期300多人次，为农民致富奔小康创造更加积极的就业创业机会。

【党建工作】 吴马营乡政府落实党委主体责任，做好重大事项部署落实。2020年共召开四次党建、党风廉政建设研究专题会议，制定《吴马营乡2020年党建工作安排》《吴马营乡2020年党风廉政建设工作重点》等工作意见，为推进全乡党建、党风廉政建设工作做了安排部署。延伸“不忘初心、牢记使命”主题教育。乡党委对照班子民主生活会上提出的问题，结合实际认真整改。进一步推进党委中心组理论学习往深里走、往心里走。深入开展廉政警示教育，组织党员干部观看警示片3次，通报廉政警示典型案例3次。定期开展党风廉政建设督查，压实各支部党建、全面从严治党主体责任，推动工作落实。加强党建引领，做到重点工作推进到哪里，党建就开展到哪里。脱贫攻坚工作全乡党员干部结对帮扶56户。疫情防控重点时期，监控点设在哪里，党旗就插在哪里，设置党员先锋岗，加强党对疫情防控工作的领导。重点工作由主要领导亲自挂帅，推动重点工作落实。

加强班子自身建设。坚持把思想政治建设放在首位，在思想行动上与以习近平同志为核心的党中央保持高度一致，始终旗帜鲜明，立场坚定，保持一个基层领导集体坚持中国特色社会主义的坚定信仰。坚持把学习理论与提高实际能力结合起来，提高决策能力和指导实际工作的水平。班子成员建立了党建工作联系点制度，定期督促指导各支部“三会一课”执行情况，推动基层党建工作制度化、规范化。完成了屯港村软弱涣散党组织整顿提升，调优配强了2个村班子。

加强党员教育管理。把学习贯彻习近平新时代中国特色社会主义思想作为首要政治任务，乡党委中心组带头坚持每周二学习制度，浓厚理论学习氛围。依托“学习强国”“三晋先锋”“爱山阴”等学习平台，拓展深化“互联网+党建”模式，通过建立党员微信群，加大覆盖面，增强学习效果。全体党员干部进一步树牢“四个意识”，坚定“四个自信”，做到“两个维护”。

加强作风建设。严格乡村两级干部管理。

认真落实党风廉政建设责任制，严格“一岗双责”要求，建立了乡村干部廉政档案，强化日常监督，进一步推进党风廉政建设和反腐败工作，签订《廉洁自律承诺书》进一步压实责任。通过组织学习《廉洁从政若干准则》和开展反腐倡廉警示教育，增强班子成员党风廉政建设的责任感和紧迫感，使班子成员能够牢固树立正确的世界观、人生观、价值观。认真遵守中央八项规定，严格要求自己，以身作则，克己慎行。

下喇叭乡

【概况】 下喇叭乡位于山阴县的西北山区，紧靠虎山线，交通便捷。辖11个行政村，8个自然村，版图面积138平方千米，全乡共2840户，总人口6537人，常住619户、1288人，耕地面积4.24万亩，农村经济总收入5389万元，农民人均收入7997元，粮食产量3217吨，农作物总播种面积25367亩。乡政府所在地距县城16千米，位于北纬39°35′，东经112°39′，属典型的温带半干旱大陆性季风气候，冬春多风，夏秋多雨，年平均降雨量420毫米，全年日照时间2899.7小时，无霜期120天。全乡养羊10350只、大牲畜245头。城乡居民医疗保险参保人数3282人，城乡居民养老保险人数参合人数2458。五保户60户，低保269户、438人，独生子女户85户、216人。

【农业果业】 2020年，下喇叭乡政府围绕纯农业山区的特点，因地制宜，抓特色、树品牌、调结构、上规模，做大做强支柱产业。发展山区特色农业，全乡确权地面积42456亩（1410户），可以机械耕种的2.5万亩，1.7万亩牲畜耕种，年产量在5000吨左右，2020年春季由于受旱灾影响，前期已播的1.5万亩基本绝收，后期抓住有利时机，都已改种，农作物播种面积2.21万亩，主要种植荞麦、黍子、莜麦、马铃薯，经济作物（油料）播种面积0.12万亩，燕麦草约0.5万亩，产量3500吨。2019年注册了有地域特色的商标，成功申请了无公害燕麦和无公害马铃薯。

下喇叭乡政府按照“全民造绿、身边增绿、依法护绿”的发展思路，因地制宜、植管结合，全乡以大接杏、枸杞为主的经济林发展到5000亩，生态林发展到3万亩，全乡林木覆盖率34.5%。截至年底，全乡林地面积13万亩，其中退耕还林面积19561亩（880户），林木覆盖率达39%，防火任务艰巨。2020年，虽然发生过两次火灾，但都在可控范围内，未造成损失。

【畜牧业】 2020年，下喇叭乡政府按照“一乡一业，一村一品”的要求，引导广大农民大力发展以养羊为主的畜牧养殖业，建设千头绒山羊养殖基地3座，全乡的肉羊饲养量1.5万只，生猪约380头，下立羊泉藏香猪900头，养殖肉牛300头。

【保障民生】 2020年，下喇叭乡政府加强惠民生，发展社会事业。坚持教育优先发展战略，乡中心校和寄宿制幼儿园在校学生全部实行免费食宿，提升了义务教育标准化水平。文化、卫生、计生等工作取得长足发展。修缮下喇叭乡文化站，满足人民群众的精神文化生活。完善公共卫生服务体系，加大对公共卫生的投入，乡卫生院免费为65周岁以上老人、13个贫困村的贫困户、白内障人员进行体检，住院率90%以上。组织全乡35～64周岁妇女共244人到县医院进行“两癌”体检。各项富民惠农政策全面落实。经过政策指引和乡村共同努力，新农保参保人数3085人，新型农村合作医疗制度得到更好的完善，参合人数5196人，参合率100%。

【疫情防控】 下喇叭乡成立疫情防控领导小组，明确责任，细化分工，严格按照中央、省、市、县委安排部署，充分发挥各村动员能力，统筹全乡做好疫情防控工作。依托综治网格管理。全乡共设卡18个防控检查点，90余名志愿者配合村卡点严控人员出入，形成联防联控、群防群治局面。严格排查重点区域重点人员，强化宣传，通过村广播、标语、公告等形式广泛宣传疫情防控。

【**美丽乡村**】 2020年，下喇叭乡重点打造榆坪美丽乡村示范村，打造冻牛坡为美丽乡村推进村。对街道入户巷道进行硬化，整修院墙，清理垃圾，栽植景观树，全面提升两村的村容村貌，改善人居环境。实施人居环境整治工程改善村容村貌。全乡投资157万元在罗庄、吴儿城、下喇叭、黑龙池、双井、上立羊泉、上喇叭、柳沟8个村大力开展人居环境治理和美丽乡村创建工作，实施街道硬化，整治残墙断壁，砌垛口墙，立体墙面粉刷等。实施绿化造林工程。全乡投资78万元在吴儿城、榆树洼、织女泉、榆坪、冻牛坡、上立羊泉村实施绿化造林工程，建设绿色生态屏障。实施亮化工程。投资8万元在黑龙池村安装太阳能路灯，投资9.4万元在双井村安装太阳能路灯，投资10万元在下喇叭村安装太阳能路灯，保障村民夜间出行安全。新建晒粮场。投资33万元在吴儿城村新建两座晒粮场，投资10万元在黑龙池村新建1座晒粮场，投资10万元在小庄窝村新建1座晒粮场，满足群众晒粮需求。生活用水得到保障。全乡11个行政村、8个自然村都实现了安全饮水，自来水已入户的村有6个，吃机井水的村3个，需拉水的村3个，吃小泉小水的村8个。

【**扶贫**】 2020年，下喇叭乡政府坚持把打赢脱贫攻坚战作为重大政治任务抓在手上，把提高脱贫质量放在首位，按照“六个精准”“五个一批”相关要求，全面落实“两不愁三保障”，补全工作中存在的短板。实施光伏扩容。在全乡18个贫困村光伏电站全覆盖的基础上，2020年投资50万元对稽麻沟村光伏电站进行扩容，投资50万元对罗庄村光伏电站进行扩容，投资50万元对小庄窝村光伏电站进行扩容，投资58万元对下喇叭村光伏电站扩容，投资20万元对刘家窑村光伏电站扩容，投资20万元对后山村光伏电站进行扩容，投资50万元对双井村光伏电站进行扩容，投资50万元对榆树洼村光伏电站进行扩容，通过对光伏电站扩容增加村集体收入。继续巩固安全饮水。2020年榆坪村实施了自来水入户工程，榆树洼为农户新建蓄水窖，吴儿城实施了引水工程。投资25万元实施织女泉引水工程。投资15万元实施黑龙池村引水工程。扶持贫困户就业。下喇叭乡为巩固贫困户脱贫成果，2020年为44位贫困人口联系织女泉风电、昱光电厂、石料厂等企业务工。各村同时拿出100余个公益性岗位，增加贫困户务工收入。截至2020年底，全乡已务工就业的贫困户348户501人，达到了每户贫困户至少有1人务工就业的目标，确保每户贫困户有稳定可靠的收入。

北周庄镇

【**概况**】 北周庄镇地处山阴县北端，总面积164.7平方千米。全镇共辖18个行政村、3个自然村，总户数7721户，总人口20188人。全镇共有耕地68930亩，其中水浇地32630亩。北周庄镇党委下设46个党组织，其中党委1个，党总支3个、党支部43个。全镇党员总数708名，其中农民党员587名、非公企业党员11名。按照县委打造“灵秀古城”，建设“新韵山阴”的新要求，紧扣全县工作总体思路，一手抓疫情防控，一手抓经济社会发展，全力推进基层党组织建设、美丽乡村建设、环境治理、疫情防控、平安稳定等工作，取得了明显成效。北周庄镇积极创建党建示范点。在原有党建示范点基础上，2020年北周庄镇继续加强党建示范点的培育，截至年底已经培育打造3个党建示范点，分别是北周庄村、李家窑村、惠民合作社，通过结合各村各企业特色经济、特色产业发展，运用党员带头致富和带领群众共同致富所取得的新成绩、新变化进行展示，以点带面，点面结合，充分发挥基层党建品牌效应。

【农业发展】 2020年，北周庄镇继续深入实施科技兴农和质量兴农战略，大力推进农业结构和布局调整，2020年全镇农作物播种面积79922亩，其中粮食作物播种面积78842亩。继续推进有机旱作富硒谷子。全镇种植富硒谷子8707亩，发放渗水地膜1916卷，生物降解渗水地膜490卷，发放化肥5407袋。因地制宜发展特色农业。与山东客商合作率先在新岱岳村种植有机蔬菜近2000亩，作为康师傅方便面蔬菜生产基地，效益可观；郑庄村种植1000余亩晋杂22号高粱；李家窑村惠农合作社采取合作社+农户模式种植2000余亩小杂粮。推行种植保险。北周庄镇联系阳光保险公司为全镇的粮食种植入了保险，确保老百姓的利益不受损失。

【环境整治】 2020年，北周庄镇紧紧围绕乡村振兴战略，聚焦农村人居环境整治，以百日攻坚行动为契机，全面打响“垃圾歼灭战”“环境保卫战”两场战役，镇、村、企、民四力同向，通过思想认识到位、宣传动员到位、责任落实到位、整治力度到位、奖惩机制到位，由表及里，从交通沿线到河渠沟塘，从村庄街巷到农户庭院，从田间地头到企业矿区，从思想观念到日常行为，持续推进农村环境面貌改造提升，取得了明显成效。全镇因地制宜设立固定垃圾点50余处，垃圾桶491个，专用保洁员53名，垃圾转运车5辆，装载机2台。参与专项整治的干部群众5000余人次，动用车辆，大型机械清理积存垃圾和生活垃圾约4.5万吨，铲除杂草1.2万平方米，拆除违章建筑2处、废弃建筑5处，残垣断壁17处，并栽种了2000余株樟子松、油松，搭配丁香等花卉，实现了净化、绿化、美化。同时注重舆论引导，通过录制“每日一星”评比宣传片和签订《门前三包责任书》，充分发挥群众的主观能动性，巩固了整治成果，实现集中整治与“长效管理”的有机结合。

【疫情防控】 为确保全镇群众生命安全，北周庄镇把疫情防控工作作为上半年最重要的任务，镇村两级干部全力以赴，全力打好疫情防控阻击战。在做好常态化疫情防控工作同时，及时掌握疫情最新动态，通过“网格化”管理，实时排查中、高风险区旅居史人员，严格落实登记、上报、管控等要求。

【安全环保】 北周庄镇狠抓安全检查不放松。落实镇、村、企网格化监管职责，搞好重要时段应急值守。安排镇安监站共检查企业100多家，排查出一般隐患32个，均已经整改到位。狠抓隐患治理不松劲。在抓好检查的基本上，对隐患整改上动真格、下狠心。凡是开具隐患整改书的，一竿子插到底，落实责任，督促跟踪整改，严格复查验收，对整改不力的企业和责任人及时上报上级监管部门采取措施，切实把隐患消灭在萌芽中，及时准确消除一般隐患，有效遏制重特大事故发生。加大安全宣传教育力度。6月在镇党建广场举办了大型安全生产月活动，在周庄村人员密集处搞宣传，发放资料，在镇政府召集企业负责人观看安全生产事故警示教育片；悬挂横幅标语50多条、发放宣传资料5000多份；深入开展安全生产“五进”活动，大力宣传普及安全生产法律法规和安全生产常识，营造浓厚的安全生产氛围，形成良好的社会导向。深入开展“散乱污”企业整治，镇政府成立了综合执法队，联动镇自然资源所、环保站、安监站、派出所等站所，根据各自职责，分别从不符合产业政策、违法违规用地、环保手续不全、无照经营、存在严重安全隐患等方面对列入“散乱污”清单的企业一律实行“两断三清”，彻底关停取缔。截至年底对6家无证无照的“散乱污”企业进行了强制取缔，执法队截留扣押乱倒矸石、晾晒煤泥各类车辆机械10台。镇综合执法队24小时不间断巡查，发现一起打击一起，坚决杜绝“散乱污”企业死灰复燃和乱倒矸石行为。

【平安建设】 2020年，北周庄镇继续把学习推广“枫桥经验”、大力开展“三零”单位创建作为全镇综治工作的抓手，组织开展防范非法集资及电信网络诈骗宣传教育活动。组织基层干部、网格员组成18个小分队，深入辖区，进农村、进企业、进家庭，积极开展宣传活动，利用各种媒体宣传180次，悬挂条幅、宣传标语数量40条，同时向辖区群众发放防诈骗宣传材料《致全省广大人民群众的一封信》《防范电信网络诈骗宣传手册》《防范非法集资宣传教育手册》7363份，并让辖区内户籍在册群众签署《防范电信网络诈骗承诺书》，切实提高了辖区群众防范电信诈骗的意识和防范能力。开展专兼职网格员培训，抓好网格员信息上报工作，尤其是重点人员的录入，为破案和大数据管理提供基础数据。北周庄镇强化信访接待，做好信访台账，上半年共完成县信访局转交信访事项的处理意见书8件，处办朔州市“12345”政府服务热线的10条诉求工单，办结率和及时率达到100%。全镇社会治安大局平稳。全镇信访量、事故量、案件量均为0。

合盛堡乡

【概况】 合盛堡乡位于山阴县城东北10千米处，黄花梁脚下、桑干河畔，东临应县、北接怀仁，人杰地灵，民风淳朴，是全县有名的文化之乡，也是山阴经济技术开发区东区所在地。桑干河、木瓜河、民生渠流经境内，大运高速纵贯南北，荣乌高速横贯东西，并交汇于合盛堡乡，即将规划建设的原大高铁贯通东西，河阳大道北沿线贯通工业园区，交通便利，区位优势明显。全乡版图面积96平方千米，耕地7.2万亩，盐碱地2.3万亩。全乡辖12个行政村4个自然村，5203户，12376人。2020年是决战决胜脱贫攻坚、全面建成小康社会和“十三五”收官之年，合盛堡乡深入贯彻落实习近平新时代中国特色社会主义思想和党的十九大、十九届二中、三中、四中全会精神，深入学习贯彻习近平总书记“三篇光辉文献”精神，紧扣省委“四为四高两同步”总体思路和要求，围绕市委“生态立市、稳煤促新”发展战略和县委打造“灵秀古城”，建设“新韵山阴”工作思路，在落实疫情防控常态化的基础上开拓创新，勇于奉献，苦干实干，奋勇争先，不断推动全乡各项事业取得了长足发展。

【工业建设】 2020年，合盛堡乡立足“工业强乡”思路，创优工业发展环境。工业园区开工建设以来，合盛堡乡始终高度重视，紧紧抓住难得机遇，举全乡之力不断创优园区发展环境，做好园区建设各项服务工作，上半年完成大虫堡、合盛堡征地1676.63亩，切实保障经济技术开发区5个重点项目的开工建设。3月16日上午，顺利承接了全县第一季度重点建设项目集中开复工启动仪式；4月29日上午，顺利承接了朔州市建设项目二季度集中开复工仪式。6月10日市委书记陈振亮、5月26日市长熊燕斌、市政协主席贾桂梓先后到合盛堡乡境内经济技术开发区东区进行调研。6月23日县委书记王世杰、县长苏坡专门针对经济技术开发区项目落地、发展规划进行调研。

【农业建设】 2020年，合盛堡乡立足“农业固乡”思路，推动乡村振兴战略。合盛堡乡深入贯彻落实习近平总书记两次视察山西重要讲话精神，继续发力有机旱作农业，做强富硒小米之乡，打造“山阴小米”地理标志。2020年争取项目投资300万元，立项了杨庄、来远坡区2000亩宜机化项目，争取项目资金500万元，立项了杨庄、来远3000亩中低产田改造项目，开工实施了西双山、东双山、陈家岭2300亩土地整理项目，对800亩土地进行了节水灌溉改造。筹备同山西省农业科学院联合建立朔州市黄花梁博士工作站和中国农业大学黄花梁试验站，切实为乡村振兴提供强有力的人才支撑；筹备同中国农业大学共同建立山西格润大地生物科技有限公司，推动全县畜禽粪便和农作物秸秆生物转化利用，年可生产有机肥2万吨。切实将种养加农牧循环发展的基础打扎实。同时依托生物科技有限公司牵头成立朔州市有机肥产业联盟，推动全市有机肥产业迈上一个新的台阶。在兴盛堡村整理土地190亩变水浇地，新建80U型灌溉渠1430米，维修灌溉渠道800米。2020年初，在大虫堡村和东双山村试种拱棚11座，主要以种植特色瓜果为主。同新大滩村卫宏宇在西双山村小学联合创办了黄花梁苦豆香文创产业园。5月23日省农业厅厅长鞠振、5月26日朔州市市长熊燕斌、省人大常委会副秘书长秦作栋等先后来合盛堡乡调研。

【环境立乡】 2020年，山阴县合盛堡乡立足“环境立乡”思路，打造美丽合盛堡建设。继续开展美丽乡村建设工作。出台了《合盛堡乡开展全民动手齐参与，家园环境换新颜“爱国卫生季”行动方案》，全乡共出动大型机械130台次，其他车辆260台次，人工730个，发动群众2610人次，清理垃圾8756吨，粉刷墙面1570平方米，清理“四堆”198处，整治残垣断壁173米，种植树木3260株。深入开展东双山村美丽乡村建设，推动合盛堡村整治提升工程，推动全乡美丽乡村建设再上新台阶。开展桑干河清河行动。合盛堡乡政府切实按照市委、市政府和县委、县政府要求，认真开展“桑干河清河行动”，做好河道综合治理工作，严格落实好河长制，按照要求完成好河道日常巡查工作。认真完成河头、常辛村的清河征地任务，完成征地600多亩，切实保障了桑干河清河行动的顺利开展。

【文明促乡】 2020年，山阴县合盛堡乡立足“文明促乡”思路，扎实推进文教卫生兵役等事业。扎实开展各种群众喜闻乐见的文体活动，真正使合盛堡乡的文化阵地“硬”起来、文化产业“壮”起来、文化特色“亮”起来，文化气息“旺”起来、文化机制“活”起来。医疗卫生事业健康发展，疾病预防控制和卫生保健水平明显提高。2020年初新冠肺炎疫情突如其来，乡党委、政府充分认清当前疫情防控形势的严峻性，以对人民群众高度负责的态度，及时召开紧急会议，传达落实习近平总书记重要批示精神，省委“五严五防”总要求和市委“10个到位”要求，以及县委、县政府防疫工作会议精神，在全乡12个行政村、4个自然村共设置乡交通卡口检查点3个、村设车辆检测登记劝返站点22个，90余人组成检测劝返小分队，劝返外乡人员900余人次，切实堵好疫情入村第一道关口。与此同时，合盛堡乡政府认真落实好疫情防控常态化机制，切实保障了全乡人民的安全。

【平安稳乡】 2020年，山阴县合盛堡乡立足“平安稳乡”思路，深入开展“三零”单位创建工作。继续开展扫黑除恶治乱问题排查工作，多次组织乡村干部专题学习习近平总书记、陈一新秘书长关于扫黑除恶专项斗争重要指示精神和中央、省、市、县关于扫黑除恶专项斗争相关文件精神，确保全乡上下继续以高度的政治责任打好扫黑除恶这场硬仗。出台了《合盛堡乡关于深入开展“零上访零事故零案件”村、企业、单位创建工作的实施方案》，积极开展“三零”创建大排查，全体乡村干部积极行动，进村入户广泛开展宣传发动，摸底排查，全乡共排查出矛盾纠纷问题4件。截至年底，全乡无各类安全事故发生。对排查发现的问题全部建立了台账，明确了整改措施、整改时限和责任人。坚持自治、法治、德治“三治”融合发展，以“一厅三室”和村“四室”为载体，制定移风易俗村规民约，开展“十星级文明户”等道德模范评选活动，推动基层治理方法科学有效。探索建立农村积分考评奖惩制度，把“三零”创建工作纳入目标责任考评体系。

【民生工程】2020年，山阴县合盛堡乡立足“民生和乡”思路，增进群众福祉。切实做好低保户核查和动态管理工作，及时发放低保金和五保金，切实保障困难群众的生产生活。加快民生工程建设工作，积极争取县财政“一事一议”项目资金11万元，铺设改造合盛堡供水管道300米；积极配合县水利局，在大虫堡铺设供水管道2000米，康庄铺设供水管道5000米，为西双山、东双山陈家岭三村安装除氟设备一套，切实保障了上述各村的供水量和供水质量。16个村农村集体产权制度改革全部完成了清产核资、成员身份确认、折股量化、股份经济合作社章程制定、选举产生了理事会、监事会，县农业农村局已登记赋码，等待批复后颁发集体经济组织证书和向成员颁发股权证书。土地确权全乡16个村共颁证2456本，并全部发放到村民手中。

【精准扶贫】2020年，山阴县合盛堡乡立足“精准扶贫”思路，巩固脱贫成果。全乡按照《合盛堡乡2020年贫困户巩固行动方案》要求，积极做好产业扶贫项目建设，申请资金200万元，分别在高山疃、杨庄、黄巍、东双山4个村建设66千瓦光伏电站四座，每年可为贫困户增收15万元。开展低保户、五保户、一般贫困户和建档立卡贫困户等“四类”重点户危房核查工作，全乡核查“四类户”400户，申请危房改造指标27个，于5月底全部完工。认真开展扶贫领域问题专项整治工作，中央、省、市、县交办的4大类18个问题已全部整改到位。抓好贫困劳动力就业问题，全乡安排贫困户就业60人，实现了全家就业1人，有效保障巩固一户的目标。出台了《合盛堡乡关于主动尽责做好“十个清零”推进脱贫攻坚工作全面落实》和《合盛堡乡关于开展“四问三宣一推动”深入贫困户跟踪回访行动方案》的通知，按期完成了脱贫攻坚问题“十个清零”行动，确保各项扶贫政策实实在在落地，有序开展了“四问三宣一推动”工作，为全面实现脱贫和建设小康社会奠定了坚实的基础。

【法制建设】2020年，山阴县合盛堡乡立足“法治建设”思路，推动法治政府建设。严格落实党政班子成员“一岗双责”和党风廉政建设工作职责，带头转变工作作风，持续强化政府法治建设，严格落实民主集中制原则，认真落实“三重一大”事项决策程序，保证各项决策的民主化、公开化、制度化和科学化。

【党建引领】2020年，山阴县合盛堡乡立足“党建引领”思路，推动“三区”融合发展。全乡按照“全域点面结合、内涵深度融合、资源有效整合”的思路，创新构建乡域党建联合体。以康庄村为中心，建立了包含“知青精神教育基地＋雁门关生态畜牧基地＋奶牛养殖协会＋桑干河生态治理区”为主要内容的南部党建联合体，走好养殖、牧草、转化“生态牧业”之路；以合盛堡村为中心，建立了包含“乡村振兴展馆＋村企共建共享基地＋劳务服务公司＋社会主义核心价值观主题文化广场”为主要内容的中部党建联合体，走好劳务、运务、服务“村企共建”之路。以东双山村为中心，建立了包含“省农科院有机旱作晋北工作站＋有机旱作农业基地＋惠牧源联合社＋红福中药材基地”为主要内容的北部党建联合体，走好山水、田园、康养“农旅一体”之路。党建联合体的建立实现了基层党建从“自顾自”到“抱成团”，为推动全乡“三大阵地”一体化建设，“三路并进”一体化推进奠定了坚实的组织基础。

岱岳镇

【概况】 岱岳镇是山阴县城所在地，位于山阴县境中心，洪涛山脚下，地理坐标为北纬39°31′，东经112°56′，南与安荣乡接壤，北与北周庄镇毗邻，东与古城镇、合盛堡乡相望，西与下喇叭乡相邻。全镇辖南大道、先进、化家岭、兰园、梁山、花园、堡子巷、闫家巷、安祥寺、麻疃、刘家岭、解庄、新大滩、北王庄、七里沟、夏家窑、上岱岳、王家涧、关岱岳、甘庄、兰家窑、郭家窑、贾家窑23个村。

【农业生产】 2020年，岱岳镇提前筹划春耕备耕工作。全镇农作物总播种面积45284.1亩，其中玉米25212.6亩、旱地穴播渗水宽膜高产谷子4054.8亩、抗旱绿宝红高粱2517.2亩、黑豆933.2亩、晋黍9号9444.8亩、栊薯3号优质马铃薯459.8亩、荞麦1039.3亩、蔬菜1622.4亩。共发放渗水宽膜3348卷。在水利灌溉方面，大力推广喷灌、滴灌等节水灌溉。

岱岳镇严格推进生产托管。在北王庄村开展农业生产托管试点后，带动七里沟、兰家窑、刘家岭、麻疃、小快乐（合并于安祥寺）等村农户将农业生产中的耕、种、防、收等全部或部分作业环节委托给朔州市骏宝宸农业科技公司和宏远农机公司经营，2020年共实施托管土地7760亩，取得了良好的效果，为解决部分农户“种不了地”和“种不好地”探索出了一条有效途径。在筹划春耕、生产托管的同时，岱岳镇也落实了产权制度改革。全镇28个村（23个行政村、5个自然村）均进行了农村产权制度改革工作，集体经济产权制度改革已全部完成。土地确权全镇完成3351户，38795亩。

【疫情防控】 2020年，岱岳镇加强宣传发动，由镇村干部深入街头和农户，发放预防新型冠状病毒肺炎疫情宣传资料5000余份，悬挂标语50条，并通过喇叭进行广播，微信群及时传达国家最新权威信息，正确引导舆论，稳定群众情绪，正确认识和预防新型冠状病毒肺炎疫情，做到积极配合。

岱岳镇深入摸排稳控，严格排查管控，落实责任担当。先后对辖区内从湖北、青岛、新疆等区域回来的人员进行及时逐一详细登记，并要求本人进行居家隔离观察，避免交叉感染，并建立一人一档，实行“三包一”监测，全部实现可控在控；对镇辖区内人员密集场所进行了排查并全部关停，疫情防控期间，全镇关停麻将馆73家，场地12家，滑雪场2家，有效制止了人员聚集；针对“城中村”道路出入口多，居住人员复杂，镇党委政府立即召开会议，重新调整疫情防控期间包村领导，重点倾斜在城中村，实行每两个“城中村”安排一名包村领导和一名包村干部，压紧压实镇村干部责任，包村领导和干部每天深入各村检查卡口与村干部共同对出入人员详细登记，对外来人员进行劝返，确保防疫工作落到实处，见到效果。全镇未发生一起疫情感染病例。

【脱贫攻坚】 2020年，岱岳镇扎实推进产业就业扶贫。对全镇新增环卫工、保洁员等岗位优先聘用贫困群体人员；重新整合全镇护林员岗位，优先从有劳动能力的建档立卡贫困户中选聘；建立贫困户人口劳务输出台账，实行动态管理，为组织贫困人口劳务输出提供最全面的、最准确的信息支撑。2020年全镇贫困劳动力外出务工200户321人，其中公益性岗位32人、扶贫车间工作人员20人、县内帮助就业10人，极大地促进贫困劳动力稳定就业。

2020年，岱岳镇狠抓扶贫项目实施。利用2020年的135万元扶贫资金在夏家窑（上沙河和下沙河）安装屋顶分布式光伏电站，上网电量收益的80%用于贫困群众增收，收益的20%用于光伏发电系统的运维和村集体公益事业。产权归村集体所有，贫困人口和村集体经济收入大幅增加。使用2020年财政整合扶贫资金22万元，实施贾家窑村级提升工程。

岱岳镇全力打好脱贫收官之战。2020年是全面打赢脱贫攻坚战的收官之年，全镇始终围绕脱贫攻坚的主要目标任务，加强领导，强化组织保障，持之以恒抓扶贫，全镇贫困户292户678人，人均可支配收入均超过国家贫困标准，全部实现了“两不愁三保障”。扎实开展“十个清零行动”并全部清零。建立健全镇即时帮扶工作机制，对建档立卡贫困人口和临时性致贫人口给予及时救助、及时帮扶，充分保证了不返贫、不致贫。认真落实省市委百日攻坚战，顺利通过省、市验收考核，做好国考前期准备工作，按期完成脱贫攻坚任务。

【民生服务】 2020年，岱岳镇打造了刘家岭广场。工程于2020年8月20日动工修建，广场占地面积3600平方米，铺设大理石石材977平方米，绿化面积为2623平方米，种植桧柏、金叶榆、紫叶矮樱、山楂等10多个树种，共计1500余棵。2020年，岱岳镇推进了农村“厕所革命”。2020年全镇农村“厕所革命”共改厕1372座。其中刘家岭268座、解庄149座、小快乐（合并于安祥寺）90座、兰家窑138座、郭家窑134座、贾家窑54座、甘庄276座、七里沟263座。原二级路七里沟段沿街门市前硬化路面6000平方米，运煤通道两侧硬化地面3000平方米。

2020年全镇城乡居民医疗保险参合20770人，全镇办理独生子女证21个，发放奖扶金461200元，审核独生子女证488份，缴纳独生子女意外伤害险494户；全镇发放临时社会救助561900元，新增留守妇女2人，留守老人1人，困境儿童1人，事实无人抚养孤儿2人，重度残疾人11人，困难残疾人7人，新增低保20户35人，新增特困供养人员2人，全镇劳动力建档立卡信息采集录入14200人。

开展兵役登记和退役军人管理服务工作。认真做好退役军人的政策咨询解答工作。

【环境整治】 2020年，岱岳镇积极做好清洁煤替代工作和秸秆禁烧工作。自蓝天保卫战工作开展以来，岱岳镇多措并举，积极向村民宣传使用劣质煤对环境的危害，正确引导购买使用清洁煤。通过政府补贴措施，村民对清洁煤已经认可，每年提早完成清洁煤购买任务。2020年清洁煤购买数量为802吨；由朔州市骏宝宸公司对农田秸秆进行统一打捆、统一处理，重点对林区附近农田进行深旋处理，进而从源头治理，杜绝秸秆焚烧；全镇加大宣传力度，将因焚烧秸秆而被处罚的案例向村民宣传，禁止农民焚烧秸秆和烧荒草地埂；按照网格化管理，加大巡查力度，发现一起制止一起打击一起，形成震慑作用。

2020年，岱岳镇彻底取缔“散乱污”企业并持续做好禁燃禁放工作。岱岳镇继续实施“散乱污”企业整治工作，做好对技术水平低、环保设施差的小型企业拉网式排查，增加企业作业区域洒水频次，减少道路扬尘，加强对大地公司的管理，做好辖区主干道日常清理工作。通过各村喇叭广播、微信群和张贴公告等方式宣传禁燃禁放政策，盯紧看牢重要时间节点，在村民办理红白事宴时，对有燃放苗头性的及时制止，确保零燃放目标。

【乡村建设】 岱岳镇围绕清河行动沿线村庄和贫困村环境提升两大重点，开展集中整治。全镇重点打造2个美丽宜居示范村（北王庄、贾家窑）和5个重点提升村（郭家窑、兰家窑、七里沟、夏家窑、解庄）。通过美丽乡村的不断推进，不仅实现了乡村提档升级，也为乡村振兴插上了腾飞的翅膀。而且北王庄今年争取到全县唯一的省级示范村建设项目，已通过省市验收评审，初步确定。年底争取到省级项目资金200万元，将为下一步美丽乡村建设提供强有力保障。

【安全生产】2020年，岱岳镇高度重视安全生产工作，通过“五个强化”狠抓安全生产责任制落地见效，有力地保障了全镇人民生命财产安全。强化责任担当，认真落实安全生产责任。镇党委、政府一直把安全生产放在首要位置来抓，镇党委中心组第一时间传达学习领会习近平总书记关于安全生产方面的重要指示和批示精神，对重要安全工作专门召开党委会、党政联席会专题研究部署安排，及时制定措施方案，确保安全工作落地见效；强化督导检查，从源头上化解安全风险隐患。全镇各村按照网格化管理，按照网格所划分的责任区域，平时由镇包片领导和包村干部深入各村加强督导检查安全工作。通过不间断的巡查，及时把问题处理在萌芽状态，确保全镇安全生产有序；强化安全专项整治，推进落实“三零”单位创建。对镇域内所有企业进行了排查摸底，重点对安全要素进行检查，规范安全操作规程，推进安全标准化现场管理工作，共同打造“零事故”单位；强化应急管理，确保重大风险隐患可控在控。重新修订了应急预案并调整了组织机构。结合安全月活动，在山阴八小开展了主题为“营造校园安全氛围、创造温馨学习环境”的应急演练活动，在山阴加气站进行了车辆起火应急演练。在清明、阴历十月一等时节，镇政府和林区九村各自组建了一支10～15人的安全应急联防队，加强应急防范；强化宣传造势，营造全员重视安全氛围。通过镇包村领导和干部深入各村和企业讲解安全知识，6月16日在镇政务大厅前开展了以“消除事故隐患，筑牢安全防线”为主题的安全生产月咨询日活动，以及在汛期、防火等重要季节，充分利用大喇叭广播、张贴宣传标语、微信公众号等方式加强宣传，营造良好安全氛围。

薛圐圙乡

【概况】薛圐圙乡位于山阴县南部，东接古城镇，南连后所乡，西邻朔城区，北靠安荣乡，乡政府驻薛圐圙村，距县城15千米。面积92平方千米。境内大运高速公路、208国道、林荫路、古老线纵横交错，交通便利，建置沿革1958年设薛圐圙公社、黑圪塔公社，1984年改乡。1996年，薛圐圙乡面积90平方千米，人口0.6万人，辖11个行政村，乡政府驻薛圐圙村；黑圪塔乡面积43平方千米，人口0.6万人，辖10个行政村，乡政府驻黑圪塔村。2001年，撤销黑圪塔乡，并入薛圐圙乡，辖薛圐圙村、庞家堡村、白坊村、河曲堡村、卢岭村、沙岭村、罗庄村、辛兴铺村、西寺院村、小村、豆庄村、黑圪塔村、西李庄村、大营村、老羊寨村、双寨铺村、老羊寨铺村、曹庄村、双寨村19个行政村。2020年合并行政村后辖薛圐圙村、庞家堡村、白坊村、河曲堡村、沙岭村、罗庄村、辛兴铺村、西寺院村、豆庄村、黑圪塔村、西李庄村、大营村、老羊寨村、老羊寨铺村、曹庄村、双寨村16个行政村，乡政府驻薛圐圙村，延续至今。薛圐圙乡位于山阴县南部，全乡耕地面积85000亩。全乡现有4347户、11588人。薛圐圙乡是纯农业乡镇，土地肥沃、便于灌溉，经济收入主要依靠种植业、养殖业为主。着力打造了农业以玉米为主体，牧业以奶牛为龙头，以农养牧，以牧促农，农牧并举，多元突破，循环发展的产业格局。

【农业发展】薛圐圙乡党委、政府积极调整种植业结构，逐步改变农户以玉米为主的习惯性传统种植，有序扩大饲草和瓜果蔬菜种植规模，2020年全乡种植面积9.1万亩，其中青贮玉米等饲草种植2.5万亩，瓜果蔬菜种植2500亩。统筹推进猪牛羊鸡产业发展，稳步提高肉牛养殖比例，全乡肉牛存栏1300头，占比牛存栏总量20%；支持恒兴农牧专业合作社扩大和提升“老羊寨”牌芦花鸡养殖规模和品牌效益，重点强化合作社带富能力，推动合作社和贫困农户在鸡苗提供、技术支撑、产品回购和劳动力就业等方面的深度合作，实现企业和农户抱团共赢发展；优化营商环境，鼓励双寨大象集团万头生猪养殖园区发挥规模养殖优势，带动周边群众集群发展生猪养殖，周边群众2020年共养殖生猪2100头。实施卢岭村高标准农田建设项目，改良土壤2643亩，新修80U形渠11千米，新修环田路2.6千米。实施小村土地整理项目，改良土壤400亩，新修80U形渠3.4千米，新修环田路3.6千米，栽植树木1000株。大力推广农业托管服务，全乡共实施土地托管1.6万亩，农户直接受益50余万元，切实解决了农户“种不了地”和“种不好地”的问题，全力提升农业现代化产业水平。全面完成土地确权登记颁证各项工作，全乡共确权土地7.1万亩，颁证2364本。持续推进产权制度改革各项工作，目前全乡清产核资、集体组织成员认定和行政村赋码登记工作已全面完成。

【美丽乡村】 2020年，薛圐圙乡坚持因村制宜，整体推进，高标准打造农村人居环境，让群众切实体会实实在在的幸福感、获得感。美丽乡村整村建设方面，统筹推进黑圪塔、西李庄和庞家堡3村整村美丽乡村建设工作，硬化主要街巷两侧6000平方米、安装路缘石2100米、新修雨水排污渠道1100米、拆除残垣断壁1200平方米和新建农村文化标志墙4面。实施河曲堡村美丽乡村提升工程，沿中心街道建设完成法治长廊，安装法治宣传展板28幅、灯旗80幅；对村后街两条街巷进行升级硬化改造，硬化改造面积8000平方米。绿化方面，实施完成卢岭、黑圪塔、西李庄、白坊、河曲堡和薛圐圙6个村庄增绿项目，共栽植桃梨杏等经济苗木600余株，栽植云杉、金叶榆等景观苗木2200余株，栽植丁香、刺玫和榆叶梅等开花苗木500余株，栽植侧柏墙2000余米。亮化方面，实施白坊、双寨、沙岭和西李庄4村亮化工程，新安装太阳能路灯172盏，实现项目实施村主要街巷亮化的全覆盖。宜居方面，实施沙岭、大营村级活动场所提档升级工程，突出惠民服务，新建院内文化活动广场，着力提升村级活动场所文化服务功能。实施污水管网铺设工程，实施完成薛圐圙、庞家堡、河曲堡、白坊和老羊寨5村生活污水管网铺设。实施“改厕”项目，全乡共新建清洁卫生厕所420处。实施“便捷饮水”全覆盖工程，完成黑圪塔、辛兴铺和大营村自来水入户项目，改造主管道1600米，新铺设管网5600米。

【脱贫攻坚】 2020年，薛圐圙乡继续保持攻坚态势、强化攻坚责任，坚持不懈做好各项工作落实，确保脱贫攻坚目标任务如期全面完成。做实扶贫验收工作。结合“四问三宣一推动”活动和扶贫普查，组织包村包片干部和驻村工作队上门入户，增强帮扶力度，严格按照上级扶贫工作要求，做好查漏补缺、资料收集归档等工作，切实增强贫困群众的认可度和满意度。持续落实扶贫各项工作，在运营好西寺院107千瓦光伏项目的基础上，继续实施黑圪塔66千瓦、西李庄132千瓦和白坊133千瓦屋顶分布式光伏扶贫项目，截至2020年底，新实施项目全部并网发电；做好危房改造工作，全乡共实施危房改造87套，其中贫困户17户，全乡基本实现了危房的应改尽改；做好贫困劳动力就业工作，全乡293户中408名贫困劳动力全部实现了就业，全乡有劳动力的贫困户家庭中实现至少有1人就业。

【疫情防控】 薛圐圙乡党委、政府精心部署、靠前指挥，多次召开专题会议，对全乡疫情防控工作进行安排布置。强化宣传动员。全乡累计共发放疫情宣传资料3000余份，悬挂宣传标语300余条，各村通过大喇叭、微信群滚动宣传防疫知识，切实提高村民自我防护意识。疫情紧要期间，全乡党员累计捐款捐物折合10余万元，120余名农村党员主动放弃春节休假，深入群众宣传防疫知识、安抚劝返出门群众、严守入村路口，用实际行动树立起共产党员先锋旗帜。强化排查管控。先后对来自湖北全域、黑龙江和北京等地人员进行排查登记，实行“日报告”制度。4月前在各村进村主要干道防控设卡，对无必要事项来村外来人员、车辆一律劝返。全乡累计共排查重点地区来乡人员450余人，全部按照相关要求，做到观测检测到位。

【安全稳定】 2020年，薛圐圙乡坚决打赢扫黑除恶专项斗争。责任不减、力度不减，多次召开会议推进“扫黑除恶”专项斗争工作；强化舆论宣传引导，全乡悬挂条幅40余条，发放宣传资料1000份，涂刷墙体标语12条，聚集舆论正能量；强化线索摸排，多渠道收集涉黑涉恶线索，时刻保持高压态势。毫不松懈抓好安全生产工作。认真落实“党政同责、一岗双责、齐抓共管”制度和主体责任，集中举办安全生产月系列宣传活动，发放宣传资料2000余份。深入开展各行业各领域安全生产大检查，2020年以来全乡共组织开展各类安全检查36次，排除处安全隐患12处，并责令相关企事业单位及时进行整改。实施神头二电厂1#、2#机组改接至晋北交流特高压站500千伏送出工程线路走廊树木修剪工作，共修剪各类树木193株，确保特高压输电线路安全。全乡域范围未发生安全生产事故。推进“三零”单位创建。薛圐圙乡从农村、站所和企业等最小单元和治理末端、矛盾源头抓起，深化问题联治、工作联动、平安联创，着力汇聚“三零”单位创建的强大合力。强化组织领导，成立了以乡党委书记为组长、乡长和专职副书记为副组长的领导组，详细制定工作方案，并多次召开干部大会对该项工作进行布置推进。强化宣传引导，结合扫黑除恶和禁毒工作，全乡共安装设置户外宣传牌匾10个，发放宣传资料600份，悬挂条幅16条，并利用村级“大喇叭”进行滚动宣传，营造浓厚的舆论氛围。强化排查整改，经排查，全乡共排查出信访重点村1个、治安重点村3个、治安重点企业1个，全部针对问题建立台账，强化整改，确保薛圐圙乡“三零”单位创建工作达标创优。做好食品安全工作。进一步完善食品安全监管体系，构建安全责任网络，确保全乡食品卫生安全有人抓、有人管。创新工作思路，多方位多角度开展食品宣传工作，营造了全乡关心支持食品监管工作的良好氛围。全面检查不留死角，坚持重大节日定期检查与日常巡查相结合，做到拉网全面不留死角。

【生态文明】 2020年，薛圐圙乡扎实做好清河行动，切实按照上级的工作要求，做好乡域3条河道的清河工作，沿河村庄共清理垃圾100余吨，拆除河道违章建筑100平方米，开凿排洪渠道2千米，低洼化过水通村道路120平方米。持续完善河长制工作，严格落实乡、村两级河长常态化巡河制度，全面做好河道综合治理工作。扎实做好森林防火和秸秆禁烧工作。常态化抓实责任落实、防火宣传、野外火源管理及隐患排查工作，强化与薛家庄林场联防联控工作，全面实现了乡域内森林火灾的零发生。

【重大项目】 薛圐圙乡积极稳妥做好准朔铁路朔山联络线项目征拆工作。准朔铁路朔山联络线建设项目涉及薛圐圙乡4个村，共需永久性征占土地660亩，薛圐圙乡精准吃透相关情况，加强宣传教育，积极动员乡村干部主动作为、攻坚克难，全面肃清征拆环境，截至2020年底，已基本完成了既定的土地征拆任务。全力做好永定河综合治理工程薛圐圙段土地征拆协调工作，永定河综合治理工程薛圐圙段涉及薛圐圙乡3个村，共需永久和临时征占薛圐圙乡土地424亩，相关土地征拆工作已基本完成，整个征地过程平稳有序，实现了土地征拆工作的“零”上访和施工过程的“零”阻工。

【基层党建】 2020年，薛圐圙乡认真学习贯彻习近平新时代中国特色社会主义思想和党的建设有关重要论述，持续深化“不忘初心、牢记使命”主题教育，扎实做到“四个强化”，基层党组织作用充分发挥，服务群众的能力和水平明显提升。强化理论学习，筑牢思想之基。坚持抓实集中学习、理论宣讲、联系实际3项举措，把学习贯彻习近平新时代中国特色社会主义思想作为首要政治任务，从严抓实抓细。强化队伍管理，发挥引领作用。严抓党员队伍、农村干部队伍、驻村帮扶队伍3支队伍管理，着力打造一支敢于担当、敢于吃苦、敢于奉献的过硬党员干部队伍。强化组织建设，提升工作水平。狠抓落实，做好支部升级管理、党建品牌创建、软弱涣散党组织整顿提升3项工作，切实把思想政治工作、群众工作和从严教育管理党员工作压实到支部，提升服务水平。强化服务群众，做实民生实事。突出服务导向，狠抓工作落实，强力调整种养结构、切实改善人居环境、精准发力脱贫攻坚，全面做细做实民生实事。

安荣乡

【概况】 安荣乡地处洪涛山腹地、桑干河北，距离县城岱岳6千米，属于典型的城郊型乡镇。全乡辖12个行政村，即安荣村、安良铺村、贺家窑村、西沟村、八步堰村、岳庄村、泥河村、河阳堡村、大洋村村、东鄯河村、西鄯河村、下寨村，全乡有5398户、13054人，版图面积90多平方千米。耕地资源43453亩。农作物总播面积40578.58亩。境内洪涛山脉储有500多亿吨的优质石灰岩、青钙石资源，其品质享誉周边省份，资源优势明显，还有保存完好的湿地生态系统，自然资源丰富。有企业23家。北同蒲铁路（朔山联络线）、大原高铁由境内穿过，省道大忻线、国道208线两条公路纵横交错，交通便利。引黄（河）工程北干线、天然气输送管道和特高压交流输电线路途经境内。晋北最大河流桑干河流经境内，有保存完好的湿地生态系统和湿地生态公园，明代宰相王家屏的御修坟墓建于本乡河阳堡，历史文化底蕴深厚，旅游资源丰富。

【农业生产】 2020年，安荣乡注重抓基础调结构，努力提升农业现代化水平，通过落实支农惠农政策，大力拓宽农民增收渠道，全乡综合实力大幅提升。改善农业生产生态条件。抓好农村基础设施建设，2020年，新修河阳堡、岳庄村U形渠共12000米；重点实施西鄯河村桑干河提水工程，扩大浇地600多亩；岳庄村修垫还田路1500余米；东鄯河粉刷村中心街道墙壁2000平方米、安装太阳能路灯12盏；河阳堡村维修24盏太阳能路灯；下寨村新打机井2眼、铺设浇地管道1000米、进村路硬化920平方米、进村道路绿化栽植松树3800余株、主街道马路牙子、铺面包砖3800平方米；贺家窑村主街道铺马路牙子2000米，铺面包砖3200平方米、安装路灯46盏、新建广场600平方米、绿化栽植松树475株，切实改善了农村生活条件。

安荣乡调整优化农业产业结构。重点推进安良铺、四铺、岳庄村“绿色蔬菜瓜果”基地建设，探索发展冬暖式蔬菜大棚，拓展山西马佳禾农业开发有限公司新市场，延伸产业链，提升发展效益，精心打造集生态采摘、乡村旅游为一体的综合园。在同太路以北依靠洪涛山坡地土质资源优势，着重在贺家窑村、西沟村、八步堰村、大洋村等7个村发展小杂粮种植加工基地。贺家窑村鉴于良好的土壤和充足的日照优势，沿用传统“两垄”播种方式，已吸收5户农户成立了安贺佳农业专业合作社，2020年已经带动60户农户，种植300多亩旱地谷子作为实验基地。另外以动物疫病防控为基础，大力发展畜禽养殖业，特别是羊存栏1万多只，猪存栏3600多头。2020年，安荣乡全面落实农村集体产权制度改革，2020年全乡14个村开展比例达100%，工作队对村集体现金、银行存款进行了盘点核对，对固定资产进行了现场指认核实，分理出了经营性资产、非经营性资产。全面摸清了集体所有土地、林木、荒地等自然资源和固定资产底数，完成比例100%。村集体经济组织登记赋码完成14个村，集体经济证书颁发14个村，全乡12个股份经济联合社、2个股份经济合作社。

【惠民工程】2020年，安荣乡落实各项惠民工程，着力提高为民服务能力，持续完善社会保障体系。认真落实社会养老保险政策，2020年已完成全乡适龄人群参加居民医疗保险8915人。狠抓了救灾救济、农村低保、农村五保供养、医疗救助、优抚安置、扶贫帮困助学、退役军人服务等项工作，人民群众幸福感、舒适感和安全感不断提升。截至2020年底共发放临时救助资金105000元，农村低保生活保障金3452991元，农村特困群体保障金632706元。2020年完成了退役军人信息采集和优抚对象的年检工作，全部悬挂了光荣牌并建立了相关台账。

安荣乡继续完善公共服务设施。全面推进农村生活垃圾治理，抓好农村生活垃圾收纳桶发放工作，2020年全乡共计发放垃圾桶265个；优化14个村的农家书屋使用，丰富农民精神家园；完善14个村新农村标准化卫生服务室建设，同城化程度越来越高。

【美丽乡村】安荣乡深入开展爱国卫生运动。乡党委、政府高度重视，召开动员会并成立督查组，全面推进爱国卫生运动。2020年，清理农村生活垃圾21307余吨、河道沟渠垃圾43吨、畜禽养殖类粪污等农业生产废弃物700余吨，拆除违章建筑14处。全力打造安良铺、八步堰、泥河3个卫生示范村，带动全乡卫生村建设全面开展。同时，注重提高村庄绿化率，在下寨村进村路栽植松树4000余株。重点打造贺家窑村为示范村，下寨为提升村，截至2020年底已完工。实施农村饮水工程。安良铺、下寨、安荣自来水入户工程均已完工。扎实推进农村厕所革命。2020年圆满完成改厕任务359座。

【安全工作】安荣乡抓好安全维稳工作，大力推进乡域社会治理现代化，坚持不懈抓好安全工作。严格落实“一岗双责”“三包”等安全生产责任制，建立行之有效的安全生产日常监管体系，持续抓好安全生产、森林防火、秸秆禁烧、防汛和食品安全等工作，确保了辖区内没有发生重特大安全事故。针对全县私挖乱采现象势头延伸，乡政府组建专门队伍，坚持不定期、不打招呼、不分节假日，加大对辖区企业的巡察力度，实现了安全生产事故、死亡事故为“零”的目标。2020年以来，共召开安全生产专题会议10次，涉及安全生产的综合性会议20多次，充分利用“4·15”国家安全教育日、“5·12”防灾减灾日、专项整治三年行动等重要时间节点，设置宣传咨询站，悬挂横幅20余条，发放安全生产宣传单2300余份，开展巡察93次，共查出安全隐患37处，下发整改通知书37份，并在规定的时间内全部整改到位。

安荣乡不断加大环境领域监管力度。2020年，共取缔散乱污企业3处，并已栽种树木，提高绿化率，做好生态修复工作。其次，认真抓好农村清洁取暖工作，试点村八步堰、安良铺两个村共安装252套节能环保炉具。2020年，安荣乡坚持把秸秆焚烧纳入森林防火体系，按照农业生产时间节点，采取盯紧看牢、严防死守等措施，坚持有烟必查、有火必罚，确保“不见火光、不见黑斑”。一年来，全乡未发生火灾事故。

【信访工作】2020年，安荣乡尽职尽责做好信访工作。牢固树立“发展是第一要务，稳定是第一责任”的观念，采取积极预防和及时化解并举的方法举措，“小事不出村，大事不出乡，矛盾不上交”的格局正在形成。特别针对2020年高铁征地拆迁群体利益诉求复杂的情况下，安荣乡在抓好政策落实的同时，进一步细化防控措施，对涉地群体的动态进行全面排查，全力做好征地拆迁工作。全年共接待群众来信来访44批、135人次，其中化解42起、125人次，化解率为95%；群众反映问题45件，解决43件。

【“三零”单位创建】 2020年，安荣乡高效推动“三零”单位创建工作。安荣乡高起点谋划，高站位认识，高标准落实，高效率推进，以全面提升基层社会治理能力为导向，细化工作措施，凝聚全乡共识，全力推进“三零”单位创建工作。2020年共排查出铁路占地矛盾纠纷6起，调处6起，调处成功6起，调解率100%。从纠纷类型来看，高铁占地纠纷4起，土地纠纷1起，邻里纠纷3起。2020年，全乡无各类安全事故发生。全乡有吸毒史人员105人，刑满释放人员19人、社区矫正对象11人，全部进行了备案登记，2020年没有出现刑释解教和社区矫正人员脱管失控、重新犯罪等现象。按照“应治尽治、应管尽管、应收尽收”的原则，对排查出的精神障碍患者全面落实患者家庭成员、村干部、派出所民警“三位一体”的管控措施，严防肇事肇祸，确保社会和谐稳定。着力做好禁毒工作，把打击禁毒犯罪与帮教转化相结合，不断创新工作体制和运行机制。对乡村干部群众进行法治教育和相关知识培训，努力增强贯彻执行的思想自觉和行动自觉。加强党群服务中心、新时代文明实践站（所）等阵地功能建设，发挥了积极作用。坚持自治、法治、德治“三治”融合发展，完善移风易俗村规民约，开展“十星级文明户”等道德模范评选活动，推动基层治理方法科学有效。

【脱贫攻坚】 2020年，安荣乡扎实推进脱贫攻坚。在泥河、东鄗河、下寨、小洋村、八步堰5个村重点实施屋顶光伏扶贫项目。与全乡因病致贫的58户、152人全部签订了“双签约”服务协议书。贺家窑村、西沟村、大洋村范围内企业进行党建引领和扶贫合作，实现工农互补，向企业输出劳动力430余人次，解决贫困户劳动就业50人次。2020年，通过乡村引导和驻村工作队帮扶，全乡贫困户258户、490人中的382人实现了就业。把问题整改作为打赢脱贫攻坚战的重要抓手，强化乡党委扶贫主体责任，层层传导压力，立行立改。3月16日，全县脱贫攻坚问题交办会上交办的问题安荣乡涉及17个共性问题，已全部整改完毕。认真开展“四问三宣一推动”深入贫困户跟踪回访行动，5月8日上午组织乡机关干部、村“两委”主干、驻村工作队召开专题会议，部署“四问三宣一推动”深入贫困户跟踪回访工作，全乡建档立卡贫困户338户，通过直接调查308户，通过电话回访30户均已完成回访。实现了进村到户全覆盖、见人见事访真情、问题导向促整改、深入调研转作风，切切实实以工作的精准度提升了群众的满意度，以干部的责任感赢得群众的获得感。

【扫黑除恶】 2020年，安荣乡持续推进扫黑除恶专项斗争。共召开领导小组会议1次，党委扩大会议11次对专项斗争工作进行研究部署，紧密结合“两会”安保工作，强化措施，扎实开展了校园周边专项治理行动，确保疫情防控期间，安荣乡全乡师生如期复学复课。充分利用宣传标语、横幅、村喇叭、微信群等深入广泛宣传，共计发放扫黑除恶宣传资料3500余份，在全乡主要道路和各村显著位置悬挂横幅18条，利用喇叭宣传850余次。紧盯扫黑除恶专项整治目标任务，建立健全工作机制，将扫黑除恶常态化，为全乡和谐稳定提供强有力的制度保障。

【招商引资】 2020年，安荣乡狠抓招商引资工作，奋力实现工业强乡目标，积极探索乡村旅游业发展的新模式。紧紧依托现有的王阁老景区、湿地公园以及巩固县里实施的山河生态修复和桑干河清河整治工程成果，加快发展境内大洋村和沿桑干河6村以“山魂水灵”为主题示范的乡村旅游绿色产业发展，让绿水青山尽快成为安荣人民休养生息的金山银山和生态银行，以生态建设为基础，以景观农业和乡村旅游为支撑，探索乡村旅游业发展的新模式，实现生态环境保护与经济社会发展双管齐下。

【重点工程建设】 2020年，途经安荣境内开工的重点工程比较多，涉及施工、征地以及拆迁等事宜也多。在提前谋划、实地察看、召开座谈会的基础上，成立了一支由乡政府牵头，村委会、派出所、司法所、国土所等单位组成的专门工作组，负责做好征地拆迁等工作。经过大家的艰苦努力和敢于碰硬不硬碰的理念，确保了全县重点工程项目的按期顺利推进。朔山联络线已征用安荣土地382.889亩；大原高铁占地共涉及安荣乡8个村，已征地401.6955亩；引黄工程征地已全部结束，工程已接近尾声；配合永定河流域投资有限公司加快推进桑干河安荣段河道综合治理工程，除安荣村2户耕地14.88亩因土地权属问题有争议，林地33.134亩因未办理林地征用手续未征用外，其余均已完成征用。安荣乡坚持以项目建设为核心，积极寻找固定资产投资源，督促企业开展办理，强力推进企业扩张，经济发展提质提速。2020年，面对疫情带来的不利影响，境内东榆林煤站由于上游同煤、焦煤、潞安、晋能、晋煤合并，基层企业逐步整合资源。推进景莱悦运输公司运营和玉竹公司硅酸钙项目延伸发展。2020年，全乡企业销售收入达13亿元。

【社会事业】 安荣乡政府坚持协调发展，加强社会事业建设，重点抓好科教、卫生健康和体育、妇联、团委、民兵预备役等工作。超目标完成农村妇女35～64周岁“两癌”免费检查工作。2020年，全乡免费检查人数达385人。有效发挥村级文化广场阵地作用，村级广场舞、自乐班、秧歌赛等文化娱乐活动常态开展，群众文化生活日趋活跃。

【党建】 2020年安荣乡全面加强党的建设，强力推进党风廉政建设，严格落实党委主体责任。切实从乡党委书记做起，强化乡党政班子成员履行“一岗双责”认真履行主体责任的主动性和自觉性，牢固树立“抓好主体责任是本职，不抓主体责任是失职，抓不好主体责任是渎职”的意识。坚持把党风廉政建设与全乡经济社会发展同谋划、同部署、同推进，乡党委书记是全乡党风廉政建设的第一责任人，对全乡的党风廉政建设负总责，班子其他成员按照分工对职责范围的党风廉政建设承担主要领导责任，明确责任，量化到岗、细化到人，要坚持党委“不松手”、党委书记“不甩手”、班子成员“不缩手”，凝聚起党风廉政建设的强大合力，确保党委主体责任落实不落空。

2020年，山阴县安荣乡创新实施“四三三”工作机制，推动全乡党建工作上新台阶，聚焦“四提”强基固本。深化教育培训，提升引领力。乡党委以习近平新时代中国特色社会主义思想为指导，党委书记带头讲党课、党委班子成员从各自分管角度出发讲党课，宣讲党的十九届四中、五中全会精神和习近平总书记视察山西重要讲话精神。针对不同群体党员，由包村干部领学、上门送学，运用“学习强国”“三晋先锋”App、“主题党日”“三会一课”微信群，实现教育培训党员全覆盖。12个村全部建立新时代文明实践站。加强流动党员管理，认真做好党费收缴工作，使每一位党员按时按标准足额上缴党费，2020年共发放流动党员活动证119本，确立23名帮扶结对党员。强化班子建设，提升战斗力。农村“两委”班子共调整5人、平均年龄由60周岁变为55周岁，高中以上学历占70%。由县乡机关选派干部到村任职，全力支持工作，提升基层战斗力。狠抓软弱涣散村整顿工作，经认真摸排研究确定了西鄯河村为软弱涣散村，乡党委成立了由党委书记担任组长的整顿软弱涣散党组织领导小组，选派八步堰村支部书记段广田兼任西鄯河村党支部负责人一职，食药站李庚成任东鄯河支部书记，全面充实党组织力量，全力推进农村支部转化提升。规范党内生活，提升驱动力。坚持靠制度管人、管事、管权，建立了党建工作例会制度、党员干部驻村制度、党建指导员下派制度、党建工作分级负责制度、软弱涣散村党组织整顿转化制度，实行了党建工作目标化管理、党支部和党员全年工作量化考核办法，着力推行“三会一课”“主题党日”等16项党员教育培养管理制度，制定了17项村级管理民主化制度，形成了上下联动，层层抓落实的良好格局。加强基础建设，提升组织力。全力推动党支部标准化建设提标提质，主要对岳庄进行了提档升级。同时，推进农村党组织有形化、规范化建设，率先完成了乡机关“五小”设施建设任务；完成了252平方米的“周转房”建设，实现了“宿办分离”，改善了机关党员干部工作生活条件，推进了阵地建设达标升级提档的“四提工程”，举办了“领头雁”延伸培训，提升了基层党组织战斗力。注重发展壮大村集体经济。通过小村并大村，弱村并强村，对两个村进行了行政村合并。全乡12个行政村中集体经济收入5万元以上的12个。

【基层服务】 山阴县安荣乡坚持“三为”强化服务。创新载体为基层群众服务。创建党员先锋突击队，教育广大党员在任何岗位、任何时候、任何地方都能履行党员义务，勇于担当作为，在为民服务上争当“排头兵”。截至2020年底，乡党员先锋突击队义务清扫活动4次。倾力打造功能齐全、管理规范、服务一流“三位一体”的社会综合服务平台，实现了对村级财务收支、资产运作和资源开发的有效监控，对农村低保、法律援助、民政救助、生育服务证办理等惠民事务的代理代办。分类施策为乡村振兴服务。立足乡情，在乡政府驻地安荣村以发展农业和服务业为主；对八步堰村、大洋村原垃圾场进行改造，建成了文化活动广场；对安良铺村、岳庄村蔬菜基地进行灌溉、仓储设施进行改造，保障了全县的“菜篮子”；河阳堡村打造王家屏墓和“河阳堡子”旅游项目品牌。支持保障为群众发展服务。支持服务保障乡村基础设施建设，积极配合完成征地拆迁，发放补偿款。以“农村改厕工程”为契机，积极探索，建立完善了“户分类、村收集、乡转运”农村垃圾清运体系，实现了村庄亮化、硬化、洁化、美化。

探索建立并试行乡纪委执纪监督“分片联村”和“三员合一”的工作新机制，全乡12个村党支部全部增设村纪检委员（同时兼任村务监督委员会主任），在乡纪委和村党支部的双重领导下开展工作，有效监督村干部权力运用。乡党委把全乡12个村，划分成4个片，片区之间定期、不定期地开展交叉检查，织密权力监督网络，有效净化乡村政治生态。安荣乡深入构建重大事项决策议事新机制。在群众关注的低保办理工作中，要求蹲点包片人员全程参与，入户调查、村支委会、村民代表会议、测评等过程做到公开、公正。所辖行政村全面规范推行“四议两公开、一评两监督”工作法，同步开展党务、村务、财务“三公开”。班子成员、村主干开展了述纪述廉述作风述主体责任评议会议，主动接受党员群众监督，构建风险防控机制。安荣乡健全完善乡村组织便民利民新机制。深化拓展党员联系群众制度、两委干部轮流坐班制度、逐户走访制度、包户帮扶制度、定期反馈群众诉求办理制度、责任倒查追究制度，设立党员示范岗，实行工作人员挂牌上岗制，进一步公开各站所工作职责、办理事项、办事流程、办理时限及所需资料，有效规范了乡村党员干部履职行为。严格落实中央八项规定和上级党委、政府的相关要求，反腐倡廉常抓不懈，拒腐防变警钟长鸣，时刻保持心有所畏、言有所戒、行有所止。严格落实全面从严治党主体责任，实行责任倒查和问责追究，乡村干部宗旨意识、纪律意识、规矩意识、法治意识明显增强，政府执行力和落实力不断提高，廉洁政府建设取得新成效。

【疫情防控】 自新型冠状病毒肺炎疫情发生后，安荣乡党委、政府高度重视，科学决策，统筹安排，成立了由乡党委书记和乡长任双组长的新型冠状病毒肺炎疫情防控工作领导小组，及时制定了工作方案并启动了应急预案，领导组成员明确政治站位，带头到包点村摸排疫情隐患，全乡 14 个村也成立了村级领导小组，组织防控人员入户排查，强化舆论宣传和管控力度，众志成城，在防控疫情的基层一线齐心协力，共克时艰。安荣乡高度重视，将防控疫情工作作为当前一项重要工作放在心上，抓在手上。1 月 24 日乡党委、政府召开了专题会议安排部署防控工作，全面摸排湖北全境返乡人员情况；1 月 27 日召开了新型冠状病毒感染肺炎防控再部署安排会议，安排各村在村口设卡登记进出人员和车辆信息；多次召开防控领导小组会议，对全乡防控疫情工作进行了深入分析研判，全面梳理了全乡由湖北武汉、黑龙江、吉林、四川、北京、广东、内蒙古、青岛等地返乡人员的基本情况，做到底数清，措施明。坚持舆论宣传，统一思想认识。充分利用宣传标语、横幅、村喇叭、微信群等媒介深入开展宣传工作。向全乡 14 个村发放了大小宣传资料 3000 余份，在乡村主要街道和各行政村显著位置悬挂横幅 20 条，为防控人员配置袖罩 30 余条，利用村大喇叭宣传 2000 余条，利用微信群宣传防控疫情相

安荣乡各村情况汇总表

表 3

项目 村名	总户数（户）	总人口（人）	耕地面积（亩）	农作物总播种面积（亩）	粮食总产量（吨）	林地面积（亩）	医疗保险（万元）	养老保险（万元）
安荣村	1380	3323	8200	7369	2872.627	272	68.754	27
安良铺	379	856	2420	2139.56	785.906		18.146	12.27
四铺村	合并到安良铺	合并到安良铺	合并到安良铺	合并到安良铺	合并到安良铺	合并到安良铺	合并到安良铺	合并到安良铺
贺家窑	355	860	2320	2280	605.249	2223.3	15.904	6.59
西沟村	460	1111	4396	4224	1093.6	4330	22.01	9.35
八步堰	224	511	2680	2628	480.5	2156	9.226	3.31
岳庄村	151	383	1590	1322	458.6	270.3	6.832	2.96
泥河村	493	1101	4530	4260	1068.8	575	21.114	8.91
河阳堡	253	561	2500	2787	1090.3	480	7.644	3.09
大洋村	825	2095	7193	5666.02	1363.09	14712	37.772	14.5
小洋村	合并到大洋村	合并到大洋村	合并到大洋村	合并到大洋村	合并到大洋村	合并到大洋村	合并到大洋村	合并到大洋村
东鄯河	337	879	2510	2289	708.19	208.12	13.272	7.19
西鄯河	323	787	2714	2734	968.7	261.76	13.706	6.63
下寨村	218	587	2400	2880	1142.6	4500	8.26	4.35
合　计	5398	13054	43453	40578.58	12638.162	29988.48	242.64	106.15

关知识1000余条，在武汉返乡人员家门口张贴明显标志，为防控疫情工作营造了浓厚的氛围，让防控疫情工作深入人心，众所周知，力争达到群防群治，干群一心，确保社会平稳有序。

狠抓工作落实，维护社会稳定。安荣乡紧密结合实际，准确把握当前形势，严控野生动物销售，禁止饭店、麻将馆、专门举办婚丧嫁娶宴会场地等人员密集的场所营运，在全乡主要交通要道设卡，加强出入车辆管理，认真开展疫情隐患摸排，按照属地管理原则，明确各村党支部书记为本村防控疫情第一责任人，每日上报本村由武汉返乡人员动态情况，积极开展思想教育，注重加强对武汉返乡人员开展日常活动的监督管理，定时量体温，做到底数清，切实维护全乡社会和谐稳定。疫情防控期间，全乡登记人数10494人，车辆4068辆，从武汉返乡人员共计21人，均已居家隔离，消除隐患。从北京返乡11人，都完成居家隔离观察。此外，发挥党员先锋模范作用，在疫情防控工作中，全乡共捐助特殊党费47617元。

严格问责机制，强化协调配合。安荣乡把防控疫情工作纳入年度目标管理考核，把防控疫情工作与社会治安综合治理相结合，明确责任，使各村充分认识做好当前疫情防控工作的重要性和紧迫性，进而不断健全完善防控工作乡村两级网格和两级责任制，严格落实分级负责、属地管理和责任追究制度，推动形成上下联动、相互配合、协调有力的工作机制，努力实现抗击肺炎工作管理横向到边、纵向到点的工作目标，对落实不到位的，严格问责。

张家庄乡

【概况】 张家庄乡地处山阴县南部，素有山阴县“南大门”之称。东北界后所乡，南邻代县雁门关，西接朔城区滋润乡，为山阴县、代县、朔城区三县交界处。地域面积91.34平方千米，乡政府驻张家庄村，距县城32.8千米。2020年，张家庄乡共11个行政村，户籍3862户9279口人，常住2361户，7329人。耕地面积4.43万亩，其中水浇地面积1.8万亩。境内旅游资源丰富，有著名的汉墓群、明长城、新广武城、旧广武城（辽城），是独特的古军事文化旅游胜地。2020年，张家庄乡党委团结带领全乡广大干部群众，以习近平新时代中国特色社会主义思想为指导，认真学习贯彻党的十九大和十九届二中、三中、四中、五中全会精神，深入贯彻落实习近平总书记视察山西重要讲话重要指示、“三篇光辉文献”和对“右玉精神”的六次重要指示精神，按照省委“四为四高两同步”总体思路和要求，市委“生态立市、稳煤促新”发展战略，围绕县委打造“灵秀古城”、建设“新韵山阴”战略目标，按照“五抓五促”工作思路，以更实举措，更高质量完成各项工作。

【美丽乡村】 2020年，张家庄乡坚持把爱国卫生运动、清河行动、农村环境整治作为重大的政治任务、重要的民生工程，因地制宜，分类施策，集中实施了“一区”“一路”“一山”“一水”“一域”五大行动，全乡环境面貌得到整体改观、明显改善。扎实开展景区提质升级行动。集中拆除了旧广武村18处违规建筑；投资20万元，对旧广武环城路进行拓宽；投资近300万元，新建旧广武城内仿古路1千米；投资50万元，新建国标卫生间3座；投资20万元，安装标示牌2个和1个仿古门楼；投资3万元，配置分类垃圾桶13个；投资20万元，新建标志性建筑（马踏飞燕）1座。扎实开展国道环境治理行动。重点对208国道两侧进行集中整治，责令临街商铺落实门前“三包”责任；集中清理国道两侧的垃圾8000吨，栽植景观树2000余株，铺设花卉绿植150平方米，新建景观墙230米；书写各类墙体标语33条，营造浓厚氛围。扎实开展南山国土绿化行动。投资50万元，对南山历史采砂遗迹进行治理，回填采砂点1100立方米，栽植松树1900株；打击私挖滥采违法行为，上半年扣押大型机械5台，责令当事人对采砂点“还土植绿”。扎实开展河道综合治理行动。按照市、县要求，严格落实河长制。做好集中整治。上半年投资6万元整治旧广武村河道900米，清理河道垃圾、阻水树木、沙石680立方米，清理水河铺村河道建筑垃圾300立方米；补建防洪坝15米。强化日常监督。乡、村两级河长巡河97次，安排专人密切关注油坊村地质灾害隐患点；辖区河道实行分段分片管理，严防死守河道私挖滥采违法行为。扎实开展全域环境整治行动。拿出超常措施，坚决攻克农村“四堆”问题。投资10万元，动用大型机械13台，清理农村陈积垃圾1.5万立方米；配置移动式垃圾桶42个，新建垃圾存放点11处。集中清除村内牲畜粪堆370立方米，处理露天奶牛圈养点2处，引导群众做好牲畜粪便管理。要求村干部带头整理自家柴堆，并积极动员辖区520户群众规整自家房前屋后。雇用贫困户保洁员14名，督促群众不乱扔垃圾，定期清理村内主路。2020年张家庄乡大力推进农村“厕所革命”共改厕168座。其中，陆庄村50座，西堡村56座，旧广武村62座，已全部完工。

【乡村振兴】 2020年，张家庄乡党委把抓文旅融合作为推进乡村振兴工作的有效牵引。针对旧广武古城，实施古城美化项目，投资150万元实施旧广武古城AAA旅游示范村建设项目，拓宽围城道路1500平方米，铺设仿古路面1千米，配套仿古路灯39座，新建公共厕所3座、2个停车场共计1600平方米，基础设施建设进一步增强。针对明长城进行全方位勘探，将辖区20千米长城全部纳入查看范围，详细标注安全隐患和破坏点，以备补救和保护；重点开发新广武到代县段长城，积极配合省文旅部门重修月亮门景点。拓宽游客步道5千米。针对汉墓群，坚持保护与增绿并重，严格禁止附近群众在景区内下葬，持之以恒抓好造林绿化，种植各类树木2200株，森林覆盖面进一步提升。

【基层党建】 张家庄乡党委严格按照省、市、县委深化“三基建设”工作要求，以农村基层党建“整乡推进、整县提升”示范县乡创建行动为契机，不断夯实基层党建根基，提升党建水平。高水平开展理论学习。掀起学习《习近平谈治国理政》热潮，共发放第三卷260余册，坚持送学上门，提高理论学习覆盖率。乡党委成立宣讲团，班子成员带队深入包联村讲党课，谈见闻。乡党委安排专人组织每周集中学习，精心准备学习内容，确保常学常新，力争入脑入心。依托“学习强国”“三晋先锋”及时更新公告通知及学习内容，将党的精神及时传到每一名党员干部，不断提升党员干部政治素质。高质量整顿软弱涣散党组织。2020年初，山阴庄村党支部因服务群众水平低下，群众满意度低等原因被确定为2020年度软弱涣散党组织。包联县级领导和乡党委针对存在的问题进行深入分析研判，制定了详细的整改措施。经双向选择，选派机关干部朱文元担任党支部书记。进一步充实村级后备力量，发展2名敢闯敢试的年轻人为入党积极分子，为2021年村“两委”换届热身。配套完善林桥村（2019年软弱涣散党组织）人畜饮水工程，做好引水入户“后半篇”文章。多渠道发展壮大集体经济。乡党委引导村“两委”班子破除“等、靠、要”思想，变“伸手要钱”为“放手挣钱”，为村级集体经济发展壮大蹚出了新路子，打开了新局面。鼓励山阴庄村成立卫生清理服务公司，在全乡范围内提供打扫卫生、森林防火、植树造林等服务；水河铺村配套完善蔬菜交易市场，提供租赁服务；旧广武村盘活集体资源流转土地等，2020年全乡11个村集体经济全部破零。高标准管理干部队伍。全力配合好选派机关事业单位干部到村担任党组织书记的相关工作要求，选派张家庄乡2名优秀机关干部担任林桥村、山阴庄村党支部书记，并纳入干部管理台账。对全乡61名村“两委”干部进行联审，及时清理不符合任职条件的村干部。做好“村干部学历提升工程”，三年来共有8名村“两委”干部及后备干部报名参加，实现了“每个行政村至少有一名村干部是大学生”的目标要求。每村确定了1名以上后备干部，为做好换届选举工作奠定坚实基础。张家庄乡严要求开展“三零”单位创建。强化组织领导。组织召开“三零”单位创建工作动员部署会议，成立“三零”创建工作领导组，制定实施方案，明确责任人。抓好宣传动员。通过微信群、宣传页、“学习强国”“三晋先锋”等多种渠道，对“三零”单位创建工作进行宣传报道；发放宣传资料3000余份，抽调精干力量进村、入企宣讲16次，组织“三零”单位创建知识培训2场。结合“安全生产月”活动，专门入企宣传，达到辖区企业“三零”单位创建全覆盖。摸底排查夯实基础。已经排查化解30起信访矛盾，化解率98%（一件为历史遗留问题），力争做到“零上访”。

【党风廉政】 2020年，张家庄乡围绕党风廉政建设和反腐败工作，坚决把主体责任扛牢扛实、落在实处。知责担责。先后召开党委会4次，专题传达学习、研究重大事项、重点工作、重要案件议题3个。从严落实市委《关于在山阴县开展持续净化政治生态的工作方案》，进一步加强乡党委对反腐败工作的全过程领导。履职尽责。乡党委集中听取了村党支部书记年度述责述廉报告，总结研究工作，部署下一步工作。先后对11名支部书记进行约谈，确保主体责任得到刚性落实。追责问责。坚持有责必问、问责必严，通过问责倒逼责任落实，对落实“两个责任”不力的，综合运用约谈提醒、函询整改、组织处理、党纪政务处分等方式追究责任。全年谈话函询25人，党纪处分1人。坚持从严从实，持续正风肃纪。驰而不息纠正“四风”。深入开展“力戒形式主义，狠抓工作落实”作风整顿。大力整治群众身边腐败和作风问题。努力提升人民群众的获得感幸福感安全感。特别是坚决查处涉黑涉恶腐败和“保护伞”问题，全乡没有发现涉黑涉恶线索。

【疫情防控】 面对突如其来的新冠肺炎疫情，张家庄乡坚决扛起疫情防控重大政治责任。全乡党员干部积极应对新冠肺炎疫情，按照“五到位”工作思路，做到组织到位、摸排到位、措施到位、督查到位、宣传到位，充分发挥乡村两级党组织和党员的先锋模范作用，进行防疫知识宣传、环境卫生大整治和设卡排查等工作，持续利用村喇叭、微信群等广泛开展宣传，营造群防群治的良好氛围，全年累计悬挂横幅20余条、发放宣传单2000余份；排查武汉返乡人员28人，同时落实疫情常态化防控责任，实行网格化管控措施，坚持“外防输入、内防反弹”总体防控策略，科学准确分析研判疫情形势走向，坚持严防死守、精准防治，坚决打赢疫情防控阻击战，保一方平安。

【脱贫攻坚】 张家庄乡全乡建档立卡贫困户525户，1276人，全部实现脱贫。2020年有边缘户5户10人，脱贫监测户20户63人。一年来，乡党委始终把脱贫攻坚作为头等大事和第一民生工程来抓，以更加精准的举措、更加精细的工作，持续巩固提升脱贫攻坚成果。聚焦“两不愁三保障”，做好兜底保障。保障最低收入。截至2020年10月，经驻村工作队、村“两委”核实，全乡贫困户人均可支配收入均超过国家贫困标准，在前期普查中，贫困群众均吃穿不愁。保障就学就业。全乡建档立卡贫困户家庭中适龄子女全部接受九年义务教育，无一人辍学，49人享受“雨露计划”。全乡有就业意向的390名贫困劳动力全部安排就业，县内就近就业194名，县外省内就业106名，省外就业90名。2020年乡政府提供两个政府购买岗位安排两名贫困户大学毕业生就业，吸纳贫困劳动力参与公共事业。保障特殊人群需求。贫困人口均缴纳城乡居民医疗保险，大病救助、重大疾病救助有保障。为贫困残疾人发放各类辅助器具共计 51 件；86 户因病致贫家庭签约家庭医生，163 位患者享受了健康扶贫政策。保障贫困户住房安全。2020 年 3 月，贫困户住房经县住建局聘请第三方鉴定均达到安全标准。紧紧围绕产业扶贫，多措并举提收入。发展特色种植业。2020 年贫困户种植露地蔬菜瓜果等共计 498 亩，平均每亩收入 3000 多元；种植渗水地膜谷子 2100 亩，平均每亩收入 1200 多元。做好扶贫收益分配。继续抓好光伏扶贫带头示范作用，2020 年度光伏收益 26.5 万元，扶贫机井收入 6.4 万元，扶贫专项资金保底收益 23.6 万元。项目收益资金全部用于贫困人口，激励贫困户发展生产，积极投身公益事业，进一步增强内生动力。

【“十四五”发展规划】 张家庄乡依托全国十大长城保护开发行动，创新实施“传奇广武”文化战略，高起点谋划产业发展思路，高标准推进基础设施建设，高质量打造精品文化内核，深度挖掘，讲好广武故事，为全乡旅游发展注入新动力。发展“三农”产业，融入省级战略。立足优势，扬长避短，突出“特”字，发展现代特色农业，积极融入山西省雁门关农牧交错带示范区建设。全力提速农村劳务经济。狠抓劳务输出，促进劳务经济与脱贫攻坚、乡村振兴的良性互动，千方百计拓宽群众增收渠道，装满农户“钱袋子”，让劳务经济成为农民致富的新的增长点。

后所乡

【概况】 后所乡地处恒山山脉，翠微山脚下，南依代县，西临朔城区，东与应县毗邻。地域面积 127 平方千米，乡政府驻后所村，距县城 35 千米。2020 年，后所乡共 13 个行政村，户籍 6341 户 15527 口人，常住人口 11576 人。耕地面积 8.75 万亩，其中水浇地面积 6.5 万亩。主导产业为种植业和养殖业。种植主要是以青椒为主的蔬菜作物，以玉米、高粱为主的粮食作物和以谷子、黍子为主的小杂粮；养殖主要是以奶牛、绵羊和山羊为主。

2020 年是全面贯彻党的十九大精神的关键之年。一年来，面对新形势新任务新挑战新使命，后所乡党委、政府始终以习近平新时代中国特色社会主义思想为指导，深入贯彻习近平总书记“三篇光辉文献”，全面贯彻党的十九大和十九届二中、三中、四中、五中全会精神和习近平总书记视察山西重要讲话精神，以省委“四为四高两同步”总体思路和要求为牵引，紧扣市委“生态立市、稳煤促新”发展战略，围绕县委打造“灵秀古城”，建设“新韵山阴”宏伟目标，创新实施“3361”工作部署，团结带领全乡广大干部群众，奋力拼搏、锐意进取，全力以赴做好稳增长、促改革、调结构、惠民生、防风险各项工作，持续推进“不忘初心、牢记使命”主题教育常态化制度化，“三大攻坚战”深入推进，精神文明建设、生态文明建设、民生保障和社会治理等取得新进展，全面从严治党和反腐败斗争持续加强，各项工作均取得了新成绩、拓展了新局面。全乡呈现经济平稳向好、社会和谐稳定的良好局面，向着构建“富裕和谐美丽宜居幸福后所”的总目标阔步向前。

【环境保护】 2020 年，后所乡加强生态环境建设，树立生态文明思想，始终本着从源头抓起，从基础抓起，严格控制，重点治理，全面达标的总体要求，着力抓好大气、水、固废污染防治以及其他方面的环境保护工作。2020 年，重点对后所村、南辛庄村、帐头铺村、西沙堆村、苏庄村、辛兴庄、安乐庄的环境卫生进行了集中整治，同时，进一步巩固了元营村、辛立庄村 2019 年的建设成果。全乡共投资 160 多万元，清理四堆 450 处，清理转运垃圾 1700 多吨，新增垃圾转运箱 15 个，垃圾桶 80 个；全乡 410 座改厕任务全部在元营村实施，“厕所革命”工作迈上新台阶；结合全市清河行动要求，针对辖区内黄水河流经的7.4千米区域，继续全面开展垃圾清理整治工作，2020年，共清运垃圾90多吨；重点对沿线企业园区排水排污开展监测、整治和规范工作，从源头治理和切断劣质水进入河道。2020年，全乡有效清除、利用秸秆4000多亩，有效地缓解了禁烧压力和大气污染。

【美丽乡村】 后所乡按照“净化、硬化、亮化、美化、绿化”的“五化”标准，大力建设美丽乡村。2020年，重点打造桑干河沿线的元营、北万庄、后张堡3个美丽乡村；累计投资400余万元，对后所村、辛立庄、南辛庄、西沙堆、苏庄、安乐庄、帐头铺、南万庄10个美丽乡村进行巩固提升；同时，以此为契机大力加强农业基础设施建设，坚持“规划高起点，建设高标准，管理高水平”的原则，按照美丽乡村的建设要求，以农村饮水、田间灌溉、村组道路等为重点，正积极向上争取项目支持和优惠政策，进一步加大基础设施建设力度。2020年，重点实施的高标准农田建设项目，完成安乐庄7200亩、南辛庄3500亩、后所村3500亩，项目全部建成完工，有效地改善了农业耕种条件，提高抵御自然风险能力。

【乡村振兴】 后所乡党委坚持把加快农业产业发展作为全面推动乡村振兴工作的着力点。坚持以增加农民收入为出发点，按照规模化生产、区域化布局、产业化经营的要求，以调顺调优产业结构为着力点，以打造农业品牌为切入点，发展高产、优质、高效、生态、安全农业，深入推进农业供给侧结构性改革，努力做大做强六大农业产业：以旱地谷子为主的小杂粮产业，仅此一项，全乡纯收入增加1500万元以上，人均收入增加1000元以上，2020年种植面积1.5万亩；以青椒为特色的蔬菜产业，种植面积1.5万亩，亩均纯收入4000元；扩大饲草种植规模，加大全株青贮玉米和苜蓿种植面积3.5万亩，逐步实现由粮经“二元”结构向粮经饲“三元”结构的转变；以奶牛、肉牛、肉羊为特色的畜牧产业，奶牛养殖量达1.5万头，肉牛养殖量8000多头，肉羊饲养量4万多只；以葡萄、大接杏、苹果为特色的林果产业，面积1600多亩；以新技术新品种为主的设施农业，引进优质油桃、葡萄等品种和反季节蔬菜，努力把设施农业打造成为农民增收致富的大产业。结合现有产业基础和发展优势，切实加大设施农业新技术新品种的创新能力，重点在后所村涛垣现代农业专业合作社、帐头铺兴禾农副产品专业合作社、南辛庄野波农林专业合作社引进了优质水果、蔬菜新品种。同时，积极推进农业服务组织创新和机制创新，鼓励、扶持专业大户、家庭农场、农民专业合作社、农业企业等新型农业经营主体，在品种推广和产品包装、储运、销售上探索新路子，提高农业的组织化程度。认真落实好各项惠农政策。及时足额兑付粮食直补、农资综合直补、农作物良种补贴、农机购置补贴等各项惠农补贴资金。做好政策性农业保险工作。整合涉农资金，打捆使用、重点投放。认真抓好农民负担监督管理，实施村级公益事业“一事一议”财政奖补政策，切实减轻农民负担，促进农民增收、农村稳定。强化重点群体就业，支持全民创业，加大农民实用技术和技能培训力度，提高农民致富能力；鼓励农村剩余劳动力外出务工或向第三产业转移，促进农民增收和劳动力就业转移。进一步优化返乡农民工创业环境，鼓励和引导积累一定资金、掌握一定技能的返乡农民工自主创办各种实体，引领群众致富。

【疫情防控】 后所乡在疫情防控期间通过加强领导、强化宣传、群防群治、强化保障、科学管控、加强检查等有效手段，紧密配合，形成联防联控、群防群控工作格局；持续排查，始终做到心中有数；加大宣传，全面普及疫情防控举措；广泛发动，形成全乡防控合力，全力打赢疫情防控阻击战，始终绷紧“外防输入、内防反弹”这根弦，全乡没有1例疑似病例和确诊病例，确保了全乡人民群众生命安全和身体健康。在做好常态化防控工作的同时，积极抓好复工复产工作，全乡各类合作社均已正常经营。

【脱贫攻坚】 2020年后所乡党委坚持把脱贫攻坚摆在全乡工作的突出位置，严格落实党委政府脱贫攻坚主体责任，没有丝毫松懈，在切实保护好已经取得的“全乡474户1421名贫困人口全部脱贫”的宝贵成果的基础上，按照“已脱贫的要巩固、未脱贫的要攻坚、整体上要提升”总体要求，继续实施八大工程二十个专项行动，落实“六个精准”“五个一批”要求，引导贫困户鼓足干劲、开拓进取，进一步巩固脱贫成效，严防返贫，确保脱贫攻坚工作经得起上级考核、群众评价，努力实现2020年同步奔小康的目标。100万元扶贫资金用于发展光伏发电项目，该项目已完工，实现年利润6.3万元，有5.2万元用于贫困户的帮扶。对全乡现有的474户1421人建档立卡贫困人口，重点围绕“两不愁三保障”，完成了“四问三宣一推动”工作确保了脱贫成效的巩固提升；在全乡产业结构调整和帮扶措施上，继续引导扶持贫困户扩大青椒和谷子种植面积，2020年贫困户种植青椒和旱地谷子就分别为103亩、117亩，有劳动能力的397户贫困户实现了每户至少1人就业的目标，共签约就业541人，分布在县内和省内外。圆满完成了脱贫攻坚普查和绩效验收工作，全乡474户1421名贫困人口全部脱贫的实效得到夯实。

【精神文明建设】 2020年，后所乡不断加强宣传思想和舆论引导工作，牢牢把握正确舆论导向，把党的十九大以来推动发展的新进展新成效展示出来，提振干部群众的精气神，凝聚改革发展的正能量。重点统筹物质文明和精神文明协调发展，深入践行社会主义核心价值观，对全乡每个村的文化广场进行了修建完善，建设好文化活动的主阵地；对北万庄老年书屋进行提档升级，并辐射带动周边的元营、后帐堡、南万庄、前张堡等村发展健康向上的文娱活动，努力在全乡上下形成正确的价值取向。在后所村已经申报省级老龄工作示范村的基础上，重点推进南辛庄、北万庄的老龄工作，力争申报省级老龄工作示范村。同时，以辛立庄化悲岩寺、南辛庄女儿庙、九龙湾等旅游景点为基地，紧紧围绕每年的“四月八”传统祈福文化节，积极发展生态旅游产业，提升乡村旅游知名度和文化品位；对涉及庙家窑、南辛庄、南洲庄、水峪口、辛立庄5个村的20处广武明长城烽火台遗址旧迹，加强日常安全隐患排查，推进历史文物安全保护工作。

【招商引资】 2020年，后所乡积极支持配合好元营物流园改制工作，利用好冷链物流仓储功能，扩大全乡蔬菜产业规模；依托物流园，引进了一个秸秆综合利用的企业，争取2021年秸秆综合利用率在90%以上。继续抓好以浙江商人为投资主体的鑫达肉业有限公司、兴禾农副产品专业合作社引进的果脯生产企业、后所村引进的脱水蔬菜加工厂等，努力在农副产品、畜产品的生产加工方面做强做大；年内完成后所调顺农产品交易市场地域性保护商标的申报和注册工作，不断增强主动与外界打交道的意识和能力，巩固和拓展招商引资成果。重点完善后所乡调顺农产品交易市场的管理和运营，充分利用“互联网+农产品”模式，积极建立电子商务服务点，引导推动更多农户与鑫霏小杂粮深加工电子商务运营中心对接，进一步拓宽农户销售渠道。引导鑫达肉业有限公司、兴禾农副产品专业合作社、后所村脱水蔬菜加工厂等市场主体用足用好电商平台，切实解决销售渠道不畅的问题。同时，要求干部以过硬的作风抓好以化悲岩寺旅游景点为主的文旅产业的开发利用，提升乡村旅游知名度和文化品位，努力融入全县广武边塞文化旅游建设大局。

【平安建设】后所乡积极推进“三零”单位创建工作，全乡划分25个网格，推行农村党员网格化管理，创建成效明显，保持着“零上访、零事故、零案件”。并以此为切入点，努力化解因上访、事故和案件引发的不稳定因素，同时，坚持“有黑扫黑、无黑除恶、无恶治乱”，持续将“扫黑除恶”作为一项重要政治任务来抓，扎实推进，深挖涉黑势力及其保护伞；要求乡纪委对工作不认真、不负责、不作为的严肃追责问责，确保打赢这场人民战争，2020年，全乡没有发现涉黑涉恶问题线索。扎实做好全乡综治、信访、统一战线、宗教等工作，强化法制宣传教育，做好普法工作；牢固树立总体国家安全观，全力维护政治安全。严格落实平安乡村建设领导责任制，继续保持“严打”高压态势，持续推动创建平安后所集中行动，确保社会治安持续稳定；狠抓信访稳定工作不松懈，注重源头治理，规范信访秩序，积极化解矛盾，确保社会大局稳定；根据省、市、县政府部署要求，完成了以乡村房屋为重点建筑物安全大排查工作，结合疫情防控工作和学校开学的相关要求，对校园周边等重点区域、重要目标，加强了安全保卫，严厉打击违法犯罪，深化食品药品安全专项整治，努力营造放心消费、安全消费的良好环境，确保了社会治安秩序良好；积极创新群众工作方法，及时化解社会矛盾，维护人民群众合法权益，实现了社会的安全稳定。

【基层党建】2020年，后所乡切实抓好党的政治理论学习，始终把学习宣传贯彻落实党的十九大和十九届二中、三中、四中、五中全会精神作为当前和今后一个时期的重要政治任务，雷打不动坚持每周二、周五学习制度，继续加强学习研究，逐字逐句、逐条逐段、深入剖析、阐疑解惑，确保精神领会到位。同时，广泛开展宣讲活动，通过班子成员进村上党课、党员代表讲感受、干部群众谈期望等多种形式解读十九大精神、宣传十九大新思想，进一步理清思路、创新举措，学用结合，着力转变工作作风，加大工作力度，狠抓工作落实，形成长效机制，持之以恒开创后所工作新局面。后所乡大力弘扬马克思主义学风，进一步推进“不忘初心、牢记使命”主题教育常态化制度化，用党的创新理论武装头脑，认真扎实学习贯彻习近平总书记视察山西重要讲话重要指示精神、十九届五中全会精神，推动全乡党员、干部、群众更加自觉地为实现新时代党的历史使命不懈奋斗。通过常态化的活动推进，进一步增强了“四个意识”、坚定了“四个自信”、做到“两个维护”，全乡党员干部履职尽责，团结奋进，牢记初心使命，不断形成推动后所工作再上新台阶的强大合力。2020年，全乡为群众办实事1700多件，化解矛盾纠纷近30件。

2020年后所乡党委持续强化基层组织，不断打牢基础工作，切实提升基本能力，不断加强“三基”建设。投资500多万元，建设后所乡办公用房和便民服务中心，重点解决“五小”建设中澡堂、文化活动室、图书室、冲水厕所缺失的问题；特别是投资480多万元的乡政府办公楼建设项目，作为全县的重点工程之一，已于3月31日破土、5月26日正式开工建设，主体工程已完成，预计2021年6月交付使用。进一步完善了各村党建阵地，共投资近80万元，修缮了全乡党群服务中心，每村配备了档案盒、档案柜、电脑、打印复印机，办公桌椅等，规范完善了档案资料，加挂“党群服务中心”牌子，努力实现标准化建设目标。2020年，县委组织部驻村工作队对所包5个村的党建阵地进行了提档升级，进一步增强了党组织凝聚力。按照整顿提升软弱涣散村党组织的要求，在安乐庄村建设文化广场、舞台，建立红白理事会；在苏庄村完善党群服务中心和文化广场；在水峪口村和南洲庄村，拓宽集体经济收入渠道。建立健全经常性教育制度，严格执行“三会一课”、主题党日、组织生活会等制度，提高民主生活会质量，触及党员干部思想根本，进一步加强村“三委”干部队伍建设，通过专题学习、现场教育、研讨交流、入村调研等方式，检视了问题，明确了努力方向。2020年5月，市委组织部部长崔巍一行对后所乡的党建工作进行了调研并给予好评。

【廉政建设】 后所乡党委严格落实“两个责任”，牢固树立起不抓党风廉政建设就是严重失职的意识，充分发挥乡党委在党风廉政建设中的主体作用和乡纪委的监督作用，加强对党风廉政建设的统一领导，进一步健全反腐败领导体制和工作机制，落实党风廉政建设责任制，把党风廉政建设和反腐败工作纳入总体工作部署，充分用好用活“四种形态”，坚持抓早抓小，防微杜渐。同时，进一步健全完善责任追究制度，严格落实“一岗双责”“一案双查”，以党风廉政建设的实际成效凝聚正能量，不断推进全乡党风廉政建设和反腐败斗争工作取得新成效。突出抓好党委政府自身建设，坚持务实高效。强化责任意识、担当意识，加大对重点工作、重大项目的推进落实力度。建立权力清单和责任清单，坚决整治“微腐败”现象。坚持依法行政。坚持科学民主、依法决策，把公众参与、集体讨论决定作为重大行政决策法定程序。自觉接受社会各界监督，认真执行党的路线方针政策。全面推进政务公开，让权力始终在阳光下运行。坚持廉洁从政。认真落实党风廉洁建设责任制，严格遵守“中央八项规定”和省市县有关规定，加大对政府采购、工程建设等重点领域行政监察和财政监管力度。坚持从严从俭，全面落实厉行节约，反对浪费，严控“三公”经费支出。同时，不断整治“形式主义、官僚主义”，形成定了就干、马上就办、你追我赶、真抓实干的良好局面。2020年，共初核了结3件，谈话10人，谈话函询1人，诫勉谈话3人，立案7起，处分6人。

古城镇

【概况】 古城镇位于山阴县县城东南部，距山阴县城15千米，北纬39°29′，东经12°53′。古城镇是朔州古镇，始建于元末，即公元1135—1168年间。民国26年（1937年）前为明、清、民国时的山阴县治。全境为平川，水源丰富，桑干河灌区渠系遍布全境，黄水河由中部穿过。北接合盛堡乡、岱岳乡，南临马营庄乡、后所乡，东与应县接壤，西与安荣乡、薛圐圙乡毗邻。全镇东西长约13千米，南北宽达12千米，面积153平方千米。交通便利，大运高速公路由境内穿过，设有山阴互通口；林荫路、虎山线和新建的北同蒲铁路，都途经本镇。古城镇人民政府下辖21个行政村，分别为古城村、四里庄、王庄、胡疃、上河西、西盐池、快乐村、芦岭、洪济屯、小圪塔、马梁村、杨村、西小河、东小河、东辛庄、北盐池、前射躲、羊圈头、羊圈铺、前皇台、后皇台。机构设置党政综合办公室、社会事务办公室、经济发展办公室、古城镇综合便民服务中心、古城镇退役军人事务站。

2020年古城镇高举习近平新时代中国特色社会主义思想伟大旗帜，全面贯彻党的十九大和十九届二中、三中、四中、五中全会精神，深入学习贯彻习近平总书记“三篇光辉文献”和“五次重要指示”精神，认真贯彻落实省委、省政府“四为四高两同步”定位要求，紧紧围绕市委提出的“生态立市、稳煤促新”战略和县委“率先蹚新路、转型出雏形”，全力打造“灵秀古城”、建设“新韵山阴”工作思路，以建设农业高质高效、农村宜居宜业、农民富裕富足的塞上特色名镇为目标。全力完成好年度各项目标责任。古城村被省精神文明建设指导委员会评为山西省文明村，被省委宣传部、省文旅厅等评为民间文化艺术乡（村）；芦岭村为朔州市唯一被省民政厅评为山西省优秀村规民约20佳村的村。

【重点工作】 9月30日，古城镇在全县最早完成朔山联络线工程红线内56户178.62亩土地的征地任务，为省市重点工程顺利推进提供有力保障。积极推进“三零”单位创建，召开2次分析研判会议，及时发现解决存在问题；开展百日攻坚行动，从2020年底至2021年4月，镇村干部集中摸排风险隐患。履行“河长”职责，带头落实常态化巡河制度，保护桑干河及沿岸生态环境。召开镇历史上首次大气污染防治暨秸秆禁烧誓师大会，广泛宣传、严密防控，实现近年来火情最少、效果最好目标。

【民生工程】 2020年，山阴县古城镇完成年度改厕任务346户；完成危房改造10户，四类人员应改尽改；积极推进城乡养老保险收缴，截至12月25日，古城镇参保人数6055人，占比90.36%，参保率全县第一。强化常态化疫情防控，提前储备防控物资，广泛普及科学防疫知识，及时转发扩散中高风险地区信息动态，持续做好中高风险地区返镇人员摸排管控工作。加强校园安全建设，向镇中心校拨付3.5万元，解决中心校教学楼窗户护网安装工程资金缺口。简化优化民政临时救助工作流程，受到困难群众称赞。

【农村集体经济】 2020年，古城镇政府积极寻求资金扶持。申请4个村的壮大村级集体经济项目，与山西古城乳业集团合作，实现保底收益每年4万元。截至2020年底村级集体经济5万元以上的村有20个，占比95.2%。开拓镇村干部思路。创新设立“古城讲堂”，邀请省农科院崔福柱副教授讲授科学种植技术，邀请县泰和农机专业合作社董事长陈永和讲授创业奋斗史和合作社运营；组织村“两委”主干赴怀仁农特产品展览会观摩学习，探索农业发展新方向，努力蹚出农牧发展新路。改变传统养殖模式。召开镇历史上首次振兴奶牛乳品产业座谈会，与15个奶牛养殖园区负责人就优化政府服务深入交流，分析园区经营现状、面临困难和机遇挑战，推动建立行业协会，探索“十四五”做大做强奶牛经济新模式新路子。

【法治建设】 2020年，古城镇配合省人大法制委、城建环保工委、人事代表工委3个调研组，分别就城乡居民补充养老保险、湿地保护条例、人大代表联络站建设等情况开展调研，提出了一系列有价值的立法建议。广泛开展法治宣传，在国家安全宣传周和国家宪法日，组织镇村干部开展普法宣传，通过发放资料、播放宣传片、现场咨询等方式，引导干部群众弘扬法治精神。切实彰显法治权威，在信访工作、秸秆禁烧、禁燃禁放、散煤管控等工作中，着重向群众讲清楚法律规定、法律责任、违法后果，教育群众自觉尊崇法律、敬畏法律。

【纪检监察】 2020全年处置问题线索26件，其中立案查处7件，纪律处分8人次，谈话函询31人次，配合市县纪委，对涉及古城镇的4个问题线索进行了审查调查。重点围绕扶贫领域、四风问题、民生领域等，开展集中警示教育7次，持续营造严的氛围。

【脱贫攻坚及乡村振兴】 2020年，古城镇统筹扶贫资金235.863万元，建成168.9千瓦和145.6千瓦两个光伏发电站，并网发电后及时给贫困户分配收益。实现有劳动力的贫困户家庭至少1人就业，确保贫困户稳定脱贫。高质量完成5个村“一事一议”项目，村级公共服务能力得到提高。3个村完成高标准农田建设项目，改良土壤1万亩，新修U形渠100千米，机井5眼。完成土地托管10万亩，农业现代化水平大幅提升。组织开展爱国卫生运动，清理陈年垃圾 3 万立方米，乡村环境持续美化亮化。

【党建工作】 2020 年，古城镇创新开展党建引领乡村振兴“六个一”系列活动，制订详细工作计划，定期督导活动情况和工作成效，形成品牌效应，达到农村基层党建“整乡推进”达标乡镇要求。落实党委书记讲党课制度，在镇集中讲党课 2 次。3 次赴包联的软弱涣散党组织王庄村党支部督导调研，专门讲党课 1 次，完成提升整顿验收。全方位建强村“两委”和党员队伍，实施村“两委”主干集中分析评价，提出拟退出、拟暂缓、拟留任三个名单上报县委组织部。加强对机关事业单位选派的 3 名村支部书记日常管理，培养储备农村后备力量 63 名，接收预备党员 5 名，确定发展对象 2 名，吸收入党积极分子 12 名，村干部学历提升累计 27 人。

马营庄乡

【概况】 马营庄乡位于山阴县东南部，东邻应县，南接代县，西毗后所乡，北连古城镇。现辖 22 个行政村、1 个自然村。乡政府所在地为马营庄村。全乡国土面积约 105.83 平方千米。2019 年 6 月底全乡户籍户数 5734 户，户籍人口数 11400 人，常住人口为 8941 人。全乡镇现有基层党组织 31 个（其中，基层党委 1 个，党总支 1 个，党支部 29 个）；现有党员 429 名，其中女党员 50 名。全乡属于典型的温带大陆性高原季风气候，四季分明，光照充足，年降雨量在 300 ～ 450 毫米，无霜期为 100 ～ 130 天。2020 年马营庄乡实现农村经济总收入 3.3 亿元，地区生产总值 4.2 亿元；粮食总产量达 44418 吨；蔬菜种植面积 7295 亩；农民人均纯收入达 12054 元。全乡奶牛存栏量 11180 头，羊存栏 2.3 万只左右；生猪 2078 头。全乡新农合和养老保险参保率均达 95% 以上。

【农业产业】 2020 年马营庄乡在去年的基础上继续推广节水灌溉技术，重点在吴家铺村和新马营村进行试验性推广，该项目共计投资 40 余万元，使 4000 多亩土地受益，粮食产量较以前有了显著提高，尤其是青贮玉米亩产均 4 吨以上，喜获增收。同时在东寨村投资 14.6 万元建设节水灌溉项目，该项目使东寨村 700 多亩低产田变成高产田，有力帮助农民增产增收。

调整种植结构。发展饲草饲料。依托全乡六个养殖园区建立牧场化园区，通过帮助其进行土地流转和农民签订合同等方式，每个园区平均种植青贮玉米 3000 多亩；发展有机旱作农业。渗水地膜旱地谷子是省政府重点推广项目，能显著提高农民收入，为此马营庄乡在全乡范围内重点推广渗水地膜旱地谷子，2020 年全乡共种植渗水地膜旱地谷子 2000 多亩，平均帮助农民每亩增收 200 元；发展有机蔬菜种植。马营庄乡自古有种植蔬菜的传统，尤其是西安峪的白菜、南口前的大葱远近闻名，但是种植规模和市场效益较低。为改善农民收入，马营庄乡根据市场需求在全乡范围推广种植有机蔬菜，截至 2020 年 10 月，马营庄乡共计种植有机蔬菜 3500 多亩，每亩地纯收入达 1 万元以上。

【农村环境】 在乡党委的领导和乡村干部的配合下，马营庄乡全面推进农村人居环境整治工作，截至 2020 年底，全乡出动人力 1200 人次，各种车辆 114 台次（其中大型机械 22 台次），清理垃圾 8600 多吨、乱涂乱画 170 处、乱堆乱放 124 处，拆除残垣断壁 500 米，使农村环境面貌有了很大改观；积极整修基础道路，对沙家寺、故驿、马营庄等三个村约 6.2 千米的道路进行硬化；大力植树绿化，改善农村环境，筹集资金 200 万元对部分村进村道路和村中主干道进行绿化，共计绿化 5 千米，植树 500 多棵，为农村环境常态化治理打下了坚实基础；扎实推进农村改厕工作，完成农村改厕任务 390 座；有力推进清河行动工作，对两个峪口河道进行

马营庄乡乡村一览表

表 4

村名	户数（户）	人口（人）	劳力（个）	总播（亩）	粮田（亩）	粮食总产量（吨）	其中：玉米（亩）	玉米产量（吨）	蔬菜（亩）	猪存栏（头）	羊存栏（只）	牛合计（头）	肉牛（头）	奶牛（头）	鲜奶产（吨）	总收入（万元）	人均（元）	养老参保人数（人）	合医参保人数（人）
马营庄	485	985	394	7490	7348	3882	6895	3792	142	168	1160	657	300	357	1926	2580	11748	700	994
云水庄	714	1270	508	4910	4450	2697	3995	2597	460	70	8000					3797	11646	852	1590
西安峪	693	1278	512	3980	3840	2026	3600	1980	140	25	870	220	3	217	685	3703	11744	480	1490
胡峪口	102	180	72	660	660	343	535	338		20	1470					469	10999	380	1052
苏家场	194	367	147	1557	1474	728	1244	684	83	50	400	43	43			958	11055	110	455
下　疃	40	85	34	725	665	325	640	320	60		156	200		200	1080	242	11118	75	200
何　庄	154	521	209	4182	4182	1990	3700	1887			650					1758	13422	41	107
新马营	305	657	263	7760	7410	3715	6270	3449	350		1000	56		56	177	1914	13218	252	562
吴家铺	235	575	230	6800	6300	2701	5547	2496	500	32	72	1100		1100	3472	1491	11971	300	591
荆家庄	152	386	155	3545	3495	1366	3320	1328	50	28	121					795	11033	427	813
八里庄	365	687	316	6868	6696	3582	6400	3520	172	20	1000	980		980	5292	1966	12042	167	370
故　驿	492	1020	408	17000	17000	6613	15534	6294		50	308	4400	900	3500	17500	4143	18081	367	725
东沙堆	275	530	212	11856	11636	4523	8800	4406		210	180	890		890	2809	1465	10879	15	150
南辛寨	306	635	254	5970	5670	2143	4680	1872		45	1020	2400	800	1600	8000	1915	12463	170	505
南李庄	100	162	65	2300	2300	901	2165	866			40	850		850	2683	652	13178	85	229
许家洼	15	32	13	1110	1110	315	510	195			200					260	8954	130	495
沙家寺	235	400	180	1289	1221	342	650	260	50		1800					994	8983	48	150
东　寨	117	140	56	1131	841	547	2165	518			320					386	8982	45	149
南口前	234	390	156	2300	2202	727	1200	540	98		1500					1096	12055	230	503
陈　庄	61	90	36	770	770	272	600	240		120	690	1400		1400	4418	265	10216	101	192
高　庄	225	490	196	7250	7210	2789	6700	2680	40	30	1800	30		30	95	1232	11217	201	418
大柴棚	173	390	160	3061	3061	1276	2378	1141			340					753	8988	260	640
小柴棚	62	130	60	1615	1595	615	1500	600	20		260					387	8987	271	720
合　计	5734	11400	4636	104129	101136	44418	89028	42003	2165	868	23357	13226	2046	11180	48137	33221	12054	5707	13100

了集中整治，清理疏通河道1.5千米。

【基础设施】 2020年，马营庄乡共投资450万元，实施25项重点工作，其中投资100万元，新建700平方米乡办公用房，解决乡政府办公用房不足的困境；投资26万元，实施荆家庄、苏家场2个村的自来水入户工程，解决村民吃水难的问题；通过财政拨款和村民自筹投资47万元，新建和维修马营庄、胡峪口2个村的舞台，丰富了两个村村民业余文化生活；投资22万元，新建550平方米的东沙堆村红白理事会；投资15万元，新建小柴棚村农村老年人活动中心；投资23万元，新建占地面积1600平方米的云水庄村党群服务中心；投资20万多元改善水利工程，新修和维修各类水渠防洪坝3千米，使1800余亩低产田变成高产田。

【产业转型】 2020年，马营庄乡产业转型升级，打造农业电商平台。乡政府通过引入京东电商投资，致力于打造"从田间地头直接到百姓餐桌"全产业链农产品流通体系。同时，通过电商平台，打造马营庄乡特有的产业品牌，树立良好的品牌形象，形成系列品牌效应，更好地助力乡村振兴；发展全域旅游。通过打通各景点、联通各产业，马营庄乡积极打造全域旅游项目，旨在通过全域旅游，提升马营庄乡整体形象与经济实力；积极建立示范区。通过农牧交错带的合理规划与完善，形成农牧交错带种养殖示范区，进一步提升马营庄乡农牧产业影响力。

【脱贫攻坚】 为了巩固脱贫成果，马营庄乡在充分调研论证的基础上，结合乡实际，2020年投资100万元新建130千瓦屋顶分布式光伏发电建设项目，经过多方联系和加紧施工，现该项目已经圆满完工，并全额上网。同时全力补齐脱贫短板，落实各级各类巡视巡查问题整改14项；认真实施"六大行动"和"十个清零"工作，完成28户贫困户危房改造工作；面对马营庄乡扶贫基础工作差的现状，为了完善乡村档案资料，马营庄乡专门确定了2名副乡长负责此项工作，又从村里抽调3名大学毕业生协助乡政府资料信息员具体操作，在开展此项工作前，专门去右玉、下喇叭等地学习，对全乡23个村的698户挨村逐户进行完善，乡村资料已全部完善。

【信访与安全】 马营庄乡扎实开展矛盾纠纷化解活动，及时解决人民群众反映的各类突出问题，进一步畅通信访渠道，规范信访秩序，不断创新信访工作机制，共受理上级转接的信访事项11件，完成答复11件，完成率100%，共排查各类矛盾纠纷40起，化解40起，化解率100%，有效杜绝了重大群体性事件的发生。同时全面加强对非煤矿山、企业园区等重点行业日常监管，积极推动安全隐患排查治理，2020年共检查企业园区20家，排查90余次，督促整改一般安全隐患24处，并且加大安全生产宣传力度进一步在全乡树立起了"人人懂安全、讲安全"的安全观念，全年未发生一起安全生产事故。继续加强对食品安全重视程度，联合食药站全年对全乡小卖铺进行了摸底排查，发现问题及时整改，确保不发生食品安全事故。2020年是"三零"单位创建工作开展的第一年，也是"扫黑除恶"的收官之年，为此马营庄乡积极推进平安马营庄建设，深入贯彻落实党的十九届四中全会精神，着力打造南口前、八里庄两个"三零"示范村。持续推进扫黑除恶专项斗争，开展重点领域重点行业整治，积极主动防范、发现、打击黑恶犯罪的制度机制进一步健全。

【环境保护】 马营庄乡强化烟花爆竹销售和燃放管控。马营庄乡召开党政联席会议和全乡干部大会，宣读《山西省人民政府关于禁止生产、经营、储存、运输和燃放烟花爆竹的通告》，同时要求各村通过村中大喇叭、微信群等途径将通告内容宣传到位，确保禁燃禁放工作顺利开展；将秸秆禁烧列入重点工作。马营庄乡通过对农田深松和开展玉米青贮作业，从源头上减少秸秆存量，已深松土地5600亩，青贮玉米1万亩。引进打捆机队，对残留在田地中的秸秆进行打捆作业。实行重点监管，实行每天一名主要领导、一名分管领导、一台巡查车辆、两名以上值班人员24小时全员在岗，每天巡查次数不少于6次，尤其是对文保单位，古树古木进行重点巡查和管护，并执行乡干部包村、村干部包地块的层层责任制，落实秸秆禁烧责任；强力推进散煤管控工作。为切实改善山阴县大气环境质量，从根本上解决散煤燃烧污染问题，马营庄乡多次召开会议安排部署散煤管控工作，并要求各村宣传和鼓励村民使用清洁燃料，限制燃用硫分高于1%、灰分高于16%的民用散煤，严禁使用高硫煤、中煤、煤泥、蜂窝煤等高污劣质燃料，同时大力推广清洁煤，截至2020年底，马营庄乡共购买清洁煤1428吨；对散乱污企业进行整治。对辖区内的企业进行摸排，对污染事件和不合规的企业，发现一起处理一起，发现一处整治一处，截至2020年底关停整改企业1家，封停非法采沙点3处，下发整改通知书21份。

【基层建设】 马营庄乡健全机制抓基层，抓好农村工作，乡党委着手健全机制管事、树立新风育人。建立“1+1+N”工作机制，即党支部联系每个党员，每个党员联系几户村民，通过此项工作，把党组织与党员、群众紧密地联系在一起，把党支部建成了党在农村的坚强战斗堡垒。健全公开、村规民约机制，即完善“四议两公开”基层群众自治机制，提升群众参与村内事务的积极性；加快推进“一约四会”和村规民约建设，积极培育文明乡风、良好家风、淳朴民风；大力倡树新风正气，深化文明村镇、道德模范、最美媳妇等创建工作。积极探索创新服务载体，即开展形式多样的服务活动，村干部利用空余时间，积极走访困难群众，帮助他们解决实际困难，不断提升干群关系，进一步增强基层党组织凝聚力。

马营庄乡党委从强基抓起，多措夯实基层基础工作。全面强化组织建设，在全乡扎实开展了“优秀党支部”创建工作，有效提升了党支部工作能力。加大对南口前村党员教育基地的建设力度，组织全乡党员严肃党内政治生活，开展了重温入党誓词、支部书记讲专题党课、观看抗疫公益专题片、去县内红色教育基地开展革命传统教育等活动，推动“三会一课”、组织生活会、“主题党日”等组织生活制度落实落细，促进了全乡基层党组织全面进步全面过硬。全面加强队伍建设，全面净化政治生态。2020年9月以来，山阴县开展持续净化政治生态，马营庄乡严格按要求对为官不廉洁、不担当、不作为行为，对党员干部经商办企业行为，对漠视群众利益，消极对待上访群众行为、对退而不休、干扰工作、插手现职事务等行为进行全面清理，净化了政治生态，效果明显，群众反响良好。全面壮大集体经济。对去年述职中组织提出集体经济薄弱，64%的村集体经济收入在1万元以下的问题。2020年马营庄乡通过整合优质资源、规模化产业化发展、强村带弱村等方式，大力发展村级集体经济，截至12月底全乡17个行政村集体经济全部突破5万元。

【疫情防控】 在2020年疫情防控工作中，马营庄乡始终坚持充分发挥党建引领核心作用，确保疫情防控各项工作稳步推进，取得实效。成立了疫情防控领导小组，领导小组下设办公室，办公室主任由主管副乡长兼任，统一组织领导、指挥协调全乡疫情防控工作，真正做到守土有责、守土尽责。按照“预防为主，防治结合，科学应对，群防群控”的原则，研讨制定了马营庄乡疫情防控工作方案，精细化组织实施疫情防控工作，实现了防控全覆盖，不留工作空白点。及时召开部署会。2020年1月23日，召集全乡机关干部、各相关驻乡单位负责人、各村“两委”主干召开马营庄乡新型冠状病毒疫情防控工作部署会，对各项防疫工作提出了明确要求，及时响应、及时部署、及时落实。积极组织捐款。坚持自觉自愿、量力而行的原则，组织指导全乡广大党员踊跃捐款支持疫情防控，全乡共251名党员参与捐款，捐款总额25420元。落实常态化防控措施。紧盯公共场所、医疗机构、冷链食品等关键环节，确保做到“人地物”同防，细致做好重点人员追踪管理，各村第一时间掌握辖区内中高风险地区返乡人员名单，把“外防输入”作为重中之重，精准施策、快速反应，确保不留漏洞。

【党建】 2020年，马营庄乡党委、政府班子按照党的十九大和十九届二中、三中、四中、五中全会精神，扎实推进“不忘初心、牢记使命”主题教育常态化制度化，进一步加强农村基层组织建设，有效提升基层党建工作的科学化水平。加强学习提素质。马营庄乡党委、政府坚持把思想政治建设放在首位，在思想行动上与以习近平同志为核心的党中央保持高度一致，始终旗帜鲜明，立场坚定，保持一个基层领导班子对中国特色社会主义的坚定信仰。把学习贯彻习近平新时代中国特色社会主义思想作为首要政治任务，班子成员带头坚持每周二学习制度，强化学习氛围。依托“学习强国”“三晋先锋”、山西干部在线学院、爱山阴等学习平台，开展新型学习模式，加大对全乡党员的覆盖率，增强学习效果。使全体党员干部进一步树牢“四个意识”，坚定“四个自信”，做到“两个维护”。并且坚持把学习理论与提高实际能力结合起来，提高决策能力和指导实际工作的水平。班子成员建立了党建工作联系制度，定期督促指导各支部“三会一课”制度执行情况，推动基层党建工作制度化、规范化。以党建为抓手，统筹推进各项工作，将农村环境整治、三零创建、脱贫攻坚等重点工作同主题党日、组织生活相结合。扎实推进“不忘初心、牢记使命”主题教育常态化制度化，进一步凝聚干群合力，有效推动重点难点工作落实。

认真履职强责任。认真履行抓党建职责，厘清职能边界，聚焦主责主业，强化责任落实。签订责任书。2020年初，乡党委与各党支部书记签订2020年基层党建工作责任书，层层传导落实责任。强化工作考评。加强基层党组织党建工作考评，完善了党群工作目标管理考核办法，由年终考核改为季度考核及日常抽查，将考评结果作为干部任用、党建经费使用、先优模评比的重要依据。抓教育常态化。在推动“不忘初心、牢记使命”主题教育常态化进程中，抓好学习强意识，保证学习时间，集中学习160个学时，副科级以上干部赴基层讲党课8场；持续调查研究解民意，通过下访接访、入户走访等，收集问题建议、归纳梳理15条，抓工作做到对症诊治、有的放矢。专题部署党建。2020年，乡党委先后组织召开各类党建工作会议10次，与各级党组织书记谈心谈话50人次，研究部署基层党建工作，深入基层党组织调研检查16次，召开座谈会8次，及时帮助基层解决党建工作实际困难和问题10余件。

【历史和文化】 马营庄乡全乡境内人文景观、自然景观、历史遗迹、地质遗迹较多，原生态自然资源旅游资源丰富，既有北宋时期杨家将精忠报国、抗辽卫疆的战场遗迹，又有明代方志记载的山阴古八景中的三景“香山叠翠”“佛宿穿云”“寒潭石瓮”，还有香溪流淌，群芳争艳，彩蝶飞舞的“蝴蝶谷”，其他如瑞云寺、六棱砖塔、故驿古城、老君庙、石人沟、瀑布、一线天、草垛山、馒头山等景点数不胜数。漫步于马营庄乡的景点，听溪水潺潺，观苍松翠柏，看浮云缭绕，如临仙境。

翠微山 旧称佛宿山、复宿山、勾注山。山势呈西南东北走向，海拔1200～1900米，沟

谷切割较深。生长有华北落叶松、桦树，野玫瑰等乔灌植物。

香山　翠微山中的香山，位于沙家寺村南山口，三峰奇秀，三面临崖，登临者乐此不疲。古人把“花木香盛”的香山美景称为“香山叠翠”，把悬于山腰的奇特瀑布称为“寒潭石瓮”。明代嘉靖年间曾任都察院右佥都御史兼宣府巡抚的郭登庸常优游此间，并留下《游佛宿山》传世至今：“雨霁登登石径分，满身岚气郁氤氲；层岩古树高天近，平野孤城落日曛。燕翼豪华伤寂寞，乾坤时事慨纷纭；仙人每话山中乐，留我东风卧白云。”且卒后也兆域于此。更有明代大儒东阁大学士王家屏，在其退隐后，也是常常来此游玩，在其《春尽登香山》诗中对他的游玩进行描述：“香山两度见春归，著屐登临兴不违；石径穿云苔正滑，林峦著雨蕨初肥。翻思岁月惊时变，俯瞰尘寰慨俗非；直欲临风拔绝巘，轻身高驾彩虹飞！”其后有王家屏长子曾任柳州知府的王浚初、天启年至崇祯年间任山阴知县的刘以守及朔州知州翁应祥等等，皆有诗作咏诵，足见香山之香之美。

故驿城　在山阴县故驿村东北 0.5 千米处，始建于战国时期，后毁于洪水，现存残垣残迹。曾发现秦汉时的陶器、铜器、钱币、瓷片等。金忠州城即在此地。

瑞云寺　山阴县瑞云寺坐落在马营庄乡沙家寺村西南，坐北朝南，东西长 45 米，南北宽 40 米。始建于辽大安七年（1091 年），由正殿、前殿、山门、谦公和尚砖塔组成。院内存清代嘉庆十九年（1814 年）布施石碑一通，石质为青石，高 1.25 米，宽 0.60 米，厚 0.2 米；古松树一棵，高 18 米，周长 4.06 米；明万历五年（1577 年）砖塔一座，总高 11 米左右，砌以楼阁式样。该寺院于 2001 年 11 月 5 日被列入县级文物保护单位。

该寺最初是后唐明宗时期云州节度使沙彦珣的家庙，后扩建为十方大众的共修道场，曾有住持谦公老和尚，鼎盛一时，在北方有一定的影响。后明、清及民国时期多次重修。于“文化大革命”期间被毁，当时仅存的一座偏殿和半幅僧寮也岌岌可危。2008 年，释慧照法师入住瑞云寺，开始酝酿重建瑞云寺。重建工程于 2011 年破土动工。在各方人士特别是天津马振得等居士的积极关注和参与下，先后建成了瑞云寺上下两院，包括大雄宝殿、天王殿、祖师殿、地藏殿、文殊殿、千手观音殿、钟鼓楼、斋堂、僧寮、瑞云法堂和山门等建筑，并于 2014 年农历六月十九举行了隆重的大殿落成暨佛像开光大典。

沙家寺龙王庙　坐落于山阴县沙家寺村中部。据大殿前廊碑文记载，创建于清同治三年（1864 年）。坐北朝南，占地面积 108 平方米。有戏台和大殿。大殿面阔五间，进深三间，单檐硬山顶。

蝴蝶谷　位于沙家寺村西南 3 千米处，原为一条不知名的山谷，后有游客野游发现此谷风景秀美，遂向身边的游客介绍，渐渐闻名于世，因在春暖花开的季节里，谷里有很多蝴蝶翩翩飞舞，故起名“蝴蝶谷”。谷内有鬼斧神工的悬崖峭壁、有“寒潭石瓮”的连环瀑布，更有燕窝崖、文殊石、百花坡、滴水崖、将军石、跃虎亭等景观。此谷夏天凉爽宜人，是广大群众消暑避夏的好去处。

东城管委会

【概况】 东城管委会成立于 2000 年，承担着同太路以东非农业人口和流动人口的管理服务工作，辖区面积约 7 平方千米。东城管委会下设南街、北街、和顺、兴隆和光明 5 个社区居委会，5 个居委会共辖 14 个居民小区，社区实行网格化管理，共划分 49 个网格。管委会共有机关、南街、北街、和顺、兴隆、光明、太行村镇银行和工商联合 8 个党支部，下设 5 个基层社区支部，中共党员 323 人。

【疫情防控】 2020 年，东城社区党支部第一时间召开新冠肺炎防控工作专题领导班子会议，研究制定社区疫情防治工作方案，成立疫情防控领导小组，明确责任分工，对疫情防控工作进行安排部署，要求社区工作人员对辖区居民户和临街商铺、辖区宾馆进行“网格化管理、地毯式排查”，确保不漏一户不漏一人。社区工作人员每天通过入户排查和电话核实，及时掌握辖区居民动向，了解外地来宁人员身体状况等情况。并对武汉返乡人员每天进行电话回访，在与居民通话中，社区工作人员及时了解了居民的近况，还在每次通话结束前温馨提醒居民尽量居家，减少外出，注意消毒，注意自身防护。加强宣传教育，筑牢疫情防控的坚强防线，提高广大群众对疫情防控相关知识的认知和理解，是做好疫情防控工作的重要基础。东城各社区通过在辖区各小区每个单元门口张贴“温馨提示”“一封信”，在小区悬挂宣传横幅，发放宣传彩页等形式，引导广大群众提升抗击疫情的思想自觉和行动自觉，使居民在疫情防控期间筑牢“不走亲、不串友、不聚会”的思想防线，让居民了解疫情防控措施，提高居民自我防护能力，增强战胜疫情的信心。利用音响设备循环播放紧急提醒、关于主动申报武汉旅居史的通告等；在49个小区逐个张贴通知，告知居民从外地回山阴人员主动到所在社区进行登记；积极引导群众自觉抵制网络谣言，不造谣、不信谣、不传谣。为了将疫情挡在“门外”，东城各社区积极协调物业，在各小区门口设立登记点，但由于辖区内无人管理的老旧楼院较多，人手不足成了最大的问题。社区老党员、志愿者得知社区工作人员紧缺后，都主动请缨参与社区疫情防控工作，积极发挥党员先锋模范作用。耐心劝导辖区居民，发动大家共同做好疫情防护工作。

【民生服务】 2020年，东城管委会扎实做好廉租住房保障工作。东城管委会成立领导小组，组织社区干部认真学习廉租住房审批流程和相关政策，使社区干部充分认识到廉租住房摸底调查的必要性和重要性。认真做好宣传，通过悬挂横幅、发放宣传单、针对特殊群体进行走访入户等形式，大力宣传关于廉租住房保障有关政策，使廉租住房惠民政策深入人心。对符合政策的保障对象，仔细认真做好政策讲解工作，对不符合政策的，做好耐心细致的政策说明；根据居民服务需求，在受理廉租房申请过程中积极走访调查，了解申请人家庭情况、收入情况、婚育情况等基本信息掌握，做到“弄清一户，审核一户”；为了使廉租住房保障工作公开、公平、公正，真正使困难群体享受到国家的优惠政策，充分利用社区公示公告栏，对通过审核的廉租房保障户进行公示，广泛接受居民的监督。

【平安创建】 2020年，东城管委会多举措开展“三零”单位创建。在上级党委政府的坚强领导下，社区两委班子带领全体工作人员锐意进取，以提升党建引领基层治理水平，把“三零”单位创建与坚持完善新时代“枫桥经验”结合起来，推进自治、法治、德治“三治融合”，通过深入开展平安创建活动，大力开展矛盾纠纷排查调解活动，不断强化治安防范，严厉打击违法犯罪，全面落实平安创建的各项措施，未出现一例安全事故，未出现一例治安刑事案件，取得了较好的工作成效。东城管委会始终把安全生产工作抓在手上，确保社区平安有序。管委会定期对社区工作人员进行安全知识培训，在辖区企业、居民中开展安全生产月宣传活动，坚持每月对辖区各类生产经营单位进行全方位、无死角的“地毯式”排查，同时对学校周边安全，对人员密集场所、九小场所进行重点排查。

【社区禁毒】 东城管委会扎实开展社区禁毒工作。为深入推进社区平安建设，遏制毒品犯罪蔓延趋势，严厉打击毒品犯罪，确保辖区社会环境和谐稳定，社区积极开展禁毒工作。成立了禁毒工作领导小组。认真落实禁毒工作责任制和工作措施，真正把禁毒工作落到实处，做到有组织地开展禁毒工作。大力开展禁毒宣传教育，提高全民禁毒拒毒意识。充分利用多种形式，深入开展禁毒法律、法规和毒品危害的宣传，通过设立宣传栏和发放宣传单进行禁毒宣传。全力开展禁毒工作，全面按照上级部门的相关要求，明确责任，层层抓落实，组织人员逐户清查，对查出的吸毒人员建立档案并报上级部门，严格打击涉毒人员的犯罪活动，努力净化社会环境，力争实现“无毒社区”工作目标。

【扫黑除恶】 自扫黑除恶专项斗争开展以来，东城管委会高度重视，扎实推进扫黑除恶专项斗争，对辖区进行细致排查，及辖区内重点人群进行摸排走访，坚决做到“黑恶必除，除恶务尽”，确保扫黑除恶专项行动取得实实在在的成效，为东城提供和谐稳定的社会环境。在走访、摸排的同时对他们进行扫黑除恶宣传教育，通过谈心教育的方式引导他们坚决遏制黑恶势力和违法犯罪行为，鼓励检举揭发；每月定期收取并汇总社区摸底排查表建立台账，及时上报县扫黑办。

【党建工作】 东城管委会切实加强党建基层基础工作。加强社区党委的组织建设工作，要求各社区党委切实强化任务分工并明确一名社区党委成员作为专职党建工作者，同时认真组织开展基层党员党组织和党员统计工作，做到底数清、情况明。加强党员在线学习工作，认真抓好“三晋先锋”党员远程教育。加强党员发展工作，严格按照党章规定的党员标准发展党员，严格工作程序和纪律，在入党积极分子的推荐确定、培养教育、发展对象的政治审查、公示，预备党员的接收、教育、考察、公示和转正等每一个环节，都要严格程序，严格把关。

西城管委会

【概况】 山阴县西城管委会成立于2001年，辖区面积位于县城西部二级路和同太路之间，面积6平方千米，是县城的政治、经济、文化中心。2020年是“真抓实干、攻坚克难”工作落实年，西城管委会深入贯彻党中央、统筹推进常态化疫情防控和经济社会发展的决策部署，全面贯彻落实山阴县委、县政府的工作要求，增强“四个意识”、坚定“四个自信”、做到“两个维护”，确保各社区稳定，力争各项工作任务落实、落细。

【民生服务】 2020年，西城管委会丰富和完善居民家庭信息。利用社区居民群众“煤改气”工作推进、社区低保审核和经济人口普查等，对社区居民群众家庭有关信息情况进行了全方位大面积排查，进一步完善了社区居民群众的基本信息。并对辖区内所有家庭、个人信息全部录入电脑系统，建立档案。2020年，西城管委会继续抓好“连心桥”活动。在为民惠民的各项服务工作中，始终把对弱势群体的对接帮扶和困难家庭的爱心救助放在突出重要位置，大力开展“五关爱”及时有效地掌握群众的所思、所想、所盼，真正做到知民情、解民意、帮民困，扎扎实实地为群众办实事、办好事、谋福利。每年中秋和春节，西城管委会都要对一些老党员、残疾人、困难家庭、孤寡老人、下岗困难职工、涉访户、示范户等进行慰问和临时救助，把党和政府的温暖及时送到了他们当中，并在低保、房补、大病救助中，把对他们的关心照顾放在优先位置给予考虑办理，通过沉下去、接地气、转作风，赢得了群众的理解信任和支持。

【平安创建】 2020年，西城管委会按照“一好九无”目标（治安秩序良好、无漏管人员、无失控角落、无邻里纠纷、无刑事案件、无治安灾害事故、无涉黑涉恶犯罪团伙、无“黄赌毒”等社会丑恶现象、无邪教组织非法活动、无群体性事件和非正常上访）。在工作中，开展“五好家庭”等群众评选活动，在居民群众中弘扬遵纪守法、家庭和睦、邻里团结、见义勇为、助人为乐的精神品格。深入细致地定期开展消防安全、食品安全等排查整治工作。对一些宗教组织活动进行排查摸底，西城管委会始终保持了警惕和高压态势，既教育了群众又打击了邪教，增强了基层党组织的凝聚力和战斗力。西城管委会以“打防结合，预防为主”为工作方针，狠抓西城辖区的维护社会稳定和社会治安综合治理工作，切实履行“保一方稳定，促一方发展”的政治责任，全辖区内无发生影响社会稳定的事件，无重大安全责任事故。

抓专项行动，促工作成效。2020年，西城综治中心牵头开展扫黑除恶专项斗争行动，定期组织各社区积极开展此项行动，大力宣传，全面排查扫黑除恶线索，组织精干力量及时处理，尽量做到早发现、快处理。抓矛盾化解，促大局稳定。在综治工作中，西城管委会切实抓好矛盾纠纷排查调处工作，并且将其作为综治工作的重点，做到预防为主，及时化解。由于各类矛盾纠纷在萌芽状态中管委会已组织进行了化解，避免了因矛盾激化而带来的不稳定因素，从而有效地促进了全西城社会大局的稳定。每逢春节、五一、国庆等重大节假日以及全国、省、市、县两会议开会时间，都按要求管好辖区内社会治安，并实行零报告制度，以便出现问题能及时处理，确保大局的稳定。

【社区服务】 2020年，西城管委会在县委组织部、政法委安排指导下，打造五大社区活动场所，总面积近4000平方米，使社区办公环境条件得到了极大的改善。西城管委会坚持开展一线工作法服务群众。对于社区一些重要工作的推进，管委会按照工作重点进门入户、了解情况、问计于民，听取群众的一些建议，协调解决具体工作中遇到的困难和问题。

【机构建设】 2020年，西城管委会抓机构建设，促责任落实。西城党委切实履行维护社会治安综合治理的职责，落实一把手负责综治中心工作，党委书记任西城综治中心主任，并及时充实综治中心成员。各社区综治中心领导小组机构，规定支部书记为主要责任人，保证了层级管理机构健全，领导人员落实。在抓好领导机构建设的同时，制定了相关的工作责任制，西城综治委与各社区居委会分别签订了综治责任书，将综治、维稳、邪教排查、矛盾纠纷排查化解等工作都列入各社区年终考评的内容，并明确职责，责任到人。

【思想学习】 针对社区干部文化程度低、专业知识水平有限和服务群众的本领能力不强的现状，西城管委会2020年加大了对社区干部的学习培训力度。除了在社区对两委成员进行集中学习培训外，管委会6月上旬统一组织社区干部去武乡红色革命基地参观学习。组织社区两委主干去怀仁、城区和张家口参观学习社区党建工作。派社区专职党务工作者和分管领导去井冈山红色革命基地学习培训。西城管委会党委书记去福建闽东进行为期一周的现场学习培训。通过外出学习培训，开阔了干部的视野，学习了外面党建工作一些好的经验和做法，提高干部整体服务能力。

【廉政建设】 2020年，西城管委会把落实中央八项规定和反“四风”作为工作重点，继续搞好作风纪律整顿和勤政廉政教育。在社区“两委”和社区“监委”换届中，以及扫黑除恶专项斗争中，人人都写出承诺书。同时大力开展“两学一做”和“三严三实”专题学习教育，坚持警示教育，警钟长鸣，坚决杜绝发生在群众身边的不正之风和腐败问题。在为群众开展的办理低保审核、廉租房补助审核、大病救助、计生服务、居民养老保险、医保、残疾人关爱、人口、经济普查、营业执照年检证明、高校贫困学生助学贷款证明等服务中，没有发生一起违纪违规问题。

【党建工作】 2020 年，西城管委会加强制度建设。紧扣“落实党建责任”主线，严肃党内政治生活。加强政治理论学习。制订学习计划，按照规范化建设要求，按时组织党建工作专题会议。要求定期进行集中学习习近平总书记视察山西讲话精神以及系列重要讲话，党员干部写学习心得体会。各社区开展“党课开讲啦”活动，党支部书记带头讲党课。2020 年，西城管委会加强党员队伍管理。对辖区 5 个社区党支部进行全面摸排，确定 1 个“软弱涣散”党支部，制定整顿方案并开展整顿工作。对流动党员进行微信群集中管理，各社区按月按时收缴党费。西城管委会加强党建阵地建设。打造党组织标准化阵地建设，以社区支部为单位开展“我是党员我先行，疫情防控当先锋”主题党日，组织青年志愿者以及辖区内在职党员参与到各社区疫情防控工作中。

组织机构及负责人名单

县级机构

中共山阴县委员会

书　记：李旭清（2020 年 6 月离）
　　　　王世杰（2020 年 6 月任）
副书记：苏　坡　王国文
常　委：刘德智　郭兆文（2020 年 10 月离）
　　　　刘　宇　王国梁
　　　　赵占祥（2020 年 2 月任，2020 年 11 月离）
　　　　田心世（2020 年 11 月任）
　　　　张　彇　郭　瑞
　　　　常　青（2020 年 6 月任）
　　　　赵　栋（2020 年 6 月任）
　　　　贾大维（2020 年 8 月任）

山阴县十六届人大常委会

主　任：相　成
副主任：杨晓明　郭增友
　　　　刘世泉　毕　财

山阴县十六届人大法制委员会

主任委员：刘世泉
副主任委员：程建军
委　员：于介澜（女）　季宗海　韩满如

山阴县十六届人大财政经济委员会

主任委员：毕　财
副主任委员：华　英（女）
委　员：陈晓东　高清贵　徐殿仁

山阴县十六届人大社会建设委员会

主任委员：杨晓明
副主任委员：王丽霞（女）
委　员：刘旭东　付玉峰　李红梅（女）

山阴县人民政府

县　长：苏　坡
常务副县长：郭兆文
副县长：赵栋（2020 年 7 月任）、杨德文、何兴斌、乔新文、柴俊、杨良贵、王建平

政协山阴县委员会

主　席：段国强
副主席：靖文勇　王登峰　吉　谦
办公室主任：赵晋虎
政协提案委员会主任：李晓宁
副主任：徐建新
政协经济委员会主任：
　　　　王俊杰（2020 年 8 月退休）
政协农业和农村委员会主任：
　　　　王俊杰（2020 年 8 月退休）
政协教科卫体委员会主任：董素文

政协文化文史和学习委员会主任：张淑莲
政协委员培训中心主任：张淑莲（兼任）

山阴县纪委监委
县委常委、纪委书记、监委主任：刘德智
县纪委副书记、监委副主任：孙建龙
白继龙
县纪委常委、监委委员：赵凤岐　冯树田
县纪委常委：郝建平　王冠中
县监委委员：王晋宗

经济技术开发管理委员会
主　任：苏　坡（2020.10 离）
郭兆文（2020.10 任）
副主任：李可进　陈计珍　宋　军

乡镇及各系统机构

【乡镇】

玉井镇
党委书记：麻鹏斗
党委副书记、镇长：刘国栋
党委副书记：郭卫军
党委委员、人大主席：李志宏
党委委员、纪委书记：李兴杰
党委委员、副镇长：刘振平
党委委员、武装部部长：祁俊祥
党委组织委员：田闰强
副镇长：郭凤鸣　勾　江

马营乡
党委书记：吕志宇
党委副书记、乡长：王特祥（2019.2 离）
刘应飞（2019.2 任）
党委副书记：梅树元（2019.4 离）
何兴雄（2019.4 任）
党委委员、人大主席：苏国强
党委委员、纪委书记：李子亮
党委委员、武装部部长：许　帅
党委组织委员：郭振英（女）
党委委员、副乡长：王国政（2019.6 任）
副乡长：路世明　丰卫忠（2019.4 任）

吴马营乡
书　　记：王日东（2020.1—2020.10）
刘国栋（2020.10 至今）
副 书 记：徐晓圆　牛翠茹
党委委员：白志安　祝步翔
乡　　长：徐晓圆
副 乡 长：韩　英　杨武荣

下喇叭乡
党委书记、乡长：于介澜
党委副书记：杨春蕾
党委委员、人大主席：高小军
党委委员、纪检书记：高华伟
党委委员、武装部部长：段天军
党委组织委员：吕香梅
党委委员、副乡长：马跃元
副乡长：解俊杰
副乡长（挂职）：宋鸿飞

北周庄镇
党委书记：梁日军
党委副书记、镇长：梁艳锋
镇党委副书记：樊宇峰
党委委员、人大主席：郭自权
党委委员、纪委书记：贺飞飞
党委组织委员：王振家（兼武装部长）
党委委员、副镇长：贺生伟
副镇长：梅丽丽　闫剑锋

合盛堡乡
党委书记：王特祥
党委副书记、乡长：尤卫章（2020.4 离）
刘　宇（2020.4 任）

党委副书记：李　艳
党委委员、人大主席：刘　宇（2020.4 离）
党委委员、纪委书记：张明成
党委委员、武装部部长：解培耿
党委组织委员：高迎峰
党委委员、副乡长：马培瑞
副乡长：李雁斌　周文峰
　　　　张晓月（2020.1 离）

岱岳镇

党委书记：魏玉彪
党委副书记：郑元春
党委副书记、镇长：李永胜
党委委员、人大主席：邱建忠
党委委员、纪委书记：赵　将
党委委员、武装部部长：赵　福
副镇长：丁广厚　张科雄　李君枝

安荣乡

党委书记：贾大维
副 书 记：王建家　兰彩云
党委委员：贾大维　王建家　兰彩云
　　　　　王玉国　史有权　王东贤
　　　　　周文官
纪委书记：史有权
人大主席：王玉国
乡　　长：王建家
副 乡 长：王明山　黄慧鲜　刘善智
二级主任科员：白俊义　李永胜
四级主任科员：赵　福　郑海洋　丰秀娟
　　　　　　　刘志芳　刘艳香

薛圐圙乡

乡党委书记：梁艳峰
乡党委副书记、乡长：王继红
乡人大主席：王海峰
乡党委副书记：张文达
乡纪委书记：赵守向
乡党委委员、组织委员：翟美霞
乡党委委员、副乡长：赵文官
乡政府副乡长：安丽霞　李智兴

后所乡

党委书记：宋　军
党委副书记、乡长：
　　　　　　刘国栋（2019.2 离）
　　　　　　王　伟（2019.2 任，11 月免）
党委副书记：赵新力（2019.4 离）
　　　　　　王进旭（2019.4 任）
党委委员、人大主席：赵新力（2019.4 任）
党委委员、纪委书记：
　　　　　　高小军（2019.4 离）
　　　　　　王丽丽（女）（2019.4 任）
党委委员、副乡长：王进旭（2019.4 离）
　　　　　　　　　武文山（2019.4 任）
党委委员、武装部部长：韩　宏
党委组织委员：王　福
副乡长：龙海鹰　高永军　朱秀芳（女）

张家庄乡

党委书记：王　聪（2019.2 离）
　　　　　赵晓滨（2019.02 任）
党委副书记、乡长：车晶峰（2019.2 离）
　　　　　　　　　陈晓东（2019.2 任）
党委副书记：李　峰
党委委员、人大主席：
　　　　　　陈晓东（2019.2 离）
　　　　　　樊志清（2019.4 任）
党委委员、纪委书记：
　　　　　　李玉文（2019.4 离）
　　　　　　李彦婷（女）（2019.4 任）
党委组织委员：张　宁（2019.4 任）
党委委员、副乡长：尚怀帅
副乡长：段秀东（女）（2019.4 离）
　　　　姚小叶（女）（2019.4 离）
　　　　刘志霞（女）（2019.4 任）

柳瑞东（2019.4 任）

古城镇

党委书记：

郭东申（2020 年 1—6 月主持工作）

常　青（2020.7 任）

党委副书记、镇长：车晶锋（2019.4 离）

尤卫章（2020.4 任）

党委副书记：梅丽红

纪委书记：郭维佳

武装部长：武　刚

组织委员：段景厚

副 镇 长：解宏波　赵青春　郭少华

马营庄乡

书　　记：李　雁

副 书 记：刘　澎　李雁斌

党委委员：王海峰　李雁斌　王　福

黄　瑞　王丽丽　白　洁

李宝发

乡　　长：刘　澎

副 乡 长：白　洁　李宝发　杨武荣

赵健梧

人大主席：王海峰

东城管委会

党委书记：苑　平

党委委员：李晋文　谢　龙　赵义厚

李国亮

南街社区党支部书记、主任：任久波

北街社区党支部书记、主任：谷为利

光明社区党支部书记、主任：王海霞

兴隆社区党支部书记、主任：梁玉新

和顺社区党支部书记、主任：王跃栋

西城管委会

党委书记：王　军

副 主 任：殷占利　赵贵卿

武装部长：张瑞云

惠丰社区党支部书记、主任：岳晓珍

广益社区党支部书记、主任：白宏艳

集贤社区党支部书记：田　芳

德望社区主任：边治强

幸福社区主任：陈亚婷

【党群】

中共山阴县委办公室

主　任：郭东申

副主任：辛志元　朱志勇

组织部

县委常委、组织部部长、县委党校校长：

王国梁

常务副部长：王建永（2020.10 离）

副部长、县委党建工作领导小组办公室主任、县非公经济组织和社会组织工委书记：王景龙

副部长、县委老干部局局长：卢　胜

副部长：高华兴（2020.10 任）

戎建忠（2020.10 任）

统战部

县委常委、统战部部长：

赵占祥（2020.1—11 月）

县委常委、统战部部长：田心世（12 月）

常务副部长：刘　春

副部长、民族宗教事务局局长：王　喜

副部长、工商联党组书记：樊晓雨

人民武装部

人武部党委

第一书记：李旭清

书　　记：钟军辉

人武部机关

部　　长：张　彍

县委巡察办
主　任：庞晓辉
县委第一巡察组正科级巡察专员：李建忠
副科级巡察专员：高　明
县委第二巡察组正科级巡察专员：崔甫生
副科级巡察专员：马秉政
县委第三巡察组正科级巡察专员：杨江芬

中共山阴县直属机关工作委员会
书　　记：韩承升
副 书 记：夏珍萍
工委委员：裴　喜

山阴县委机构编制委员会
主　任：许永平
副主任：陆书领
县事业单位登记事务中心主任：张守江

机关事务服务中心
党支部书记、中心主任：陈礼斌
中心副主任：赵继高　安美丽　李晓宁

共青团山阴县委
书　记：曹宝文
副书记：李永东　温雪洁

妇女联合会
县妇联党组成员、主席：赵晓君
县妇联党组成员、副主席：王晓宇

科学技术协会
主席：丰建国
副主席：郑夏生　魏志旻　张　凯
　　　　李晓明　梁　健

工商联
主　　席：解洪明
党组书记：樊晓雨
副主席：谷文有

县委党校
校　　长：王国梁
常务副校长：丰贵宝
副　校　长：黄殿一　吕广东

总工会
主　席：王国文
常务副主席：王建永
副主席：米久盈　李宝强

档案局
局　长：李卫东
副局长：解培宏　郝万龙

党史研究室
主　任：侯志林
副主任：梁志伟　秦　强

【政府】

政府办
主　任：闫志民
党组副书记：魏雁明
副主任：任长宏　杨晓东
副主任：刘振国（2019 年 3 月任）
　　　　刘　伟（2019 年 3 月任）

项目资金监控中心
主　任：王平家

人力资源和社会保障局
党组书记、局长：樊晋阳
党组成员、副局长：李治国、马占功
党组成员：温登谦
党总支书记：丰利平

审计局
局　长：程　毅
副局长：刘培耀　康培忠　徐殿仁

民政局
党组书记、局长：刘福广
党组成员、副局长：刘培全　白文柱
党组成员、主任科员：任永丽

行政审批服务管理局
党组书记、局长：赵永胜
党组成员、副局长：赵育萍
党组成员、政务中心主任：时　亨
采购中心主任：杨晓峰

医疗保障局
党组书记、局长：王建永
党组成员、副局长：卢彦斌

应急管理局
党委书记、局长：王志文
党委成员、副局长：班志福　朱英春
赵　兴　杜金刚

信访局
党组书记、局　长：高　海
党组成员、副局长：冯国良

防震减灾中心
主　任：王常厚
副主任：韩永文

【宣传】

宣传部
县委常委、宣传部部长：刘　宇
宣传部副部长：李德华　白喜厚

教育局
党组书记、局长：郭连兵
党组成员、副局长：李永章　祝启海
赵军义
党组成员、县政府教育督导委员会办公室主任：赵良才

文化和旅游局
局长、党组书记：李志文
副局长：邸明盛　郭占臣

卫生健康和体育局
局　长：罗殿林
副局长：赵富仁　杨智英　崔正荣
赵　平

疾病预防控制中心
中心主任：孟昭民
中心副主任：孙淑琴　康丽华

医疗集团人民医院
院　长：李晓明
书　记：高巍山
常务副院长：张益栋
副院长：高树铭　孟昭民　蒋秀梅
王建忠　闫　阁　王志武
纪检书记：刘仲斌
工会主席：蔺雪峰

中医医院
院　长：殷占东
党支部书记兼副院长：张文亮

山阴现代医院
院　　长：侯　润
党支部书记：米洲世
行政副院长：赵永刚
业务副院长：邢建平

业务副院长：相　富

文化旅游发展中心

主　任：郑冬生

副主任：李永红

副主任：王月珍

广武风景名胜区服务中心

主　任：武皓月

副主任：郝义宁

融媒体中心

支部书记、台长：赵日文

副台长：高　立　李　东　安　刚
　　　　靳　涛

文学艺术工作者联合会

主　席：黄　冀（2020年1—2月）
　　　李德华（2020年2—9月主持工作）
　　　郝建平（2020年9月至今）

副主席：李　丽

新闻中心

中心主任：闫文光

副 主 任：唐玲仕　丰　锐

山阴县第一幼儿园

园长：韩丕梅

山阴县第二幼儿园

园　长：朱继文

副园长：兰国瑛　赵瑞芳

第一中学校

校　长：王成元

副校长：丰晓东

副校长：闫利彬

第二中学校

校　长：高玉国

副校长：张小元　牛兴盛　梁　峰

第三中学校

校　长：尹晋疆

书　记：张利生

副校长：兰占春　任永军

第四中学校

校　长：梁　健

党支部书记副校长：韩守义

副校长兼教导处主任：张文友

副校长：张佐虎

山阴县第五中学校

校　长：何文东

党支部书记：柴秀宝

山阴县第六小学校

校　长：任翠虹

副校长兼党支部书记：郝素梅

副校长：李桂芬

副校长：贾萍艳

山阴县综合职业学校

校　长：冯培森

教师进修学校

校　长：白继斌

副校长：袁展平

职业教育中心校

校　长：郭宏斌

办公室主任：白正堂

山阴县电大工作站

站　长：苑　平

【农业】

山阴县农业农村局
局　长：郭正大
副局长：赵生富　高贵林　丰廷山

山阴县林业局
局　长：祁生利
副局长：兰春叶

水利局
局　长：朱志斌
副局长：崔建新　王亮厚

畜牧兽医服务中心
主　任：赵生富
副主任：胡建文

山阴县自然资源局
党组书记、局长：李胤龙
副局长：王永义：郭培有

山阴县农业技术推广中心
主　任：张　凯
党支部书记：刘福生

农机服务中心
主　任：马兴宏
书　记：马跃斌
副主任：吴进章　高树岗

农田建设服务中心
主　任：尹护帮
副主任：冯成江　韩张文　武建章

扶贫开发办公室
主　任：落　军
副主任：王明峰

乳品产业服务中心
主　任：李子杰
副主任：王俊芬

原种场
场　长：李智兴
副场长、支部书记：刘　功

山阴县国营林场
场　长：祁生利

山阴农牧场
党委书记、场长：冯成義
党委副书记：王永卿
党委委员、纪委书记：蒋志平
党委委员、副场长：张汉斌
党委委员、副场长：周文来

山阴县自来水公司
经　理：殷福林
书　记：崔烨林
副经理：白文忠　张瑞忠　樊志斌
总　工：刘保清
工会主席：吉俊利

【计划】

山阴县发展和改革局
局　长：叶　青
副局长：赵学树　吕斌增　白海明

住房保障和城乡建设管理局
党组书记、局长：王浩宇（2020.9 离）
赵晓滨（2020.9 任）
党组成员、副局长：季玉恒　郭培旺
党组成员：王晓东

国有土地上房屋征收与补偿中心
主　任：田向文

办公室主任：赵重文

朔州市生态环境局山阴分局

党组书记、局长：陶占有（2020.10 离）
林进宝（2020.10 任）

党组成员、副局长：吕战文

党组成员、主任科员：马登华

党组成员、党支部书记：郭跃生

党组成员、办公室主任：马　晓

交通运输局

党组书记、局　长：赵　凯

党组成员、副局长：郭贵堂

统计局

局　长：张建斌

副局长：谢　升

市场监督管理局

局　长：任　君

副局长：林茂武　王运梦

城市公共事业管理局

主　任：任永吉

总支书记：郭宏章

物资保障中心

党支部书记：梁昌文

组织兼纪检委员：何进宽

宣传兼统战委员：解廷奎

市容市貌事业中心

主任、党支部书记：李兴唐

副主任：门建石

山阴县治理非法超限超载车辆工作事务中心

主　任：赵秉国

副主任：雷德江

山阴县桑干河湿地公园管护中心

主　任：胡建华

【经贸】

工业和信息化局

党组书记、局　长：贾尚勇

党组成员、副局长：赵国栓

财政局

局长、党组书记：史俊龙

副局长：赵　岗　王成栋

党组成员：李守新

商务局

局　长：李宝强

副局长：杨玉清

山阴县能源局

党组书记、局长：张志斌

党组副书记：魏雁明

党组成员、副局长：张春山　苑　东
刘建雄

城镇集体工业联合社

主　任：韩吉昌

副主任：张智勇　郭增海

供销合作社联合社

理事会主任：崔建新

理事会副主任：陈永红　冯丕峰　兰海青

工会主席：李清莲（女）

山阴县小企业发展促进中心

党总支书记、主任：王国和

副主任：杨　威

机关支部书记、副主任：白兴广

工会主席：张科友

工业企业服务中心
主　任：张建斌
副主任：王运昭
副主任：郭秀清

【政法】

政法委
书　记：郭　瑞
副书记：白永平　庞世勇　夏生军
　　　　刘培忠
科级干部：吴海军　李　尚
　　　　（二级主任科员）
法学会专职副会长：刘跃玲
矛盾纠纷排查调处中心副主任：苗　霖

人民法院
党组书记、院长：王志远
党组成员、副院长：马新生
党组成员、副院长：戈玉桃
党组成员、副院长、政治处主任：周文有
党组成员、副院长：郭培斌
党组成员、纪检组组长：冯雪梅
党组成员、监察室主任：郭　永

人民检察院
党组书记、检察长：乔振文
党组副书记、副检察长：陈　瑛
党组成员、副检察长：马　洪　郭秀荣
党组成员、案件管理中心主任：赵叶云

公安局
局　长：杨德文
政　委：吴占玉

山阴县司法局
党组书记、局长：李日旭
副局长：籍光宇　岳金云　卢　跃
纪检组组长：马　杰

山阴县退役军人事务局
局党组书记、局长：王家民
局党组成员、副局长：吴进录

公安局交通管理大队
公安局交通管理大队大队长：王慧恩
公安局交通管理大队副大队长：
　　张义宏　白万顺　张晋跃　沈宝贵

残疾人联合会
党组书记理事长：杨志清
党组成员：李　勇　吕文祥　王大鹏

【条管】

武警山阴中队
中队长：李帅兵中尉
政治指导员：段亚军上尉
排　长：田雨尧中尉

公安消防大队
党支部书记、教导员：段建伟
党支部副书记、大队长：潘少雄

山阴县税务局
党委书记、局长：薛　震
党委委员：王与利
党委委员、副局长：林　卓　吴子晋
　　　　　　　　　刘振宏　张建树
　　　　　　　　　王汉锋
党委委员、纪检组组长：曹来盛
副局长：高　铭

朔州市技工学校
校　长：白新亚
书　记：韩启亮

人民银行山阴县支行

党组书记、行长：兰志亮

党组成员、副行长：李生桃　郭　君

党组成员、纪检组组长：杨宝山

银保监局山阴监管组

组长（负责全面工作）：雒　文

副组长：洪文东

农业发展银行山阴县支行

行　长：唐尚云

工商银行山阴支行

行　长：郭善峰

副行长：贺岳明

农业银行山阴县支行

党委书记、行长：吴海青

纪委书记：武玉忠

党委委员、副行长：崔丽林

中国银行山阴支行

行　长（党支部书记）：边进民

副行长（党支部委员）：闫　勇　李万芳

办公室主任（党支部宣传委员）：徐殿一

办公室副主任（党支部组织委员）：赵　林

建设银行山阴支行

行长（联合党支部书记）：崔昊林

副行长（党支部纪检委员）：白振华

营运主管（党支部组织委员）：梁里答

邮储银行山阴县支行

行　长：韩志福

副行长：李润海

综合管理部：吴华英

综合业务部：李瑞鑫

风险合规部：雷宇慧

营业部经理：段文海

同太南路支行支行长：张　霞

大同银行山阴支行

行　长：闫海生

运营工作负责人：李　金

营业经理：倪增国

综合管理部经理：王晋芳

客户经理部经理：张明杨

山阴农商行

董事长党委书记：武冬山

行长党委副书记：王元清

监事长纪检书记：马　军

副行长党委委员　庞新民　何世春

李宏波　王永文

山阴太行村镇银行

董事长：常鹏举

行　长：张　俊

监事长：苏军军

副行长：田　婷

国网山阴县供电公司

经　理：温日旭

党总支书记：张守先

副经理：王葆华

五级职员：刘远平

晋能集团朔州山阴有限公司（煤运公司）

经　理：安敬奇

党支部书记：石清章

副经理：冉进学　闫永春　崔培春

办公室主任：冯建禄

山阴邮政分公司

总经理：董全勇

副总经理：赵　权

山阴县联通公司

总 经 理：温日林

副总经理：郝大勇　丁明波

总　　监：裴巍峰

中国移动通信集团山西有限公司山阴分公司

党支部书记、经理：李福平

副经理：史秉恒　卜菊芳

中国电信股份有限公司山阴分公司

总经理：兰恒昌

微波站

站长党支部书记：赵秉祯

技术指导：苑　曦

副 站 长：康朝晖　王　星

机房主任：张　凌　李　栋

山阴县气象局

局　长：赵锦霞

副局长：杨作平

　　　　徐晋峰（主持工作）

中国人寿保险股份有限公司山阴县支公司

经　　理：马红兵

经理助理：赵国龙

人保财险山阴支公司

经理：陈小东

山阴公路管理段

段　长：邢泽山

书　记：杨连斌

副段长：王占雄　沈德义

岱岳火车站

站　长：张国荣

书　记：郭　瑞

副站长：冯建忠　沈宏远

山阴站

站　　　长：林　杰

党支部书记：孙永斌

朔州市中医精神病医院

院　长：李世春

副院长：李志鹏　申月东

同煤山阴公司

书　记：吴建国

机关党支部书记：冯国水

北周庄公司党支部书记：李旭宏

东榆林公司党支部副书记：杨宏利

山西新华书店集团朔州有限公司山阴分公司

经理兼党支部书记：胡增丰

副经理：苑新华　李建宝

烟草专卖局

局长（经理）支部书记：段振海

副局长（副经理）：韩永康　杜富国

2020年受奖情况

集　体

省部级

2020年9月27日，朔州市生态环境局山阴分局获得国务院第二次污染源普查领导小组办公室颁发的“第二次全国污染源普查表现突出的集体”。

山阴县税务局被中央文明委表彰授予全国文明单位。

山阴县税务局被山西省文明委表彰授予山西省文明单位标兵。

市　级

山阴县人民法院执行局获得市中院表彰先进集体。

疾控预防中心被朔州市妇女联合会授予朔州市“最美巾帼抗疫奋斗者”先进集体。

山阴县农商银行在朔州市农村信用社（农商银行）“三强一转”专题教育活动运营系列竞赛中，荣获操作技能比武团体二等奖、业务知识竞答团体三等奖、“三强一转”专题教育活动运营系列竞赛团体三等奖。

山阴现代医院妇产科被朔州市妇女联合会评为朔州市“最美巾帼建功”集体。

山阴六小少先队大队，在2020年被授予朔州市少先队红旗大队。

县　级

2020年6月山阴县妇女联合会获2019年目标责任考核优秀单位。

2020年6月中共山阴县委、山阴县人民政府授予合盛堡乡2019年度目标责任考核优秀单位。

2020年9月中共山阴县委、山阴县人民政府授予合盛堡乡尊师重教先进集体。

疾控预防中心全县第一届医师节获得“先进集体”称号。

山阴县农商银行被县委县政府授予2020年度助力脱贫攻坚优秀企业。

山阴县农商银行被县委县政府授予2020年度目标责任考核先进集体。

山阴县农商银行被共青团山阴县委授予最美“五四”青年集体。

山阴六小在2020年荣获“中华魂”（科技托起强国梦）主题教育优秀组织奖。

山阴六小在2020年荣获“庆七一、颂党恩、听党话、跟党走”书画展优秀组织奖。

山阴六小在2020年“魅力三晋”青少年文化艺术展演最佳组织单位。

山阴县气象局2020年被县政府评为驻县单

位优秀集体。

2020年，山阴县第四中学校被授予“义务教育阶段贡献奖”“朔州市平安校园”，山阴县第四中学校团委被授予“最美五四青年集体”。

2020年，县公安局和县局扫黑办荣立集体三等功，2个基层所队荣获集体嘉奖。

中共山阴县委、山阴县人民政府授予山阴县委组织部2020年度目标责任考核优秀单位。

山阴现代医院2020年荣获中共山阴县委、山阴县人民政府“山阴好医师奖先进集体”。

中共山阴县委、山阴县人民政府授予山西省山阴公路管理段2020年度目标责任考核优秀单位。

中共山阴县委、山阴县人民政府授予2020年度目标责任考核优秀单位、全县先进基层党组织。

个　人

省部级

山阴县环境监测站副站长靖婉儒，获得国务院第二次污染源普查领导小组办公室颁发的“第二次全国污染源普查表现突出的个人”荣誉。

山阴县环境监察大队监察中队队长周兆宇同志获得山西省生态环境厅颁发的“山西省生态环境厅2020年度生态环境保护执法大练兵先进个人”。

疾控预防中心范力胜受到省委、省政府的嘉奖表彰（晋字〔2020〕64号）。

山阴县农商银行张桔铭（综合办公室企业宣传岗）在全省“我所经历的脱贫攻坚故事”优秀作品评选中荣获视频类优秀奖。

山阴县农商银行王晋鋆（合盛堡支行大堂经理）被中华合作时报社《中国金融》杂志社授予第十届中国农村金融品牌优秀大堂经理。

山阴县农商银行郭宏宵（营业部综合柜员）在省联社战“疫”“五好”作品中荣获三等奖。

山阴县农商银行韩瑞瑞（风险管理部经理）被省联社授予遵规守纪模范。

山阴六小戴春霞老师撰写的《小学数学概念深度教学研究》2020年荣获山西省教育科学“十三五”规划课题“基于核心素养的小学数学深度学习实践研究”成果一等奖。

山阴六小吕引兰老师，撰写的《提高小学生数学阅读能力》2020年荣获山西省教育科学“十三五”规划课题“基于核心素养的小学数学深度学习实践研究”成果二等奖。

山阴六小李树华老师撰写的《基于深度学习的有效教学策略》2020年荣获山西省教育科学“十三五”规划课题“基于核心素养的小学数学深度学习实践研究”成果一等奖。

山阴六小解宏岁老师，撰写的《浅谈小学数学深度学习与深度教学》2020年荣获山西省教育科学“十三五”规划课题“基于核心素养的小学数学深度学习实践研究”成果一等奖。

山阴六小麻润平被评为省级骨干教师。

山阴县气象局杨国利获得山西省气象部门个人定期嘉奖。

山阴县第四中学校教师吴月英、祝启莲被评为省级学科带头人。

山阴县公安局有1名民警荣获全省实战大练兵省级标兵。

市　级

山阴法院行政庭庭长兰志军获得市中院表彰个人三等功。

山阴法院民一庭副庭长郝玉玥获得市中院表彰个人三等功。

山阴县农商银行在朔州市农村信用社（农商银行）“三强一转”专题教育活动运营系列竞赛中，王运花（旧城分理处综合柜员）荣获现钞清点个人一等奖，杨娇娇（西城分理处综合柜员）荣获翻打传票个人一等奖、柜面业务实操个人三等奖；杨慧萍（营业部运营主管）荣获现钞清点个人二等奖，姜俊峰（中商街分理处综合柜员）荣获业务知识竞答个人二等奖、字符录入个人三等奖；李晓娟（中商街分理处运营主管）荣获柜面业务实操个人三等奖，梁丽霞（后所支行运营主管）荣获业务知识竞答个人三等奖。山阴县农商银行王鑫（科技保卫部经理）：在朔州市农村信用社“三强一转”科技技能比赛中荣获三等奖；山阴县农商银行温国强（科技保卫部综合岗）：在朔州市农村信用社“三强一转”科技技能比赛中荣获三等奖。

山阴六小老师安慧、柳晶、吕引兰、王生叶、黄素梅被评为朔州市“最美”少先队辅导员。

山阴六小老师王高莲被评为朔州市“最美”女教师；山阴六小老师赵晓霞被评为朔州市“最美”青年岗位能手。

山阴现代医院2020年医院外科护士长孟宪丽家庭被朔州市妇女联合会评为朔州市“最美家庭”。

山阴县第四中学校教师李妙英、麻晓玲被评为朔州市学科带头人。

县　级

县妇联主席赵晓君在2019年目标责任考核中被评为优秀等次。

疾控预防中心吕璐在全县第一届医师节上获得“先进个人”称号。

山阴县农商银行王政（驻村工作队队长）被县委县政府评为山阴县驻村帮扶模范工作队员。

山阴六小老师张建花被评为山阴县优秀班主任。

山阴县第四中学校校长梁健荣获县委、县政府颁发的“优秀校长”荣誉称号。

山阴县第四中学校教师韩守义、张佐虎荣获县委、县政府颁发的“优秀班主任”荣誉称号。

山阴县第四中学校教师郭培英获得“优秀教师”荣誉称号。

山阴县第四中学校教师雒泽文获得“山阴县驻村帮扶模范工作队员”荣誉称号。

县公安局有1名民警荣获二等功，7名民警荣获三等功，22名民警荣获个人嘉奖。

县公安局有1名民警荣获执法规范化建设先进个人，有1名民警荣获智慧监所建设先进个人。